最新
英語学・言語学用語辞典

［監修］
中野弘三
服部義弘
小野隆啓
西原哲雄

開拓社

まえがき

　言語学関係の「用語辞典」と言えば，本辞典作成の手本とさせていただいた荒木一雄編『英語学用語辞典』(1999 年，三省堂刊，以下「三省堂用語辞典」と略す) があるが，この辞典が出版されてからすでに 15 年以上が過ぎた．この 15 年余の間に言語学のどの分野においても新しい進展があり，新しい用語も生まれてきた．この時点で「最新」という名を冠して出版した本辞典では，このような新しい用語を扱わねばならないことは言うまでもない．しかし，本辞典で扱わねばならないのは新しく現れた用語だけではない．この 15 年余の間に言語研究者の関心の対象に変化が生じ，前から存在する用語が新たな視点から注目を集めるようになったため，改めて取り上げなければならない用語もある．語用論を例にとると，例えば 1980 年代に新グライス学派によって提唱された scalar implicature (尺度推意), Q-implicature (Q-推意), R-implicature (R-推意) などは，三省堂用語辞典出版の時期までは関心を持つ研究者が少なかったためと思われるが，この辞典にはこれらの用語は収録されていない．しかし，その後，関連性理論 (relevance theory) などの研究の進展に伴い，implicature (推意) への研究者の関心が高まったため，これら implicature 関係の用語が表す現象に関する議論が盛んとなり，本辞典でも改めて取り上げる必要が生じてきた．意味論の分野でも同様の例がある．例えば，語彙アスペクトの研究はかなり早くから始まり，semelfactive (瞬間行為) や telicity (完結性) など，語彙アスペクトの議論には欠かせない用語はすでに 1980 年代に用いられはじめていたが，三省堂用語辞典の見出し語の中には見られない．現在では当然収録されるべきこれらの用語が見出し語に見られないのは，おそらく語彙アスペクト研究への関心が今ほど高くなく，その重要性が認められていなかったものと思われる．

　もちろん，取り上げられていない用語があるからといって，本辞典と比

べて三省堂用語辞典の情報量がそれだけ不足しているということではない．新しく用語を収録した分，本辞典では既存の用語の収録数を減らしているからである．つまり，どの用語辞典の場合も紙幅には限りがあり，そのため収録する用語の数に制限があるからである．

　本辞典の場合もこのような収録語数の制限を免れ得ず，取り上げる用語の取捨選択は避けられなかった．用語の選択は，用語が関係する専門分野の研究者によって専門的立場から行われる必要がある．そのため，本辞典の作成にあたっては，全体を以下の 11 の分野に分けて，（　）内に記した方々にそれぞれの分野の執筆作業を統括する編集委員をお願いした．その上で，どの用語を取り上げるかについては，編集委員に専門的立場からそれぞれの分野の収録すべき用語の原案を提出してもらい，最終的には監修者の判断も加えて収録用語を決定した．なお，執筆者の選定と執筆項目の割り当ては編集委員に一任した．

　1　音声学・韻律論（服部義弘）
　2　音韻論（近藤眞理子／那須川訓也／西原哲雄／高橋豊美）
　3　形態論・レキシコン（由本陽子／小野尚之）
　4　統語論（大室剛志／田中智之）
　5　意味論（早瀬尚子）
　6　語用論（東森　勲）
　7　英語史・歴史言語学（西村秀夫）
　8　社会言語学（井上逸兵）
　9　認知言語学（谷口一美）
　10　英語教育・心理言語学・応用言語学（鈴木　渉）
　11　コーパス言語学・辞書学（赤野一郎）

　本辞典は，用語の参照や持ち運びなどの利用面でできるだけ簡便であることを目指した．それゆえ，辞書のサイズは小規模なものにせざるを得ず，収録項目は各分野約 300，11 分野の合計で約 3200 程度に絞ることにした．もちろん簡便を目指すとはいえ，新しく出版する辞典にはそれに応じた何らかの存在価値がなければならない．そのため，上でも述べたように，三省堂用語辞典刊行以降に現れた新しい用語を取り上げるのはもちろんのこと，既存の用語でも新しく関心の高まった研究分野の用語は可能な限り取り上げた．他方で，従来から多くの用語辞典で取り上げられている項目であっても，今日の時点でその重要性が変わらない項目はできるだけ収録することにした．

本辞典での各用語の説明は，辞典の規模に合わせて簡潔を心がけた．ただし，一方で簡潔から生じる説明不足を補ういくつかの措置を講じた．例えば，用語の説明はどの用語についても同じ語数で述べるのでなく，用語の重要性に応じて割り当てる語数の増減を図り，説明不足をできる限り避ける方針をとった．また，三省堂用語辞典にならって用語間の相互参照を多く設け，限られた紙数での記述の情報不足を補うよう努めた．

　本辞典の作成にあたっては開拓社の川田賢氏に一方ならずお世話になった．本辞典出版の計画をご相談した当初の時点から刊行に至るまで，氏からはいろいろと有益なアドバイスや助力を頂いた．ここに感謝の意を表したい．

　2015 年 9 月

監修者一同

執筆者一覧

音声学・韻律論

青井隼人	岡崎正男	儀利古幹雄	杉本淳子	杉山由希子
高田三枝子	高橋康徳	瀧口いずみ	中郷　慶	服部義弘
平山真奈美	福島彰利	柳村　裕		

音韻論

太田　聡	大沼仁美	菊池清一郎	北原真冬	桑本裕二
近藤眞理子	佐野真一郎	三間英樹	白石英才	高橋豊美
竹村亜紀子	時崎久夫	那須川訓也	西原哲雄	西村康平
原田龍二	深澤はるか	松沢絵里	都田青子	山口京子
吉田優子				

形態論・レキシコン

秋田喜美	浅井良策	飯田泰弘	今泉志奈子	于　一楽
江口清子	小野尚之	工藤和也	小林　翠	境　倫代
當野能之	中西亮太	濵上桂菜	日高俊夫	眞野美穂
山本恵子	由本陽子	依田悠介		

統語論

茨木正志郎	大澤聡子	久米祐介	近藤亮一	杉浦克哉
杉村美奈	竹腰　敦	玉田貴裕	中川　聡	中川直志
縄田裕幸	二村慎一	平井大輔	福本陽介	藤本幸治
本多尚子	槙田裕加	松元洋介	柳　朋宏	山村崇斗
横越　梓	吉田江依子	若山真幸		

意味論

浅井良策	伊藤　薫	大神雄一郎	岡　あゆみ	岡田禎之
奥藤里香	小松原哲太	杉本孝司	木山直毅	高橋加寿子
髙森理絵	中尾朋子	濱上桂菜	早瀬尚子	平川公子
山本恵子	吉本真由美			

語用論

五十嵐海理	柏本吉章	河野淳子	小山哲春	澤田　治
塩田英子	冨永英夫	中島信夫	長友俊一郎	中村秩祥子
東森　勲	村田和代			

英語史・歴史言語学

家入葉子	尾崎久男	菅原和竹	谷　明信	西村秀夫
服部義弘	堀田隆一	三浦あゆみ	水野和穂	

社会言語学

阿部圭子	伊澤宜仁	井上逸兵	片岡邦好	佐藤響子
多々良直弘	野村佑子	八木橋勇宏		

認知言語学

安　在珉	小川典子	小川陽香	神澤克徳	木本幸憲
久保　圭	黒田一平	河野　亘	斎藤幹樹	佐々木英晃
菅谷友亮	高嶋由布子	田口慎也	田丸歩実	土屋智行
寺崎知之	年岡智見	林　智昭	藤田亜弓	横森大輔

英語教育・心理言語学・応用言語学

石川正子	岩中貴裕	Adrian Leis	大内啓樹	大関浩美
神谷信廣	斎藤一弥	Simon Cooke	酒井英樹	佐久間康之
James Hall	菅谷奈津惠	竹森徹士	伊達正起	田中貴子
戸出朋子	中西　弘	名部井敏代	新多　了	布川裕行
馬場今日子	濱田　陽	土方裕子	Hyeonjeong Jeong	森　博英
保田幸子	遊佐典昭	横川博一	吉田達弘	若本夏美

コーパス言語学・辞書学

赤須　薫	石井康毅	内田　諭	小室有里	阪上辰也
関山健治	仁科恭徳	藤原康弘	森口　稔	吉村由佳

凡　例

1　見出し語
　11の分野に分け，それぞれにつきアルファベット順に配列する．配列に際しては，次の方式を用いた．①コンマで併記された見出し語は最初の見出し語のみ考慮する．②（　）内の文字も配列上考慮する．③スペースやハイフンは無視する．

2　日本語訳
　（　）内に日本語訳を付す．訳語が複数ある場合は，コンマで区切って併記する．訳語により，定義内容が大きく異なる場合についてはセミコロンで区切る．

3　項目内の下位区分
　同一項目内で定義が大きく異なる場合は，①②③ … で区分し，さらなる下位区分・条目列記の際は，i) ii) iii) …，さらに，a) b) c) … で区分する．

4　相互参照
　見出し語になっている用語への参照を促す場合は，当該見出し語をスモールキャップで示し，その前に ⇨ を置く．例えば，⇨ LYMAN'S LAW は「Lyman's law という見出し語を参照」の意．また，= NASAL PLOSION は「nasal plosion と同じ．その項目を見よ」の意．
　分野を超えた相互参照については ⇨ のあとに参照先分野の略称を添える．略称は以下の通りとする．

　　音声学・韻律論 → 音声

音韻論 → 音韻
形態論・レキシコン → 形態
統語論 → 統語
意味論 → 意味
語用論 → 語用
英語史・歴史言語学 → 歴史
社会言語学 → 社会
認知言語学 → 認知
英語教育・心理言語学・応用言語学 → 教育
コーパス言語学・辞書学 → コーパ

5　文献の示し方

文献への言及は編著者名と出版年代で示す．同一編著者の同一年の文献が複数ある場合は，年代に a, b, c, … を付す．

6　用例

語および短い句はコンマ，長い句や文は / で並列，さらに大きい区分には，前者はセミコロン，後者は // を用いる．

7　音声表記

原則として，J. C. Wells (2008), *Longman Pronunciation Dictionary* (3rd edition) の米音表記による．ただし，音声学・韻律論分野で特に詳細な表記を必要とする場合は，International Phonetic Alphabet の精密表記に従う．

8　つづり

つづりが米英で異なる場合は米式つづりを原則とする．

9　おもな記号の用い方

( )　省略／補足・追加的記述／訳語／文献出版年代など
[ ]　音声表記／文法解説／構造表記など
/ /　音素表記
/　or の意の併記／用例区分など

10 略語

E	English	F	French
G	German	Goth	Gothic
Gr	Greek	L	Latin
ME	Middle English	ModE	Modern English
OE	Old English	OF	Old French
OFr	Old Frisian	OHG	Old High German
ON	Old Norse	PGmc	Proto-Germanic
PIE	Proto-Indo-European	Sp	Spanish

目 次

まえがき ·· iii
執筆者一覧 ·· vi
凡　例 ·· viii

1　音声学・韻律論 ·· 1

2　音韻論 ·· 42

3　形態論・レキシコン ·· 82

4　統語論 ·· 116

5　意味論 ·· 155

6　語用論 ·· 191

7　英語史・歴史言語学 ·· 238

8 社会言語学 …… 271

9 認知言語学 …… 308

10 英語教育・心理言語学・応用言語学 …… 342

11 コーパス言語学・辞書学 …… 385

参考文献 …… 417

索　引 …… 471

最新
英語学・言語学用語辞典

1 音声学・韻律論

A

abduction（外転）　声帯を外転させることをいう．これにより，左右の声帯が離れて声門が開く．⇨ VOCAL FOLDS (CORDS); ADDUCTION

abstract metrical pattern（抽象的韻律型）　生成韻律論の枠組みで設定される，詩行（LINE）の韻律の鋳型．詩形ごとに設定される．例えば，弱強五歩格の場合，概略，弱音節（W）と強音節（S）のペアが5回繰り返される WSWSWSWSWS が抽象的韻律型である．

accent（アクセント）　①地域や階層によって異なる発音の仕方の体系．訛り．②ある語（または句・文）において，特定の音節に与えられる際立った強さあるいは高さ，またはその体系．③英語の発話において情報上重要な項目の強勢音節に付与されるピッチの卓立．

accentual meter（強勢韻律）　詩形の一種．詩行（LINE）の適格性が行中の強勢の数により決定されることが最大の特徴である（Gioia (2002: 15)）．英詩では，古英語の頭韻詩がこの詩形の典型例だが，ほかに，Kipling の "Harp Song of the Dane Women"，伝承童謡（NURSERY RHYME），ラップ（rap）などがこの形式である（Gioia (2002: 15-21)）．

acoustic phonetics（音響音声学）　音声学の一分野．音声の物理的性質を観察・測定・分析する．⇨ EXPERIMENTAL PHONETICS; INSTRUMENTAL PHONETICS

active articulator（能動調音体，能動調音器官）　調音において積極的な役割を果たす可動的な調音器官をいう．舌，唇，下顎など．⇨ LOWER ARTICULATOR; PASSIVE ARTICULATOR

adduction（内転）　声帯を内転させることをいう．これにより，左右の声帯が近づいて声門が閉じる．⇨ VOCAL FOLDS (CORDS); ABDUCTION

advanced(前寄りの,前進した) 舌が(ある位置よりも相対的に)前寄りであることをいう.前寄りの変種であることを示す IPA 補助記号として [̟] がある. ⇨ RETRACTED

affricate(破擦音) 調音様式(MANNER OF ARTICULATION)に基づく子音の分類の1つ.破裂音(PLOSIVE)の解放が緩やかであるために,その解放時に同器官的(HOMORGANIC)な摩擦噪音を伴う.[ts], [dz], [tʃ], [dʒ] など.

airstream mechanism(気流機構) 言語音の産出に必要な気流を生み出す生理的機構をいう.始動(INITIATION)ともいう. ⇨ PULMONIC AIRSTREAM MECHANISM; GLOTTALIC AIRSTREAM MECHANISM; VELARIC AIRSTREAM MECHANISM

Alexandrine(アレグザンダー詩行) 弱強六歩格の詩行(12音節もしくは13音節).英詩では1つの詩の一部に用いられることはあるが,一般的な詩形ではない.

alliteration(頭韻) 語頭の子音を合わせる押韻の技法.例えば,fame と fine は,語頭の [f] が同一なので頭韻のペアとなりえる.この技法は,英詩では,古英詩および中英語期の頭韻詩復活期の頭韻詩において最大限利用されている.

alveolar(歯茎(音)) 調音位置(PLACE OF ARTICULATION)に基づく子音の分類の1つ(あるいはその調音位置).舌尖あるいは舌端と歯茎突起とで調音される子音.閉鎖音 [t, d], 鼻音 [n], ふるえ音 [r], はじき音 [ɾ], 摩擦音 [s, z], 側面接近音 [l] など.

alveolar ridge(歯茎突起) 前歯の直後にある歯茎の凸部をいう.歯茎音の調音に関わる.

alveolo-palatal(歯茎口蓋(音),歯茎硬口蓋(音)) 調音位置(PLACE OF ARTICULATION)に基づく子音の分類の1つ(あるいはその調音位置).舌端あるいは前舌面と硬口蓋前部とで調音される子音.摩擦音 [ɕ, ʑ] がある.

amphibrach, amphibrachic(短長短格(の),弱強弱格(の)) 詩脚(FOOT)の一種.古典詩では短長短だが,英詩の場合には弱強弱となる.英詩の脚の種類のうちでは,周辺的なものとみなされる.

amplitude(振幅) 振動現象において,振動の中心点と最も大きく振れた点との距離.音波の特徴の1つで,音の強さ(INTENSITY)および大きさ(LOUDNESS)に関係する.

anacrusis(行首余剰音,行頭余剰音;冒頭弱短部) ①(行首余剰音,

行頭余剰音）強弱格の詩行頭に生じる韻律に関与しない弱音節をいう．古英詩では，hē þæs frōfre gebād, (*Beowulf* 7b) (frōfre の [f] の頭韻）における hē þæs がその例である．中英語期以降は強弱格脚韻詩でみられ，And water'd heaven with their tears (Blake, *The Tyger* (1 行 7 音節）) における And がその例である（溝越 (1985: 354))．② (冒頭弱短部）発話冒頭に現れる 1 つまたはそれ以上の無強勢音節をいう．しばしば弱く，短く発音される．*There's a* tree in my garden. の斜体部など．

anap(a)est, anap(a)estic（短短長格(の)，弱弱強格(の)）　詩脚 (FOOT) の一種．古典詩では短短長だが，英詩では弱弱強となる．近代英詩以降の主要な詩脚の 1 つだが，弱強格 (IAMB) と比較すると，"an important minority of English poems"（英詩の中の重要な少数派）(Hartman (2002: 52)) との評価がある．

anticipatory assimilation（予期同化）　= REGRESSIVE ASSIMILATION

anticipatory coarticulation（予期同時調音）　同時調音のうち，後続の調音が先行する調音に影響を与えるもの．swim の [s] が後続の [w] の影響で円唇化する場合など．PERSEVERATIVE COARTICULATION（持久同時調音）に対する．⇨ COARTICULATION

aperiodic wave（非周期波）　周期性のない波をいう．非周期波を持つ典型的な言語音は無声摩擦子音である．

apical（舌尖音）　調音の際，舌尖 (TIP) が関与する音をいう．舌尖音であることを示す IPA 補助記号は [◌̺] である．⇨ LAMINAL

approach phase（接近相）　Catford (1988) の用語．入りわたり (ON-GLIDE) のこと．approach stage（接近期）ともいう．⇨ ON-GLIDE; HOLD PHASE; RELEASE PHASE

approximant（接近音）　調音様式 (MANNER OF ARTICULATION) に基づく子音の分類の 1 つ．気流が通過するときに上部と下部の調音器官を摩擦噪音を生じない程度に近づけて調音する．唇歯音 [ʋ]，歯茎音 [ɹ]，そり舌音 [ɻ]，硬口蓋音 [j]，軟口蓋音 [ɰ]，両唇軟口蓋音 [w] など．

articulation（調音）　調音器官の構えや動きをいう．始動 (INITIATION) で作られた気流を調整し，特定の言語音を作る過程．医学，生理学では「構音」という訳語を用いる．

articulator（調音体，調音器官）　調音のための閉鎖や狭めを形成する器官をいう．⇨ ACTIVE ARTICULATOR; PASSIVE ARTICULATOR; LOWER ARTICULATOR

articulatory phonetics（調音音声学）音声学の一分野．言語音産出の仕組み，すなわち，音声器官のどの部分のどのような働きによって言語音が作られるかを観察・記述する．

arytenoid cartilage（披裂軟骨）声帯後部に位置する一対の軟骨．声帯の開閉度・緊張度を決めるのに重要な役割を果たし，音の高さと発声のタイプを決定する．

aspiration（帯気音化）ある分節音（多くの場合阻害音）が後続の母音に移る際に，母音の声帯振動が遅れて始まる音声学的現象．発声と調音のタイミングのずれによって生じる．

assimilation（同化）ある音 x が，隣接あるいは近接する音 y の影響を受けて，y と同じか似た音に変化することをいう．⇨ DISSIMILATION

assonance（母音韻）脚韻（RHYME）の一種．脚韻語の強勢母音同士が同一で強勢母音の直後の子音同士が違っている場合を指し，多数の詩人が利用している．例えば，From a vanished green [griːn]!: Round a ledge of dream [driːm]!（[iːn] と [iːm] の脚韻）(Dickinson 164, 6 行と 8 行) が具体例である．

auditory phonetics（聴覚音声学）音声学の一分野．聴者の耳に達した音波がどのように言語音として知覚されるのかを研究する．

a-verse（前半行）1 行が 2 つの半行（half-line）から構成される古ゲルマン詩の基本単位で，on-verse とも呼ばれる．1 行中の最初の半行を指し，頭韻する子音を最大 2 つ含む．例えば，ofer hronrāde hȳran scolde, (*Beowulf* 10) であれば，ofer hronrāde が a-verse で，[h] の頭韻である．

B

backing diphthong（後ろ向き二重母音）後続要素が先行要素よりも奥寄りである二重母音をいう．[aʊ] など．⇨ CENT(E)RING DIPHTHONG; FRONTING DIPHTHONG

Backness-Openness-Rounding (BOR) labels（BOR ラベル）母音を調音音声学的に定義するのに必要な 3 要素の名称．母音は，舌の最高部が前後のどこにあるか（前・中・後），口蓋と舌面の間隔がどれくらいか（狭・半狭・半広・広），唇の丸めがあるかないか（円唇・非円唇）の 3 つの要素で定義される．

back (of the tongue)（後舌(面)，奥舌(面)）舌面の中央あたりから奥，舌根の前まで．安静時に軟口蓋に対する．後舌母音（BACK VOWEL）や

軟口蓋音（VELAR）の調音に関与する．

back vowel（後舌母音，奥舌母音）　舌が後方あるいは軟口蓋に向かって持ち上がることによって調音される母音．[u], [o], [ɔ], [ɑ] など．
⇨ CENTRAL VOWEL; FRONT VOWEL

Bark scale（バーク尺度）　1961 年に Eberhard Zwicker が提案した聴覚的尺度．低音域における音高の変化のほうが高音域における変化に比べて知覚されやすいことを反映させている．聴覚的尺度としては，ほかにメル尺度（mel scale）などがある．

Bernoulli effect（ベルヌーイ効果）　18 世紀のスイスの数学者 Bernoulli によって明らかにされた，流体の速度が増すほど圧が下がり，速度が落ちるほど圧が上がるという物理現象．声帯振動は一部この現象によって生じる．

bilabial（両唇(音)）　調音位置（PLACE OF ARTICULATION）による子音の分類の 1 つ（あるいはその調音位置）．上下の唇によって調音される．閉鎖音 [p, b]，鼻音 [m]，ふるえ音 [ʙ]，摩擦音 [ɸ, β]，接近音 [w] など．

blade (of the tongue)（舌端）　舌尖（TIP）のすぐ後に位置する舌面．安静時に歯茎突起に対する．歯茎音（ALVEOLAR）の調音に関与する．
⇨ LAMINAL

blank verse（無韻詩）　英詩の代表的詩形である弱強五歩格で作られた詩のうち，詩行末に脚韻語が無いもの．Milton (1608-1674) の *Paradise Lost* や，Shakespeare (1564-1616) の劇の多くが無韻詩の形式で書かれている．

bracketed grid theory（角括弧付格子理論）　Idsardi (1992) が提案した強勢理論．韻律格子（METRICAL GRID）と丸括弧（parenthesis）を用いる Halle and Vergnaud (1987) の理論を基礎に，特別な位置を角括弧（bracket）で表示する点が新しい．Fabb (2002) により，厳密ではない韻律（loose meter）の最大強勢点（STRESS MAXIMUM）の位置を表示するために利用されている．

breath（息）　大きく開いた声帯から流出する肺からの呼気をいう．息だけで生成される音を無声音という．⇨ VOICELESS; WHISPER

breathy voice（息まじり声，息もれ声）　軟口声門が開き，声帯声門が僅かな隙間を作ることにより振動が生じる状態で出る声をいう．声帯が完全に閉じることなく，開いた軟骨声門から息が漏れ出るためこう呼ばれる．つぶやき声（MURMUR）を含めることもあるが，厳密には両者は

区別される．⇨ MURMUR; MODAL VOICE; CREAKY VOICE; VOICE QUALITY

broad transcription（簡略表記）　音声表記のうち，音声的な詳細には全くあるいはほとんど触れない表記法をいう．おおよその場合，簡略表記は音素表記となる．⇨ NARROW TRANSCRIPTION

bunched *r*（隆起のr，盛り上がり舌のr）　英語において，舌体を後ろに引き，前舌面の後部から中舌面を硬口蓋と軟口蓋の中間あたりに向かって盛り上げ，舌の両側面を上の大臼歯に押しつけることによって調音されるrをいう．アメリカ英語話者は主に，反り舌のrより隆起のrを用いる傾向にある．両者の音色はほぼ同じ．⇨ RHOTIC; RETROFLEX

burst（バースト）　閉鎖音の閉鎖が解放される瞬間に一気に放出される音響的なエネルギーをいう．スペクトログラム上では，広い周波数帯にわたって狭い縦線に映る．⇨ RELEASE BURST

b-verse（後半行）　1行が2つの半行（half-line）から構成される古ゲルマン詩の基本単位で，off-verseとも呼ばれる．1行のうちの後半の半行を指し，頭韻する子音を最大1つ含む．例えば，ofer hronrāde hȳran scolde, (*Beowulf* 10) であれば，hȳran scolde が b-verse で，[h] の頭韻である．

C

cadence（文韻律）　詩行中の休止の位置や詩のテクストの文末において観察されるリズムをいう．詩脚（FOOT）が，強弱や強弱弱などの場合には下降調になり，弱強や弱弱強などの場合には上昇調になる．

c(a)esura（行中休止）　詩行（LINE）の中間にある統語構造の切れ目に置かれる休止．例えば，弱強の詩脚（FOOT）が5つ含まれる弱強五歩格の場合，2詩脚＋3詩脚に分割されるという説（Kiparsky (1977) など）があり，その説を前提にすると第二詩脚の直後に行中休止がある．

cardinal vowels（基本母音，基準母音）　D. Jones の規定した，母音を記述するための参照点として置かれる母音をいう．第一次基本母音と第二次基本母音とに分かれる．第一次基本母音のうち，[i] と [ɑ] は調音的に定義され，その他は聴覚的に定義される．第二次基本母音は，17番と18番を除き，第一次基本母音の円唇性を逆転させると得られる．

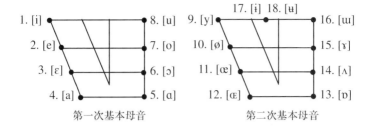

第一次基本母音　　　　　　　第二次基本母音

catalexis（欠節詩行）　詩行（LINE）のうち，行末の音節が欠けていると解釈されるもの．例えば，Dickinson（1830–1886）は，7 音節や 5 音節の詩行を多用しているが，それらは讃美歌の基本形である 8 音節や 6 音節の詩行末の 1 音節が欠落している欠節詩行と解釈できる．

cent(e)ring diphthong（中向き二重母音）　ある一定の母音の調音位置から，舌の位置が母音空間の中央に向かう二重母音をいう：[ɪə], [ɛə], [ʊə] など．⇨ BACKING DIPHTHONG; FRONTING DIPTHONG

central airflow（中央気流）　声道の中央を流れる気流をいう．通常，中央（中線）に対応する側面が存在する摩擦音や接近音について言及する場合に用いられる．側面音に比べると中央音のほうが一般的である．⇨ LATERAL; LATERAL AIRFLOW

central vowel（中舌母音）　前舌母音と後舌母音の中間的な位置で調音される母音をいう：[ə], [ɜ], [ɨ] など．⇨ FRONT VOWEL; BACK VOWEL

checked vowel（抑止母音）　音節末尾に起こらず，必ず尾子音（CODA）が後続する母音をいう．同じ条件下では，開放母音より持続時間が短い．後続する子音との結びつきが密である．このことにより，後続する子音の持続時間が長くなる．⇨ FREE VOWEL

citation form（引用形(式)）　語を単独で発音したときの形をいう．

clear *l*（明るい l）　若干，硬口蓋化した，前舌母音のような，聴覚印象の点で明るい音色を帯びた [l] をいう．母音または半母音 [j] の前，すなわち音節の頭子音（ONSET）の位置に現れる．⇨ DARK *L*

click（吸着音）　軟口蓋とその前方の 2 箇所で閉鎖をつくり，内向的な気流によって産出される破裂音をいう．ズールー語をはじめとするアフリカ諸言語で音素として用いられる．音素として吸着音を用いない英語においても，日常の会話で，リズム構成上の単位となるなど何らかの機能を果たすことが知られている．

clinical phonetics（臨床音声学）言語障害者を対象とした応用音声学の一分野．発音障害などに代表される言語障害の医学的状態を分析する．言語聴覚士や聴覚の専門家との共同作業で，音声学者が，話し言葉や書き言葉の産出と理解にかかる症状を診断し，治療にあたることもある．

close（狭い，狭）母音の開口度の度合いの1つで，下顎が最も高くなり，舌が口蓋に最も接近した状態をいう．高（high）ともいう．⇨ CLOSE-MID; OPEN; OPEN-MID

close approximation（狭接近，開きの狭い接近）口腔内の狭窄の程度が，完全閉鎖（COMPLETE CLOSURE）より広く，開きの広い接近（OPEN APPROXIMATION）より狭い状態をいう．2つの調音器官の間に摩擦が生じる．⇨ COMPLETE CLOSURE; OPEN APPROXIMATION

closed syllable（閉音節）子音で終わる音節をいう．⇨ OPEN SYLLABLE; CHECKED VOWEL

close-mid（狭中，半狭）母音の開口度の度合いの1つで，狭（CLOSE）より開口度が大きく，広中（OPEN-MID）より小さいものをいう．中高（mid high）ともいう．⇨ CLOSE; OPEN; OPEN-MID

closing diphthong（上向き二重母音）ある一定の母音の構えから，母音空間の上方向に向かって軌道が移動する二重母音をいう：[aɪ], [aʊ] など．⇨ DIPHTHONG; CENT(E)RING DIPHTHONG; FRONTING DIPHTHONG

coalescence（融合）隣接する2つの音が相互に影響し合って，1つの音となることをいう．I'll miss you. /-sju/ > [-ʃu] など．しばしば相互同化（RECIPROCAL ASSIMILATION）と同義とされるが，2音が1音に合体する場合を融合とし，2音が残って [mɪʃʃu] となる場合を相互同化と呼んで区別することがある．

coarticulation（同時調音）ある音の産出に際し，同時に2箇所で調音が行われることをいう．例えば [w] は，両唇の接近と丸めを伴うが，一方で後舌面が軟口蓋に向かって高くなるため，両唇と軟口蓋の2箇所で調音を同時に行っている．同時調音には，同格同時調音（co-ordinate coarticulation）と二重調音（DOUBLE ARTICULATION）の2つがある．両者を同様のものであると考える分類があるのと同時に，両者は性格の異なるものであるとする分類もある．⇨ DOUBLE ARTICULATION; PRIMARY ARTICULATION; SECONDARY ARTICULATION

coda（末尾子音，尾子音）音節を構成する要素の1つで，核に後続する

子音または子音連鎖をいう． ⇨ SYLLABLE; ONSET; RHYME; NUCLEUS

colon（半行）　詩行（LINE）の韻律単位の1つ．詩行の1つ下位の単位で，行中休止（C(A)ESURA）により分割された単位を指す．half-line, hemistich とも呼ばれる．

complete assimilation（完全同化）　ある分節音が，隣接あるいは近接する音に影響を受けて，その音と全く同一のものに変化する同化をいう． ⇨ ASSIMILATION; PARTIAL ASSIMILATION

complete closure（完全閉鎖）　口腔内の狭窄において，2つの調音器官が声道の空気の流れを完全に遮断している状態をいう． ⇨ CLOSE APPROXIMATION; OPEN APPROXIMATION

consonance（子音韻）　脚韻（RHYME）の一種．強勢母音同士が違い，後続する子音同士が同一である脚韻型．英詩では，Dickinson（1830-1886）や Yeats（1865-1939）などが多用している．例えば, The Chiefer part, for **Time** [taɪm]— : The former—Checks—on **Fame** [feɪm]—（[aɪm] と [eɪm] の脚韻）（Dickinson 536, 2行と4行）が具体例である．

consonant（子音）　喉頭から唇までの間で，気流が調音器官によって何らかの妨害を受ける音をいう． ⇨ VOWEL

contoid（コントイド，音声学的子音）　Pike（1943）の用語で，音韻論における子音の概念と区別された音声学的な子音の概念をいう．音自体の調音と音響の特性に基づく．例えば，[w], [j] を説明しようとするとき，音声学的な定義と音韻論的な定義の間で不一致を起こすが，これを解決しようとしたのがこの区別である． ⇨ VOCOID; SEMIVOWEL

contour（音調曲線）　発話において，ピッチの変動によって作られる音調の型をいう． ⇨ CONTOUR TONE

contour tone（曲線声調：曲線調）　①（曲線声調）声調言語において，下降や上昇などのピッチの変化によって対立が作られる声調をいう．中国語，タイ語，ベトナム語などに見られる．これに対して，ピッチの高さの相対的な違いによって対立が作られる声調を等質声調という． ⇨ REGISTER TONE　②（曲線調）音調を構成する調子の中で，下降や上昇など，ピッチの変化を伴うものをいう．

correspondence rule（対応規則）　生成韻律論において，抽象的韻律型（ABSTRACT METRICAL PATTERN）に詩の実際の韻律を結びつける規則．詩形ごとに設定される．例えば，英語の弱強五歩格の場合，(i) 詩行の1音節は抽象的韻律型の1つの位置を占める，(ii) 多音節語の主強勢は

抽象的韻律型のS位置にしか生じない，などの規則がある．

couplet（二行連(句)）　詩行のまとまりの一種で，2行で構成されているもの．distichとも呼ばれる．詩のテクストの構造と意味の単位であると同時に，韻律と押韻の単位でもある．

creak（クリーク，きしみ）　発声（PHONATION）のタイプの1つで，軟骨声門を閉じ声帯声門の前端を開いて発声したときの，緩やかな声帯振動を伴う音をいう．一回ごとの声帯振動が聞き取れることが多い．⇨ LARYNGEALIZATION; PHONATION

creaky voice（クリーク声，きしみ声）　きしみに声が加わったものをいう．⇨ CREAK

cricoid cartilage（輪状軟骨）　気管の周囲に存在する輪状の軟骨をいう．首の甲状軟骨（THYROID CARTILAGE）の下部に位置し，内側で輪状甲状靭帯（cricothyroid ligament）と，後側部で輪状甲状関節（cricothyroid joints）と繋がっている．輪状甲状筋，後輪状甲状筋，音声産出および声道開閉に関わる靭帯などを付着させる役割を担う．⇨ THYROID CARTILAGE

cycle（サイクル）　音響音声学において，正弦曲線状の振動の波が規則的に繰り返されるときの，一回分の波形パターンをいう．

D

dactyl, dactylic（長短短格(の)，強弱弱格(の)）　詩脚（FOOT）の一種．古典詩では長短短だが，英詩では強弱弱となる．近代英詩以降の主要な詩脚の1つだが，"... the dactyl is the furthest common metrical foot from the familiar iamb."（強弱弱格は，特殊ではないが，一般的な弱強格から最もかけ離れた韻律脚の型である）（Finch (2002: 66)）という評価がある．

damping（減衰）　音波の振幅が，媒介物にエネルギーを吸収されることにより，次第に小さく弱まり，最終的にはなくなってしまうことをいう．

dark *l*（暗いl）　後舌面が上がり軟口蓋化された，後舌母音に似た音色をもつ [l] をいう．英語では語末や子音前など，音節の尾子音（CODA）の位置に現れる．⇨ CLEAR *L*

declination（漸次下降，自然下降）　発話の冒頭から末尾にかけて，徐々にピッチが下降し，高さ変動域（PITCH RANGE）が狭まる現象をいう．肺臓からの呼気が徐々に減少するために起こる生理現象．

dental(歯;歯音) ①(歯)歯(通常上の前歯)が関わる調音位置の名称.②(歯音)調音位置として歯(通常上の前歯)が関与して調音される音.英語の歯摩擦音 [θ, ð] など.

devoicing(無声化) 通常は声帯振動を伴う有声音が,隣りに無声音が生起するなど特定の音声環境において,部分的にまたは完全に声帯振動を失う現象.まれに devocalization ともいう.⇨ VOICING

diacritic(補助記号,識別記号) 通常の文字や音声字母だけでは表しきれない音声上の特徴を示すために付加される記号.鼻音化を示す tilde(ティルデ)や,長音読みを示す macron(長音記号): man [mæn], lāke [leɪk] など.

dimeter(二歩格) 1行に詩脚(FOOT)が2つ含まれる詩形.2音節の詩脚(弱強,強弱)を基礎にすれば1行は4音節となり,3音節の詩脚(弱弱強,強弱弱)を基礎にすれば1行は6音節となる.英詩では周辺的な詩形である.

diphthong(二重母音) 同一音節内で,音色が一定方向に変化する母音.第一要素の音色から第二要素の音色への変化がなめらかなことが特徴.英語の [ɔɪ, aʊ] など.⇨ MONOPHTHONG

dissimilation(異化) 同じまたは類似した音が,同一語句内で出現するときに,片方の音がより類似性の低い音に変わる現象.同化とは反対の現象で例は少ない.例としてアメリカ英語で [ɹ] の音色の連続を避ける surprise [sɚˈpɹaɪz] > [səˈpɹaɪz] などがある.⇨ ASSIMILATION

distich(二行連(句)) = COUPLET

dorsal(舌背音;後舌音) ①(舌背音)前舌面または後舌面が関与して調音される音.②(後舌音)後舌面が関与して調音される音.

dorsum(舌背;後舌面) ①(舌背)舌端の後ろから舌根の前まで,すなわち前舌面と後舌面を合わせた部分の名称.Catford (1988) などの用語.②(後舌面) = BACK (OF THE TONGUE)

double articulation(二重調音) 声道内の2つの異なる位置で,狭めが同時に起こることをいう.通常は2カ所の狭めが同程度であるときをいうが,程度が異なる場合をいうこともある.同時調音の1つ.⇨ COARTICULATION; PRIMARY ARTICULATION; SECONDARY ARTICULATION

duration(持続時間) 分節音や音節の調音にかかる,物理的な時間の長さ.単位はミリセカンド(msc, ms)を用いることが多い.⇨ LENGTH

E

egressive(呼気の,外向的,流出的) 気流が内から外に向かって流れることをいう.言語音のほとんどは呼気肺臓気流機構によって産出される. ⇨ INGRESSIVE; AIRSTREAM MECHANISM

ejective(放出音) 外向的声門気流機構によって産出される子音.声門をしっかり閉じた状態で喉頭を上昇させることで,高まった口腔内の気圧を外に押し出して作る音.閉鎖音・破擦音・摩擦音がある.

enjamb(e)ment(句またがり) 詩行(LINE)を構成する技法の一種.詩行末が統語単位の途中で終わっている場合を指し,run-on-line とも呼ばれる.無韻詩(BLANK VERSE)で多用されるが,Dickinson (1830-1886)の脚韻詩やアメリカ自由詩などでも多用される.

epiglottal(喉頭蓋音) 喉頭蓋を調音位置として用いる音をいう.言語音で用いられるのはまれだが,破裂音 [ʡ] と摩擦音 [ʜ, ʢ] が観察されている.

epiglottis(喉頭蓋) 喉頭の上部,舌根の下部に位置し,食べ物や飲み物を飲み込むときに気管や肺に入らないように蓋の役目を果たす.まれに調音器官として用いられることもある.

experimental phonetics(実験音声学) 言語音を記録・測定・分析するために,様々な機器やソフトウェアを用いた実験を行う音声学の一分野.研究者の経験や感覚だけに頼らず客観的なデータを用いることが特徴. ⇨ INSTRUMENTAL PHONETICS

Extensions to the IPA (ExtIPA)(拡張 IPA) 言語障害などが原因で生じる特殊な音声を表記するために工夫された IPA 字母の拡張版.障害音声に限らず,日常の会話に現れる音声の詳細を記述するためにも使われることがある.

F

fall(下降調) 発話の際,音の高さ(ピッチ)が比較的高い位置から低い位置へと下がることをいう.音調や声調の記述と分析に用いる.falling (tone) ともいう.

falling rhythm(下降調リズム) 詩脚(FOOT)が,強音節で始まり弱音節が後続する場合に具現されるリズムをいう. ⇨ RISING RHYTHM

fall-rise(下降上昇調) 発話の際,音の高さ(ピッチ)が比較的高い位置から一度下降した後で上昇することをいう.音調や声調の記述と分析に用いる.falling-rising (tone) ともいう.

falsetto(ファルセット,仮声) 声帯を縦に長く伸ばし薄くして振動させることで発声される,基本周波数が通常の声よりも高い声.声門が少し開いて息が漏れるため,しばしばささやき声のような音質を伴う.一般的にいう裏声.

feminine rhyme(女性韻) 脚韻(RHYME)の一種.強音節と後続する弱音節が脚韻している場合を指す.例えば,taking と shaking は,[éɪkɪŋ] の脚韻のペアとなりえるが,語末の -ing は弱音節のため,女性韻の例となる.

filter(フィルター;濾波器) ①(フィルター,濾波器)特定の周波数のエネルギーを弱めたり強めたりするなど調節する装置.②(フィルター)音源・濾波説において,共鳴器の役目を果たす声道を指す.⇨ SOURCE-FILTER THEORY

flap(弾音,はじき音) ある調音器官を別の調音器官に短く接触させることで産出する音.能動調音体(通常は舌尖)が後ろにひかれた後,通常の状態に戻る運動の途中で別の調音器官に触れる点でたたき音と異なる.⇨ TAP

foot(脚,韻脚;詩脚) ①(脚,韻脚)強勢のある音節から次の強勢音節の直前までをひとまとまりとする強勢拍リズムの単位.Abercrombie (1967) などの用語.②(詩脚)詩の韻律(METER)の基本単位.古典詩では,長音節と短音節の組み合わせにより複数の型がある.英詩では,強音節と弱音節との組合せにより,2音節で弱強と強弱,3音節で弱弱強と強弱弱,4音節で弱弱弱強と強弱弱弱などの型がある.近代英語期以降の英詩では,弱強格(IAMB)が中心的存在である.

forensic phonetics(法音声学) 音声学の応用分野の1つ.録音された音声から話者を特定するなどの,主として犯罪捜査や訴訟手続きに利用される応用音声学の総称.

formant(フォルマント) 母音などの音が産出される際,エネルギーが増幅して共鳴がおこる周波数帯域.スペクトログラムでは黒い帯のように表れ,周波数が低い方から第一フォルマント(F_1),第二フォルマント(F_2)と番号を付けて呼ぶ.

fortis(硬音) 調音器官の筋肉を緊張させ,より強いエネルギーを用いて産出される子音.一般的に無声音と対応する.英語では無声の破裂音・破擦音・摩擦音が硬音にあたる.硬音・軟音を区別する実験による確証は得られていない.⇨ LENIS

free vowel(開放母音,自由母音) 後ろに子音が続かなくとも音節末に

生起できる母音．開音節と閉音節の両方で現れる母音．英語では長母音と二重母音がこれにあたる．⇨ CHECKED VOWEL

frequency（周波数，振動数） 1秒間に繰り返される，音波などの周期の回数．単位はヘルツ（Hz）またはサイクル／秒（cps）を用いる．周波数が高い音波ほど，人間は高い音と知覚する傾向にある．

fricative（摩擦音） 2つの調音器官を近づけて作る狭い隙間を，乱れた気流が通ることにより摩擦を伴って産出される子音．歯茎音の [s, z] や，唇歯音の [f, v] などがある．

fronting diphthong（前向き二重母音） 前舌母音に向かって音色が変化する二重母音．[ɪ] に向かう英語の [aɪ, ɔɪ] など．⇨ BACKING DIPHTHONG; CENT(E)RING DIPHTHONG

front (of the tongue)（前舌（面）） 舌端の後ろから後舌面の前までの部位の名称．安静な状態で口を閉じたときに，硬口蓋に対応する部分をいう．⇨ BACK (OF THE TONGUE)

front vowel（前舌母音） 前舌面が硬口蓋に向かって上がる，すなわち舌の一番高い部分が口腔内の前方である母音．[i] や [e] など．⇨ BACK VOWEL; CENTRAL VOWEL

full vowel（完全母音） 弱化していない，すなわち中舌化せず，語の基底形で有する対立を表層形においても失っていない母音．強形や当該母音が強勢を担う場合などに現れる．⇨ STRESS; REDUCED VOWEL; STRONG FORM; WEAK FORM

fundamental frequency (F_0)（基本周波数，基本振動数） 音の音響的情報の1つ．複合音の周波数成分のうち最も低いもの．周期的な波形が1秒間に繰り返される回数を表す．聴覚的な音の高さ（PITCH）と密接に関わる．基本周波数が多いほど聴覚的には高く聞こえる音となる．⇨ PITCH

G

general phonetics（一般音声学） 特定の個別言語の音声学とは独立に，人間の音声器官によって産出可能なすべての音声を対象とする音声学をいう．言語音の特性を支配する普遍的諸原理を明らかにすることを目標とする．

generative metrics（生成韻律論） 生成文法の言語観に立脚する生成音韻論の枠組みにおける韻律論．詩人がもつ詩行の韻律の適格性や押韻の適格性を判断する能力を，具体的な詩分析を通して解明することを目的

とする．Halle and Keyser (1966, 1971) 以降多数の研究がある．

gesture（ジェスチャー，調音動作）　言語音を産出するために，舌や唇などの調音器官がとる構え，ないしは運動の総体．いわば口内で起こる調音器官の「身ぶり」．

glide（わたり音）　①ある単音への調音器官の変化に伴って生じる遷移的な音声．出わたり（OFF-GLIDE）と入りわたり（ON-GLIDE）に区別される．⇨ ON-GLIDE; OFF-GLIDE　②子音の分類の1つ．[j] や [w] など，それ自身の調音上の定常部を持たず，次にくる母音への比較的ゆっくりした調音器官の漸次的運動によって特徴づけられる子音．

glottal（声門音）　調音位置に基づいて子音を分類する用語の1つ．声門の閉鎖や狭めによって作り出される音をいう．

glottalic airstream mechanism（声門気流機構）　言語音産出のための気流を作り出す機構の1つ．声門および口腔内の調音位置で閉鎖した状態で喉頭を上下動させることによって気流を作り出す．⇨ AIRSTREAM MECHANISM; EJECTIVE; IMPLOSIVE

glottalization（声門化）　声門の緊張や閉鎖を伴う調音をいう．声門気流機構を用いて出す放出音や入破音を声門化音（glottalized sound）と呼ぶこともあるが，この用語はしばしば声門の素性が二次調音である場合に限られる．

glottal reinforcement（声門による強化）　無声破裂音 [p], [t], [k] の閉鎖と同時に声門閉鎖を行うことにより，調音を強化することをいう．典型的には，語末の無声破裂音に起こる．例えば Wait! [weɪʔt] や rack [ɹæʔk] など．/t/ の異音として [ʔ] が生じる現象とは区別される．⇨ GLOTTALIZATION; PRE-GLOTTALIZATION

glottal stop, **glottal plosive**（声門閉鎖音，声門破裂音）　声門を完全に閉鎖して発する音声をいう．破裂を伴う場合には声門破裂音（glottal plosive）と呼ぶ．

glottis（声門）　左右の声帯で囲まれる気管の入り口をいう．声門の前後の長さは成人男子で 20mm 程度，成人女子で 15mm 程度である（藤村 (1972: 19)）．

gridline（格子行）　韻律格子（metrical grid）を用いる強勢理論の表示．line 0 が強勢付与可能位置を示し，line 1 以上が強勢を付与されていることを示す．この表示は，Fabb (2002) と Fabb and Halle (2008) により韻律論に応用され，line 0 が韻律位置（METRICAL POSITION）を，line 1 以上が詩脚（FOOT）の主要部（head）などを，それぞれ表示する．

⇨音韻 GRID

grooved(溝舌の) 舌の前後方向に細長い溝のできた状態.特に摩擦音の分類において舌の形状を問題にする際に用いられる概念.例えば英語の [s, z] と [θ, ð] の舌の形状対比では [s, z] が溝舌である. ⇨ SLIT

H

half-line(半行) = COLON

hard palate(硬口蓋) 口蓋の前部分,約3分の2を成す部分.前方および側面は歯列に囲まれ,粘膜の下は骨格で硬く,中央部および後方に向かって高くドーム形を成している. ⇨ SOFT PALATE

harmonic(倍音) 複合音の周期的周波数成分のうち基音に対し整数倍の周波数をとるもの(基音の周波数 = F_0(基本周波数).低いものから順に第1倍音,第2倍音,のように呼ぶ.なお研究者や分野により第1倍音 = 基音とする立場と,第1倍音 = 基音の2倍の周波数成分とする立場があり注意が必要.

h-dropping(h音脱落) 語頭で強勢音節の /h/ が発音されないことをいう.イギリス英語で広く見受けられるが,英国容認発音では起こらない.例えば house の /h/ は脱落し,hair と air は同音異義語となる.機能語(代名詞の him, her, 助動詞の have, had など)で無強勢音節にある h 音が脱落する現象とは区別される.

head(頭部) 音調研究において,1つの音調句(INTONATIONAL PHRASE)の構造を説明する用語.音調句内の最初の強勢音節から核(NUCLEUS)の直前までの音節が作る部分. ⇨音韻 INTONATIONAL PHRASE

hemistich(半行) = COLON

heptameter(七歩格) 1行に詩脚(FOOT)が7つ含まれる詩形.英詩の場合には,通例,弱強格14音節の詩で,第四詩脚の直後に行中休止(C(A)ESURA)があり,四歩格と三歩格に分かれているものが多い.英詩ではきわめて周辺的な詩形である.

heroic couplet(英雄詩体二行連句) 英詩の弱強五歩格において用いられる2行から成る詩行のまとまり.構造と意味のまとまりであると同時に,同じ韻律型をそなえ,詩行末の語同士が脚韻語となる.

Hertz(**Hz**)(ヘルツ) 周波数に対する尺度の単位.例えば100Hzは周波数が100(振動のサイクルが1秒当たり100回)であることを表す.ドイツの物理学者 Heinrich Hertz の名にちなんでつけられた. ⇨ FRE-

QUENCY

hexameter（六歩格）　1行に詩脚（FOOT）が6つ含まれる詩形．もともと，古典ギリシャ詩で，長短短の詩脚が6つある詩（ただし，行末短音節欠落）を指す．英詩では，その形式を基礎にして，強弱弱六歩格，強弱六歩格，弱弱強六歩格，弱強六歩格の4種類の詩形が生まれたが，周辺的な形式である．

hiatus（母音連続）　音連鎖においてそれぞれ別の音節主音となる母音が連続することをいう．音節主音を成す1つの母音中で音色が変わる二重母音とは区別される．母音連続は一般に子音の挿入により回避される傾向にある．

High Rising Terminal（**HRT**）（高上昇終端調）　英語において，平叙文の文末に現れる高い上昇調をいう．年配層なら下降調を用いるべきところで用いられ，1980年代から若年層を中心に使われ始めた．uptalk（尻上がり調）ともいう．実際の発話例では，高い上昇でなく，低いところからの上昇も見られることから，High Rising Terminal という用語は適切でなく，uptalk を用いるべきであるとする意見もある．

hold phase（持続相）　Catford (1988) の用語．調音を，その音の構えに入るために動く approach(接近)，調音器官がその構えを持続する hold(持続)，調音器官がその構えから離れてゆく解除 (release)，の三段階に分けた場合の中間の段階．hold stage(持続期) ともいう．⇨ APPROACH PHASE; RELEASE PHASE

homorganic（同器官的）　音声の分類における用語．例えば [p, b, m] のように同じ調音位置で産出される音声を指すのに用いられる．

hyoid bone（舌骨）　舌根の下部にあり，舌を支持する骨の1つである．舌骨より上にある舌骨上筋群 (suprahyoid muscles) で下顎，頭蓋底に連結し，舌骨より下の舌骨下筋群 (infrahyoid muscles) で喉頭，胸骨，肩甲骨に連結する．喉頭の上下動に関与する．

I

iamb, iambic（短長格(の)，弱強格(の)）　詩脚（FOOT）の一種．古典詩では短長だが，英詩では弱強となる．英詩の脚の中心的な存在であり，讃美歌などで利用される弱強三歩格（1行6音節）や弱強四歩格（1行8音節），そして様々な詩で利用される弱強五歩格（1行10音節）などがある．

implosive（入破音）　子音の分類に用いる用語．口腔内と声門を閉鎖

し喉頭を下げることで生じる気流によって産出する子音を指す. ⇨ GLOTTALIC AIRSTREAM MECHANISM

impressionistic transcription（印象表記）　未知の言語の音声や，幼児や障害者の発話における音声を表記する際に用いられる，音韻論的知識に頼らない，純粋に観察者の印象のみによって行われる音声表記をいう. 音声面の詳細を記述するため，必然的に精密表記となる.

inaudible release（不可聴解放，不可聴解除）　破裂音で閉鎖解放（解除）が弱く，聴覚上その音が聞こえない場合にその閉鎖解放を指していう用語. これに対し，unreleased は調音上の観点から閉鎖解放がないものをいう.

ingressive（吸気の，内向的，流入的）　言語音を作り出す気流の方向が音声器官の外部から内部への内向きであることを指す. 入破音（IMPLOSIVE）および吸着音（CLICK）は内向きの気流を利用した言語音である. 肺臓気流に関しては言語構造外の偶発的な音声として産出されることがある. ⇨ EGRESSIVE; IMPLOSIVE; CLICK

initiation（始動）　言語音を産出するために空気の流れを作り出す活動をいう. 気流機構（AIRSTREAM MECHANISM）ともいう. ⇨ INITIATOR

initiator（始動体）　気流を始動するために用いる器官をいう. 例えば，肺臓気流機構における始動体は肺である. ⇨ INITIATION

instrumental phonetics（機械音声学，器械音声学）　音声学研究の一領域を指す用語. その主題にかかわらず，機器を用いて行う研究をいう. ⇨ EXPERIMENTAL PHONETICS

intensity（音の強さ）　1平方メートルの面積において単位時間あたりに伝達される音のエネルギー量. 聴覚的には音の大きさ（LOUDNESS）と密接に関係する.

interdental（歯間の，歯間音）　子音の分類に用いる用語. 調音に際して，舌尖を上下前歯間に挟むようにして産出する音を指す.

International Phonetic Alphabet（**IPA**）（国際音声字母）　言語音声を記述するために用いられる音声記号の一種. 国際音声学協会（INTERNATIONAL PHONETIC ASSOCIATION）が 1888 年に定め，その後数次の修正が重ねられ，現在音声学において最も広く用いられる音声記号となっている. ⇨ INTERNATIONAL PHONETIC ASSOCIATION (IPA)

International Phonetic Association（**IPA**）（国際音声学協会）　音声研究の推進のために 1886 年にヨーロッパで創設された国際的な学術機関. *Journal of the International Phonetic Association*（『国際音声学協会機

関誌』）を発行.

intonation（音調，抑揚，イントネーション）　超分節的に現れる音声現象の1つ．音声言語において発話全体に関わるピッチの様相をいう．統語上の切れ目や，平叙や疑問といった文の機能を示すなどの働きをする．⇨ TONE; ACCENT

intrusive-*r*（嵌入の r）　非 r 音アクセントにおいて，r 音を発音する歴史的な正当性（綴りなど）がない個所で，母音連続を避けるために挿入される r 音をいう：drawing [drɔːrɪŋ], law and order [lɔːrəndɔːdə]　⇨ LINKING-*R*

isochrony（等時間隔性）　発話において，強勢（STRESS），音節（SYLLABLE），モーラ（MORA）など何らかの音声要素が時間的にほぼ等間隔に現れること（研究者によってこの用語の使用は強勢の場合に限る場合もある）．その言語のリズム特徴と関わる．isochronism ともいう．

K

Kaluza's Law（カルーザの法則）　Kaluza (1896) が提案した，古英詩の音節分解（RESOLUTION）の生起に関する法則性．概略，半行末の [$_{WORD}$ $C_0V_aCV_bC_0$]（V = 短母音）において，V_b がゲルマン祖語の短母音由来の母音の場合にのみ音節分解が生じる，という法則性である．近年では，Fulk (1992) や Russom (1998) などがこの法則性を論じている．

Kuhn's Laws（クーンの法則）　Kuhn (1933) が提案した，古ゲルマン詩における機能語の分布を規定する規則．概略，(i) 文中の弱要素は半行頭の弱位置を占める，(ii) 半行頭の弱位置は文中の弱要素が占めなければならない，という2つの規則から成る．近年では，Fulk (1992), Hutcheson (1995), Momma (1997), Russom (1998) などがこの法則性を論じている．

L

labial（唇音）　唇が調音に関与する音のグループ．両唇音と唇歯音が含まれる．唇の丸めを伴う接近音 [w] や円唇母音を含めることもある．⇨ BILABIAL; LABIODENTAL

labialization（唇音化，円唇化）　両唇をせばめることによる二次調音をいう．⇨ SECONDARY ARTICULATION

labial velar, labiovelar（両唇軟口蓋音）　両唇と軟口蓋による二重調

音によって産出される音をいう．例えば，[w] は両唇軟口蓋接近音である．　⇨ DOUBLE ARTICULATION

labiodental（唇歯(音)）　調音位置による分類の1つで，上歯と下唇をせばめることによって産出される音，あるいはその調音位置．IPA には，鼻音 [ɱ]，摩擦音 [f, v]，接近音 [ʋ] などがある．

labiovelarization（両唇軟口蓋化）　両唇と軟口蓋をせばめることによる二次調音をいう．　⇨ SECONDARY ARTICULATION

laminal（舌端音）　舌端が能動調音体となって調音される音をいう．　⇨ APICAL

laryngeal（喉頭音）　喉頭で産出される子音をいう．声門閉鎖音と声門摩擦音が含まれる．　⇨ GLOTTAL STOP, GLOTTAL PLOSIVE

laryngealization（喉頭化）　声帯をせばめることによる二次調音をいう．完全に声帯が閉鎖することは少なく，きしみ声になることが多い．　⇨ CREAKY VOICE; GLOTTALIZATION

larynx（喉頭）　音声器官の1つで声道の下から気管の上にあたる部分．声帯も喉頭に含まれる．　⇨ ORGANS OF SPEECH

lateral（側面音，側音）　調音様式の1つで，舌の中央部は閉鎖するが片方もしくは両方の側面部を解放させて産出する音．IPA では，側面摩擦音 [ɬ, ɮ] と側面接近音 [l, ɭ, ʎ, ʟ] がある．

lateral airflow（側面気流）　舌の中央部ではなく側面から流出する気流をいう．CENTRAL AIRFLOW（中央気流）に対する．

lateral plosion（側面破裂）　側面解除によって生じる破裂をいう．「破裂」と「解除」とを区別しない立場もある．　⇨ LATERAL RELEASE

lateral release（側面解除，側面解放）　閉鎖音において閉鎖の解除が舌の中央部ではなく側面で起きることをいう．　⇨ LATERAL PLOSION

length（長さ）　音声的な持続時間（DURATION）に対して，音韻的な長さを指す．例えば，日本語における長母音と短母音の音韻的な対立は，母音の「長さ」の対立である．　⇨ DURATION

lenis（軟音）　筋肉の緊張を弱めた状態で産出される音を軟音と呼ぶ．一般的に有声音に対応する．ただし，筋肉の緊張度は音声産出の様々な要因の影響を受けるため，硬音と軟音の区別を明確に規定する基準ははっきりしていない．　⇨ FORTIS

level tone（平板声調；平板調）　①（平板声調）声調言語において，音節などの声調を担う単位内でピッチが変動しない声調．②（平板調）音調研究において音の高さの変動がほとんどないものを指している．　⇨

TONE; CONTOUR TONE

liaison（リエゾン） 主としてフランス語で語末の子音は通常発音されないが，母音が後続する場合にはその子音が発音されるという連結現象をいう．petit_ami [pətitami] など．

line（詩行） 詩の基本単位．長さにより規定されている場合と，長さ以外の要素により規定されている場合がある．英詩の弱強五歩格は，前者の例で，1 行 10 音節（詩脚（FOOT）は 5 つ），と規定されている．それに対して，古英語頭韻詩は，後者の例で，半行には語の主強勢が 2 つ（1 行中に 4 つ），と規定されている．

linguolabial（舌唇音） 上唇と舌尖もしくは舌端でせばめを作って産出される子音．IPA では補助記号を用いて [t̼, d̼] のように表記される．

linking-*r*（連結の r） 標準イギリス英語において語末の r は子音が後続する場合には発音されないが，母音が後続する場合には発音されるという現象．例えば for example では，単独の for では発音されない [ɹ] が発音される．

lip rounding（円唇化，唇の丸め） 調音に際し唇を丸めてせばめることをいう．唇の突き出しがある場合とない場合がある．音響音声学的にはフォルマントを下げる効果がある．

liquid（流音） r 音と側面接近音をまとめた子音のグループ．⇨ LATERAL; RHOTIC

loudness（音の大きさ） 音の強さに関する主観的な印象．音の振幅と相関がある．⇨ AMPLITUDE

lower articulator（下部調音体，下部調音器官） 調音体のうち，下側に位置するものをいう．下唇，下歯，舌などが該当する．upper articulator（上部調音体，上部調音器官）に対する．⇨ ARTICULATOR

***l*-vocalization**（l の母音化） [l] 音が母音に置き換えられる現象をいう．複数のヨーロッパ言語で観察される．英語では，middle [ˈmidʊ] のように成節子音などで現れる「暗い l」が母音化しやすい．

M

manner of articulation（調音様式，調音様態，調音法） 調音体が音声を産出するために気流に干渉する方法．IPA には破裂音，鼻音，ふるえ音，たたき音／はじき音，摩擦音，側面摩擦音，接近音，側面接近音の 8 種類の調音様式がある．⇨ ARTICULATION; ARTICULATOR

masculine rhyme（男性韻） 脚韻の基本形で，主強勢を担う音節（強勢

母音と後続する子音（連結））同士を押韻させる技法．例えば，fame：name のペアは [éɪm] の部分が押韻しており，主強勢を担う音節同士の押韻となり，男性韻の具体例である．

maxent metrics（マクセント韻律論）　Hayes, Wilson and Shisko (2012) が提唱する韻律論．「重さ」（weight）を付与された制約により詩行の適格性を説明する理論で，「重い」制約に違反している詩行ほど出現率が低い，ということを主張する．個々の詩行の適格性を統計的に説明でき，制約について統計的な評価ができるとする．

meter（韻律，律格）　詩の必須要素の1つである詩行のリズム型．詩脚（FOOT）の種類と数の組み合わせで様々な形式があるが，同等の資格で存在しているわけではない．特に，近代英詩以降は，弱強五歩格が中心にあり，その他の型は周辺的なものである．

metrical position（韻律位置）　詩行（LINE）の適格性に関与する音節が占める位置．例えば，弱強五歩格であれば，1行に弱音節と強音節が交互に現れる10箇所の韻律位置がある．

metrics（韻律論）　詩の韻律と押韻という詩形の音韻的側面を研究する分野．伝統的な研究では，詩の韻律構造と押韻方法の記述を主たる目的とする．それに対して，1960年代以降発展した生成韻律論（GENERATIVE METRICS）では，詩人が適格な韻律や押韻と不適格な韻律や押韻を峻別できる能力の解明を目的とする．

mid-sagittal section（正中矢状断面図）　音声器官を中心線から輪切りにした図．ある音声を産出する際に音声器官がどのような形状を取るのかを示すために使用されることが多い．

modal voice（通常の声立て）　声帯が規則正しく振動する，最も一般的な声の出し方で，normal voice ともいう．声門の開いている時間と閉じている時間がほぼ等しく，声帯が振動するごとに，声門は完全に閉じられる．⇨ BREATHY VOICE, CREAKY VOICE, PHONATION

monometer（一歩格）　1行に詩脚（FOOT）が1つだけ含まれている詩形．通例は，1つの詩の中の一部に用いられる．一貫して一歩格で構成されている詩はあるにはあるが，極めて稀な存在である．

monophthong（単母音，単一母音）　音節内での音色が一定で変化しない母音をいう．⇨ DIPHTHONG

motor equivalence（運動の等価性）　Ladefoged (1975, 1982^2, 1993^3), Ladefoged and Johnson (2014) などの用語で，別個の調音動作が同一の音を産出することをいう．調音動作は異なっていても同一の音で知覚

されるため，聴者や言語記述にとってはその動作の違いは意味を持たない．

motor theory of speech perception（発話知覚の運動説，音声知覚の運動説）　人間が音声を知覚する際に，音のパタンではなく声道内の調音動作に基づいて行うとする仮説をいう．1950年代に A. Liberman と F. Cooper によって提唱された．

murmur（つぶやき(声)）　喉頭の緊張を緩めて声帯後部を開いた上で声帯前部を振動させた発声を指す．息まじり声と比べると声帯の解放がやや狭い．⇨ BREATHY VOICE; PHONATION

N

narrow-band spectrogram（ナロー・バンド・スペクトログラム，狭帯域幅スペクトログラム）　音声スペクトルを時間，周波数，強さの点から表すスペクトログラムのうち，周波数成分をより正確に表示するもの．音声のある時点における倍音構造を見るのに適する．⇨ SPECTROGRAM; WIDE-BAND SPECTROGRAM

narrow transcription（精密表記）　IPA を用いた音声表記のうち，音声記号に加えて補助記号を用い，できるだけ詳しく音声を記述する方法．⇨ BROAD TRANSCRIPTION

nasal（鼻音；鼻腔音）　①（鼻音）= NASAL STOP　②（鼻腔音）気流が鼻腔を通って出される音をいう．口腔内における閉鎖の有無を問わない．

nasal airflow（鼻腔気流）　口腔ではなく，鼻腔に抜ける気流をいう．⇨ ORAL AIRFLOW

nasal cavity（鼻腔）　咽頭の上から鼻孔までの鼻の内部，空洞をいう．「びこう」が正しいが，医学界の慣例に倣って「びくう」ともいう．

nasalization（鼻音化）　①気流を口腔に流すと同時に，口蓋帆を下げ鼻腔にも流すことをいう．鼻音に隣接する際，調音上の影響を受けて起こる．②口腔閉鎖音の閉鎖の解除に鼻腔破裂を用いることをいう．

nasal plosion（鼻腔破裂）　閉鎖音の後に同じ調音点の鼻音が続く環境で，閉鎖の解除が口蓋帆を下げることによって行われることをいう．happen や ribbon の [-pm̩, -bm̩], button や sudden の [-tn̩, -dn̩], bacon や wagon の [-kŋ̍, -gŋ̍] など．nasal release ともいう．「破裂」と「解除」を区別する立場もある．

nasal release（鼻腔解除，鼻腔解放）　= NASAL PLOSION

nasal stop（鼻腔閉鎖音）　口腔内において完全な閉鎖を作ると共に口蓋帆を下げることで，気流が鼻腔のみを通って産出される音をいう．単にNASAL とも呼ばれる．⇨ ORAL STOP

nasal vowel（鼻母音）　口蓋帆が下がり，気流の一部が鼻腔を通って産出される母音をいう．口腔内に閉鎖がなく，気流は口腔も通り抜ける．nasalized vowel ともいう．

neutral lips（普通唇）　唇を丸めた円唇でも，口角を引いた平唇でもない唇の形状をいう．⇨ ROUNDED LIPS; SPREAD LIPS

non-rhotic（非 r 音アクセント(の)）　英語の [ɹ] の発音の違いによる分類をいう．非 r 音アクセントでは，母音の直前以外の [ɹ] が母音化され，[ɹ] として現れない．英国の容認発音（RECEIVED PRONUNCIATION）に代表される．⇨ RHOTIC; 社会 RECEIVED PRONUNCIATION

nucleus（核音；核）　① （核音）音節の中で，聞こえ度が最も高い音節構造上の必須要素をいう．通常，母音が占める．② （核）音調曲線において，音声的に最も大きな卓立のある音節をいう．文強勢が置かれ，上昇調・下降調が生じやすい位置となる．TONIC SYLLABLE ともいう．

nursery rhyme（伝承童謡）　イギリスで口承伝承されてきた詩の総称．詩形には様々なものがあるが，口ずさみやすいリズムと同一の音の繰り返しによる押韻が特徴である．

O

octameter（八歩格）　1 行に詩脚（FOOT）が 8 つ含まれている詩形．通例，8 つの 2 音節詩脚（弱強もしくは強弱）（1 行 16 音節）から構成されている．行中休止（C(A)ESURA）があり，四歩格 2 つから構成されていると解釈される．英詩では周辺的な形式である．

off-glide（出わたり）　異なる 2 つの単音が連続するとき，一方の音の中心から次の音へ移行する部分，またはその移行部分に生じる音をいう．RELEASE PHASE（解除相）ともいう．⇨ GLIDE; ON-GLIDE

off-verse（後半行）　= B-VERSE

on-glide（入りわたり）　異なる 2 つの単音が連続するとき，一方の音から次の音の中心へ移行する部分，またはその移行部分に生じる音をいう．APPROACH PHASE（接近相）ともいう．⇨ GLIDE; OFF-GLIDE

onset（頭子音；頭部開始点，出だし；声の出）　① （頭子音）音節を構成する要素の一部（随意的）で，核の前の子音（連鎖）をいう．⇨ CODA　② （頭部開始点，出だし）音調曲線において，最初の卓立がある音節．

③（声の出）無声から有声に変わることをいう．⇨ VOICE ONSET TIME (VOT)

on-verse（前半行）= A-VERSE

open（広い，広）基本母音の体系で，底辺上，底辺の付近に位置づけられる母音についていう．舌の位置が低く，口蓋との間が広い母音，または，口の開きが大きな母音についていう．⇨ CLOSE; CLOSE-MID; OPEN-MID

open approximation（広接近，開きの広い接近）調音において，調音器官同士が接近するものの，閉鎖を作ったり，摩擦を起こしたりするには至らず，せばめ（constriction）の程度が少ない状態を指す．接近音や母音を作る．⇨ CLOSE APPROXIMATION; COMPLETE CLOSURE

open-mid（広中，半広）基本母音の体系で，高さを3等分した際に，下側の線上，または，その付近に位置づけられる母音についていう．聴覚的に，狭中と広の間の母音についていう．⇨ CLOSE; CLOSE-MID; OPEN

open syllable（開音節）音節末に子音がなく，母音で終わる音節をいう．⇨ CLOSED SYLLABLE

oral（口腔音，口音）口蓋帆を閉鎖した状態で発せられ，口腔のみを通る気流によって調音される音をいう．

oral airflow（口腔気流）口腔に抜ける気流をいう．⇨ NASAL AIRFLOW

oral cavity（口腔）音声器官の中で，咽頭より上の，両唇，口蓋，頬で囲まれた空間をいう．「こうこう」が正しいが，医学界の慣例に倣って「こうくう」ともいう．

oral stop（口腔閉鎖音）口腔内における完全な閉鎖と，口蓋帆の閉鎖を伴って調音される音．通常は単に，閉鎖音（STOP）という．⇨ NASAL STOP

organs of speech（音声器官）言語音を産出するために用いられる器官を指す．肺臓，喉頭，咽頭，鼻腔，口腔とそこにある諸器官をいう．

oro-nasal airflow（口腔・鼻腔気流）口腔と鼻腔の両方に抜ける気流をいう．鼻音化を引き起こす．⇨ NASAL AIRFLOW; ORAL AIRFLOW

℗

palatal（（硬）口蓋音）調音位置に基づく子音の分類．前舌面と硬口蓋により閉鎖，または狭めを作ることで調音される音声をいう．英語では，you の [j]．

palatalization（(硬)口蓋化） 二次調音の1つで，調音の際に，前舌面が硬口蓋に向かって盛り上がることをいう．

palate（口蓋） ①口腔の天井部．硬口蓋と，さらにその後部に位置する軟口蓋から成る．口蓋垂は通例，口蓋には含めない．②硬口蓋のみを指していう． ⇨ HARD PALATE; SOFT PALATE

palato-alveolar（(硬)口蓋歯茎(音)） 調音位置に基づく子音の分類．舌端と後部歯茎により調音される音声，またはその調音位置をいう．IPAでは POSTALVEOLAR を推奨．

palatography（口蓋図法） 調音に際して舌が口蓋のどこに接しているかを示す図を palatograph（口蓋図）と呼び，その口蓋図を得るための方法をいう．口蓋図法には被験者が人工口蓋を装着する方法と，口蓋に粉末を塗り接触部位を写真撮影する方法がある．

paralanguage（パラ言語，周辺言語，準言語，副次言語） Hill (1958)の用語．言語活動に伴って生じ，意志伝達行為に寄与する声音，声の出し方，身振りや顔の表情などの非言語行動をいう．非言語活動の中に非音声的要素が含まれないこともある．パラ言語を研究対象とする分野を paralinguistics（パラ言語学）と呼ぶ．

partial assimilation（部分同化） 同化が完全ではなく，部分的にのみ起こることをいう．good morning において，good の語末 [d] が後続の鼻音 [m] に完全に同化すれば [gʊm mɔːnɪŋ] となるが，調音位置にのみ部分的に同化すれば両唇音 [b] となり [gʊb mɔːnɪŋ] となる．incomplete assimilation（不完全同化）とも呼ばれる． ⇨ COMPLETE ASSIMILATION

passive articulator（受動調音体，受動調音器官） ARTICULATOR（調音体，調音器官）のうち，調音の際に積極的な役割を果たさず，歯茎突起，硬口蓋，軟口蓋のように可動性を持たず補助的な役割を果たし，受け手となるものをいう．ACTIVE ARTICULATOR（能動調音体，能動調音器官）に対する．

pause（ポーズ，休止） 発話の途中で音声が一時的に中断したり途切れたりすることをいう．休止は，句・節・文などの文法的境界を示すため，または，息継ぎのために起こる．無音の休止（silent pause）だけでなく，ことばに詰まり er, uh などが発せられる有音休止（filled pause）も，休止に含まれる．

pentameter（五歩格） 1行に詩脚（FOOT）が5つ含まれる詩形．英詩の場合には，弱強五歩格，強弱五歩格，弱弱強五歩格，強弱弱五歩格の4

種類がある．しかし，その中でも弱強五歩格が中心的な存在であり，他の3種類は周辺的な存在である．

perception（知覚）　耳に達した音波（言語音）を，おもに PITCH（ピッチ），LOUDNESS（音の大きさ），quality（音質），LENGTH（長さ）などの観点から，人間が脳で主観的に認知することをいう．知覚はしばしば音響的事実と一致しない．⇨ PRODUCTION; AUDITORY PHONETICS

percussive（打破音）　調音時に，2つの調音体が閉鎖を開始したり解除する際に生じる噪音をいう．肺臓気流によることもあるが，必ずしも気流を必要としない．発話を始める準備として閉じていた両唇を離す際などに生じる．音素としての機能はもたないとされる．

periodic（周期音）　一定の周期で同じ波形を繰り返す音波からなる音で，ピアノなど楽器の音，母音，接近音，鼻音などをいう．そうでないものを aperiodic（非周期音）と呼ぶ．

perseverative coarticulation（持久同時調音）　Ladefoged (1975, 1982^2, 1993^3), Ladefoged and Johnson (2014) などの用語．声門閉鎖音に後続する母音が喉頭化するなど，先行する音の特性が後続する音の調音に持ち込まれることをいう．

pharyngeal（咽頭音）　咽頭の音または咽頭に関わる音のことで，舌根と咽頭壁によって調音される音声をいう．

pharyngealization（咽頭化）　二次調音の1つで，舌根を咽頭壁に向かって引くことによって生じる咽頭の狭めを関与させるもの．国際音声字母では，有声咽頭摩擦音 [ʕ] を右上つきの記号として用いて [tˤ] のように表すか，軟口蓋化と同様に中ティルデ [~] を用いて [t̴] のように表す．

pharynx（咽頭，咽頭腔）　喉頭（LARYNX）のすぐ上に続く垂直の腔（cavity）をいう．口腔（ORAL CAVITY），鼻腔（NASAL CAVITY）とともに VOCAL TRACT（声道）を構成する．

phonation（発声）　声帯（VOCAL FOLDS）が様々な解放の状態を作って気流を通過させ，言語音を産出する働きをいう．気流が完全に遮断される声門閉鎖を発声に含める場合とそうでない立場とがある．発声には，ささやき（WHISPER），つぶやき声（MURMUR），きしみ声（CREAKY VOICE）などがあるが，日常会話で最も頻繁に使われるのは有声音（voiced sound）と無声音（voiceless sound）である．

phonetics（音声学）　言語音の産出機構，音響的特性，知覚の方法を解明することを主な研究対象とする言語科学の一分野．言語音を記述し，

分類し，表記する方法を明確に規定することを目標とする．

pitch（ピッチ，音の高さ）　音の周波数に対して聞き手が持つ，音の高さの上がり下がりといった主観的・心理的な感覚をいう．音の周波数はヘルツ（Hz）やサイクル／秒（cps: cycles per second）という単位で表され，周波数が高ければ，ピッチも高くなる．⇨ INTONATION

pitch range（高さ変動域）　各個人の発話では，音の高さの変動はある一定の範囲内で生じる．この変動の範囲をいう．pitch compass（ピッチ使用範囲），tessitura（テッシトゥーラ）ともいう．

place of articulation（調音位置）　言語音の調音の際には，声道の様々な位置で狭めが形成される．この狭めが形成される位置のことをいう．point of articulation（調音点）ともいう．

plosion（破裂）　[p, t, k] や [b, d, g] などの閉鎖音の産出は，閉鎖の開始，持続，解除の3つの部分から成る．破裂とは，閉鎖を構成する調音器官が離れ，閉鎖が解除されたときに生じる噪音をいう．

plosive（破裂音）　様々な調音様式（MANNER OF ARTICULATION）のうち，[p, t, k, b, d, g] のように調音体同士が完全な閉鎖を作り，圧縮された呼気が閉鎖の解除とともに急激に放出されるものをいう．⇨ STOP

poetic license（詩的許容）　詩において，韻律上許容される例外的な逸脱現象を指す．例えば，弱強五歩格の詩であれば，行頭における強弱のリズムの出現や，行末における弱音節の追加などが詩的許容にあたる．

postalveolar（後部歯茎（音））　歯茎後部からやや硬口蓋前部にかかる領域，またはその領域が調音位置となる音をいう．

preaspiration（前帯気）　無声の阻害音の調音の際の閉鎖に先行する帯気音化（ASPIRATION）の期間，または，[h] のような音をいい，[ʰk] のように表記する．アイスランド語やフェローズ語，スコットランド・ゲール語などで見られるが，世界の言語の中では，比較的まれである．

pre-fortis clipping（硬音前母音短縮）　同じ音節内において，硬音（無声子音）の直前の母音は，軟音（有声子音）の直前の母音よりも持続時間が短くなることをいう．例えば mat と mad では，前者の母音の持続時間のほうが短い．

pre-glottalization（前声門化）　無声閉鎖音の直前に声門閉鎖音 [ʔ] が生じることをいう．例えば，語末の [p, t, k] は前声門化を受けて up [ʌʔp], cat [kæʔt], book [bʊʔk] となることがある．

prehead（前頭部）　音調句において，頭部開始点（ONSET）の前にある音節すべてをいう．⇨ ONSET; HEAD; TONIC SYLLABLE; TAIL

primary articulation（一次調音，主要調音）　調音のために声道内で狭めが同時に2か所で形成される場合，狭めがより狭いほうの主たる調音をいう．⇨ SECONDARY ARTICULATION

production（産出）　脳からの指令によって音声器官が運動し，空気分子の振動が起こることによって，言語音が生み出されることをいう．始動，発声，調音の3段階を含む．⇨ PERCEPTION; ARTICULATORY PHONETICS

progressive assimilation（進行同化，順行同化）　同化のうち，前（左）の音が後ろ（右）の音に影響を与える場合をいう：bacon [beɪkn] > [beɪkŋ̩]; ribbon [rɪbn] > [rɪbm̩].

prominence（卓立）　ある音や音節が周囲のものより顕著で際だっていることをいう．卓立には，強勢の強弱，音節の長短，ピッチの高低，聞こえ度の大小などの要素が関わる．⇨ SONORITY

prosody（音律，韻律，プロソディー）　①詩の韻律（METER），詩脚（FOOT），脚韻（RHYME），連（STANZA）などの研究の総称．②分節音に対する，音の高さ（PITCH），大きさ（LOUDNESS），テンポ（tempo），強勢（STRESS），リズム（RHYTHM），音調（INTONATION）などの総称．③ Firth (1948)の提唱する音律分析（prosodic analysis）における用語．単一の分節音の枠を超える各種単位全体に広がる音声特徴や，境界に生ずる音声特徴，文法範疇が音声的に具現化したものなどの総称．

pulmonic airstream mechanism（肺臓気流機構）　言語音を生み出すために，肺から空気を送り出したり，肺に空気を取り入れたりして気流を生じさせる機構をいう．⇨ AIRSTREAM MECHANISM

pyrrhic（短短格(の)，弱弱格(の)）　詩脚（FOOT）の一種．古典詩では短短だが，英詩の場合には弱弱となる．

Q

quantitative meter（長短韻律）　詩形の一種．母音の長さにより生み出される音節の長短により形式が規定される詩形．具体例としては，古典ギリシャ語の詩がある．英詩にも実例があるが，英詩では周辺的な存在である．

quatrain（四行連(句)）　4行から成る詩行（LINE）のまとまり．構造と意味の単位だが，韻律や押韻の単位でもある．英詩では，頻繁に利用される一般的な形式である．例えば，讃美歌や，ソネットの一種である English sonnet（四行連×3＋二行連）で利用されている．

R

radical(舌根音) Ladefoged and Johnson (2014) などの用語. PHARYNGEAL(咽頭音)と EPIGLOTTAL(喉頭蓋音)の総称. 舌根が調音に関わる.

***r*-colored**(r 音色の) car を [kɑː] ではなく [kɑːɹ] と,bird を [bɜːd] ではなく [bɜːd] と発音する場合のように,母音が [ɹ] 音を帯びることをいう. ⇨ RHOTIC

reciprocal assimilation(相互同化) 同化のうち,隣接する 2 つの音が互いに影響を与え,それぞれが似通った音に代わる場合をいう: miss you [mɪs ju] > [mɪʃ ʃu]. 隣接する 2 つの音が 1 つの分節音に合体する場合は,特に COALESCENCE(融合)と呼ぶ: meet you [miːt ju] > [miːtʃu].

reduced vowel(弱化母音;縮小母音) ①(弱化母音)強勢を受けない音節に現れる,明瞭な音色が保たれない母音をいう. 英語では [ə] [ɪ] [i] [ʊ] [u] の辺りで発音される. ただし,[ɪ] [ʊ] が強勢のある音節に現れた場合は,FULL VOWEL(完全母音)となる. ②(縮小母音)Ladefoged (1975, 1982^2, 1993^3), Ladefoged and Johnson (2014) などの用語. 調音位置が前舌(または後舌)から中舌に移ることによって,reduced vowel quality(縮小母音音質)を持ち,母音の音質の差が縮まった母音をいう. [ə] で表記できる.

register(声域) 喉頭の状態によって作られる様々な声の質をいう. 声帯の長さ,太さ,緊張度によって例えば,ソプラノ,テナーなどの違いがうまれる. 一個人の声帯の緊張度の変化によって生じる,高さの低く太い胸声(chest register)と,高く細い頭声(head register)の違いを表す際にも用いられる.

register tone(等質声調) 声調言語において,ピッチの高さの相対的な違いによって対立が作られる声調. ヨルバ語などがこれを用いる. これに対して,ピッチ変化が対立を生む声調を曲線声調という. ⇨ CONTOUR TONE

regressive assimilation(逆行同化) 音 A と音 B が AB の順で並んだとき,B が A に影響を与え,A が B に同化することをいう. 例えば,in case において,in の /n/ が後続の [k] の調音位置(軟口蓋)に同化して軟口蓋鼻音の [ŋ] で発音されるときなど. ⇨ ASSIMILATION; PROGRESSIVE ASSIMILATION

release burst(解放時のバースト) 破裂音などで,閉鎖が解放されると

きに瞬間的に放出されるノイズ．音響的に短く瞬間的な（transient）特徴をもつ．

release phase（解除相，解放相） 調音を3段階に分けたときの最後の段階．能動調音体が受動調音体に接近してくる段階を approach または closing，この2つによってターゲットの調音が保たれている段階を hold，そして hold の段階の調音接触が解かれる段階を release という．release stage（解除期），OFF-GLIDE（出わたり）ともいう．⇨ AP-PROACH PHASE; HOLD PHASE

resolution（音節分解） Sievers (1893) の用語．もともとは，Auflösung と呼ばれる．古ゲルマン詩において，[_WORD_ LX...](L = 軽音節，X = 重／軽音節)が，[_WORD_ H...](H = 重音節)と同等にみなされる現象．[_WORD_ LX...] は，表面上，2つの韻律位置（METRICAL POSITION）を占めているように見えるが，1つの韻律位置を占めていると解釈される．

resonance（共鳴，共振） 物体が外部からの振動を受けたとき，その物体固有の振動数に近い振動数で振幅が増幅して振動する現象．⇨ RESO-NANT FREQUENCY; FORMANT

resonant frequency（共鳴周波数，共振周波数，共鳴振動数，共振振動数） 物体が共鳴（RESONANCE）において最大の振幅となる振動数をいう．⇨ RESONANCE; FORMANT

retracted（後寄りの，奥寄りの，後退した） より後方でなされる調音をいう．補助記号 [_] で表記する．例えば，後舌母音の前で [k] がより後ろのほうの軟口蓋（[k̠]）で調音される場合など．⇨ ADVANCED

retroflex（反り舌音，反転音） 能動調音体が舌尖あるいは舌端下面（sublamina）で，受動調音体が前部硬口蓋で調音される音．または舌尖が上に反り返って調音される音一般．

rhotacization（r音化） 母音の発音に，'r' の音色が加わることをいう．英語の bird の下線部の発音などに見られ，r の前の母音にも起こることが多い（car など）．音響的に第3フォルマントの下降が見られる．調音には以下の2種がある．(1) 母音の発音時に同時に舌尖が反り返る．(2) 特に米音で bird などの下線部の発音に見られる特徴で，（舌尖は反り返らず）舌体が盛り上がり，更に舌根が咽頭壁に近づく咽頭化（PHARYNGEALIZATION），および口蓋垂の向かい辺りの舌表面が凹状になる2つの調音が加わる．⇨ R-COLORED; BUNCHED *R*

rhotic（r音性(の)；r音アクセント(の)） ① (r音性(の)) 様々な言語の 'r' の音をグループとして指す総称．言語によりその発音には様々な

ものがある．フランス語 [R, ʁ]，スペイン語 [r, ɾ]，英語 [ɹ, ɻ]，日本語 [ɾ, d]，など．②（r 音アクセント（の））英語の方言分類において，同一音節内で母音の後ろで [ɹ] が発音される方言．一般米語（GENERAL AMERICAN），カナダ英語，スコットランド英語など．これに対し，母音の後ろで [ɹ] が発音されない方言を NON-RHOTIC（非 r 音アクセント）といい，イギリスの容認発音やオーストラリア英語など．⇨社会 GENERAL AMERICAN

rhyme（脚韻部；脚韻）①（脚韻部）音節の内部構造のうち，頭子音（ONSET）を除いた，核（NUCLEUS）と尾子音（CODA）を合わせた部分．⇨ SYLLABLE ②（脚韻）詩行末で，強勢母音と後続する子音（連結）を合わせて押韻する技法．例えば，name と fame のペアは，主強勢を担う母音を含む [éɪm] の部分が共通しており，脚韻のペアになりえる．

rhyme royal（帝王韻）弱強五歩格の七行連で，ababbcc という脚韻型の詩形をいう．

rhythm（リズム）発話において認識される，卓立の時間軸上における生起パターン．ほぼ等間隔で規則的な等時間隔性（ISOCHRONY）を認めることができる．リズムを形成する単位は言語により様々で，例えばスペイン語では音節，英語では強勢音節，日本語ではモーラ．⇨ ISOCHRONY; STRESS-TIMED RHYTHM; SYLLABLE-TIMED RHYTHM

rise（上昇調）音の高さ（ピッチ）の変動の一種で，ピッチが比較的低いところから高くなる変化をいう．音調や声調の記述および分析に用いられる．rising (tone) ともいう．⇨ FALL

rise-fall（上昇下降調）音の高さ（ピッチ）の変動の一種で，ピッチが一旦上昇しその後下降する変化をいう．音調や声調の記述および分析に用いられる．rising-falling (tone) ともいう．

rising rhythm（上昇調リズム）詩脚（FOOT）が，弱音節で始まり強音節が後続する場合に具現されるリズムをいう．⇨ FALLING RHYTHM

root (of the tongue)（舌根）舌体（body of the tongue）のうち，咽頭壁（pharyngeal wall）の向かい側，喉頭蓋（EPIGLOTTIS）の前に位置する音声器官．ADVANCED TONGUE ROOT(ATR)（舌根前進）の調音などに関わる．⇨音韻 ADVANCED TONGUE ROOT

rounded lips（円唇）唇の形状の1つで唇の丸めをいう．円唇母音や唇音化に伴われる調音．2つのタイプがある．1つは口がすぼまり口角が中央に近づくもの．もう1つはすぼめがなく，口角はそのままの位置で力が入り唇の中央部分が平たく少し開くもの．前者は後舌母音，後者

は前舌母音の円唇に使われることが多い．⇨ LIP ROUNDING; NEUTRAL LIPS; SPREAD LIPS

rule of three（三連規則）　Wells (2006) の用語．語が連なって強勢を受ける音節が3つ並んだとき，真ん中の音節のピッチの卓立（加えてしばしばリズムの単位であるビート）がなくなること．例えば，afternoon は単独では第一音節と最終音節に強勢を受けるが，ˈjust や ˈnap が前後につくとそれぞれ，ˈjust afterˈnoon, ˈafternoon ˈnap と発音されることがこの規則によって説明できる．

run-on-line　（句またがり）　= ENJAMB(E)MENT

S

scansion（律読）　詩のテクストのリズムを，詩形のリズムの鋳型を基礎にして，詩脚（FOOT）に分け，詩行（LINE）の韻律形を確定してゆく作業をいう．

schwa（シュワー）　音声記号 [ə] の呼び名．[ə] は基本母音図で底辺の中点と上辺の中点を結んだ直線の中点に位置する，非円唇中舌母音．またこの周辺にある中舌の非円唇中母音全般を指したり，特に英語では，強勢を受けない音節に現れる中舌の弱化母音を全般的に指して使われることもある．⇨ CARDINAL VOWELS; CENTRAL VOWEL

secondary articulation（二次調音，副次調音）　2つの調音位置を伴う音において，一次調音に付加的に行われる補助的な調音．唇音化，口蓋化，軟口蓋化，咽頭化，鼻音化などがある．⇨ PRIMARY ARTICULATION; COARTICULATION

semivowel（半母音）　調音的には母音と同じであるが，機能的には子音と同じパターンをなす音．機能的には子音であるため，それ自身では音節の核にならない．例えば英語では [j] や [w]．⇨ VOCOID

sentence stress（文強勢）　文に現れる強勢．例えば英語では，語レベルではそれぞれの語に強勢があるが，文のレベルでは，内容語には（文）強勢が置かれることが多く，冠詞などの機能語には，強調など特別な文脈でない限り，（文）強勢は置かれない．

sibilant（歯擦音）　摩擦音のうち，聴覚的に比較的高く大きな，[s, ʃ] などの音．音響的に他の摩擦音より高い周波数帯にエネルギーが集中する特徴がある．気流が，舌端と歯茎突起や歯茎後部の間にできる溝のような形の狭窄を通り，歯などにあたって乱気流となる類の摩擦音にこの特徴が見られる．

silent stress(無音強勢) 強勢拍リズムの言語において,強勢のある音節を省略して発音するときの,音を伴わない強勢をいう.例えば,thank you に対する [kjʊ] の発話は,無音強勢の音節とそれに続く無強勢の音節が発話されたもの,と考えることができる.

similitude(類似) 隣接音の影響によって音声的に音の性質が似ること.例えば key /kiː/ において,[k] が後続の前舌母音に影響されて前寄りの軟口蓋で発音されること([k̟]).音素が交替する音韻的な同化と区別する. ⇨ ASSIMILATION

slit(透き間舌の,隙間舌の) 舌の表面が滑らかな形状をしていて,上下の調音器官が水平方向に細長い透き間を作っている状態をいう.摩擦音の [f], [v], [θ], [ð] などがそのような状態で調音される音の例で,溝舌摩擦音に比べると気流の乱れが少ない. ⇨ GROOVED

sociophonetics(社会音声学) 発音の変異を,音環境など言語内の要因のみならず,話者の性別,経済状況,教育歴といった社会的背景を加味して,社会言語学的観点から説明しようとする,音声学の一分野.

soft palate(軟口蓋) 音声器官の1つで,硬口蓋が途切れる辺りから後ろの,筋肉でできた柔らかい部分.最後の部分が口蓋垂(uvula)である.VELUM とも呼ばれ,これと後舌面で調音される音を軟口蓋音と呼ぶ. ⇨ HARD PALATE

sonnet(ソネット) 14行から構成される詩形.英詩の場合には,通例,弱強五歩格が用いられるが,14行の構成と脚韻型により,八行連 + 六行連の Italian sonnet(脚韻型は abbaabbacdecde もしくは abbaabbacdcdcd),四行連×3 + 二行連の English sonnet(脚韻型は ababcdcdefefgg)などの種類がある.

sonorant(共鳴音,共鳴性) 言語音の分類法の1つで,比較的気流が妨害を受けず,通常有声である分節音の部類を指す.母音,鼻音,接近音などが含まれる.

sonority(聞こえ(度)) ピッチ,強勢,長さが同じ条件のもとで比較したときの,個々の分節音の大きさ(LOUDNESS).より遠くまで聞こえるものほど聞こえが大きい.

source(音源) 音響音声学で,言語音の源となるエネルギー.声帯振動によって得られる声立て(VOICING)や摩擦ノイズなど.これに声道で音色が加わり,様々な言語音として産出される. ⇨ SOURCE-FILTER THEORY

source-filter theory(音源・濾波説) 音声の産出は,可聴周波数を伴

う音波となった肺臓からの呼気が音源となり，フィルターの役割を担う声道の影響を受け共鳴振動数が変わり，様々な音色の音が生じるという説をいう．

spectrogram（スペクトログラム）　発話の音響特性を可視化した分布図をいう．縦軸は周波数を，横軸は時間経過を，さらに濃淡により周波数成分の強さを表す．

speech rate（発話速度）　発話の早さをいう．1秒間における音節数，1分間における語数等を目安にすることが一般的である．tempo ともいう．

spondee, spondaic（長長格(の)，強強格(の)）　詩脚（FOOT）の一種．古典詩では長長だが，英詩では強強となる．

spread lips（平唇）　口唇が水平上に開いていることをいう．円唇に対する．⇨ NEUTRAL LIPS; ROUNDED LIPS

sprung rhythm（スプラングリズム，躍動律）　G. M. Hopkins (1844-1889) が創作した詩形．伝統的な詩形とは異なり，強音節から始まる四種類の詩脚（FOOT）（強，強弱，強弱弱，強弱弱弱）の自由とも見える組合せ，韻律に関与しない弱音節（outride）（1音節から3音節）の配置，句またがり（ENJAMB(E)MENT）の利用，脚韻（RHYME）などの特徴をそなえる．

stanza（連）　詩の構成上の単位で，詩行のまとまりをいう．英詩では二行連から十四行連までの形式が観察されるが，多く観察されるのは四行連から十二行連である．連の中の押韻の型には詩形に応じた様々な型がある．

stop（閉鎖音）　①調音様式の1つである．声道において完全な閉鎖を設け，気流をいったん遮断することを利用して作られる音をいう．破裂音（PLOSIVE）と破擦音（AFFRICATE）の総称として用いる場合と，破裂音と同義とする場合とがある．②口腔閉鎖音（ORAL STOP）と鼻腔閉鎖音（NASAL STOP）の総称．

stress（強勢）　語中あるいは文中の特定の音節に置かれる卓立をいう．一般的に，卓立を持った音節は音響的に強く，高く，長く発音されるが，これらの特徴は絶対的なものではない．生理的には呼吸エネルギーの増大を伴う．

stress maximum（最大強勢点）　生成韻律論（GENERATIVE METRICS）において多音節語の主強勢音節の分布を規定する概念．概略，前後を同じ構成素内の無強勢音節に囲まれた主強勢音節を指し，抽象的韻律型の

弱音節の位置には生じない．生成韻律論初期に提案され，Fabb and Halle (2008) により，複数の詩形に適用できるように精密化されている．

stress-timed rhythm（強勢拍リズム）　リズムの観点で世界の言語を二分した場合の1つ．発話に現れる強勢が，介在する無強勢音節の数にかかわらず，時間的にほぼ一定間隔に生じる傾向を示すものをいう．SYLLABLE-TIMED RHYTHM（音節拍リズム）に対する．

striation（細条）　スペクトログラム上に現れる，平行に並んだ縦線をいう．1本の縦線は，声帯が1回開いたことを示している．

stricture（狭め）　声道中の気流を妨げる調音をいう．狭めには，閉鎖音から接近音まで程度差がある．

strong form（強形）　機能語の発音のうち，強勢もしくは強調を伴ったパタンをいう．WEAK FORM（弱形）に対する．

syllabic consonant（成節子音，音節主音的子音）　主に語末部分で，子音が，直前にある子音より高い聞こえ度を持っていることで，音節主音になったものをいう．twinkle /twɪŋkl̩/, rhythm /rɪðm̩/, sudden /sʌdn̩/ の /l, m, n/ の部分など．

syllabic lateral/nasal（成節側(面)音／鼻音，音節主音的側(面)音／鼻音）　成節子音のうち，それぞれ，側(面)音 /l/ になっているもの，鼻音 /m, n, ŋ/ になっているものを指す．この場合，それぞれの子音の直前は，同じ調音点を持った子音であることが多い．little /lɪtl̩/, happen /hæpm̩/, written /rɪtn̩/ など．

syllable（音節）　母語話者が，前後の要素と区別されたひとまとまりと認識する，単音よりも大きく，語よりも小さい音単位をいう．原則的に，母音を必須要素として中心に持ち，その前後には子音が連なることが可能である．

syllable-timed rhythm（音節拍リズム）　リズムの観点で世界の言語を二分した場合の1つ．発話内の1つ1つの音節がほぼ一定間隔で生じる傾向を持つ．STRESS-TIMED RHYTHM（強勢拍リズム）に対する．モーラ拍リズム (mora-timed rhythm) をその下位類として含むことがある．

systematic phonetic transcription（体系明示音声表記，体系的音声表記）　Ladefoged (1975, 1982[2], 1993[3]), Ladefoged and Johnson (2014) などの用語．音韻規則によって導かれた音声の交替をすべて反映させた精密表記 (NARROW TRANSCRIPTION) をいう．

T

tail(尾部) 音調句中,核に後続するすべての音節をいう.

tap(たたき音,単顫動音) 舌の先をふるわせて作られる顫動音のうち,顫動が1回しか起こらない(= one-tap trill),瞬時閉鎖音を指す.アメリカ・カナダ英語の better, ladder はたたき音が使われるのが一般的である.

tempo(テンポ) = SPEECH RATE

tetrameter(四歩格) 1行に詩脚(FOOT)が4つ含まれる詩形.英詩の場合,弱強四歩格,強弱四歩格,弱弱強四歩格,強弱弱四歩格がある.

***th*-fronting**(th 音前方化) コクニーなどに見られる発音の1つで,th 音の調音位置が前方に移動し,唇歯摩擦音 [f, v] に置き換わることをいう.teeth [tiːθ] > [tiːf], bother [ˈbɒðə] > [ˈbɒvə] など.

***th*-stopping**(th 音閉鎖音化) th 音の代わりに歯閉鎖音 [t̪, d̪] や歯茎閉鎖音 [t, d] を用いることをいう.thick [θɪk] > [tɪk], breathe [briːð] > [briːd] など.

thyroid cartilage(甲状軟骨) 喉頭の前壁を構成する突起状の軟骨をいう.広義ののど仏のことである.声帯の前面部はこの甲状軟骨につながっている.

tip (of the tongue)(舌尖) 舌の最尖端部分をいう.

tonality(トーナリティ,音調句画定) 音調の機能の1つとして,音調句の境界を決定することをいう.

tone(調子;声調,語調) ①(調子)音調を構成する要素で,言語音の高さの変動やそのパタンをいう.②(声調,語調)弁別的な語の意味に関わる,言語音のピッチの高さや変動をいう.

tone language(声調言語,語調言語) 語の意味や文法範疇の区別が,音の高さに依存している言語をいう.東南アジアやアフリカにはこのタイプの言語が多い.

tonic accent(主調子アクセント,核アクセント) 音調句の中で,著しいピッチの変化が生じることなどでもたらされる最も卓立が大きいアクセントをいう.

tonicity(トーニシティ,核配置) 意図した意味を聞き手に伝えるため,音調句に核を配置することをいう.

tonic syllable(主調子音節) Halliday (1967a) の用語.音調句の中で,最も卓立のある音節をいう.NUCLEUS ともいう.

trachea(気管) 肺から声帯にかけての気流の通り道をいう.俗に

windpipe ともいう.

transcription（表記） 言語音の連鎖からなる音声資料を，文字や記号を使って表記することをいう．主な表記の方法として，音素表記と音声表記の2つがある．

transient（過渡部） 子音の調音のための狭めが作られたとき，または，その狭めが解除されたときに生じる短期的な音をいう．スペクトログラムや音声波形上に針状線として現れる．

trill（顫動（音），ふるえ（音）） 肺から流出する呼気の力によって，弾力のある調音器官が向かい合う調音器官に対して弾くような運動を数回速やかに行うことで，瞬間的な声道の閉鎖とその解放を繰り返すこと，または，このようにして調音される音をいう．

trimeter（三歩格） 1行に詩脚（FOOT）が3つ含まれる詩形．英詩ではあまり用いられないが，弱強三歩格，強弱三歩格，弱弱強三歩格，強弱弱三歩格などがある．

triphthong（三重母音） 1つの音節において，音色が2回変化し，異なる音色を持つ3つの要素へと分析できる母音をいう．母音の始端から中間，および中間から終端に向かって，音色（調音的には口の構え）がそれぞれ変化し，始端，中間，終端の3つの異なる音色で1つの音節を構成するものである．

trochee, trochaic（長短格（の），強弱格（の）） 詩脚（FOOT）の一種．古典詩では長短だが，英詩では強弱となる．強弱格の英詩に対しては，"Purely trochaic verse … is relatively rare in English"（純粋に強弱格の詩行は，... 英語では比較的まれである）(Phillips (2002: 59)) との評価がある．

U

undershoot（アンダーシュート，調音不全） 調音器官が目標とする調音位置に達せず，調音が不完全になることをいう．破裂音となるべきところで，調音が不完全に終わり，摩擦音になってしまう場合など．

unrounded（非円唇の） 調音における唇の形状・構えの1種．唇の丸め（およびそれにしばしば伴う唇の突き出し）を伴わないことをいう．口角を口の中央に引き寄せて互いに近付ける動作を積極的に行わない，あるいは，口角を積極的に外側に引いて互いに引き離すことで形成される唇の構えである．⇨ NEUTRAL LIPS; SPREAD LIPS

uptalk（尻上がり調） = HIGH RISING TERMINAL

uvular（口蓋垂音）　調音位置に基づいて分類された子音の1種．後舌面と口蓋垂で調音される音をいう．

V

velar（軟口蓋音）　調音位置に基づいて分類された子音の1種．後舌面と軟口蓋で調音される音をいう．

velaric airstream mechanism（軟口蓋気流機構）　気流生成機構の1種．後舌面と軟口蓋で閉鎖を作ると同時にその前方に別の閉鎖を作り，その2つの閉鎖の間の閉じられた空間を広げるように舌を動かして空間内の空気の密度を低下させた状態で，前方の閉鎖を開放することにより，外の空気を口腔内に流入させる機構をいう．吸着音の調音に用いられる．⇨ AIRSTREAM MECHANISM; CLICK

velarization（軟口蓋化）　二次調音の1種．軟口蓋以外の調音位置を持つ子音の調音の際に，一次調音と同時に，後舌面が軟口蓋に接近することをいう．いわゆる暗いlの調音などに現れる．

velar pinch（ヴィーラーピンチ）　軟口蓋音に隣接する母音の第2フォルマント（F2）と第3フォルマント（F3）のローカスが近接することをいう．スペクトログラム上の母音区間において，隣接する軟口蓋音に向かってF2とF3の間隔が狭まり，「つまむ」（pinch）ような形が観察される．軟口蓋音と他の調音位置の子音を音響的に区別する手掛かりの1つである．

velic（口蓋帆）　口蓋のうち，より後方（口の奥側）の柔らかい部分で，上下に動かすことができる範囲をいう．とくに軟口蓋の裏面を指していう．これを動かすことで咽頭壁との間に閉鎖を作ることができ，この閉鎖の有無によって，鼻腔への通路を開閉することができる．

velic closure（口蓋帆閉鎖）　口蓋帆を持ち上げて咽頭壁との間で閉鎖を作り，声道の咽頭腔から鼻腔への通路を閉鎖することをいう．口音の調音の際に行われる．後舌面と軟口蓋とで閉鎖を作る velar closure との違いに注意．

velum（軟口蓋）　口蓋のうち，後方（口の奥側）の，硬口蓋の後に続く柔らかい部分，後舌面に面する部分をいう．SOFT PALATE ともいう．

vocal folds, vocal cords（声帯）　喉頭内部にある，筋肉でできた2つの唇状器官をいう．前部は甲状軟骨，後部は披裂軟骨に接する．2つの声帯の間の隙間（声門）の開閉や，声帯自体の長さ，張り具合などを調整することで，発声の種類や，音の高さ，大きさなどが調整される．

vocal tract（声道）　喉頭から唇および鼻孔までの空間をいう．言い換えると，口腔，鼻腔，および咽頭腔の全体である．調音の際の気流の通り道となる．

vocoid（ボーコイド，音声学的母音）　Pike (1943) の用語．声道で摩擦噪音を生じさせる閉鎖や狭めを伴わずに調音され，気流が舌の中央を通る音をいう．音韻論的機能によらず，音声学的性質のみに基づいて定義された音類で，母音と [ɹ, j, w] 等の子音がこれに含まれる．ボーコイドに含まれない音はすべて CONTOID（コントイド）に属する．⇨ CONTOID

voice（声）　声帯の規則的振動によって生じる音をいう．2つの声帯を近付けて，声門を十分に狭めた状態でそこに肺からの呼気を通したときに，声帯がめくれあがるようにして規則的に振動することで生じる音である．

voice bar（ボイスバー，有声縞）　有声音のスペクトログラムにおいて，低周波数域に観察される帯状のエネルギー集中領域をいう．声帯振動の基音が持つエネルギーが，その基本周波数域に表示されたもの．有声音を無声音から音響的に区別する手掛かりの1つである．

voiced（有声の）　声帯の振動を伴って産出されることをいう．

voiceless（無声の）　声帯の振動を伴わずに産出されることをいう．

voice onset time（**VOT**）（有声開始時間，声の出だしの時間）　閉鎖音の調音における声道閉鎖の解放から，声帯振動が始まるまでの時間をいう．閉鎖の解放後の後続母音区間で声帯振動が始まる無声閉鎖音では正の値をとり，閉鎖の解放前に，閉鎖の維持区間で声帯振動が始まる有声閉鎖音では負の値をとる．

Voice-Place-Manner（**VPM**）**labels**（VPM ラベル）　子音を調音音声学的に定義するのに必要な3要素の名称．子音は，有声か無声か，気流が口腔のどこで妨げられるか（調音位置），どのように妨げられるか（調音様式）の3つの要素で定義される．

voice quality（声音，声質）　ある話者が有する音声の個人的特徴をいう．声の高さ，大きさ，発話速度，音色などのあらゆる背景的音声特徴がこれに関わる．

voicing（有声化；声立て）　①（有声化）通常は無声音である音が，特定のコンテクストにおいて声帯の振動を伴って発せられ，有声音になることをいう．②（声立て）声帯を振動させること，または声帯の振動を伴って音を発することをいう．

vowel(母音) 言語音を大きく二分したときの音類の1つ.調音の際に声道内に閉鎖や著しい狭めを作らず,声道を通る気流に対する妨害が比較的少ないものをいう.唇の構え,舌の位置,およびそれらの調整に伴う音色の違いで分類される. ⇨ CONSONANT

vowel quality(母音音質) 母音の音色をいう.主に調音の際の唇の構えや舌の位置などで調整される声道の形状によって決まる.

vowel reduction(母音弱化) 母音が強勢を受けずに発せられた場合に,強勢を受けた場合と比べて母音空間図の中央寄りに位置する音形になることをいう.

vowel space(母音空間) 特定の変数に従って布置された母音が含まれる領域をいう.母音間の調音的,聴覚的,あるいは音響的関係を表す.調音的には調音の際の舌の最高点の位置関係を,聴覚的には母音間の聴覚上の距離(音色の違い)を,音響的にはフォルマントの差異を示す.

W

waveform(波形) 音波を形成する空気分子の振動や,それに伴う空気中の圧力の変化(音圧)の時間変化を表すグラフをいう.縦軸が空気分子の変位あるいは音圧の変動の振幅を表し,横軸が時間を表す.

weak form(弱形) 発話において機能語が持ち得る2つの音形のうちの1つで,強勢を受けずに発音された場合の音形をいう.STRONG FORM(強形)に対する.

whisper(ささやき) 発声の一種.声帯声門が閉じ,軟骨声門が開いてそこから息が漏れる状態での発声をいう.

wide-band spectrogram(ワイド・バンド・スペクトログラム,広帯域幅スペクトログラム) フィルターの帯域幅が比較的広いスペクトログラムをいう.時間分解能が高く,周波数分解能が低い.分節音の持続時間長の計測や,フォルマントの観察に適した分析である. ⇨ SPECTROGRAM; NARROW-BAND SPECTROGRAM

word stress(語強勢) 語が単独で発音された場合に特定の音節に与えられる,語ごとに定められた強勢をいう.

Y

yod-dropping(ヨッド脱落) 歯茎音([t], [d], [n])に続く非円唇硬口蓋接近音([j])が抜け落ちることをいう.例えば dew [djuː] が do [duː] と,tune [tjuːn] が toon [tuːn] と同音異義語になる.北米英語で顕著.

2 音韻論

A

abrupt（急激音性） Jakobson and Halle (1956) によって提唱された音声素性の1つ．母音フォルマントの急速な変化としての広い周波数領域にわたるエネルギーの広がりや，口腔道の急速な閉鎖・解放を伴うこと．

absolute neutralization（絶対的中和） Kiparsky (1968) の用語．基底レベルでは存在していた要素間の相違が，環境によって影響を受けることなく，常に消失し，同一のものとなって現れることをいう．

abstract（抽象的） 基底形が，構造や表示に関して，表層形とはかなり異なる場合をいう． ⇨ UNDERLYING FORM, SURFACE FORM

accentual phrase（アクセント句） アクセントによって示される規則性を持った塊をいう．日本語の場合，句頭の第一モーラから第二モーラにかけてピッチが上昇し，句末にかけて緩やかに下降し，かつアクセント核によるピッチの下降が最大一回起きる単位．例えば，／それからにして／と言えば，「それを空にして」の意味で，{それ}{からにして} と2つのアクセント句に分かれる．一方，／それからにして／は，「その後で」という意味で，1つのアクセント句となる．

advanced tongue root（**ATR**）（舌根前進） 母音を発音するときに舌根が前に移動し，舌根と喉の奥の間の空間，つまり咽頭 (pharynx) が広げられること．緊張母音 (tense vowel) と弛緩母音 (lax vowel) を区別するために用いられた素性 [±tense] に代えて，今日では [±ATR] が一般に用いられる． ⇨ RETRACTED TONGUE ROOT

align ⇨ ALIGNMENT

alignment（整列） 最適性理論（OT）の枠組みで用いられる制約のひとつで，異なる言語学的領域（形態素，脚，音節等）の（右もしくは左）

端部を揃えること.

allophone（異音） 同一の音素に属するが,音声的には異なる音の1つ1つ.例えば,英語の /p/ は,pin では気息音（aspiration）を伴う [pʰ] となり,spin では気息音を伴わない [p] となるが,気息音の有無によって単語の意味が区別されるわけではなく,[pʰ] も [p] も音素 /p/ の異音である. ⇨ PHONEME; COMPLEMENTARY DISTRIBUTION

allophony（異音的変異） ある音素が異音となって現れる現象自体を指す.

alpha notation（アルファ表記） 素性を使った2つの規則が + か - 以外同一である場合,二項的素性の可変価値を,±ではなく,ギリシャ文字（α, β, γ 等）を用いて表し,2つの規則を1つの規則に縮約すること.同一規則内で α を + と読めば,他の α も + と解釈され,α を - と読めば,他の α も - と解釈される.

alternant（交替形,交替音） 交替（alternation）に参加する形式の1つ1つをいう.

alternation（交替） 同一の基底形が,前後にある音との関係で,異なる発音となって現れることをいう.例えば英語の複数形態素の -(e)s が,cats, dogs, buses のように,[s] 〜 [z] 〜 [ɪz] と発音されることなど.

ambisyllabic（両音節的） 子音が2つの音節に同時に属するとき,その子音が両音節的であるという.例えば,happy の /p/ や money の /n/,petrol の /t/ は両音節的で,第一音節の末尾子音（coda）と第二音節の頭子音（onset）の両方の位置を兼ね,音節境界は曖昧となる.

ambisyllabicity（両音節性） 音素が2つの音節に属する特性をいう.

analogy（類推,アナロジー,類比） ある言語形式群内の関係を,その群に本来属さない形式にもあてはめようとする働き.例えば,drive—drove の母音交替をあてはめて,dive—dove を導く.生成音韻論での扱いは Kiparsky (1978) や Kensotowicz and Kissebirth (1979) に詳しい.

antepenult ⇨ ANTEPENULTIMATE

antepenultimate（語末第三音節） 語末から数えて3番目の音節.特に強勢付与に関わる現象で多く言及される.例えば,ラテン語では語末から2番目の母音が短ければ antepenult に強勢が置かれる. ⇨ PENULTIMATE

anterior（前方性） 調音的な音韻素性の1つであり,歯茎部及びそれより前方で産出される子音の属性として用いられる.例えば英語の音素体

系における /s/ と /ʃ/ の区別は, [anterior] の +/− 値の相違で表示される. /s/ は [+anterior] であり, /ʃ/ は [−anterior] であるとされる (Chomsky and Halle (1968)).

antigemination（反子音重複） McCarthy (1986) の用語. OCP（必異原理）の制約にもとづいて, Syncope（語中音消失）に起因する gemination（子音重複）を避けようとする音韻現象. 例えば, Borowsky (1987) は, 英語の /t/, /d/ で終わる規則動詞に接辞 "-ed" /-Vd/ が付加された場合に母音 V が削除されないのは, /td/, /dd/ という重子音を避ける antigemination の効果であると述べている.

apophoney（母音交替） 印欧語族の諸言語において語根の母音が形態的に変化すること. 英語において, "swim" (/ɪ/)–"swam" (/æ/)–"swum" (/ʌ/) のようないわゆる強変化動詞の母音変化はその一例である.

appendix（末尾付属音） 音節構造として onset（頭子音）と rhyme（韻）という基本的な分割を考えた場合, 韻中の最後部の位置. 特に語末に見られる子音分布の特殊性を記述するために使われる (Halle and Vergnaud (1980)). 例えば, 英語の text /tekst/ という単語は /t/ が onset, /eks/ が rhyme となり, 末尾の /t/ が appendix に相当する.

archiphoneme（原音素） ある音素群内の対立が中和している場合, その群内で値が等しい弁別素性の束によって規定される抽象的な音韻単位. 例えば, /t/–/d/ の対立が中和している場合, 有声性以外のすべての素性は /t/–/d/ において +/− 値が共通である. この場合, 有声性以外のすべての素性で定義されるものを原音素と呼び, 慣習的に大文字（この場合は /T/) で表す.

articulatory phonology（調音音韻論） 調音素性をさらに根源的な gesture（調音動作）に分解した上で, dynamical systems（力学系）理論 (Saltzman and Kelso (1987)) に基づき, 質量, 振動, 減衰等, 一般的な物理法則を取り入れた数学的に定義しやすいモデルで音韻過程を説明する理論. 特に英語の coarticulation（共調音）の説明に成果を挙げた (Browman and Goldstein (1992)).

association line（連結線） 自律分節音韻論 (Goldsmith (1976)) において, 各自律分節（音調, 素性, 分節音など）の間の時間・順序の関係を規定する表示要素. 連結線の交差は普遍文法により原理的に禁じられると主張される.

autonomous（自律的） 一般的な意味では, 部門や領域の間に相互作用や依存関係がないことを指す. 例えば, 音韻論と音声学は自律的である

(Ohala (1990)) と言う．特定的には，自律分節音韻論における音韻単位が独立して振る舞うことを指す．

autosegmental phonology（自律分節音韻論） Goldsmith (1976) において提唱された音韻表示とその操作に関する理論．それ以前の音韻論が，素性行列としての分節音を中心にしていたのに対し，音調やある種の素性が分節音とは独立して「自律的に」ふるまうと考えることで，幅広い音韻現象を説明した．

B

back（後舌性） 調音的な音韻素性の1つで，主に母音において舌体が口腔の奥よりに位置することを表す (Chomsky and Halle (1968))．英語の /u/, /ɔ/ 等は [+back] の属性を有する母音である．

bidirectional spreading（両方向性拡散） 自律分節音韻論において，ある自律分節が起点となる link（連結）の前方と後方の両方に spread（拡散）すること．

bimoraic（二モーラの） 2つのモーラからなる．例えば，日本語の長母音は二モーラである．⇨ MONOMORAIC (VOWEL)

binary feature（二値素性） 対立を +/− といった属性（値）を有する音韻的最小単位．この単位を用いた場合，次の4種類の音韻過程が予測される．例えば，阻害音における声帯振動の有無を表す [±voice] を想定した場合，① [+voice] のみが動的である言語，② [−voice] のみが動的である言語，③ [+voice] と [−voice] ともに動的である言語，④ [+voice] と [−voice] ともに動的でない言語．⇨ BINARY OPPOSITION; UNARY FEATURE

binary opposition（二値対立） 2種類の属性（値）で表示される対立．+/− で表記される属性（値）を用いて表示される対立（例 [+voice]/[−voice]）を equipollence opposition（等価的対立）といい，他方，+/− を用いず，素性自体の有無（例 [voice]/0）により表示される対立を privative opposition（欠性対立）と呼ぶ．⇨ BINARY FEATURE; UNARY FEATURE

biuniqueness condition（二方向唯一性の条件） underlying form（基底形）と surface form（表層形）との対応関係は互いに唯一のものでなくてはならないという要請．この条件のもとでは，1つの基底形が複数の表層形へ転写されるような自由変異は許されない．

bleeding order（奪取順序） 複数の派生レベルを想定する音韻表示モ

デルにおいて，音韻規則間の特定の相互作用を記述するために，Paul Kiparsky (1967) が使用した用語．音韻派生において，先に順序付けされた規則 A の適用により産出された環境が，次の規則 B の適用を妨げること．奪取順序関係にある規則 A＞B の適用順序を B＞A という逆の適用順序にしたものを counterbleeding order（反奪取順序）という．⇨ FEEDING ORDER

bleeding relationship（奪取関係） ある音韻規則 A の適用により産出された環境が，次の規則 B の適用を妨げる場合，これらの規則 A と B は奪取関係にあるという．⇨ BLEEDING ORDER

bootstrapping problem（ブートストラップ問題） 言語の如何なる要素を足掛かりに言語獲得プロセスは始動するのかを問う問題．Pinker (1984) を中心にその解明が試みられた．足掛かりとなる要素としては，「行為者」などの意味，動詞などの統語フレーム，韻律，分節音の分布に関する統計的傾向等の様々なアプローチが提案されている．

boundary（境界） 特定の言語表現を構成している構成素（形態素や音節等）間の切れ目．音韻研究では，以下の 3 種類のいずれかの方法で境界の定式化を試みてきた．(1) #（強境界）と +（弱境界）の記号を境界の形式的形態とする (Chomsky and Halle (1968))；(2) 分節音の前後関係から先行する分節音がない分節音（left edge 左端部）と後続する分節音がない分節音（right edge 右端部）を境界とする (Raimy (2000))，(3) 素性が指定されていない子音位置（空 C）と母音位置（空 V）からなる連続を境界の形式的形態であるとする (Scheer (2004))．

boundary tone（境界調子） 広義には，句等の端に表れる境界を表示する機能をもつ音調．狭義には，Pierrehumbert (1980) によって提案された intonation phrase（音調句）あるいは major phrase（大句）の境界に表れる音調（「T％」）．

branching onset（枝分かれ頭子音） 英語の /pli:z/ (please) や /trɪm/ (trim) の語頭子音連続のように，複数の子音からなる音節頭子音．頭子音が枝分かれ可能かどうか，また，枝分かれする場合にどのような子音の組み合わせが可能かは言語によって異なる．

C

candidate（候補） 最適性理論の用語で，入力形から生成され，制約による評価の対象となる言語形式．候補のうち，ランク付けされた制約を最も調和的に満たす形式が出力形として選ばれる．

catathesis(カタセシス) 音韻的に同一の高音調が続く際，後続するものは，最初のものに比べ低めのピッチで実現される，という声調現象．Downstep ともいう．⇨ 音声 DECLINATION; DOWNDRIFT; DOWNSTEP

checked(抑止音性，抑止された) Jakobson, Fant and Halle (1952) や Jakobson and Halle (1956) で提案されている弁別素性のひとつで，音響学的には，高エネルギーの急激な放出によって定義され，調音（構音）的には，呼気流が声門の圧縮もしくは閉鎖によって抑制されることで産出される特性．この素性は ejectives（放出音），implosives（入破音），clicks（吸着音）といった non-pulmonic consonants（非肺臓気流子音）に共有されている．⇨ UNCHECKED

checked syllable(抑止音節) = CLOSED SYLLABLE

class(類) 特定の属性を共有し，他と区別される音の集合．共有される属性が音韻的現象に基づいている場合，その類を natural class（自然類）という．例えば，/t/, /d/, /n/, /s/ は音韻的諸現象において同様の振る舞いを示し，[coronal]（[舌頂性]）という属性のもと自然類を形成している．⇨ NATURAL CLASS

closed syllable(閉音節) /ʧæp.tər/ (chapter) の第 1 音節 /ʧæp/ のように子音で終わる音節．抑止音節（checked syllable）ともいう．⇨ FREE SYLLABLE

cluster(結合) 子音・母音という種区分において，同種の音が連続的に配列されたもの．二種のち，consonant cluster（子音連結，子音結合）を示す場合が多い．cluster では phonotactics（音配列に関する規則）が見られ，語境界，形態素境界，音節境界等は含まれない．他方，sequence（連鎖）内にはしばしば上述の境界のいずれかが含まれる場合が多い．⇨ CONSONANT CLUSTER

colored containment(色彩内包性) Oostendorp (2007) が，最適性理論における containment（内包性）を制約的に発展させたもの．色彩は個々の形態素の同一性を確立する指標であり，形態素の構成要素（素性等を含む）にも拡張適用され，Gen（生成関数）はこれを修正できない．この原理により語中音添加や派生された環境における現象の妥当な分析が可能となる．

complementary distribution(相補分布) 同一環境で決して生じることのない（言語学的対立を示さず，発話上の変異（異音）と見なされる）複数の分節音間の関係．例えば，同一音素 /g/ に属すると見做される標準日本語の [g] と [ŋ] の関係を見た場合，[g] は語頭に現れ，[ŋ] はそ

れ以外の場所に現れるというように排他的な分布をなす．英語では，音素 /p/（無声両唇破裂音）に属すると見做される3つの異音 [pʰ]（強い帯気音），[p]（非帯気音），[p̚]（非可聴解放音）の関係を見た場合，[pʰ] は強勢のある音節の最初（例：peak），[p] は同一音節に属する /s/ の直後の位置（例：speak），[p̚] は語末もしくは閉鎖子音の直前の位置（例：keep, kept）に現れる，というように排他的な分布をなす．

complex segment（複合分節音）　対立する音特性を呈する音が（閉鎖性と継続性，鼻音性と口音性，両唇性と軟口蓋性，等），音韻的に一構成体として振る舞う分節音．例えば，破擦音の /dʒ/ は，閉鎖性（[d]）と継続性（[ʒ]）を同時に有する．前置鼻閉鎖音の /ⁿd/ は，鼻音性（[ⁿ]）と口音声（[d]）を併せもつ．さらに，/w/ は，調音（構音）的に全く異なる位置的特性である両唇性と軟口蓋性を呈する．

consonantal（子音性）　Chomsky and Halle (1968) における major class features（主要音類素性）の1つ．[consonantal] を有する分節音は，声道の中央部で産出される constriction（狭窄）を呈する．Clements and Keyser (1983) の CV Phonology（CV 音韻論）では，音節構造を音韻表示に含めることで [consonantal] は余剰的となり，音韻表示の構成要素と見なされなくなった．

consonant cluster（子音連結，子音結合）　Phonotactics（音配列に関する規則）に基づき，子音が連続的に配列されたもの．通常，語境界，形態素境界，音節境界等は含まれない．他方，sequence（連鎖）内にはしばしば上述の境界のいずれかが含まれる場合が多い．

conspiracy（共謀）　複数の独立した書換規則が，同じ目的を満たすかのように働くこと．基底形を機械的に操作して表層形を派生する理論では十分に捉えることができないという批判が，表層形の適格性に文法的説明を見いだす理論（最適性理論など）の発展につながった．

constituent（構成素）　単一もしくは複数の言語学的要素からなる集合，あるいは範疇のこと．音韻論では，通常，音節・韻律範疇を示す．例えば，高い共鳴特性からなる nucleus（音節核）や，単一の nucleus もしくは nucleus と後続子音から構成される rhyme（韻），また，単一もしくは複数の syllable（音節）からなる foot（脚）などである．どのような集合（範疇）を構成素として認めるかは，用いる表示理論により異なる（cf. Harris (1994)）．

constraint（制約）　広義には，音声・音韻表示の適格性を規定する概念．狭義には，所定の順序で適用されて基底形から表層形を派生するための

rewrite rules（書換規則）に対して，表層形のみに並列的に適用される適格性条件を指す．principles and parameters（原理とパラメタ）による枠組みや declarative rules（宣言的規則）による枠組みでは，制約は表層形における絶対的適格性を基底するものと考えられているが，最適性理論では，個々の制約は違反可能であり，各言語における諸制約のランキング（序列）により相対的に最も適格な表層形が文法的であるとされる．

contrastive stress（対照強勢，対比強勢）　対応する2語間の対照関係を際立たせるために，それらの一方の強勢位置を移動させるといった現象を言及する際に用いられる用語．direct and indirect objects（← indirect）がその例である．同様の現象は，句内のみならず，同一構造をもつ文間でも観察される（**He** got on the bus, but **she** didn't. / He got **on** the bus, not **off** it.）．

coronal（舌頂性，舌頂音的）　音韻論で用いられる弁別素性の1つで，dentals（歯音），alveolars（歯茎音），palato-alveolars（硬口蓋歯茎音）などのように，the blade of the tongue（舌葉，舌端）で産出される子音の調音（構音）特性である．母音で用いられる場合は，前舌母音が有する特性の1つとなる（Clements and Hume (1995)），あるいは母音の共鳴性をもたらす（Backley (2011)）と考えられる場合がある．

coronal stop deletion（舌頂性閉鎖音削除）　英語やオランダ語などの舌頂性閉鎖音である [t], [d] が子音連続の語末に位置している場合に脱落することである．形態素境界の有無，発話速度の違い，後続する分節音の種類によって脱落する頻度は異なる．例えば，west → wes, old → ol など．

CV phonology（CV 音韻論）　Clements and Keyser (1983) が提唱した音節理論．segmental tier（分節層）と syllable-tier（音節層）の間に CV 層（CV-tier）を持つ3層表示を特徴とする．多様な韻律現象の分析を可能とし，non-linear phonology（非線状形音韻論）の発展に大きく寄与した．⇨ CV TIER

CV tier（CV 層）　McCarthy (1979) が用いた prosodic template（韻律的ひな形）の表示を発展させて，Clements and Keyser (1983) が導入した音節構造の表示要素．この層を構成する C と V は，分節音の syllabicity（音節性）の区別を示すだけでなく，phonological timing（音韻タイミング）を表すと定義され，non-linear phonology（非線状音韻論）の枠組みにおける phonological weight（音韻重量）の理論，gemination（子音重複）や compensatory lengthening（代償延長）の分析の発展を促進した．⇨ CV PHONOLOGY; SKELETAL TIER

D

Declarative Phonology（宣言（陳述的）音韻論）　外的規則適用の順序付けや表示変更規則で特徴づけられる派生を完全に廃し，表層表示のみを許す単層表示理論．この理論では，OT（最適性理論）などのように制約間のランキングを認める理論とは異なり，表示を規定する演算実装諸制約に基づき（OT（最適性理論）のような制約間のランキングを認めない仕組みのもと）非線形構造の適格性を説明しようとする（Scobbie, Coleman and Bird (1996)）．

default（デフォルト，規定値）　音韻論で用いる場合は，音韻素性の有無，分節音の有無や配列，アクセント付与などにおいて，特定の指定や条件づけがなされない，最も無標，または単純であると考えられる状態．⇨ UNMARKED

defective distribution（欠如的分布）　ある言語において，同じ音類の分節音が出現できる環境に，ある分節音だけが出現できないという分布．例えば，英語の [ŋ] のように，分節音自体は存在するが，他の鼻音 [m, n] が出現できる語頭に現れないという分布の偏りがある場合の分布に対して用いる．

defooting（脚縮約）　韻律音韻論の用語．韻律樹形図において foot(脚) が削除されること．強勢付与，韻律の強弱パターンの保持のために規則が適用されて生じる現象と考えられている（Giegerich (1985)）．

degemination（重複子音削除，同一子音縮約）　geminate（重複子音）が，単一の子音に縮約する現象．英語では，出現頻度が高い句において生じることがある：Prime Minister /ˌpraɪm ˈmɪnɪstər/ → /ˌpraɪ ˈmɪnɪstər/．

degenerate foot（不完全脚，不完全韻脚）　フットは2つの音節から成る二項構造を形成するが，解析できない軽音節が右端・左端に残される場合がある（例：[(σσ)$_F$ **σ**]$_{PrWd}$．厳密階層仮説（Strict Layer Hypothesis）では，これを単項から成るフットとして解析し（例：[(σσ)$_F$ (**σ**)$_F$]$_{PrWd}$)，これを不完全脚という（Selkirk (1984), Nespor and Vogel (1986)）．⇨ STRICT LAYER HYPOTHESIS

delayed release（遅延的解放性）　弁別的素性のうちの1つで，frication noise（摩擦雑音）を伴う中間的な閉鎖（狭め）を含むかどうかを表す．

破裂音は完全な閉鎖であるため [−delayed release] となる．一方，破擦音は中間的な閉鎖を含むため [+delayed release] となり，両者が区別される．

delinking（切断，切り離し）　① syllabification（音節化）の過程において，分節音と timing slot との繋がりが断たれること．この結果，compensatory lengthening（代償延長）などが起こる．②素性配列理論（feature geometry, Clements (1985)）の用語．ある節点（node）に結びついている分節音をその節点から切り離すこと．すなわち，それらを結びつけている association line（連絡線）を切断することをいう．

dependency phonology（依存音韻論）　Anderson and Jones (1974) らによって提唱された音韻理論をいう．分節音の内部構造から超分節構造にいたるまでの，連続する音韻上のすべての構成要素間に主要部と非主要部という依存関係を認める点を特徴とする．⇨ GOVERNMENT PHONOLOGY

derivation（派生）　①形態論の概念．主要な語形成過程の1つで，語基に接辞を付加することによって派生語を形成する過程をいう．② D-structure, UNDERLYING REPRESENTATION/form などの基底形に規則が適用されることによって，S-structure, SURFACE representation/FORM などの表層形が出力される過程一般のことをいう．

description（記述）　特定の理論を用いて，特定の言語で観察される言語学的様相（音韻・統語等）を書きしるすこと．

devoiced vowel（無声化母音）　母音は音韻的に有声の素性を持つが，実際の発話において母音が声帯振動を伴わずに発せられることがある．これを無声化母音という．日本語の主に東日本の方言では，狭母音 /i, u/ は無声音に挟まれた環境で無声化することが多い．

diacritic feature（識別素性）　生成音韻論の用語で，音の変化の例外的規則，または例外的規則に基づく規則を説明するための非音声素性．例えば，英語で sing → sang, ring → rang という変化は，識別素性 [+deriv] を持つ単語のみに，この交替規則が適用されるとする．他の区分素性には [±lexical insertion], [±latinate], [±native] などがある．rule feature, exception feature ともいわれる．

disharmony（不調和）　母音の調和や子音の同化が起きる言語・環境で，調和が起きない現象のこと．調和および同化を遮る不透明分節（opaque segment）と調和規則が適用されない透明な分節（transparent segment）の2つの中立分節音（neutral segment）があるといわれる．

dispersion theory(分散理論) 母音体系の説明理論.各言語における母音音素が母音スペースの中で最大限離れるように位置しているという観察を基に,母音音素は対立を保つために,知覚的に最大限離れていると主張する (Liljencrants and Lindblom (1972), Lindblom (1986)).90年代以降,最適性理論の枠組みで定式化され (Flemming (1995, 2004)),近年では子音や音調についても研究が進められている.

distant assimilation(遠隔同化) 同化 (assimilation) の中でも,対象となる要素同士が隣接していない場合に見られる同化をいう (Jespersen (1909-49)).例えば,インド・ヨーロッパ祖語からラテン語への変化における penk^{w}e → k^{w}ink^{w}e などがそれである.母音調和に見られるように,単語全体に影響が及ぶ場合もある.

distinctive feature(弁別素性) プラーグ学派により提案された用語で,ある音素を別の音素から区別するのに必要な音韻的特徴をいう (Jakobson (1939), Trubetskoy (1939), Chomsky and Halle (1968)).音素は複数の弁別的素性の束として記述される.弁別的素性は,音の自然類をとらえることができるよう設定される.例えば,有声性 ([±voice])は /p/, /t/, /k/ と /b/, /d/, /g/ を区別するのに必要である. ⇨ NATURAL CLASS

distribution(分布) アメリカ構造主義言語学の基本的概念の1つ.ある言語表現がどのような環境に生起するかに基づくことによって,意味に基づくことなく単位 (音素,形態素など) が設定され,その振る舞いが記述される.現在でも,各言語表現が特定の文脈に現れる・選好するということを表す際に広く使われる.

disyllabic ⇨ DISYLLABLE

disyllable(二音節語) 2音節から成る語をいう.例えば,英語の二音節語には bi-ble, syn-tax, tar-get, key-board, through-out などがある.

domain(ドメイン,領域) ①家庭,教育,仕事などの言語使用領域.各領域は聞き手,場面,話題によって定義され,コードの選択に影響する.②ある概念の意味決定の前提とされる概念体系をいう.基本的ドメインと,より複雑な抽象的ドメインに分けられる.③ある対象があてはまる範囲,例えば,命題関数の項変数にあてはまる事物の範囲 (定義域) や,規則の適用範囲 (例,語幹,語,句) などをいう.

dominant(優勢な,優勢なもの) 文法の構成要素間の関係性において,主要な働きをもつものを示す.strong (強い), head (主要部), licensor (認可子), government (統率子) とほぼ同義に使われる.

dorsal feature(後舌素性,舌背素性) 調音位置に関わる素性の1つで,舌背・後舌面(dorsum)を用いて発音されることを指す./k, g/ などの軟口蓋音,/q, ɢ/ などの口蓋垂音はこの素性を持つが,/c, ɟ/ などの硬口蓋音については様々な議論がある.

downdrift(下がり調子) 発話の頭から終わりにかけて,ピッチが徐々に下降し,ピッチ幅が狭くなる現象で(natural) declination(自然下降)ともいう.階段式下降(downstep)と異なり,肺の呼気を使って発話することにより声門下圧が下がるために起きる生理的現象で,どの言語にも見られる. ⇨ CATATHESIS; DECLINATION; DOWNSTEP

downstep(階段式下降) 音韻表示において高音調が連続する際,音声解釈では後続するものが,最初のものより低いピッチで実現される現象. ⇨ CATATHESIS; 音声 DECLINATION; DOWNDRIFT

E

elsewhere condition(非該当条件) ある環境で適用される操作が複数あるとき,その中でより特殊である(有標である)操作が優先的に働くとする条件.古くは Pāṇini(パーニニ)がサンスクリット語の諸現象について論じ,一般的現象として世界中の多くの言語で観察される.

empty category(**phonological**)(空範疇) 依存音韻論,統率音韻論などで用いられる.音韻素性をもたない位置のこと.空範疇原理の条件に従って音声解釈を受ける.音節核であれば(empty nucleus:空核),多くの場合当該言語の母音体系の中で最も中寄りの母音として音声的に具現化される. ⇨ EMPTY CATEGORY PRINCIPLE

Empty Category Principle(**phonological**)(空範疇原理) 依存音韻論,統率音韻論などにおける,音韻素性をもたない音節核(empty nucleus:空核)の音声的具現化に関わる規則.複数の下位制約から成り,代表的なものは Final Empty Nucleus Parameter(領域末空核パラメタ)と Proper Government(適正統率)である. ⇨ FINAL EMPTY NUCLEUS PARAMETER; PROPER GOVERNMENT

eurhythmy(好韻律性) 韻律音韻論において,言語の理想的リズムは格子(grid)がより好ましいリズムの型を持つかによるという考え方.例えば英語では,強強勢間は四音節間隔が空いている状態を好韻律性が守られているとし,これをもとに強勢の移動が適用される場合とされない場合の説明がなされているが,理論の評価は分かれている. ⇨音声 IAMBIC REVERSAL; ISOCHRONY; METRICAL PHONOLOGY

Evolutionary Phonology（進化音韻論） Blevins (2004) の提唱する理論．共時的な類型的普遍性は音声学的要因による通時的変化に起因するというもの．誤った知覚による CHANCE（偶然），音声信号と音韻形の対応のずれによる CHANGE（変化），複数の音声信号の事例から元と異なる音韻形を聴者が獲得する CHOICE（選択）により通時的変化がもたらされるとする．

Exemplar Theory（事例理論） 心理学におけるカテゴリー化の理論の1つで，Johnson (1997)，Bybee (2000)，Pierrehumbert (2001) らが音韻論に応用した．知覚された音声トークンは事例として記憶され，類似する事例の集合体がカテゴリーを形成するという理論．

external sandhi（外連声） サンスクリット文法における sandhi（音の連結に関する規則）の1つで，単語間または複合語の構成要素間に起こるもの．母音に対しては hiatus（母音連続）を避け，子音に対しては同化を促す． ⇨ INTERNAL SANDHI; SANDHI

extrametricality, extraprosodicity（韻律外性） 語末または語頭の単位（例：語末子音，語末音節，語末モーラ等）を脚形成過程に取り込まないこと．（ラテン語や英語等の）多くの言語の強勢付与現象を分析する際に論じられる(Hayes (1985, 1995), Halle and Vergnaud (1987))．

extrasyllabicity（音節外性） 領域末の子音を音節化過程に取り込まないこと．Hayes (1980, 1995) 等が援用する理論的立場からは，多くの言語で観察される音韻過程であるとされる．韻律外性の一部にまとめられることもある．

F

factorial typology（階乗類型論） Prince and Smolensky (1993, 2002, 2004) の用語．OT（最適性理論）の枠組みにおいて，普遍制約の序列の組み合わせにより存在可能な自然言語の類型を導くことをいう．

faithfulness（忠実性，照合性） OT（最適性理論）の枠組みにおける制約を2種類に大別した場合の1つで，入力形で指定されている表示上の諸属性を出力形においても正確に保持するという概念．語彙音韻論や統率・認可音韻論で想定されている Structure Preservation Principle（構造維持原理）や Projection Principle（投射原理）を理論的な基盤としているが，これらの原理が絶対的な適格性を規定する枠組みで用いられるのに対し，faithfulness という集合に属する制約は相対的な適格性を規定する枠組みで用いられ，個々に違反可能であるという特徴の違い

がある．

feature geometry（素性配列，階層的素性配列）　弁別素性間の構造的支配関係で，主に発声器官内の生理学的構造を反映した分節内表示モデル．例えば，[anterior]（[前方性]）が指定されるには，[coronal]（[舌頂性]）の指定が前提となる．Clements (1985) や Sagey (1986) は，このような構造的支配関係により素性が関与する音韻現象の種類が決定されると主張する．

feature matrix（素性行列）　統語的，音韻的，意味的な特性を表す形式上の単位の集合体．個々の行列において，それを構成する素性同士は順序付けされておらず，何らかの構造で関係づけられてもいない状態にある．

feature(s)（素性）　分節音や語彙素などの言語的要素を構成する特性を指し，[+voiced], [−voiced] のように素性とその値のペアとして，あるいは [coronal] のように素性の有無として示される．素性は音韻論・統語論・意味論など幅広い分野で用いられる．⇨ BINARY FEATURES; UNARY FEATURES

feeding order（給与順序）　複数の派生レベルを想定する音韻表示モデルにおいて，音韻規則間の特定の相互作用を記述するために Kiparsky (1967) が使用した用語．音韻派生において，先に順序付けされた規則 A の適用により産出された環境が，次の規則 B の適用を可能にすること．給与順序関係にある規則 A ＞ B の適用順序を B ＞ A という逆の適用順序にしたものを Counterfeeding order（反給与順序）という．⇨ BLEEDING ORDER

Final Empty Nucleus Parameter（領域末空核パラメタ）　音韻領域の末尾で音韻素性をもたない音節核（empty nucleus：空核）の音声的具現化を決定する．子音で終わる語を許す言語（英語やフランス語等）ではパラメタ値が＋，許さない言語（日本語やイタリア語等）では－である．

floating segment（浮遊分節音）　Goldsmith (1976) の autosegmental phonology（自律分節音韻論）の用語．形態素，または形態素の一部でありながら，ほかの自律分節音，CV 層，またはスケルトン層と結びつかなければ音声解釈を受けない自律分節音．例えば，フランス語の語末阻害音は，リエゾンが起こらないかぎり表層に現れない．⇨ FLOATING TONE(S); EXTRASYLLABICITY

floating tone(s)（浮遊音調）　子音や母音の特徴を持たず音調のみを表

している．浮遊音調自体を単独で発音することはできないが，隣接する形態素の音調に影響を与えるので，句や節を構成した際に浮遊音調がどのようなものかが観察できる．

foot（脚，韻脚）　韻律構造において音節の上位，音韻語の下位に位置する韻律的・形態的な構成素．韻律上の単位の場合，主要部に強勢またはアクセントが与えられる．すなわち 2 音節の脚の左側が主要部であれば強弱脚，右側が主要部であれば弱強脚となる．

free syllable（自由音節）　末尾子音を持たない構造の音節のこと．C = 子音，V = 母音とすると V，CV，CCV などの構造をもつ音節のことを指す．OPEN SYLLABLE（開音節）ともいう．⇨ CLOSED SYLLABLE

free variant（自由変異形）　変異形の中でも各変異形が相補分布を成さず，現れ方に条件がない場合をいう．例えば，英語の cut の語末の子音 /t/ は [t] や [tʰ] など複数の変異形を持つが，いずれも同じ条件で現れ，かつどの変異形でも cut の意味は変わらない．英語では /t/ が強勢の置かれた音節の頭に現れる場合は [tʰ] のみであり，現れる環境が決まっているため，文脈的変異形である．Free allophone（自由異音）ともいう．⇨ COMPLEMENTARY DISTRIBUTION; VARIANT

frequency（頻度）　事例理論においてカテゴリーを定義する事例を計量化する概念をいう．頻度の高い事例では弱化などの変化が起きやすくなったり文法化が促進されるなどの効果が観察される．⇨ EXEMPLER THEORY

front（前舌性）　調音（構音）音声学で舌体が口腔の前よりに位置する母音を表す用語．弁別素性理論では，一般に，[front] が自然類を形成することはなく，舌体の水平位置に関わる自然類は [−/+back] を用いて示す．

functional load（機能的負荷）　ある対立が語の弁別に果たしている度合いのこと．例えば英語において /p/ と /b/ の対立によって区別される語（最小対）は /ʃ/ と /ʒ/ の対立によるものより多いので，前者の対立は後者より機能負担量が高いとみなすことができる．

G

generate（生成する）　ヒトという種が生得的に有する原理に基づき，言語表現形式を構築すること．

generative phonology（生成音韻論）　Norm Chomsky の提唱する生成文法の枠組みのもと，抽象的な基底形に音韻規則（の集合）を適用する

ことで，実際の分節音となる表層形を導き出す音韻理論のこと．

generator（生成器）　最適性理論において，ある入力形から出力形を生み出す装置．同理論はそれまでの理論のように規則が出力を生み出すとはせず，生成器が1つの入力形から論理的に可能な複数（無限）の出力を産出するとする．そのように産出された出力候補の中から，序列化された制約を最も調和的に満たすものが最適な候補として選ばれ，出力形となる．

government（統率）　主に Government-licensing phonology（統率認可音韻論）の枠組みにおいて用いられる prosodic/skeletal/CV positions（韻律点）間の依存関係．Harris (1994) では，phonotactics（音配列に関わる規則）が見られる構成素内韻律点間の主要部・依存子関係を統率という（例：英語における枝分かれ頭子音 C_1C_2 (sC を除く) の C_2 は C_1 よりも高い共鳴性を示す）．他方，Scheer (2004) では，Harris (1994) における proper government（適正統率）（構造的条件のもと，特定の韻律点の音声的具現化を抑制する依存関係）の意味で用いられる．

government (and charm) phonology（統率・極性音韻論）　Kaye et al. (1985, 1990) で提唱された音韻表示理論．素性（エレメント）が有するチャームと呼ばれる属性により分節内表示を規定し，適格な分節音間の表示を原理とパラメタで規定される統率関係で定義する．

grid（格子）　韻律構造上の相対的な卓立関係を視覚的に表すための表示形式．縦軸方向に積まれた格子の高さが音節主要部（核）間の卓立関係を表示し，横軸方向の格子の並びが主要部間の隣接性を表示する．

grounding（根拠とした，根付いた）　表示の適格性の抽象性や非制限性を是正し，文法を制限するために，その根拠を特定すること．音韻表示は音声的性質の反映であり，音韻規則や制約は音声的性質に厳密に根付いているべきであると主張した Archangeli and Pulleyblank (1994) を参照のこと．

H

Harmonic Phonology（調和音韻論）　Goldsmith (1990, 1993) の提唱した音韻理論．音韻派生の段階として形態音素レベル，語レベル，音声レベルの三段階だけを認め，それらの間での派生の際に調和性が増すように音韻規則が働く，とする．なお，この三段階は複層最適性理論の中でも仮定されている．

harmonic serialism（調和逐次性）　Prince and Smolensky (1993,

2002, 2004) の用語．入力から表示調和性を漸次高める構造変化を経て段階的に最も調和的な出力を派生することをいう．OT（最適性理論）の parallelism（並列性）と対比的に使われる．

harmony（調和）　同化現象の一種．分節音レベルの局所性に制約を受けることなく，所定の領域内で素性が共有される現象．典型的な例としては，母音間で見られる母音調和（トルコ語等）や子音と母音の両種上で観察される鼻音調和（ゴカナ語等），加えて，母語の音韻獲得過程で観察される子音調和等がある．

***h*-aspiré**（有音の h，アッシュ・アスピレ）　現代フランス語で発音されない子音 h が音韻上は h が存在するかのような振る舞いを示す現象で，elision（エリジオン，省略）や，liaison（リエゾン，外連声）規則が適用されない．例えば *héros* /ero/ 'hero' が *le héros* /lə ero/ */lero/ 'the hero' や *les héros* /le ero/ */le zero/ 'the heroes' となる．⇨ 音声 LIAISON

head（主要部，頭部）　①音韻表示における範疇間の依存関係構築上，優位な範疇．例えば，英語における韻律構造上の枝分かれ頭子音および枝分かれ音節核内では，左側の位置が主要部と見做される．② O'Connor and Arnold (1973) の枠組みによるイントネーション分析においては，intonational pharse（音調句）で最初に現れるピッチアクセントから nucleus（音調核）の直前までの部分をいう．

heavy NP-shift（重名詞句移動）　Zec and Inkelas (1990) によれば，文末に移動される名詞句には音韻条件があり，少なくとも2つに枝分かれしている音韻句（Phonological Phrase: PP）から構成されている名詞句のみが移動可能とされている．例：Mark showed [some letters]_PP to John → *Mark showed to John [some letters]_PP. / Mark showed [[some letters]_PP [from Paris]_PP] to John → Mark showed to John [[some letters]_PP [from Paris]_PP].

hierarchical structure（階層構造）　言語学的範疇間の構造的支配関係．韻律表示における音節構造（核と尾子音から韻が構築され，韻とそれに先行する頭子音から音節が構成される）がその一例である．分節内表示における階層構造については，Feature Geometry（素性階層構造）(Clements (1985), Sagey (1986), McCarthy (1988)) や Element Geometry（エレメント階層構造）(Harris (1994), Nasukawa and Backley (2005)) で論じられている．

homophony（異綴り同音）　指示物（意味）が異なるが，同一の音連続か

ら構成されている単語間の関係.

iambic reversal(弱強反転規則) Postlexical phonology（後語彙音韻論）で適用される規則で，強勢衝突を避けるために，thìrtéen → thírtèen mén, àfternóon → áfternòon téa のように，強勢のパターンを弱強から強弱に入れ替えること. ⇨ STRESS CLASH; STRESS SHIFT

identity avoidance（同一性回避） 言語学の諸部門で広く観察される現象を捉える原理の1つで，特定のレベルにおいて隣接する同一要素の共起を禁じる原理．代表的なものに音韻部門における OCP（必異原理）等がある (Yip (1988, 1998), Nasukawa and Riemsdijk (2014)).

implicational universal（含意的普遍性） 通言語的研究を基盤とし，「X の存在は Y の存在を含意する」という言明のもと，言語の普遍的諸相を解明しようとする方策の1つ (Greenberg (1963))．例えば，鼻母音の存在は口母音（非鼻母音）の存在を含意するという音韻的普遍性がこれにあたる．

inalterability of geminates（促音（重複子音）の不変性） 単子音に比べ，促音は音韻交替・変化を被り難いという音韻現象．例えば，単子音上では摩擦音化や共鳴音化のような軟音化過程が通言語的に観察されるが，促音上では観察されない (Hayes (1986), Schein and Steriade (1986)).

internal sandhi（内部連声） 一語内の語幹と接辞の境界（形態素間）に起こる音韻変化．英語の接尾辞 -s の異形態 [s, z, ɪz]，ラテン語由来の否定接頭辞 in- の変化形 *il*legal, *im*possible, *ir*regular, ドイツ語のウムラウト等は語彙として固定している．連続発音の例は Cruttenden (2008) を参照．⇨ EXTERNAL SANDHI; SANDHI

intonation group（音調群） = INTONATIONAL PHRASE

intonational phonology（音調音韻論） Ladd (1996, 2009^2) 等の用語で，自律分節韻律理論と韻律音韻論に基づき，H（高）と L（低）の2つのトーンと境界音調の組み合わせで，言語の音調構造を研究する理論．

intonational phrase（音調句） 音律階層 (prosodic hierarchy) において発話 (utterance) と音韻句 (phonological phrase) の間に位置する音韻単位．音調音韻論においてはイントネーションの型がかぶさる音韻単位のこと．⇨ INTONATIONAL PHONOLOGY; PHONOLOGICAL PHRASE;

PROSODIC HIERARCHY; UTTERANCE

intrusive schwa（嵌入のシュワー）　音連続の回避あるいはリズム上の要請により挿入されるシュワー（schwa [ə]）母音．例えば Knut [kənjuːt] など．

J

J_ToBI（J トビ）　Venditti (1995) による ToBI の日本語音調記述への適用．その発展型に X-JToBI がある．⇨ ToBI; X-JToBI

juncture（連接）　アメリカ構造主義言語学において形態素境界を表すために用いられた音素．+, # といった記号を用い，形態素境界の有無（または位置の違い）が同一の音素配列（例えば night rate と nitrate）にもたらす異音の現れ方の違いなどを説明するために用いられた．⇨ ALLOPHONE; BOUNDARY

L

labialization hierarchy（唇音化の階層）　粒子音韻論（Particle Phonology, Schane (1984)）の用語．唇音性が最も強い後舌高母音 u を頂点とする尺度における母音の唇音性の度合い．

Laboratory Phonology (**LabPhon**)（実験音韻論）　形式音韻理論に重きを置かず，音声の諸特性を詳細な実験を通して解明しようとする音韻研究．言語学と他の分野（心理学，コンピュータ・サイエンス，脳科学等）を結びつける役割を担うと同時に，音声の認知的様相と物理的様相の関係を学際的に解明しようとする研究．

lateral (**feature**)（側音（素性））　口腔の中央部を舌で狭窄し，その両側（もしくは片側）から気流を通過させることで調音される言語音を指す素性．接近音 /l/, /l̪/, /ʎ/, /ʟ/ や摩擦音 /ɬ/, /ɮ/ などがある．

lax（弛緩，弛緩性）　母音の記述に用いられる特性の 1 つで緊張性（tense）と対をなす．アメリカ英語では bid, bed, bad, good, bud といった語に現れる母音で，Ladefoged (1993) の表記ではそれぞれについて次の IPA を用いる：ɪ, ɛ, æ, ʊ, ʌ．長短により母音を区別する分析においては短母音に相当する．なお必ずしも筋肉の弛緩を伴って調音されるとは限らない．ゲルマン諸語では強勢のある開音節には現れないといった分布上の制約がある．⇨ TENSE

left-headed (**foot**)（左方主要部脚，強弱格）　韻律音韻論の用語．脚（FOOT）を構成する音節もしくはモーラのうち，左端に位置するものが

強勢を担う脚（trochee）．⇨ FOOT; METRICAL PHONOLOGY; RIGHT-HEADED; STRESS

lenition（弱化）　子音の調音において狭窄（典型的には閉鎖）を弱める方向へ変化させる現象の総称．摩擦音化（spirantization），はじき音化（flapping），非口音化（debuccalization）などを含む．また有声化（voicing）を含める場合もある．典型的には音節末や母音間のように子音の調音が相対的に弱まる位置で発生する．

Lexical Phonology（語彙音韻論）　Kiparsky (1982a, b) により提唱され，語形成過程における phonology（音韻部門）と morphology（形態部門）の相互関係を，the lexicon（辞書部門）内に仮定された複数の派生レベルで説明しようとするモデル．

lexicon optimization（語彙目録最適化）　Prince and Smolensky (1993, 2002, 2004) の用語．最適性理論の枠組みにおいて，言語獲得で音声形から基底形を学習する場合に学習者が複数の最も調和的な出力すなわち序列の高い制約の違反が最小となる出力に対応する入力を基底形として選ぶことをいう．

light syllable（軽音節）　1モーラから成る音節のことを軽音節と呼ぶ．日本語では CV および V が軽音節にあたる．長母音（CVV），あるいは母音のあとに子音が続く閉音節（CVC）は重音節（heavy syllable）と呼ばれるが，その扱いは言語によって異なる．また軽音節は韻律的卓立（metrical prominence）を引きつけにくい音節とされる．

linear（線形的な，線状の）　時間軸に沿って左から右に連続的に連なる，つまり線状になることを指す．

linear phonology（線状音韻論）　音声を弁別素性の束の時系列的の連続体として表示し，弁別素性の分布や書き換え規則により音韻現象を説明する理論．線状的な表示は言語最小単位が分節音（音素）であると考える構造主義の枠組みでも使われていたが，線状音韻論という用語は，非線状音韻論（non-linear phonology）と対照させて Chomsky and Halle (1968) が提唱した生成音韻論の枠組みを論じる場合に使われることが多い．⇨ LINEAR; LINEARITY CONDITION; NON-LINEAR PHONOLOGY

linearity（線状性）　分節音は音韻素性が束になったものと考えられており，その束が時間軸に沿って左から右に連続的に連なる，つまり1つの線状になることを指す．

linearity condition（線状性の条件）　音素とその音声実現形とが1対1の対応を成し，さらにその対応は左から右に線状に対応しなければなら

ないという条件．これは構造主義の音素論における原則の1つであり，後の生成音韻論では批判されたが，最適性理論では入力形と出力形との線状的照応が忠実性制約群の1つに含められている．

loanword adaptation（借用語化）　ある語彙が借用される際，受け入れ言語で起こる受け入れ方のことを指す．例えば言語 A にある音韻（例：/θ/）が言語 B にない場合，言語 B でどのように音韻を取り込むのかという問題が存在する．聴覚的問題および受容言語における音韻論の問題に関連するため，音声学および音韻論の研究テーマの1つである．

local constraint conjunction（局所的制約結合）　Smolensky (1993) の用語．所定の領域における複数の制約の論理積で規定される制約をいう．この局所的に結合された制約は，各制約がすべて違反している場合のみ，違反していると評価される．

Lyman's law（ライマンの法則）　連濁の適用・不適用を決める条件の1つ．この名称は Benjamin Smith Lyman (1894) に由来する．複合語を形成する際，後部要素が濁音（有声阻害音）を含んでいる場合には連濁は起こらないというもの．例えば，しぶ＋かき＝しぶがき（渋柿）だが，あい＋かぎ＝あいかぎ（合鍵）で，"あいがぎ"とはならない等．

M

major class feature（主要音類素性）　発声器官を連続的に様々な方法で開閉して発する音声について弁別される主要な音類（母音，子音，阻害音，共鳴音など）を定義する素性．Chomsky and Halle (1968) では [consonantal（子音性）], [sonorant（共鳴音性）], [syllabic（音節主音性）] という3つの素性が使われている．非線状表示理論の発展により主要音類素性は分節音の素性とは見なされなくなった（cf. Leben (1980), Clements and Keyser (1983), Schein and Steriade (1986), McCarthy (1988))．

manner(-of-articulation) feature（調音法素性）　音の調音方法（どのように発音するか）について弁別される音類を定義する素性．Chomsky and Halle (1968) では [continuant（継続音性）], [delayed release（遅延的解放性）], [nasal（鼻音性）], [lateral（側音性）], [strident（粗擦性）] などがある．

marked（有標の）　⇨ MARKEDNESS

markedness（有標性）　プラーグ学派音韻論から生まれた概念．標準的なものは「無標（UNMARKED）」と呼び，標準的ではないものは「有標

(MARKED)」と呼ぶ．例えば，口母音と鼻母音をもつ言語では前者が無標とされ，後者が有標とされる．有標事象は，対応する無標事象と比較して，類型論的に分布が限定されたり，言語獲得において後に獲得されるなどの特徴を示す．また，有標事象の存在は，対応する無標事象の存在を含意するという関係が見られる．

matrix（行列） 分節音を弁別素性の束と見なす枠組みにおいて，個々の分節音の構成要素を示すのに使われる 2 次元行列．行に [voiced（有声音性）] や [coronal（舌頂性）] などの弁別素性，列に /p/, /b/ などの分節音をとる (Chomsky and Halle (1968))．⇨ DISTINCTIVE FEATURE

MAX（最大対応） McCarthy and Prince (1995) の用語．OT（最適性理論）の忠実性制約群の 1 つで，入力に含まれるすべての要素に対応する要素が出力に含まれることを要請する．⇨ CORRESPONDENCE THEORY

maximal onset principle（最大頭子音の原則） 音節は普遍的に頭子音 (onset) が最大になるように区切られるという原則．母音と子音の連続 ..VCV.. では，..V.CV.. のように音節化され，..VC.V.. は排除される．⇨ SYLLABIFICATION; 音声 SYLLABLE

maximality condition（最大性条件） Halle and Vergnaud (1987) の用語．韻律境界構築規則で作られる構成素は，他の条件を満たす限り，最大の記号列を含まなければならないという条件．

metrical grid（韻律格子） ⇨ GRID

metrical phonology（韻律音韻論） Liberman (1975) および Liberman and Prince (1977) において提唱され，Hayes (1985) および Halle and Vergnaud (1987) がさらに発展させた，音韻表示とその操作に関する理論．metrical tree（韻律樹形図）や metrical grid（韻律格子）を用い，極めて少数の簡潔なパラメタによって類型論的に諸言語のアクセントの分布を説明する (Hayes (1995))．

minimal pair（最小対立項，最小対） 同じ環境で一音だけが異なる語の対．例えば，英語で，同じ /_ig/ という環境で /p/ と /b/ の一音だけが異なる語の対 pig と big．pig と peg も /p_g/ の環境で /ɪ/ と /e/ だけが異なる最小対である．

monomoraic（単一モーラ） 単一のモーラからなる．例えば日本語の短母音．⇨ BIMORAIC

Mono-stratal Phonology（単層音韻論） 基底表示から複数の表示レベルを経て表層表示が派生されるという過程の恣意性を排し，単一の表示

レベルのみで音韻現象を解明しようとする理論的枠組み．依存音韻論，統率音韻論，宣言音韻論，初期の最適性理論などに見られる．

monosyllable（単音節語）単一の音節のみからなる語．英語では pen, cat など．⇨ POLYSYLLABLE

monovalent feature（単項素性）= UNARY FEATURE

mora（モーラ，拍）子音と母音の結合 (CV)，またはそれに相当する長さを持った音韻的な単位であり，音節の重さを測る単位でもある．日本語では「か」(/ka/) などの1音に加え，「あ」(/a/) などの母音のみの1音，長音「ー」(/H/)，促音「っ」(/Q/)，撥音「ん」(/N/) も，それぞれ単独で1モーラを担う．

mora-timing（モーラ拍）各モーラが同じ長さを持つことによって生じるリズム．各音節が同じ長さの syllable-timing（音節拍），強勢のある音節間の長さが同じ stress-timing（強勢拍）に対する．

morpheme boundary（形態素境界）言語学的構成素の1つである形態素 (morpheme) 間の切れ目．⇨ WORD BOUNDARY

morphophoneme（形態音素）ある文法的環境に起こる音素の類．英語の knife と knives では，{naɪF} の {F} のように，中括弧と大文字で表される．{F} は，単数形では /f/，複数形では /v/ と実現される．

morphophonemics（形態音素論）= MORPHOPHONOLOGY

morphophonology（形態音韻論）形態素の具現形に影響を与える音韻的な要因の分析など，形態論と音韻論の間の規則や交替を研究する分野．ヨーロッパでは morphophonology，アメリカでは morphophonemics と呼ばれる．

Multi-stratal Phonology（複層音韻論）基底表示に音韻規則が逐次的に適用され複数の表示レベルを経て表層表示が派生されるという理論的枠組み．*The Sound Pattern of English* (Chomsky and Halle (1968)) や語彙音韻論などに見られる．

N

nasal-voice merger（鼻音性と有声性の融合）Nasukawa (1998, 2005) の用語．エレメント理論において，鼻音性と有声性が単一のエレメント |N| によって表示されること．従来別個の素性の音声的な特徴と考えられてきた鼻音性と有声性は，エレメント |N| がもつ構造上の関係性の変化によって現れる異なる音声的実現形であるというもの．

natural class（自然類）ある言語において共通の特徴・素性を持つ言語

要素の集合をいう．例えば，英語では /p/, /t/, /k/ は [+stop, –voiced] の素性を共有する自然類である．自然類は個々の構成要素を指定するのに必要な素性の数よりも少ない素性で指定できる．自然言語では，個々の要素ではなく自然類をターゲットとして規則が適用される例が数多く見られる．つまり，自然類の心理的実在を示している．⇨ CLASS

Natural Generative Phonology（自然生成音韻論） Vennemann (1972) が提唱し，Hooper (1976) が発展させた理論．Chomsky and Halle (1968) に依拠する生成音韻論を，基底の抽象性の問題など心理的実在性という見地から批判し，形態音韻規則と音声規則を厳密に区別し，規則の適用の条件に語彙的・意味的な情報が必要不可欠であると主張した．

naturalness condition（自然性の条件） Postal (1968) が提唱した，最大限に一般化ができる音韻規則のみが文法において適応できるという条件．語彙表示は音声的な自然性から逸脱しない限り表層音声表示と同一であるとするこの考え方は，生成音韻論の基盤を成すものである．

natural phonology（自然音韻論） 抽象的な生成音韻論に対する形で Stampe (1969), Donegan and Stampe (1979) により提唱された理論で，音の変化や変化の過程は人間本来の持つ知覚能力や調音能力に基づくとする理論．言語習得の過程で，話者はこの生得的知覚・調音に基づく過程を抑制すると同時に後天的な音韻規則を獲得することで，その言語の音韻が獲得されていくとする．

neutralization（中和） ある特定の音韻環境において素性の弁別性が失われること．例えば，ドイツ語の /t/ と /d/ は，語頭や語中では有声／無声の対立が音声解釈にも反映されるが，この声の弁別性は語末において失われ，ともに [t] として現れる．

neutral vowel（中立母音） 中立化の結果現れる際立ちのない中寄りの母音．韻律構造上弱い位置に生起する．

node（節点） 樹状構造の枝分かれの起点．音韻論においても樹状構造で説明されるものは多岐に渡る．例えば，音節を樹構造で説明すると，まず音節という節点が頭子音と音節脚韻の2つに枝分かれし，脚韻節点は核と末尾子音に枝分かれする．

non-consonantal（非子音性） 音韻素性の1つで，母音，わたり音，声門音がこの素性を持ち，子音性をもつ他の子音からこれらの音を弁別する．調音的には子音性を持つ音の発音には声道及び気流に何らかの妨げが観察されるのに対し，非子音性を持つ音にはその妨げがないか，ある

いは少ない.

non-linear（非線状の）　個々の素性や韻律単位が，互いに関連しながらも個別の振る舞いが可能なように，独立した tier（層）に分かれて存在するという概念．分節音またはこれに相当する素性束が連続する線状的な音韻表示の概念と対照される.

non-linear phonology（非線状音韻論）　Chomsky and Halle (1968) に代表される線状音韻論への批判から，分節音を構成する素性や韻律単位が独立した層に分かれて存在する非線状的な表示により音韻現象を説明する理論．強勢付与や音節化を扱った METRICAL PHONOLOGY（韻律音韻論）および音調・アクセントの分析や母音調和を扱った AUTOSEGMENTAL PHONOLOGY（自律分節音韻論）等がある． ⇨ LINEAR PHONOLOGY

N-pattern accent（N 型（えぬけい）アクセント）　アクセント単位が長くなっても，型が一定数の N（= 3, 2, 1）以上には増えないアクセント体系．隠岐諸島や九州に見られる．これに対し，アクセント単位が長くなるに応じて型が増える体系は多型アクセントと呼ばれる.

nuclear stress（核強勢）　音調単位の核（主要部）に付与される強勢（第 1 強勢）．例えば，Main Stress Rule（主強勢規則）により，"white" も "house" もそれぞれの母音に核強勢が与えられる．"white house" という句になると Nuclear Stress Rule（核強勢規則：Chomsky and Halle (1968)）により，最も右の核強勢が複合語全体の核強勢となる.

O

Obligatory Contour Principle (OCP)（必異原理，義務曲線原理）　ある音韻領域内に同じ音韻的性質をもつもの（音韻素性等）が局所的に連続して現れることを禁ずる原理／制約．もともとは基底形において 1 つの形態素内に同じ音調が隣接してはならないとする制約であった (Leben (1973), Goldsmith (1976), Odden (1986)).

obstruent（阻害音，妨げ音）　子音の 2 つの主要分類のうちの 1 つ．調音において気流を妨げることにより発生する非周期的音を特徴とする音であり，破裂（口腔閉鎖）音，摩擦音，破擦音がこれに該当する．もう 1 つの分類の共鳴音が常に有声音であるのに対し，阻害音は有声音／無声音の両方が可能である.

opacity（不透明性）　Kiparsky (1971, 1973) の用語．表層形で規則の適用が確認できないことをいう．書換規則の適用による逐次的派生を前

提とする枠組み（Chomsky and Halle (1968)）では，主に適用順序に反映される規則同士の関係性について議論が行われ，序列化された普遍的制約を用いた並列処理を前提とする OT（最適性理論）などの枠組みでは，逐次的派生の中間段階における一般化の扱いについて，議論を促進した． ⇨ CONSPIRACY; COUNTERBLEEDING; COUNTERFEEDING; TRANSPARENCY

Optimality Theory（OT）（最適性理論） 1993 年に提唱された普遍文法の仮説に基づく言語理論で音韻論研究を中心に広く浸透した（Prince and Smolensky (1993, 2002, 2004)）．普遍文法の構成要素は違反可能な言語的な制約の集合であり，各言語における制約優先度ランキングにより並列的に入力―出力を計算する等の点が従来の言語理論とは異なる．

P

parallel distribution（平行分布） 音素を特定する過程で，分節音が同じ音韻環境で起きること．例えば，英語では /t/ と /d/ は，両方とも語頭（tie /taɪ/ ― dye /daɪ/），語中母音間（latter /lætər/ ― ladder /lædər/），語中子音の前（petal /petl/ ― peddle /pedl/），語末（bat /bæt/ ― bad /bæd/）と同じ環境に起き，平行分布の関係にある．どちらも独立した音素ということができる． ⇨ COMPLEMENTARY DISTRIBUTION; MINIMAL PAIR, PHONEME

pattern congruity（同型性，型の整合性） 音の並びには規則性があること．例えば，英語において"閉鎖音＋摩擦音"が語頭にくることはないという規則があるため，/tʃ/, /dʒ/ は /t+ʃ/, /d+ʒ/ ではなく，/tʃ/, /dʒ/ という単独の音素（破擦音）と判断する．

peak（山，中心部） ある構造において何らかの理由により際立った部分．音韻論では特に音節における聞こえ度（sonority）の最も高い部分を指す． ⇨ SONORITY

penult ⇨ PENULTIMATE

penultimate（語末第二音節） 語末から数えて 2 番目の音節．特にアクセント付与に関わる現象で多く言及される．例えば，英語において agenda /əˈdʒen.də/ という語は，penultimate accent（語末から数えて 2 番目の音節にあるアクセント）をもつ． ⇨ ANTEPENULTIMATE

phone（音, 単音） 音の連続体であることばを分割して得られる，知覚可能な最小の単位．

phoneme(音素) ある言語において,語の意味区別に役立つ最小単位. 音素は / / に入れて表すことが一般的である.例えば,英語の /pɪn, tɪn, kɪn/ や /pɪn, pen, pæn/ はそれぞれ意味が異なるので,英語では /p/, /t/, /k/ や /ɪ/, /e/, /æ/ は別々の音素となる. ⇨ ALLOPHONE

phonemic transcription(音素表記) 音声表記を行う方法のうち,音素のみで表記するもの.必要に応じて異音も用いるものは異音表記(phonetic transcription; allophonic transcription)という.

phonological phrase(音韻句) 韻律範疇の1つで,Chomsky and Halle (1986), Selkirk (1984) などで用いられる.Intonational phrase(音調句)と prosodic word(韻律語)の間に位置する.1つ以上の内容語が中心となり,それに機能語が付随するなどして,音韻的に1つの構造を形成するもの.

phonological representation(音韻表示) 音韻的諸範疇,および,それらから構成される構造.生成音韻論の枠組みでは,通常,lexical representation(語彙表示)(underlying representation(基底表示)と見なされる場合もある)と派生の結果産出される derived representation(派生表示)を想定する. ⇨ UNDERLYING REPRESENTATION

phonological system(音韻体系) ヒトという種が遺伝的に有する音声に関わる知識.より具体的には,自然言語で用いられている音韻範疇とそれらの関係性に関わる知識.

phonological utterance(音韻的発話) 音韻規則が適用される領域が統語構造上の領域と必ずしも一致するとは限らないことから考案された音韻領域の1つ.1つ,もしくは複数の intonational phrase(音調句)から構成される規則適用領域 (Nespor and Vogel (1986)).

phonological word(音韻語) 音韻規則が適用される領域が統語構造上の領域と必ずしも一致するとは限らないことから考案された音韻領域の1つ.1つ,もしくは複数の脚(foot)(または,脚よりも大きな領域)から構成される規則適用領域.Prosodic word ともいう.

phonologization, phonemicization(音韻化) 個別言語の通時的変化において,ある音素の異音の関係にある2つの音が,環境への依存を喪失し,弁別性を持つ異なる音素になること. ⇨ PHONEME, ALLOPHONE

phonology(音韻論) 自然言語の音声に関わる文法知識(音声の機能的様相,音配列規則,音交替規則等),およびその研究.音声の物理的様相を研究対象とする phonetics(音声学)に対し,音韻論は音に関わる

抽象的様相を研究対象とする．

phonotactics（音素配列，音素配列論）　特定の言語で用いられる分節音の配列に関する規則，およびその研究．どの自然言語においても，分節音の配列にはある種の規則が存在する．例えば，日本語では撥音を除き，語は子音で終わることができない．英語では，語頭に子音が3つ連続で配列された場合，最初に現れる子音は /s/ のみである（例 strike）．

pitch accent（高さアクセント，高低アクセント，ピッチアクセント）　pitch（音の高低）パターンにより位置が決定されるアクセントの種類．日本語はピッチアクセント言語に分類され，英語などの stress accent（強勢アクセント）と対比される．また，イントネーション研究では，特徴的なピッチの動きと強勢による卓立を指す．

place feature（位置素性）　分節音の調音（構音）位置に関わる素性．英語音韻論における調音位置素性としては labial（唇性），coronal（舌頂性），dorsal（舌背性）が挙げられる．

plane（平面）　非線状音韻論・形態論の枠組みで仮定されているもので，特定の弁別素性・自律分節素・形態素等が独自に形成する表示の次元．例えば，母音調和を引き起こす素性が，対象となる領域内にある子音特性に関わる素性に影響を与えることがないのは，前タイプの素性と後タイプの素性が異なる平面（表示レベル）に指定されているためであるとする．通常，tier 層）と同義で用いられる．⇨ TIER

P-map（P-地図）　Steriade (2009) の用語．対立する音が知覚的に混同される度合を様々な環境について示すもの．最適性理論の枠組みにおいて，この度合いに基づく音の相対的弁別性が忠実性制約の序列の決定要因となる．

polysyllable（多音節語）　1音節より多い語のことを指す．

polysystemic（多体系的，複系列的，多系的）　ロンドン学派の J. R. Firth (1890-1960) が韻律分析において提唱した考え方．音韻現象を分節単位（母音，子音）とそれらを関連付ける韻律という複体系からとらえた．アメリカ構造言語学が音素のみによって言語をとらえようとしたことへの反論．

positional faithfulness（位置的忠実性）　Beckman (1998) の用語．最適性理論の枠組みにおいて，語幹頭音節や強勢など卓立した音韻的特徴を示す場所で，特定の弁別素性の忠実性が要請されることをいう．

positional variant（位置変異音）　ある音素が環境によって特定の音と

して実現されることを指す．例えば，日本語の「ん」（/N/）は後続する子音によってその実現の仕方が異なる（例：案内 [annai], 案外 [aŋgai], あんパン [ampaũ] 等）．このように環境（ここでは後続の子音）によって音素の実現のされ方が違うそれぞれの [n] [ŋ] [m] [ũ] などのことを位置変異音と呼ぶ． ⇨ FREE VARIANT

postlexical phonology（後語彙音韻論）postlexical rules（後語彙規則）で構成される音韻部門のこと． ⇨ POSTLEXICAL RULE

postlexical rule（後語彙規則）語彙情報に関係なく，条件を満たす音連鎖に自動的に例外なく適用される音韻規則のこと．Lexical Phonology（語彙音韻論）では，統語的派生を経た後に適用される規則であると考えられている．

precedence-based phonology（時系列音韻論）Raimy（2000）が提唱する音韻表示理論．音韻表示から音節や韻律構造に関わる構成素をすべて廃し，分節間の前後関係のみで，音韻現象の説明を試みる音韻理論．

precedence-free phonology（非時系列音韻論）Nasukawa（2011, 2014, 2015a, b）が提唱する音韻表示理論．音韻表示から（分節音間や素性間といった）単位間の前後関係をすべて廃し，単位間の主要部・依存部間の関係性のみで，音韻現象の説明を試みる音韻理論．

primary stress（第一強勢）単一の語に付与される強勢のうち最も卓立が高いもの． ⇨ PROMINENCE; SECONDARY STRESS; TERTIARY STRESS

principle（原理，原則）普遍文法で絶対的な適格性を規定する制約．個別文法が選択的に課す適格性を規定するパラメタ（parameter）と併せて，文法の枠組みとして用いられる．

prosodeme（韻律素）韻律分析における最小単位．声調の単位，超分節音素など理論によって異なるものを指す．コペンハーゲン学派（1931）の L. Hjelmslev（1899–1965）による用語で，そこでは分節音どうしを関連付ける要素として考えられている．

prosodic hierarchy（韻律階層，音律階層）韻律構造を形成する韻律単位の階層．上位から以下のような範疇によって構成される：U 発話単位（utterance），IP 音調句（intonational phrase），PhP 音韻句（phonological phrase），PrWd（ω）韻律語（prosodic word），F（φ）脚（foot），σ 音節（syllable）．音節の音量（軽音節・重音節）の単位となる μ 拍（mora）は音節の下位範疇と考えることもできる． ⇨ PROSODIC MORPHOLOGY; PROSODIC PHONOLOGY

prosodic morphology（韻律形態論）音律音韻論の発展段階において

McCarthy and Prince (1986, 1993) により提唱された形態論モデルで，いかに韻律構造が重複や挿入辞添加などの形態論的操作と密接に関連し，形態構造を決定するかというもの．⇨ PROSODIC PHONOLOGY

prosodic phonology（音律音韻論）　Selkirk (1980b), Nespor and Vogel (1986) などの用語．音韻規則適用の領域は，統語的領域ではなく，統語的情報から写像規則によって構築された，音律範疇（階層）である，音韻的発話，音調句，接語グループ，音韻句，音韻語などとする音韻理論である．⇨ PROSODIC HIERARCHY; PROSODIC MORPHOLOGY

prosodic word　⇨ PHONOLOGICAL WORD

Q

quantity（音量，音量表記）　分節音や音節の長さが言語的に意味を持つ言語において，それらの長短を表す概念．特に母音や音節の長さに関して用いられ，音質 (quality) と対比される．

quantity-sensitive（音量に依存する）　音量は音節の軽重をもって表す．CV は軽音節，CVC, CVV は重音節である．重さの単位モーラを担うのは V と尾子音 C であり，CV は 1 モーラ，CVC は 2 モーラである．ある音韻現象が音量の軽重によって異なるとき，それは音量に依存するという．ラテン語では最後から 2 番目の音節が重音節であればそこにアクセントがあり，軽音節であればその 1 つ前にアクセントがくる．例：ap.pél.lō, hó.mi.nēs

R

Radical CV Phonology（急進的 CV 音韻論）　Dependency Phonology（依存音韻論）の一形態で，C と V という二種類の単位の主要部・依存部関係で規定される表示を，Hulst (1995) が分節内構造表示にまで拡張適用された理論．

ranking（序列化，ランク付け）　OT（最適性理論）において文法に入力される言語形式を評価する制約が順序付けられていることを言う．出力として選ばれる形式は適合する制約の多い少ないではなく，より序列が上の制約に適合するものである．最適正理論では文法は規則の集合体ではなく，序列化された制約の集合体と考える．

realization（具現化，具現形，実現）　形態素が表層形として現れること．英語の動詞の過去の形態素は規則形では -ed [t, d] として具現化する．不規則過去変化の sing/sang では母音の変化によって具現化していると

いえる．go/went の変化は代用形による具現化といえる．

reduction（弱化）　分節音やその連続が音質，長さ，音圧，ピッチ等何らかの意味で弱くなることをいう．例えば，英語ではもともと弱い母音ではなかったものが，強勢が置かれないことによって /ə/ などに変化する現象: *expláin* /ɪkˈspleɪn/ — *èxplanátion* /ˌɛkspləˈneɪʃən/．

redundancy rule（余剰規則）　ある音の A 要素の余剰的要素 B との関係の規定を余剰規則という．Chomsky and Halle (1968) では，余剰的なものは基底では表示されず，余剰規則により規定される．また，調音環境等により普遍的（自然）な「有標」「無標」の指定をすることで個別言語に現れる余剰規則をより簡潔に表示することが可能である．

redundant（余剰的）　言語音の発声には，A 要素があれば B 要素が必ず付随する場合があり，この B 要素を「余剰的」とする．例として，英語語頭無声破裂音の気息音．余剰的要素は意味の区別には関わらない（弁別的でない）．余剰性は分節音に限らず，形態素等より大きい単位にも観察される．余剰性は言語間で異なり発話知覚の問題として外国語教育にも関わる．

reduplication（重複（畳語））　語，または語の一部を重複させ語構成をすること．「人々」等．日本語，ポリネシア系言語，印欧語族等様々な言語で観察され，複数，継続，未来，強調等を表現する．何が重複されるかについては，個別言語の音素配列，モーラ，音節，音韻語などに関わる一定の制限をうける．

rendaku（連濁）　日本語の二語結合による複合語形成で，後続語の語頭子音の濁音化をいう．うま（午）+とし（年）→うまどし（午年）等．和語の発現頻度が高い．音声同化として説明可能で，音声構造から例外を説明するライマンの法則があるため，音韻的現象とする考えがある一方，歴史的発達を考慮すべき場合や環境からは説明不可能な多数の例外のため，語彙的現象とする分析もある．⇨ LYMAN'S LAW

repair strategy（修正操作）　普遍的もしくは特定の言語にのみ観察される音韻制約・規則の違反を修復するために，音韻的単位やその値または構造に適用される操作．代表的な修正操作としては，[+continuant] を有する音の重複（促音化）を避けるために，その値を修正し [−continuant] とするものがフラニ語 (Fula) において観察される (Paradis (1988))．

representation（表示）　生成音韻論では派生に対し基底・表層構造の各段階をいう．基底は形態素の音素表示，表層は実際の発音という対応関

係でとらえることもできるが，生成音韻論の基底表示は，母語話者が獲得している語彙や形態素に関し，各音韻環境で実際の発音に至るすべての知識を明示するものとして普遍的記号を使い表示される．

resyllabification（再音節化）　いったん音節化されたものが，語中および音韻句内での音添加，音脱落，母音連続などによりきこえの中核が変化し，音節構造が変わることをいう．歴史的変化により語彙として確立したもの，（例）「待ちて＞待って」などもある．リエゾンのように一定の音韻規則として説明できる場合がある．韻文での詩的許容としても観察される．

retracted tongue root（**RTR**）（舌根後退）　舌根前進の反対で，舌根が後ろに移動して咽頭腔が狭まっている状態をいう．⇨ ADVANCED TONGUE ROOT

reversal（転換）　いい間違い，言葉遊びで，一音またはその音を含みその音に続く音が後部の音と位置を逆転させる現象：スプーナー語法，日本語の「業界用語」におけるハワイ⇨ワイハ等．Laycock (1972) が分類した．転換後も分節数や音調に変化がないことから，自律分節音韻論で階層を設ける根拠となる．⇨ METATHESIS; SPOONERISM

rhythm rule（リズム規則）　英語の名詞句で，強勢音節が衝突（連続）すると，最初の語強勢の位置が前方に移動する規則をいう．これは，英語に好まれる弱強音節の繰り返しリズムを保つためと考えられており，二語連続が1つの名詞句を形成するときにのみ起こる．リズム規則は，韻脚を設定し，語彙に固有の強勢とは別のリズム付けをすることで説明される．IAMBIC REVERSAL, STRESS SHIFT などともいわれる．

right-headed（**foot**）（右方主要部脚，弱強格）　韻律音韻論の用語．脚を構成する音節もしくはモーラのうち，右端に位置するものが強勢を担う脚（iamb）．⇨ LEFT-HEADED; METRICAL PHONOLOGY; STRESS

rule ordering（規則の順序付け）　音韻論を基底構造から表層構造までの規則の集合とする生成音韻論は，主強勢や派生の仕組みを説明し，音韻構造に合わない語を排除する順序付けをする．順序は説明の合理性だけでなく，歴史的，地理的変化や言語習得も考慮され，ヒトの音韻処理の一般的方向付けを目的とする．⇨ BLEEDING/FEEDING ORDER

S

sandhi（連声，サンディ）　①サンスクリットの文法家 Pāṇini（パーニニ）が記述した語／形態素境界に起こる音韻変化．日本の悉曇学でも研究さ

れた．②英語では，連続発音の際 *Did you ...?* での同化，RP の連結 (linking) の [r, j w] 等，音韻句内の二語（外連声）や一語内（内部連声）で起こる音変化．⇨ EXTERNAL SANDHI; INTERNAL SANDHI; TONE SANDHI

secondary stress（第二強勢）　単一の語に付与される強勢のうち第一強勢に次いで卓立の高いもの．⇨ PRIMARY STRESS

segment（分節音，分節素，分節，分節要素）　語や形態素を構成する最小単位として区別できるもの．音素，1つの言語音．弁別素性の束としても表示される．異なる言語に同じ分節音が存在する場合があるが，音韻的役割は異なる．分節音という呼び方をする場合は，音声的単位であると同時に音韻的単位として音韻構造の中でとらえるときに用いる場合が多い．

segmental（分節的）　語や形態素を構成する最小単位にかかわることをいう．モーラ，音節，アクセント，声調，イントネーションといった韻律的，あるいは超／非分節的要素に対して用いられる．⇨ SEGMENT; SEGMENTAL TIER; SUPRASEGMENTAL

segmental tier（分節層）　自律分節音韻論（AUTOSEGMENTAL PHONOLOGY）の用語．自律分節音韻論では，分節音と韻律素性を階層的に表示する．分節音を表示した分節層は，音韻句または音韻語内の階層で最下位にある．音節やモーラの単位を表す CV 層またはスケルトン層とは区別され，声調や，母音調和を示すための調音的素性等も別の層に表示される．

semi-consonant（半子音）　音節内の子音の占める位置に現れるが，音響的には高母音とほぼ等価の性質をもつ音をいう：[j], [w] など．

skeletal tier（スケルトン層）　素性を用いた音韻表示において，分節音に相当する単位（枠組みにより CVs, timing slots, skeletal positions などと呼ばれる）で構成され，この単位の前後関係や局所性を示すレベルのこと．

sonority sequencing principle（聞こえ度配列の原理）　分節音の並び方に関する一般的原則をいう．音節を構成する分節音は，聞こえ度の高いもの（通常母音）を中心にして，その前後に聞こえ度のより低い音が山を成す形で結合するという原理．

spoonerism（スプーナー語法，（語）頭音転換）　同一文中の 2 語の語頭子音同士が入れ替わった言い間違いのタイプもしくは，こうした音の置換により新しい句を生み出す言葉遊びをいう：lighting a fire > fighting a liar. この種の言い間違いを頻用した Spooner という学者の名前に由来する.

Stratal OT（階層最適性理論） Bermúdez-Otero (1999), Kiparsky (2000, 2015) らの提唱する音韻理論. 最適性理論に語彙音韻論・形態論の枠組みを取り入れて, 語幹, 語, 後語彙という階層で最適性理論の入出力処理が循環的に行われるというもの.

strength relations (phonological)（強弱関係） 言語学のあらゆる領域で観察される単位間の非対称的関係. 主に, 分節よりも大きな領域内の単位同士（例: 分節音間, 音節間, 脚間, 形態素間）の非対称性を指す. この関係は, 音調やアクセント型の分析のみならず, 分節音の配列や音韻獲得過程に関わる現象を説明する際に用いられる（Nasukawa and Backley (2009)）.

stress accent（強勢アクセント） 英語やドイツ語などのアクセントのように, 音節の卓立が主として音の大きさによって示されるものをいう. 日本語などのピッチアクセントに対する. ⇨ PITCH ACCENT

stress clash（強勢衝突） 強勢をもつ音節同士が隣接し, 強弱音節の交替がないことをいう. 通常, 語順を入れ替えるなど (a hálf hóur → hálf an hóur), 何らかの操作により回避される. ⇨ IAMBIC REVERSAL; STRESS SHIFT

stress foot（強勢韻脚） 英語などの強勢拍言語における強弱の交替リズムを形成する韻律単位をいう. 1つの強勢音節と任意の数の無強勢音節から成る. ⇨ STRESS GROUP

stress group（強勢群） Pike (1943) や Catford (1988) らの用語. 1つの強音節から次の強音節の直前までのリズム単位のことをいう. 始動体が気流を押し出す力が他の音節よりも特に強い音節から始まり, 最も弱くなったところで終わる. ⇨ STRESS FOOT

stress shift（強勢移動） 規則的な強勢リズムに近づくよう, 強音節同士が接近した際に, 片方の強勢を本来とは異なった位置へ移動すること: (例) thirtéen mén → thírteen mén. 強調, 対比のために起こることもある. ⇨ IAMBIC REVERSAL; RHYTHMICAL STRESS; STRESS CLASH

Strict CV (CVCV) Phonology（厳密 CV 音韻論） Lowenstamm (1996) が最初に提唱し, それを Scheer (2004) が改良・発展させた表示理論. この理論では, 従来の音節表示で用いられてきた構成素の枝分かれ構造を完全に廃し, C 範疇1つとそれに後続する V 範疇1つから成る連続体 (CV) の繰り返しにより構造上の基盤部を表示する. その

際，(音声解釈を抑制する) government（統率）および（音声解釈を許す）licensing（認可）の相互作用により，CとVの音声解釈が決定される．

strict layer hypothesis（厳密階層仮説） Selkirk (1984) の用語．韻律構造の適格性に関する仮説で，どの韻律階層も，1つ下位の階層の要素のみを直接かつ唯一的に支配するという．例えば，音調句の要素は直下の音韻句階層を飛び越えて音韻語階層の要素を直接支配することはできない．

stricture feature（狭め素性，狭窄素性） Ladefoged (1975) の用語．Padgett (1995) らの素性階層理論でも用いる調音様式素性の1つで，口腔内の狭めの度合いを示す．[stop]（閉鎖音），[fricative]（摩擦音），[approximant]（接近音）などの素性に下位分類される．

strident（粗擦性） Jakobson and Halle (1956) の用語．Chomsky and Halle (1968) の二項対立を示す5つの弁別素性に設定されている音声素性の1つで，摩擦性の強い音は [+strident]（英語の [s], [ʃ] など），弱い音は [−strident]（[θ], [ç] など）とする．[+strident] かつ [+coronal] の素性を持つものは sibilant ともいう．

substance-free phonology（脱実態音韻論） Hale and Reiss (2000a, b), Hale, Reiss and Kissock (2007), Hale and Reiss (2008) が提唱する理論．音韻論は音声学から完全に自律した記号演算体系であるとする．そのため，素性等の音韻範疇の音声的解釈に関わる物理的様相は音韻研究の射程外であると見なす．

superheavy syllable（超重音節） 一般的に短母音に2つの尾子音が後続する音節（CVCC）もしくは長母音に子音が後続する音節（CVVC）のことをいう．重音節（CVC, CVV）よりもさらに重い音節．⇨ HEAVY SYLLABLE; LIGHT SYLLABLE; SYLLABLE WEIGHT

suprasegmental（超分節的） 子音，母音といった分節的単位に対し，連続した言語音に及ぶ特性に関係する現象，または単位をいう．例えば，強勢，ピッチ，連接などは個々の母音や子音ではなく，音節や韻脚，句などの領域にかかわる特性である．⇨ SEGMENTAL

suprasegmental phonology（超分節音韻論） Leben (1973) の理論．生成音韻論が前提としていた単一の線状連鎖表示ではなく，声調レベルを分節音レベルとは独立したものとして捉えた点を特徴とする．

surface form（表層形） 基底構造に規則などを適用して派生される構造や形式をいう．

Svarabhakti(母音挿入,母音嵌入) 子音連続の回避あるいはリズム上の要請により挿入される母音.Anaptysis, (epenthetic vowel) epenthesis, INTRUSIVE SCHWA ともいう.

syllabeme(シラビーム) 長音・撥音・促音を特殊モーラ(一拍分相当の単位)として扱う音韻体系において,それら特殊モーラが,独立した一拍相当の単位ではなく,先行する音節の一部として音韻的に扱われる場合,(特殊モーラを音節末にもつ)その音節はシラビームと呼ばれる.特殊モーラが独立せず,シラビームを超分節現象の対象単位とする体系として,日本語の諸東北方言がよく取り上げられる.

syllabic(音節主音性) ある分節音が音節核の位置にあるかどうかを示す素性.例えば,英語の *middle* の /l/ は [+syllabic] の子音である.ただし,この素性の値は音節構造によって決まるものであり分節音そのものがもともと持っている性質によるものではない.

syllabification(①分綴;②音節化) ①辞書の見出し語に示されているような綴り字の区切りをいう.行末に長い単語が来る場合にどこで区切るかを示す:*ef·fect*.②分節音の並びを音節に分けることをいう:*entry* /ˈen.tri/.母音間の子音をどのように音節化するかは音節理論によって異なるが,多くの場合,母音間の子音はできる限り後続母音と同じ音節に組み込まれ,語強勢や音素配列規則の影響も受ける.⇨ MAXIMAL ONSET PRINCIPLE

syllable nucleus(音節核) 音節は onset(頭子音)と rhyme(韻)から成り,韻は音節核と coda(尾子音)から成るが,音節核はその中で最も sonority(聞こえ度)の高い部分である.音節核は基本的に母音であるが子音の場合もある.音節核はどの音節にもあるが頭子音と尾子音の存在は随意的である.

syllable weight(音節量) rhyme(脚韻部)によって定量的に決まる音節の特徴をいう.脚韻部が 1 モーラならば light syllable(軽音節),2 モーラならば heavy syllable(重音節),3 モーラならば superheavy syllable(超重音節)となるが,どのように尾子音をモーラとして数えるかは言語によって異なる.

symmetrical(対称性) ある環境における構造や関係が,関連する別の環境においても成立すること.音韻論では特に音素や異音の関係についてしばしば観察される.例えば,ある言語の閉鎖音で /t/ と /d/, /p/ と /b/ の有声性の対立があれば /k/ に対しても /g/ が存在することが推測できる.

Sympathy Theory(共感理論) McCarthy (1999) の提唱する理論. 最適性理論の枠組みで, selector (セレクター) という属性を付与された忠実性制約に基づいて選ばれる出力候補に対して, 所定の sympathetic constraint (共感的制約) に照らして最も調和的なものが最適な出力候補となると考えることにより, 不透明性を解明しようとするもの.

T

tableau(評価表, タブロー) OT (最適性理論) の枠組みで, generator (生成器) が生成した output candidates (出力形候補) について, constraint ranking (制約の序列) に照らして評価される harmony (調和性) を表示するのに使われる表.

tautosyllabic(同一音節の) 複数の分節音が同じ音節に属していることをいう. 例えば, 英語の *symptom* /ˈsɪmp.təm/ という語において, /m/ と /p/ は同一音節に属しているが, /p/ と /t/ は同一音節に属していない.

taxonomic phonemics(分類学的音素論) 構造言語学に代表されるような, 音を分節音 (segment) に分類し, さらに母音・子音, 閉鎖音・摩擦音・破擦音等に下位分類する音韻理論.

tense(緊張性) 英語の /iː/-/ɪ/ や /uː/-/ʊ/ 等の対立に関わる性質で, 弛緩性 (lax) や非緊張性 (non-tense) に対する弁別素性. /iː, uː/ は tense vowel (緊張母音), /ɪ, ʊ/ は lax vowel (弛緩母音) と呼ばれる. 前者は調音器官の緊張を伴うと言われ, また後者は前者に比べて舌の位置が /ə/ のほうに寄っているが, 両者の性質に関しては様々な議論がある.
⇨ ADVANCED TONGUE ROOT; LAX

tertiary stress(第三強勢) 単一の語に付与される強勢のうち第二強勢に次ぐ卓立を示すもの. この度合いの卓立は弱化されない完全母音 (full vowel) に備わるものであるとして強勢と見なさない枠組みもある. ⇨ PRIMARY STRESS

tier(層) Non-linear phonology (非線形音韻論) の枠組みで仮定される表示要素. 音韻構造は segmental tier (分節音層), tonal tier (音調層), syllable tier (音節層) など, 異なる音韻情報を有する複数の層で構成されると考えられている. この意味では plain (平面) とほぼ同じものを指すが, Goldsmith (1990) は平面と平面の接点を層とする考えを示している. また, McCarthy (1979) は, 層に形態情報を含めることを提案し, 子音と母音が異なる層に属するアラビア語の分析を示した. ⇨

PLANE

timing(時間,タイミング) 音声発話の調音や音の連鎖における時間制御に関する一般的な用語.音素レベルでも韻律レベルでも用いる.また,様々な音韻理論において個別の階層(tier)を担う.

ToBI(**Tone and Break Indices**)(トビ) Silverman et al. (1992) による音調記述の方法.共通の記号セット(H, L, *, % など)によりアクセント,イントネーション,音調単位境界を記述し,かつそれらを表記し分けることができることに特徴がある.当初はアメリカ英語の音調記述のために開発されたが,後にドイツ語や日本語など様々な言語の音調記述に応用される.⇨ J_ToBI, X-JToBI.

tone sandhi(声調連声) 中国語の声調は各語に固有で弁別的であるが,後続の語の声調により,前の語の声調が変化する場合があり,これを声調連声(声調変化)という:否定の副詞 *bù* 不(第4声)は第4声の語が次に続くと第2声に変わる,等.また,二音節(以上)の単語の後ろの音節は声調を失い軽声となる場合がある.⇨ EXTERNAL SANDHI; INTERNAL SANDHI; SANDHI

tonogenesis(声調の発生) 非声調言語において,近隣の言語との接触や音の対比などが要因となって,声調が音韻的機能を担うようになること.

Translator's Office(解釈機関) Scheer (2004, 2010, 2011) の用語.形態・統語境界等の韻律特性を音韻部門が読解可能な特性に解釈する装置.Lexical Phonology(語彙音韻論)や Prosodic Phonology(音律音韻論)では,この解釈機関に複数のレベルを仮定したが,Scheer の提唱する厳密 CV 音韻論では,解釈機関に単層の解釈機能のみを許す.

trisyllable(三音節語) 3つの音節から構成されている語をいう.例えば,英語の *impressive* /ɪm.ˈpres.ɪv/ や *remember* /rɪ.ˈmem.bər/ など.
⇨ DISYLLABLE, MONOSYLLABLE, POLYSYLLABLE

Turbidity Theory(混濁理論) Goldrick (2000) の提唱する理論.最適性理論の枠組みで,containment(包含性)を前提に,具現化されない入力構造を示す projection(投射)と,具現化される構造を示す pronunciation(発音)という構造的関係がともに出力音韻表示に存在すると考えることにより,不透明性を解明しようとするもの.

U

unary feature(単項素性) その有無によって区別される音韻的最小単

位．この単位を用いた場合，次の2種類の音韻過程が予測される．例えば，[LABIAL]（唇音性）を想定した場合，①[LABIAL]が動的である言語，②[LABIAL]が動的でない言語．二値素性と対照的に使われる．monovalent feature ともいう．⇨ BINARY FEATURE; MONOVALENT FEATURE

unchecked（非抑止音性）①音節が開音節（open syllable）であることをいう．⇨ CHECKED SYLLABLE, CLOSED SYLLABLE ② Jakobson and Halle（1956）が提唱した弁別素性の1つで，声門閉鎖の副次調音がないことを指す．⇨ CHECKED; DISTINCTIVE FEATURE

underlying form（基底形）基底形とは，そこから規則の適用などによって surface form（表層形）が導かれる抽象的な形を指す．例えば，日本語の /joN.da/（読んだ）は，基底形 /jom+ta/ に調音位置と有声性の同化の規則が適用された結果である．

underlying representation（基底表示）underlying form（基底形）の representation（表示）をいうが，基底形とほぼ同じ意味で用いられる．lexical representation（語彙表示）と呼ばれることもあるが，厳密には同義ではない．⇨ REPRESENTATION; UNDERLYING FORM

underspecification（不完全指定）基底表示において，予測可能な素性の値が指定されていないこと．例えば，基本的に [+sonorant] であれば [+voiced] であり，基底表示において共鳴音は [+voiced] という指定を受けていないと考えることができる．⇨ UNDERSPECIFICATION THEORY

underspecification theory（不完全指定理論）予測可能な素性値を基底で未指定とする理論．radical underspecification（根本的不完全指定）（Kiparsky (1982a), Archangeli (1984)) と contrastive underspecification（対比的不完全指定）（Steriade (1987)) がある．⇨ UNDERSPECIFICATION

unmarked（無標の）⇨ MARKEDNESS

utterance（発話）①広義には，任意の文法的枠組みのなかで観念的な認知事象として記述される文（sentence）と対照をなす，実際の状況においてコンテキストを伴い音声的に具現化された言語現象のこと．通常は文に対応する単位として用いられるが，何らかの外因により生じた中断や誤りを含む不完全な言語現象も含まれる．⇨ SENTENCE ②狭義には，音韻表示において，韻律階層における最上位のレベルを指す（Selkirk (1978, 1980, 1981)).⇨ PROSODIC HIERARCHY

V

variant(変異形) 言語変項(variable)が実際の発話において実現したそれぞれの形式.例えば,better の語中の子音には,[t] と [r] 2 つの変異形がある.各変異形の現れ方に条件がない場合を自由変異形(FREE VARIANT),条件がある場合を文脈的変異形(contextual variant)という. ⇨ FREE VARIANT

variation(変異) ある言語形式の発音が,発話速度,発話スタイル,方言の違いなど様々な要因によって変化する現象をいう.

vowel harmony(母音調和) 語などのある特定の韻律単位の中ですべての母音がある素性([±back], [±high], [±round], [±ATR] など)に関して同じ値を示す状態をいう.複数の素性を共有する場合もある.ただし,不透明な母音によって母音調和が阻止され素性の不一致が生じる場合や,母音調和の阻止はしないがそれ自身は母音調和を受けない中立的な母音のような例外がある. ⇨ DISHARMONY

vowel-zero alternation(母音消失) 基底表示に存在する母音が音声的に具現化されなくなる現象.韻律構造上弱い位置に生起する母音の弱化の一形態. ⇨ 歴史 SYNCOPE

W

well-formedness (condition)(適格性) ある構造が文法的制約を満たしていること.

word boundary(語境界) 言語学的構成素の1つである語(word)間の切れ目.音韻論では,しばしば規則や制約の適用において通常の環境とは異なる現象が観察される.

X

X-JToBI(X_J トビ) 前川・菊池・五十嵐(2001)による J_ToBI の発展型.J_ToBI に比べ音調記述の精度が高まり,また大規模コーパスへの適用を容易とする工夫が施されている. ⇨ J_ToBI; ToBI

③ 形態論・レキシコン

A

absolute nominative(絶対主格) 独立分詞構文に出現する主語のこと: *Her mother* being sick, Mary made dinner last night. 絶対主語が叙述関係をもつものには,分詞以外にも名詞句,形容詞句,前置詞句などがある.

accidental gap(偶然の空白) 当該言語の音韻的・形態的規則に照らせば可能な構造であるにもかかわらず,実際には当該言語に存在しない語彙があること.例えば,kig [kɪg] や sapple [sæpl] は英語の音韻構造上は可能であるが,語彙として存在しない.体系的空白(SYSTEMATIC GAP)に対する. ⇨ SYSTEMATIC GAP

accommodation(適合) ある要素同士が結びついて語を形成する際,一方(通常は主要部)が他方(通常は修飾要素)に意味を適合させる現象.例えば,身体の部位を指す名詞 hand が,hour hand では,hour の意味に合わせて特に時計の短針を意味するようになったり,名詞 child が接尾辞 -ish と結合すると特に未熟さを強調する意味をもつようになる現象など.

accomplishment(達成) Vendler (1967) の用語.Vendler が提唱する動詞や述語が表す事象の4つのカテゴリーの1つで,ある一定の時間継続する活動の結果,終了点に到達する事象をいう: build a house, draw a circle.

achievement(到達) Venlder (1967) の用語.Vendler が提唱する動詞や述語が表す事象の4つのカテゴリーの1つで,継続性がなく,瞬時に到達点に至る事象をいう: reach the hilltop, win the race. 進行形にすると,到達点に至るまでの過程を表すことになる.

acronym, acronymization(頭字語,頭字語化) 2語以上から構成さ

れている句や複合語のそれぞれの頭文字を並べて作られた語，またその語形成をいう．i) CIA, DVD のようにアルファベット読みするものと，ii) APEC [éɪpek], NATO [néɪtoʊ] のように単語として読むものとがあるが，ii) のみを指し，initial word と区別されることもある．⇨ INITIAL WORD

action nominal（行為名詞化形，行為名詞） Lees (1960) の用語．動詞を -ing によって名詞化した形式のうち，目的語を表すのに of が必要であったり，形容詞で修飾されるなど，名詞的性質が強いものをいう：his rapid drawing of the picture．Wasow and Roeper (1972) では名詞的動名詞（NOMINAL GERUND）と呼ばれている．⇨ GERUNDIVE NOMINAL

activity（活動，行為） Vendler (1967) の用語．Venlder が提唱する動詞や述語が表す事象の 4 つのカテゴリーの 1 つで，一定の時間継続可能で，特定の終了点を持たない行為や過程を表す事象をいう：run, blow, push a cart．

actual word（実在の語） 母語話者の心的辞書（MENTAL LEXICON）に実在する語彙素，ならびに理論上語形成規則により派生される語，および借用語が含まれる．語形成規則上は派生可能であっても，実在しない語がある．⇨ POSSIBLE WORD

adjectival passive（形容詞的受動態） 動詞の受動態が，形容詞的な性質を示すもの．否定接辞 un- の付加や，remain や seem のような形容詞補部をとる動詞の補部になることが可能：He remained *unsatisfied*．また，動作主を表す by 句が現れ得ず，動作よりも結果状態を表す．⇨ LEXICAL PASSIVE

affix, affixation（接辞，接辞添加） 語基(BASE)に添加される拘束形態素で，派生や屈折などの語形変化に関連するものを接辞と呼ぶ．添加される位置によって，接頭辞，接尾辞，挿入辞の 3 つに分けられる．接辞を添加する過程を接辞添加という．⇨ BASE; INFIX; PREFIX; SUFFIX

agentive role（主体役割） Pustejovsky (1995) の用語．特質構造（QUALIA STRUCTURE）に表示される意味情報の 1 つ．語彙項目が指すものの起源やそれを生じさせる要因等を指す．例えば，novel の主体役割は write (e, y, x) と表される．⇨ GENERATIVE LEXICON; CONSTITUTIVE ROLE; FORMAL ROLE; TELIC ROLE

agentive substantive/nominal（動作主実詞） Jespersen (1909–1949) の用語．動詞に，動作主を表す接尾辞 -er などを付加した主体を

表す名詞のこと：-er (dancer), -or (inventor), -ist (violinist), -ar (liar), -ent (adherent). 元の動詞の直接目的語の要素が，of を伴う補部として表される：an adherent of the mayor.

agrammatism（失文法）　失語症の症状の一種で大脳皮質の前頭葉にあるブローカ野（Broca's area）の損傷によって生じるといわれる．発話は断片的で，文の構造化や助動詞や助詞などの文法要素を欠く場合が多い．

Aktionsart（動作様態）　動詞が表す過程や状態のタイプを基準として分類される語彙クラス，あるいは意味特徴をいう．起動的 (inchoative), 継続的 (durative), 結果的 (resultative) など．相 (aspect) が文法の範疇に属するのに対し，Aktionsart は語彙意味の範疇に属するという点で区別される．

allomorph（異形態）　1つの形態素が異なる音形で現れる場合，それぞれの形を異形態という．例えば，/in/, /im/, /ir/, /il/ は，否定接頭辞 in- の異形態である．音形は現れる環境に応じて決まるため，同じ場所に2つの異形態は現れない．つまり，異形態同士は相補分布（COMPLEMENTARY DISTRIBUTION）をなす．⇨ 音韻 COMPLEMENTARY DISTRIBUTION

a-morphous morphology（無定型形態論，非形態素形態論）　Anderson (1992) の用語．派生や複合などの語形成が行われる独立した部門は認めず，語は個々の形態規則によって形成されるとする理論的枠組み．語の内部構造に形態規則が適用される独立した部門を仮定しないため，最小単位としての形態素の概念も存在しない．

analyzability（分析性）　語構成において，各構成要素が音韻的・意味的に分解可能であること．thinker は，音韻的・意味的に think と -er に完全に分析可能であるのに対し，thriller は，音韻的に分解可能であっても，各要素から全体の意味は導き出せないため，部分的にしか分析可能でない．⇨ 意味 COMPOSITIONALITY

anaphoric island（照応不能領域）　Postal (1969) の用語．その内部に文中の照応表現に対する先行詞が生起できない領域のことで一般に単語がこれにあたる．例えば，teapot の一部 tea を it で指すことはできないし，orphan に対してその意味に含まれる両親を them によって指すことできない．⇨ LEXICAL INTEGRITY

applicative（適用態）　Baker (1985a, 1988) の用語．アフリカ諸語，オーストロネシア諸語によく見られる現象で，そもそも動詞の目的語でなかった斜格名詞や間接目的語が目的語になったり，目的語が斜格名詞

や二次的目的語になるなど，その置換現象の総称．

argument linking principle（項結び付けの原理）Lieber (1983) の用語．複合語の一部をなす動詞や前置詞などの内項の義務的な具現を保証し，それらと結合する複合語内の要素が義務的にそれらの統語的項または意味的項として解釈されることを述べた原理．⇨ PERCOLATION

argument transfer（項転移）Grimshaw and Mester (1988) の用語．項構造をもつ名詞が項構造をもたない軽動詞の「する」と結合することによって，名詞のもっている項が「する」に引き継がれ，文中に具現化される過程をいう．

atom condition（原子単位条件）Williams (1981a) の用語．接辞 X が Y に付加する際，Y に具現化されている素性のみが参照可能であることを述べた条件．例えば，接尾辞 -tion が conduct に付加できるのは，-duct- の素性（[+latinate]）が浸透（percolate）し conduct 全体の素性として具現されているからであり，-duct- 自体の素性によるのではない．

augmentative (ending)（拡大辞，指大辞）事物を大きいものとして提示するための接尾辞をいう．英語では balloon や million などの借入語の中に見られる -oon, -on がそれにあたる．例えば，balloon（気球）は ball の大きなものという意味からきている．反対は DIMINITIVE.

B

back-formation（逆成）既存の派生語などの接辞部分が削除され新たな語が形成されることをいう：babysit (< babysitter) など．また，本来接辞ではない要素が接辞と分析され，同様に削除されることもある：burgle (< burglar) など．

bahuvrihi compound（多財釈複合語）人や物の属性によりその人・物を表現する外心複合語をいう．highbrow, redhead など．元はサンスクリット文法の用語．⇨ EXOCENTRIC COMPOUND

base（語基，基体：ベース）①（語基，基体）形成において接辞付加規則（AFFIXATION）が適用されるもとの形態素をいう：treatment における treat など．②（ベース）認知意味論においてメタファーの喩えに利用されるものをいう：「君は僕の太陽だ」における「太陽」．⇨認知または語用 METAPHOR

blend（混成語）2つ以上の語の一部を繋ぎ合わせて造られた新語をいう：brunch (< breakfast + lunch), cyborg (< cybernetic + organism), motel (< motor + hotel) など. = BLEND WORD, PORTMAN-TEAU WORD

blending(混成) 2つ以上の語の一部を繋ぎ合わせて新たな語を造ることをいう. ⇨ BLEND

blocking(阻止) Aronoff (1976) の用語. 規則による語形成が既存の別の形式によって阻止される現象をいう. 例えば, spacious から *spaciosity が形成されないのは, すでに space という同義の別の名詞が存在しているためである. 一方, curious から curiosity が形成されるのはそのような派生形を阻止するような名詞が存在しないためである.

bound morpheme(拘束形態素) 形態素のうち, 単独では語として機能し得ず, 自由形態素 (FREE MORPHEME) と結合し初めて語として機能するものをいう. 例えば, buyer は2つの形態素 (buy, -er) からなるが, そのうち -er は単独で用いることができない. ⇨ FREE MORPHEME

bracketing paradox(括弧づけのパラドックス) レベル順序づけ等に基づいて導かれる形態的構造と意味構造との間に矛盾が生じること. 例えば, 接尾辞 -er は形態的には [un[happy er]] という構造であるが, 意味的にはそれと矛盾する [[un happy] er] という関係に分析される. = ORDERING PARADOX

C

class I affix (**prefix/suffix**)(第一類接辞(接頭辞／接尾辞)) Siegel (1974) の用語. プラス境界 (+)(形態素境界)を伴う接辞を指す. この類の接辞は語にも語幹にも添加でき, 基体の強勢の移動を引き起こす. または接辞自体が強勢を担うことがある. 接頭辞は, de- (deduce), in- (infinite), re- (recede) など, 接尾辞は, -ity (provity), -ation (limitation), -ion (reception) などがこの類に含まれる. ⇨ LEVEL I

class II affix (**prefix/suffix**)(第二類接辞(接頭辞／接尾辞)) Siegel (1974) の用語. 二重十字境界 (#)(語境界とも) を伴う接辞を指す. この類の接辞は基本的に語にしか添加できず, 基体の強勢に影響を与えない, などの特徴を持つ. この類には, un- (unpopular), pro- (pro-government), anti- (anti-war) などの接頭辞, -ness (kindness), -ly (kindly), -al (postal) などの接尾辞が含まれる. ⇨ LEVEL II

class III prefix(第三類接頭辞) Allen (1978) の用語. 第一類接辞, 第二類接辞による語形成 (レベル I, レベル II) の後に添加されうる

non- (non-antibiotic) のような接頭辞のこと. ⇨ CLASS I AFFIX, CLASS II AFFIX, LEVEL III

clipped word（端折り語） = stump-word

clipping（省略） 多音節語の一部を省略して語を形成することをいう. 語尾の省略: exam < examination, 語頭の省略: phone < telephone, 両者の省略: fridge < refrigerator がある. また, 複合語にも見られる: sci-fi < science fiction など.

clitic, cliticization（接語, 接語化） ロマンス語の目的格代名詞のように, 語のように見えてもアクセントを持たず, 隣接する語の一部のように発音される要素のこと. 支えてくれる語（動詞など）に接語を付加することを cliticization（接語化）という. 直前の語に付加されるものを前接語 (enclitic)（he's など）, 直後の語に付加されるものを後接語 (proclitic) と呼ぶ.

cognate object（同族目的語） 動詞と共起する, その動詞と同形の語, 同一の語源を持つ語, または類義語である目的語をいう: dream a *dream*, live a happy *life*, dance a *waltz* における目的語など.

cognitive morphology（認知形態論） 語の内部構造を音声・構造・意味といった複合的な観点から記述・分析する形態論. 音声や語の内部構造の記述や分析のみを重視しがちであった従来の形態論に加えて, 語形成と意味の関係も論じられるようになった点が特徴であるといえる.

coinage（新造, 新造語） 新たな語を作りだすこと, または新たに作りだされた語のことをいう.

complex event nominal（複雑出来事名詞） Grimshaw (1990) の用語. 過程名詞（出来事名詞）の一種で, 項構造を持ち, 義務的に項を取るものをいう: The examination of the students took a long time. など. 意味的にも出来事性を残しており, 頻度を表す形容詞との共起が可能: the frequent examination of the students, 不可算名詞である: *the examinations of the students, などの特徴を持つ. ⇨ PROCESS NOMINAL, SIMPLE EVENT NOMINAL

complex predicate（複雑述語） Williams (1980) などの用語. 現在は, 広く2つ以上の文法要素（形態素もしくは語）から構成される述語で, 各要素が, 述語全体の情報に大きく寄与するものをいう. 表面的には単一形態素に見える動詞についても, 語彙的には複合的な述語構造をもつものもこの一種と見なすアプローチもある.

compound, compounding（複合語, 複合） 2つ以上の自由形態素

（語）から構成されるより大きな語のこと．= COMPOUND WORD またその語形成を compounding と呼ぶ．英語の複合語では一般的に，左側の要素に第一強勢が置かれ，句を構成する連結とは異なる意味の特殊化，語彙的緊密性（LEXICAL INTEGRITY）などの性質が見られる：a gréen hòuse（温室）　cf. a grèen hóuse（緑色の家）

concatenation（連鎖化）　形態素が線形順序に配列され，それぞれが結合する事により単一の形態的なまとまりを構成する状態，または，それを形成する操作．

concatenative morphology（連鎖形態論）　語形成過程において，特に語基と接辞の線形的結合の過程を考える形態論のモデル．

configuration（構造形，階層型）　構成素が上下の支配関係および前後の先行関係によって構成される文構造の形状．80 年代の生成文法の議論では，英語の主語と目的語は VP 接点の上と下に分かれるので階層的である．これに対し，構成素が上下関係ではなく並列の関係にある場合，非階層的であるという．

conflation（融合）　① Booij (2007) の用語．合成語を新しく形成するために 2 つの語形成過程が組み合わされる現象．例えば，indelible という語は [V-ible]$_A$ と [in-A]$_A$ という 2 つの鋳型が融合してできた語である．② Halle and Vergnaud (1987) の用語．韻律格子を構成する 2 本のラインが融合されるとそれらに共通する主要部に主要強勢が置かれ，その他の主要部が抑圧され 2 次的な強勢が排除される現象．③ Hale and Keyser (2002) などの用語．shelve, saddle のような名詞由来動詞が派生する過程で起こる現象で，補部の音韻的行列が移動によって主要部の空音韻的行列に取って替わる現象．

constitutive role（構成役割）　Pustejovsky (1995) の用語．特質構造（QUALIA STRUCTURE）中の役割の 1 つ．「全体—部分」の関係にある，対象 x を構成する部分や材料等のこと．例えば，handle は knife に対する構成役割の値の 1 つと考えられ，part_of (y: handle, x) と表す．あるいは，その対象が構成する全体との関係を表す．例えば，hand の構成役割は part_of (x, y: body) と表す．⇨ GENERATIVE LEXICON; QUALIA STRUCTURE; AGENTIVE ROLE; FORMAL ROLE; TELIC ROLE

construction morphology（構文形態論）　Booij (2010) などにより提唱された形態論のモデル．語形成のパターンが，Goldberg (1995) らによる構文文法（CONSTRUCTION GRAMMAR）における，意味と形式の対をなす構文に相当するものと捉え．語形成を構文的スキーマの具現化

と捉えることで説明する形態論のモデル． ⇨ 認知 CONSTRUCTION GRAMMAR

contamination（混成）　意味の似た形式同士が混ざり合って，第三の新しい形式ができる現象のことをいう：cannot help but do [cannot help doing + cannot but do], I am friends with him. [I am friendly with him. + He and I are friends.]

conversion（転換）　接辞の添加なしで品詞を変える派生をいう．例えば，動詞 protést は，prótest とアクセント位置を変えることによって名詞に転換される．同様に，名詞 email はそのままの形で動詞となる．= ZERO DERIVATION

coordinative compound（等位複合語）　複合語を構成する 2 つの要素が意味的に同等，すなわち，どちらも主要部（HEAD）に匹敵する要素から成る複合語のことをいう：producer-director, blue-green, doctor-patient

correspondence rule（対応規則）　Jackendoff (1990) の用語．音韻構造，概念構造，統語構造のそれぞれを結びつける体系的な対応規則のこと．例えば，統語構造 [$_S$ [$_{NP}$ John] [$_{VP}$ ran [$_{PP}$ into [$_{NP}$ the room]]]] は概念構造（CONCEPTUAL STRUCTURE）[$_{EVENT}$ GO ([$_{Thing}$ JOHN], [$_{Path}$ TO ([$_{Place}$ IN ([$_{Thing}$ ROOM])])])] と対応規則によって関係づけられる．

cranberry morpheme（クランベリー形態素）　アメリカ構造主義言語学の用語．cranberry における cran- のように他の語には現れないような唯一の構成素をいう．しかし，それ以外の語には添加せず，それ自体では独立した意味を持たないため，形態素と認めるべきかどうかが問題となる．

creativity（創造性）　言語における創造性とは，Chomsky によると，人間がどのような状況にも応じて，それまでに経験したことのない新たな文を理論的には無限に作り出すことができるという自然言語の特性をいう．語形成においては語形成規則の生産性に対する概念として用いられる． ⇨ PRODUCTIVITY

D

defective verb（欠如動詞）　語形変化が不完全な動詞のことをいう．英語動詞の活用で認められる不定詞，三人称単数現在形，過去形，過去分詞形，現在分詞・動名詞形のうち，1 つあるいはそれ以上が欠けているもの：shall, will, can, need, dare．

degree（級：段階的） ①形容詞と副詞の比較を表す形態的変化で，原級 (positive degree)，比較級 (comparative degree)，最上級 (superlative degree) の3つがある．② Bolinger (1972) の用語．形容詞・名詞・動詞の意味特性で，表す意味に程度の差による幅が想定できる性質をいう．例えば，名詞 fool は a complete fool というように強意の形容詞と共起することができる点で段階的名詞 (degree noun) である．⇨ GRADABLE (ADJECTIVE/VERB)

demotion（降格） 関係文法の用語．主語 (1) ＞直接目的語 (2) ＞間接目的語 (3) ＞非文法項という名詞句の文法的な関係性を表した階層において，ある名詞句がより低い階層に移動することをいう．例えば，英語の受動文では，主語 (1) が非文法項まで降格していると考えられる．

derivation（派生） 語形成の一種で語基 (BASE) に接尾辞や接頭辞を添加することで形態的に複雑な語を作る過程をいう．具体的には，接尾辞の添加により happy → happily のように品詞が変更されたり，接頭辞の添加により happy → unhappy のように意味が変化したりする．⇨ DERIVATIONAL AFFIX/AFFIXATION/PREFIX/INFIX/SUFFIX; DERIVATIONAL COMPOUND; DERIVATIVE

derivational affix/affixation/infix/suffix（派生接辞／派生接辞添加／派生挿入辞／派生接尾辞） 語基 (BASE) に添加される拘束形態素 (BOUND MORPHEME) のうち，派生語を作り出す接辞を派生接辞と呼ぶ．添加される位置によって，派生接頭辞，派生接尾辞，派生挿入辞の3つに分けられる．派生接辞を語基に添加する語形成過程を派生接辞添加と呼ぶ：unhappy における un-，customize における -ize など．

derivational compound（派生複合語） Adams (1973) の用語．複合語に接辞が付加されたものをいう：first-nighter, broken-hearted．実在しない複合語に接辞が付加されていると分析される parasynthetic compound（並置総合複合語：eye-opener）と区別されている．

derivative（派生語） ある語基 (BASE) に，拘束形態素である接頭辞や接尾辞が付加されて形成される語のこと：tie → untie, read → reader．分析によっては転換 (CONVERSION) によって生じる語も含める場合がある．⇨ DERIVATION; CONVERSION

detransitivization（自動詞化） 他動詞の項の1つが統語形式上に表出されず自動詞として振る舞うことをいう．主語が表出されず，元の他動詞用法の目的語と同じ意味役割で自動詞の主語として現れる場合 (Pat broke the window. → The window broke.) や，単に目的語が表出され

ない場合（Pat ate the cake → Pat ate.）などがある．

diminutive（指小辞）　小ささや子どもに関連する概念（女性，親愛，軽蔑，近似）を表す接辞をいう： -ie/y (doggie), -ette (cigarette), -let (booklet), -ish (reddish) など．反対は AUGMENTATIVE．

discontinuous morpheme（不連続形態素）　構造言語学の用語．ABC という要素の連鎖において，不連続の A と C が 1 つの形態素として認定されるもの．

distributed morphology（分散形態論）　Halle and Marantz (1993) などによる形態論のモデル．文生成と語形成を同じ統語的操作によって行い，形態（語彙）部門と統語部門を区別しない形態論のモデル．分散形態論では語形成の機能が文法のいくつかの部門に分散すると考えられている．

durative aspect（継続相）　述語によって表される相の 1 つ．It is raining（雨が降っている）のように，当該の事象は状態変化することなく，一定時間継続する．

dvandva (compound)（相違釈（複合語））　元はサンスクリット語で two-and-two の意味を表し，例えば，candrā-dityā-u ("the moon and the sun") (Booij 2005: 83) のように複合語のうち構成素が等位の関係を結び，どちらが主要部を成しているともいえないようなものをいう： Austria-Hungary, bittersweet, learner-driver など．copulative compound（連結複合語）ともいう．

E

echoic word（擬音語，擬声語）　echo-word ともいう． = onomatopoe(t)ic word

echo-word（擬音語，擬声語）　 = onomatopoe(t)ic word

endocentric compound（内心複合語）　複合語全体の指示対象と主要部の指示対象が一致する複合語のこと．例えば，windmill は mill の一種を表し，truck driver は driver の一種を表す．英語の内心複合語は右側の要素が主要部である．外心複合語（EXOCENTRIC COMPOUND）に対する．⇨ EXOCENTRIC COMPOUND

ergative (case)（能格性・能格）　バスク語などにおいて，自動詞の主語と他動詞の目的語に付与される同一の格，またはそれらが同一に扱われる一方で他動詞の主語だけが異なる扱いを受ける性質をいう．英語では自他同形で同様の関係にある動詞を呼ぶことがある： open, change, break など.

event nominal（出来事名詞, 出来事名詞化形） Grimshaw (1990) の用語. = PROCESS NOMINAL

evidential（証拠性形態素） 文の内容の情報源や信頼性を表す文法要素をいう. 例えば, 英語の look, seem, appear のような推量・伝聞を表す動詞に相当する日本語の「らし(い)」「よう(だ)」といった形態素を指す (Aikhenvald (2004)).

exemplar-based model（事例基盤モデル） Gahl and Yu (2006) などの用語. レキシコンに語彙素とその語彙素に対して適用可能な規則が記載されているのではなく, 個々の形態操作を受けた複合語等の用例が記載されていると考えるモデル.

exocentric compound（外心複合語） 複合語全体と主要部 (HEAD) の指示対象が一致しない複合語のこと. 例えば, turnkey (看守), hangover (二日酔い) はどちらも key, over の一種を表さない. このように外心複合語の意味は構成素の意味の総和ではない. 内心複合語 (ENDOCENTRIC COMPOUND) に対する. ⇨ ENDOCENTRIC COMPOUND

expletive infix (infixation)（虚辞的挿入辞（添加）） fuckin', damn などの表現が語中に挿入されたものを虚辞的挿入辞といい, その語形成過程を虚辞的挿入辞添加という. 例えば, fan-fuckin'-tastic では fantastic という語の中に虚辞的挿入辞が添加されている. ⇨ INFIX

extended ordering hypothesis（拡大レベル順序づけ仮説） Allen (1978) の用語. Siegel (1974) のレベル I とレベル II の接辞添加のレベルに加えて, non- の添加と語根複合 (root compounding) をレベル III として設定したもの. ⇨ LEVEL ORDERING (HYPOTHESIS); LEVEL I / LEVEL II / LEVEL III; CLASS I / CLASS II / CLASS III

extended word and paradigm morphology（拡大語・語形変化形態論） Anderson (1992) の用語. complex word (合成語) の形式構成素はリスト化された形態素ではなく, 語形に適用される操作によるものであるという理論. 例えば, dogs は /dɔg/ + /-z/ ではなく, 「X が複数の場合 /X/ → /Xz/ という変化が起こる」という規則によるものと考える. ⇨ WORD AND PARADIGM MODEL

F

facet（ファセット） Cruse (2000a, b) の用語. 他の語義との結びつきによって想起される語義の一部をいう. 各ファセットは自律的である

が，1つの語義の異なる側面と捉えることも可能である．例えば，book の語義として「文章」ないし「冊子」という側面があり，修飾する形容詞（interesting/red）や下位語（novel/paperback）がそれぞれ異なる語義と結びつく一方，to publish a book では両方の側面が一体化し，多義的な解釈を持つ．

first order projection condition（第一投射の条件）　Selkirk (1982) の用語．動詞由来複合語の生産性を制限する条件で，「ある語彙範疇の主語以外の文法項はすべて，その範疇の第一投射（その範疇を直接支配する範疇）の内部になければならない」というもの．動詞由来複合語では複数の補部を編入することが不可能な点などを説明するとされる．

first sister principle（第一姉妹の原理）　Roeper and Seigel (1978) の用語．接尾辞 -ing, -er, -ed を伴う動詞が右側にくる動詞由来複合語（decision-making, decision-maker, well-organized など）は，その動詞の第一姉妹の位置にある語（つまり VP 内で直接支配され，動詞に隣接する要素）を編入することで形成される，という原理のこと．

formal role（形式役割）　Pustejovsky (1995) の用語．特質構造（QUALIA STRUCTURE）中の意味情報の1つ．その対象が下位語となる上位概念を表す．例えば，名詞 novel の形式役割は book で，knife の形式役割は tool とされる．⇨ GENERATIVE LEXICON; AGENTIVE ROLE; CONSTITUTIVE ROLE; TELIC ROLE

free morpheme, free form（自由形態素，自由形式）　形態素のうち，単独で語として機能しうる形態素のこと．拘束形態素（BOUND MORPHEME）に対する．例えば，buyer は2つの形態素（buy, -er）からなるが，buy のみが Let's buy it. というように単独で用いられ得る自由形態素である．⇨ BOUND MORPHEME

frequency effect（頻度効果）　ある語彙項目を見聞きしてそれを理解するために心的辞書内の語彙項目にアクセスする際に，その語彙項目の使用頻度が高いほどアクセスしやすくなり，その結果，意味の理解が早くなるという効果のこと．⇨ MENTAL LEXICON

generative lexicon（生成語彙論）　Pustejovsky (1995) などによって提唱された語彙意味論のモデル．語の多義性を特に重要視し，特質構造（QUALIA STRUCTURE）と呼ばれる意味記述を用いて，豊富な意味情報と柔軟な合成のしくみによって文脈における意味の変容を説明する．⇨

QUALIA STRUCTURE

gerundive nominal（動名詞的名詞化形） Lees (1960) の用語．動詞を -ing によって名詞化した形式のうち，of なしで目的語を取ったり，副詞で修飾されるなどの動詞的性質が強いものをいう：his drawing the picture rapidly. Wasow and Roeper (1972) では verbal gerund（動詞的動名詞）と呼ばれる． ⇨ ACTION NOMINAL

goal（着点，着点格） 意味役割の1つで，動詞によって表される物体の移動，所有関係の変化や状態変化における最終的な位置や状態を表すものをいう：John arrived at *Kyoto*. / Bill gave a present to *Mary*. / The leaf turned *red*.

gradable adjective/verb（段階的形容詞／動詞） 表す意味に段階や程度がある形容詞や動詞をいう．cold, pretty のような形容詞，like, appreciate のような動詞などが含まれる．強意の副詞（very, quite）による修飾が可能である，などの特徴を持つ．Bolinger (1972) の用語では degree adjective/verb． ⇨ DEGREE

H

head (of a word)（（語の）主要部） Williams (1981a) の用語．内部構造に2つ（以上）の要素をもつ派生語や複合語において，語全体の統語範疇を決定する要素のことをいう．例えば，agreement の主要部は統語範疇 N を持つ接辞 -ment である． ⇨ RIGHT-HAND HEAD RULE

hierarchy condition（階層条件） ① Jackendoff (1972) の用語では，主題役割の配列で，動作主＞その他＞主題の順に階層の上位のものから文法項に対応するという条件．② Noyer (1997) の用語で，形態の決定に関する競合に関し，より優先して参照される素性に関する順序の条件．

homography（同綴り異音，一字一音主義） ①（同綴り異音）同じ綴りである2つ以上の語が，違う音声で実現され異なる意味を持つ現象のこと．sow（雌豚 /sáu/, 種をまく /sóu/），lead（鉛 /léd/, 導く /líːd/）など．②（一字一音主義）1つの文字に対し，1つの音が対応するという書記原則のこと．

hypallage（代換法） ①論理的・文法的に見て逸脱する形で，文中の2つの要素の配列を逆転させること．誤用と見なされる場合もあるが，修辞的効果を持つ文彩の一種でもある．例えば，Melissa shook her doubtful curls. では doubtful が直接論理的な関係を持たない curls を

修飾している．②通常の項の具現配列を交替する現象をいう場合もある：spray paint on the wall ⇔ spray the wall with paint

hypocorism(a)（愛称）　名前の中で強勢を持つ音節を残した形式を親愛の情を表すために用いること．ほとんどの場合，形式は1つか2つの音節から成る：Dave (< David), Kate (< Katherine)

I

ideogram（表意文字）　エジプト象形文字，数字，漢字などのように，1つ1つが特定の考えや事物の概念を表す文字のことをいう．1つ1つの字が特定の意味を持たず，音のみを表す表音文字 (phonogram) に対する．

ideophone（音意語）　感覚や感情を音で描写する語のことをいう．擬態語および擬音語に相当する．例えば，日本語における「キラキラ」「ニコニコ」「ドキドキ」「ガチャガチャ」などがある．⇨ ONOMATOPOE(T)IC WORD

implicational universal（含意的普遍(特)性）　Greenberg (1963) の用語．ある言語に A が存在する場合は B も存在する，という形で捉えられる普遍性のこと．例えば，ある言語が V-S-O の語順をもつなら，その言語は（前置詞ではなく）後置詞をとる，など．

implicit argument（潜在項）　Roeper (1987) などの用語．顕在的に文中に現れないが，束縛など統語的機能を発揮する項のこと．例えば，動作主 by 句が現れていない The boat was sank. においても統語的に動作主項 (agent) は存在し，理由節の主語 (PRO) などを束縛できるとされている：The boat was sank [PRO to prove the argument].

implicit role（潜在的意味役割）　Roeper (1986) の用語．名詞化された語の，表層上に現れていない文法項のこと．例えば，The patient underwent an operation. において the patient は underwent の主語（経験者）であるが派生名詞 operation の目的語（対象項）としても解釈される．このような場合の後者の意味役割を implicit role と呼ぶ．

inclusive（包含的）　①定冠詞のつく名詞の指示物が，その名詞のすべての指示対象を指すことをいう．②記号論理学における選言 'A or B' で A, B の両方が真のときも真になることをいう．ただし，自然言語では偽になる．③一人称複数代名詞 we が話し手だけでなく一人以上の聞き手を含む場合をいう．

infix（挿入辞）　語基に挿入される接辞で，タガログ語などのオーストロ

アジア語族に特徴的な接辞. 英語に見られる guaran-damn-tee の -damn-, fan-fuckin'-tastic の -fuckin'- などの虚辞を挿入辞とする場合もある. ⇨ AFFIX; EXPLETIVE INFIX

inflection（屈折） 語が文中の他の要素との文法関係を示すために, 語形を変えることをいう. 屈折は2種類に分類され, 名詞・代名詞・形容詞の性・数・格による変化を語形変化, 動詞の人称・数・時制・態・法による変化を活用と呼ぶ. ⇨歴史 CONJUGATION; DECLENSION; INFLECTIONAL AFFIX/SUFFIX

inflectional affix/suffix（屈折接辞／屈折接尾辞） 語を屈折させる際に付加する接辞. このうち, 語尾につく接辞を屈折接尾辞と呼び, 英語はこれに限られる. 例えば, 複数を表す books における -s や三人称単数名詞が主語に現れた場合の動詞 (He) comes における -s など. 品詞を変化させることがない点で派生接尾辞（DERIVATIONAL AFFIX）と異なる. ⇨ DERIVATIONAL AFFIX/SUFFIX

inheritance（継承, 受け継ぎ） Randall (1985), Roeper (1987) などの用語. 接辞が動詞に付加する際, 派生された語が基体動詞の下位範疇化（SUBCATEGORIZATION）を受け継ぐことをいう. 動詞の性質をそのまま受け継ぐ接辞としては, 動名詞を形成する -ing (the coming, the pushing of Bill, the putting of jars on the shelf), 部分的に受け継ぐ接頭辞には re-(readvise John to leave / *reprove that the moon was round) などが挙げられる.

initialism（頭文字語） 複数語から成る語群や句の頭文字を並べてできた語のことで, 名前や表現の略語として用いられる. また, このような形態的仕組みのことを指す場合もある. 通常1文字ずつ発音する. 例えば, EU (=European Union), FBI (=Federal Bureau of Investigation), PTA (=Parent Teacher Association) など. ⇨ INITIAL WORD

initial word（頭文字語） 名前や句を構成する複数の語群の頭文字を並べてできた語のこと. 1文字ずつ発音するもの (FBI, EU など) と, 1つの語のように発音するもの (AIDS, SCUBA など) があるが, 前者のみを指し, 後者を acronym と呼ぶこともある. ⇨ INITIALISM

instrumental verb（道具動詞） Green (1974) の用語. 名詞から動詞への転換において, 道具, 手段を表す名詞が動詞に転換したものをいう. 例えば, to fax a document は fax を使って送ること (to send a document with a fax) を表す. ⇨ CONVERSION

interfix（中間接辞） 接辞の一種で, 複合語を形成する際に前部要素と

後部要素の間に挟む形態素．英語の speedometer の -o- など．日本語の「春雨 (harusame)」における -s- などを同様に中間接辞と見なすこともある．

IS A condition (IS A 条件)　Allen (1978) の用語．内心複合語において複合語全体の意味と品詞が右側の要素と同じになるということを述べたもの．例えば，'teapot' is a 'pot' という関係のこと．⇨ ENDOCENTRIC COMPOUND

item and arrangement model (要素配列方式)　= IA 方式．接辞も語基 (BASE) 同様に語彙項目をもち，語は語基と接辞を階層的に結合する規則によって形成されるとする，構造言語学の理論モデル．⇨ ITEM AND PROCESS MODEL

item and process model (要素過程方式)　= IP 方式．派生や屈折は，接辞を添加したり，重複を引き起こしたり，語幹を変化させたりする種々の規則やその他の語形成の過程を経て実現するものととらえる，構造言語学の理論モデル．⇨ ITEM AND ARRANGEMENT MODEL

L

level I / level II / level III (レベル I / II / III)　レベル順序付けの仮説 (Siegel (1974), Allen (1978) など) において接辞が添加される派生の音韻的・形態的レベル．レベル I で適用される接辞 (over-, -ee 等の第一類接辞) は強勢など発音に影響し得るのに対して，レベル II の接辞 (re-, -ful 等の第二類接辞) は強勢に影響しない．レベル III は Allen によって加えられたもので，non- の添加や語根複合語 (root compound) 形成が適用するレベルである．⇨ LEVEL ORDERING (HYPOTHESIS); EXTENDED ORDERING HYPOTHESIS; CLASS I / CLASS II / CLASS III

level ordering (hypothesis) (レベル順序づけ (の仮説))　Siegel (1974) が提唱した接辞添加における音韻および形態に関する仮説 (後に Allen (1978), Pesetsky (1979), Kiparsky (1982), Mohanan (1982) などによって発展)．形態論における接辞添加に「レベル」の概念を用いることで，接辞が添加する順序や，添加した場合の強勢変化の有無等が説明できるようになった．⇨ LEVEL I / LEVEL II / LEVEL III; CLASS I / CLASS II / CLASS III

lexeme (語彙素)　一連の屈折形式を持つ抽象的語彙意味の最小単位のことである．例えば，show, shows, showing, showed は語彙素 show

が特定の文法条件のもとに具現化した異なる形である．

lexeme-morpheme base morphology（語彙素・形態素形態論） Beard and Volpe (2005) などの用語．分離仮説，単一文法的機能仮説，基底部門仮説に基づき，語彙素と形態素は異なる言語現象であると主張し，すべての文法的範疇とその機能は基底部門に位置し，派生規則が語彙的派生と屈折的派生に作用する機能は同一であると主張する理論．

lexical aspect（語彙的アスペクト） 動詞が固有に表す事態の性質によって決定されるアスペクト．例えば，die は完了，resemble は状態の語彙アスペクトを有する．

lexical conceptual structure（**LCS**）（語彙概念構造） 動詞の意味を構造的に表示したもの．動詞の事象カテゴリーを決定する意味関数 (ACT, BECOME, CAUSE など) と項から構成され，語に固有の意味要素 (root) は修飾語または項の値として表される．表記法は研究者によって様々だが，例えば，break の LCS は [[x ACT] CAUSE [BECOME [y *<BROKEN>*]]] と表す．

lexical integrity（語の形態的緊密性） 統語操作が語の内部に及ばないことをいう．例えば，songwriter の write を過去形にして *songwroter, song を代名詞 it で代用して，*itwriter ということはできないこと．

lexical meaning（語彙的意味） 語彙自体が持つ意味のこと．典型的には辞書に挙げられた意味であり，共起する要素によって生じる構文的な意味と区別される．例えば，He slid the beer to Tom. において「滑らせる」ことが slide の語彙的意味にあたり，(滑らせて)「渡す」という構文的な意味と区別される．

lexical morphology（語彙形態論） Siegel (1974) のレベル順序付けの仮説を基に Kiparsky (1982) が発展させた形態理論．形態部門は音韻規則と形態規則が相互に関連した階層構造を成し，その各階層において派生，複合，屈折などの異なる形態操作が順番に適用されるというもの．⇨音韻 LEXICAL PHONOLOGY; LEVEL ORDERING (HYPOTHESIS)

lexical passive（語彙的受動態） 生成文法の用語．語彙余剰規則によって語彙部門で形成される受動態をいう．動詞の過去分詞形が主に形容詞的性質を示すことから形容詞的受動態 (ADJECTIVAL PASSIVE) とも呼ばれる．⇨ ADJECTIVAL PASSIVE

lexical representation（語彙表示） ①語彙部門における各語彙項目の音声，形態，統語，意味に関する情報を記載した表示．② Mohanan (1982) らの語彙音韻論の用語．基底表示に語彙部門での音韻規則が適

用された結果の表示で，語彙挿入の入力となる．⇨ LEXICAL PHONOLOGY; LEXICAL INSERTION

lexicalization（語彙化） ①語彙が確立し，予測不可能で特殊な性質を持つ現象のこと．例えば，honeymoon の意味は2つの要素からは予測できない．一塊の単語としてレキシコンに登録されていると考えられる．②ある語彙が慣用的に用いられることで確立すること．例えば，現金を引き出す機械について，アメリカ英語では ATM，イギリス英語では cash dispenser が語彙化している．

listeme（リスト素） Di Sciullo and Williams (1987) の用語．知識としてリストに載せられる記憶項目のこと．例えば，look up のような句動詞は単語ではないが一塊で記憶されるし，transmission は「伝達（すること）」のほかに「変速機」の意味を持つが，後者の意味は構成素の合成からは予測できないため記憶される．これらがリスト素である．

locative alternation（場所格交替） 物の位置変化を表す動詞において，場所あるいは対象物いずれをも直接目的語としてとれる現象のこと：John loaded the cart with apples. / John loaded apples onto the cart. ただし，一般的には両者間には意味の違いがあり，荷車がリンゴでいっぱいになったという解釈は前者にのみ可能である．

locatum（物材・除去目的語） Clark and Clark (1979) の用語で，移動物でありかつ移動先の場所の状態を変える材料となる物のことをいう．例えば，load apples into the cart において，apples は移動物であり，cart を一杯にする材料でもある．clear snow from the roads における snow も同様の意味役割だと考えられる．⇨意味 LOCATIVE; LOCATIVE ALTERNATION

logogram/logograph（表語文字） 1文字が1語あるいは1形態素に対応するものをいう．漢字の「馬」は1文字が1語に対応し，「知的」の「的」は1文字が1形態素に対応するという点で表語文字である．これに対し1文字が音素や音節を表す文字を表音文字という．

l-syntax（語彙的統語構造） Hale and Keyser (1993) の理論において，語彙部門における階層的構造のことをいい，一般的な意味での文の統語構造を指す s-syntax に対する．この理論では適用する規則は l-syntax, s-syntax ともに同じものであると想定され，実質的には語彙部門と統語部門を区別しない．

M

mental lexicon(心的辞書) 人間が心の中に持っていると考えられる，語彙的情報が蓄積されている辞書のこと．ただし，心的辞書にどのような情報がどのような形で蓄えられているか，また，心的辞書を語彙情報の静的なリストであるとするか，それ自体が多義性や意味派生を生み出す動的システムであるとするか等は理論によって異なる．

minimal word(最小語) 語として認められるための最も短い長さを持つ語のことをいう．

mirror principle(鏡原理) Baker (1985b) の用語．形態操作(接辞化)と統語操作の適用順序は，鏡に映したかのごとく対応するというもの．例えば，チチェワ語の適用態化の後に受動化が起こる構文では，動詞に付く形態素の順序も同じになることが報告されている．

modular morphology(モジュール形態論) 影山 (1993) の用語．語形成は1つの特定の文法部門ではなく，複数の文法部門において適用され，かつ文法部門の違いに関係なく成立する形態論的制約によって統御されるとする理論．

monovalent(一価的) Tesnière (1959) の用語．ある動詞の項（過程に関与する人・もの）が1つである（一行為項をとる）とき，その動詞を一価的動詞と呼ぶ．自動詞 (I walked.) のみならず再帰形を用いた文 (I walked myself to the hospital.) における動詞も並行的に一価的であると見なす．

morpheme(形態素) ある言語において語彙的意味もしくは文法の意味を持つ最小の単位と考えられるものをいう．例えば，buyer は2つの形態素 buy と -er からなる．また，冠詞の a/an は，文法的意味が同じため同一の形態素とされる．⇨ BOUND/FREE MORPHEME

morpheme structure condition/constraint(形態素構造条件／形態素構造制約) 個々の言語において，形態素の分節構造にかかる制約．例えば，bnik という形は，/b/ から始まる形態素はその直後に鼻音をとれないという英語固有の形態素構造制約によって排除される．これに対し，blik は生起可能な形だが偶然実在しない形態素である．

morpholexical rule(形態語彙規則) ① Anderson (1977) の用語．2つの形態統語素性の変数を用いて屈折を説明する規則．例えば，1人称を [+me]，2人称を [+you]，3人称を [−me, −you] と表示し動詞の屈折を説明する．② Lieber (1980) の用語．基本的な形態素を特定するのが難しい異形態（ALLOMORPH）を説明するための語彙余剰規制のこ

と，語彙化される前の段階で働くと仮定される．

morphological causative（形態論的使役（動詞））　その語彙そのものが使役の意味を保障する動詞またはそれによる使役表現のこと．例えば，他動詞 break は，自動詞 break が表す出来事を引き起こす使役の意味を持っている．make や let などを用いた迂言的（PERIPHRASTIC）使役動詞に対する．＝ LEXICAL CAUSATIVE　⇨ PERIPHRASTIC CAUSATIVE

morphological component（形態部門）　派生・複合・転換などによる語形成を扱う文法の一部門．生成文法では，統語論から独立した部門として認めるかどうかについて議論が分かれている．⇨ DISTRIBUTED MORPHOLOGY

morphologically conditioned allomorph（形態論的に条件づけられた異形態）　英語の複数形の形態素（/s/, /z/, /iz/）の分布は音韻的な環境によって制限されているが，man-men, child-children, deer-deer, datum-data などの不規則な複数形における異形態の分布は，形態論的な条件づけによって制限される．不規則な過去，過去分詞形態素についても同様．

morphology（形態論）　形態素の設定や分布，また，複雑語の構造や形成を分析対象とする言語学の分野．

morphophonemic alternation（形態音素交替）　形態素の異形態が環境によって音素を交替することをいう．例えば，leaf → leaves における /f/ と /v/, permit → permission における /t/ と /ʃ/ の交替など．⇨ ALLOMORPH

morphophonology（形態音韻論）　形態素交替など形態素の音韻的構造を扱う音韻論（PHONOLOGY）と形態論（MORPHOLOGY）の中間に位置する分野をいう．形態素の基底形を仮定し，文法的関係や接辞との結合によってそれがどのような音声表示となるかを明らかにする．＝ MORPHOPHONEMICS　⇨ MORPHOPHONEMIC ALTERNATION

N

negative prefix（否定接頭辞）　基体に否定の意味を付加する接頭辞：in- (incompatible), un- (unkind), non- (nonsocial), dis- (dishonest), a- (amoral) など．⇨ PREFIX/PREFIXATION

Neo-classical compound（新古典複合語）　新ラテン合成語に同じ．⇨ NEO-LATIN COMPOUND

Neo-Latin compound（新ラテン合成語，新ラテン複合語）　古典ギリ

シャ語，ラテン語に由来する拘束形態素（micro-, -scope, tele- など）に基づいた複合語のこと．英語をはじめ西ヨーロッパ言語の科学用語や技術用語に多く見られる：microscope, psychopath, pathology. 16世紀古典語への復帰運動の一環として利用され始め，現在も造語能力は高い．

neologism（新語法，新語，新造語）　新たに創造され，まだ完全には慣習化されていない語をいう．また，そうした新語を形成することを指す（既存語に新たな意味を与えることを含む）．例えば，C. ディケンズの Christmas Carol の主人公の名前 Scrooge から作られた scrooge「けちん坊」という名詞など．

nominalization（名詞化）　Lees (1960) の用語．名詞以外の品詞の語を派生や転換などの方法で名詞に変えること．

Nominative-Accusative system（主格―対格による格体系）　Maranz (1984) の用語．意味役割の具現形式から言語を分類する場合，日本語や英語のように，VP から動作主が付与された項が主格，V から主題や被動作主が付与された項が対格で具現されること．VP と V の付与する意味役割が逆になる能格体系（エスキモー語など）と区別される．⇨ ERGATIVE

nonce word（臨時語）　既存の語ではなく，その場限りで臨時につくり出された語をいう．これらの表現は，多少のぎこちなさを覚えることがあり，一時的に使用はされるものの，一般語彙として定着することは稀である．

nonsense word（無意味語）　当該言語内において，語として意味をなさないものをいう．例えば，blue という英単語は存在するが，*brue, *bnue は存在しない．特に，後者は英語の onset（頭子音）に /bn/ という子音連続が許されないことによる．

noun incorporation（名詞編入）　Baker (1985a, 1988) の用語．他動詞の一部に項である名詞を組み込むことで形態的にひとまとまりの複雑述語を形成する操作をいう．モホーク語やイヌイット語において多く見られる．英語では baby-sit, house-hunt などが名詞編入として分析される可能性がある．⇨ VERB INCORPORATION

no vacuous affixation principle（空接辞添加禁止原理）　何の役割も果たさない接辞の導入を禁止する原理をいう (Marantz (1981, 1984))．例えば，非対格動詞に受動接辞を付加すると非文となるのは，非対格動詞が外項を持たず，よって，受動接辞が外項の θ 役割の吸収という役

割を果たせないため，空接辞の添加を禁じた原理に反するという説明になる．

O

object affectedness linking rule（影響目的語結合規則）　Gropen et al. (1991) の用語．動詞が表す事象において「影響を受けた」と見なされる対象物がその動詞の直接目的語として現れることを要求する規則．これによって以下の容認性の差が説明される：fill the glass with water / *fill water into the glass, *pour the glass with water / pour water into the glass

obligatory adjunct（義務的付加詞）　Jackendoff (1990), Grimshaw and Vikner (1993) の用語．一般に文中において任意的に具現される付加詞が義務的な要素として現れる場合をいう．例えば，Bill filled the tank (with water). / The boat was destroyed (by the enemy) などでは付加詞である with 句や by 句が，Bill provided the students (*with some books). / This house was built (*by a French architect). などにおいては義務的付加詞となっている．

once-only rule（一度限りの規則）　Aronoff (1976) の提唱した word-based morphology（語に基づく形態論）の用語．既存の語に規則を適用して新しい語が形成されると，その規則はそれ以上適用されず，形成された語は語彙項目に登録されるとするもの．⇨ WORD-BASED MORPHOLOGY

one affix, one rule hypothesis（一接辞一規則の仮説）　Aronoff (1976) の用語．接辞 1 つに対して適用される語形成規則は 1 つのみであるとする仮説．同一の接辞に異なる規則が適用されることはないというもの．

one baseform per morpheme（一形態素に一基底形）　アメリカ構造主義言語学における形態音素論の用語．1 つの形態素に 1 つの基底形を設定し，その基底形からすべての異形態を派生しようとすることをいう．

one-place predicate（一項述語）　ある事象や状態を表すために変項 (VARIABLE) を 1 つしか要求しない述語のことをいう．例えば，Mary slept. における 'sleep' や（自動詞）や John is tall における 'tall'（形容詞）など．

onomatopoe(t)ic word（擬音語，擬声語）　環境音（物音や鳴き声など）を言語音で模した語をいう：cuckoo, meow, thud, tick-tock, wham

など. ideophone と違い，擬態語は含まない点に注意. = ECHO-WORD

ontological category（存在範疇）Jackendoff (1990) の用語. 概念意味論において，事物の種類などの基本概念を表す要素とされ，Object, Situation, Place, Property, Amount, Time 等がある. 語彙概念構造の中では変項あるいは定項のタイプを示すラベルとして用いられる. ⇨ LEXICAL CONCEPTUAL STRUCTURE

open class（開いた類）名詞，動詞，形容詞などのように，新造語などを追加することができるため語彙数が制限されない語彙の類をいう. これに対し，前置詞，接続詞，冠詞などのように，一般に新造語を追加することができず語彙数が限られる類を閉じた類（closed class）という.

ordering paradox（順序づけのパラドクス）括弧づけのパラドクス (BRACKETING PARADOX) ともいい，順序付けの仮説によって予測される派生語の内部構造が接辞の選択制限などによって規定される構造と合致しないこと. ⇨ LEVEL-ORDERING HYPOTHESIS; LEVEL I / LEVEL II / LEVEL III; CLASS I / CLASS II / CLASS III; BRACKETING PARADOX

P

paradigmatic relationship（系列的関係）Saussure (1916) の概念. ある特定の言語表現に出現可能な語を，他の語で置き換えることが可能な場合，置き換え可能なすべての語は系列的関係にあるという. 例えば，a glass of ___ の空所には，milk, water, wine などが生起可能だが，これらの語は系列的関係にあると考えられる. ⇨ SYNTAGMATIC RELATIONSHIP

paradigmatic word formation（系列的語形成）Spencer (1991) の用語. 語彙部門にすでに存在する語を参照して行う語形成のこと. 例えば，transformational grammarian という語は，grammar ⇔ grammarian と grammar ⇔ transformational grammar という2つの関係からの類推で作り出される. ⇨音韻・歴史 ANALOGY

paradigm function morphology（パラダイム関数形態論）Stump (1991) などで提唱されている形態論のモデル. 形態部門を，屈折，派生，複合などに関わる形態語彙規則と，語根に適用して各種の形態素を作り出すパラダイム関数から成ると仮定する. ある語彙素のパラダイムは素性の組み合わせによって規定され，それぞれの音形が規則によって推論的に具現化される.

parafix（重複辞）語基の一部を重複することで新たな語を作り出した

り，語形を変化させたりする際，その重複部をいう．例えば，タガログ語で kain「食べる」の未来形は kakain であり，この場合の ka- は重複辞と考えられる．

parallel morphology（並行形態論） 現代ヘブライ語の複合語の研究から，Borer (1988) が提案した形態理論．語形成規則が一種の文法モジュールを構成し，語彙部門のみならず統語部門や音韻部門にも並行して適用されるとする．語彙的統合性の仮説を部分的に破棄し，ある種の複合語などが統語構造で形成されると仮定する．⇨ LEXICAL INTEGRITY; POST-SYNTACTIC COMPOUND

parasynthetic compound（並置総合複合語） 複合（COMPOUNDING）と派生（DERIVATION）が同時に適用されたと考えられる複合語のこと．例えば，baby-sitter の場合，接尾辞 -er を切り離すと baby-sit が語として成立しないためそのように分析される．ほかに sky-scraper, kind-hearted など．⇨ PARASYNTHESIS; DERIVATIONAL COMPOUND

parasynthesis（並置統合） X を語基とする A–X–B（例えば in-defatig-able）という語構造において，X–A (*defatig-able) という連鎖が許されず，かつ A–X (* in-defatig) という連鎖も存在しない場合，A–X–B が A と B が同時に X に付加することで形成されたと仮定すること．

particle（不変化詞） ①Jespersen (1924) の用語で，副詞，前置詞，接続詞，間投詞など語形変化しない品詞を総称して呼ぶ．②変形文法の用語で，副詞や前置詞としても用いられるが，動詞と組み合わさりひとまとまりの意味を表すものをいう：about, across, away, down, off, out, through, up. ⇨ PARTICLE VERB

particle verb（不変化詞動詞） 動詞と不変化詞から成り，字句通りの空間的意味のほか，相的意味や比喩的な意味も表す：go away / sing on / catch on / die away. 不変化詞は動詞と構造的に緊密な性質を示すが (Please shut (*completely) off the gas.)，目的語に後置される場合がある (Pat put the garbage out.). ⇨ PARTICLE; PHRASAL VERB

partitive（分格；部分的；部分詞，部分名詞句；部分格） ①（分格）フィンランド語などである集合の部分を表す格をいう．②（部分的）Anderson (1971) の用語．I {loaded boxes on the truck / loaded the truck with boxes}. のような項交替において後者が有する全体的解釈に対する前者の解釈をいう．③（部分詞，部分名詞句）「X of Y」において X に生起する語句を部分詞，「X of Y」の表現を部分名詞句という：some of them など．④（部分格）Belletti (1988) の用語．There 構文

などにおいて非対格動詞に後続する名詞句に付与される格をいう．

path（経路） ①生成文法では，2つの接点の連鎖のことをいう．Kayne (1981) の用語．②語彙意味論では主題役の1つで移動の道筋を表す．③ Jackendoff (1983) の用語では概念成分の1つで，着点・起点を含む有界的経路，方向，中間経路の3種類に大別される．④認知言語学では，起点と着点を結ぶ中間部を表す．

percolation（浸透） Lieber (1980), Selkirk (1982) などの用語．句構造と同様，語の内部構造においても主要部を仮定し，語を構成する接辞も語類や性を決定する素性を備えているとするモデルにおいて，主要部の素性が上方節点に写し取られ，語全体の素性に引き継がれるという考え方．

perfective participle（完結分詞） 動詞が表す事態が完結しその結果を意味する過去分詞のことをいう：a stolen purse における stolen や fallen leaves における fallen．

periphrastic causative（迂言的使役（動詞）） 使役の意味を表すのに，目的語の後に他の述語を伴い分析的に表す動詞あるいはそれによる使役表現をいう．例えば，John caused the cat to die. における cause は to die を伴う迂言的使役動詞である．一語で使役を表す形態論的使役動詞に対する．⇨ MORPHOLOGICAL CAUSATIVE

phrasal verb（句動詞） 動詞と小辞（不変化詞とも呼ばれる）を組み合わせて，1つの動詞のように振る舞い，ひとまとまりの意味を表すものをいう：black out（気絶する），drop by（立ち寄る），work out（解決する）．⇨ PARTICLE VERB

portmanteau morph（かばん形態） 同時に複数の形態素を表す単一の形態をいう．例えば，英語のいわゆる「三単現の -s」は，三人称・単数・現在時制を表す3つ形態素が -s という単一の形態として具現化している．

portmanteau word（かばん語） = BLEND

possible word（可能な語） Aronoff (1976) の用語．語形成規則によって作られた規則上可能な語をいう．実在する語と（規則上問題ないが）実在しない語がある：theatergoer, churchgoer, *schoolgoer, *hospitalgoer．

post-syntactic compound（S 構造複合語） Shibatani and Kageyama (1988) の用語．S 構造複合語は影山 (1993) の用語．統語論の後（または GB 理論 (GB THEORY) では統語部門の最終段階である S 構造 (S-

STRUCTURE）で作られる複合語をいう．⇨ 統語 GB THEORY; S-STRUCTURE

predicate argument structure（述語項構造） Bresnan (1982) などの提唱する語彙機能文法の用語．述語のとる意味役割の種類と数を hit <agent, theme> のように示すものをいう．これらは語彙機能文法における原始要素である SUBJ(ect), OBJ(ect) などの文法機能に対応づけられる．

pre-emption（先取り） Clark and Clark (1979) の用語．十分に定着した動詞がそれと同義の名詞由来動詞の形成を阻止する現象をいう．例えば，'put into a hospital' という意味を表す hospitalize により，同義の hospital という名詞由来動詞の形成は阻止される．⇨ BLOCKING

prefix, prefixation（接頭辞，接頭辞添加） 接辞のうち，語基の前に添加されるものを接頭辞と呼ぶ．語基に接頭辞を添加する過程を接頭辞添加と呼び，語基の意味や機能に変化をもたらす．例えば，unhappy の un- など．接尾辞添加が一般に派生語の品詞を変えるのに対し，接頭辞添加では変えないのが通例．⇨ AFFIX/AFFIXATION; SUFFIX/SUFFIXATION

pre-lexical structure（語彙前の構造） Gruber (1965) の用語で，深層構造に語彙挿入される前の，意味要素からなる構造のこと．例えば，MOTIONAL ACROSS という構造がそのまま語彙挿入されると go across となり，編入 (INCORPORATION) を経れば cross という動詞として語彙挿入される．

preverb（動詞前辞） 印欧語などにおいて，動詞の前に結合して複合動詞を形成する形態素．接頭辞や不変化詞として扱われることもあり，独立した形態素と見なすかどうかは意見が分かれる．英語ではあまり生産的でないが，例えば uphold や uplift に見られる up などが相当する．

primary affix（一次接辞） 語基に添加される際に，第一強勢の移動や音変化をもたらすタイプの接辞．英語の -ity (elástic → elastícity) など．第一類接辞 (class I affix) ともいう．⇨ CLASS I AFFIX

primary compound（一次複合語） 構成する要素がいずれも単純語である複合語をいう：ice cold, bedroom．SECONDARY COMPOUND（二次複合語）に対する．⇨ ROOT COMPOUND

priming（プライミング） 心理言語学の用語．心理実験などにおける被験者の処理過程が，前段階で行われた刺激処理によって影響を受けること．例えば，語彙選択に関わる実験等において，被験者の語彙選択の反

応時間等が直前の刺激語の影響を受ける現象など．

private affix（欠性接辞）「〜がない」という意味を加える接辞．添加される位置によって，欠性接頭辞（英語の de-, dis-, un- など）と欠性接尾辞（英語の -less など）に分けられる．

process nominal（過程名詞，過程名詞化形）Grimshaw (1990) の用語．行為や出来事の過程を表す名詞化表現．項構造の有無により，単純出来事名詞（SIMPLE EVENT NOMINAL）と複雑出来事名詞（COMPLEX EVENT NOMINAL）に分けられる．⇨ SIMPLE EVENT NOMINAL; COMPLEX EVENT NOMINAL

productive, productivity（生産的，生産性）規則によって比較的多くの事例が説明できる場合，その規則は生産的である，あるいは生産性が高いという．例えば，英語の語形成規則である -er の接辞化は，ほとんどの動詞を対象にして動作主名詞を作り出すので，生産的であるといえる．

prosodic morphology（韻律形態論）McCarthy and Prince (1990a, 1995b) などにより提案された韻律構造に着目した形態論の理論．語形成における重複や挿入辞添加など現象は，語基の韻律構造（音節，脚など）に基づいて説明可能と考える．最適性理論に影響を与えた．⇨ 音韻 OPTIMALITY THEORY

psychological predicate, psych-verb（心理述語，心理動詞）surprise, please, satisfy, fear, frighten など，心理状態や感情を表す述語（動詞）．心理述語には，心理状態の経験者とその原因が関わるが，Bill fears ghosts. のように経験者を主語にとるタイプと，Ghosts frighten Bill. のように目的語にとるタイプとがある．

R

radial category（放射範疇）Lakoff (1987) の用語．1つないしいくつかの基本的な意味を持ち，その語からメタファー的拡張などで意味の拡張が生じるタイプの概念範疇．

r argument（R 項）Grimshaw (1990) の用語で，単純名詞がとる外項のこと．John is a man のように名詞句が叙述的に用いられた場合，R 項は叙述関係にある主語が満たすとされる．また，long dissertation のような表現では，修飾語の外項と名詞の R 項が同定されることにより修飾関係が成立するとされる．

realization（具現化，具現形）① （具現化，具現形）Halliday (1966,

1969) の用語. 体系網から選び出された選択項のまとまりである体系記述を, 一定の指示により構造記述に移し替えること, または移し替えた対象をいう. ②（具現化）成層文法の用語. 言語の記述に必要な4つの層を結ぶ操作をいう. ③（具現化）生成文法の用語. 動詞の項構造に記述された項が句構造上の名詞句等に写像されること.

recipient（受益者；受信者；受容者）①（受益者）一般的に物の移動や行為の働きかけにおいて到達点となるもの. 受益者は物の移動の結果その所有者となる. He gave the key to Pat. における Pat. ②（受容者）Quirk et al. (1985) の用語. 物の移動の到達点を意味する人物をいう. 実際に到達が達成されず動作主が意図した受取人（例えば She made a doll for her daughter. における her）は特に intended recipient と呼ぶ. ③（受信者）情報理論の用語. 情報を受け取る側の主体のこと.

reciprocal predicate（相互述語）複数の動作主が同時に互いに働きかけるといった相互関係を含む意味をもつ述語のこと：marry, similar, meet.

redundancy rule（余剰規則）ある素性 X の指定により他の素性 Y が自動的に予測される際に使われる一般的な規則をいう. Jackendoff (1975) では, 例えば, 自他交替などが派生（DERIVATION）という語形成規則によってではなく, この余剰規則によって関係づけられるとされている.

reduplication（重複, 畳語）語基全体, またはその一部を繰り返すことによって語を形成する, 形態論的なプロセスの1つ. 代表的な例に, papa, mama のような幼児語, bow-wow, zig-zag などのオノマトペ, helter-skelter, wishy-washy などの口語的な表現がある.

relativized uniformity of theta assignment（相対化主題役付与同一性仮説）Larson (1990) の用語. Baker (1985a, 1988) の主題役同一付与均一仮説 (UTAH) をゆるくした仮説で, 同じ主題役を持つ項は, D構造で相対的に同じ階層関係を持てばよいとする. これにより Larson (1988) では, 英語の二重目的語構文と与格構文にはそれぞれ異なる D構造が仮定されている. ⇨統語 UTAH

restrictive modifier（制限的修飾要素）Jackendoff (1990) の用語. Jackendoff の概念意味論（CONCEPTUAL SEMANTICS）では, 中核的意味を修飾する要素を呼び, 中核的意味を意味関数と項の関係で表すのに対し, 同一括弧内の下段に以下の例のように表記される.

```
red hat                          John went home quickly
⎡       HAT           ⎤          ⎡     GO ([Thing John], [Path TO [HOME]]) ⎤
⎣ Thing[Property RED] ⎦          ⎣ Event [Property/Manner QUICK]           ⎦
```
⇨ LEXICAL CONCEPTUAL STRUCTURE

result nominal (noun)（結果名詞, 結果名詞化形） Grimshaw (1990) の用語. 動詞が表す行為の結果や産物を表す名詞化表現：The examination was 8 pages long における examination など.

reversative prefix（反転接頭辞） 語基が表す性質と反対の意味の語を形成する接頭辞を指す：de- (decolorize), dis- (disappear), un- (untie) など.

rhyme-motivated compound（韻に動機づけられた複合語） Bauer (1983) の用語. 2つの要素間の韻により動機づけられて形成された複合語を指す：hokey-pokey, roly-poly など.

right-hand head rule（右側主要部の規則） Williams (1981) の用語. 形態論において, 派生語や複合語の主要部は, その語の右側に位置する要素になるという一般化を述べたもの. 例えば, happiness では -ness が, blackboard では board が, それぞれ語全体の品詞を決定する主要部となっている. ⇨ HEAD (OF A WORD); IS A CONDITION

rival morpheme（競合形態素） 異なる拘束形態素が同一の語基と結合して形成された2つの語が異なる意味をもつ場合, その2種類の形態素を競合形態素と呼ぶ. 例えば, 接尾辞 -ity と -ism は, ともに語基 humane と結合するが, humanity と humanism は異なる意味を帯び, 前者は人類全体, 後者は人間を尊重する考え方を指す.

root compound（語根複合語） Roeper and Siegel (1978) の用語. 2つの単純語から成り, 主要部が動詞由来でない複合語：windmill, ice cold, hard hat, red hot. 総合複合語が動詞とその項という意味関係から成るのに対して, 語根複合語における2つの要素は, 極めて自由な意味関係を表す. ⇨ SYNTHETIC COMPOUND

root creation（語根創造） 語形成の一種で, 既存の形態素をいっさい用いずに, いままで存在しなかった全く新しい語を作り出すことをいう. 代表的な例には, mew, cuckoo などの音声象徴によるものや Google, nylon などの会社名や商品名がある.

S

secondary compound, synthetic compound（二次複合語） 文法関

係に基づいて形成される，派生語を含む複合語をいう．構成要素がいずれも単純語である一次複合語に対する：job-hunting, light-sensitive, computer-controlled．⇨ PRIMARY COMPOUND; SYNTHETIC COMPOUND

self-controllable（自己制御的）　自分の意志で制御可能な行為の性質のこと．例えば，英語の命令文は自己制御的な行為を表す述語のみで許される．Study hard. / Don't be noisy. / *Know the truth. / *Be tall.

semantic case（意味格）　Baker (1988) の用語．個々の形態が常に特定の意味役割と結び付けられている格のことをいう．豊かな格標示システムを有するラテン語，ワルピリ語，エストニア語，バスク語などに見られる．例えば，エストニア語の起点を表す奪格（ablative），着点を表す向格（allative）など．

semi-suffix（準接尾辞）　Marchand (1969) の用語．-like (childlike), -worthy (praiseworthy), -monger (fishmonger) のように，複合語において語基とも接辞とも解釈できるような要素を指す．

serial verb (construction)（連結動詞（構文））　2つ以上の動詞連鎖による複雑動詞．アフリカやオーストロネシア諸言語等で見られる，接続詞等の介在なしで並置された複数の動詞が同一の項を共有する述語を形成すること，またはその動詞を用いた構文．

shortening（短縮）　既存の語の一部の音節を残し他を削除することによる語形成を指し，clipping と同意で用いられる．例えば，info (information から), blog (web log から), fridge (refrigerator から) などである．⇨ CLIPPING

simple event nominal（単純出来事名詞化形）　Grimshaw (1990) の用語．過程名詞（出来事名詞）のうち，項構造を持たないものをいう：The examination took a long time. 時間的な展開を表す動詞的性質が弱く，期間を表す表現 (*the examination for three hours) や頻度を表す形容詞 (*the frequent examination) と共起しない．⇨ COMPLEX EVENT NOMINAL; PROCESS NOMINAL

simple form（単純形）　1つの形態素からなる語をいう．

sound symbolism（音象徴，音声象徴）　ある音声（素性）があるイメージと有縁的に結びつく現象をいう．擬音・擬態語などがその例であるが，ほかにも，gl- が視覚と結びつくこと (glance, glitter, glow)，あるいは，bouba や kiki のような無意味語がそれぞれ丸い形と尖った形に対応づけられることなどがある．

split morphology hypothesis（分割形態論仮説）　派生（DERIVATION）

と屈折（INFLECTION）を別々の過程として文法の異なる部門に位置づける仮説をいう．具体的には，派生は語彙部門に，屈折は統語部門に位置づけられる．⇨ DERIVATION; INFLECTION

stratum ordering（層順序付け）　Mohanan (1982) の用語．接辞付加における語形成規則や音韻規則には，適用される順序があり，レキシコンは順序付けされた層により構成されているとする仮説．⇨ LEVEL ORDERING (HYPOTHESIS)

stray affix filter（遊離接辞フィルター）　Lasnik (1981, 1995b) の用語．接辞が音韻的に具現化していない語基とは共起しないという制約．

stump-word（切り株語）　Jespersen (1922) の用語．ある語彙の後部あるいは前部の音節を省略することで作られた語のこと：photo (< photograph), van (< caravan)．⇨ CLIPPED WORD; CLIPPING

subcategorization（下位範疇化）　①語彙範疇がどのような補部を取るかを示すこと．例えば，動詞 swim は何も補部をとらず，love は目的語 NP を，put は目的語 NP と場所 PP を補部にとる，など．②同じ範疇に属する語彙項目を，さらに下位範疇に細分化することをいう．例えば名詞の下位範疇には固有名詞や普通名詞がある．

suffix, suffixation（接尾辞，接尾辞添加）　接辞のうち語基の後に添加されるもの．-ness, -ize など，派生に用いられる派生接尾辞と，複数を表す -s や過去時制を表す -d などのような屈折接尾辞がある．語基に接尾辞を添加する過程を接尾辞添加と呼ぶ．接頭辞添加による派生では派生語の品詞は通例変わらないが接尾辞添加では変わることがある．⇨ AFFIX/AFFIXATION; PREFIX/PREFIXATION

suppletion, suppletive alternation（補充法，補充交替）　語の形態変化のうち，形態素の一部を変えるのではなく，語基そのものを異なる語源のもので代用し，補充する方法を補充法という．例えば，go の変化形態のうち went は異なる動詞 wend の過去形に語源を持ち，それが go の過去形として補充交替されたものである．

suppression（抑圧）　Grimshaw (1990) の用語．動詞に名詞化や受動化の操作を行うことで，その動詞の外項が本来的な項としての地位を失うこと．例えば，受動文の by 句など，抑圧されている外項は項（ARGUMENT）と付加詞（ADJUNCT）いずれにも分類しきれず，その中間の性質を持つとされている．⇨ 統語 EXTERNAL ARGUMENT

symbolicity（象徴性）　ある記号とそれが表す内容の結び付きにおいて，動機が低い場合を象徴的（symbolic）とし，その特性を象徴性と呼ぶ．

認知言語学では頭の中で形成された概念が言語形式によって具現化される関係をいう.

symmetric predicate(対照述語)「X 述語 Y」という構造において,X と Y が対照的な(同等の)関係にあることを表す述語をいう. X と Y は互いに入れ替え可能であり,等位接続詞で接続することもできる. 例えば,John met Mary. → Mary met John. / John and Mary met.

syntactic compound(統語的複合語) ①「形容詞+名詞」型の blackbird や「動詞+副詞」型の gadabout などのように統語法上の配列をそのまま保持した複合語をいう. ②影山(1993)の用語で統語部門で作られると考えられる複合語のこと.

syntactic parallelism hypothesis(統語的平行性仮説) Selkirk(1977)の用語で,文と名詞句のような異なる範疇内で構成素間に同じ文法関係が存在するとき,2つの範疇は統語的には平行であるとする仮説. 例えば,John has proved the theorem. と John's proof of the theorem. において,John, has proved, the theorem の文法関係は John's, proof, of the theorem の文法関係と統語的に平行である.

syntagmatic relationship(連辞的関係) 言語記号の連鎖において共起し得る要素間の関係をいう. 例えば,blond hair に見られる修飾語と主要部の関係,あるいは ride a horse のような動詞と目的語の関係などがそれである. 系列的関係(PARADIGMATIC RELATION)に対する. ⇨ PARADIGMATIC RELATION

synthetic compound(総合複合語) ① Bloomfield(1933)などの用語で,動詞・目的語の関係を具現化した複合語のことをいう. 主要部は動詞由来(deverbal)の形態素で,非主要部は動詞の項に相当する:dog walker, hand washing, home made. ②生成形態論の用語. = DEVERBAL COMPOUND ⇨ ROOT COMPOUND

systematic gap(体系的空白) 当該言語の音韻的・形態的規則によっては形成されない語彙の欠如のこと. 偶然の空白(ACCIDENTAL GAP)に対する. ⇨ ACCIDENTAL GAP

T

telic aspect(完了相) 述語によって表される相の1つ. The cat killed the rat. のように,当該の事象は内在的な限界点を持ち for an hour のような時間句とは共起しない. そのような限界点を含意しない不完了相(ATELIC ASPECT)に対する.

telic role（目的役割） Pustejovsky (1995) の用語. 特質構造（QUALIA STRUCTURE）中の意味情報の1つで，その語彙項目の指すものの目的や機能を表す. 例えば，beer, knife の目的役割はそれぞれ drink (e, y, x), cut (e, x, y) と表される. ⇨ GENERATIVE LEXICON; FORMAL ROLE; AGENTIVE ROLE; CONSTITUTIVE ROLE

templatic morphology（鋳型形態論） McCarthy and Prince (1990b), Lieber (2010) などの用語. アラビア語やヘブライ語に見られる屈折接辞の表示から，子音の特定の組み合わせが単語固有の意味を表し，その子音と母音の配列のパターンが屈折要素の働きを担う template（鋳型）となって語が形成されると主張する理論. 例えば，アラビア語では CVCVC が能動形，CVCCVC が使役，CVVCVC が相互関係の意味を表す. ⇨ CONCATENATIVE MORPHOLOGY

transfix（貫通接辞） 不連続語根に付与される不連続な接辞をいう. 例えば，アラビア語の kataba 'he wrote' では不連続な子音からなる動詞語根 k-t-b 'write' に過去を表す不連続な貫通接辞 -a-a- が添加され，成立している（最後の -a は三人称単数男性を示す）. ⇨ AFFIX

type coercion（タイプ強制） Pustejovsky (1995) の用語. 動詞の目的語などの解釈が，それを支配する語彙項目が要求するタイプへと強制的に変えられる意味的操作のことをいう. 例えば，enjoy は補部に出来事を要求するため enjoy the movie では，movie は強制的に「映画を見ること」という「行為」として解釈される.

U

unidirectionality（一方向性の仮説） Givón (1971) 等により指摘される言語の変化に見られる一方向性変化. その変化は，Heine and Kuteva (2002) 等では，「意味の漂白」，「用法の拡張」，「脱範疇化」，「音形の消失」等が挙げられる. ⇨認知 GRAMMATICALIZATION

unitary base hypothesis（単一語基仮説） Aronoff (1976) の用語で，語構成において，語基は統語的・意味的に一義的に定義づけられなければならないとする考え方.

V

verbal noun（動詞的名詞・④動名詞） ①動詞の性質を備えた名詞，動名詞と不定詞の総称. ②一般に Gerund と呼ばれるものの中で，名詞の性質が強いもの. ③動作名詞のこと. ④ Martin (1975) の用語で，

日本語でサ変動詞の語幹となる名詞のこと：勉強，輸入．

verb incorporation（動詞編入）　Baker (1988) の用語．従属節の動詞が主節の動詞に付加し，形態的に複合動詞を形成する操作をいう．チチェワ語などにおいて見られる．

verb stem（動詞語幹）　動詞の活用形から屈折接辞を取り除いた変化しない部分をいう．例えば，talk, talks, talked, talking という活用形では talk が動詞語幹である．

W

word and paradigm model（語・語形変化方式）　Hockett (1954) の用語．構造言語学の形態論中心の文法記述方式の1つで，音素交替や補充形なども含む個々の語形を屈折変化全体のパラダイムの中で分析する立場をいう．WP model と略される．⇨ ITEM AND ARRANGEMENT MODEL; ITEM AND PROCESS MODEL

word-based morphology（語に基づいた形態論）　Aronoff (1976) の用語．すべての規則的な語形成がすでに存在している語に基づくとする理論．この考え方では派生において基体（BASE）となるのは既存の語に限られる．

word formation (rule)（語形成（規則））　様々な方法を用いて語を作り出す過程をいう．語を作り出す主要な方法としては，派生，複合，短縮，転換などがある．その過程には様々な制限が存在するが，それらを定式化したものを語形成規則と呼ぶ．語形成規則を文法の中でどのように位置づけるかについては立場により異なる提案がなされている．

word structure rule（語構造規則）　Selkirk (1982) が提案した語形成規則をいう．Xバー理論（X BAR THEORY）における句構造規則と同様の考え方を語彙レベルに取り入れたものであり，語彙レベルで働く書き換え規則の形で示される．⇨統語 PHRASE STRUCTURE RULE; X BAR THEORY

Z

zero affix, affixation, derivation（ゼロ接辞，ゼロ接辞添加，ゼロ派生）　Marchand (1969) の用語．音韻的に具現化されない接辞．通常，派生は接辞添加によって引き起こされるが，転換（CONVERSION）と呼ばれる語形成過程では形態的変化がないため，語基に音韻的に具現化されない接辞が添加されると考える．⇨ CONVERSION

4 統語論

A

A-bar-movement（A バー移動） 項もしくは付加詞を非文法項の位置へ移動する操作. ⇨ A-BAR-POSITION

A-bar-position（非文法項の位置, A バー位置） Chomsky (1981) の用語. θ役が付与されず, 項と付加詞の両方によって占められうる位置のこと. 例えば, CP 指定部は, *Which car* did he fix? の which car のような項だけでなく, *How* did he fix the car? の how のような付加詞によっても占められるので, 非文法項の位置である. ⇨ A-POSITION

abstract Case（抽象格） 形態的に具現化されるか否かにかかわらず, 名詞句に付与される格のこと. Chomsky (1981) はこの種の格を 'Case' と呼んで, 形態格 (morphological case) と区別している.

abstract clitic hypothesis（抽象接語仮説） Keyser and Roeper (1992) の用語. 動詞がその右側に抽象的な接語位置を持つとする仮説. 接頭辞 re-, 慣用句の目的語, 不変化詞, 結果述語などがその位置を占めるとされ, それらの要素は相補分布をなす.

across-the-board rule（全域一律適用規則） Ross (1967) の用語. 変形規則が等位構造に適用される際には, すべての等位項にそれが適用されるとする規則. 例えば, 等位構造において, 一方の等位項のみ, あるいは一方の等位項の内部の要素のみを抜き出すことはできない.

adjacency condition（隣接性条件） 格付与子が名詞句に格付与するためには, それらが隣接している必要があるとする条件をいう. この条件に従えば, 他動詞と目的語の間に副詞が介在できないことが説明される： *John opened quietly the door.

adjunct condition（付加詞条件） 副詞節などの付加詞からその一部の取り出しを禁じる条件： *Which report$_i$ did John attend the meeting [without reading t$_i$]?

adjunction(付加) 原始基本変形の1つで，ある要素 α を節点 β に付加する変形操作をいう．β の左側に α を付加すると下記の (a) の構造が得られ，右側に付加すると (b) の構造が得られる．

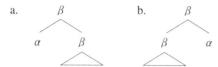

affix hopping（接辞移動） T の位置にある接辞を動詞に下降して，それに添加する操作．

Agree（一致） Chomsky (2000) の用語．探査子と目標子との間で素性照合が行われることにより，双方がもつ解釈不可能素性が削除される統語操作をいう．一致関係を結ぶためには，探査子と目標子のどちらにも解釈不可能素性が含まれるものとされる．⇨ PROBE-GOAL RELATION

analytic procedure（分析手順） Chomsky (1965) の用語．知覚装置を構成するもので，句の種類ごとに別の手順があり，ある手順の実行中には同一手順を実行することができない．自己埋め込み構文の容認性が低いのは，記憶の問題というよりは分析手順の問題であるとされている：The man who the boy who the students recognized pointed out is a friend of mine.

anaphor（照応形） それ自身では固有の指示をもたず，義務的に先行詞を必要とする名詞類のことをいう．再帰代名詞や相互代名詞などが含まれる．束縛原理 A に従い，統率範疇内で先行詞に束縛されなければならない．

antecedent-contained deletion（先行詞に含まれた削除） 削除された動詞句がその先行詞である動詞句内に含まれている場合をいう．Dulles [$_{VP1}$ suspected everyone Angleton did [$_{VP2}$ e]] では，削除された [$_{VP2}$ e] がその先行詞 VP$_1$ に含まれている．したがって，LF において [$_{VP2}$ e] に VP$_1$ をコピーすると，再び [$_{VP2}$ e] が含まれることになる．

anti-c-command condition（反構成素統御条件） Chomsky (1982) の用語．寄生空所の認可条件の1つで，真の空所は寄生空所を構成素統御してはならないというもの．What did you file t without reading e? では，真の空所 t は付加詞に含まれた寄生空所 e を構成素統御しておらず，この条件を満たしている．

anti-reconstruction effect（反再構築効果） *Which claim [that John$_i$

was asleep] was he_i willing to discuss *t*? のように，移動した wh 句が補部を伴う名詞句である場合，LF でこの名詞句が移動前の位置に再構築され，束縛原理 C の違反となるが，Which claim [that John_i made] was he_i willing to discuss *t*? のように，前置された wh 句が付加詞を伴う名詞句である場合には，束縛原理 C の違反とはならず，再構築の効果が現れないことをいう．

A-movement（A 移動）　A 位置から別の A 位置への移動をいう．例として，動詞の補部に生成された名詞句が，主語位置である TP 指定部へ移動する現象が挙げられる．

A-over-A principle（上位範疇優先の原理）　Chomsky (1964) で提案され，Ross (1967) により命名された原理．ある範疇 A の句が同一範疇の句に含まれる場合，変形規則は上位範疇の句に適用されなければならないという原理．[$_A$ … [$_A$ …] …] という構造の場合，変形規則は上位の範疇 A の句に適用される．

A-position（項位置, A 位置）　項のみが現れることができる位置をいう．語彙範疇により θ 役が付与される位置，および T を含むいくつかの機能範疇の指定部が該当する．

argument（項，文法項）　述語が表す事態に参与し，その述語が要求する θ 役を担う要素をいう．

argument-adjunct asymmetry（項・付加詞の非対称性）　統語操作が項に適用された場合と，付加詞に適用された場合とで文法性に違いが生じること．

argument structure（項構造）　述語が要求する項について，語彙部門において指定された情報をいう．項の数，θ 役，および外項・内項の区別が指定されている．

associate（関連要素）　Chomsky (1991) の用語．there 構文において there と関連づけられる名詞句をいう．there 構文の意味上の主語となり，動詞と数の一致を示す．

asymmetric c-command（非対称的構成素統御）　Kayne (1994) の用語．α が β を構成素統御するが，β が α を構成素統御しない場合，α は β を非対称的に構成素統御するという．

attraction, attract（牽引）　Chomsky (1995) の用語．機能範疇が照合されていない形式素性を持つ場合，それを照合できる素性を探し出して，自分の近くに引き付ける操作のことをいう．移動を受ける側ではなく，移動を駆動する側から移動現象を捉え直したものである．

autonomy of syntax(統語論の自律性) 統語論は意味部門の影響を受けず,独自に構築されているという仮定をいう.Chomsky (1977) は,意味部門の影響を皆無とする絶対的自律性(absolute autonomy)と,多少はその影響を認める媒介変数つき自律性(parameterized autonomy)とに分けている.

B

bare output condition(裸出力条件) Chomsky (1995) の用語.Chomsky (2000) の判読可能性条件と同一の概念.⇨ LEGIBILITY CONDITION

bare phrase structure(裸句構造) Chomsky (1995) の用語.範疇記号を用いず,語彙項目が直接投射する句構造理論.例えば,X バー理論による [$_{DP}$ the [$_{NP}$ book]] は,裸句構造では [the [the book]] となる.⇨ INCLUSIVENESS CONDITION; LABELING

barrier(障壁) Chomsky (1986b) の用語.移動または統率を妨げる範疇をいう.移動に関する障壁には,L 標示に基づく固有障壁(inherent barrier)と継承障壁(barrier by inheritance)があり,統率に関する障壁には,最小性条件(minimality condition)に基づく最小性障壁がある.

binary branching(二項枝分かれ) Kayne (1984) の用語.1 つの節点が枝分かれし,2 つの要素を直接支配している状態.

binding theory(束縛理論) Chomsky (1981) の用語.統率・束縛理論における普遍文法を構成する 7 つの下位理論の 1 つで,照応形は統率範疇内で束縛されなければならない(束縛原理 A),代名詞類は統率範疇内で自由でなければならない(束縛原理 B),指示表現は自由でなければならない(束縛原理 C),という 3 つの原理からなる.

bounding theory(有界理論) Chomsky (1981) の用語.統率・束縛理論における普遍文法を構成する 7 つの下位理論の 1 つで,下接の条件を中心とし,α 移動の適用に制限を課す理論.

bound variable(束縛変項) wh 移動の痕跡など,演算子によって束縛される変項をいう.数量詞を含む名詞句に束縛される代名詞を指すこともある.

bridge verb(架橋動詞,橋渡し動詞) Erteschik (1973) の用語.補文から wh 句の抜き出しを許す動詞をいう.例えば,say, tell, think, believe などがある.

Burzio's generalization（ブルツィオの一般化）　Burzio (1986) が提案した一般化. 主語に θ 役を付与する動詞のみが目的語に対格を付与できるというもの.

C

canonical structural realization（**CSR**）（標準的構造具現）　Grimshaw (1981), Chomsky (1986a) などの用語. ある意味範疇が統語構造に生じる際, 一定の統語範疇として具現化されることをいう. 例えば, 動作主は NP として, 着点は PP または NP として, 命題は CP, IP または NP として構造的に具現化される.

Case absorption（格の吸収）　格付与子によって本来ある要素に与えられるべき格が, 他の要素に吸収されてしまうことをいう. 例えば, 受動形態素 -en による対格の吸収がある.

Case checking（格照合）　Chomsky (1993) の用語. 語彙部門で指定された名詞句の格素性を, 機能範疇の照合領域内で照合する, すなわち機能範疇の格素性と合致しているかを確認する操作.

Case theory（格理論）　Chomsky (1981) の用語. 統率・束縛理論における普遍文法を構成する7つの下位理論の1つで, 格標示の規則と格フィルター（Case filter）からなり, 音形を持つ名詞句の分布を規定した理論.

c-command（構成素統御）　Reinhart (1976) の用語. constituent command の略. 節点 α を直接支配している最初の枝分かれ節点が節点 β を支配しているとき, α が β を構成素統御しているという.

chain uniformity condition（連鎖均一性条件）　Chomsky (1995) の用語. 連鎖を構成するすべての要素は, 同じ投射レベルを持っていなければならないとする条件.

checking（照合）　Chomsky (1993) の用語. ある主要部の素性がその照合領域内にある要素が持つ素性と合致しているかを確認する操作をいう. 照合された素性が解釈不可能であれば削除され, 解釈可能であれば削除されない.

checking domain（照合領域）　Chomsky (1993) の用語. ある主要部 α の照合領域は, α への付加位置, α の指定部, α の指定部への付加位置, α の最大投射への付加位置からなる.

cleft sentence（分裂文）　it is/was [ ] that … という形を用いて, 文の強調部分と残りの部分を分裂させた構文. [ ] には強調される要素が入

り，... に残りの部分が入る．

clitic climbing（接語上昇） Burzio (1986) の用語．イタリア語などの言語において，埋め込み節内の接語が上位の節に上昇し，ある要素に付加する現象を指す：[It] Giovanni lo viene a prendere. 'Giovanni it comes to fetch.'

clitic doubling（接語重複） Jaeggli (1982) の用語．スペイン語などの言語において，接語がそれと同一指示を持つ名詞句と共に生じる現象を指す：[Sp] Le di un regalo a mi madre. 'To her$_i$ I gave a gift to my mother$_i$.'

complement（補部） 主要部 $α$ により選択され，それと姉妹関係にある要素を $α$ の補部という．

complementizer phrase（**CP**）（補文標識句） 節構造において最も高い位置の投射を指す．主要部 C は節のタイプを決定する．例えば，埋め込まれた定形節の場合，C の位置に that が現れると平叙文, if や whether が現れると疑問文となる．

competence（言語能力） Chomsky (1965) の用語．話者・聴者が本来的に備えている言語知識のこと．言語運用に対する概念．Chomsky (1986a) における I 言語と同義． ⇨ I-LANGUAGE; PERFORMANCE

complex NP constraint（複合名詞句制約） NP に支配された節内の要素をその NP の外へ移動することを禁じる制約：*What$_i$ does Mary know [$_{NP}$ the fact [$_{CP}$ that Fred bought t_i]]? この制約は，Chomsky (1973) により提案された下接の条件により説明されることになる． ⇨ SUBJACENCY CONDITION

computational efficiency（計算効率） 極小主義理論の用語．言語機能の計算体系（すなわち統語部門）が経済性や最適性において無駄がないことをいう．言語機能を決定する要素の 1 つとされる第三要因（自然界に適用する物理法則などの自然科学全般の原理）の本質的特性．

computational system（計算体系） 言語と接する運用体系とのインターフェイスである PF と LF のペアを生み出す機構で，統語部門，PF 部門，LF 部門からなる．統語部門（狭義の統語論）のみを指す場合もある． ⇨ LOGICAL FORM (LF); PHONETIC FORM (PF); SYNTACTIC COMPONENT; NARROW SYNTAX

conceptual-intentional system（概念・意図体系） 概念や思考に関わる，言語と接する運用体系のこと．言語との接触面は概念・意図インターフェイスと呼ばれ，LF と同義である． ⇨ SENSORY-MOTOR SYS-

TEM

conceptual necessity(概念的必然性) Chomsky (1993) の用語. 言語理論の構築において, 経験的に最低限必要とされる特性のこと. また, 言語と接する運用体系により課せられる条件から見て必要とされる特性のこと. ⇨ LEGIBILITY CONDITION

condition on extraction domain(摘出領域条件, 取り出し領域条件) Huang (1982) の用語. ある領域 B が適正統率されている場合に限り, 句 A は領域 B から抜き出すことができる. What$_i$ is John talking [about t_i]? は, 痕跡を含む領域 about t_i が talk により適正統率されているため文法的である. しかし, *Which country$_i$ will you meet the man [from t_i]? は, 痕跡を含む領域 from t_i が適正統率されていないため非文となる.

configurationality parameter(階層性媒介変数) Hale (1983) の用語. 言語が階層的構造を持つか, 平板的構造を持つかを規定する媒介変数. 英語やフランス語のような階層的言語では, 投射原理は語彙構造と統語構造の両方に適用されるが, 日本語やウォルピリ語のような非階層的言語では, 投射原理は語彙構造にのみ適用されるとされる. ⇨ PROJECTION PRINCIPLE

constituency test(構成素テスト) 単語の記号列が構成素であるかどうかを診断するテスト. 置換, 移動, 削除, 等位接続などがある. 例えば, Mike wanted to win the game, and [win the game] he did. では, win the game の移動が許されることから, win the game は1つの構成素であることが分かる.

constituent(構成素) 文や句を構成する構造上のまとまり. ある単語の記号列が構成素であるかどうかは, 構成素テストにより診断される. ⇨ CONSTITUENCY TEST

constituent structure(構成素構造) 文や句は単語が線状に羅列されているのではなく, 単語が別の単語や句と結びついて順次より大きなまとまり, つまり構成素を形成しながら構築される. この意味において, 文や句は構成素構造を持つというが, 句構造と同義である. 標示つき括弧区分 (labeled bracketing) や樹形図で表される.

constraint(制約) 文法操作が特定の構造に適用されることを禁止する制限. 例えば, *What$_i$ does Mary know [$_{NP}$ the fact [$_{CP}$ that Fred bought t_i]]? は, NP に支配された節内の要素をその NP の外へ移動することを禁止する複合名詞句制約に違反するため, 容認されない. ⇨

COMPLEX NP CONSTRAINT

context-dependent（文脈依存の）　文脈自由の場合とは逆に，書き換え規則が文脈によって指定される場合をいう．X → Y / A ＿＿ B の形で表され，AXB という文脈にある場合にのみ，X が Y に書き換えられることを意味する．

context-free（文脈自由の）　書き換え規則がいかなる文脈においても適用される場合をいう．句構造規則 S → NP VP のように，文脈指定のない X → Y の形で表される．⇨ CONTEXT-DEPENDENT

control theory（コントロール理論，制御理論）　不定詞や動名詞など非定形節に含まれる音形を持たない主語 PRO の先行詞となる要素を決定する理論をいう．PRO の先行詞となる要素をコントローラーまたは制御要素という．

convergence（収束）　Chomsky (1993) の用語．PF と LF インターフェイスにおいて，言語表現が言語外の認知システムが解釈可能な要素のみによって構成されるとき，その言語表現の派生は収束するという．⇨ CRASH

co-ordinate structure constraint（等位構造制約）　Ross (1967) の用語．等位構造において，一方の等位項や一方の等位項内の要素を移動することはできないという制約のこと：*What did you buy an apple and t?*　⇨ ACROSS-THE-BOARD RULE

copy theory (of movement)（(移動の)コピー理論）　Chomsky (1993) の用語．移動によって残された痕跡は移動した要素のコピーであるという考え．コピーは PF では削除されるため発音されることはないが，意味解釈（束縛など）には貢献するため LF では残される．

coreference（同一指示）　ある2つの名詞句が文中で同一の人や物を指示している場合をいう．例えば，*The man* claims that *he* owns the house. において，*the man* と *he* が同一人物を指す場合，この2つの名詞句は同一指示の関係にあるという．

core grammar（核文法）　Chomsky (1981) の用語．習得言語のデータを入力として普遍文法に含まれる媒介変数の値が決定されることにより得られる，個別文法の中心的な部分のことをいう．

covert syntax（陰在的統語論）　統率・束縛理論では S 構造から LF に至る段階，極小主義理論では排出から LF に至る段階における統語部門．LF 部門と同義．そこで行われる統語操作は音声的に反映されないため，陰在的であるという．⇨ OVERT SYNTAX; SPELL-OUT

crash(破綻) Chomsky (1993) の用語. PF と LF インターフェイスにおいて, 言語表現が言語外の認知システムにとって解釈不可能な要素を含むとき, その言語表現の派生は破綻するという. ⇨ CONVERGENCE

criterial freezing(基準凍結) Rizzi (2006) の用語. 何らかの基準を満たした要素がその位置に留まり, さらに移動することができないとする仮説. 焦点や話題などの解釈に関わる素性照合が基準の充足として仮定されている.

cross-over phenomenon(交差の現象) Postal (1971) の用語. 演算子が同一指示の要素, 特に代名詞を越えて移動することが阻止されること. 強交差と弱交差という2つのタイプがある. ⇨ STRONG CROSS-OVER; WEAK CROSSOVER

c-selection(範疇的選択) Chomsky (1986a) の用語. categorial selection の略. 動詞, 名詞, 形容詞などの述語がどのような統語範疇を項としてとるかに関する情報をいう. ⇨ S-SELECTION

D

decision procedure(決定の手順, 決定手続き) Chomsky (1957) の用語. 言語資料とそれに対して提案された文法が与えられたとき, その文法が正しいか否かを決定する手順をいう. ⇨ DISCOVERY PROCEDURE; EVALUATION MEASURE

deep structure(深層構造) Chomsky (1965) の標準理論で仮定された統語表示の1つ. 句構造標識に語彙挿入が適用されて生成される統語表示をいう. 変形規則が適用されて表層構造に変えられる.

defective(不完全な) Chomsky (2000) の用語. ある要素が φ 素性, あるいはその一部を欠いている場合, その要素は不完全であるという. 例えば, 繰り上げ構文や例外的格標示構文の不定詞節の T は不完全であり, 格照合を行うことができない. また, これらの不定詞節は TP の上に CP が投射されない点からも不完全であるとされる.

(defective) intervention effect((欠如要素)介在効果) Chomsky (2000) の用語. 構成素統御関係にある $\alpha > \beta > \gamma$ において, α と γ の間に介在している β が γ と同じタイプの要素である場合, α は γ と一致関係を結ぶことができないことをいう. 特に, β がすでに α 以外の要素と一致関係を結び不活性になっている場合を, 欠如要素介在効果という.

deletion(削除) 変形操作の1つで, 文内のある要素を消去する操作の

ことをいう.削除される要素は復元可能でなければならないという復元可能性条件に従う.

depictive(描写的) Halliday (1967b) などの用語.動詞の表す事態が起こった際の主語や目的語の状態を表す述語,またはそのような述語を含む構文のこと:John left the room *nude*. / He drinks his coffee *black*. ⇨ RESULTATIVE

Descartes's problem(デカルトの問題) Chomsky (1986a) の用語.人間は言語使用において,過去に出会ったことのある文を繰り返して用いるのではなく,個々の発話の度ごとに新たな文を生み出している.このような言語使用の創造的側面をどう説明するのかという問題のことをいう.

descriptive adequacy(記述的妥当性) 文法(理論)が達成すべき3つの妥当性の1つで,中間段階の妥当性.ある文法が母語話者の内在的言語能力を正しく記述している場合,その文法は記述的妥当性を達成しているという.⇨ OBSERVATIONAL ADEQUACY; EXPLANATORY ADEQUACY

D(iscourse)-linking(談話連結) Pesetsky (1987) の用語.統語構造の構成素が談話と関係していること.例えば,Which book did you read? という疑問文に対する適切な返答の領域は,話者と聴者が談話の状況において共通に心に抱いている本の集合に限定されるので,which book は談話連結された wh 句と呼ばれる.

discovery procedure(発見の手順) Chomsky (1957) の用語.言語資料のみに基づいて,ある言語の文法を機械的・自動的に構築することを可能にする手順をいう.⇨ DECISION PROCEDURE; EVALUATION MEASURE

discrete infinity(離散無限性) 離散的な有限個の言語記号を結合し,その操作を繰り返すことによって無限に多様な言語表現の生成が可能であるという人間の言語が具えた特性のことをいう.

displacement(転移) 自然言語の特性の1つで,言語要素の発音される位置と解釈される位置が異なることをいう.例えば,Which book did you read? において,which book は意味解釈が与えられる read の目的語位置ではなく,文頭に生じている.

dominate(支配する) 樹形図において,節点 A が節点 B よりも高い位置にあり,A から枝を伝って下方へ進むと B に行きつくような場合,A は B を支配するという.また,支配関係にある2つの節点の間に他の節点が介在しない場合を直接支配 (immediate domination) という.

***do*-support**(do 支持, do による支え) Jackendoff (1968) の用語. 疑問文, 否定文, 強調文などにおいて, 助動詞や be 動詞が含まれていない場合, 迂言的な do が助動詞の役割を果たす. この種の do を導入する操作のこと.

E

earliness principle(早期適用の原理) Pesetsky (1989) の用語. 統語操作が派生のできるだけ早い段階で適用されることを要求する原理をいう. Chomsky (1991) の経済性の原理に対する代案として提案された.

economy(経済性) Chomsky (1991) の用語. 派生も表示も最小労力の原理に従って, できる限り簡潔でなければならないが, この意味における派生と表示の経済性のことをいう.

economy of derivation(派生の経済性) Chomsky (1991, 1993) の用語. 派生はできる限り経済的でなければならないという経済性に基づく考え方. 派生の経済性には, (1) 統語操作の数が最小であること, (2) 移動操作の距離が最小であることの 2 つが含まれる.

economy of representation(表示の経済性) Chomsky (1991, 1993) の用語. インターフェイスは余分な要素を含んではならないという経済性に基づく考え方. つまり, インターフェイスは言語と接する運用体系が解釈可能な要素, つまり判読可能性条件を満たすものしか含んではならないという条件をいう. ⇨ LEGIBILITY CONDITION

edge feature(末端素性) Chomsky (2007, 2008) の用語. 併合の駆動要因として語彙項目が持つ, 解釈不可能で削除されない素性をいう. 繰り返し利用可能なため, 際限のない併合を可能にし, 言語の回帰的無限性を保証する. また, 位相主要部 (C, v) の末端素性はその指定部への A バー移動を駆動する.

E-language(E 言語) Chomsky (1986a) などの用語. E は externalized と extensional の頭文字で, 言語を可能な発話の総体や言語活動の総体であるというように, 人間の精神の特質と切り離した具体的現象の総体と考えた場合の言語表現. I 言語と対立する概念.

empty category principle(**ECP**)(空範疇原理) Chomsky (1981) の用語. 移動によって残される痕跡が生じる環境を規定する原理. 「痕跡は適正統率されなければならない」と定義される.

empty operator(空演算子) Chomsky (1982) の用語. 演算子と束縛変項の関係が見られるにもかかわらず, wh 句のような顕在的演算子が

現れないことがある．そのような場合，音声内容を伴わない空範疇の演算子が関与していると考えられている．そのような分析が行われている代表的な例として，関係節や tough 構文，寄生空所構文などが挙げられる．

endocentric（内心的）　Bloomfield (1933) の用語．構成素がその直接構成素の1つ（以上）と同じ機能を果たしている場合をいう．例えば，poor John や fresh milk は，その主要部である John や milk と全体として同じ機能を果たしている．外心的に対する概念．⇨ EXOCENTRIC

enlightened self-interest（自覚的利己主義）　Lasnik (1995a) の用語．移動は，移動を受ける要素自体または移動先の要素の形態的要請（すなわち素性照合）によって駆動されるとする原理をいう．Chomsky (1993) の自己充足に対する代案として提案された．

EPP feature（EPP 素性）　Chomsky (2000) の用語．投射原理では要求されない指定部に句範疇の併合を要求する解釈不可能素性をいう．元来は T の素性で，TP 指定部に名詞句の内併合か，虚辞の外併合を要求する．Chomsky は，T 以外に位相主要部 C と v も随意的にこの素性を持つ可能性を示唆している．

equidistance（等距離）　最小連結条件における「近さ」を定義する概念の1つ．$[\tau \ldots [\ldots \alpha \ldots [\ldots \beta \ldots] \ldots] \ldots]$ という構造形において α と β が同じ最小領域にある場合，両者は τ から等距離であるという．⇨ MINIMAL LINK CONDITION

evaluation measure（評価の尺度）　与えられた一次言語資料と矛盾しない複数の可能な文法の中から，単一の文法を選ぶのに使用する尺度．よく知られたものとして，簡潔性の尺度（simplicity measure）がある．例えば，簡潔性の基準として記号の少なさが提案されており，記号の最も少ない文法が，子どもが獲得すべき文法として高い評価を与えられる．

exceptional Case-marking construction（例外的格標示構文）　believe などの動詞や補文標識の for が不定詞補文の主語に格を与えることを例外的格標示といい，これが成立する構文のことを例外的格標示構文という．この種の動詞がごく限られていること，他動詞や for が θ 標示しない NP に格標示すること，この現象がドイツ語やフランス語等には存在しないことなどから例外的とされる．

exocentric（外心的）　Bloomfield (1933) の用語．全体として果たしている機能が，そのいずれの直接構成素の機能とも異なる場合をいう．例

えば，John ran. という文の機能は，主語 John，動詞（述部）ran のいずれの機能とも異なる．内心的に対する概念． ⇨ ENDOCENTRIC

explanatory adequacy（説明的妥当性） 文法（理論）が達成すべき3つの妥当性の1つで，最も高いレベルの妥当性．ある文法理論が一次言語資料に基づいて，いくつかの記述的に妥当な文法の中から，当該言語の母語話者が実際に習得している文法を選び出すことができる場合に，その文法理論は説明的妥当性を満たしているという．

expletive（虚辞） 存在文の there や形式主語あるいは形式目的語の it のような，意味内容を持たず，文の形式を整えるために現れる要素をいう．It is raining における it や，take advantage of の advantage のような慣用句の切れ端と合わせて，冗語要素（pleonasitic element）と呼ばれることもある．

explicit（明示的） 文法のあらゆる分野が明確に規定されていて，規則体系を適用することにより，文の構造記述が与えられ，文法的な文と非文法的な文が区別されるしくみになっていること．

extended projection principle（**EPP**）（拡大投射原理） Chomsky (1982) の用語．節は主語を持たなければならないという要請．

extension condition（拡張条件） Chomsky (1995) の用語．併合と移動は，構造全体を拡張するように適用されなければならないという条件をいう．句構造の一部として埋め込まれた要素を標的とすることはできない．

external argument（外項） 述語が要求する θ 役を担う項のうち，述語を主要部とする句の外部に現れるものをいう．動詞の場合，他動詞の主語などがこれに相当する．

external merge（外併合） Chomsky (2004) の用語．併合操作の1つで，独立した要素同士を併合すること．つまり，構造の外部にある要素をその構造に併合すること． ⇨ MERGE; INTERNAL MERGE

F

factive（叙実的） Kiparsky and Kiparsky (1970) の用語．発話される命題の内容が真であることが話し手にとって前提とされていること．

feature inheritance（素性継承） Chomsky (2007, 2008) の用語．位相主要部の解釈不可能素性がその補部の主要部（非位相主要部）に継承されること．

feature movement（素性移動） Chomsky (1995) の用語．素性照合の

ために形式素性のみが適切な機能範疇に移動すること.顕在的な移動はPFにおける収束のため音韻素性を含む範疇全体に適用されるが,非顕在的な移動では素性のみが牽引される. ⇨ ATTRACTION/ATTRACT

feature percolation(素性浸透) 語彙項目の持つ素性がその最大投射へと受け継がれること.最大投射は主要部にある語彙項目の素性と指定部にある語彙項目の素性をそれぞれ共有することになる.

finiteness phrase(**FinP**)(定形性句) Rizzi (1997) の用語.分離 CP 仮説に基づく CP 領域において最も低い位置に現れ,節の定形性(定形または非定形)を標示する機能を果たす. ⇨ SPLIT CP HYPOTHESIS

focus phrase(**FocP**)(焦点句) Rizzi (1997) の用語.分離 CP 仮説に基づく CP 領域において ForceP と FinP の中間に位置し,その指定部に wh 句や否定句などの焦点要素が移動する. ⇨ SPLIT CP HYPOTHESIS

force phrase(**ForceP**)(発話力句) Rizzi (1997) の用語.分離 CP 仮説に基づく CP 領域において最も高い位置に現れ,that などの補文標識がその主要部に生起する.発話力,すなわち平叙文,疑問文,命令文,感嘆文などの節のタイプを指定する機能を果たす. ⇨ SPLIT CP HYPOTHESIS

formal feature(形式素性) Chomsky (1995) の用語.語彙項目が持つ素性のうち,統語情報に関連する素性のことで,統語計算において用いられる.範疇素性,φ 素性,格素性などがあり,語彙項目の形式素性の束は FF (LI) と表記される.

full interpretation(完全解釈) 言語は感覚・運動体系と概念・意図体系からインターフェイスに課せられる条件をすべて満たさなければならないということ.言い換えれば,それぞれのインターフェイスは,2つの体系にとって解釈可能な要素から成り立っていなければならないということ.

functional category(機能範疇) N, V, A, P のような [±N], [±V] で定義される語彙範疇以外の範疇をいう.節を構成する C, T, v, および名詞句を構成する D に加え,Rizzi (1997) を皮切りとして機能範疇の細分化が進められている. ⇨ COMPLEMENTIZER PHRASE (CP); TENSE PHRASE (TP); LIGHT VERB; SYNTACTIC CARTOGRAPHY

ⓖ

gapping(空所化) Ross (1967) などの用語.等位接続された2つの節において,一方の等位節の動詞,または動詞句の一部が削除される現象

をいう.

(generalized) pied-piping((一般化)随伴) ある要素が移動する際に,別の構成素と共に移動する過程をいう.特に,前置詞の目的語が前置詞と共に wh 移動する場合を指す:To whom did John talk? Chomsky (1995) では,素性移動の際にそれを含む範疇全体が移動する過程として一般化されている.

governing category(統率範疇) Chomsky (1981) の用語.要素 α に対する統率範疇は α 自身と,α を統率する要素と,接近可能な大主語 (accessible SUBJECT) を含む最小の範疇となる.

government-binding theory(統率・束縛理論) Chomsky (1981) 以降の生成文法理論をいう.規則体系と原理体系からなり,D 構造,S 構造,LF,PF の4つの表示レベルを派生する.規則体系は,語彙部門,統語部門(範疇部門と変形部門),LF 部門,PF 部門からなり,原理体系は,X バー理論,θ 理論,格理論,統率理論,境界理論,束縛理論,コントロール理論の7つの下位理論と投射原理からなるとされる.

government theory(統率理論) Chomsky (1981) 以降の統率・束縛理論で中心的な役割を果たす理論.ある要素が影響を与える範囲を定義する統率の概念について述べられている.

grammatical function(文法機能) 文中において言語要素が果たす役割.「主語」や「目的語」などが一般的だが,言語理論によって定義や分類が異なる.

Greed(自己充足) Chomsky (1993) の用語.移動は,移動される要素の形式素性の照合のために駆動される場合にのみ許されるとする原理.

H

***have-be* raising**(have-be 繰り上げ) Jackendoff (1972) の用語.have, be を含む文において主語・助動詞倒置の適用を可能にするため,have, be を時制が現れる主要部 (AUX/TENSE) へ移動させる操作.

head(主要部,頭部) ①生成文法の用語.句全体の特性を決定する素性を含み,句の中心となる語彙項目.②伝統文法の用語.被修飾語のこと.

head movement constraint(主要部移動制約) Travis (1984) の用語.主要部移動の着地点を,移動元の主要部を構成素統御する最も近い主要部に限定する制約.

head parameter(主要部媒介変数) 当該言語の句構造において,主要

部と補部のどちらが先行するかを規定する媒介変数．英語は主要部先頭 (head-first)，日本語は主要部最終 (head-last) の値を持つとされる．

head raising analysis（主要部繰り上げ分析） 関係節の先行詞である名詞句のうち，限定詞を除いた部分（これを主要部と呼ぶ）が関係詞とともに生成され，関係詞と主要部からなる句（これを関係詞句と呼ぶ）が関係節の CP 指定部に移動した後，主要部がさらに関係節の外部（または関係詞句の指定部）に移動するという分析．

Holmberg's generalization（Holmberg の一般化） 目的語転移は，顕在的な動詞移動が適用される場合にのみ容認されるとする一般化．Holmberg (1986) で提案されている．

idiom chunk（慣用句の切れ端） 慣用句の構成要素のことをいう．take advantage of は 1 つの動詞として振る舞うが，advantage だけを取り出して主語位置に移動し，受動文を派生することができる．

I-language（I 言語） Chomsky (1986a) の用語．I は internalized や intensional, individual を意味する．言語に関する能力が人間精神に内在するとし，そのような言語能力のことをいう．E 言語と対立する概念． ⇨ E-LANGUAGE

inclusiveness condition（包括性条件） Chomsky (1995) の用語．統語構造は数え上げにある語彙項目およびその素性のみによって形成されるのであり，それ以外の新たな要素が派生の途中で導入されてはならないとする条件．

incorporation（編入） ① Gruber (1976) の用語．ある要素を別の要素に付加し，一語にする操作．② Baker (1988) の用語．統語部門において，ある語彙項目を移動し別の語彙項目に付加する操作．主要部移動の一種で，空範疇原理に従うとされる．

inherent Case（内在格） Chomsky (1981, 1986a) の用語．θ 役の付与に基づき D 構造において付与される格．S 構造における構造関係に基づいて付与される構造格 (structural Case) と対立する概念．

interface（インターフェイス） 文法の出力と外部の運用体系との接点となる表示のレベル．極小主義理論では PF と LF がこれに相当する．⇨ LEGIBILITY CONDITION; LOGICAL FORM (LF); PHONETIC FORM (PF)

interface condition（インターフェイス条件） ⇨ LEGIBILITY CONDITION

intermediate projection（中間投射）　Xバー理論において，主要部を支配しかつ最大投射によって支配される節点を指す．例えば，名詞句 [NP the [N' [N student] [PP of linguistics]]] においてはN′が中間投射となる．⇨ MAXIMAL PROJECTION

internal argument（内項）　述語を主要部とする句の内部に生じる項のこと．動詞の場合，他動詞の目的語および非対格動詞の主語がこれに相当する．⇨ EXTERNAL ARGUMENT

internal merge（内併合）　Chomsky (2004) の用語．併合操作の1つで，構造の内部にある要素をその構造に併合すること．つまり，従来の移動のことである．⇨ MERGE; EXTERNAL MERGE

interpretable feature（解釈可能素性）　Chomsky (1995) の用語．語彙項目が持つ形式素性のうち，範疇素性や名詞が持つ φ 素性のように，LFインターフェイスでの解釈に関与する素性のこと．⇨ LEGIBILITY CONDITION; UNINTERPRETABLE FEATURE

island condition（島の条件）　Ross (1967) などの用語．ある統語領域からの要素の取り出しを禁止する条件の総称．複合名詞句制約，等位構造制約，文主語制約，左枝の条件，wh島の条件などを含む．⇨ BOUNDING THEORY

island repair（島の修復）　島を含む構成素が省略されることにより，島の条件の違反が緩和され容認可能性が改善する現象のこと．間接疑問文縮約など，特定の省略構文に観察される：I believe the claim that he bit someone, but they don't know who (*I believe the claim that he bit).

L

labeling（ラベル付け）　併合により生じた統語対象の性質を決定するラベルを付与すること．例えば，the と book を併合すると {the, book} という集合が得られるが，これにラベル付けが適用されると {the, {the, book}} となる．⇨ BARE PHRASE STRUCTURE; MERGE

landing site（着地点）　移動によって転移された要素の移動先．例えば，[CP What_i did [TP you [VP buy t_i]]] のような構造においては，wh移動を受けた what の占める CP 指定部が着地点となる．

language faculty（言語機能）　生成文法において仮定されている，人間が種固有の特性として持つ言語に関する能力．これによって人間は個別言語を獲得することができる．⇨ UNIVERSAL GRAMMAR

last resort（最後の手段） Chomsky (1986a, 1991) などの用語．派生の経済性に関する概念の１つで，移動は何らかの要因によって動機付けられる場合にのみ適用されることを述べたもの．

late Merge（後段併合） 構造を拡張しない反循環的な併合．特に，派生の後の段階で付加詞を修飾する構成素に併合する操作であり，再構築に関する項と付加詞の非対称性を説明するために用いられる．

least effort principle（最小労力の原理） Chomsky (1991) の用語．統語派生は余分な操作を含んではならず，また統語表示は余分な要素を含んではならないという趣旨の基本原理．⇨ ECONOMY OF DERIVATION; ECONOMY OF REPRESENTATION

left branch condition（左枝の条件） Ross (1967) の用語．より大きな名詞句の左側の要素である名詞句の抜き出しを禁止する条件．例えば，[NP [NP which] book] という名詞句から which を抜き出して，*which did you buy book? とすることはできない．

left periphery（左周辺部） 句構造の左端の領域．特に CP 領域を指す．Rizzi (1997) などの一連の研究において，この領域を細分化する分析が提案されている．⇨ SPLIT CP HYPOTHESIS

legibility condition（判読可能性条件） Chomsky (2000) の用語．言語表現の情報が言語と接する体系にとって読み取り可能でなければならないという，言語およびインターフェイスに課せられる条件．

lexical array（語彙配列） Chomsky (2000) の用語．ある文を生成するために語彙目録から選択された語彙項目の集合．また，語彙配列から位相の派生のために選択された語彙項目の集合を下位配列（subarray）という．⇨ NUMERATION

lexical category（語彙範疇） 機能範疇に対し，具体的記述内容を持つ範疇．Chomsky (1986b) などでは N, V, A, P の4つ．Baker (2003) などでは N, V, A の3つ．

lexical entry（語彙記載項） 語彙部門において指定されている語彙項目の音韻・統語・意味に関する情報のこと．⇨ LEXICON

lexicalist hypothesis（語彙論的仮説） Chomsky (1970) が派生名詞（derived nominal）の形成に関して，変形規則によるものではなく，語彙部門で形成されるとした仮説．⇨ TRANSFORMATIONAL HYPOTHESIS

lexicon（語彙目録，語彙部門） 当該言語のすべての語彙項目，およびその情報が記載された語彙記載項が貯蔵されている辞書のこと．⇨ LEXICAL ENTRY

light verb(軽動詞) little (small) v ともいう. ①例えば have a walk や take a look における have/take のような語彙的意味を持たない動詞のこと. ② VP シェルにおける外側の投射の主要部. 接辞を含み，他動詞や非能格動詞の場合にはその指定部に外項が生成される. ⇨ VP-SHELL

linear correspondence axiom(線形対応公理) Kayne (1994) の用語. LCA と略される. 線形語順は，統語構造における構成素統御関係によって決定されるという考え. 2つの要素 α と β の線形語順は，α が β を非対称的に構成素統御する場合，α が β に先行すると決定される.

locality condition(局所性条件) 移動，一致，束縛などの文法操作が適用される領域を規定した条件. 例えば，下接の条件は移動に対する局所性条件である. 極小主義理論では，局所性条件を位相不可侵条件により統一的に説明する試みがなされている. ⇨ SUBJACENCY CONDITION; PHASE-IMPENETRABILITY CONDITION

logical form (LF)(論理形式) 統語構造の情報に基づいて文の意味解釈を決定する部門（LF 部門と同義），またはその部門の出力としての表示を指す. 極小主義理論では，後者の意味における LF は言語と概念・意図体系とのインターフェイスとなる.

long distance control(長距離制御) 制御の関係が2つ以上の節を越えて成立する場合のこと. ⇨ CONTROL THEORY; PRO

long-distance dependency(長距離依存) 移動などの文法依存関係が節境界を越えて成立すること. 例えば，wh 移動は複数の節境界を越えて適用されるが，通常は CP を単位とした局所的な移動が繰り返し起こった結果であると見なされる. ⇨ SUCCESSIVE CYCLIC MOVEMENT

M

macroparameter(マクロパラメータ) Baker (2008) によると，(1) 語彙項目（機能範疇）の特性から生じるのではなく，文法そのものの差異を記述し，(2) 特定の語彙項目の特性に起因しないため，より広範囲の文法現象に影響を与え，(3) 異なる語族の比較から導き出されるなどの特徴を持つパラメータのこと. 主要部媒介変数などがそれに該当する. ⇨ MICROPARAMETER

marked(有標の) ある対立する2つの言語単位において，明示的な特徴を持っている方をいう. 概略，一般的でなく，例外的で不規則なものを有標といい，一般的で規則的なものを無標という. ⇨ UNMARKED

maximal projection（最大投射） X バー理論の用語で，主要部 X の投射のうち，最も大きな投射のことをいう．X″（X ダブルバー）または XP と表示される． ⇨ X-BAR THEORY; INTERMEDIATE PROJECTION

medial-wh（中間位置に現れる WH） ドイツ語などの言語において見られる，主節の作用域を持つにもかかわらず，埋め込み節の先頭に現れる wh 句のことをいう．このような疑問文は英語では非文法的とされるが，Thornton（1990）が一部の子どもの文法に見られることを観察している：Who do you think **who** likes Mary?

merge（併合） 統語部門における基本操作の1つであり，複数の統語対象を組み合わせてより大きな1つの統語対象を形成する操作．一般に2つの統語対象に適用されると仮定されており，外併合と内併合の2種類がある． ⇨ EXTERNAL MERGE; INTERNAL MERGE

microparameter（マイクロパラメータ） マクロパラメータに対立する概念．空主語媒介変数のように，近い関係にある言語間や方言間の比較対照研究から導き出されたパラメータのこと．原理媒介変数理論において，この種のパラメータの値の違いは，機能範疇の特性の違いに還元できると提案されている． ⇨ MACROPARAMETER

minimal distance principle（最短距離の原理） Rosenbaum（1967）の用語．同一名詞句削除が適用される際，補文の主語はそれに最も近い主節の名詞句との同一性の下で削除されるというもの．つまり，PRO は最も近い主節の名詞句によってコントロールされるということ． ⇨ CONROL THEORY; PRO

minimalist program（極小主義プログラム） Chomsky（1993）以降の生成文法の研究方針をいう．人間の言語機能に含まれる装置や操作に関して，「経済性と最適性」の観点から余剰なものをなくし，また可能な限り最小にするという考え方．この概念のもと，従来仮定されていた句構造標識や，D 構造，S 構造という表示のレベルが破棄されている．

minimal link condition（最小連結条件） Chomsky（1995）の用語．X が Y を牽引できるのは，X と同じ素性を持ち，かつ Y よりも近い位置にあるような Z が存在しない場合に限るという条件．$X_{+F}...Z_{+F}...Y_{+F}$ という構造形において，X は Z を牽引することができるが，Y を牽引することはできない．

minimal search（最小検索） Chomsky（2007, 2008）の用語．目標子の探査やラベル付けなどの計算が素早く簡単に行われること．言語以外の自然界全般に当てはまる第三要因に由来する計算原理．

module（モジュール）　ある構成物を構成する1つ1つの単位．生成文法では，言語能力そのものが他の認知能力と連係する1つのモジュールをなすと考える．また，言語能力内にも語彙部門，統語部門，意味部門，音韻部門というそれぞれ独立したモジュールが存在し，これらが連係して機能すると考えている．

Move（移動）　Chomsky (1995) の用語．併合により導入された要素を別の位置に移動する操作で，人間言語に見られる転移の特性をとらえる仕組みである．Chomsky (2004) では内併合と呼ばれている．⇨ INTERNAL MERGE

Move α（α 移動）　「任意の要素 α を任意の場所に移動せよ」という統率・束縛理論で認められている唯一の移動規則．NP 移動や wh 移動は個別の変形規則であったが，これらを1つの規則にまとめたもの．

movement theory of control（コントロールの移動理論）　Hornstein (1999) によって提唱された理論．コントロール構文において，コントローラーが不定詞節の主語位置から主節の主語位置または目的語位置に移動するという理論．不定詞節の主語位置には PRO ではなく，コントローラーの移動により残された痕跡が存在することになる．

multiple specifiers（多重指定部）　主要部が複数の素性照合を行うため，複数の指定部が存在するという考え方．Chomsky (1995) では，アイスランド語の他動詞虚辞構文において，虚辞と関連要素がそれぞれ別の TP 指定部に現れると仮定されている．さらに，東欧諸語の顕在的多重 wh 移動や日本語の多重主語構文についても同様の分析がある．

multiple wh-question（多重 wh 疑問（文））　1つの文中で複数の wh 疑問詞が現れる文を指す：Who bought what? / Who knows a man who bought what book?

N

narrow syntax（狭義の統語論）　言語機能を構成する3つの部門のうちの1つ．語彙配列にある語彙項目を使って計算を行い，併合や移動により統語構造を形成する．そこで形成された統語構造の情報は，言語機能を構成する他の2つの部門（意味部門と音韻部門）へ転送される．

negative polarity item（否定極性項目）　any や ever などのように否定文，疑問文，条件節など，通常の肯定的環境ではない環境にのみ現れる要素をいう．生成文法では，これらの要素は否定的要素（演算子）によって構成素統御されることにより認可されると考えられている．

non-argument（非項，非文法項）Chomsky (1981) の用語．動詞などの述語から θ 役が与えられない虚辞の it や there などの要素をいう．天候の it や慣用句の切れ端となる NP（例えば，take advantage of 内の advantage）は，疑似項（quasi-argument）と呼ばれる．⇨ ARGUMENT

no tampering condition（無改変条件）Chomsky (2007, 2008) の用語．拡張条件を再定式化したもの．統語対象 X と Y を併合する際，それによって X と Y の内部構造を変更してはならないという条件．

nouniness（名詞性）名詞らしさをいう．Ross (1973) は，名詞性に高いものと低いものがあり，その度合いに連続性（nouniness squish）があるとした．that 節 > for NP to VP > 間接疑問文 > 対格付動名詞 > 所有格付動名詞 > 行為名詞化形 > 派生名詞化形 > 名詞（左側が弱い）．

null Case（ゼロ格）Chomsky and Lasnik (1991) の用語．コントロール不定詞などの非定形節に存在するとされる空主語 PRO が持つ格．

null subject parameter（空主語媒介変数）原理媒介変数理論における媒介変数の 1 つ．英語などのように顕在的な代名詞主語を必要とする言語とイタリア語などのようにそれを必要としない言語とを区別する媒介変数．代名詞主語省略媒介変数（*pro*-drop parameter）とも呼ばれる．

numeration（数え上げ）Chomsky (1995) の用語．語彙配列とほぼ同義だが，数え上げでは語彙項目に加えて，それぞれの語彙項目が文中で使用される回数が指定されている．⇨ LEXICAL ARRAY

O

object deletion（目的語削除）本来あるべき目的語が文脈上存在しなくても解釈可能な場合に，それが削除されることをいう：Do you drink? / He is reading. また，tough 構文や pretty 構文，遡及的動名詞構文において，主語名詞句と同一指示の補文の目的語が削除される規則を指すこともある．

object shift（目的語転移）一般的には目的語の移動を指す．特に，アイスランド語などに見られるような，意味的に既定性の高い目的語名詞句や代名詞が節内で左方へ移動することをいう．⇨ HOLMBERG'S GENERALIZATION

oblique（斜格）英語ならば前置詞によって，日本語ならば後置詞（助詞）によって目的語に付与される格のこと．θ 役の付与と連動した格であり，内在格の一種である．⇨ INHERENT CASE

observational adequacy(観察的妥当性) 文法(理論)が満たすべき3つの妥当性のうちの1つで,最も低いレベルの妥当性.ある個別言語における言語事実(現象)がその言語において適格かどうかを明示的に示すことができるならば,その言語の文法は観察的に妥当であるといえる. ⇨ DESCRIPTIVE ADEQUACY; EXPLANATORY ADEQUACY

Occam's razor(オッカムのかみそり) 英国の哲学者 William of Occam の言で,理論構築の際に不必要に多くの仮説を立てるべきではないという指針.

occurrence(生起要素) Chomsky (1995, 2000) の用語.連鎖の構成要素と姉妹関係にある構成素のこと.移動のコピー理論の下では,α の連鎖は α の生起要素の連続として定義される.

overt syntax(顕在的統語論) 統率・束縛理論ではD構造からS構造に至る段階,極小主義理論では排出の前の段階における統語部門.そこで行われる統語操作は音声的に反映され,陰在的統語論で行われる統語操作と区別される. ⇨ COVERT SYNTAX; SPELL-OUT

P

pair-Merge(対併合) 順序対を形成する非対称的な併合であり,極小主義理論以前の付加に相当する操作. ⇨ ADJUNCTION; SET-MERGE

parameter(媒介変数,パラメータ) 自然言語には普遍的原理があると考えられるが,個別文法には普遍性だけでは説明不可能な諸現象が見られる.普遍文法には(例えば,主要部と補部の線形順序,wh句の顕在的移動の有無,空主語の有無などの)媒介変数があらかじめ備わっており,子どもは母語獲得の過程でその値を設定することにより個別言語の核文法を獲得する. ⇨ CORE GRAMMAR; PARTICULAR GRAMMAR; UNIVERSAL GRAMMAR

parasitic gap(寄生空所) 例えば,Which paper$_i$ did you file t_i [without reading pg$_i$]? のように,Aバー移動に依存することによって,付加詞内などに寄生的に生起することが許される空所(pg)のこと.

parallel Merge(並列併合) Citko (2005) の用語.下記のように,ある構造 α の一部となっている要素 γ に独立した要素 β を併合する操作をいう.

particular grammar（個別文法）　生成文法は人間一般に生得的に備わっているとされる普遍文法を仮定しているが，その普遍文法に言語刺激が与えられることによって発現した，日本語や英語のような具体的な個別言語の文法のことをいう． ⇨ PARAMETER; UNIVERSAL GRAMMAR

performance（言語運用）　Chomsky (1965) の用語で，言語能力に対する概念．実際の言語使用の場面において，人間が言語を発したり，他者の発話を理解することを指す． ⇨ COMPETENCE

P(eripheral)-feature（周辺素性）　Chomsky (2000) の用語．wh 移動，話題化，焦点化などの A バー移動の最終位置および中間位置の位相主要部が持つ解釈不可能素性のこと．wh 移動においては，最終位置の C および中間位置のすべての C と v は周辺素性として解釈不可能な Q 素性を持ち，wh 句が持つ解釈可能な Q 素性と一致関係を結ぶとされる．

phase（位相）　Chomsky (2000) の用語．一般に，命題を表す CP と vP が位相を形成するとされ，統語・意味・音韻派生の基本単位となる．vP は他動詞や非能格動詞を含む場合のみ位相となるが，位相ではない非対格動詞を含む vP と区別するために，v*P と表示されることがある． ⇨ TRANSFER; PHASE-IMPENETRABILITY CONDITION

phase-impenetrability condition（位相不可侵条件）　Chomsky (2000) の用語．位相の外部からの統語操作は，位相主要部とその末端（指定部と付加部）にある要素のみに適用され，補部内の要素には適用されないとする条件．位相に到達した段階で転送される補部内の要素に統語操作が適用されないことを明示的に述べたもの． ⇨ PHASE; TRANSFER

φ-complete（φ 完備）　Chomsky (2001) の用語．ある要素がすべての φ 素性（人称・数・性）を備えている場合，その要素は φ 完備であるという．例えば，定形節およびコントロール構文の不定詞節の T は φ 完備である． ⇨ DEFECTIVE

φ-feature（φ 素性）　名詞表現の持つ人称，性，数の素性集合のこと．意味解釈に関わる解釈可能素性である． ⇨ CHECKING; INTERPRETABLE FEATURE

phonetic form (PF)（音声形式）　統語構造の情報に基づいて文の音声解釈を決定する部門（PF 部門と同義），またはその部門の出力としての表示を指す．極小主義理論では，後者の意味における PF は言語と感覚・運動体系のインターフェイスとなる． ⇨ INTERFACE; LOGICAL FORM (LF)

phrase structure(句構造) 語の線形順序,語が複数組み合わさった単位である構成素とそれらの間の階層関係,構成素の統語範疇などの情報の総体を示したものであり,樹形図や標示付き括弧区分で示される.構成素構造と同義. ⇨ CONSTITUENT STRUCTURE

Plato's problem(プラトンの問題) Chomsky (1986a) の用語.人間は経験以上の知識を持つことができ,言語に関しても,接する言語資料が限られている(刺激の貧弱さ (poverty of stimulus))にもかかわらず,母語を完全に習得できるのはなぜかという研究課題.

predicate-internal subject hypothesis(述部内主語仮説) 主語が θ 役を付与される述部の内部に基底生成されるとする仮説.Chomsky (1995) によれば,他動詞や非能格動詞の主語は vP 指定部,非対格動詞の主語は VP の内部に基底生成され,表層の主語位置である TP 指定部に移動する.

predication(叙述) 主部と述部の関係のこと.Williams (1980) などにおいて,主部と述部が相互に構成素統御しなければならないとする認可条件が提案されている.

preposition stranding(前置詞残留) What are you talking *about*? や John was talked *about*. のように,前置詞の目的語が移動し,前置詞自体が元の位置に残留する現象.逆に,疑問文等において前置詞が目的語と共に移動する現象を随伴と呼ぶ. ⇨ (GENERALIZED) PIED-PIPING

principles and parameters theory(原理媒介変数理論) Chomsky (1981) の用語.普遍文法が有限数の原理とそれに内在する媒介変数から成り立つとする理論.この理論において,言語の普遍性は普遍文法の原理により,多様性は媒介変数により説明される.

PRO(ビッグプロ) Chomsky (1973) の用語.不定詞や動名詞などの非定形節の主語位置に現れる音形を持たない代名詞のこと. ⇨ pro

pro(スモールプロ) Chomsky (1982) の用語.イタリア語などの豊かな動詞一致屈折を持つ言語において,定形節の主語位置に現れる音形を持たない代名詞のこと. ⇨ PRO

probe-goal relation(探査子・目標子関係) 一致によって照合が行われる際の構造関係.照合を必要とする素性 F を持つ主要部 α(探査子)の構成素統御領域に合致する素性 F′ を持つ要素 β(目標子)がある場合,α と β は探査子・目標子関係となり,一致関係の下で照合が行われる. ⇨ AGREE; CHECKING

process nominal(過程名詞) Grimshaw (1988, 1990) の用語.例え

ば，The enemy's destruction of the city was awful to watch. において，動作主である the enemy と被動者である the city を伴う破壊という過程を表す destruction のこと．複合出来事名詞（complex event nominal）と同義．⇨ RESULT NOMINAL

procrastinate（principle）（延滞（原理））　Chomsky（1993）の用語．統語部門より LF 部門の移動操作のほうが経済的であるとし，PF での収束など特定の理由がない限り，移動操作を延滞させ，LF 部門で行うことを優先する原理．

pro-drop（代名詞主語省略，プロ落とし）　イタリア語などに見られるように，定形節において音形を持たない代名詞主語が生じる現象を指す．ある言語が代名詞主語省略を許すか否かは，空主語媒介変数の値によるとされる．⇨ NULL SUBJECT PARAMETER; pro

projection principle（投射原理）　Chomsky（1981）の用語．語彙項目の統語・意味情報は，D 構造，S 構造，LF というすべての統語レベルにおいて保持されなければならないとする原理．

pronominal（代名詞類）　いわゆる代名詞であり，音形を持つものと持たないもの（pro）に分類される．束縛原理 B に従い，統率範疇内で自由でなければならない．⇨ BINDING THEORY

pseudogapping（擬似空所化）　Levin（1978, 1986）の用語．空所化や動詞句削除とよく対比される削除操作で，時制を担う助動詞を残しつつ，動詞句の一部のみを削除するもの．⇨ GAPPING

Q

quantifier（数量詞，量化子，量化記号）　①（数量詞）Jespersen（1924）の用語．数量を表す形容詞．②（量化子）数量・割合等の作用域との関連で命題真理値を規定する表現．③（量化記号）述語論理学の用語で，∀（全称記号），∃（存在記号）などからなる．

quantifier floating（数量詞移動，数量詞遊離）　数量詞が修飾する名詞句から分離・移動し，文中の様々な位置に生じる現象を指す．主に主語名詞句に観察される．⇨ QUANTIFIER

quantifier raising（数量詞繰り上げ）　May（1977）の用語で，LF において数量詞を含む名詞句を節点 S に付加する操作を指す．QR と略される．数量詞解釈の多義性を説明するために用いられる操作である．

quirky Case（奇態格）　ギリシャ語やアイスランド語などにおいて，構造や意味の観点からは予測されない格が主語や目的語に標示される場合

raising(繰り上げ) 一般に,seem などの述語を含む外項を含まない構文において,不定詞補文の主語位置から主節の主語位置へ名詞句が移動することを指す.広義には,ある要素が構造上より高い位置へ移動すること.

reanalysis(再分析) Chomsky (1981) の用語.線形順序を変えず,句構造を変える規則.例えば,spoken to Mary において,[VP [V spoken] [PP to Mary]] から [VP [V spoken to] [NP Mary]] へ再分析される.

reciprocal (pronoun)(相互代名詞) one another や each other 等,2つ以上の指示対象の間の相互関係を示す代名詞をいう.相互照応形 (reciprocal anaphor) と呼ばれることもある.単独で生じることができず,束縛原理 A に従い,統率範疇内で先行詞に束縛されなければならない.

reconstruction(再構築) 移動した要素を LF で元位置に戻す操作を指す.例えば,*Which picture of Bob$_i$ does he$_i$ like? の非文法性は,wh句を like の目的語位置に再構築した結果,束縛原理 C の違反を生じるためであると説明される.

recoverability condition(復元可能性条件) 削除操作に課せられる条件.ある句構造標識に削除操作が適用可能なのは,その結果生じる句構造標識と削除操作から,操作適用前の句構造標識が唯一的に復元可能な場合に限られるとするもの.

recursion(回帰性,回帰) Chomsky (1965) の用語.同じ規則を繰り返し適用することをいう.人間言語固有の特性であり,これによってより複雑な文を無限に作り出すことができる.

recursive symbol(繰り返し記号) Chomsky (1965) の用語.句構造規則に繰り返し導入される S や NP などの記号をいう.

referential expression (R-expression)(指示表現) Mary や the dog のように,独自の指示対象を持つ名詞句のこと.固有名詞や指示機能を持つ名詞句,変項が含まれる.束縛原理 C に従い,自由でなければならない.

reflexive (pronoun)(再帰代名詞) myself や himself のような -self 形の代名詞をいう.再帰照応形 (reflexive anaphor) と呼ばれることもある.単独で生じることができず,束縛原理 A に従い,統率範疇内で先行詞によって束縛されなければならない.

relativized minimality condition（相対的最小性条件） Rizzi (1990) の用語．… X … Z … Y … の構造形において，Y を構成素統御し，X を構成素統御しない潜在的な統率子 Z が介在する場合，X は Y を統率できないという条件．例えば，A 移動において X による Y の先行詞統率を阻止するのは，Z が A 位置を占める場合であるというように，移動のタイプごとに統率を阻止する要素の種類が相対化されている．

remnant movement（残余要素移動） XP の内部から YP を移動した後，YP の痕跡を含む XP を移動する操作のこと．([YP … [$_{XP}$ X … t_{YP}]] ⇨ [[$_{XP}$ X … t_{YP}] … [YP … t_{XP}]]) 表面的には主要部 X のみが移動しているように見えるが，実際に移動しているのは最大投射 XP なので，それが指定部に移動しても連鎖均一性条件に違反しない．

resultative（結果相，結果格，結果的，結果構文） ①（結果相）客観的・外的な出来事の結果を表す相をいう．②（結果格）格文法の用語．結果を表す格をいう．③（結果的）動詞の表す行為の結果，目的語がどのような状態にあるのかを目的格補語が表すことをいう．④（結果構文）動詞の表す行為の結果，その影響を受けた目的語の状態を表す構文をいう．

result nominal（結果名詞） Grimshaw (1986, 1990) の用語．動作の結果を表す派生名詞をいう．例えば，動詞 construct に由来する派生名詞 construction には「建築」と「建造物」の 2 つの意味があるが，このうち後者を結果名詞と呼ぶ．過程名詞とは異なり，項構造を持たないとされる．⇨ PROCESS NOMINAL

resumptive pronoun（再述代名詞） 島を含む関係節等の構文において，関係詞に対応する元位置に現れる代名詞のこと．左方転位や右方転位における元位置の代名詞を指すこともある．

retroactive nominal（遡及的名詞） Clark (1990) の用語．主節の主語が補部の動名詞の目的語として機能する構文．例えば，My room needs a thorough picking up. では，my room は picking up の目的語として解釈される．

right-branching construction（右枝分かれ構造） Chomsky (1965) の用語．句構造の右側の節点が枝分かれする構造をいう：[This is [the cat that caught [the rat that stole the cheese]]].

right roof constraint（右上限制約） Ross (1967) の用語．右方移動は節の境界を越えてはならないとする制約．

root transformation(根変形) Emonds (1970, 1976) の用語.根文 (root sentence) により直接支配される位置へある節点を移動,転写,挿入する変形をいう.例えば,主語・助動詞倒置,動詞句前置,話題化,場所句倒置,否定倒置,右方・左方転移,付加疑問文などのような,主節においてのみ適用される操作が含まれる.

S

saturation(飽和) ある要素の特性が満たされ,それに対して操作の適用が不要な状態となった場合,その要素または特性が飽和されたという.Rothstein (1983) によれば,述部 XP は主部と連結されることにより飽和される.また,Higginbotham (1985) によれば,述語の θ 格子 (θ-grid) は θ 役が項に付与されることにより飽和される.

scope(作用域) 数量詞,否定辞,疑問詞,副詞などの要素が影響を及ぼす範囲のこと.作用域は当該の要素が構成素統御する領域である.

scrambling(かき混ぜ) Ross (1967) の用語.ラテン語や日本語のような比較的語順の自由な言語において,構成素を同一節内で随意的に移動させる操作.

secondary predication(二次叙述) Rothstein (1983) の用語.X が Y を叙述しており,Y が X 以外の述語により θ 標示されている場合,X を Y の二次述語 (secondary predicate) と呼び,その叙述関係を二次叙述という.例えば,John ate the meat nude. において,John は ate (the meat) により θ 標示されているため,nude は二次述語であり,John と nude の関係は二次叙述になる.

selectional relation(選択関係) Chomsky (1965) の用語.ある語彙項目と別の語彙項目が共起できるとき,それらの間には選択関係があるという.選択する側の語彙項目が課する条件を選択制限 (selectional restriction) といい,[+human], [+Q] などの選択素性 (selectional feature) で表される.

self-embedded construction(自己埋め込み構文) Chomsky (1965) の用語.ある構成素が同じ種類の別の構成素の中に埋め込まれている構文.例えば,The man who the boy who the students recognized pointed out is a friend of mine. において,関係節 who the students recognized は同じく関係節の who the boy pointed out に自己埋め込みされている.

semantic component(意味部門) 統語部門,音韻部門と共に,文法あ

るいは言語機能を構成する部門の1つ．統語部門で形成された統語構造に基づいて意味解釈を決定する．

sensory-motor system（感覚・運動体系）　言語音の産出や知覚に関わる，言語と接する運用体系のこと．調音・知覚体系（articulatory-perceptual system）とも呼ばれる．言語との接触面は感覚・運動インターフェイスと呼ばれ，PF と同義である．

sentential subject constraint（文主語制約）　Ross (1967) の用語．文主語内のいかなる要素も抜き出してはならないという制約．例えば，That the principal would fire some teacher was expected by the reporters. において，文主語内の名詞句を関係詞節化により抜き出した *The teacher who that the principal would fire was expected by the reporters is a crusty old fizzlebotch. という文は非文法的である．

set-Merge（集合併合）　極小主義理論以前の代入（substitution）に相当する操作．集合を形成する対称的な操作で，外併合と内併合がある．⇨ PAIR-MERGE

sideward movement（側方移動）　Nunes (1995, 2004) の用語．ある構造内の要素をコピーし，別の構造にそのコピーを併合する，2つの独立した構造にまたがる移動操作をいう．それを用いた寄生空所構文などの分析が提案されている．

sloppy identity（略式の同一性，ゆるい同一性）　Ross (1967) の用語．代名詞と先行詞との間に厳密な同一性が成立しなくとも照応関係が成り立つとき，その同一性を略式同一性という．例えば，John scratched his arm and Mary did (so) too. という文において，削除された動詞句内の代名詞を Mary scratched her arm (too) のように her と解釈する場合の同一性．

sluicing（間接疑問文縮約）　Ross (1969) の用語．間接疑問文において wh 句のみを残して残りの部分が省略される現象をいう：Jack bought something, but I don't know what. [＝I don't know what John bought.]

small clause（小節）　意味的には通常の節と同様に命題を表すが，形式的には通常の節と異なり，補文標識，時制，連結詞（be 動詞）を欠いている主部と述部からなる節のこと：John considers [Mary intelligent].

specified subject condition（指定主語条件）　Chomsky (1973) の用語．... X ... [$_\alpha$ ... Z ... Y ...] ... X ... のような構造において，Z が

指定主語の場合，XとYを関連付けることはできないという条件．節または名詞句内に指定主語がある要素は，その領域外に先行詞を持つことはできない：*Bill$_i$ thinks [$_{CP}$ that Jim hates himself$_i$]. / *Who$_i$ did you see [$_{NP}$ John's picture of t_i]?

specifier（指定部）　Chomsky (1970) の用語．Xバー理論において，中間投射と姉妹関係に位置する要素のことをいう．主要部に一定の限定を加える性質を持つことからこの名前がついた．Chomsky (1995) では，1つの主要部に対して複数の指定部が生起する多重指定部の可能性も示唆されている．⇨ MULTIPLE SPECIFIERS

specifier-head agreement（指定部・主要部一致）　最大投射（XP）の指定部とその主要部（X）との構造関係のもと，統語素性を共有することをいう．例えば，主語は TP 指定部において，主要部 T と格や φ 素性などの統語素性に関して一致する．また，wh 句は CP 指定部において，主要部 C と Q 素性などの統語素性に関して一致する．

Spell-Out（排出）　Chomsky (1993) の用語．統語派生において音声に関する素性のみを分離すること，またはその分岐点．これにより音声に関わる情報は PF へ，意味に関わる情報は LF へ転送される．Chomsky (2000) 以降の極小主義理論では，排出は位相毎に行われると考えられている．

split CP hypothesis（分離 CP 仮説）　Rizzi (1997) で提案された仮説．従来の CP は ForceP, TopP, FocP, FinP という4つの階層に分けられる．⇨ COMPLEMENTIZER PHRASE (CP)

s-selection（意味的選択）　Chomsky (1986a) の用語．semantic selection の略．述語が選択する項がどのような θ 役を担うかに関する情報をいう．例えば，動詞 put は主語に動作主（Agent），補部に主題（Theme）と場所（Location）という θ 役を持つ項を選択する．

standard theory（標準理論）　Chomsky (1965) に代表される生成文法理論．標準理論において，文法は統語部門，意味部門，音韻部門の3つから構成される．統語部門は基底部門と変形部門から成り，深層構造と表層構造が変形規則によって結びつけられる．意味部門への入力が深層構造にのみ限られている．

stranded affix filter（残置接辞フィルター）　Lasnik (1981) の用語．接辞は表層構造において他の要素に形態的に依存しなければならないとするフィルター．これにより，接辞がいかなる要素にも付着せず，取り残された文は非文となるため，例えば，以下の文において T の位置

にある接辞は接辞移動（affix hopping）により V の位置に下降する：
*[TP John [T' $s_{[3.sg.][present]}$ [VP often read the book]]]. → John often reads the book.

strict identity（厳密同一性）　動詞句削除において，削除された動詞句の解釈が先行詞の動詞句の解釈と完全に同一であることをいう．例えば，Harold scratched his arm and Mary did, too. において，Harold [VP scratched his arm] and Mary [VP scratched his arm]. の解釈を持つ場合．略式の同一性に対する．⇨ SLOPPY IDENTITY

strict subcategorization（厳密下位範疇化）　Chomsky (1965) の用語．ある範疇に属する語彙項目について，どのような範疇が補部として共起できるかを指定することにより，その範疇をさらに下位区分すること．例えば，動詞 find は NP を，put は NP と PP を補部としてとるように下位範疇化されている．

strict cyclicity / strict cycle condition（厳密循環性／厳密循環条件）　Chomsky (1973) などの用語．統語規則の適用に対する条件で，派生がより大きな循環に移行した後に，それより小さな循環に戻って規則を適用できないことを述べたもの．⇨ PHASE

strong crossover（強交差）　演算子とその痕跡，それらと同一指標付けされた代名詞が wh_i ... $pronoun_i$ ... t_i の構造を構築し，代名詞が演算子の痕跡を構成素統御している場合を指す．そのような構造は非文法的である：*Who$_i$ does he$_i$ think you saw t_i?　⇨ WEAK CROSSOVER

strong feature（強素性）　Chomsky (1993) の用語．T や AGR が持つ N 素性や V 素性のうち「強い」ものをいう．強素性は PF インターフェイスで可視的であるため，照合により削除されなければ派生が破綻する．⇨ PROCRASTINATE (PRINCIPLE); WEAK FEATURE

strong minimalist thesis（強い極小主義のテーゼ）　極小主義理論の方向性を示した作業仮説．言語は計算効率に基づくインターフェイス条件に対する最適解であるというもの．言語機能が完璧なシステムならば，その特性は計算効率とインターフェイス条件の 2 つの要因のみで説明されるはずであるという研究指針．

structural ambiguity（構造上の多義性）　発話の構造的意味が一義的に決定できない場合のこと．The boy saw the man with the telescope. において，前置詞句 with the telescope は saw を修飾する解釈と，the man を修飾する解釈を持つ．

structural change（構造変化）　変形が適用された後，句構造に生じる

構造上の変化のこと．SC と略される．受動変形における構造変化は，NP$_2$—Aux+be+en—V—by+NP$_1$ と表される．⇨ STRUCTURAL DESCRIPTION; TRANSFORMATION

structural dependence（構造依存）　人間言語における統語規則は線形語順に基づき適用されるのではなく，構成素関係に基づく階層構造を持った句構造に対して適用されるということ．例えば，The man who is happy is at home. を疑問文にする場合，主語・助動詞倒置は線形的に文頭に近い1番目の is ではなく，構造上主節に属する2番目の is に適用される．

structural description（構造記述）　変形が適用される領域となる構造部分のこと．SD と略される．受動変形における構造記述は，NP$_1$—Aux—V—NP$_2$ と表される．⇨ STRUCTURAL CHANGE; TRANSFORMATION

structure-preserving constraint（構造保持制約）　Emonds (1970, 1976) の用語．ある範疇の構成素を，独立した句構造規則によって生成される同じ範疇の節点に移動，転写，挿入する変形のみが許されるという制約．⇨ ROOT TRANSFORMATION; STRUCTURE-PRESERVING TRANSFORMATION

structure-preserving hypothesis（構造保持仮説）　= STRUCTURE-PRESERVING CONSTRAINT

structure-preserving transformation（構造保持変形）　Emonds (1970, 1976) の用語．ある範疇の構成素を同じ範疇の節点に移動，転写，挿入する変形のこと．受動変形や主語繰り上げ変形等があり，構造保持制約に従う．⇨ ROOT TRANSFORMATION; STRUCTURE-PRESERVING CONSTRAINT

subjacency condition（下接の条件）　Chomsky (1973) によって提案された条件で，ある要素は2つ以上の循環節点を越えて移動してはならないというもの．*Who do you receive [$_{NP}$ request for [$_{NP}$ articles about t]]? は，循環節点である NP を2つ越えて who が移動しているので非文となる．

subject-aux(iliary) inversion（主語・助動詞倒置）　主語と助動詞あるいは be 動詞との語順が入れ替わる現象のこと．SAI と略される．疑問文，否定倒置，仮定法での倒置などで観察される：*Are you* happy? / Never *did he* reply. / *Had it* not been for your advice, ...　⇨ HEAD MOVEMENT CONSTRAINT

subject condition(主語条件) Chomsky (1973) によって提案された条件で,主語の内部から要素を取り出すことはできないというもの. *What did [_{NP} an article on *t*] surprise Mary? は,主語名詞句から what を取り出しているので非文となる.

subject-object asymmetry(主語・目的語の非対称性) 主語と目的語に見られる統語上の振る舞いや特性の違いのこと.例えば,架橋動詞が選択する that 節内の要素を wh 移動により抜き出す場合,それが主語である場合には非文法的であるが,目的語である場合には文法的である.

successive cyclic movement(連続循環移動) 要素の長距離移動が,基底生成位置から表層位置へと一足飛びに起こるのではなく,局所的な移動の繰り返し適用の結果であるとする考え.循環範疇の設定は理論によるが,例えば,Chomsky (2000) 以降の極小主義理論の下では,位相 (CP, vP) が循環範疇となり,連続循環移動は位相不可侵条件の帰結として捉えられる.

super-raising(飛び越し繰り上げ) Chomsky (1986b) の用語.繰り上げ述語が複数の節に生じている文において,定形節や中間の主語位置を越える長距離の繰り上げのことで,英語では容認されない: *John$_i$ seems that it is certain t_i to fix the PC.

superiority condition(優位条件) Chomsky (1973) の用語.操作の適用対象が複数ある場合,構造上高い位置にある要素に適用されるとする条件.例えば,[_{CP} [_{TP} Who bought what]] では,who が what を非対称的に構成素統御しており構造上高い位置にあるため,wh 移動は who に適用される.したがって,*What did who buy? は非文となる.

surface structure(表層構造) Chomsky (1965) の用語.深層構造を入力として変形部門が出力する統語表示であり,音韻部門への入力となる.

syntactic cartography(統語地図作成) Rizzi (1997) などを皮切りとして展開されている,機能範疇の階層構造の精密な細分化を目指す研究プロジェクトの総称.CP は ForceP, FocP, TopP, FinP に細分化され,TP, vP, DP にも同様のアプローチが提案されている. ⇨ SPLIT CP HYPOTHESIS

syntactic component(統語部門) Chomsky (1965) の用語.文法を構成する部門の1つで,標準理論では基底部門と変形部門からなる.極小主義理論では,併合や移動により統語構造を形成する狭義の統語論を

T

tense phrase (TP)(時制句) 時制を主要部とする句範疇.Pollock (1989),Chomsky (1991) において,従来 INFL の一部であるとされていた時制が,独立した主要部として句を形成することが提案された.

***that*-trace effect**(that 痕跡効果) A バー移動に関わる制限で,補文標識 that の後に続く主語を抜き出すと非文法的になる現象をいう:*Who do you believe that *t* saw Mary?

thematic hierarchy(主題階層) Jackendoff (1972) の用語.θ 役の間に設定される階層関係のこと.1) 動作主,2) 場所・起点・着点,3) 主題という主題階層が設定され,例えば,*Five dollars are cost by the book. の非文法性は,「受動文において,by 句は主語よりも主題階層において高い位置になければならない」という主題階層に基づく条件により説明されている.

θ-criterion(θ 基準) Chomsky (1981) の用語.項と θ 役の一対一の対応関係を規定する条件.例えば,*John put his cup. という文は,動詞 put の場所の θ 役がいずれの項にも付与されておらず,θ 基準違反により非文となる. ⇨ θ-ROLE

θ-position(θ 位置) Chomsky (1981) の用語.述語によって θ 役が付与される位置のこと.それ以外の位置を非 θ 位置 (θ-bar-position) という.A バー位置は常に非 θ 位置で,A 位置であっても受動文や繰り上げ構文の主語位置は非 θ 位置である. ⇨ A-POSITION; A-BAR-POSITION

θ-role(θ 役) 主題役 (thematic role) ともいう.述語の項が担う意味上の役割のことをいう.動作主,経験者,主題,場所,起点などがある.例えば,The boy kicked a ball with his left foot. で,the boy は動詞が表す事態に対して動作主の役割を果たしている.

topic phrase (TopP)(話題句) Rizzi (1997) の用語.分離 CP 仮説に基づく CP 領域において ForceP と FinP の中間に位置し,その指定部には話題要素が移動する.FocP の前後に複数個の TopP が出現可能とされる (ForceP ... TopP* ... FocP ... TopP* ... FinP). ⇨ SPLIT CP HYPOTHESIS

***tough*-construction**(tough 構文) 難易度,感情状態,価値判断などを表す形容詞を含み,主節の主語が不定詞補文の目的語に対応するような

構文をいう：Mary is easy (for us) to please.

trace theory（痕跡理論）　Chomsky (1975) の用語．任意の要素がある位置から別の位置へ移動された場合に，元位置に移動された要素と同一指標を持つ痕跡が残されるとする理論をいう．

Transfer（転送）　Chomsky (2004) の用語．位相を形成する CP や vP の情報を狭義の統語部門から音韻部門と意味部門へ送る操作．位相が構築される度に起こり，一般に位相主要部の補部のみが転送されると仮定されている．⇨ PHASE; PHASE IMPENETRABILITY CONDITION; SPELL-OUT

transformation（変形）　Chomsky (1957) 以降の理論で用いられる，句構造標識を別の句構造標識に変える操作をいう．代入，付加，削除など数多くの変形が仮定されているが，Chomsky (1981) 以降の統率・束縛理論において，変形は α 移動という単一の規則のみであるとされる．

transformational component（変形部門）　Chomsky (1965) の用語．基底部門と共に統語部門を構成する下位部門であり，標準理論や拡大標準理論などにおいて，深層構造は変形部門において変形の適用を受けて表層構造へ変えられるとする．

transformationalist hypothesis (position)（変形論的仮説（立場））　Chomsky (1970) の用語．派生名詞を含む名詞表現は，対応する文から変形により派生されるとする仮説をいう．⇨ LEXICALIST HYPOTHESIS

transitive expletive construction（他動詞虚辞構文）　他動詞を伴う虚辞構文．ドイツ語やアイスランド語などに観察される．

tree diagram（樹形図，枝分かれ図）　統語構造を表示する手法の１つで，文の構成素の統語範疇，構成素間の階層関係や語順などを，木の形に似せて表した図．

tucking in（挟み込み）　Richards (1997) の用語．２つ以上の要素が同じ句の指定部に移動する場合，２番目以降に移動する要素がその前に移動した要素を越えず，その内側に移動する操作のこと．東欧諸語に見られる複数の wh 句が文頭に移動する wh 疑問文の分析などに用いられる．

U

unaccusative hypothesis（非対格仮説）　Perlmutter (1978) の用語．

非対格動詞の主語と非能格動詞の主語の持つ意味解釈上の違いが統語構造にも反映されているという仮説．非能格動詞の主語は主語位置に基底生成されるが，非対格動詞の主語は目的語位置に基底生成され，後に主語位置に移動すると考える．

unambiguous path（非多義的経路）　Kayne (1981) の用語．句構造標識において構造依存関係を示す線を経路と呼ぶと，任意の節点 A と節点 B を結ぶ経路が途中で枝分かれせず，双方向において選択の余地がない場合をいう．

uniformity condition（一様性条件）　Chomsky (1986a) の用語．内在格の付与に関する条件で，語彙主要部 X が Y に内在格を付与するためには，X が Y を θ 標示しなければならないとする．

uniformity of theta assignment hypothesis（**UTAH**）（主題役付与均一性仮説）　Baker (1988) の用語．同一の主題関係は深層構造において同一の構造関係により示されるという仮説をいう．つまり，述語に対して同一の主題機能を担う項は，統語部門において同じ位置に生成されるということになる．

uninterpretable feature（解釈不可能素性）　Chomsky (1995) の用語．語彙項目が持つ形式素性のうち，v や T が持つ格素性や φ 素性，および名詞が持つ格素性のように，LF インターフェイスでの解釈に関与しない素性のこと．こうした素性は，派生を収束させるために照合されなければならない．⇨ BARE OUTPUT CONDITION; INTERPRETABLE FEATURE

universal grammar（普遍文法）　自然言語に共通する普遍的な諸特性を規定する理論をいう．人間が生まれながらに持つとされる生得的な言語機能に関する理論である．UG と略す．

unmarked（無標の）　有標と対立する概念．言語の音声・形態・統語・意味などにおいて，より基本的な特性を持っていること，あるいは，対立する2つの言語単位において，より基本的である方を指す．⇨ MARKED

unselective binding（無差別束縛）　Who bought what? のような文において，顕在的に移動している who だけでなく，元位置にある what も移動した wh 句と同じ作用域をとる．what は元位置にあるが，C が what を無差別束縛することにより，それが主節全体を作用域にとることが可能になると考える．

V

vacuous movement(空移動) Chomsky (1986b) の用語.線形語順に影響を与えない移動のこと.例えば,*Who* wrote the book? のような文において,who は TP 指定部から CP 指定部へ移動しているとする.

valuation(値付け) 値を持たずに派生に導入された解釈不可能素性に,一致によって値を付与すること (Chomsky (2001)).値付けされた解釈不可能素性はその段階で削除される.名詞の格素性の場合,T との一致によって主格,v との一致によって対格の値が付与される.

verb movement(動詞移動) 主要部移動の1つで,動詞主要部が上位の T や C へ移動すること.動詞第二位言語では,動詞が C の位置に現れるが,必ず T の位置を経由した移動となる.顕在的な動詞移動が起こるかどうかは言語によって異なり,現代英語では本動詞は顕在的に移動しないとされる.⇨ HEAD MOVEMNT CONSTRAINT

verb second(動詞第二位) ドイツ語などのゲルマン系諸語に見られ,主節平叙文において定形動詞や助動詞が線形的に2番目の位置に現れる現象のこと.話題として機能する第一要素は CP 指定部にあり,定形動詞や助動詞は C の位置に移動するとされる.

visibility condition(可視性の条件) Chomsky (1986a) の用語.名詞句が θ 役を付与されるためには可視的でなければならず,可視的であるためには格が付与されなければならないとする条件.

VP-shell(VP シェル) 動詞句が(少なくとも)2つの投射,すなわち軽動詞を主要部とする外側の投射と語彙動詞を主要部とする内側の投射からなるとする仮説.⇨ LIGHT VERB

W

weak crossover(弱交差) Wasow (1972) の用語.[Who$_i$ does [his$_i$ mother loves t_i]]? において,who と代名詞 his は同一指示の解釈が不可能である.演算子がその元位置を構成素統御しない同一指示の代名詞を越えて移動すると非文となる現象のこと.強交差ほど容認性が低くないため,このように呼ばれる.⇨ STRONG CROSSOVER

weak feature(弱素性) LF において照合される素性.顕在的移動よりも非顕在的移動のほうがコストが少ないため,PF で派生を破綻させる強素性とは違い,弱素性が駆動する移動は延滞原理によって LF まで先延ばしされる.⇨ PROCRASTINATE (PRINCIPLE); STRONG FEATURE

wh-in-situ(元位置の wh 句) 日本語の疑問文や英語の多重疑問文にお

いて，節の先頭位置へ顕在的に移動せず，元位置に残る wh 句のこと．
⇨ WH-MOVEMENT

wh-island condition（wh 島の条件） Ross (1967) によって提案された島の制約の1つ．wh 節からの要素の移動を禁止する条件：*What do you know whether John read *t*? Chomsky (1973) において，島の制約は下接の条件によって統一的に説明されるようになった．

wh-movement（wh 移動） α 移動（A バー移動）の1つで，wh 句を CP 指定部に移動する操作．

X

X-bar theory（X バー理論） 句構造規則を規制する，あるいはそれに代わる一般性の高い句構造理論で，すべての言語のすべての句範疇が構造的類似性を共有するという考え．すべての句の中心には主要部 X があり，X が補部と共に中間投射 X′ を形成し，X′ が指定部とともに最大投射 X″ (XP) を形成するとされる．

5 意味論

A

abduction（仮説（構築）的推論，アブダクション） Peirce (1931-58) の用語．推論としての演繹，帰納に加え，仮説や理論を発見する拡張的機能をもち，結果から原因へと遡及する推論をいう．ある事実 B に関して，それを説明するような仮説 A を発案し，A から B が帰結するならば，A は真らしいとする．

accomplishment verb（達成動詞） Vendler (1967) の用語．一定の経過を経て何かが達成されるという，出来事の始まり・経過・終了の一部始終を表す grow up, write a letter などの動詞(句)をいう．achievement verb（到達動詞）と異なり，一般に進行形をとることができる．

achievement verb（到達動詞） Vendler (1967) の用語．瞬時に達成される出来事を表す arrive, die, notice などの動詞をいう．行為や出来事自体が持続することがないため，accomplishment verb（達成動詞）と異なり，通常進行形をとらない．

action verb（動作動詞） verbs of action ともいう．動作を表し，一般に，進行形をとることができる．

activity verb（行為動詞） Vendler (1967) の用語．持続的で終結点のない均質な運動性を表す run, play, walk などの動詞をいう．state verb（状態動詞）と異なり，通常，進行形と命令形をとることができる．

actor（行為者(格)，動作主） 動詞の表す行為や出来事の主体のことをいう．What X did was … というテストフレームにおける X の位置に生起可能であれば，その存在が確認できる．

adversative（反意；迷惑の） ①（反意）ある事柄に対し，反対や対照の意味を表す性質．but, however などの反意接続詞，contrary, otherwise などの副詞によって述べられる．②（迷惑の）心理的に被る負の影響．

迷惑受け身文 (ADVERSATIVE PASSIVE: 雨に降られた・彼女に泣かれた) などで表現・含意される意味.

affected（影響を受けた，被影響の）　ある実体が位置や状態の変化を被った状況をいう.「影響を受けた」実体を表す項は，動詞の直接目的語位置に結びつけられ，What X did to Y was … の Y の位置にも生起できる (Jackendoff (1990)). 例えば, Peter hit the ball into the field では, the field ではなく the ball がそれに相当する: What Peter did to *the ball* was hit it into the field. / *What Peter did to *the field* was hit the ball into it.

affectum object（被動目的語）　Fillmore (1968) の用語. John ruined *the table*. / I'm digging *the ground*. などの文における the table や the ground のように，動詞が表す行為に先立って存在し，動詞の表す行為によって変化を被る目的語のことをいう. Quirk et al. (1985) では affected object と呼ばれている. ⇨ EFFECTUM OBJECT

agent（動作主）　動詞の表す事象に意図や責任をもって関わり，ある行為を遂行，制御したり他の実体の変化を引き起こしたりする実体のことをいう. 典型的には有生物. *Brutus* killed Caesar. / *Max* broke the glass. などの文における主語名詞句が動作主に相当する.

agentivity（動作主性）　ある名詞句がもつ動作主らしさの程度をいう. 多くの場合この動作主らしさには段階性が見られる. *John* dropped the dishes accidentally. / *This car* drives easily. などの文における主語名詞句は，典型的な動作主がもつ「意図性」や「制御性」などの特性を欠いているが，「責任」という特性をもち，典型的な動作主との部分的類似性が認められるために一種の動作主としてみなされる (Lakoff (1977)).

alienable（譲渡可能）　A が B を所有する場合, A から B を分離できるものを「譲渡可能な」所有と呼ぶ. Fillmore (1968) では, have に後続する体の一部 (I have a missing *tooth*.) が譲渡不可能なのに対して, five-dollar bill は譲渡可能であると区分している. ⇨ INALIENABLE

allegory（寓意）　抽象的な概念を，擬人法や具体的な象徴で置き換えて表現すること. 道徳的・教訓的・風刺的意図を比喩によって暗示することが多い. 例えば, ダンテの『神曲』「地獄篇」第 1 歌冒頭の「暗き森」は,「過ち」や「罪」の世界を表す寓意となる.

alternation（交替）　1 つの動詞が複数の異なる用法・構文に使用される現象をいう. 自他交替 (The vase *broke*. / John *broke* the vase.), 場所

格交替（spray {the wall with red paint / red paint onto the wall}），与格交替（give {Mary a present / a present to Mary}）などの現象がある．交替をなすペアとなる形式は意味的な解釈が異なるため，一方の構文しか許さない動詞も見られる．

ambient（環境の）　Chafe（1970）の用語．時間や天候を表す表現（It snows. / It is hot.）で見られる，何か特定の状態ではなく，その状況を取り巻くすべての状態を表す文に生じる動詞のことをいう．また，It thundered last night. のように，動作主が現れないが，形態統語的には動作を表すような動詞の主語についていうこともある．⇨ AMBIENT *IT*

ambient *it*（環境の it）　Chafe（1970）の用語．時間や天候を表す動詞の主語として現れる it を指す．*It* is OK. のように，その場の状況を表すこともある．別名 empty *it* /dummy *it* などともいわれ，文法的機能だけで実質的意味をもたないという立場もあるが，抽象的レベルでの意味を認める立場もある．

ambiguity（曖昧性）　ある言語表現に想定できる意味解釈が複数あり，一義に決定できない状況を表す性質をいう．例えば「美しい水車小屋の娘」は，「美しい」の修飾部分が「水車小屋」の場合と「娘」の場合とがあり，曖昧である．意味が1つに決定できない原因は，語彙，統語構造，語用論の各レベルに生じうる．⇨ VAGUE

ambiguous（曖昧な）　曖昧性のある状態または様子．⇨ AMBIGUITY

animate（有生の）　（代）名詞（句）が指示する対象が，人間などの意志をもつものである場合の性質をいう．無生（inanimate）と対をなす概念．

argument structure（項構造）　文において動詞と共起する項（argument）を，動詞に付随する語彙的情報とみなして指定したものをいう．例えば動詞 eat は項を2つとる（John ate an apple）ため，その項構造は eat (x (y)) と示され，さらに x は外項として動作主（agent）に，y は内項として被動作主（patient）に，それぞれ対応づけられる．

aspect（相，アスペクト）　ある事象における，外的・絶対的時間から独立した，内的時間構造のとらえ方を表す要素．進行相は事態が展開していく途中の局面を，結果相は事態の終了した局面を，それぞれ取り出す．屈折や迂言的構造などで文法的に表わされる文法的アスペクトや，動詞の内包する意味自体が表す語彙的アスペクトがある．

aspectual verb（相動詞，アスペクト動詞）　ある事象の内的時間構造に関わる意味を表す動詞．begin（開始／起動），continue（継続），end（終了）のように，事象の内的時間の局面を1語で捉えるものや，「〜し

始める」,「〜し続ける」,「〜し終わる」のようにアスペクト補助詞 (aspectualizer) を伴うものがある.

assertion（主張, 断定） 文が主として積極的に伝達しようとしている部分. 例えば, Mary stopped drinking. で主張されているのは「過去のある一定期間で Mary が飲酒しなかった」こととなる. 前提との対比で語られることが多い. ⇨ PRESUPPOSITION

assertive（断定的, 断定型） Hooper (1975) による用語. 主語補文や目的補文として that 節をとる述語の中でも, I claim/think/suppose/know など補文の事実性の判断や発話態度を客体化して明示化する述語を断定述語 (assertive predicate) と呼ぶ.

association（連合関係, 連想） ある語が与えられたとき, それに関連する語がどのように想起されるかを「語の連想」という. Jakobson (1960) は, 類似性に基づき同類の語を想起する「範列 (paradigmatic)」と, 隣接性の観点から関連する語を想起する「統合 (syntagmatic)」の2種の関係に大別している. ⇨ PARADIGMATIC; SYNTAGMATIC

attention（注意） 発話者がモノの際立ちを認識し前景化させること. 注意をどこに向けるかによって同じ事態に異なる解釈が与えられる: Tom kicked Bob. / Bob was kicked by Tom. 前者ではトムに, 後者ではボブに注意が向けられている.

B

benefactive（受益(者)格） Fillmore (1971a, b) による格文法の用語. 深層格の1つ. 動詞が表す事象や活動の利益を受け取る者を表す. 例えば, John did the work *for me*. の前置詞句 for me が受益者格に相当する.

C

calculability（計算可能性） Sadock (1978) の用語. 会話の含意（⇨語用 CONVERSATIONAL IMPLICATURE）は協調の原理に基づいて解決（計算）されなければならない, という原則のこと.

causative（使役的） 文の主語が直接目的語の状態や動作, 出来事を引き起こすという, 事象がもつ性質をいう. また, 文の主語が他の動作主や対象に行為を起こさせるという事象の性質をいうこともある. つまり原因を示す出来事から結果を表す出来事への過程を表す. John hit Mary. では, 主語による目的語への接触・打撃の使役行為が表される.

causer(使役者) 意味役割の1つで,ある出来事や変化を引き起こす主体を指す.動詞が表す行為を行う人や動物だけでなく,自然現象や偶発的な事柄を引き起こす原因となる力やものも含む.文の主語位置に生じる場合が多い:*Bill* opened the door. / *The typhoon* destroyed the city.

chunk(チャンク) 一連の語の連鎖全体が何度も繰り返し用いられることで慣習化し,固定化したものをいう.generally speaking や from the personal point of view などの連語やイディオムなどがこれにあたる.

cleft sentence(分裂文) 文の特定の要素を強調するために抜き出し,複文に構成し直した文を指す.it is X that Y や What/Who I am looking for is X のような形式をした文などがこれにあたる.

coherence(一貫性) ①あるまとまった談話やテキストに対して,聞き手あるいは読み手が感じる意味的なつながりをいう.②指示語や接続詞などの言語的な要素によって得られるつながりを結束性と呼ぶのに対し,言語外の背景知識や仮定,推論などによって得られるつながりを一貫性と呼ぶ. ⇨ COHESION

cohesion(結束性) Halliday and Hasan (1976) による用語.文と文を結びつけ,テキストに一貫性を与えるために使用される言語的な手段をいう.この手段は,文法的結束性と語彙的結束性に分類される.文法的結束性は,指示,代用,省略,接続の4つからなる. ⇨ COHERENCE

comment(コメント) 文において,新情報を伝える部分.通常,文頭に「何が」にあたる話題(topic)が置かれ,それに続いて「どうした」,「~だ」にあたるコメントが置かれる.評言ともいう.Mary went to the station. では,Mary が話題,went to the station がコメントにあたる.theme(主題)に対する rheme(題述)に等しい. ⇨ TOPIC; THEME-RHEME RELATION

complementary pairs(相補対立語) 関連する意味的要素を持ちながら,相互排他的に対立する意味を示す語の対.例として,dead と alive,true と false,inside と outside,male と female など.

componential analysis(成分分析) 単語の意味をいくつかの意味成分に分解して記述する分析.単語 man は [Human], [Adult], [Male] という意味成分からなり,[Human], [Adult], [Female] という意味成分からなる woman の意味と区別される. ⇨ LEXICAL DECOMPOSITION

compositional(構成的,合成的) 語や句,文の意味が,その構成要素

の意味の和によって決まる場合を指して，構成的，合成的という．She walks. という文は walks が主語 she と組み合わさって解釈されるため構成的といえるが，kick the bucket のようなイディオムなどは，語の意味の和のみによって全体の意味が解釈されないため構成的でないとされる．

compositionality principle（合成(構成)性の原理） 複合表現の意味を解釈する際，その構成要素の意味を，煉瓦を積むように1つ1つ足し合わせることにより，全体の意味が過不足なく得られるとする原理．Fregean Principle (of Compositionality)（フレーゲの(合成性の)原理）とも呼ばれる．

connotation（内包，暗示的・連想的意味） ①意味論において，語が本来もつ辞書定義的な意味とは厳密にはいえないが，その語が暗示する意味を表す．例えば，home からは「安らぎ」が連想される．②記号論では，ある概念を満たす共通の属性のことであり intension ともいう．例えば，flower の内包はすべての花に共通する性質であり，これを満たす対象すべてが「外延」である． ⇨ INTENSION; DENOTATION

contradictory（矛盾の） P が偽である場合に限り Q が真となるときの，P と Q の関係をいう．例えば，P = [This apple is red.] と Q = [This apple is not red.] の関係．矛盾の関係にある2つの命題は，同時に真，あるいは同時に偽となることはない．

contrary（反対の） P が真の場合 Q は偽となるが，P が偽の場合 Q は必ずしも真ではないときの，P と Q の関係をいう．例えば，P = [This paint is red] と Q = [This paint is green] の関係．反対の関係にある2つの命題は，同時に真となることはないが，同時に偽となりうる．

converse（逆意） A の B に対する関係 R と同じ命題的意味を表す，B の A に対する関係 R^{-1}：A is above B. に対する B is below A. や，John is the parent of James. に対する James is the child of John. など．

copula（連結詞） ⇨ LINKING VERB

count noun（可算名詞） 英語などの言語において，一定の形体や境界をもっており，1つ，2つと数えられる名詞を指す．単数形，複数形の区別をもち，不定冠詞や数量詞を伴うことができる．countable, countable noun ともいう． ⇨ MASS NOUN

D

definite description（確定記述）　あるカテゴリーに属する対象のうち，特定の指示対象を限定的に記述する名詞句の表現．英語では典型的には the NP の形式をとる．

denotation（外延，明示的意味）　①意味論において，言語表現が指し示す字義通りの辞書的な意味や対象物をいう．例えば，boy の外延には [+Human] [+Male] [−Adult] で規定される指示対象が相当する．②記号論においては，ある概念（例として flower）の共通する性質を満たす対象（e.g. daisies, lilies, roses）が「外延」となる．⇨ CONNOTATION

deontic（義務的，束縛的）　行為遂行の必要性や可能性に対する話者の態度をいう．行為が実行されるべき（義務：〜ねばならない，must など）か，行為が実行されてよい（許可：〜てもよい，may など）か，などに関わり，これから生じるであろう行為を拘束する働きをもつ．hope, wish 等，語彙動詞によっても表現されうる．認識様態的（EPISTEMIC）に対する概念．⇨ EPISTEMIC

E

effectum object（達成目的語）　Fillmore (1968) の用語．John built the *table*. / I'm digging a *hole*. などの文における the table や a hole のように，動詞の表す行為が達成されることによって初めてその指示物の存在が保証される目的語のことをいう．effected object ともいう．Quirk et al. (1985) では，resultant object と呼ばれている．⇨ AFFECTUM OBJECT

emphasizer（強調詞）　Quirk et al. (1972) の用語．definitely, honestly など文全体を修飾し，内容の真実性や内容への信念を強調する副詞．増幅詞（amplifier），緩和詞（down-toner）と共に強意詞（intensifier）をなす．

end-focus（文末焦点）　通常，英語では最も重要な情報が文末に置かれる傾向があり，これを指していう．これに対して，既知情報は文の最初に置かれる傾向にある．

end-weight（文末重点）　通常，主語や目的語が長い句であったり複雑な構造を成している場合，文末に置かれることをいう．また，重要な情報ほど詳細に述べられるため，文末重点は文末焦点の帰結と考えられている．⇨ END-FOCUS

entail（含意する，伴立する）　命題 P が真である場合，常に命題 Q も真

であるならば,「P は Q を含意する」という. The terrorists assassinated the President という命題は The President died という命題を, This is a cat という命題は This is an animal という命題をそれぞれ含意している. ⇨ ENTAILMENT

entailment(論理的含意・伴立) 命題間の関係について述べる概念. 命題 P が真であるとき, 常に命題 Q も真であるが, 命題 P を否定すると命題 Q の真が保持されない場合, 命題 Q は命題 P の論理的含意であるという. また逆に命題 P は命題 Q を「論理的に含意する(logically entail)」ともいう. ⇨ 語用 IMPLICATURE

epistemic(認識様態的) 事態の成立に対する判断や信念に関わる話者の態度のことをいう. 事態や知識が成立する可能性や必然性に対する話者の判断や確信, 推量および話者が述べたことに対する保証などを含む. 束縛的(DEONTIC)に対する概念. ⇨ DEONTIC

epistemic logic(認識論理) 様相論理(MODAL LOGIC)の1つ. 命題の真偽性の確かさ, 疑わしさなどに関する話者の態度や認識の論理(または意味関係)の研究が中心となる. 言語学では must, may, could などの助動詞や likely, probably などの副詞の働きが認識論理との関係で取り上げられる.

epistemic modality(認識様態的法, 認識様相) 命題の成立に関する話者の確信度を表す法, 様相のこと. can(〜でありうる)や may(〜かもしれない)などの助動詞や(複合)終助詞, perhaps(多分), possible(かもしれない)などの副詞, 形容詞などによって表現される.

epistemic modal(認識様態法助動詞) 認識様態的に用いられる助動詞のことをいう. You *may/must* be hungry 中の must, may がこれにあたり, いずれも [You be hungry] という命題に対する話者の確信度を表す.

epistemic verb(認識様態動詞) Hyland (1998) によれば, 認識の情報源についての主観性をコードする最も透明性のある手段で, 一般的にコミットメントや断定をヘッジするために用いられる. 例として suggest, indicate, predict などが挙げられる.

epistemology(認識論) 知識の起源や構造, 方法, 妥当性を研究する哲学の一部門. 認識論理, 認識様態的法や証拠性の点で言語学と関わる.

equivalent(等値, 等価, 同値) ある2つの命題が, 論理的に等価の真理値をもつ場合をいう.

ethical(心性的) 話者が自分の話に関心があるときや, 聞き手の関心を

引くとき，動詞の後に me または you を挿入して「心性的与格」(ethical dative) で表す: Whip *me* such honest knaves.(シェイクスピア『オセロ』1:1:49). また，「心性的属格」(ethical genitive) としての your が挿入されると，嘲弄・侮蔑を表す: None of *your* business!

euphemism（婉曲表現）　タブー視されている概念について，直接表現すると相手に不快感を与える恐れがあるため，遠回しな表現で置き換える用法．「死」について直接 to die と言い表すのではなく，to pass away, to pass over, to be no more を用いるなど．

evaluative modality（評価様相）　ある事実に対する話し手の態度を表す法．例えば，It's odd that she *should* have gone. における should は，彼女が行ってしまったという事実が受け入れがたいことを表す評価様相を表す．この should は ought to に置き換えができない．

event argument/variable（出来事項・出来事変数）　形式意味論の用語．Davidson (1967) に由来する出来事意味論 (event semantics) では，出来事が変数 e となり量化子（∀, ∃）（⇨ QUANTIFIER）で束縛される対象と考えられ，述語がとる項の1つとみなされる．「花子は笑った」は，Davidson 以前では（時制を無視すると）笑った（花子）と表記されるが，出来事意味論では∃e（笑った（花子, e）と表記される．「花子は大声で笑った」も，副詞的修飾語を出来事の性質を表す述語と見なし，∃e（大声で (e) ∧ 笑った（花子, e））と表記できる．従来の表記（笑った（花子）∧ 大声だ（花子））では花子が普段から大声だという含意が出てしまうが，出来事{項・変数}を用いることで，ある出来事「笑う」の際に限り大声だったことが正しく表記できる．

event structure（事象構造，イベント構造）　生成語彙論 (generative lexicon) における Pustejovsky (1995) の用語．動詞を中心とする語彙項目の意味表示と意味の生成に関わる構造の1つ．state, process, およびその2つを複合させた transition による3つの語彙アスペクトによって特徴づけられる．

event time（出来事時）　Reichenbach (1947) の用語．発話時 (speech time), 言及時 (REFERENCE TIME) に対して，出来事の生じた時点のこと．⇨ REFERENCE TIME

exclusive *we*（除外の we）　話し手と第三者のみを表し，聞き手を含まない we をいう．⇨ INCLUSIVE *WE*

exhaustive listing（総記）　Kuno (1973) の用語．助詞「が」の3つの用法の1つで，「太郎が学生です」のように述部が恒常的状態を表す場

合の「太郎だけが」という限定的な意味を表す「が」の用法.「空が青い」のような中立叙述の「が」と「僕は花子が好きだ」のような目的格を表す「が」の用法と対立する.

existence（存在） ①哲学において，虚無に対立する概念．われわれの認識や意識から独立に事物があることをいう．②定冠詞 the などの定性を規定する概念の1つ．前提と深く関わる． ⇨ EXISTENTIAL PRESUPPOSITION

existential presupposition（存在の前提） 話し手によって名づけられた実態が存在しているという想定．基本的に定名詞句では存在が前提される．例えば，The king of France is bold. では，a king of France が存在することが前提となっている．

existential quantifier（存在記号，存在量化子；存在数量詞） ①述語論理学（predicate logic）で用いられる量化記号または論理演算子の1つで，∃と表記され，∃xBx は「B のような x が少なくとも1つ存在する」を意味する．②自然言語において，不定冠詞 a/an, some, (a) few, (a) little, several, many, a lot of, 数詞などのように，存在の解釈を持つ数量詞を存在数量詞と呼ぶ．存在の there 構文の意味上の主語を修飾することができるなどの特徴がある．

existential sentence（存在文） 一般的に，ある対象の存在について述べる文のことをいう．代表的なものとして，there 構文がある：There are two books on the table.

experiencer（経験者） Fillmore (1968, 1971b) の提唱した意味役割のうち，知覚・認知・感情など心理的な経験をする主体を表すものを指す．何か出来事や人が原因となって特定の心理的な状態を引き起こす事態に関わるため，経験者はその原因となる対象と対となっている．動詞の種類によって，主語位置，目的語位置で生じることが多い：*John* fears thunder. / Thunder frightens *John*. ⇨ STIMULUS

experiential realism（経験的実在論） Lakoff and Johnson (1980) で述べられた，経験基盤主義に基づく実在論．客観的な物理的性質ではなく，経験主体である人間と，その身体と環境の相互作用によって，意味が特徴づけられるという考え方．経験によりその実在が確認できるものだけが理論的な説明に用いられるし，また理論的説明で用いられるものはすべて経験に基づくものとして還元されるとする．

extension（外延，拡張） ①（外延）ある語の指し示す具体的な対象（またはその集合）のこと．「明けの明星」と「宵の明星」は，同じく「金星」

を指すので外延は同じである．⇨ INTENSION　②（拡張）語彙項目や構文の意味が，典型から派生へ広がりを見せること．tree（木）が family *tree*（家系図）に，mouse（ネズミ）が computer *mouse*（マウス）へと用いられるなど．拡張の基盤には意味の抽象化や比喩的認知が関わる．⇨ 認知 EXTENSION

extensional logic（外延論理）　1つの現実世界にすべての言語表現の指示対象が存在することを想定する論理体系．普通名詞の指示対象として現実世界の物の集合を，また文の指示対象として真理値を当てる．例えば，The book is boring. では，ある1つの状況下での the book と be boring の外延だけで文の真理値が決定でき，外延論理で解決できる．ただし，The book may be boring. の解釈には別の可能世界を想定する必要がある．⇨ INTENSIONAL LOGIC

external negation（外部否定）　命題の陳述に関する否定をいう．命題内容自体を否定する内部否定と対になる概念．It is possible [that he is at home]. に対し，It is not possible [that he is at home]. は，その命題内容 [that he is at home] ではなく陳述内容である It is possible を否定する外部否定となる．⇨ INTERNAL NEGATION

F

factivity（叙実性）　Kiparsky and Kiparsky（1970）の用語．動詞や形容詞がとる補文の内容が，事実であることが話し手によって前提とされていること．

factual possibility（現実的可能性）　Leech（1971）の用語．ある事態が現実に起こりうる可能性のことで，may, might, could などで表される．The road *may* be blocked. は「（現実に）封鎖されるかもしれない」という現実的可能性を表すのに対して，The road *can* be blocked. は「封鎖されることは（論理的に）ありうる」という論理的可能性を示す．

false（偽）　命題は真か偽かのどちらかの値をとる．このとき，「命題が偽である」とは命題内容に対応する状況が成立していないことである．命題内容に対応する状況が成立している，「命題が真である」状況に対立する概念．⇨ TRUTH VALUE GAP

focal adjustment（焦点の調整）　Langacker（1987）などの用語．ある場面や状況の一側面に焦点を調整することをいう．この操作は3つのパラメター（選択・視点・抽象化）に基づいて説明されている．この操作に伴い，様々な言語表現や文法構文が使用される．これによって，あ

る場面や状況は何通りにも表現される.

focus(焦点) 文の中で,トピックとなっているものに対して,最も新しい情報のことをいう.通常,アクセントが置かれる. ⇨ PRESUPPOSITION

focus of negation(否定の焦点) 否定の作用域において,否定の影響が直接及ぶ要素をいう.John did*n't* go to the conference. では「誰かが会議に出た」ことが前提とされるが,その中で否定辞 n't の焦点,つまり否定される要素は John となる. ⇨ NEGATIVE SCOPE; PRESUPPOSITION

formulaic(定型的) 一定の形式で固定された表現のこと.特に儀式や諺のように特定の使用目的をもつことが多い. ⇨ SPEECH FORMULA

free indirect speech(自由間接話法) 間接話法でありながら,伝達動詞を含む節を伴わず直接話法の特徴ももつ話法のこと.He closed the door. So, it was over between us, wasn't it? において So 以降は実際の発言であり,自由間接話法で表されている.was を用い時制の一致が見られる一方で,He thought 等の節を伴わず,us や付加疑問を用いている点で直接話法の特徴を残している.

Fregean/Frege's principle(フレーゲの原理) Principle of Compositionality(構成性の原理)のこと.「表現全体の意味はその各部分の意味と各部分の結合様式によって決定される」とする原理で,現代論理学の創設者の一人である Gottlob Frege の名前を冠してこう呼ばれることもある. ⇨ COMPOSITIONALITY

frequency(頻度) ① Quirk et al. (1985) による副詞の分類用語.時の副詞を分類する際の基準とされる.連続性(always, permanently),高頻度(often, repeatedly)などの基準が定められている.②もともとある語や表現のコーパステキストなどでの出現回数をいう.Bybee (1985) は言語使用における頻度の高さが言語変化を促進すると主張する(⇨ 認知 USAGE-BASED MODEL).

G

generalized quantifier(一般量化子) Barwise and Cooper (1981) の用語で,一般名詞句を,従来の量化子(⇨ QUANTIFIER)と同様に,集合と集合の関係を規定する量化子とみなしたもの.普通名詞 men を「男性全体の集合」,固有名詞 John を(単に John という個体を指示するのではなく)「John のもつ属性の束・集合」として考える.このこと

により，{Many/A few} men walk. を「男性全体の集合{の多く・数人}」と「歩く個体の集合」との重なりと考えるのと同様，John {walks/is smart}. は，「John という属性の集合」と「{歩く／賢い} 個体の集合」との部分集合として，それぞれ解釈される．

generative semantics（生成意味論）　1960 年代後半から 1970 年代にかけて展開された文法理論．記号論理学に傾斜した意味表記を出発点に表層の文形式を生成しようとする文法理論で，その全体像は Lakoff (1971) に提示されている．⇨ INTERPRETIVE SEMANTICS

generic（総称的，総称）　特定の個体としての対象ではなく，指示対象の属する種の全体を指す記述や用法を総称(的な記述・用法)という．例として，the dog という名詞句は「特定のある犬」を指すのではなく「犬というもの全般」を指す総称的表現．

generic sentence（総称文）　指示対象の属する種やクラス全体について記述する文．例として「犬はひとなつっこい動物だ」という意味での *Dogs* are friendly animal. / *A dog* is a friendly animal. / *The dog* is a friendly animal. はいずれも「犬というもの全般」について述べる総称文である．

goal（着点）　動詞が表す移動の経路の最終到着点，または動詞の表す行為が引き起こす状態変化の最終状態を表す言語要素に付される意味役割のことをいう．結果構文では結果句が着点となる：John ran *to Chicago*. / Harry threw the ball *into the box*. / Mary went *crazy*.

gradable（段階的）　形容詞や副詞，動詞，名詞などの持つ意味的な性質で，その属性の程度が絶対値ではなく相対的であり，大小に言及できる性質を指す．tall は taller/less tall など比較級にできることから，段階的であるが，dead/alive や even/odd などは比較級にすることはできず，非段階的である．

group reading（グループ読み）　個体の集合全体を 1 つのものと捉える解釈をいう．数量詞 all を含む文はこの解釈が可能で，All the friends surrounded the table. のように友人たち全体をひとまとまりとして捉えている．⇨ INDIVIDUAL READING

group verb（群動詞）　look at や look after, look forward to のように，典型的には自動詞の直後に前置詞をとり，さらにその補部をとることで他動詞のような振る舞いをする動詞を指す．意味的・統語的に 1 つのまとまりをなす．

H

habitual(習慣相) ある事象が一定の期間にわたって繰り返し起こり，その期間を特徴づける習慣として認識される事象を表すアスペクト．He smokes. (喫煙者だ) / He is always smoking. (いつもタバコを吸っている) などに示される．未完了相の1つ．

historic(al) present(歴史的現在) 主に年代記や物語などの叙述において，過去の事柄を述べる際に用いられる現在時制．dramatic present, narrative present とも呼ばれる．過去の出来事を活写する効果をもつとされ，新聞の見出しや実況中継などでも用いられる．

hole(穴) Karttunen (1973) の用語．補文の前提すべてを母型文 (matrix sentence) にも引き継ぐ述部をいう．例えば，It *surprised* Mary that Fred hesitated to stop beating his wife. では，補文の前提 Fred has been beating his wife. が母型文でも前提になるので，述部 surprised は穴となる．

holistic(全体的) ①文の主語や目的語が，指示される対象全体を表すという解釈．例として The garden is swarming with bees. において，蜜蜂は「庭全体に群がっている」という全体的解釈を受ける．②言語表現において，全体の意味を部分に還元するのではなく，部分が相互に関連し合って全体の意味が構成されるとする捉え方．

homology(相同性) ある2つの項の関係が別の2つの項の関係と等価という性質．A：B の関係が a：b の関係と等しい際，A と a は B と b との対応において相同性を示す．記号学・認知言語学には言語と意味や文化の間に相同性を指摘する立場がある（名詞の可算・質量と動詞の完了・未完了アスペクトとの関係など）．

homomorphism(準同形性) モンタギュー文法において提唱された，統語規則と意味規則の構造における並行的な関係性．言語の意味は統語規則とそれに対応する意味規則によって規定され，これによって構成性の原理が保証されると考えられた．

hyperbole(誇張(法)) 事態や認識，感情などについて，適切と思われる程度を越えた誇大な表現で大げさに述べる修辞技法．例として，Her eyes nearly popped out of her head. など．

hyponym(下位語) より一般的な語に対して，それをより具体化した下位範疇の意味を持つ語のことで，subordinate term ともいう．例えば，lettuce, onion, tomato, cabbage, carrot, potato などが vegetable の下位語である．

hyponymy(上下関係) 語の意味関係において,語彙の抽象 – 具体に対応する上下関係を指す.例えば,上位語(superordinate word または hypernym)である animal に対して,その具体例を表す下位語(hyponym)にあたるものは dog, cat, horse, cow となる.

hypothetical(仮定法) 話者の発話に対する心的態度において,命題を非現実のものと想定して話すことをいう.Jespersen (1924) は話者の心的態度を表す法性を,有意志的なものと無意志的なものに大別したが,hypothetical は後者に属し,'if he were rich' などで表される.

I

identification(同定,同一化) 名詞句の意味が具体的な指示対象と結びつけられること.名詞句は本来,それ自体としては単にカテゴリーを表す意味しかもたないと考えられるが,英語なら冠詞や this/that,日本語なら「この・その・あの」等を用いて特定のカテゴリーメンバーを同定することができる.

idiosyncrasy(特異性) 一般的な規則に従わず,予測が困難な性質を指す.例えば give や tell は二重目的語構文と与格構文に生起できるが,一方で give や tell に意味が似ている contribute や explain は二重目的語構文をとることはできず,与格構文のみ容認される.このように個々の語彙項目の特徴に帰するしかないと考えられる性質のことをいう.

immediate/imminent future(近接未来) 差し迫った未来,話し手にとって非常に近いと思われている未来.shortly, soon などの副詞や,移動を表す動詞の現在進行形や be about to do などを用いることにより指示することのできる未来時であり,確実に起きると思われる事柄が生じる時間.

imperative (mood)(命令法) インド・ヨーロッパ語族などにおける法の1つで,相手に対する命令,依頼,要求,禁止などを表す動詞の活用形を指す.

imperfective(未完了) 事象を,開始・終了を含むひとまとまりの全体として捉えるのではなく,その事象の開始あるいは終了の限界に至る前の内部構造のみを捉える際に用いられるアスペクト.未完了相はさらに継続相,進行相,状態相,習慣相,反復相などに下位分類される.

impersonal construction(非人称構文) 事態の論理的な主体であるはずの主語が明示化されず,主に三人称単数形の動詞で構成する構文をいう.時間を表す動詞(e.g. take)や 天候を表す動詞(e.g. snow, rain)

などがこの構文で使用される．現代英語では形式主語として it を伴うことが多く見られる：It is snowy. / It takes 10 minutes.

implicit object（潜在目的語）　本来は他動詞の目的語として必要でありながら，文には明示されない語句．例として，He is always eating. では動詞 eat の対象となるべき food が，She is now reading. では動詞 read の対象となるべき book がそれぞれ潜在目的語である．

implied negation（含意否定）　Jespersen (1924) の用語．形式上否定辞を含まない文が，含意によって否定的意味をもつことをいう．修辞疑問文，仮定法の前提節，非合理的な帰結節を伴う前提節などで見られる．例としては，If *Nixon is innocent*, I'll eat my hat. (→ニクソンは無実ではない)/ *What* difference does it make? (→違いはない)

imply（含意する）　① P が真であるならば Q は真である場合，P は Q を含意するという．論理的含意，または意味論的含意を指す．⇨ ENTAIL　② P であるときに，Q であることが状況や知識から推測される場合，P は Q を含意するという．語用論的含意を指す．⇨ 語用 IMPLICATURE

inalienable（譲渡不可能）　二者 A, B が所有・非所有の関係にある場合，A から B を分離できない場合を，「譲渡不可能な」所有と呼ぶ．Mary pinched John on the nose. の例において，the nose は John の身体部分を指しており，譲渡不可能な所有である．もし John 以外の他人のものであれば，解釈不可能になってしまう．⇨ ALIENABLE

inanimate（無生，非有生）　名詞や代名詞などの指示物が，生物としての性質を持たないことを表す意味特性．主語や目的語の(代)名詞がこの特性をもつかどうかは，動詞などの選択制限に影響を与える．例えば，名詞 book は，生命や意識・動きをもたない「無生」であるので，book が他動詞 eat の主語になると，非文法的になる．⇨ ANIMATE

inchoative（起動相）　ある事象の開始段階を表すアスペクト．主に become, get, start や「～し始める」といった表現で表される．

inclusive disjunction（包含的選言）　命題 P, Q において，P, Q いずれかが真，あるいは P, Q いずれもが真のときに真となり，P, Q いずれもが偽のときにのみ偽となる合成命題を指し，'P∨Q' と表す．英語では，'and/or' と表記される．exclusive disjunction (排他的選言) に対する．

inclusive *we*（包含の we）　話し手と聞き手を含んでいる we をいう．⇨ EXCLUSIVE *WE*

indefinite（不定）　ある言語表現の指示内容が特定不可能である場合，

その指示内容は不定であるという．例えば，不定冠詞 a/an を伴う名詞句 a dog, 不定代名詞 something, nobody などの指示内容は不定である． ⇨ DEFINITE DESCRIPTION

indexical（指標的） Peirce (1955) が記号を，類像・指標・象徴と3つに分類したが，そのうちの1つである「指標」に認められる性質．「指標的性質」とは，記号が指示対象と隣接関係をもつ場合であり，例として指示代名詞やメトニミーなどが挙げられる．

indicative (mood)（直説法） 接続法（仮定法）や命令法に対する無標の法で，動詞の形態によって示される．広範な種類の文において使用されるが，主に，話し手が現実のこととして捉えている事態や，断定に値すると判断した命題を述べるために使用される．

indirect discourse/narration（間接話法） 他人の言葉を伝達する際の様式の1つ．元の発話をそのまま引用するのではなく，伝達者の言葉が用いられる．人称，時制，場所なども，伝達者の立場に応じて表現し直される．indirect speech, indirect style, oratio obliqua ともいう．

indirect passive（間接受動態） 能動文における他動詞の目的語となる対象を主語にすることで作る典型的な受動態とは異なり，目的語以外の対象が主語となったり，自動詞を用いて作られたりする．統語・形態論上は受動態であるが，典型的ではない受動態：私は母に勝手に日記を見られた／太郎は妹に大声で泣かれた．

individual level（個体レベル） 述語を意味的に分類する際の用語．個体の内在的で永続的な性質を叙述する述語を指す．例えば，John is smart. において，smart は John の恒常的属性を表す．このような述語を指して個体レベル述語と呼ぶ．Milsark (1974) や Carlson (1977) 以降詳しく議論される． ⇨ STAGE LEVEL

individual reading（個別的読み） 集合の個々のメンバーを問題にする解釈をいう．数量詞 all, every, each を含む文はこの解釈を持つことが可能で，All the students brought flowers. であれば「学生が各々花を持ってきた」という解釈になる． ⇨ GROUP READING

information flow（情報の流れ） Chafe (1976, 1987, 1992, 1993, 1994) による用語．談話の進行につれて，話し手と聞き手の間で，物事，状態，出来事に関する認知状態が変化することをいう．例えば，情報を提示する際，まず旧情報（OLD INFORMATION）から与えられてその後に新情報（NEW INFORMATION）が配置されるなど，情報提示の順序に関することなどが挙げられる．

information focus(情報の焦点) 発話の中で,話し手が伝達上最も重要であると考える部分をいう.新情報を担う.

information structure(情報構造) Halliday (1970) による用語で,情報がどのような形式で文中に配置されるかについて述べるもの.特に,新情報と旧情報の配列に関することをいう.

informative function(情報伝達的機能) Halliday (1975) による言語機能の1つで,情報を伝達する,つまり 'I want to tell you about …' のように自分の知っている事実や知識を相手に伝えるための機能をいう.

instrument(道具格) ある動作を行ったり,ある状態を引き起したりするために動作主が用いる道具や手段を表す意味役割のことをいう.主語や with, by などによる前置詞句や副詞句で表される:*The key* opened the door. / Mary cut the cheese with *a knife*. など.英語史で名詞の格屈折変化があった時代では,屈折によって明示的に表されていた.

intension(内包) ある語の示す対象がもつ性質のこと.外延(EXTENSION)に対する用語.例えば,dog の外延が実際に存在するすべての犬の集合を指すのに対して,dog の内包は,哺乳類で4本の足があるといった,犬が共通してもつ性質を指す. ⇨ EXTENSION

intensional logic(内包論理学) 外延のみならず内包も取り扱う論理学.1つの指標(多くの場合現実世界)での命題の値のみならずその他の指標(現実世界以外の可能世界)での命題の値も考慮することにより,外延と内包に関わる意味現象を説明しようとする.Dowty, Wall and Peters (1981) 参照.

internal negation(内部否定) 命題の内容に関する否定をいう.命題の陳述に関する否定である外部否定と対をなす概念.例えば,It is possible [that he is *not* at home]. での not は [ ] 内の命題内容に関わる否定である. ⇨ EXTERNAL NEGATION

interpretive semantics(解釈意味論) 生成文法において言語記述の意味解釈レベルを深層構造のみに限定せず,表層構造(や場合によっては途中の段階)も意味解釈に積極的に寄与すると考える立場のことで,その全体像は Jackendoff (1972) で提示されている. ⇨ GENERATIVE SEMANTICS

iterative(反復相) ある事象が繰り返し起こる,または起こったことを表すアスペクト.knock などのように,語が表す動作が複数回の繰り返しを含む場合や,回数等を表す語句によって,外的に反復を表現する

場合（jump *many times*），進行形によって表される場合（jumping）などがある．

J

juxtaposition（並置）　語や文や節を接続詞なしで繋げ並べること．parataxis（並列）とも呼ばれる．

K

kind predicate（種の述語）　種に関する叙述を行う述語．生物的な種のグループを指し示す名詞句を項に取るという選択制限をもつ．例えば，be extinct（{Dodos are/*A dodo is} extinct.），evolve from（{Humans evolve/*He evolves} from apes.）などが挙げられる．

kinesis（動性）　Hopper and Thompson (1980) が挙げた，他動性を特徴づける10の言語現象のうちの1つ．動作（action）または非動作（non-action）の度合いによって特徴づけられる．

L

law of absorption（吸収律）　一対の二項演算子間に成立する同値関係を述べた恒真式で，古典論理学においては論理和（∨）と論理積（∧）の関係を述べた恒真式 $[(P \vee (P \wedge Q)) \equiv (P \wedge (P \vee Q))]$ のこと．この場合演算子を入れ替えたどちらの式も P と同値となる．⇨ TRUTH VALUE

law of contradiction（矛盾律）　古典的論理学において，同一命題は同時に真であり偽であることはないことを述べたもので，~(P ∧ ~P) と表すことができる．

law of double negation（二重否定律）　古典的論理学において，命題 P は，命題 P の否定の否定と同値であることを述べたもの．$P \equiv \sim\sim P$ と表せる．

law of excluded middle（排中律）　命題は真か偽かのどちらかの値をとり命題 P と命題 ~P が同時に成立することはなく，P または ~P のどちらか一方が真，もう一方が偽となることを述べたもの．P ∨ ~P と表すことができる．⇨ TRUTH VALUE GAP

law of identity（同一律）　同一命題は常に同値であることを述べたもので，命題論理学では，$P \equiv P$ と表記されるほかに，$P \wedge P \equiv P$, $P \vee P \equiv P$ 等も用いられる．

lexical causative(語彙的使役動詞) 使役の働きかけの開始時からその結果までの事態を表す動詞のことであり,使役の意味を1つの動詞のみで表すことができる:The man *killed* his neighbor. また,接辞を付加して表す,morphological causative(形態論的使役動詞)と呼ばれるものも含む:brighten, enrich, terrify, enjoy. ⇨ PERIPHRASTIC CAUSATIVE

lexical decomposition(語彙分解) 単語の意味を,より原素的意味に分解することをいう.例えば,boy は [HUMAN] [MALE] [YOUNG] に,kill は [CAUSE] [DIE] に語彙分解される.ただし,語彙分解はその単語の意味を表す上では不十分である.例えば,語 (kill) とその語彙分解された意味 (cause to die) とは厳密には同義ではない:John *caused Bill to die* on Saturday by poisoning his cornflakes on Friday. ≠ ?John *killed* Bill on Saturday by poisoning his cornflakes on Friday.

lexical structure(語彙構造) 語彙の意味を類別的,階層的に構造化したもの.特に動詞の意味構造については豊かな表示が認められてきたが,一方で名詞や形容詞などにも,動詞と同じように項構造やクオリア構造などの意味表示が必要であると考える立場もある(Pustejovsky (1995)).

lexical verb(語彙動詞) ①明確な意味内容をもち文の主要な要素となる動詞.linking verb と対比される.②使役的意味などを包入して単一の語彙項目として具現された動詞.X cause Y to become dead という分析的な表現に相当する X kill Y に現れる他動詞 kill などがこれにあたる.⇨ LINKING VERB

linking verb(連結動詞) 意味内容が希薄で,主語名詞と述語になる形容詞や名詞を連結することが主要な機能となる動詞のこと.be 動詞や seem, appear などが代表的:He *is* a teacher. She *seems* gentle. COPULA(連結詞)ともいう.

list sentence(リスト文) ①同じ品詞の表現が2つ以上並ぶ言語パタンを含む文のこと:I like *apples and oranges*. 対極の物を列挙して全体を表すケースもある:day and night(一日中), in sickness and in health(どんなときも)など.② there 構文で,聞き手にすでに既知の定名詞句が用いられ,その文脈下での新情報として1つ1つ列挙する用法をいう:What's worth visiting here? — There's the park and the library.

locative(所格,場所格) ①(所格)インド・ヨーロッパ語族の格の1つ.場所や位置を表し,現代英語では at や in などを用いて表される. ②(場所格)Fillmore (1968) による格文法の用語.深層格の1つ.動詞が表す状態・活動の場所や空間的方向を表す格のことをいう.場所格は主語や直接目的語としても生じるが,前置詞句の形で生じることが最も多い.

logical constant(論理定項) 論理学の記号でその解釈が一義的に決められているもの.例えば,命題 P ∨ Q の場合,命題変項 P, Q の解釈や値は複数あり得るが,∨ の解釈は常に同じで変わることがない.このとき,∨ は論理定項であるという.

logical equivalence(論理的等値) 命題 P と Q がいかなるモデルにおいても等値であるとき,この関係を指して論理的等値であるといい,特定のモデルにおいてのみの等値関係(P ≡ Q)(material equivalence)とは区別される.⇨ MODEL THEORY

logical form(論理形式) ①自然言語の意味をなんらかの論理形式で表示したもの.用いられる論理言語は必要とされる推論や解釈に応じて命題論理,述語論理,内包論理など数多くありうる.② Logical Form (LF) は生成文法における特定の記述レベルを指す.

logical necessity(論理的必然性) あらゆる可能な世界において真である状態をいう.例えば,命題 [All bachelors are unmarried] はどのような世界にあっても成立するため,論理的必然をなす.

logical operator(論理演算子) 真理関数的に働く演算子を指してこう呼ぶ(⇨ TRUTH FUNCTION).否定(~),連言(∧),選言(∨),含意(→)などのことだが,真理関数として定義できる演算子であれば,どのような演算子であろうと論理演算子であるといえる.

logical predicate(論理述語) 生成意味論で述語の位置に生成される数量詞や否定辞のこと.

logical subject(論理的主語) 一般に,受動文や存在の there 構文などの派生文において,それらに対応する能動文やはだか存在文(bare existential)などで文法的主語とされる要素のこと.

logophoric(発話主体指向的) Kuno (1987) などの用語.発話,思考,感情などの表現内容が誰に帰すべきものであるかに関わる特性のこと.再帰代名詞の先行詞にはこの特性が観察できるとされ,以下の文で再帰代名詞の先行詞として John が不適切であることも,この特性の欠如によると考えられる:??John didn't tell Mary that there was a picture of himself in the morning paper.

M

manner（様態） ① 動作や存在に付随する様子のこと．'形容詞 + ly'（coldly）等の副詞や 'in a — manner/way' 等の修飾要素で外的に付与される場合もあれば，動詞に内在する場合（wander は move（移動）+ *wandering*（様態）と考えられる）もある．② Grice (1975) の「協調の原理」を支える公理の1つ．明瞭・簡潔な話し方をすべきとする「様態の公理」のこと．⇨ 語用 COOPERATVE PRINCTPLE; MAXIM OF MANNER

marked（有標の） 2つの対立する形式において，音韻，形式，意味，使用などの側面において，より特殊な特徴や制限を有する方をいう．一般的に，もう一方のものより形式的に長くなる傾向が強い．⇨ 音韻・統語 UNMARKED

marker（標識） ある機能を表示するための形態素のことを指す．例えば，because や but は2つの節の関係を，John's における 's は属格を表す標識である．

mass noun（質量名詞） 指示対象が一定の形体や境界をもたないと解釈された結果，1つ，2つと数えられない名詞を指す．英語では単数形，複数形の区別をもたず，不定冠詞や数量詞を伴うことがない．例えば，milk, rain, peace などの物質名詞や抽象名詞を指す．uncountable, uncountable noun（不可算名詞）ともいう．⇨ COUNT NOUN

mental attitude（心的態度） 発話の内容が事実である可能性，必然性，蓋然性などについての判断や信念，発話の内容の実現についての願望など，発話に対する話者の心的状態をいう．法副詞や法助動詞，法（⇨ MOOD）などによって示される．

mid-scalar（尺度の中間） Horn (1978) の用語．否定辞繰り上げを許す述語の性質として挙げられるもの．認識様態的な意味の possible, likely, clear では，possible と certain はそれぞれ弱い意味，強い意味を有するが，likely のみが中間的な意味を持ち，否定辞繰り上げが可能である．

middle verb（中間動詞） ①能動態のみで使用され，受動態の文には生起しない動詞：resemble, cost, weigh をいう．②中間構文で使用される能動受動態，即ち中間態の意味を表す動詞をいう．つまり，他動詞の目的語を主語にとることができる動詞である：This knife *cuts* easily.

modal（法的） 命題内容に対する話し手の心的態度（⇨ MENTAL ATTI-

TUDE) に関わることをいう．法的な意味をもつ典型的なものに，may, can, must といった法助動詞がある．

modal logic（様相論理）　命題の様相性（必然性，既知性，義務性など）についての論理．様相論理はもともとは論理的必然性と可能性［□ P（P は論理的に必然である）と ◇ Q（Q は論理的に可能である）］の研究がその中心だったが，言語の意味研究が進むにつれその他の様相性についても研究されるようになった．

modal meaning（法的意味）　法助動詞，法副詞などがもつ，法性に関わる意味のこと．例えば，may では，「～してもよい」「～かもしれない」という，許可や可能性についての意味がそれにあたる．⇨ MODALITY

modal negation（法否定）　法助動詞が否定辞を伴う場合，否定辞は法助動詞の意味か命題の意味かどちらかを否定する．前者を指して法否定という．例えば，He can't be poor. という文では，It's not possible that he is poor. と置き換えられ，not が can の意味を否定しているので法否定である．

modal operator（法演算子）　様相論理（modal logic）で用いられる演算子．necessity を示す演算子 □（box と読む），possibility を示す演算子 ◇（diamond と読む）がある．□ P は「すべての可能世界で P が必然的に真である」こと，◇ P は「P が真である可能性がある：P は少なくとも 1 つの可能世界で真である」ことを示す．

modal scope（法作用域）　法性を表す語が解釈される際に力を及ぼす領域．他の法的な語や数量詞句，時制，否定辞等の持つ作用域との相対的な広さによって，文の解釈が決定する．

modal structure（法構造）　Jackendoff（1972）の用語．否定辞や数量詞などの作用域を特定したり，名詞句の示す指示内容を特定したりする構造のこと．

modality（法性，モダリティ）　MODAL の名詞形で，命題内容に対する話し手の心的態度のあり方を表現するもの．英語では，法性は maybe などの副詞，possible などの形容詞，must, may などの助動詞などによって表現される．命題が事実である可能性や必然性を表す認識様態的（⇨ EPISTEMIC）法性と義務や許可を表す義務的（⇨ DEONTIC）法性に下位分類される．

model theory（モデル理論）　形式と意味は無関係で論理式は解釈されて初めて意味を持つと考え，論理式内の個々の表現が何を指示するかを

指定することにより意味解釈を与える理論のことをモデル理論という．「記号は記号外の世界の対応物を指示する」という考え方に依拠し，モデルは一般的に集合論的構築物によって規定される．

modus ponens（肯定式，モドゥスポネンス）「PならばQである」といえる場合に，「Pである」という前提から，「ゆえにQである」という結論を導き出す推論形式のこと．

monosemy（単義）1つの語彙項目に結びつく意味が抽象的な意味1つだけであり，曖昧性が生じないこと．⇨ POLYSEMY

Montague grammar（モンタギュー文法）Montague (1974) に集約される，自然言語の形式と意味を取り扱う文法で，仲介言語として統語記述には範疇文法（categorial grammar），意味記述には内包論理（⇨ INTENTIONAL LOGIC）を用いるのが一般的．様々な形で種々の形式文法（formal grammar）に取り込まれている．

mood（法）断定や命令，願望や疑いなど，文の内容についての話者の心的態度を表す．特に動詞の語形変化に現れる．例えば，直説法，命令法，仮定法などが該当する．

N

narration（話法）人が話した言葉を伝達する際の様々な方法のことを指す．speech ともいう．一般的に，直接話法と間接話法の二種類があり，さらにそれらの中間的な話法として混合話法が存在する．また，伝達節を持たない間接話法を自由間接話法，または描出話法と呼び，同様に伝達節を持たない直接話法を自由直接話法と呼ぶ．

near future（近接未来，近未来）⇨ IMMEDIATE/IMMINENT FUTURE

negation test（否定のテスト）前提を特徴づけるテストをいう．ある文Pの前提がQであるとき，QはPおよび〜P両方の含意となっていることを利用する．例えば，P = [He regrets drinking the whiskey] が Q = [He drank the whiskey] を含意し，Pの否定 = [He doesn't regret drinking the whiskey] も Q を含意していれば，Q は P の前提だと判断できる．

negative inversion（否定倒置）否定辞，あるいは半否定辞の前置に伴う主語と助動詞の倒置をいう：At no time *must this door* be left unlocked. / Not a single book *had he* read that month. / Only one more point *will I* make. (Quirk et al. (1985))

negative polarity item（否定極性項目）もっぱら否定の作用域

(⇨ NEGATIVE SCOPE) で用いられる表現をいう：any, ever, either, at all, yet や,「めったに」「少しも」. 否定極性項目の生起する構文環境には制限があり, 否定文, 比較構文, 疑問文, If 節, before 節, 反事実条件文などに限られる.

negative scope（否定の作用域） 否定辞が影響を与える可能性のある範囲をいう. 例えば, Many arrows [did not hit the target]. では many は否定の作用域（[ ] の部分）に入らないのに対し, [The target wasn't hit by many arrows] では many が否定の作用域に入るため, 文否定と解釈される.

NEG-raising verb（否定辞繰り上げ動詞） I don't think he is fool. の not は本来補部である he is fool に属しているものが主部に現れているとされる. この現象を否定辞繰り上げといい, これを許す動詞をいう. 思考動詞 believe, think, suppose, suspect, 願望動詞 want, wish, expect のほか, seem, appear, look like, feel like などがある.

new information（新情報） 談話において, 聞き手にとって未知の新しい内容であると話し手が判断した情報をいう. 通常, 発話においてはこの部分に文強勢が置かれる. ⇨ OLD INFORMATION

old information（旧情報） 談話において, 聞き手がすでに知っている内容だと話し手が想定している情報のことをいう. given information（既知情報）ともいう. 新情報とは異なり, 通常発話において強勢やアクセントを置かない. Prince (1992) は既知情報を聞き手既知情報（上述の情報）と談話既知情報（談話の中でより早い段階で喚起された情報）に区別している. ⇨ NEW INFORMATION

onomasiology（命名論） ある概念や物体, 行為がどのように言語化されるか, という問いを追求するアプローチ.「地下を走る電車はどう表現されるか」という問いをたて, subway なのか tube なのか, といった方言や言語間の語彙の違いを発見することに関心を払う. 所与の言語表現が何を表すかを求める意味（変化）論 (semasiology) と対をなす. ⇨ SEMASIOLOGY

opaque context（不透明文脈） Quine (1953) の用語. ある文に含まれる表現をそれと同一指示の表現に置き換えると文の真理値が変化するような文脈をいう. 例えば, Mary believes that {*John's uncle/Bill*} is a great teacher. の文で, もし John's uncle と Bill が現実に同一人物で

も，Mary がその事実を知らない場合，2つの文は必ずしも同じ真理値とはならない．この不透明文脈の例としては believe 補文のほかに be unaware/know/say/doubt/be surprised の補文環境がある．

P

paradigmatic（範列）　Jakobson (1971) における記号論の用語で，同一環境で代替し得るすべての要素を「範列」という．例えば，The girl sang. では，名詞 girl は，boy や man, woman などと代替し得るので範列関係にある．動詞 sang もまた danced などと範列関係にある．⇨ SYNTAGMATIC

partial negation（部分否定）　all や every などの普遍数量詞が否定の焦点となる否定をいう．例えば，Not *every*body came. では every が否定の焦点となって，Somebody didn't come. の意味となる．全体否定と対立する概念．⇨ TOTAL NEGATION; FOCUS OF NEGATION

patient（被動作主）　事態の参与者としての名詞句に与えられる意味役割の1つで，動詞が表す行為やプロセスによって影響を受ける対象．例として，The man opened *the door*. における the door．

periphrastic causative（迂言的使役）　形容詞や不定詞などの補語を追加して，使役の意味を分析的に表すことができるような動詞をいう：make, have, get, let, cause. なお，語彙的使役動詞 kill と迂言的使役動詞の表現である cause to die と比較すると，語彙的使役は直接的な使役であるが，迂言的使役は間接的な使役を表すという解釈の違いが見られる．⇨ LEXICAL CAUSATIVE

polysemy（多義）　1つの語彙項目に複数の意味が結びつくこと．各々の意味が包摂関係にあるような例を指す linear polysemy（線状的多義），意味間に比喩的拡張関係が認められるような例を指す non-linear polysemy（非線状的多義）に大別される．⇨ MONOSEMY

possible world（可能世界）　現実世界が1つの世界の有り様だとすれば，それ以外にも世界の有り様が種々考えられる．現実世界も含めて，これらすべてを可能世界という．形式意味論（formal semantics）でよく用いられ，内包と外延，論理的必然性と可能性など可能世界を用いてその特徴づけができる概念は多くある．

presupposition（前提）　Frege (1892) に端を発し，Russell (1905), Strawson (1950) などが議論してきた推論概念．文や名詞句において，常にその指示対象が真となり，疑問文や否定文におかれてもその疑問や

否定の対象にならない部分を言う.例えば,What did he buy? という問いを発する際には He bought something が,the King of France という定名詞句を使用する場合はその指示対象が存在することが,それぞれ真として成立するものとして前提とされる.意味論的前提(⇨ SEMANTIC PRESUPPOSITION)とも呼ばれる. ⇨ 語用 PRAGMATIC PRESUPPOSITION

presupposition-trigger(前提の引き金)　前提を生み出す言語表現のこと.He {regrets/thinks} he did something wrong. では,regrets のときのみ補文内容がすでに成立する前提命題として解釈される.前提の引き金には regret, realize などの叙実動詞,stop, begin などの状態変化動詞,before, while など時の副詞節を導く表現,too, back などが関わる比較・対象の表現などが含まれる.

projection problem(前提の投射の問題)　ある文が他の文構造に埋め込まれた場合,元の文のもつ前提が全体としての文に引き継がれるか否かという問題.前提がそのまま引き継がれるタイプの表現は hole, 引き継がれないものは plug と呼ばれる. ⇨ HOLE

prominence theory(卓立理論)　Grimshaw (1990) が提案した,動詞の項構造とその主題関係との結びつきのパターンを体系化する理論.Jackendoff (1972) 以来,主題関係間には (Agent (Experiencer (Goal/Source/Location (Theme)))) という階層関係が想定されている.Grimshaw はこの階層関係の順に卓立性が高いと考え,その卓立の度合いの高いものから動詞の項構造へと対応づけられると予測する.

Q

quantifier(量化子)　言語や論理学において,論理式が適用される対象としての個体の「量」を指定する論理記号をいう.古典的な論理学では全称量化子∀および存在量化子∃を指しており,前者には自然言語における all, every など,後者には some などの数量詞が,それぞれの働きに対応している.Some students are smart は論理式では $\exists x\,(\text{student'}(x) \land \text{smart'}(x))$ と表記され,student であるものの集合と smart であるものの集合との重なり(和集合)に少なくとも1人が存在することを表す.また all students are smart は $\forall x\,(\text{student'}(x) \rightarrow \text{smart'}(x))$ と表され,x が man の表す集合の要素ならば,そのすべてが smart の表す集合の要素ともなることを示す.

R

reference time（言及時） Reichenbach（1947）の用語．話し手や書き手の視点を表し，発話時，出来事時とともに時制・相を説明するのに用いられる．例えば，I had seen John. のような過去完了形が表す「（出来事発生時が）過去から見た過去」の意は，言及時が過去，出来事時は言及時よりさらに前の時，として説明する．⇨ EVENT TIME

S

scale（尺度） ものの属性の度合いなどの段階性を測る物差しのようなもので，gradable adjective（段階的形容詞）など段階性を意味に含む述語を解釈するときに想起される抽象的な概念．例えば，big, long のような様々な程度の大きさ，長さの尺度を表し得る段階的形容詞は「尺度形容詞」とも呼ばれる．

scenario（シナリオ） ある出来事や事態を表す表現について我々がもっている，時間軸に沿った行為の知識をいう．例えば，「外食」のシナリオは，飲食店に入る—席に通される—メニューを見て注文する—食事が運ばれる—食後に会計を済ませて店を出る，などの要素で構成される．スクリプト（認知 SCRIPT）とも類義である．

scope principle（作用域の原理） 複数の数量詞を含む文において，各々の数量詞の作用域の大小を決定するための原理．May（1985）によると，数量詞繰り上げ後の（空範疇原理に違反しない）LF 構造において，数量詞どうしが互いに c 統御の関係にあり，かつ最大投射が間に介在しない場合，どちらの数量詞も広い作用域をとることができ，複数の解釈が可能となる．

semantic borrowing（意味借用） ある言語が他の言語との接触により，本来の意味に代わる意味を取り入れたり，新たに意味を加えたりすること．例えば，dream は，古英語では joy や music を意味したが，同族の言語である古ノルド語の影響を受けて，中英語期に「夢」の意味に変化した．

semantic decomposition（意味分解） ある表現の意味を，他の表現との共通要素となる原子的・一般的な概念の組み合わせとして表示する方法．例えば，X dry Y という他動的関係を，X CAUSE Y to BECOME dry のように基本的な概念の組み合わせによって表示することなどが一例となる．

semantic feature（意味素性） 自然言語の中で，ある語の意味を構成す

る極小単位の意味のことをいう．semantic primitive（意味原素）ともいう．例えば，boy であれば，[+MALE] [−ADULT]．素性の有無（±）によって意味を表記する．boy が man と比べて，どの素性が類似し，相違するかを表記できる．phonological feature（音韻素性），syntactic feature（統語素性）に対する用語．

semantic field（意味の場）　ひと組の関連し合う語に共通する意味領域のこと．例えば，teachers, pupils, classrooms, playground などの単語はいずれも school の「意味の場」に属している．

semantic presupposition（意味論的前提）　logical presupposition ともいう．命題 P が真であるとき，常に命題 Q も真であり，かつ命題 P を否定しても命題 Q の真が保持される場合，命題 Q は命題 P の論理的前提であるという．特に，Frege, Strawson の考え方を指している．
⇨ 語用 PRAGMATIC PRESUPPOSITION

semantic role（意味役割）　Fillmore (1968) などの用語．文内参与者を表す名詞句などに対して付与される意味的属性の一種で，どのような機能をもって事態に関与するかを指定するもの．代表的な役割として，動作主，被動作主，場所，起点，着点，道具などが挙げられる．基本的に1つの表現に対して1つの意味役割が付与される．⇨ THEMATIC RELATION; 統語 θ ROLE

semantic triangle（意味の三角形）　Ogden and Richards (1923) が表した，意味に関する三要素の関係．記号と指示対象について，「象徴」(symbol)，「思考または指示」(thought or reference)，「指示物」(referent) の三項関係から表される．

semasiology（意味(変化)論，語義学）　語彙論の一部門．X という語がどんな概念を意味するのか，に焦点を当て，語の意味変化やその要因，多義性，意味構造などの解明を関心事とするアプローチ．概念を言語でどう表現するかに関心を払う命名論（ONOMASIOLOGY）とは対立するものとして区別される．⇨ ONOMASIOLOGY

semelfactive（瞬間行為）　sneeze や flash のような瞬間的に終わる動作や行為を表す語彙的アスペクト．瞬間行為は時間的内部構造をもたないものとして認識され，常に有界（telic）である．

semi-factive（半叙実的）　Karttunen (1971) の用語．叙実的動詞のうち，その補文の内容が真であることが文全体から推論されず，必ずしも前提とされないものをいう：discover, realize, find out, see, notice など．

semi-modal(半法助動詞) 形式的にも意味論的にも法助動詞とされる may, can, must などに対し,形式的には法助動詞に当てはまらないが,意味体系上重要な地位を占め,法助動詞を補完する,または法助動詞と対照されるものをいう:be bound to, be able to, have to など.

semi-negative(半否定辞) not に由来する要素を含まないが,否定的意味をもつ語をいう:hardly, seldom, scarcely, only. 半否定辞は,付加疑問,倒置などに関して,否定辞と文法的性質を共有する.

semiotics(記号論) 記号(sign)の本質・機能について研究する学問分野.例えば,「意味論(semantics)」(記号と指し示されるものとの関係),「語用論(pragmatics)」(記号と使用者との関係),「統語論(syntactics)」(用いられる記号同士の関係)の観点から考察することができる.

signifie(d)(シニフィエ,記号内容,所記) Saussure (1916) の用語で,記号を「形式」と「意味」に二分した場合の,「意味」的要素のこと.例えば,The *dog* barked at the stranger. において,dog の音声から導かれる概念,つまり「意味されるもの」がシニフィエである.

signifying(シニフィアン,記号表現,能記) Saussure (1916) の用語で,記号を「形式」と「意味」に二分した場合の,「形式」的要素のこと.例えば dog や犬などの表現形式やその音声がこれにあたる.

situation semantics(状況意味論) Barwise and Perry (1983) の用語.文の「発話状況」(utterance situation) と当該発話状況における「記述状況」(described situation) の間に成立する関係が文の意味であるとし,文による情報伝達の姿を捉えようとした意味論.

speaker orientation(話者指向性) 主に法助動詞や副詞などが,その文で述べられている内容に対する話し手の態度,判断,評価,推量などを表す場合をいう.文頭に現れる frankly speaking はこの性質をもつ副詞表現の例.

specificity(特定性) 名詞句の指示対象が具体的に含意されているかどうかに関わる概念.含意されていれば特定的(specific),そうでなければ不特定(non-specific)という.I'm looking for a handsome guy, but I can't find {him (特定)/one (不特定)}.

specific reference(特定指示) ある類(class)に属するものの中のある特定のもの(specimen)を指示すること.類全体を指示する generic reference (総称的指示)と対立する.特定指示は定指示(the lion, the lions)と不定指示(a lion, (some) lions)に分けられる.

speech formula(定型表現) 一定の形式で慣習化し,その他の形式で用いられることのない語や句のことをいう.挨拶や諺,イディオムや慣用句などが挙げられる.

stage level(ステージレベル) 述語を意味的に分類する際の用語.時間的に制限される一時的な状態について叙述するものを指す.hungry, tired などがその例であり,このような述語を指してステージレベル述語(stage-level predicate)と呼び,個体レベル述語(individual-level predicate)と区別される.Milsark(1974)や Carlson(1977)以降詳しく議論される. ⇨ INDIVIDUAL LEVEL

statement(陳述) 命令文,疑問文,感嘆文などの文の種類のうち,平叙文(declarative sentence)が行う,何らかの情報を伝達する働き.

stative(状態相の) 存在や状態などの,静的で,時間により変化しない事態を表すアスペクト.語彙としては,be や所有を表す have, believe, resemble などがこの状態相を持つ動詞として分類される.文法的には,未完了相の1つに数えられる.

stimulus(刺激) Talmy(1985), Croft(1993)などの用語.経験者(experiencer)に対して,知覚・認知・感情などの刺激を与えるものを示す意味役割を表す.経験者の心理変化の原因となる刺激と,認識を行う経験者とは対の関係であり,刺激は経験者が直接注意を払う対象となる.主に文の主語位置と目的語位置に現れる:*The girl* pleased me. / I like *the girl*. ⇨ EXPERIENCER

subordination(従位接続,従属) 2つの言語単位が結合する際に,一方が他方に対し従属的になる現象のこと.Birdcage を例にとると,意味的に cage が主要部,bird が従属部になる.また,He believes his wife is beautiful. のような文の場合,He believes は主節,his wife 以下は従属節となる.

superordinate(上位語) 語彙の上下関係において,上位にある語をいう.例えば,furniture は,table, chair, desk などに対する上位語である.一方,上位語の下位範疇に属する table, chair, desk などは hyponym(下位語)と呼ばれる.

symmetric verb(対称動詞) ある項 A と別の項 B の関係を述べる上で,A と B がそれぞれ対称の関係にあることを表す動詞.例えば,Taro *meets/resembles* Jiro. における meet(s)/resemble(s) がこの種の動詞である.

synchronic(共時的) 言語研究において,ある特定の時代や文化の言語

表現を対象にするアプローチのことをいう. ⇨ 歴史 DIACHRONIC LINGUISTICS; DIACHRONY

syntagmatic（結合，連辞）　Jakobson (1971) における記号論の用語で，言語記号列の継時的な統語関係をいう．代替可能な記号表現の集合である「範列関係」(paradigmatic) に対するものである. ⇨ PARADIGMATIC

T

tautology（トートロジー）　①意味が重複する語を不必要に繰り返す，スタイル上の誤り．free gift, adequate enough, alone by myself など．②ある事柄を説明する際に，同語，あるいは同じような意味の言葉を繰り返すことで，様々な意図を含意させる修辞用法をいう：Business is business./Boys are boys. など．③論理学の用語で，変項にいかなる値を入れても常に真となる命題のことをいう．恒真命題，恒真式ともいう：X is alive or not alive.

telicity（終結性，完結性）　動詞や動詞句の表す行為や動作が，自然終点（終了限界）をもつかどうかに関わる性質．終了限界をもつ場合は telic，もたない場合は atelic と呼ばれ，二者の区別は時間を表す in 句 (telic) や for 句 (atelic) と共起可能かどうかで主にテストされる．

tense logic（時制論理）　ある命題が，その命題に関わる時間を考慮しなければその真理値を判定できない場合に，時間概念の分析や表示のために用いられる論理演算子記号や演算規則などの体系．Arthur Prior により様相論理 (modal logic) に基づいて最初に定式化された．

thematic prominence（主題卓立）　Grimshaw (1990) の用語．項構造に対応づけられる主題役割のどれが卓立性をもつかをいう．例えば，announce の項構造は (agent (goal (theme))) となるが，この場合外項の agent 項，次いで内項の goal 項，そして theme 項の順に卓立性が高いとみなされる. ⇨ PROMINENCE THEORY; ARGUMENT STRUCTURE

thematic relation（主題関係）　Gruber (1965), Jackendoff (1972) などの用語．意味役割としての主題 (theme) を中心として，種々の名詞句がもつべき役割を規定したもの．主題が置かれる場所を表す要素が場所 (location) であり，さらに主題の移動先を着点 (goal)，主題が移動を開始する点を起点 (source) とする．theme に働きかけ，影響を与えるものは動作主 (agent) である. ⇨ SEMANTIC ROLE

theme-rheme relation（主題・題述関係）　Halliday (1967b, c, 1985)

などの用語．テキストの情報機能上の二大区分の関係を表し，その二者とは，何について語るか (theme) と，その何かについて語られる内容 (rheme) である．一般に theme は文頭に置かれ旧情報となり，rheme はこれに後続し新情報を構成する． ⇨ TOPIC

theoretical possibility（論理的可能性） Leech (1971) の用語．can の認識的用法は言及する事象が生じる（論理的）可能性のみを表す．一方で may は，ある事象が起こる蓋然性を述べる．例えば，This illness {can/may} be fatal. (Leech (2004: 82)) という文では，前者は病気が致命的になる可能性を，後者は病気が致命的になる確率を描写している．

topic（話題） 文あるいは談話の中で主題 (theme) として語られるものをいう．*His spectacles* were on his head. のように，通常は文の前の位置で見られる．日本語では，助詞「は」で表し，英語では語順や強勢で表すことが多い． ⇨ COMMENT

topicality（話題性） Givón (1983) の用語．談話内の指示対象の話題 (TOPIC) として重要である度合いをいう．話題性が最も高いものが，文の主語として現れ，二番目に高いものが目的語として現れる．例えば，受動文の場合，主語は項構造の意味にかかわらず，話題性が最も高い．

topicalization（話題化） 通常の文では目的語の位置にある名詞句を文頭に置いて TOPIC（話題）にする用法をいう．I like bananas. に対して Bananas, I like. はその例．口語だけでなく，会話調の文章でも見られる．

topic continuity（話題の連続性） Givón (1983) の用語．談話内の任意の名詞句の指示対象を話題 (TOPIC) とみなし，先行文脈から話題が続く幅をいう．先行文脈の言及から指示対象まで介在する節の数で捉えている．さらに，先行指示への距離，干渉可能性，持続性の3つの測定概念に下位分類される．

total negation（全体否定） all や every などの普遍数量詞が否定の作用域に入らない否定をいう．例えば，*All* of them didn't come. では，all は否定辞 n't の作用域の外にある．部分否定に対する． ⇨ PARTIAL NEGATION

transferred epithet（転移修飾語） その語が本来修飾すべきと考えられる語とは別のタイプの語を修飾する形容詞などの語句．*happy* news や *sad* cigarette など，本来感情を持つ有生体の心理を表す形容詞が感情をもたない無生物を修飾するものなどがその例．

transitivity(他動性) Hopper and Thompson (1980) の用語.主語の行為による,目的語など他の構成素へ影響を表している動詞の性質・特徴のことをいう.他動詞は一般に他動性が高いものが多く,逆に自動詞は低いものが多い.

transparency(透明性) イディオム全体の意味と,その中で用いられる個々の語の意味とが対応する度合いをいう.「登山」は「登」と「山」に分解しても全体の意味を取り出せるため透明性が高いが,「皮肉」は「皮」と「肉」からの意味復元が困難で,透明性が低い.また Harry spilt the beans. には2通りの解釈があり,透明性が高い場合は文字通り「豆をこぼした」と解釈されるが,透明性が低い場合では「秘密を漏らした」というイディオムの意味となる.

transparent context(透明な文脈) 文中で使用されている名詞句を,それと同一指示物をもつ他の名詞句と置き換えても文の真理値が変わらない場合を透明(transparent)な文脈であるという.例えば,Her uncle is a great teacher. という文で Her uncle と Taro とが同一人物だということに基づき Taro is a great teacher. という文を発しても,その文の真理値は変わらないためこれは透明な文脈といえる. ⇨ OPAQUE CONTEXT

truth condition(真理条件) 命題の真偽を指定する条件のこと.命題論理では真理値表(truth table)の形で与えられることが多い.例えば,P ∧ Q は P と Q が真の場合のみ真であり,その他の場合は偽となるが,真理値表では P, Q の真理値の4つの組合せそれぞれに対して,式全体の値として真または偽が割り振られる.

truth-conditional semantics(真理条件的意味論) 意味論とは命題の真偽性を決定することであるとする立場.論理形式全体の真理値を繰り返し適用できる真理条件(⇨ TRUTH CONDITION)に従って決定する.形式意味論(formal semantics)の真理条件はモデル理論(⇨ MODEL THEORY)に依るのが普通.

truth function(真理関数) 命題の真理値が関数的に一義的に決まっている論理定項のこと.例えば,P ∧ Q は P が真,Q が偽のとき,その値は偽,P, Q が共に真のとき,その値は真,などと一義的に決まっている.このとき,連言肢(∧)は真理関数である. ⇨ LOGICAL CONSTANT

truth value(真理値) 命題が真である/偽である,とされる場合の「真」「偽」を指して真理値という.数字の1と0が用いられることも多い.必要に応じて真・偽に加えて他の真理値(例えば,真偽空白)が用いら

れることもある．⇨ TRUTH VALUE GAP

truth value gap（真偽空白）　命題の真理値（⇨ TRUTH VALUE）が真とも偽とも決定できない場合，真偽空白であるという．命題（「現在のフランス王は禿げている」）が成立するための前提（「現在フランスは王制であり王が存在する」）が満たされていない場合にこのような状況が起こるとされる．Karttunen (1973) 参照．

U

unaccusative verb（非対格動詞）　Perlmutter (1978) の用語．統語上の主語が基底構造において目的語位置にあり，表層構造において主語位置に移動すると分析される自動詞のことをいう．意味的には，位置変化 (arrive, fall)，状態変化 (break, freeze)，存在 (exist)，出現 (appear, happen) など主語指示物の意志が関わるとはみなされないような事象を表す自動詞のことである．⇨ UNERGATIVE VERB

uncertainty（不確実性）　未来や仮定の内容，ある事柄に関する可能性など，確定的ではないことを表す言語表現の意味的性質．

undergoer（経験者）　Van Valin (1993) の用語．Role and Reference Grammar 理論で設定される意味役割の1つで，actor（行為者）に対して，他の参与者の影響を受けるものを示す意味役割をいう．英語では，受動態の文で主語位置に現れることができる項のことであり，Van Valin (2005) では experiencer, patient, theme, stimulus, recipient が含まれる．

unergative verb（非能格動詞）　Perlmutter (1978) の用語．統語上で主語が基底構造において目的語位置にある非対格動詞とは異なり，基底と表層の両構造において主語位置にある自動詞のことをいう．意味的には，意志的な行為 (work, run, dance, talk, shout) や生理的現象 (cough, sneeze, sleep) を表すものとして特徴づけられる．さらに，放出動詞 (buzz, flash, reek) を非能格動詞に含める分析もある (Levin and Rappaport Hovav (1995))．⇨ UNACCUSATIVE VERB

unrestricted collocation（非制限的連語，非制限的コロケーション）　Carter (1998) の用語．ある語と共起する語が多岐に渡るものをいう．例えば，動詞 have は，a chance/look/seat/drink など，多岐に渡る名詞と共起し連語を形成する．

unselective quantification（非選択的量化）　Lewis (1975) の用語．all などの数量詞が作用域内の1つの変項を選択的に束縛するのに対し，If a man owns a donkey, he *always* beats it. の always のように量化の副詞（adverb of quantification）が作用域内の無数の変項を非選択的に束縛し量化すること．

V

vague（不明確な）　ある表現の意味が厳密に定義されていないことをいう．例えば，英語の aunt という語は自分の親の姉妹を指すが，親の姉妹という親族関係は，詳しくは，父の姉，父の妹，母の姉，母の妹の4つの場合に分かれる．ところが，aunt はこれら4つの場合のどれを指すか，明確でない．すなわち，aunt はこのような親族関係の詳細に関して不明確で（vague）ある．日本語の対応語「おば」も同様であるが，漢字で表記した「伯母」と「叔母」は，それぞれ，親の姉と親の妹を表し，aunt と異なって「姉と妹」の区別は表す．しかし，「伯母」も「叔母」も父方か母方かの区別に関しては不明確である．⇨ AMBIGUOUS

valence, **valency**（結合価）　動詞が意味を成立させるのに要求する項の数をいう．例えば，自動詞としての jump は主語のみを必要とするため1価，bite のような他動詞は主語と目的語を必要とするため，2価となる．

6 語用論

A

accessibility((想定の)呼び出し可能性, 接近可能性) Sperber and Wilson (1995^2) の用語. 処理労力をになう要因の一つで, 脳内に蓄積された情報の断片あるいは他の項目などの記憶からの思い出しやすさ, 処理過程における情報の引き出しやすさを指す. 例えば, brothers and sisters と siblings ではどちらも兄弟姉妹を指すが, 後者は使用頻度が少ないので情報を引き出しにくい.

accommodation theory(適応理論) Heim (1983, 1992) などの用語. 前提の共有に関する理論. 話し手が聞き手と共有していない情報を前提に発話した際, 聞き手はその前提を主体的に受け入れる. 例えば, 見知らぬ人から "My wife is a dentist." と言われた場合, 通常, 聞き手は, "I have a wife." という未共有の前提を受け入れる. ⇨ 意味 PRESUPPOSITION

act(行為) Austin (1962) などの用語. 志向性を持つ行為者によってなされる意図的な行いを指し, 単なる事象とは区別される. 特に文を発話することによってなされる類のものを speech act (発話行為) と呼ぶ. ⇨ SPEECH ACT

address(呼びかけ, アドレス) Zwicky (1974) などの用語. 文頭で聞き手の注意を引く呼びかけ語の働きをするコール (call) に対し, 文中・文尾で聞き手とのつながりを維持したり強めたりする働きをいう: "If you want a Pepsi, *pal*, you got to pay for it!"

addressee(聞き手, 受信者) Jakobson (1960) の用語. 言語が社会的状況において使用されるための基本的構成要素 (ADDRESSER, message, ADDRESSEE, CONTEXT, contact, code) の一つ. 話し手, もしくは発信者 (ADDRESSER) が, ある言語メッセージを送る聞き手, 受信

者を指す. ⇨ ADDRESSER; HEARER

addresser（話し手，発信者） Jakobson (1960) の用語. 言語が社会的状況において使用されるための基本的構成要素（addresser, message, addressee, context, contact, code）の1つ. 会話 (conversation) を開始し，言語メッセージを聞き手 (ADDRESSEE) に伝達しようとする話し手，発信者を指す. ⇨ ADDRESSEE

address term（呼びかけ語，対称語） 呼びかけ語として用いられる表現で，人称代名詞 you, 固有名，親族名，敬称，職業名などの社会的関係を表す語と，親愛の情を表す darling, honey や，逆に，聞き手に対し否定的な気持ちを表す asshole, idiot のような語がある. ⇨ VOCATIVE

ad hoc concept（アドホック概念） Barsalou (1983), Carston (2002) などの用語. 関連性理論で表意形成に関わる語用論的操作により，発話された文の論理形式に現れる記号化された語彙概念が具体的なコンテクスト情報に応じて狭められたり，広げられたり，その場限りの適切な概念に微調整されたものを指す. ⇨ NARROWING; BROADENING

adjacency pair（隣接ペア） Schegloff and Sacks (1973) の用語. 異なる話し手によって連続して発せられる2つの発言 (turn) から構成されるもので，発話のやり取りの分析の最小単位. 発話の対（ペア）を指し，特に，第1発話によって第2発話が強く規定されているものをいう. 例えば「質問―返答」「依頼―受諾」「褒め言葉―感謝」「挨拶―挨拶」といった連続発話対など. ⇨ CONVERSATION ANALYSIS; 社会 TURN-TAKING

assertion（断定，主張（発話行為）） Searle (1979a) の用語. 話し手は発話内容が真であると信じて，聞き手にその信念を伝えることを目的とした発話行為. このタイプの発話は，その命題内容が世界の事実と一致したとき真とされるため，言葉から世界への一致の方向をもつ. ⇨ SPEECH ACT; UTTERANCE

assumption（仮定，想定） Sperber and Wilson (1995^2) の用語. 個人の情報や思考単位などの知識情報を指す. 表意も想定の1つであり，百科事典的知識，社会的知識など推意の計算に用いる聞き手の知識も想定のかたまりである.

B

banter principle（からかいの原理） Leech (1983) の用語. 丁寧さの原則の二次的原理として提示されたもの.「聞き手との親密性を示すた

めに，聞き手にとって i) 明らかに偽りであること，および ii) 明らかに失礼であることを言う」というもの．丁寧さの欠如が本質的に親密性の印となりうることを示している．⇨ POLITENESS PRINCIPLE

baptizing（命名） Searle (1979b) の用語．発語内行為の一種である宣言命名型の一例で，洗礼名を授ける行為のことをいう．例えば，"I *baptize* you Mary." と発話して，「洗礼」となるためには，宗教的権威のある話し手が行ってはじめて成立する行為である．

body language（ボディーランゲージ，身体言語） Fast (1970) の用語．外に向かって感情を伝達するために体の一部，もしくは全体を動かすことをいう．非言語コミュニケーションの代表的なもので，身体の様々な動きや表情の変化を使った情報伝達の手段のことをいう．

bridging（橋渡し推意） Clark (1977), Clark and Haviland (1977), Matsui (2000) などの用語．2つ以上の文の間の関係性を捉えるために中間にある知識・想定を補って推論すること．例えば，"John walked into a concert hall. The chandeliers were magnificent." という一連の発話では，The concert hall has chandeliers. という知識を介して the chandeliers の定冠詞の使用が説明できる．通常，ここでのシャンデリアはコンサートホールにあるシャンデリアを指すと推論する．

broadening（(概念の) 拡張） Carston (2002) の用語．記号化された概念がアドホック概念形成の過程で，百科辞書的想定などが働いて，拡張すること．近似表現，カテゴリー拡張，誇張法，メタファーも，この概念拡張の例として分析可能と考える：*"This injection will be painless."* で，painless は記号化された意味「痛みが (全く) ない」ではなく，「ほとんど痛くない (nearly painless)」と解釈されるのが普通で，このような意味の拡張解釈がその例．⇨ NARROWING; LOOSE TALK

C

cancellability（取り消し可能性） Grice (1975) の用語．会話的含意の特徴の1つ．会話の含意は取り消し可能であるということ．例えば，"John has three dog, in fact ten." という発話では，一般化された会話の含意では「4匹以上は飼っていない」となるが，in fact を用いて，この含意を取り消している．⇨ CONVERSATIONAL IMPLICATURE; IMPLICATURE

channel（経路，伝達経路） Shannon and Weaver (1949) の用語．情報の発信者 (話し手) と受信者 (聞き手) を結ぶ，情報内容 (message) が

伝わる経路のことをいう．言語の場合，主に音声による聴覚的な情報または文字による視覚的な情報が伝達経路を信号（signal）として伝わる．

clinical pragmatics（臨床語用論）　Cummings (2009) の用語．コミュニケーションに関するあらゆる障害を，語用論障害としてひとまとめとして研究対象とする分野．発話のみならず，推論能力も研究領域に含む．臨床言語学（clinical linguistics）の分野とは，語用論研究と語用論障害の位置付けに関して意見が分かれている．

code model（コードモデル）　Shannon and Weaver (1949) の用語．情報源（source）から伝達内容（message）が話し手によりコード化（encode）され，音声信号（signal）として聞き手に伝わり，聞き手が解読（decode）することで，もとの情報内容が復元できる情報伝達モデルを指し，推論モデルと対比される．

cognitive effects（認知効果）　Sperber and Wilson (1995^2) の用語．ある発話がコンテクストにおいて情報を処理されることによって得られるもの．i) 既存の想定への強化，ii) 矛盾による既存の想定の破棄，iii) 発話と既存の想定からコンテクスト含意（contextual implication）を引き出す場合の3種類がある．⇨ CONTEXTUAL EFFECTS

cognitive environment（認知環境）　Sperber and Wilson (1995^2) の用語．ある個人が知っている（know）ことではなく，ある時点で頭の中で成り立つ，あるいはほぼ成り立つと考えられる顕在性（⇨ MANIFESTNESS）のある想定の集合を指す．その人がその時点でもつ知識とそれから推論可能な情報を含む．あるグループに属する人たちが共有する認知環境は相互認知環境（mutual cognitive environment）と呼ばれ，お互いの情報が顕在性のある状態をいう．

cognitive pragmatics（認知語用論）　Carston (2002) などの用語．認知原理に基づく語用論のこと．認知原理とは認知効果や処理労力などをいう．発話理解の際に聞き手が頭の中にある知識（想定）を呼び起こして，処理労力をかけて，認知効果をどのように計算をしているかを説明する関連性理論がその代表．⇨ SOCIOPRAGMATICS

Cognitive Principle of Relevance（関連性の認知原理）　Sperber and Wilson (1995^2) の用語．関連性理論の2つある関連性の原理のうちの1つの「人間の認知は関連性を最大にするように方向づけられている」，すなわち，人間の認知機構は，進化の過程において，最小の処理労力で最大の認知効果を得る能力を獲得している．言語現象以外にも広く認知現象一般に適用する原理である．⇨ COMMUNICATIVE PRINCIPLE OF

RELEVANCE

commissive（行為拘束型） Searle（1979a）の用語．申し出や約束のように話し手が発言内容の表す行為を自ら実行しようという意志を持ち，その意志を表明し，行為実行を受け合うことを目的とする発話行為．promise（約束する），threaten（脅す），pledge（宣約する）などの行為が当てはまる． ⇨ DIRECTIVE; REPRESENTATIVE; DECLARATION, SPEECH ACT; OFFER

common sense（常識） 社会の構成員が共通に当然のこととして持っている知識や価値観のこと．アリストテレスの共通感覚の概念に由来する．例えば，"I went to New York last year. *The Big Apple* was exciting."でアメリカ人の常識では The Big Apple が New York を指し示すという知識など．さらに，常識には知識のみならず，感性も関与すると考えられ，特定の国や社会に限定されない普遍性を条件とする真理と必ずしも一致するわけではない．

communication（コミュニケーション，伝達） 話し手と聞き手との間の情報，あるいはメッセージのやり取りを指す．対人コミュニケーション（interpersonal communication），非言語的コミュニケーション（NONVERBAL COMMUNICATION）などがある．コミュニケーション成立条件として記号操作やメッセージ解釈の意図性を認めるかどうかは見解が分かれる．話し手の意図の有無にかかわらず，聞き手がメッセージを意図的に解釈する現象をコミュニケーションと定義する傾向がある．

communicative intention（伝達意図） Sperber and Wilson（1995^2）の用語．情報意図と並んで，伝達の意図明示性を決定する2つの意図のうちの1つ．情報意図をもっていることを相手に伝えようとする意図のこと．意図明示的伝達では，この伝達意図を聞き手に認めてほしいという意図を話し手が示すとされる． ⇨ INTENTION; INFORMATIVE INTENTION

communicative presumption（伝達の見込み） Sperber and Wilson（1995^2）の用語．意図明示的刺激を解釈する際に得られる保証のこと．次の2つに要約できる．i) 意図明示的伝達は聞き手の処理労力に見合うだけの関連性を伴う，ii) 意図明示的刺激は話し手の労力と優先事項に合致し，最大の関連性を有する． ⇨ COMMUNICATIVE PRINCIPLE OF RELEVANCE

Communicative Principle of Relevance（関連性の伝達原理） Sperber and Wilson（1995^2）の用語．「すべての意図明示的伝達行為は，そ

れ自身の最良の関連性の見込みを伝達する」という原理．関連性の第1原則である認知原理と並び関連性の原則を構成する原理．「関連性の原則」という場合，この伝達原理を指す． ⇨ COMMUNICATIVE PRESUMPTION

computational pragmatics（計算語用論） Jurafsky (2004) などの用語．発話とコンテクストの関係を計算の観点から考察する研究分野．とりわけ重要なトピックとして，推論の計算，アブダクション，指示の特定化，発話行為の解釈，談話の首尾一貫性などが挙げられる．

concept（概念） Sperber and Wilson (1995^2) の用語．概念は心的なもので，脳内に記憶され保存された情報に付けられたラベル．論理的項目，百科事典的項目，語彙的項目からなる．語彙的項目は概念の自然言語に対応する，語や句の情報などの言語情報で，論理的項目は概念 and など計算の情報で，百科事典的項目は様々な人や事柄や文化的情報を含む知識情報である．

conceptual meaning（概念的意味） Sperber and Wilson (1995^2) の用語．手続き的意味と対をなす用語．一般に手続き的意味が発話の命題内容の真理条件にかかわらず，解釈の仕方を示すだけなのに対して，概念的意味は命題内容の真理条件に関わるとされる． ⇨ PROCEDURAL MEANING; CONCEPTUAL PRAGMATIC MARKER

conceptual pragmatic marker（概念的語用論標識） frankly, confidentially, happily, unfortunately, seriously などの副詞に代表される語用論的標識．表出命題に貢献する概念的情報は真理条件的であるとされるが，概念的語用論標識は高次表意（HIGHER-LEVEL EXPLICATURE）に貢献し，非真理条件的であるとされる．発話内行為副詞や態度副詞が代表例． ⇨ CONCEPTUAL MEANING; PROCEDURAL MEANING

constative（事実確認的（発話）） Austin (1963) の用語．平叙文を「事実確認的」（CONSTATIVE）と「行為遂行的」（PERFORMATIVE）とに分類する．前者は，叙述文の発話を指し，命題の真理値を決定でき，対象を記述したり，陳述したり，報告する際に用いられる． ⇨ PERFORMATIVE; UTTERANCE

content-descriptive verb（内容記述動詞） Leech (1983) の用語．発話行為の内容や様式を記述する発話行為動詞．persuade などの発語媒介動詞，state, request, promise などの発語内動詞，describe … as などの発語動詞に分類される． ⇨ ILLOCUTIONARY ACT; LOCUTIONARY ACT; PERLOCUTIONRY ACT; SPEECH ACT

context（コンテクスト）一般的には，言語が使われる環境，動的な場面，状況．発話の意味は多くの場合，コンテクストの情報が与えられてはじめて適切に解釈される．関連性理論では，話し手が意図した発話の意味を聞き手が理解するときに手がかりとなる様々な聞き手の知識の集合を指す．

context-bound（コンテクスト束縛的）ある発話の意味が，発話状況に縛られていること．コンテクスト依存性（context-dependency）．⇨ CONTEXT-DEPENDENT; PRAGMATIC PRESUPPOSITION

context-change（コンテクスト変換）Heim (1983, 1992) の用語．動的意味論（dynamic semantics）で主に用いられる用語．発話の意味はコンテクストを変換することであるとする動的意味論の考え方の中核的概念．

context-dependent（コンテクスト依存の）Kennedy (2007) の用語．ある言語表現の意味が場面・状況によって変わること．意味のコンテクスト依存性は，形容詞，推意，ダイクシス，発話行為，量化詞等，様々な言語現象に見られる．例えば，"Tom is tall." という命題の真理値は，どのようなコンテクスト的基準（contextual standard）を想定しているかで異なる．⇨ CONTEXT-BOUND

context of situation（場面の脈絡）Malinowski (1923) の用語．ある特定の会話が行われる場合のすべての状況を指す．会話の参与者，談話の流れに関する情報など．

context selection（コンテクスト選択）Sperber and Wilson (1995^2) の用語．コンテクストとは，発話理解のときにすでに確定している物理的状況を指すのではなく，発話理解の際に，聞き手が選び出して決定している解釈のことである．関連性の高い解釈を選び出し，関連性の原理にあった最初の解釈が見つかると情報処理をそこでやめる．

contextual effects（コンテクスト効果）Sperber and Wilson (1995^2) の用語．認知効果（COGNITIVE EFFECTS）と同義．ある新情報が既存の想定と相互作用して認知環境に変化を生じることであり，次の3種類がある．新情報が，i) 既存の想定を支持して強化，ii) 既存の想定と矛盾し，既存の想定を破棄，iii) 存の想定と相互作用して推論から新しいコンテクスト的含意（contextual implication）を引き出す．

conventional implicature（慣習的含意，慣習的推意）Grice (1975) の用語．含意の一つで，ある特定の単語・構文から暗に伝わる意味で，真理条件には貢献しない．例えば，"We want peace *but* they want

war." における but は慣習的含意として「対立」を表す．一般的な会話の原理から生み出された会話的含意とは異なる．なお，会話の付随的意味として「言われたこと」(what is said) の中に含める考え方もある．
⇨ CONVERSATIONAL IMPLICATURE; IMPLICATURE

conversational implicature（会話の含意，会話の推意）Grice (1975) の用語．含意の一つで，言われたこと (what is said) から協調の原理 (COOPERATIVE PRINCIPLE) および会話の公理 (CONVERSATIONAL MAXIMS) により生み出される．公理をわざと破ることで生まれる場合もある．⇨ FLOUT; COOPERATIVE PRINCIPLE; CONVERSATIONAL MAXIMS; IMPLICATURE; CANCELABILITY; NON-DETACHABILITY

conversational maxims（会話の公理，会話の原理）Grice (1975) の用語．Grice 流語用論の中心となる原理．協調の原理の下位原理．量の公理 (MAXIM OF QUANTITY)，質の公理 (MAXIM OF QUALITY)，関係の公理 (MAXIM OF RELATION)，様態の公理 (MAXIM OF MANNER) の4つの公理からなる．⇨ CONVERSATIONAL IMPLICATURE; IMPLICATURE

conversational postulate（会話の公準）Gordon and Lakoff (1975) の用語．文字通りの意味・力 (FORCE) とコンテクストから文の間接的な力を派生する会話の公準．例えば，"Can you pass me the salt?" という発話からは，会話の公準により，「依頼」という間接的な力が派生される．⇨ CONVERSATIONAL IMPLICATURE

conversation analysis（会話分析）Sacks (1973) の用語．談話分析の一種．CA と略す．言語そのものというより，言語活動の社会的側面に注目し，複数で行われる会話を研究の対象とし，個々の相互行為の順序と過程の再構築に関心をもっている．またエスノメソドロジストが研究対象とする自然会話の分析研究 (conversational analysis) とは区別される．

cooperative principle（協調の原理）Grice (1975) の用語．会話のやりとりで基準となるもので最も本質的な社会的原理．会話に参加する話し手と聞き手は好き勝手に話してはいけなくて，共通の目的・方向に関して要請されるだけの貢献を協調してしなければならないという原理．
⇨ CONVERSATIONAL IMPLICATURE; CONVERSATIONAL MAXIMS; IMPLICATURE

criterion of consistency with principle of relevance（関連性の原則と矛盾しないという基準）Wilson and Sperber (1994) の用語．ある発話にある特定の解釈が行われるのは，関連性の原則と合致しているか

らであり,話し手が聞き手に最良の関連性を期待している場合にのみ達成するという基準を指す.

cursing(ののしり) Wierzvicka (1987) の用語.悪意を感じる人や物に向けてタブー語などの強意語を発する行為をいう:"Don't dare. *you bastard*!" 必ずしも対象がその場に存在しなくてもよいが,言葉の魔力のようなものにより対象に良くないことが起こることを念じる気持ちを伴う. ⇨ SWEARING; TABOO WORD

cyberpragmatics(サイバー語用論) Yus (2011) の用語.関連性理論に基づく最新の研究で,インターネットを用いたコミュニケーションを分析したもの.E-mail, web page, chat room, social networking site, blog, 3D virtual world, instant messaging, videoconferencing などが分析されている.

D

declaration(宣言) Searle (1979a) の用語.5種類の発話行為のうちの1つ.適切な状況のもとで発話されることにより,文の命題内容として示された事態が1つの事実となって生じるような発話行為をいう."I *name* this ship Queen Elizabeth." の「命名」や "I *sentence* you to death." の「刑の宣告」などの行為が例となる.

deductive inference(演繹的推論)(複数の)文の意味論的意味や命題を前提(premise)とし,その前提から論理語(not, and, or, if-then, all, some など)の意味に基づく推論規則により結論(conclusion)を導く推論をいう.例えば,「人は死ぬ.ソクラテスは人である.それゆえ,ソクラテスは死ぬ」.前提が正しければ常に結論の正しさが保証されており,コンテクストに依存しない推論である. ⇨ INDUCTIVE INFERENCE; INFERENCE

deference(敬意) 相手に対して尊敬の意を示す言語の丁寧さに関わる用語.R. Lakoff (1975) では,丁寧さのルールの1つとして,聞き手に選択の余地を与えることで敬意を表すことをあげている.疑問文や,垣根言葉(hedge)の使用などが含まれる.

deixis(ダイクシス,直示) Bühler (1934), Fillmore (1971a) の用語.「指し示す」を表すギリシャ語 deîksis に由来する.発話状況を中心としてコンテクストを参照することによりはじめて指示内容が確定する表現の特質をいう.この現象に関わる me, here, now, this といった言語表現を「直示表現」(deictic expressions)という. ⇨ DISCOURSE DE-

IXIS; PERSON DEIXIS; PLACE DEIXIS; SOICIAL DEIXIS; TIME DEIXIS

denial（否認） van der Sandt (1991), Geurts (1998) などの用語. 否認は, 否定 (negation) とは異なり, 語用論的概念であり, 先行発話の主張, 前提, 推意などに対して,「そんなことは言っていない」と異議を唱える発話行為である. 例えば "Mary is not happy." は「Mary is happy とは言っていない」の意となり否認するために用いられる. ⇨ METALINGUISTIC NEGATION

descriptive use（記述的用法） Sperber and Wilson (1995^2) の用語. 言語の解釈的用法と対をなす概念. 目前の状況をそのまま描写した言語表示であるため, 描写的用法ともいう. 例えば, バス停での会話 A: "What did the prime minister say on the TV?" B: "Look! The bus is coming." での B の発話は実際にバスが近づいて来ている場合, 見たままを記述すると記述的用法. 首相の発言内容を報告する発話とすると解釈的用法. ⇨ INTERPRETIVE USE

directive（行為指示型） Searle (1979a) の用語. 話し手が聞き手にある行為をさせようと試みる発話行為.「行為指示型」であることを表す動詞は, order（命令する）, request（要求する）, invite（招待する）, permit（許可する）など. ⇨ COMMISIVE, REPRESENTATIVE; VERDICTIVE

direct speech act（直接発話行為） Searle (1975) などの用語. 話し手によって意図された発話の行為と話し手が使用する文のタイプが直接的に一致する発話行為. 例えば, 次のように遂行動詞 request を用いたり, 命令文で言うこと：" I *request* you to turn on the lights." / "Turn on the lights, won't you?" ⇨ INDIRECT SPEECH ACT; SPEECH ACT

disambiguation（曖昧性除去） Sperber and Wilson (1995^2) の用語. 発話された言語形式から表意を形成する際に用いられる語用論的操作の1つ. 複数の意味をもつ語について, その語の意味を1つに絞ること. 一義化ともいう. 例えば "I went to the *bank* yesterday." で bank を「銀行」ではなく「土手」と解釈する場合など. ⇨ EXPLICATURE

discourse（談話） Harris (1963) や Stubbs (1983) などの用語. 文より大きい言語単位として, 複数の文が連続するひとまとまりの内容や構造を持った言語表現を指す. 狭義には, 話しことばによるものを研究対象とするが, 談話分析では書きことばの複数の文の構造なども分析対象となる. 特に社会言語学やコミュニケーションの民俗誌学では社会的コンテクストに規定された言語構造体としての談話を扱う. ⇨ TEXT

discourse analysis（談話分析）　Stubbs (1983) などの用語．①広義には，文を超える一連の話しことば，書きことばの談話研究をめざし，社会的コンテクストで生じる談話の仕組みと働きを解明する学問分野．談話構造，展開に焦点を当てるアプローチと談話における言語の対人機能に焦点を当てるアプローチがある．②狭義には理論および方法論で，会話分析と対立する分野を指す．

discourse constraint（談話制約）　久野 (1978) の用語．談話における文と文の結びつき方に関する規則で，文法規則の適用に制約を課す役目を果たす．例えば「省略順序の制約」「旧から新への情報の流れの制約」「視点の一貫性の制約」など．⇨ DISCOURSE

discourse context（談話のコンテクスト）　Kamp and Reyle (1993) などの用語．①動的意味論 (dynamic semantics) の用語．情報の更新に関わる動的な概念．発話の意味は，前コンテクストとの関係の中で，更新され，蓄積される．②談話表示理論 (DISCOURSE REPRESENTATION THEORY) における中核的な概念を指す．

discourse deixis（談話内のダイクシス）　Fillmore (1971a, 1997c) の用語．進行中の談話のある特定の部分やアスペクトを指したり言及したりすることで，語彙的，文法的要素の選択に関わる．例えば，人称代名詞 we が「私たちの言ったこと」の意で，談話では一種の擬似照応として使用される："Where were we?"（どこまで話したかなあ？）⇨ DEIXIS; PERSON DEIXIS; PLACE DEIXIS; SOCIAL DEIXIS; TIME DEIXIS

discourse function（談話機能）　Holmes (1990) の用語．ある言語形式が使用された場合に果たす談話上の役割をいう．例えば，他動性の高い文は談話の中では前景化されて「話の進展に貢献する機能」をもち，of course は談話の中では「フェイス管理機能」をもつと分析される．
⇨ DISCOURSE MARKER; FACE

discourse marker（ディスコースマーカー，談話標識）　Schiffrin (1987), Blakemore (1987) などの用語．談話の意味理解の助けとなる標識．コンテクストとの結び付きで様々な機能を果たす比較的短い語句で，連結詞，間投詞，副詞，定形表現などを含む．英語では but, so, well, you know, I mean など．統語的に随意的で，真理条件的意味には貢献しないが，聞き手の意味処理に役立つ手続き的意味をもつ．
⇨ PROCEDURAL MEANING

discourse representation theory（談話表示理論）　Kamp (1984) に始まる意味理論．文の意味の真理条件を直接解釈するのではなく，談話表

示(discourse representation)という意味表示のレベルを介して解釈する．文単位ではなく発話が連続する談話を対象とし，照応関係のように先行するコンテクストに解釈が依存すると同時に，解釈によりコンテクストが変化していくような現象の処理に用いられる．⇨ DISCOURSE

division of pragmatic labor（語用論的労力の分化）　Horn (1984) の用語．意味を等しくする2つの異なった表現のうち，無標の表現は標準的な状況と結びつけて解釈され (R-association)，一方，有標表現の解釈は制約された非典型的な状況と結びつけて解釈される (Q-restriction) という語用論的な傾向．無標の "That's my mother." が典型的な意味での母親を表すのに対し，有標の "That's my father's wife." は義母を表すと解釈される．⇨ Q-PRINCIPLE; R-PRINCIPLE

E

echoic use（エコー的用法）　Sperber and Wilson (1995²) の用語．当該発話の話し手が，自分以外の誰かの発話や思考を利用したり，その思考や発話に対する態度を示すような言語使用のこと．広く知られた諺や教訓などに発話で反応することや，他者による反復，アイロニー発話も言語のエコー的用法の一種としてとらえることができる．⇨ VERBAL IRONY; REPETITION

echo question（問い返し疑問文，エコークエスチョン）　Noh (1995) などの用語．相手の発話が聞き取れなかったり意外で信じられない場合に，確認や念押しの目的で相手の発言をそのまま繰り返したり，一部を疑問詞に置き換えて問い返す疑問文．例えば "I ate a scorpion last night." という発話に対し "You ate WHAT?" という形で問い返し疑問文となる．

effective（効果生成型）　Bach and Harnish (1979) の用語．宣言的行為の一種で，適切な状況のもとで発話されることにより，社会的に制度化された状況に何らかの変化をもたらす効力をもつ発話行為をいう．"I hereby *fire* you." の「解雇」"I hereby *veto* the bill." の「拒否権の発動」などが例となる．別種の宣言的行為に VERDICTIVE（判定宣告型）がある．

emotional attitude（感情的態度）　Bühler (1934) などの用語．命題に対する話し手の態度において，感情的なものを指す．

emotive（表出的，感情的）　Jakobson (1960) で示されたコミュニケーションの伝達モデルにおける言語機能の1つ．コミュニケーションの

構成因子としての話し手, 発信者 (ADDRESSER) を指向する言語の機能. 感嘆表現などのように話し手の内的心態についての情報を伝達することばの性質をいう.

enrichment ((語用論的) 拡充, 富化) Sperber and Wilson (1995^2) の用語. 語用論により発話で用いられた文の論理形式に新たな概念を付け加える操作. 文法的には完全であるが, コンテクストに基づいて関連性の原理と調和する解釈を復元する際に行われる語用論的解釈過程の1つ. ⇨ FREE ENRICHMENT

essential condition (本質条件) Searle (1969) の用語. 発話行為が成立するための適切性条件 (FELICITY CONDITION) の1つで, 発話によって遂行される行為の本質を定義づけるもの. 例えば, promise (約束) の発話行為では, 「話し手は聞き手に対してある行為を実行する義務を負う」ことが本質条件となる.

evidentiality (証拠性) Chafe (1986) などの用語. 知識の出所や命題内容に対する話し手の確信度を表す形式. 例えば, 「Mary は賢いって」の「って」は, 英語 "Mary is smart, I hear" の I hear にあたり, 伝聞小詞 (hearsay particle) と呼ばれ, 証拠性を表す. 関連性理論では発話内容が話し手以外の誰かに帰属する帰属的用法 (attributive use) の一種と分析される.

experimental pragmatics (実験語用論) Noveck and Sperber (2012) などの用語. 心理言語学による実験の手法を語用論に応用したもの. 子どもの語用論的能力の発達では "Some Xs are Ys" から Not all Xs are Ys を暗に伝える尺度含意 (scalar implicature) の研究や, 間接発話行為が直接発話行為より反応時間がかかるという実験結果から, 間接発話行為の意味理解の分析が検証されている.

explicature (表意, 発意, 外示) Sperber and Wilson (1995^2) の用語. 発話された文の論理形式の発展形の表出命題のうち, 話し手により意図明示的に伝達された命題. 言語表現から聞き手がキャッチできる明示的な (explicit) 命題あるいは想定をいう.

explicit performative (明示的遂行文) Austin (1962) の用語. 遂行文 (PERFORMATIVE) のうち, その主動詞によって発語内行為が明示されているものをいう. promise, name, apologize, bet などの遂行動詞が主動詞として含まれる平叙文で, 1人称単数・直説法・単純現在時制・肯定形・能動態の文が典型的な形式となる: "*I promise* to be back soon." / "*I apologize* for the delay of my reply."

expressive function(表出機能) = EMOTIVE

F

face(フェイス) Brown and Levinson (1987) の用語. ポライトネス理論において, 人間の対人関係上の基本的欲求としての面子, 面目を表す. ポライトネスとはこのフェイスに向けられた対人的配慮をいう. ⇨ POLITENESS; POSITIVE FACE; NEGATIVE FACE

face threatening act(フェイス侵害行為) Brown and Levinson (1987) の用語. フェイスを脅かす行為のことをいう. FTA と略す. 例えば, 人に何かを頼む依頼行為は, 相手のネガティブ・フェイスを脅かす行為である. FTA の度合いは, 話し手と聞き手との社会的距離, 両者の相対的力関係, その行為がある文化でどれくらいの負荷となるか, という3つの要因で決まる.

face-to-face interaction(対面やりとり, 対面相互行為) 相手と顔を合わせて直接やりとりしてコミュニケーションを行うこと. 電話やメール, SNS などのメディアを介したコミュニケーションと対比して用いられることが多い.

factual possibility(現実的可能性) Leech (1971) の用語. ある事柄が現実には起こりうるかどうかの可能性についていう. 典型的には助動詞 may で表され, it is possible that … か perhaps で言い換え可能. ⇨ THEORETICAL POSSIBILITY

familiarity(親密性, 親しさ) Brown and Levinson (1987) の用語. 丁寧さのストラテジーに影響を及ぼすもので, 人と人との社会的距離に関わる親しさの度合いを表す. honey や darling など, 聞き手が「親しみをもたれている」ことを示す呼びかけ表現や初対面の聞き手に対する親しみを表す Mac, mate, buddy, luv などがある. ⇨ FACE THREATNING ACT; POSITIVE POLITENESS

felicity condition(適切性条件) Austin (1962) の用語. 発話行為が適切に遂行されるために満たされなければならない条件. Searle (1969) によって体系化され, 命題内容条件, 予備条件, 誠実性条件, 本質条件の4種類の条件からなるとされた. ⇨ ESSENTIAL CONDITION; PEPARATORY CONDITION; PROPOSITIONAL CONTENT CONDITION; SINCERITY CONDITION

filler(フィラー) 発話の一部分を埋める語句のこと. 命題内容やほかの発話との接続関係などをフィラー自体は示さない. 英語では 'er, um, well, you know, 日本語では「ええと，あの（―）」といった音声現象，ポーズや言いよどみなどがある．⇨ DISCOURSE MARKER; 音声 PAUSE; SILENCE

flout（故意に違反する）　Grice (1975) の用語．会話の含意（CONVERSATIONAL IMPLICATURE）を生み出すために会話の公理（CONVERSATIONAL MAXIM）を故意に破ることをいう．この flout という語には，故意に違反していることが相手に分かってもかまわないといった含みがある．⇨ CONVERSATIONAL IMPLICATURE; CONVERSATIONAL MAXIMS

force（効力）　Leech (1983) の用語．発語内の力（ILLOCUTIONARY FORCE）と修辞による力（rhetoric force）を総合した発話がもつ語用論的な力．

formal pragmatics（形式語用論）　Kadmon (2001) などの用語．形式意味論の論理学的および数学的手法を用いて，語用論的推論や意味論と語用論にまたがる前提（presupposition），照応関係（anaphora），焦点（focus），直示（deixis）などの現象を扱う研究分野．また，ドイツの哲学者 Habermas の言語行為理論と組み合わせた語用論も指す．⇨ DEIXIS; 意味 FOCUS; 意味 PRESUPPOSITION

formal style（改まったスタイル）　Richards, Platt and Weber (1987) などの用語．話し手がとても丁寧に発音やし，語や文構造の選択をするスタイルで，公的な場面，デイベートや儀式において用いられる．話題，コンテクスト，対象などとの心的距離がある場合に用いられるスタイル．

free enrichment（自由拡充）　Carston (2002) の用語．関連性理論の表意形成に関わる語用論的操作の 1 つ．純粋に語用論的に発話で用いられた文の論理形式に新たな概念を付け加える操作．例えば，"You're not going to die."（死ぬはずないよ）は切り傷をしたというコンテクストから You're not going to die [from that cut] と復元され，[ ] 内の要素を補うことをいう．

friendly banter（からかい語）　Allan and Burridge (2006) の用語．ユーモアの一種で，おもしろがってからかうこと．悪意がなく，親密さを表すためのからかいで，からかわれた方も楽しめる場合に限定される：英語の A: "Hullo congenital idiot!" B: "Hullo, you priceless old ass!" や日本語の「君ってほんとドジだね」「あなたには負けますよーっだ！」など．

functionalism（機能主義）　Halliday (1970) の用語．体系機能文法

(systemic functional grammar) に代表される，実際の言語使用場面における形式と機能の関係を明らかにしようとするアプローチ．言語の主要三機能は，概念的 (ideational), 対人関係的 (interpersonal), およびテキスト的 (textual) 機能とされる． ⇨ INTERPERSONAL FUNCTION; TEXTUAL FUNCTION

G

generalized conversational implicature （一般化された会話の含意）Grice (1975) の用語．GCI と略す．特別な想定がコンテクストにあって生じない場合を除いて，通常の状況で導かれる会話の含意．例えば，some（いくつか）と言えば not all（すべてではない）を含意し，open the door（ドアを開けた）といえば「ドアノブを回して」を含意する． ⇨ Q-IMPLICATURE; R-IMPLICATURE

gesture language （身ぶり言語，身ぶり語）Ekman (2003) などの用語．身ぶりや手ぶりなど，身体の動きを用いた非言語コミュニケーションの手段のことをいう．ボディーランゲージとして，顔の表情なども含むことがある．言語の代わりに用いられるエンブレム (emblem) や手話 (sign language) と，言語と平行して用いられるジェスティキュレーション (gesticulation) やパントマイム (pantomime) とに分かれる．

greeting （挨拶）相手の存在への認識を表明し，コミュニケーション参与者同士の社会的関係を確立もしくは確認するための言語，非言語的行為を指す．必ずしも命題内容の伝達を意図しない．Malinowski (1923) のいう交感的言語使用 (PHATIC COMMUNION) の一種． ⇨ 社会 PHATIC COMMUNION

Gricean Maxims （グライスの公理）= CONVERSATIONAL MAXIMS

Gricean Pragmatics （グライス派語用論）Grice (1975) の言語表現の意味と解釈の違いについての理論をもとにした語用論．会話の協調の原理に基づく，質・量・関係・様態からなる4種類の公理を用いて言語使用の研究を行ったもの． ⇨ CONVERSATIONAL MAXIMS; NEO-GRICEAN PRAGMATICS

H

hearer （聞き手，聴者）ある発話場面において，意図された特定の受信者 (ADDRESSEE) だけでなく，その発話を物理的に受信するすべての人の総称．Clark and Carlson (1982) はすべての発話行為 (SPEECH ACT)

の効力は addressee だけでなく hearers の存在を前提とするとしている． ⇨ ADDRESSEE

hedged performative（緩衝的遂行文）　Fraser (1973) の用語．発語内の力（ILLOCUTIONARY FORCE）を緩和するため，遂行文の発話や陳述を弱める助動詞や意図を表す動詞を伴うものを指す："I *must* order you to go there." / "I *have to* ask you to clean the room." / "I *would like to* ask you a favor."

hedging function（緩衝的機能）　Brown and Levinson (1987) などの用語．命題内容やそれに対する話し手の命題態度の断定的表明を避けるのに用いられる緩衝表現 (hedge) の機能．英語では小辞，慣用句などによって表される："A swing is *sort of* a toy." "I *rather* think it's hopeless." "You are *quite* right."　⇨ SPEECH ACT

'hereby' test（hereby テスト）　Austin (1962, 1963) の用語．英語において発話が遂行的（PERFORMATIVE）なものかどうかを決定するためのテスト．文中の動詞の直前に副詞 hereby を置くことができれば，その文の発話は遂行的なものと判定される．

hesitation form（躊躇形式）　談話の中での言い淀みやためらい，あるいは発話を始めたり続けようとする意思を示す表現．間投詞の er や uh，談話標識 well, I mean など．

high context（高コンテクスト）　Hall (1977) の用語．メッセージ解釈の際に，コンテクストに頼る度合いの高い文化を指す．一般にことばとして表現された内容よりもことばにされないのに相手に理解される内容のほうが豊富な場合で，一般的な共通認識に基づくコミュニケーションが多く，コンテクストの共有の度合いが高いものを指す．

higher-level explicature（高次表意）　Wilson and Sperber (1993) の用語．具体的に言語化された発話の上位節を指し，発話行為，命題態度などを示す．例えば，"There is nothing to eat." という発話は Mary が単にそういった場合，そう信じている場合，そう言って残念に思っている場合，それぞれ *Mary says/believes/regrets* that there is nothing to eat と異なる高次表意となる．

historical pragmatics（歴史語用論）　Jucker (1995) の用語．歴史言語学と語用論を統合した言語学の研究分野．2 人称，T 形（親称）と V 形（敬称）の使い分けの言語使用の歴史的変化とか，言語構造の変化などを語用論的観点から，個別言語あるいは言語一般について通時的言語変化として説明を試みたもの．⇨ 認知 GRAMMATICALIZATION

humor(ユーモア) 会話などで相手を笑わせようとするコミュニケーションの1つ．Attardo (1994) では，2つのスクリプトの対立・不調和により生じるという分析．Curcó (1995) では関連性理論でいう意図明示的言語使用の1つで，記述された意味内容の不一致 (incongruity) により生じるおもしろさという．談話（DISCOURSE）の中で生じる2つの対立する概念を認識することで生じる認知効果といえる．

I

illocutionary act（発語内行為） Austin (1962) の用語．発話行為 (SPEECH ACT) を構成する3つの言語的行為のうちの1つ．発話を行うこと自体によって同時に遂行される話し手の意図的行為をいう．例えば，"This shop will be closed in ten minutes." という発話は I *inform* you this shop's closing time *in saying that* this shop will be closed in ten minutes. を伝えているので，inform（情報を伝達する）という発語内行為をしていることになる．⇨ LOCUTIONARY ACT; PERLOCUTIONARY ACT

illocutionary force（発語内の力） Austin (1962) の用語．発話によって遂行される発語内行為 (ILLOCUTIONARY ACT) がもつ言語的機能あるいは効力をいう．

implicate（含意する） Grice (1975) の用語．あるコンテクストにおいて，特定の発話を行ったときに，非明示的に意味内容が伝達されること．

implicated premise（推意前提） Sperber and Wilson (1995^2) の用語．推意 (IMPLICATURE) を推意前提と推意結論の2種類に分ける．推意前提は記憶や百科事典的知識から得られる想定を指し，表意とともに推意結論を導く．A: "Are you going out today?" B: "I've got a lot of work now." の会話で，If X has a lot of work now, X is not going out today.（推意前提）から B is not going out today.（推意結論）と A は解釈する．

implication（含意） 命題 P が真であれば Q も真であるという論理的関係．P → Q（P ならば Q）で表示される．P → Q 自体は，「P は真であるが，Q は偽である」場合にのみ偽となる．

implicational scale（含意尺度） 尺度上で上位の命題が下位の命題を論理的に含意していることを表す際に用いられる概念．例えば，"Tom has ten dollars."（トムは10ドル持っている）という命題は「トムは5

ドル持っている」ことを論理的に含意している．⇨ SCALAR IMPLICATURE

implicatum（含意されたもの）　Grice（1975）の用語．'What is implicated'（推意される事柄），もしくは implicature に対応するラテン語．最近の研究では，implicature という用語を用いる方が普通．⇨ IMPLICATURE; CONVERSATIONAL IMPLICATURE; CONVENTIONAL IMPLICATURE

implicature（含意，推意）　① Grice（1975）の用語．文字通りの意味を超えた伝達レベルでの意味．例えば，「これから映画に行きませんか」という提案に対して，「明日試験があります」と答えた場合，その発話からは「映画には行けない」という会話の含意（CONVERSATIONAL IMPLICATURE）が生じる．②関連性理論では表意に対して，明示的に伝達されていない命題である推意を指す．⇨ CONVERSATIONAL IMPLICATURE; CONVENTIONAL IMPLICATURE; RELEVANCE THEORY

impositive（意志強制型）　Green（1975）の用語．発話によって話し手の意志や望みが聞き手に強制される性質をもつ発語内行為をいう．形式はいろいろで，例えば，You will be silent. と Can't you shut up? という発話は，いずれも相手を黙らせたいという話し手の望みを聞き手に強いるものであり，ともに意志強制型の発語内行為を行うものとなる．

indirect speech act（間接発話行為）　Searle（1975）の用語．ある発語内行為を表現する典型的な形式の文が，別の発語内行為を表現するために用いられ，その行為を間接的に遂行することをいう．例えば，質問行為の典型的な形式である疑問文 "Can you turn off the TV?" を用いて依頼行為（request）を遂行する場合などがその例となる．

inductive inference（帰納的推論）　個別的な事例をもとに一般的な規則や法則を推論することをいう．例えば，豆の入った袋から 1 個取り出して，"This is white." が真である事例が何回かあった場合，それを前提として All beans from this bag are white. という一般的命題を結論として推論することをいう．この推論では，結論の正しさは蓋然的にある程度起こりうることが保証されるだけである．⇨ DEDUCTIVE INFERENCE; INFERENCE

inference（推論）　ある事実をもとに未知の事柄を推し計り，論じることで，言語記号のような表示作用をもつ情報から，何らかの一般的規則により別の情報を導くことをいう．演繹的推論（DEDUCTIVE INFERENCE），帰納的推論（INDUCTIVE INFERENCE），（仮説的説明を導く）ア

ブダクション（⇨ 意味 ABDUCTION）だけでなく，（意味論的）含意（⇨ 意味 ENTAILMENT），会話の含意（CONVERSATIONAL IMPLICATURE），前提（⇨ 意味 PRESUPPOSITION）なども指して用いられる．⇨ CONVERSATIONAL IMPLICATURE; DEDUCTIVE INFERENCE; INDUCTIVE INFERENCE; INFORMATION

inferential antecedent（推論による先行詞）　談話内に明示的な先行詞が存在しないとき，コンテクストなどを手がかりにした論理的思考操作（推論）によって導かれる可能な先行詞をいう．推論が言語的コンテクスト内で完結する場合もあれば，非言語的コンテクストや一般的な世界知識が利用される場合もある．

inferential model（推論モデル）　コミュニケーションを「話し手があるメッセージによって意図的に伝達しようとする内容を，聞き手が一連の推論（INFERENCE）によって復元するプロセスである」とする立場．またはその理論的枠組み．Grice や Sperber and Wilson らに代表されるコミュニケーションモデルを指す．⇨ CODE MODEL; INFERENCE

information（情報）　Bremer and Cohnitz（2004）などの用語．情報には様々なとらえ方があるが，言語学では一般に，発信者（話し手）から何らかの媒体を通じて受信者（聞き手・読み手）に伝達される一定の意味のある内容のことで，どこからどう得て，どう使い，どこへどう伝えるかという情報の流れ（information flow）や，何をどう情報として見るかは認知主体（cognitive agent）に依存することなどが重要な問題となる．

informative intention（情報意図）　Sperber and Wilson（1995^2）の用語．伝達意図と並び，伝達の意図明示性を決定する2つの意図のうちの1つ．ある想定を聞き手に思い浮かばせたり，よりはっきりと思い浮かべるように仕向ける話し手の意図．⇨ INTENTION

informativity（情報性）　Beaugrande and Dressler（1981）の用語．テキスト言語学の用語で，テキスト性を構成する7つの要素のうちの1つ．あるテキストの内容が聞き手にとってどの程度新しい，または古い情報であるのかという尺度を指す．蓋然性の高さに比例する．テキスト性にはほかに「結束性」「一貫性」「意図性」「受容性」「状況性」「間テキスト性」がある．

informing（報告）　Searle（1979a）の用語．陳述表示型（REPRESENTATIVE）の発話内行為の一種．聞き手に対し情報提供する（inform）行為を本質とし，命題が真であることを聞き手に信じさせようとする．asserting（主張）とは区別される． ⇨ REPRESENTATIVE

inspiring（鼓舞） Austin（1962）によって提唱され，Searle（1969）によって発展継承された発話行為論において，発話内行為を行うことによって達成される発語媒介行為（PERLOCUTIONARY ACT）の一種で，人を奮い立たせる行為のことをいう． ⇨ PERLOCUTIONARY ACT

intention（意図） Sperber and Wilson（1995²）による関連性理論では2種類の意図が想定される．すなわち「情報意図」と「伝達意図」のことで，いずれを欠いても意図明示的伝達は成り立たない． ⇨ COMMUNICATIVE INTENTION; INFORMATIVE INTENTION

interaction（やりとり，相互作用；相互干渉，インターアクション） ①（やりとり，相互作用）コミュニケーションや対話といった概念と近く，参与者の間で双方向的に生じる言語，非言語的なやりとり全般をいう．②（相互交渉，インターアクション）母国語や第二言語習得の過程で重要な役割を果たす，子どもと養育者，あるいは第二言語学習者と目標言語母語話者との間のコミュニケーションをいう．

interlocutor（対話者） Banfield（1982）の用語．談話の参与者である話し手および聞き手を指す．Banfield は談話と語りを区別し，前者では話し手と聞き手が「対話，会話」を行うことが前提とされるのに対し，後者では聞き手の存在は仮定されず，よって interlocutor を必要としないとしている．

interpersonal function（対人的機能） Halliday（1970）の体系機能文法（systemic functional grammar）における用語．相手への働きかけ方，相手の遇し方，話し手および聞き手の発話役割付与，発話内容に対する心的態度の表明などにかかわる機能．この機能は待遇表現，モダリティ，音調，間投詞などによって具現化される． ⇨ FUNCTIONALISM; TEXTUAL FUNCTION

interpretive use（解釈的用法） Sperber and Wilson（1995²）の用語．関連性理論の用語．具体的状況を記述する記述的用法に対し，発話が他の人の発話とか考えの内容に類似したものとして使用される場合をいう．John: "What did Mary say about the weather?" Bob: "*It will be rainy tomorrow.*" のような対話で，もともとの Mary の発話は "It will rain tomorrow", "More rain!" などとすると，Bob の発話はそれとの類似性に基づく解釈的なものとなる． ⇨ DESCRIPTIVE USE

interruption（さえぎり） 会話分析の用語で，言葉のやりとりの間で話し手が発言を続けようとしているときに，会話の他の参加者が発言権

(turn) をとることをいう．⇨ 社会 CONVERSATION ANALYSIS; 社会 TURN-TAKING

intertextuality（間テキスト性，インターテキスチュアリティ，テキスト間相互関連性）　Kristeva (1969) の用語．あるテキストは他のテキストとは全く無関係に存在することはありえず，常に別のテキストを引用・変形した形で「引用のモザイク」として構築されていることをいう．

invited inference（誘導推論）　Geis and Zwicky (1971) の用語．例えば，"If you mow the lawn, I will give you five dollars." という発話からは，"If you don't mow the lawn, I will not give you five dollars." という推論が誘導されること．「誘導推論」は，意味変化を説明する際にもしばしば用いられる．

I-principle（I-原理）　Levinson (1987) の用語．量の公理の ii)（⇨ MAXIM OF QUANTITY）から，話し手に伝達上必要最小限の情報量を言うように要求する原理（Say as little as necessary.）．聞き手はより特定的な解釈を行う．Levinson (2000) では I-heuristic ともいう．Horn (1984) の R-原理と同じ．⇨ R-PRINCIPLE; CONVERSATIONAL MAXIMS

irony（アイロニー，皮肉）　①伝統的には，言っていることと正反対の意味を伝える修辞的表現と定義される．② Sperber and Wilson (1981), Wilson (2013) の用語．関連性理論では反対のことを言わないのに，控えめ表現（understatement），引用（quotation）や同一表現をおうむ返しに用いてもアイロニーになることから，エコー的用法（echoic use）と，自分は容認できないという態度（dissociative attitude）がアイロニー成立条件とする．⇨ VERBAL IRONY

J

joke（ジョーク）　笑いのおもしろさを示す言語使用の一分野．日本のジョークは経験に基づく失敗談が多く，英米圏では作り話に基づくものが多い．東森 (2011) では関連性理論により，推意が矛盾する場合，想定が馬鹿げている場合，馬鹿げた推意に基づく場合，類似性に基づく場合などと分類され，解釈段階でどこかにずれがあり，認知効果として面白さを生じると分析する．⇨ HUMOR

L

language attitude（言語態度，言語意識）　ことばや，そのことばを発話する話し手に対するイメージや感情，態度をいう．「ぶっきらぼう」

などの態度や「優しそう」などのイメージは，言語解釈に何らかの影響を与えると考えられる．

language community（言語共同体，言語社会） 1つの言語を共有する集団を指すが，厳密には，「共有する共同体への参加の仕方」と「共有する言語コミュニケーション」のどちらを指すのかで意見が分かれている．多言語が併用されている社会を記述するのには用いられない．⇨ 社会 SPEECH COMMUNITY

language-game（言語ゲーム） Wittgenstein (1953) の用語．ことばは生活の様々な局面で用いられるが，そうした使用の局面を一種のゲームとして捉え，そのゲームの中でことばが果たす役割をそのことばの意味とするという考え方につながる．

language use（言語使用） 言語の研究において，言語の構造的側面に対して，語用論，談話分析が研究対象とする言語使用の側面をいう．言語使用の研究では非言語的要因も含んだ，個々の具体的コンテクストで観察される言語現象が扱われる．

lexical narrowing（語彙的絞り込み） Wilson and Carston (2007) の用語．語が，用いられるコンテクストの影響で，言語的に記号化された意味（文字通りの意味）よりも狭められた意味で用いられた場合の意味の狭めをいう．語彙的拡張（lexical broadening）やメタファーとともに語彙的調整（lexical adjustment）の1つ．⇨ BROADENING; NARROWING

lexical pragmatics（語彙語用論） ① Blutner (1998, 2004) の語彙解釈を扱う理論．例えば，a red apple と a pink grapefruit を比べると，色が表皮を指すか中身を指すかで異なるが，それらの解釈を I-原理と Q-原理で導く．また，Horn (2005) には接頭辞 un- の解釈に関する語彙語用論的分析がある．② Wilson and Carston (2007) の用語．語用論とは発話を拡充した命題全体を用いて推論により計算するのみではなく，語彙レベルの意味理解にも関わり，記号化された概念が，具体的コンテクストの中で伝達された概念となる理解にも関わるという立場をいう．⇨ OPTIMALITY-THEORETIC PRAGMATICS; RELEVANCE THEORY

lexical underdetermination（語彙的決定不十分性） Bach (1999), Blutner (2004) などの用語．語彙項目の意味決定には，意味論による体系的曖昧性（systematic ambiguity）では説明ができなくて，語用論的推論が関わるという立場をいう．例えば，形容詞 red は *red* apple ではりんごの皮が赤い色，*red* face は怒りで一時的に赤面している状態を

指し,*red* eye は漫画では赤い目は虹彩の一部ではなく,白目全体が赤くなっているなど. ⇨ LEXICAL PRAGMATICS

linguistically encoded meaning(言語的に記号化された意味) Carston (2002) の用語.言語体系における比較的安定した意味で,話し手が属する言語共同体の中で広く共有されている意味のこと.言語的に記号化された意味からだけでは表出命題で言われていることを十分に解釈することはできず,常に語用論的推論プロセスが必要であるとされる. ⇨ LEXICAL UNDERDETERMINATION; LINGUISTIC UNDERDETERMINACY THESIS

linguistic code(言語コード) ①言語によるコード(記号体系)のことで,語彙的コード,音声的コード,文法規則やスペルのコードなどがある.例えば,食べ物のチーズを,日本語の語彙的コードでは「チーズ」と呼び,英語の語彙的コードでは cheese と呼ぶ. ⇨ CODE MODEL ②ある共同体で使われている言語の変種.複数の言語が使用されている地域では言語自体も指す.これらの変種・言語は特定の社会的価値と結びついており,場所,格式,親しさ,真剣さといった基準で選択される. ⇨ 社会 CODE SWITCHING

linguistic interaction(言葉のやりとり,言葉の相互作用) 言葉を使いながら,そのときのジェスチャーや表情,声の調子なども含めて,対話者と情報のやりとりをする意思伝達行為.

linguistic underdeterminacy thesis(言語的決定不十分説) Carston (2002) の用語.コード主義を否定する立場で,言語的に記号化された意味は実際に伝達された意味を下回るため,語用論的操作により両者のギャップが埋められるという理論. ⇨ LEXICAL UNDERDETERMINATION; LINGUISTICALLY ENCODED MEANING

literal interpretation(文字通りの解釈) 文が持つ文字通りの意味解釈のこと.例えば,"Caroline is a princess." は,メタファー解釈では Caroline が王女ではなくてもわがままな性格であれば真になるのに対して,文字通りの解釈では Caroline が現実に王女である場合に真になる. ⇨ LITERAL MEANING

literal meaning(文字通りの意味) ①通例,言語表現により伝えられる文字通りの意味で,メタファー解釈や,推意などと対立する. ② Recanati (2004) はコンテクストに依存しない文の意味を T(ype)-literal meaning,コンテクストの指示表現を同定したものを M(inimally)-literal meaning,発話状況による概念の微調整したものを

P(rimary)-literal meaning）と3区分している．

L(ow) language（低位言語，日常卑近語）　ある共同体で二言語変種の使い分け（diglossia）がある場合に，自然に学ばれて日常的な場面で使用される言語変種を指す．一方，学校教育を通して学ばれ，より格式張った場面で使用される変種を H(igh) language という．例えば，スイスにおけるスイス・ジャーマン（L）と標準ドイツ語（H）など．⇨ 社会 DIGLOSSIA; 社会 H-LANGUAGE

locutionary act（発語行為）　Austin (1962) の用語．発話行為（SPEECH ACT）を構成する3つの言語的行為のうちの一つで，意味のある言語表現を発する行為そのものをいう．発語行為はさらに，音声行為（PHONETIC ACT），用語行為（PHATIC ACT），意味行為（rhetic act）の3つに下位区分される．⇨ ILLOCUTIONARY ACT; PERLOCUTIONARY ACT

logical form（論理形式）　Sperber and Wilson (1995^2) の用語．発話された文にコード化された概念表示を与えたもので，語用論的な肉付けをするための枠組みとなるもの．ここでの「論理形式」は論理学や生成文法の「論理形式」とは異なる．表意，すなわち，発話の明示的意味を理解するには曖昧性を除去し，指示対象を具体化するなどの語用論的操作が必要である．

loose talk（ルーストーク）　Lasersohn (1999) などの用語．大ざっぱな言い方．例えば，"Holland is *flat*." のように，ことばを緩く使用したもの．ルーストークは，形式意味論，Grice 派語用論，関連性理論など，様々な理論から分析されている．

M

ma（間）　英語では interval in time and space, silence, gap などと表現されるものに対応し，書きことばにおける省略や，会話における沈黙を指す．日本文化では「間」を肯定的にとらえる．異文化間コミュニケーションではこの問題が重要となる．

machine-gun question（機関銃調の質問）　Tannen (1984) の用語．特にニューヨーク・ブロンクス地区育ちのユダヤ系アメリカ人に特有の，仲間内の会話において浴びせかけるように連続して行う質問をいう．早い口調，高い音調，前の発話にすぐに続く，簡単な文を使うといった特徴をもち，仲間意識や親近感の表示であるとされる．

macro-structure（マクロ構造，巨視的構造）　テキストまたは談話が全体としてなす意味を指す．文を単に寄せ集めただけではテキストになら

ないが，構成要素である各文が相互に関連し，一定の構造をなし，全体の意味となる．すなわちテキストの主旨，テーマに相当するとも考えられる．

malediction（呪い）Napoli and Hoeksema (2009) などの用語．ののしり (curse) のようにある対象に向けてタブー語などの強意語を発する行為で，特に命令文とか祈願文を用いるものをいう："Go to hell!" / "Eat shit and die!" / "The devil fetch that fellow!"

manifestness（顕在性，明白性）Sperber and Wilson (1995^2) の用語．お互いに会話ができるのは，ある情報を知っている (know) からではなく，ある想定を頭の中に想い浮かべることができる，すなわち顕在性があるからと説明する．

maxim（公理）Grice (1975) が提唱した協調の原理に従うための社会的行動指針．量 (quantity)・質 (quality)・関係 (relation)・様態 (manner) の4つからなる．⇨ COOPERATIVE PRINCIPLE; MAXIM OF MANNER; MAXIM OF QUALITY; MAXIM OF QUANTITY; MAXIM OF RELATION

maxim of manner（様態の公理）Grice (1975) の用語．会話の公理の1つで，会話への貢献を様態の観点から記述したもの．i) 不明瞭な表現は使わない，ii) 曖昧にならないようにする，iii) 手短に述べる，iv) 順序よく述べる，という4つの下位公理からなる．どのように会話に貢献するのかという態度に関わりがあることから，ポライトネス理論へと発展していった．⇨ COOPERATIVE PRINCIPLE; MAXIM

maxim of quality（質の公理）Grice (1975) の用語．会話の公理の1つで，会話への貢献を情報の質の観点から記述したもの．i) 嘘をつかない，ii) 証拠のないことは言わない，という2つの下位公理からなる．⇨ COOPERATIVE PRINCIPLE; MAXIM

maxim of quantity（量の公理）Grice (1975) の用語．会話の公理の1つで，会話への貢献を情報量の観点から記述したもの．i) 必要な情報量を満たすこと，ii) 必要以上の情報量を与えるな，という2つの下位公理からなる．⇨ COOPERATIVE PRINCIPLE; MAXIM

maxim of relation（関係の公理）Grice (1975) の用語．会話の公理の1つで，会話への貢献を関係性の観点から記述したもの．「関係のあることを言いなさい」という公理．なお，関連性理論はこの社会的公理を直接発展させたものではなく，認知原理に基づいた立場をとり，処理労力と認知効果のバランスによって関連性を規定している．⇨ COOPERA-

TIVE PRINCIPLE; MAXIM

metacommunication（メタコミュニケーション）　行われているコミュニケーションそれ自体についてのコミュニケーション．例えば，ある言語発話に関して，別チャンネル（非言語）を通じて当該の発話行為の種類を表現するような行為．話している内容が「皮肉」であることを伝えるために口角の片側だけを上げた笑顔で話す場合など．

metalinguistic（メタ言語的）　メタとは対象レベルが一段上のレベルを指し，ある言語を記述するための言語を指す．言語表現自体を対象として捉え言及する言語の働きをいう．対象となる言語を対象言語（object language），言及する高次の言語をメタ言語（metalanguage）という．対象言語とメタ言語は同じ場合もあれば，異なる場合もある：*"Dog* is an English word."（Dog は英単語です）．

metalinguistic negation（メタ言語的否定）　Horn (1989), Noh (2000) などの用語．先行する発話の音形，形態，表現の仕方などを否定することをいう："I didn't trap two *mongeese*; I trapped two *mongooses*." 上昇調で発音され，通常の解釈では矛盾するので再分析し，否定スコープ内の表現は使用（use）ではなく言及（mention）という特徴をもつ．

metalinguistic analysis（メタ言語的分析）　Leech (1974) の用語．一見意味的に逸脱したように見える文の発話を，語用論的にメタ言語表示で説明することをいう．"I don't regret telling her my secrets; I haven't told her anything." では，前提は否定文でも保持され矛盾しているように見えるが，語用論的にメタ言語否定 It is not the case that I regret telling her my secrets.(… 後悔していると言ったのではない）として再解釈し説明する．

metaphor（メタファー）　関連性理論では2つの説明方法がある．i) アドホック概念形成の創発特性（emergent property）による説明（Wilson and Carston (2006))：A: "That surgeon ought to be dismissed." B: "He is a *butcher*." B では butcher は「肉屋」からずれて「下手な外科医」のアドホック概念を形成する．ii) 弱い推意による認知効果とする説明（Sperber and Wilson (1995²))："This room is a *pigsty*." では pigsty は「豚小屋」の知識から「汚い」「乱雑である」といった弱い推意の束でメタファー解釈の特徴とする．⇨ 認知 METAPHOR

metapragmatics（メタ語用論）　Mey (1993) の用語．語用論的ルール，すなわち，言語使用者が従うルールがどのような条件のもとで出てくるものかを研究するもので言語使用を意識的な仕方で分析することをい

う．具体例として，コンテクストや相手による敬語の使い分けの説明を挙げることができる．

metarepresentation（メタ表示）　Wilson (2000), 東森(編) (2015) の用語．引用表現，心的態度を表す表現，真偽を問題にする表現などの低次の表示が埋め込まれた高次の表示のこと："Sara said, 'Jones was here.'" / "Sara believes that the marble is in the pot." 誤った信念 (false belief) などを扱う場合は，統語構造上の観点に加えて，事実との対応という解釈も含めたより高次のメタ表示を考える必要がある．

metonymy（メトノミー）　Carston (2002), 今井・西山 (2012) などの用語．関連性理論ではアドホック概念形成を通じて飽和（⇨ SATURATION）に関わる指示表現として説明する：*The piano* is in a bad mood. では，the piano「ピアノ」の概念からずれて「ピアノを弾いている人」を指す．

mindreading（心を読む）　Wilson and Sperber (2012) の用語．ひとが第三者の立場に立ってものを考えることで，他人の心，すなわち，他人の信念・知識・意図といった認知環境を読み取ること．心の理論 (theory of mind) ともいわれる．発話を解釈する場合，そうした「心を読む」ことにより発話者の意図や信念を読み取ることが行われる．

mixed quotation（混合引用）　Cappelen and Lepore (1997) の用語．次のように間接話法と直接話法が混ざった引用表現をいう："Alice said that life 'is difficult to understand'." 発話全体は，Alice said that life is difficult to understand. という間接話法の解釈と，Alice uttered the words "is difficult to understand." という直接話法の解釈とが並行して行われる．

modularity of mind thesis（心のモジュール説）　Fodor (1983) の用語．心のモジュラー性とは，領域固有性 (domain specificity), 情報遮断性 (information encapsulation) など9つの特徴があり，心の働きは単一構造ではなく，いくつかの独立した複数の処理単位（モジュール）により説明されるという考え方．

moment of speech（発話時）　話し手による発話時を表す．例えば，英語の現在完了形 I have broken the cup. では，過去の不定の時点で起こった出来事（コップが割れた）が発話時にも，関わることである（コップが割れていま使えない）というように説明する．時間直示的な表現の today, next week, tomorrow, last week などの語句を解釈する際に基準となる時間．⇨ DEIXIS; TIME DEIXIS

M-principle(M-原理)Levinson(2000)の用語．Griceの様態の公理(MAXIM OF MANNER)から，普通と異なった言い方で言われたものは，普通ではない(What's said in an abnormal way isn't abnormal)という原理．例えば「唇の端が上がった」と言えば，普通とは異なるやり方でほほえんだと推論される．

move(ムーブ) 会話分析に用いられる単位で，発言(turn)の下位分類として位置づけられる．開始，問いかけ，応答など，会話の中で話し手が発するスピーチの最小の機能的単位のことをいう． ⇨ 社会 CONVERSATION ANALYSIS

N

narrowing(絞り込み) Wilson and Sperber(2012)の用語．語彙語用論の用語．ある表現が語彙的に記号化された意味よりも限定された解釈を持つとき，絞り込みという．例えば，"I have a temperature."のa temperature(体温)は「いつもより高い体温」という限定的な解釈に絞り込まれる． ⇨ LEXICAL NARROWING

negative face(ネガティブ・フェイス) Brown and Levinson(1987)のポライトネス理論の用語．対人関係上の基本的な欲求のうちの1つ．他者に立ち入られたくない，自分の行動を妨げられたくない，といったような他者との距離を置きたいという欲求のことをいう． ⇨ FACE; POSITIVE FACE

negative politeness(ネガティブ・ポライトネス) Brown and Levinson(1987)のポライトネス理論の用語．ポライトネス・ストラテジーの1つ．相手のネガティブ・フェイスに配慮した言語ストラテジーで，相手と距離を置くような言い方をする．慣習的な間接表現，疑問文の使用，垣根言葉(hedge)などが含まれる："Could you possibly come over and help me with preparing for the party?" ⇨ POSITIVE POLITENESS

neo-Gricean pragmatics(新グライス派語用論) Horn(1989)やLevinson(2000)などに代表される語用論．Grice(1975)の「言われたこと」と「含意されたこと」を区別し，4つの会話の公理を，話し手が聞き手に与える情報量の上限および下限を設定する2つ(または3つ)の原則に統合する． ⇨ I-PRINCIPLE; Q-PRINCIPLE

new assumption(新しい想定) Sperber and Wilson(1995^2), Carston(2002)の用語．推論の基礎となる新しい想定．例えば，コンテクスト

含意（contextual implication）を引き出すときには，コンテクスト想定と新たに導入された想定（通例は発話による表出命題）が一緒になって，推論が行われ，結論を導く．このように新たに行われた発話などを指す． ⇨ OLD ASSUMPTION

non-conventional implicature（非慣習的含意，非言語規約的含意） Grice (1975) の用語．特定の言語表現固有の意味で，真理値に関与しない慣習的含意（conventional implicature）以外で含意される場合をいう． ⇨ CONVENTIONAL IMPLICATURE

nondeictic（非直示的） Fillmore (1971a) の用語．発話の際に場所が限定され，その場限りにおいて指示内容が決定される直示的な場合とは異なり，発話のコンテクストとは無関係な基準により，指示内容が決まる言語の特質をいう． ⇨ DEIXIS

non-detachability（分離不可能性） Grice (1975) などの用語．会話の含意の特徴の一つ．同じ意味内容を持つ言語表現は同じ会話の含意を持つということで，例えば，almost と nearly はほとんど同義語で，"The film *almost/nearly* won an Oscar." という発話はともに The film didn't win an Oscar. を含意する．他の特徴としては，取り消し可能性，算定可能性，非規約性，不確定性が挙げられる． ⇨ CONVERSATIONAL IMPLICATURE

non-truth-conditional meaning（非真理条件的意味） Wilson (1975), Potts (2005) などの用語．文の真理条件に関わらない意味．例えば，"Frankly, I'm tired." という発話の frankly が表す意味は文の真理条件に関わらない．therefore や非制限的関係節に現れる慣習的含意も非真理条件的意味を表す．会話の含意がこれにあたるという議論もある． ⇨ PROCEDURAL MEANING; IMPLICITURE

non-verbal communication（非言語コミュニケーション，非言語伝達） Ruesch and Kees (1956) の用語．ことばによらない伝達手段のことをいう．身ぶり手ぶりなど身体の動作，顔の表情，目の動き，姿勢，さらには相手との距離感なども含まれる． ⇨ 社会 PARALINGUISTIC

O

offer（申し出） Searle (1979a) の分類による行為拘束型発語内行為（COMMISSIVE）の行為の1つ．聞き手がある事柄が実現されることを望んでいて，話し手がそれを実現させようと申し出る場合の行為を指す．

off-record strategy（オフレコのストラテジー） Brown and Levinson

(1987) のポライトネス理論の用語で，ポライトネス・ストラテジーの1つ．明示的に伝達するのではなく，直接的な言及を回避して間接的に言及することをいう．暑くて窓をあけてほしいときに "It's very hot in here." という場合など． ⇨ ON-RECORD STRATEGY

old assumption（古い想定） Wilson and Sperber (1994) の用語．人が新しい想定（new assumption）を得る前の古い想定を指す．例えば，朝目を覚まし，屋根の上でなにか物音がするので，It's raining.（雨が降っている）という古い想定を頭に描き，外をみると，木の葉が屋根に落ちる音と分かり It's not raining.（雨が降っていない）と新しい想定に至り，古い想定を削除するという認知効果の説明に用いる．

on-record strategy（言明的ストラテジー） Brown and Levinson (1987) のポライトネス理論の用語．言外にほのめかすストラテジー（OFF-RECORD STRATEGY）とは対照的に，ことばを用いて自分の意図を明示するストラテジーのことをいう．「あからさまに言う」「ポジティブ・ポライトネス」，「ネガティブ・ポライトネス」ストラテジーが含まれる． ⇨ NEGATIVE POLITENESS; POSITIVE POLITENESS

optimality theoretic pragmatics（最適性語用論） Blutner, de Hoop and Hendriks (2006) で統合的に提示された理論．形式 (f) と意味 (m) の複数の組み合わせの中から，Q原理とI原理を制約とする最適性理論を用いて最適な <f, m> を求めることで解釈を決定する． ⇨ Q-PRINCIPLE; I-PRINCIPLE; LEXICAL PRAGMATICS

optimal relevance（最良の関連性） Sperber and Wilson (1995^2) の用語で，発話が持つ次の2つの特性をいう：i) 発話は聞き手がそれを処理するに値するだけの関連性をもつ．ii) 発話は話し手の能力と選択が許す範囲において最も高い関連性をもつ． ⇨ PRESUMPTION OF OPTIMAL RELEVANCE

order（命令） Searle (1979a) などの用語．文法的範疇としての命令文が典型的に果たす語用論的機能をいう．行為指示型（DIRECTIVE）の発語内行為の代表的なもので，行為遂行のための適切性条件の1つとして「地位関係において，話し手は聞き手より優位にある」という準備条件が含まれる．

ordinary language school（日常言語学派） 初期分析哲学では日常言語の分析はあまり重要視されていなかったが，Wittgenstein のことばの意味は日常言語の用法の中にあるという主張に影響され，Austin, Ryle, Strawson などオックスフォード大学で形成された言語学派．

オックスフォード学派ともいう．ケンブリッジ大学の Russell のように論理分析を行うのではなく，日常言語の分析で，言語の意味を解明しようとした．

ostensive-inferential communication（意図明示で推論に基づく伝達） Sperber and Wilson (1995^2) の用語．話し手が聞き手の注意を引き付けようという明らかな伝達的意図をもち，話し手が伝えようとしたある特定の意味を聞き手が推論によって算出するというコミュニケーションのこと．⇨ INFORMATIVE INTENTION; COMMUNICATIVE INTENTION

other-initiation of repair（他者に導かれた修復） Schegloff, Jefferson and Sacks (1977) の用語．話し手の発話に何らかの問題がある場合，聞き手がそれを指摘すること．話し手の修復を促す場合が多い．次の会話では they が誰を指すのか分からないという問題を Who? で聞き手が指摘している．A: "Are *they* getting married?" B: "*Who*? A: Tim an' Dave." ⇨ REPAIR

P

parody（パロディー） ① Preminger and Brogan (1993) などの用語．すでに存在する芸術表現の一部を変えながら引用することで，もとの表現とは違った効果をもたせることをいう．もとの芸術作品を嘲笑・揶揄・風刺する目的で行われることが多い．② Wilson (2006) の用語．関連性理論では，言語形式のもとの発話の形式を真似ることにより相手をあざ笑うことを指す．⇨ IRONY

particularized conversational implicature（特殊化された会話の含意／推意） Grice (1975) の用語．特定のコンテクストで発話を行ったときにのみ生じる会話の含意．例えば，トムはいつも 7 時に帰宅するというコンテクストが想定されていれば，「今まだ 6 時半です」という発話からは，「トムはまだ帰っていない」という特殊化された会話の含意が現れる．⇨ GENERALIZED CONVERSATIONAL IMPLICATURE; IMPLICATURE

performance（言語運用） Chomsky (1965) の用語．言語能力（⇨ 統語 COMPETENCE）に対する概念．言語能力の具現化をいい，言い誤りなどもありうる実際の言語使用を指す．Saussure のパロール (parole) という概念に通じる．後に Chomsky (1986a) は類似した概念を表す語として E 言語（⇨ 統語 E-LANGUAGE）という用語を用いている．

performative（遂行的，遂行文） Austin (1962) の用語．発話を行うこ

とにより同時に1つの社会慣習的行為が遂行されること，または，そのような特性をもつ発話に用いられる文をいう．例えば，"I promise to come back again." という遂行的な発話を行うことにより，話し手はその発話自体によって約束行為を遂行することになる．

performative analysis（遂行分析）　Ross (1970) の用語．Austin による発話行為の理論を統語分析に応用したもの．すべての文は，その統語構造として発語内行為を表す部分を「表層にあらわれない」主節（＝上位節）として含んでいると分析する．

performative sentence（遂行文）　Austin (1962) の用語．発話することが同時にある社会慣習的行為を遂行することにもなる性質をもつ文をいう．例えば，適切な状況のもとで "I name this ship Queen Elizabeth." という遂行文を発話することにより，話し手はその発話自体によって命名行為を遂行することになる．

performative utterance（遂行的発話）　= PERFORMATIVE

performative verb（遂行動詞）　Austin (1962) などの用語．言語によって行われる人の意図的行為を表す動詞で，apologize, bet, name, order, promise, warn などがその例．遂行動詞が1人称の現在形で主動詞として用いられる文は，発話と同時に動詞の表す行為が遂行される遂行文 (PERFORMATIVE SENTENCE) となる．

perlocutionary act（発語媒介行為）　Austin (1962) の用語．発話行為 (SPEECH ACT) を構成する3つの言語的行為のうちの1つ．発話を行うことにより，その発語内行為の結果として聞き手の考えや行動に影響を与える行為をいう．例えば，約束の発語内行為を遂行することにより，同時に聞き手を安心させるという発語媒介行為を遂行することができる．⇨ LOCUTIONARY ACT; ILLOCUTIONARY ACT

person deixis（人称のダイクシス）　Fillmore (1971a) の用語．人称に関する直示表現．話し手がダイクシスの中心となる．英語の代名詞の体系においては，人称のダイクシスは1人称，2人称，3人称に分類される．⇨ DEIXIS; DISCOURSE DEIXIS; PLACE DEIXIS; SOCIAL DEIXIS; TIME DEIXIS

phatic（交感的）　Malinowski (1923) の用語．情報伝達を目的とせず，連帯感を作り出すという社会的機能を果たす言語使用のこと．挨拶や儀礼的言語が典型例だが，聞き手の発話解釈も含めて交感的コミュニケーションともいう．

phatic act（用語行為）　Austin (1962) の用語．発話行為 (SPEECH ACT)

の一部としての発語行為（LOCUTIONARY ACT）を構成する3つの下位行為のうちの1つ．ある言語の規則に従い，その言語の語を発する行為をいう．用語行為に加えて，音声行為（PHONETIC ACT）と意味行為（rhetic act）が発語行為を構成する．

phatic communion（交感的言語使用）　Malinowski (1923) の用語．その場の雰囲気を友好的にするためにことばを発すること．"Nice day today." のような挨拶から，しばらく天気のことを話すなど，ことばを交わすことで社会的な機能を果たす言語使用を指す．⇨ PHATIC

phonetic act（音声行為）　Austin (1962) の用語．発話行為（SPEECH ACT）の一部としての発語行為（LOCUTIONARY ACT）を構成する3つの下位行為のうちの1つで，言語音を物理的に発する行為をいう．音声行為に加えて，用語行為（PHATIC ACT）と意味行為（rhetic act）が発語行為を構成する．

phrasal pragmatics（句語用論）　Romeo and Soria (2010) などの用語．句によって表現された複合概念（complex concepts）を語用論操作により，関連性理論の中で意味理解を説明しようという分野．例えば，アメリカ人 Morris がイギリスの大学に在外研究員として行くときの彼についてのコメント "In all modesty Morris imagined he must be *the biggest fish in the backwater*." のイタリック体の意味を「よどみの中にいる最も大きな魚」から「イギリスでは一番優秀な学者」と解釈するような語用論的解釈を説明する．

place deixis（場所のダイクシス）　話し手のいる場所がダイクシスの中心となる．英語では，話し手の位置を基準とした位置関係を表す here, there のような副詞や，話し手の位置への移動を表す come や話し手の位置からの移動を表す go のような移動動詞によって表される．⇨ DEIXIS; DISCOURSE DEIXIS; PERSON DEIXIS; SOCIAL DEIXIS; TIME DEIXIS

poetic effects（詩的効果）　Sperber and Wilson (1995^2) の用語．弱い推意によってもたらされる非命題効果のこと．話し手と聞き手の間に情緒的相互性をうむ．例えば，反復は，複数の広範囲に及ぶ想定を呼び出させることで，命題化できない共通感覚を呼び起こし，詩的効果をもつとされる．⇨ WEAK IMPLICATURE

poetic language（詩的言語）　レトリックをともなう言語使用．Sperber and Wilson (1995^2) による関連性理論は，詩的言語も日常的な言語表現と同じく関連性の原則で説明できるという立場をとる．ある言語表現が詩的であるかどうかは関連性の達成のされ方の違いであると説明す

る．⇨ POETIC EFFECTS

politeness（ポライトネス） Brown and Levinson (1987) などの用語．i) 言語の対人関係の確立や維持，調整にかかわる機能のこと．主として丁寧さを示す機能を指す．ii) 調和のとれた人間関係を築き，衝突を避けるための言語使用．相手との関係や社会的距離，フェイスに配慮した言葉の使い分けをいう．日本語の「丁寧さ」よりも広い概念で，敬語だけでなく親しみを表す表現も含む．⇨ FACE; NEGATIVE FACE; NEGATIVE POLITENESS; POLITENESS STRATEGY; POSITIVE FACE; POSITIVE POLITENESS

politeness principle（丁寧さの原理） Leech (1983) の用語．対人関係の中で働く言語使用の原理をいう．気配り (tact)，寛大さ (generosity)，称賛 (approbation)，謙遜 (modesty)，合意 (agreement)，共感 (sympathy) の6つの公理をたて，丁寧さの原理に則した言語使用は，これら6つの公理にかなったものであると考える．

politeness strategy（ポライトネス・ストラテジー） Brown and Levinson (1987) のポライトネス理論の用語．会話参加者のフェイス (FACE) に配慮するために用いられる具体的なことばの使い方のことをいう．ポライトネス理論では，フェイスを脅かす度合いに応じて，「あからさまに言う」「ポジティブ・ポライトネス」「ネガティブ・ポライトネス」「言外にほのめかす (off-record)」「言語行動をおこさない」の5つのストラテジーを挙げている．⇨ NEGATIVE POLITENESS; OFF-RECORD STRATEGY; ON-RECORD STRATEGY; POSITIVE POLITENESS

positive face（ポジティブ・フェイス） Brown and Levinson (1987) のポライトネス理論の用語．対人関係上の基本的な欲求のうちの1つ．誰かに理解されたい，仲間として認められたいといった他者との距離を縮めたいという欲求のことをいう．⇨ FACE; NEGATIVE FACE

positive politeness（ポジティブ・ポライトネス） Brown and Levinson (1987) のポライトネス理論の用語．ポライトネス・ストラテジーの1つ．相手のポジティブ・フェイスに配慮した言語ストラテジーで，相手との距離を縮め，好意や親しみを表す．直接的な表現や共感や連帯を表す表現が用いられる．⇨ NEGATIVE POLITENESS; POLITENESS STRATEGY

postulate（公準） 論理学における公準，公理．形式意味論においては，単語と単語の関係を捉えるために meaning postulate（意味公準，論理構造）が仮定される．

pragmatically enriched proposition(語用論的に豊かにされた命題) Sperber and Wilson (1995²) の用語.文字通りの言語形式に由来する論理形式に,曖昧性除去,飽和,自由拡充,アドホック概念形成,の4通りの語用論的プロセスを経て生じる命題を指す.⇨ DISAMBIGUATION; SATURATION; FREE ENRICHMENT; AD HOC CONCEPT

pragmatic anaphora(語用論的照応) Partee (1978) などの用語.代名詞の指示対象が,言語表現だけでなく,コンテクストから決定できる場合をいう.例えば,"I couldn't meet John yesterday. *He* is probably in Tokyo." という発話で,He が John を指すのでなく,言語外の情報により Bob を指すと解釈されるような場合に用いる用語.

pragmatic competence(語用論的言語能力) Chomsky (1977) の用語.コミュニケーションにおいては,文法能力だけでなく,状況に応じて適切に言語を使用し,解釈する語用論的言語能力が必要となる.コンテクストや話し手と聞き手の社会的関係を考慮し,適切な言語使用ができる能力をいう.

pragmatic disorder(語用論的言語障害) 自分の心と異なる他者の心があることの無理解に起因する語用論的障害を指す.コミュニケーションに関するあらゆる障害を語用論障害と呼び,アスペルガー症候群などの症例の一部は,この能力が未発達なために起きると考えられる.言語障害に限定する場合には pragmatic language disorder ともいう.disable, disorder という語を避け,pragmatic impairment ともいう.

pragmatic implication(語用論的含意) Hirschberg (1991), Levinson (2000) の用語.語用論的知識に基づいた含意関係.例えば,北アメリカ大陸を西から東に移動しているというコンテクストでは,"I have got to go to Chicago." という発話は,I have got to go to Denver を語用論的に含意している.⇨ IMPLICATION

pragmatic markedness(語用論的有標性) Payne (1987) の用語.コミュニケーションにおいて,話し手が聞き手にとってより重要だと思われる情報を目立たせる尺度をいう.語用論的有標性は統語上の語順の決定に重要な役割を果たすとする.

pragmatic presupposition(語用論的前提) Stalnaker (1974) の用語.対話の中で,ある命題を話し手と聞き手が共に想定していると話し手が思っているかそのように振る舞うときに,この命題を語用論的前提という.この前提は対話の共通基盤の一部を成す.⇨ 意味 SEMANTIC PRESUPPOSITION

pragmatics（語用論） もとは Morris（1938）の用語．記号と記号を使用する人との関係を扱う領域．現在では具体的な発話（UTTERANCE）とそのコンテクストとの関係を詳しく研究する学問分野をいい，広く言語運用と解釈の問題を扱う．Austin（1962）による発話行為研究，Searle（1969）の間接発話理論研究，Grice（1975, 1989）に始まる会話含意研究，Sperber and Wilson（1995^2）の関連性理論研究などがある．

pragmatic word-order language（語用論的語順をもつ言語） 名詞句自体に格表示がなく，文法関係が原則として語順によって示される言語に対して，名詞句自体に格表示があり，そのため語順が比較的自由で，コンテクストや文化的・社会的要因などの語用論的要因によって語順が決まる言語のことをいう．

preference（優先傾向） Sacks（1973），Atkinson and Heritage（1984）の用語．会話分析の隣接ペアの2番目のターンである応答に見られる傾向．社会的に好まれる応答（preferred response）や好ましくない応答（dispreferred response）に関わるもので，ポライトネスの現象とも結びつく．preferred sequence ともいう．

preparatory condition（予備条件） Searle（1979a）の用語．ある発話行為の遂行の際に前提となるコンテクストに課される条件．例えば，request（要求）の遂行は，話し手が聞き手は命題内容を実現することができると信じていることが前提条件となる．⇨ SPEECH ACT

presumption of optimal relevance（最良の関連性の見込み） Sperber and Wilson（1995^2）の用語．関連性理論の「関連性の伝達原理」の中心概念で，i) 意図明示的刺激は聞き手がそれを処理する労力に値する関連性があり，ii) 意図明示的刺激は話し手の能力と優先事項に合致する最も関連性のあるものである，というもの．通常，聞き手が到達する最初の解釈が最良の関連性をもつ．

primary illocutionary force（一次的発語内の力） Searle（1979a）の用語．見かけ上の文字通りの発語内の力（ILLOCUTIONARY FORCE）に対し，実質的な発語内の力をいう．"Could you turn on the lights?" という発話で依頼行為を行う場合，文字通りは質問であるが，依頼のほうが実質的であるので一次的発語内の力になる．なお，文字通りの力は二次的発語内の力（secondary illocutionary force）という．⇨ ILLOCUTIONARY ACT; ILLOCUTIONARY FORCE

principle of relevance（関連性の原則） Sperber and Wilson（1995^2）の用語．関連性の原則は2つある．第1原則は認知原則「人間の認知は

関連性が最大になるようにできている」であり,第2原則は伝達の原則「すべての意図明示的伝達行為は,それ自体が最良の関連性をもつことを当然のことと考えて伝達する」である.

procedural meaning(手続き的意味) Blakemore (1987) の用語.もとは人工知能の用語.関連性理論では,言語情報の意味理解に応用し,計算や解釈の仕方を交通信号のように指示する意味を指す.具体的には,英語 but, so, after all など談話標識や,oh, well など間投詞,日本語の文末詞の「ね,よ」などの表現の機能の説明に有効である.

processing effort(処理労力,処理努力) Sperber and Wilson (1995^2) の用語.発話処理にかかるコストを指す.言語構造が複雑でコンテクストが呼び出せないと処理労力がかかる.認知プロセスへの入力を表示するのに必要な知覚,記憶,推論に要する労力,およびコンテクスト情報にアクセスする労力,認知効果を計算する労力などを指す.認知効果が大きいほど関連性は大きくなり,処理労力が小さいほど関連性は大きくなる.

proposition(命題) ①命題論理学では,真か偽かを決定できる文を一般に命題という.② Sperber and Wilson (1995^2) の用語.関連性理論では,表意形成の過程が完了し,発話された文の意味内容が確定し,誰がどこでなにをしたかが明確となって,現実世界に照らして真偽が決定できるものが命題とされる.

propositional content condition(命題内容条件) Searle (1979a) の用語.Austin の適切性条件を見直し,新たに4種類に分類した条件の1つ.例えば,約束 (promise) の命題内容条件は「命題内容は話し手がこれから先に行う行為」であるが,依頼 (request) のそれは「命題内容は聞き手がこれから先に行う行為」である. ⇨ PEPARATORY CONDITION; SINCERITY CONDITION; ESSENTIAL CONDITION

proposition expressed(表現された命題) ① Grice (1975) などの用語.文によって表された命題のこと.「言われたこと (what is said)」ともいわれる.② Carston (2002) などの用語.発話で用いられた文をもとに,それを語用論的に発展させたもの.曖昧性除去と指示対象の決定が行われ,真理値を与えられる命題の形をしている.アドホック概念形成で拡充されたメタファーなども含む.

Q

Q-implicature(Q-含意) Horn (1984) の用語.Q-原理に基づいて,

表現の意味を上限とし，それより強い解釈を否定する含意．"It is possible that …"（… は可能である）と言うとき，possible よりも強い certain を否定して possible but not certain（… は可能だが確実ではない）となる．⇨ Q-PRINCIPLE; SCALAR IMPLICATURE; CONVERSATIONAL IMPLICATURE; R-IMPLICATURE

Q-principle（Q-原理） Grice (1975) の量の公理の i)（⇨ MAXIM OF QUANTITY）に注目して Horn (1984) が提唱した原理．会話の中で発話するときに，できるだけ多くの情報を与えることを話し手に求める（"Say as much as you can"）もの．解釈の下限を決定し，聞き手の理解を容易にする．⇨ Q-IMPLICATURE; R-PRINCIPLE

R

real world knowledge（現実世界の知識） Huang (2012) などの用語．言語体系の知識に対して，人が持つ世界に関しての知識．例えば，外科医は通常患者に手術を施すのであり，その逆ではないという知識など．このタイプの知識が語用論の分野では重要な役割を果たす．⇨ COMMON SENSE

reference assignment（指示付与，指示対象の指定） Sperber and Wilson (1995^2) の用語．聞き手が代名詞などの指示対象を決める操作を指す．例えば，"*She* kicked *him*." で代名詞の指示対象をどう理解するかで，Cleopatra kicked Julius Caesar とか Mary kicked Bob のような具体的な状況の解釈が得られる．⇨ SATURATION

referential function（指示機能） 個体，イベント，概念を具体的な指示対象と結びつけ，個別化あるいは特定化する機能．指示詞，時制，人称代名詞などに備わっている．⇨ REFERENCE ASSIGNMENT

relevance（関連性） Sperber and Wilson (1995^2) の用語．認知過程への入力系の特性を指す．関連性とはグライスの述べる社会的語用論による 2 つの事柄が関係のあることを指すのではない．認知的処理（処理労力を払って，認知効果をもつということ）に基づき定義された概念である．認知効果が大きくなればなるほど，また処理労力が小さくなればなるほど関連性は大きくなる．

relevance-theoretic comprehension procedure（関連性理論に基づく理解過程） Sperber and Wilson (1995^2) の用語．発話理解過程において処理労力が最小になるように認知効果を計算する解釈手順のこと．i) 表意や推意を得る解釈を接近可能なやり方で行い，ii) 予測された関連

性のレベルまで達したときに解釈をやめる，というもの．

relevance theory（関連性理論） 発話理解の認知的なしくみの説明的語用論を目指した理論で，Sperber and Wilson (1995^2) が提案している理論．認知語用論（COGNITIVE PRAGMATICS）に属する．関連性理論による語用論は聞き手の発話解釈がいかにして頭の中で行われるかを説明する「心の理論」(theory of mind) である．

repair（修復） Schegloff, Jefferson and Sacks (1977) の用語．会話で言い損ねた表現を話し手が言い直す（self-repair）または聞き手が言い直す（other-repair）ことをいう．自分が間違ったことを言った場合，i) 自分で気づいて自分で修正，ii) 相手が気づいて自分が修正，iii) 自分が気づいて相手が修正，iv) 相手が気づいて相手が修正，の4つのタイプがある．

repetition（繰り返し，反復） ①佐藤 (2006) などの用語．語，文，発話など，様々なレベルにおける言語形式をそのまま再表示すること．② Sperber and Wilson (1995^2) の用語．命題効果と非命題効果の2つのレベルで説明．反復による命題効果は表出命題の真理条件に関わり，非命題効果は強い推意や弱い推意に関わる．例えば"There is a fox, fox in the garden."という発話は庭にキツネが2匹いるというだけではなく，「キツネは家畜を襲う危険性がある」という想定を呼び出すことで強調効果をもたらす．⇨ STRONG IMPLICATURE; WEAK IMPLICATURE; PARODY

representative（陳述表示型） Searle (1979a) の用語．assertive ともいう．ある事柄について意見を述べたり，情報を伝えたりする行為のように，話し手は発話内容が真であるという信念をもち，聞き手にその信念を知らせることを目的とする行為．⇨ COMMISSIVE; DIRECTIVE; DECLARATION

resemblance（類似性） Sperber and Wilson (1995^2) の用語．関連性理論ではコミュニケーションの基本はルースな伝達にあり，人間の認知では物の類似性は認知しやすいことに基づく．類似性とは2つの命題がより類似性があればあるほど，より多くの含みを共有する．例えば，直訳は，原文と訳文が100%の解釈的類似性のある特殊な場合．意訳とは，両者の命題内容に類似性があると分析する．

response（応答） Sacks et al. (1974) の用語．「隣接ペア」(ADJACENCY PAIR) で「応答」は「質問」と対になり，「質問」に後続する行為である．

R-implicature（R-含意） Horn (1984) の用語．R-原理に基づいて，表

現の意味を下限として導かれる典型的な解釈のこと．例えば，"She was able to complete the assignment."（彼女は宿題を完了させることができた）は典型的に「彼女は実際に宿題を完了させた」を含意する．
⇨ R-PRINCIPLE; CONVERSATIONAL IMPLICATURE; Q-IMPLICATURE

R-principle（R-原理） Grice (1975) の量の公理 ii)（⇨ MAXIM OF QUANTITY）と関係の公理（⇨ MAXIM OF RELATION）および様態の公理（⇨ MAXIM OF MANNER）をもとに Horn (1984) が提唱した原理．発話において，必要以上に情報を提供することを控えるよう話し手に求める ("Say no more than you must")．解釈の上限を決定し，話し手の発話の負担を軽減する．⇨ Q-PRINCIPLE; I-PRINCIPLE; M-PRINCIPLE; R-IMPLICATURE

rule of inference（推論規則） 論理学における証明規則．いくつかの前提 (premise) から結論が導き出される推論形式．例えば，modas ponens（肯定式）は以下の推論形式をとる：P → Q（P ならば Q），P，したがって Q.

S

saturation（飽和） Carston (2002) の用語．関連性理論の用語で，表意形成に関する語用論操作の1つ．言語化された論理形式や意味表示が変項やスロットを含んでいる場合に何らかの具体的な言語表現を文脈からの情報に基づいて満たすことをいう．代名詞の指示，所有格の意味関係などもこの操作で意味が豊かにされる．

scalar implicature（尺度含意，尺度推意） Horn (1984) などの用語．Grice (1975) の量の公理の前半部（できる限りの情報を与えよ）から生まれる含意．意味的に強い表現 (S) と弱い表現 (W) からなる尺度 ⟨S, W⟩ がある場合，弱い表現 W を用いた命題から「より強い表現 S を伴った命題は成り立たない」という含意が生じる．例えば，⟨love, like⟩ の尺度の場合，"I *like* you" という発話からは，"I *don't love* you." という含意が生まれる．尺度含意を文法部門で計算する考えもある．⇨ CONVERSATIONAL IMPLICATURE; MAXIM OF QUANTITY

scene（場面，場） Fillmore (1977c) の用語．意味は場面との関連で決定される「内部構造」(internal structure) をもつとされる．i) "I spent three hours on land this afternoon." と ii) "I spent three hours on the ground this afternoon." の意味の違いは，i) では背景に船旅の場面が関与，ii) では空の旅の場面が関与する．land と the ground の意味に

は，「海から見た陸地」と「空中から見た大地」という，用いられる場面に関わる相違が含まれる．

self-referential（自己言及的）"This sentence is not true." とか "This is a sample of boldface." のように，自分自身に言及する文とか表示物についていう．Grice (1957) における「(話し手が) 意味する」という意図的行為の定義は，行為自身に言及するこうした自己言及的なものになっている．

silence（沈黙，空白部）Leech (1983) などの用語．沈黙はコンテクストにより，丁寧さ，無礼さとなる．「話しかけられない限り，話してはならない」という規範のもとでは，沈黙は丁寧さを示す．一方，会話中における沈黙は社会的義務からの逸脱を含意し，無礼となる．

sincerity condition（誠実性条件）Searle (1979a) の用語．発話行為を成立させるための条件とされる「適切性条件」(FELICITY CONDITION) の4つの条件の1つ．発話行為遂行の際の，話し手がもっている心的状態に関する条件．例えば，「感謝」という発話行為が適切に遂行されるには，話し手が聞き手に感謝の気持ちをもっていることが前提条件となる．⇨ SPEECH ACT

situation（場面，状況）Malinowski や Gardiner の提唱した概念．話し手と聞き手を含む発話の場面をいう．場面には発話理解のために不可欠な言語外の様々な要因が含まれる．

social deixis（社会的ダイクシス）Fillmore (1971a) の用語．話し手と聞き手（または第三者）の間の社会的地位の上下関係や親疎の度合いを表す言語表現の特性．人称代名詞，敬語，呼びかけ語などがこのような表現の例．⇨ DEIXIS; DISCOURSE DEIXIS; PERSON DEIXIS; PLACE DEIXIS; TIME DEIXIS; ADDRESS TERM; HONORIFICS

social distance（社会的距離）Holmes (2013) の用語．相手とどれだけ親しいかを軸とした親疎関係のことをいう．親疎関係を表す概念として，連帯・仲間意識 (SOLIDARITY) を用いる場合が多い．親疎関係は言語使用に影響を及ぼす．⇨ POLITENESS; SOLIDARITY

sociopragmatics（社会的語用論）Thomas (1983) などの用語．状況に応じた適切な言語使用について研究する分野のこと．例えば，方言や変種，職業や分野，話しことばと書きことばの区別，場面の改まり度，年齢や親疎関係など，様々なコンテクストでの社会的・文化的ルールに従いながら行われる言語使用が研究対象となる．

solidarity（連帯，仲間意識）対人関係を表す概念で，相手とどれくら

い親しい関係にあるか，あるいは仲間意識をどれくらいもっているかの程度をいう．例えば，方言の使用・不使用，呼びかけ語の使い分けなど，言語表現の選択に影響を及ぼす要因の１つ．⇨ SOCIAL DISTANCE

speech（発話，言語行動，話法）① Biber et al. (1999) などの用語で，話しことばをいう．語や文などを音声を用いて他人に何らかの意図を伝えることをいう．自発的な話しことば（spontaneous speech）と前もって準備された話しことば（pre-planned speech）に分けられる．後者は書きことば（written language）に近い要素も含むので，話しことばと書きことばを音声と文字の違いだけで区別するのは難しい．②文法においては話法の意．話法については ⇨ 意味 NARRATION

speech act（発話行為，言語行為）Austin (1962) の用語．文を発話することが複数の次元における行為として効力をもつことをいう．発語行為（LOCUTIONARY ACT），発語内行為（ILLOCUTIONARY ACT），発語媒介行為（PERLOCUTIONARY ACT）の３つの下位行為に分類される．狭義では，発語内行為と同義に用いられることがある．

speech-act adverbial（発話行為副詞類）Leech (1983) などの用語．文副詞（sentence adverb）の中で，特に話し手の発話態度や姿勢など挿入的に表すものをいう．代表的なものに frankly, briefly, honestly などがある．

speech act idiom（発話行為慣用表現）Sadock (1972) の用語．例えば，"*You bet* it's cold." のような発話で，You bet はしばしば話し手の強い同意を表すために使われるが，こうした発語内行為を行う慣用表現を指す．ほかに "*Why don't you* …?"（勧誘）などがある．⇨ SPEECH ACT; ILLOCUTIONARY ACT

speech situation（発話状況，言葉の状況）ある発話の生じる社会的な場をいう．参与者，参与者同士の関係，空間的位置，場所の社会的役割，コミュニケーションの目的，コミュニケーションに使用されるメディア・チャンネルなど，様々な要因によって構成される．⇨ COMMUNICATION; SITUATION

spoken language（話しことば）音声によって表されることばで，書きことば（written langauge）と対比される．話しことばにも様々な変種が存在し，例えば，日常会話で用いられる場合と不特定多数の聞き手に対して使用される場合では，語彙レベル，構文レベル，スタイルレベルで大きな違いが観察される．⇨ SPEECH

state of affairs（事態，状況）物事などの成り行きやありさま．事件の

経過ならびに展開の状態.

strategy（ストラテジー，方略）①あるコミュニケーションの目的のために，話し手が用いる意識的・無意識的あるいは慣用的な言葉の使い分け，表現方法や言語形式の選択のことをいう．⇨ POLITENESS STRATEGY ②目標に到達するために学習や思考で用いられる意識的・無意識的プロセスのことをいう．

strong implicature（強い推意）Sperber and Wilson (1995^2) の用語．弱い推意と並んで，関連性理論が設定する2つの推意のうちの1つ．聞き手が高い可能性で導き出せる推意のこと．表意と前提推意を用いた推論によって導き出される帰結推意のうち，弱い推意とならんで非命題効果をもたらす推意のことを指す．⇨ WEAK IMPLICATURE

style（スタイル，文体）個人の話しことばや書きことばで，親しい間柄なら「これやって」と依頼する表現を目上の者に対しては「これをしていただけますか」と変えるように，くだけた表現から形式張った表現までの変種を指す．また，特定の作家や分野や時代別のテキスト形態を指す場合もある：ヘミングウェイの文体，手紙の文体，19世紀の文体など．

suggest（提案する，示唆する）Vanderveken (1990) などの用語．①（提案する）話し手は聞き手に何かの動作をするよう提案するという，行為指示型（DIRECTIVE）発話行為の1つ．②（示唆する）ある事柄が事実であるということを示唆する場合には陳述表示型（REPRESENTAIVE）発話行為を遂行する．この場合，話し手はある事柄を弱い度合いで「断言」(assert) する："I *suggest* that you are in error."

suspension（サスペンスの状態にすること）Black (2006) などの用語．小説・映画・ドラマなどの筋の展開や状況設定において，何が起こるかわからないという不確定状態を作って読者や観客に不安定感や緊張感を抱かせること．

swearing（誓言）Wierzvicka (1987) などの用語．タブー語を発することにより，怒り，不満，いらだちなどの感情をはき出す行為をいう："Shit!"（排泄などが出所となるもの）／"Bloody hell!"（信仰体系のことばを使うもの）／ののしり行為 (curse) が何らかの対象に向けて言葉を発するのに対し，誓言は，必ずしもそのような対象を必要とはしない．⇨ CURSING; TABOO WORD

T

taboo word(タブー語) 不敬,羞恥,嫌悪などが感じられるため,その使用が忌避される言葉をいう.宗教に関する語(God, Jesus, hell),性に関する語(dick, fuck),排泄に関する語(piss, shit)などがある.

text(テキスト,テクスト) ①解釈・分析の対象となる記号現象をいい,その単位の大きさは問わない.②談話(DISCOURSE)とほぼ同義に用いられ,文よりも大きいまとまりのある言語使用をいう.文学作品や物語,エッセイ,標識など書かれたものを指す場合が多いが,日常会話や講演,民話といった一定の長さをもつ話しことばの記録も指す. ⇨ DISCOURSE

textual function(テキスト的機能) Halliday (1970) の体系機能文法 (systemic functional grammar) における用語.文連鎖にあるつながりをもたせ,テキスト性を形成する機能.主題–題述(theme-rheme)や新・旧情報(NEW-OLD INFORMATION)の配置,文の間の首尾一貫性(意味 COHESION)などに関わる. ⇨ FUNCTIONALISM; INTERPERSONAL FUNCTION; TEXT

time deixis(時間のダイクシス) Fillmore (1971a) の用語.発話時がダイクシスの中心となる.now は近接時間を表し,時間軸で1時点を指したり,時間の幅を指したりする.then は離れた時間を指し,過去にも未来にも用いる. ⇨ DEIXIS; DISCOURSE DEIXIS; PERSON DEIXIS; PLACE DEIXIS; SOCIAL DEIXIS

U

unarticulated constituent((意味的)未分節構成素) Perry (1986) などの用語."It's raining." のような文が発話されるとき,降雨の「場所」は明示されていないが,言われたことの真偽の決定に必要である.この「場所」のように,明示的に表現されないが,発話の真偽に関わる要素を未分節構成素という.その存在をめぐっては Stanley (2000), Recanati (2002, 2007) を参照.

underdetermination(決定不十分性) Carston (2002) の用語.発話を構成している言語形式のコード(文字通りの意味)だけでは発話の解釈を確定するには不十分であること.言語形式の解釈には,曖昧性除去,飽和,自由拡充,アドホック概念形成などの語用論的推論プロセスに基づいて復元されることが必要だとされる.

understatement(控え目表現) 控えめに表現することにより,かえっ

てその印象を高めようとする言語使用をいう．二重否定によって肯定的意味を伝えるような表現がその例．not bad, not a few といった表現形式はそれぞれ very good, quite a lot と同義となる．

utterance（発話）　語用論が研究対象とするもので，ある特定状況で，ある話し手が聞き手に言う言語表現を指す．その形態は，語，句，文，文の連続で，言い淀みなども含む．

utterance interpretation（発話解釈）　Sperber and Wilson (1995^2) の用語．聞き手が音声言語による刺激を受け取り，その刺激と推論を用いて話し手の意図を復元するプロセスのことをいう．発話解釈で，表意が形成されるプロセスと，前提推意が呼び出されるプロセスが相互調整を図りながらオンラインで行われ，発話解釈（帰結推意）が導き出される．関連性理論はこのプロセスを詳細に分析する．

V

verbal exchange（ことばのやりとり）　ことばを用いた相互伝達のこと．まず，話し手の発話の意図を聞き手が推論を用いて復元する．また，聞き手も話し手となり，発話を介して意図を伝える．このプロセスが相互に行われることをいう．話し手と聞き手はかならずしも交互に入れ替わるのではなく，時には聞き手の反応を待たずに話し手が連続して発話することもある．

verbal irony（ことばによるアイロニー）　①伝統的には文字通りの意味とは正反対の内容を述べることをいう．② Wilson (2013) などの用語．関連性理論では控えめに言うこと (ironical understatement)，引用すること (ironical quotation)，間投詞的に言うこと (ironical interjection) などをアイロニーに位置づけ，エコー的用法として統一的に説明する．相手の言った表現のそのままエコー，お世辞によるからかい (teasing)，聞き手の感情を傷つける冷笑 (sarcasm) も同じ原理で説明する．⇨ ECHOIC USE; INTERPRETIVE USE

verb of saying, **verb of speech**（発話動詞）　Zwicky (1971) の用語．say, tell など発話伝達にかかわる動詞．to 不定詞に関して発話様態動詞 (manner of speaking verb) と共通の振る舞いをする．比較的新しい go や be like (e.g. She just *went*, 'Don't go.' / He*'s like*, no) については Vandelanotte and Davidse (2009) を参照．

verdictive（判定宣告型）　Austin (1962), Bach and Harnish (1979) の用語．社会的規範に関わる発話行為で，公的な判定を行う．acquitting(無罪とする),firing(解雇する),certifying(証明する)などの発話行為がその例. ⇨ COMMISSIVE; DIRECTIVE; REPRESENTATIVE; SPEECH ACT

vocative(呼びかけ語) 聞き手を指す表現で,人称代名詞 you,固有名,親族名,称号など様々なものがある.統語的に文とは独立した要素で,その用法は,文頭で聞き手の注意を引くコール(call)の働きと,文中や文尾に現れるアドレス(ADDRESS)の働きに分けられる:"*John*, come here." ⇨ ADDRESS

W

wakimae(わきまえ) 井出(2006)などの用語.対人関係や場面に応じた社会のルール,つまりある社会において期待されている基準に従い言語行動を行うこと.Brown and Levinson(1987)のポライトネス・ストラテジーを,話し手の自由意思による働きかけ方式(volitional type)とすれば,例えば日本語の敬語の使い分けはわきまえ形式(discernment type)といえる.

weak implicature(弱い推意) Sperber and Wilson(1995^2)の用語.強い推意と並んで,関連性理論が設定する2つの推意のうちの1つ.表意と前提推意を用いた推論によって導き出される帰結推意のうち,聞き手が導き出す可能性が低い推意のこと.A: "What are you planning to do today?" B: "I'm tired." という対話で,〈疲れていたら出かけない〉という想定からは「Bは出かけない」,〈疲れていたら温泉に行く〉という想定からは「Bは温泉に行く」といういくつかの弱い帰結推意が導き出される場合をいう. ⇨ POETIC EFFECTS

7 英語史・歴史言語学

A

ablative absolute（絶対奪格） 現代英語の独立分詞構文に相当するラテン語の構文をいう．意味上の主語にあたる名詞と述部にあたる分詞や形容詞が奪格形で現れる．古英語ではこれを翻訳する際に DATIVE ABSOLUTE（絶対与格）が用いられた．

ablative (**case**)（奪格） 印欧祖語にあったと推定される文法格の1つで，分離，原因，比較の基準を表すもの．ギリシャ語，ゲルマン語，スラブ語では消失したが，ラテン語では名詞，代名詞，形容詞に残っている．ラテン語では INSTRUMENTAL（具格），LOCATIVE（所格）を吸収したので，手段，方法，起源，場所をも表した．

ablaut（アブラウト，母音交替） 印欧語の名詞や動詞の屈折において，その語根や接尾辞の一部をなす母音が交替する現象をいう．質的交替を示す e–o–ø，量的交替を示す ē–ō のパターンがあった．古英語の強変化動詞の活用はこれによる．現代英語の不規則動詞の活用（sing–sang–sung）や動詞の名詞化（sing–song）はこの現象の名残である．英語では gradation と呼ばれる．

accusative (**case**)（対格） 印欧祖語にあったと推定される文法格の1つで，一般に直接目的語が表示される際に用いられる．古英語では運動の方向を表す前置詞の目的語や現代英語の home, today のような，空間，時間を表す副詞句としても用いられた．

accusative object（対格目的語） 他動詞の目的語のうち，対格の形態を取るもの．現代英語の直接目的語にほぼ相当する．

accusative with infinitive（不定詞つき対格） ラテン語文法の acusativus cum infinitivo にならった名称で，不定詞を伴う名詞，代名詞が他動詞や前置詞の目的語となる形式をいう．当該の名詞，代名詞は不定詞

の意味上の主語となる．I rely upon *you to finish* this today.

adverbial accusative（副詞的対格）　例えば，go home における home のように，元来名詞の対格であったものが副詞として用いられたものをいう．adverbial objective（副詞的目的格）とも呼ばれる．現代英語の He has come all the way from San Francisco. における all the way などが相当する．

adverbial dative（副詞的与格）　元来名詞の与格であったものが副詞として用いられたものをいう．古英語期には普通の用法であったが，現代英語では OE hwīl 'while' の与格複数形 hwīlum に由来する whilom，およびそれとの類推によって生じた seldom などに限られる．

adverbial genitive（副詞的属格）　元来名詞の属格であったものが副詞として用いられたものをいう．時間，場所，様態を表すことが多い．例えば，always, nowadays, hence, homewards, once, twice など．なお，of old, of a sudden のように，属格の代わりに of + 名詞が使われることもある．

Aitken's law（エイケンの法則）　= SCOTTISH VOWEL LENGTH RULE

amelioration of meaning（意味の向上，意味の良化）　意味変化の際に，当該の語の従来の意味よりも良い（と一般に考えられている）意味に変化すること．「召使」の意味から「大臣」の意味に変化した minister はその一例．この例からもわかるように，「良い意味」の判断が主観的にならざるをえない面がある．⇨ DETERIORATION OF MEANING

American English（アメリカ英語）　アメリカで話される英語変種で，イギリス英語と並んで，現代世界において最も社会的な威信をもつ変種．17 世紀初頭にイングランドより持ち込まれた英語が発展したものであるが，イギリス英語に比して方言が少なく，軽妙洒脱な語彙と造語力，時に保守的な文法や語法，合理化された綴り字などをその特徴とする．

analogical extension（類推による拡張）　類推作用のうち，ある形態をそれが属する体系とは別の，通常は分布上優勢な体系に属する形態へと適合させる過程を指す．例えば，古英語で bōc (book) の複数主格・対格形は bēc だったが，他の多くの名詞の屈折で -as をとったため，books に相当する形態が生じた．

analogical leveling（類推による水平化）　類推作用のうち，ある形態を，同じ体系に属する主要な形態へと適合させる過程を指す．例えば，古英語で stānas (stones) は複数主格・対格形，stāna は複数属格形，

stānum は複数与格形だったが，後に後者 2 つは stones(') に相当する形態へと水平化された．

analogy（類推） 語形変化を説明する概念の 1 つで，変化の結果が既存の形式に似た形式，または同じ形式になることをいう．具体的には A：B の関係に基づいて C：X における X の形が決まるプロセスを指す．古英語の stanas 'stones', tala 'tales', tungan 'tongues' など，多様な複数形語尾が中英語以降 -(e)s となるのはその代表例である．

analytic language（分析的言語） 文法的関係を表すのに語順や前置詞，助動詞を用いる言語をいう．英語はかつて屈折変化によって文法的関係を表す SYNTHETIC LANGUAGE（総合的言語）であったが，屈折の消失と語順の固定化を経て分析的言語に変化を遂げたということができる．⇨ WORD-ORDER CHANGE

Anglian smoothing（アングリアン滑化） 古英語アングリア方言（ノーサンブリア方言とマーシア方言）において，軟口蓋阻害音の前で，二重母音の第二要素が消失し，単一母音化する過程をいう．reoht > reht 'right' など．

anglicization（英語化） 英語に外来語が借用される際，綴り字，発音を英語の基準に即するように転換する過程をいう．L constrictionem > constriction, F déjà vu [deʒavy] > [dèɪʒɑːvúː] など．

Anglo-Frisian brightening（アングロ・フリジア語の前舌音転化） 西ゲルマン語に属する古英語，古フリジア語において，後母音 */a/ が鼻音の前以外の環境で前母音 /æ/ に転化した現象をいう．例えば，Goth dags 'day' は OE dæġ, OFr dei となった．

Anglo-Norman（アングロ・ノルマン語） 1066 年のノルマン征服以降，ノルマン人によって英国に持ち込まれたフランス語を指す．⇨ NORMAN FRENCH

anomalous verb（変則動詞） 古英語の動詞のうち，強変化，弱変化以外の変則的な変化をするものをいう．beon/wesan 'be', don 'do', gan 'go', willan 'will' の 4 種類である．

aorist（アオリスト） 単一あるいは一回限りの過去の動作・状態を表す時制をいう．過去の持続的な動作・状態，習慣を表す時制である imperfect（未完了）と区別される．ギリシャ語やサンスクリット語など一部の印欧語に残る．

aph(a)eresis（語頭音消失，語頭音脱落） 語頭の 1 つまたはそれ以上の音が消失することをいう．cute < acute, lone < alone, knife ([n-] <

[kn-]), (we)'ve < (we) have など. 主として通時的過程に用いるが, 共時的過程に対して使われることもある. APHESIS ともいう. ⇨ APOCOPE; SYNCOPE

aphesis（語頭音消失, 語頭音脱落） 語頭の1つまたはそれ以上の音が消失することをいうが, aph(a)eresis と区別する場合は, 語頭の無強勢母音（または音節）の脱落に関してのみいう.

apocope（語尾音消失, 語尾音脱落） 語尾の1つまたはそれ以上の音が消失することをいう. OE singan > ModE sing など. stopped speaking における stopped の語末の [-t] が脱落する場合のように共時的過程に対して使われることもある. ⇨ APH(A)ERESIS; APHESIS; SYNCOPE

archaism（古語法） 現在ではもはや一般に使われていない発音, 綴り字, 語, 句, 構文, 意味のこと. またはそれらを使用すること. 古めかしい感じを出す目的で意図的に用いられる. また, 諺, 成句, 宗教的言語といった特定の言語使用域に見られる.

athematic（語幹形成母音によらない） stem（語幹）を形成する母音が付加されず, root（語根）がそのまま語幹を形成する場合をいう. 例えば, ラテン語 esse 'to be' は動詞語幹 es- と不定詞接辞 -se から成り立っている. ⇨ THEMATIC VOWEL

a-umlaut（a ウムラウト, a 母音変異） ゲルマン祖語において */i, u/ が後続する後母音 */a, o/ の影響により [e, o] となる現象をいう: PGmc *knutta 'knot' > OE cnotta. ⇨ UMLAUT

aureate diction（金ぴか語法） 15世紀に流行した装飾的な文体・言葉遣いをいう. ラテン語（特に宗教分野）の借用語を取り入れたことに特徴がある. Lydgate や Dunbar などのチョーサー派詩人に見られる.

B

back umlaut（後母音ウムラウト, 後母音変異） 古英語初期に散発的に起こった音変化で, /i, e, æ/ が後続する音節の後母音 /u, o, a/ の影響により二重母音化して, それぞれ [io, eo, ea] となることをいう: PGmc *xerutta 'hart' > OE heorot. velar umlaut, back mutation とも呼ばれる.

basic vocabulary（基本語彙） ある言語において日常生活で一般的に用いられ, 使用頻度が高い語の集合体をいう. 基本的に本来語の割合が高く, 他言語の影響を受けにくいとされる. 人称代名詞, 身体部位, 親族名称, 数詞, 日常生活に密着した名詞・動詞などが含まれる.

borrowing(借用,借入) 異なる言語から語彙やその他の言語的特徴を取り入れて定着させること.一般には語彙の借用,特に名詞の借用が多いが,inter alia のように句全体を借用したり,人称代名詞など,文法の中核に借用語が浸透したりすることもある.スカンジナビア語の影響で今日の意味に変化した dream(古英語では「喜び」の意)は,semantic borrowing(意味借用)の例である. ⇨ LOANWORD

breaking(割れ) 有史以前の古英語における音変化で,ゲルマン祖語における前舌母音 /i, e, æ/ が,/l, r/ + 子音または /x/ の前で二重母音化した現象をいう.OE bearn 'child' < Goth, OHG barn, OE seah 'saw' < OHG sah など. ⇨ SMOOTHING

broadening of meaning(意味の拡大) = GENERALIZATION OF MEANING

C

calque(翻訳借用(語),なぞり) 借用元の言語において複合語や句を構成する各々の要素を,自言語に逐語訳したうえでそれを組み合わせたものをいう.superman は,ドイツ語の Übermensch (über + Mensch)の 2 要素をそれぞれ対応する英語に置き換えて合わせたものである.

Celtic(ケルト語派)印欧語族を構成する一語派.印欧祖語の *k^w 音の継承をめぐって,p で現れるものを P ケルト語と呼び,q で現れるものを Q ケルト語と呼ぶ.現在ではヨーロッパ大陸の周辺部に限られるが,かつては中央ヨーロッパ各地に分布していた.

centum language(ケントゥム言語) 印欧祖語の再建に基づいた分類で,軟口蓋閉鎖音 *k が,「百」を意味する語の語頭でそのまま保持された言語のグループをいう.ゲルマン語派,イタリック語派,ケルト語派,ギリシャ語,トカラ語などが含まれる.

chain shift(連鎖推移) 歴史的音変化において,ある音が変化した結果生じた空白を埋めるべく別の音が変化するといった一連の音変化過程をいう.英語における大母音推移など. ⇨ DRAG CHAIN; PUSH CHAIN

classical plural(古典複数) = FOREIGN PLURAL

Cockney (dialect)(コックニー(方言)) ロンドンを中心としたイングランド南東部の労働者階層の非標準英語をいう.語頭の [h] の消失('ammer (= hammer)),語末の [ŋ] > [n] の変化 (comin' (= coming)),二重母音の音変化 ([ei] > [ai] (die (= day))),rhyming slang(押韻俗語)(Adam and Eve (= believe)) などの特徴が見られる. ⇨

STANDARD ENGLISH

cognate(同系語) 共通の祖先をもつ言語,またそのような言語で同じ祖語に由来する語彙をいう.英語とドイツ語は同系語であり,father と Vater は PGmc *faðér に由来する同系語である.

comparative linguistics(比較言語学) = COMPARATIVE PHILOLOGY

comparative method(比較方法) 比較言語学において行われる,分派諸言語を比較することによって祖語を再建する方法を指す.比較方法の基礎となるのは,同系性の原理と規則性の原理で,前者は祖語からの分岐によって言語間の関係(類似)をとらえようとするものであり,後者は音法則が例外なく作用するという音変化の規則性に現れている.

comparative philology(比較言語学) 1786 年に Sir W. Jones が西洋古典語とサンスクリット語の親縁性を指摘した後,19 世紀中に J. Grimm や青年文法学派などを経て発展し,近代言語学の先駆けとなった分野を指す.似通った諸言語を比較対照し,互いの系統関係を明らかにし,祖語を再建することを目的とする.

comparative reconstruction(比較再建) 比較方法により祖語を再建することをいう.具体的には,各分派諸言語で対応関係にあると思われる語を比較することによって,音対応を合理的に説明できるように祖語を再建することをいう.

compensatory lengthening(代償的長音化,代償延長) ある子音が消失し,その代償として直前の母音が長音化する現象をいう.例えば,ME knight [kniçt] > [kni:t] (> ModE [naɪt]) がある.なお,[i:] > [ai] の変化は大母音推移の結果による.

conditioned sound change(条件づけられた音変化) 特定の環境においてだけ分節音に適用される音変化をいう.例えば,前母音の前における PGmc */k/ > OE /ʧ/ など.音変化の大部分は条件づけられていると言ってよい.

conjugation(活用) 動詞の人称・数・時制・法・態を示す語形変化をいう.歴史的には,ABLAUT(母音交替)による STRONG CONJUGATION(強変化活用)と屈折語尾の添加による WEAK CONJUGATION(弱変化活用)とに分けられる.前者は現代英語での不規則活用,後者は規則活用におおむね相当する.⇨ DECLENSION

contact language(接触言語) 社会言語学の用語で,系統的な発達ではなく LANGUAGE CONTACT(言語接触)によって生じた言語を指す.ピジン,クレオールなど単純化される点に特徴がある.

convergence（収束） 異なる言語変種が接触によって相互に類似する方向に変化することをいう．その影響は語彙のみならず，構造全般に及ぶ．また地理的に広範囲に及んだ場合は sprachbund（言語連合）を形成することがある． ⇨ DIVERGENCE

correspondence（対応） 同系と考えられる複数の言語の間に体系的に見出される一致をいう．広義には語彙，文法形式の一致をも含めるが，狭義には音対応を意味することが多い．音対応は語族の認定の最も基礎となる事実である．

cumulative negation（累積否定） = MULTIPLE NEGATION

D

dative absolute（絶対与格） 現代英語の独立分詞構文に相当する，古英語にしばしば見られる構文をいう．主語にあたる名詞と述部にあたる分詞や形容詞が与格形で現れる．古英語ではラテン語の ABLATIVE ABSOLUTE（絶対奪格）を翻訳する際に用いられた．

dative (case)（与格） 印欧祖語にあったと推定される文法格の1つで，利害，影響が及ぶ対象を示す間接目的語を表示する際に用いられる．古英語ではほぼ衰退していた INSTRUMENAL（具格）の代わりをするなど，多様な働きをになっていた．中英語以降屈折語尾の水平化により ACCUSATIVE（対格）との区別がなくなり，objective case（目的格）に一本化した．

dative object（与格目的語） 与格形の目的語をいう．古英語では動詞の目的語のほか，形容詞の目的語としても用いられた： *monegum* cūþ 'known to many'.

daughter language（派生言語） 共通の祖語から派生した同じ系統の言語をいう．例えば，俗ラテン語から見た，フランス語，イタリア語，スペイン語など． ⇨ PARENT LANGUAGE; SISTER LANGUAGE

declension（曲用） 名詞・代名詞・形容詞の性・数・格による語形変化をいう．歴史的には，語尾が -n で終わる WEAK DECLENSION（弱変化曲用）と -n 以外で終わる STRONG DECLENSION（強変化曲用）とに分けられる． ⇨ CONJUGATION

degemination（重複子音削除，同一子音縮約） 連続する同一子音の一方が削除され，単一の子音となる過程をいう．L gutta > Sp gota 'drop', OE bedd > bed など．

dental suffix（歯音接尾辞） ゲルマン語の弱変化動詞で過去形，過去分

詞形を形成する際に付加される接尾辞のこと．歯音 (-t, -d) を含むことに由来する名称．

descriptive genitive（記述の属格）　現代英語の a man of ability に相当する表現で，古英語では名詞を形容する際に形容詞以外に名詞の属格形が用いられることがあった：þæt lamb sceal bēon *hwītes hīwes* 'that lamb must be of white colour'.

deterioration of meaning（意味の悪化，意味の堕落）　意味変化の際に，当該の語の従来の意味よりも悪い（と一般に考えられている）意味に変化すること．「祝福された」から「愚かな」に変化した silly や「強い」から「狡猾な」に変化した crafty など例は多い．⇨ AMELIORATION OF MEANING

diachronic linguistics（通時言語学）　言語を時間軸に沿った存在ととらえ，その歴史的な変化や，現在における動態を研究する分野．19世紀に生まれた比較言語学や，その後の歴史言語学，進化言語学も広い意味では通時言語学といえる．

diachrony（通時性）　Saussure (1916) が SYNCHRONY（共時性）と対立させた概念で，言語を時間軸に沿った歴史的な存在としてとらえる観点をいう．

diffusion（伝播）　ある環境のもとで言語に生じた革新が周囲に広がることをいう．関与する環境の種類によって，語彙体系を縫うように進む伝播や種々の文法形式へと広がってゆく伝播，話者から話者への伝播，共同体から共同体への伝播などが区別される．

diphthongization（二重母音化）　単一母音が二重母音化する過程をいう．中英語における高母音 /iː/, /uː/ が近代英語期に /aɪ/, /aʊ/ に発達する場合など．アメリカ英語において bad の /æ/ が [ɛə] となることなど，共時的過程についても用いられる．

divergence（拡散）　祖先を同じくする言語や方言の差異が大きくなること．⇨ CONVERGENCE

double comparative（二重比較変化）　比較級の形態を原級と考えて，さらに比較の形態変化を加えることによって形成された比較級をいう．例えば，worser, lesser, more kinder など．

double genitive（二重属格）　① Curme (1931) の用語．a friend of Mary's, a bag of yours のように，主要語の後に of 属格と s 属格の両方からなる属格をいう．② Kruisinga (1909-11) の用語．John's mother's sister のように，s 属格が二重に主要語に先行する属格をいう．

③属格の屈折語尾が重なったものをいう.

double negation(二重否定) 一般には,同一文中に打ち消し合うことのない否定語が2回起こること.MULTIPLE NEGATION(多重否定)のうち,特に繰り返される否定が2回の場合にこの用語を使うことがある.また広義には,2つの否定語が打ち消し合って意味が肯定になる場合も用いられる.

double plural(二重複数) 本来の複数を表す形態にさらに複数を表す屈折語尾が付いたもの.例えば,children は OE ċild + -ru(複数語尾)にさらに複数語尾 -en が,また,brethren(< brother),kine(< cow)は UMLAUT(ウムラウト)による複数形に,さらに複数語尾 -en が付加され形成されたものである.

double superlative(二重最上級) 最上級の形態を原級と考えて,さらに比較の形態変化を加えることによって形成された最上級をいう.例えば,the most bravest man など.

doublet(二重語) 語源は同じくするが,別々の変化の経路をたどった結果,異なった形態・意味を持つことになった一組の語をいう.英語内での分裂によるもの(than – then),英語本来語と借用語(skirt [ON] – shirt [OE]),同一(起源)の言語から異なる時期に借用されたもの(card [OF] – chart [F]; strait [OF] – strict [L])などの種類に分かれる.

drag chain(引き上げ連鎖) 大母音推移の発端として,まず高母音が二重母音化し,そのため生じた空白に,一段下の狭中母音が引き上げられたとする説.Jespersen(1909-49)によって提案された.pull chain ともいう.PUSH CHAIN(押し上げ連鎖)に対する.

drift(偏流,定向変化,駆流) Sapir(1921)の用語.長期間にわたって言語を一定方向に変化させる駆動力をいう.典型例として,英語及び多くの印欧諸語が,互いに程度の差はあれ,長期にわたって屈折語尾が水平化し分析的な言語へと向かっていることが挙げられる.

dual(両数,双数) 印欧語における単数及び複数と並ぶ数の概念で,「2」や対を表す場合に用いられた.古期ゲルマン語の1人称,2人称代名詞に痕跡が見られる:OE wit 'we two', ġit 'you two'.

E

Early Modern English(初期近代英語) 英語史の下位区分の1つ.大母音推移が始まりかけた 1450-1500 年頃から 1700 年頃までの英語をいう.欽定英訳聖書(1611)や Shakespeare(1564-1616)の英語が含

まれる．⇨ MODERN ENGLISH

e-grade（e 階梯）母音交替で /e/ を核母音として含む階梯，さらには後の言語において現れた形をいう：PIE *sed- 'to sit', L sedēre, PGmc *set-jan．⇨ ABLAUT

elision（音消失，音脱落，音省略）音連鎖の中の1つまたはそれ以上の分節音（母音あるいは子音）が発音されず消失する現象をいう．歴史的音変化においてしばしば観察され，共時的な過程としても自然発話で頻繁に生起する．

epenthesis（語中音添加）語中に本来存在しなかった音が挿入されることをいう．歴史的音変化の過程にも，また共時的な音声現象としても観察される．OE æmtiġ > empty, ME thuner > thunder, something /sámθɪŋ/ > [sámpθɪŋ] など．⇨ PROTHESIS; PARAGOGE

ethical dative（心性的与格）叙述内容に対する話し手の興味を示すため，また聞き手の興味を引くために動詞の後に挿入される与格のこと．例えば，He will carry *you* nineteen kingdoms upon his own shoulders. の *you* がそれであるが，現代英語ではほとんど廃用となっている．

etymology（語源(学)）語の形態と意味について，その起源，及び基準となる時点（典型的には現在）までの発展（語史）を明らかにする研究分野をいう．比較言語学，文献学，歴史学など諸分野の接点にあたり，研究は必然的に学際的な性質を帯びる．語学的な内的語源と歴史学的な外的語源を区別する場合もある．

excresence（子音挿入，余剰音添加）⇨ PARAGOGE

expletive *that*（虚辞の that）『カンタベリ物語』冒頭の Whan that ... に見られるように，他の接続詞に添えられる形で挿入された that のこと．リズムを整えるために挿入されていることも多く，特に意味機能は担っていない．

extension of meaning（意味の拡張）= GENERALIZATION OF MEANING

external change（外的変化）他民族，他文化，他言語との接触が契機となって生じる言語変化をいう．語彙が最も外的変化を受けやすいが，音韻，形態，統語など他部門においてもその影響は生じる．

external history（外面史）特定の言語の歴史を，その話者集団の社会的な歴史との関係において記述する言語史をいう．例えば，英語におけるフランス借用語の歴史を記述する場合には，イングランド社会が経験した社会史的な事件としてのノルマン征服やその影響が詳述される．

F

family tree（系統樹） ⇨ GENETIC MODEL

first Germanic consonant shift（第一次ゲルマン語子音推移） ゲルマン語を他の印欧祖語から区別する音韻上の特徴の一つで，印欧祖語の無声閉鎖音，有声帯気閉鎖音，有声閉鎖音はゲルマン語でそれぞれ，無声摩擦音，有声閉鎖音，無声閉鎖音に推移したことをいう．J. Grimm が体系化したので Grimm's law（グリムの法則）とも呼ばれる．⇨ SECOND GERMANIC CONSONANT SHIFT

folk etymology（民間語源，通俗語源） 形式的・意味的に似ている（と思われる）が，実際には全く関係のない語に基づいた，誤った解釈による俗説的な語源説をいう．例えば，asparagus を sparrowgrass としたり，coleslaw を cold slaw としたりするなど．

foreign plural（外来複数形） 主としてラテン語やギリシャ語から英語に借用された学術用語などの名詞の複数形として，元の言語における形態が用いられたものをいう．alumnus—alumni, analysis—analyses, bacterium—bacteria, phenomenon—phenomena など．classical plural（古典複数形），learned plural（学術複数形）とも呼ばれる．

for to **infinitive**（for to 不定詞） to 不定詞の前に，さらに前置詞の for が添えられたもの．中英語期にその使用が急速に拡大するが，中英語期の後半には減少に向かい，標準的な英語では現在は衰退した．ただし，方言においては広範囲で観察できる．目的を表す不定詞に多いともいわれるが，to 不定詞との差異が感じられない場合も多い．

French loanwords（フランス借用語） フランス語から英語に採り入れられた借用語．1066 年のノルマン征服以前から借用はあったが，それ以降，大量に流入し（約 1 万語），英語の語彙は混成語彙に変質した．本来語と同義語がある場合は一般的にフランス語借用語のほうが文体価が高いとされる．例えば，holy [E]—sacred [F], fire [E]—flame [F] など．⇨ BORROWING; LOANWORD

full grade（全階梯） 母音交替において，標準的な階梯である E-GRADE（e 階梯）と，その質的母音交替の階梯である O-GRADE（o 階梯）を指す用語．⇨ ABLAUT; ZERO GRADE

fusion（融合） 形態素や語の境界が曖昧になって 1 つの単位となることをいう．例えば，shepherd < sheep-herd など．

futhark（フサルク） 古期ゲルマン人が使用していた直線を主体とした RUNES（ルーン文字）の別名．最初の 6 字に基づいた名称で，日本語の

「いろは」と同じ発想に基づく.

Ⓖ

Gallicism（フランス語法） フランス語から借用あるいは翻訳された語や句で，綴り字・発音・構造・意味などでフランス語の特徴を保っているものをいう．

geminate（重複子音；重複音） ①（重複子音）2個の同一子音が隣接して単一形態素内に現れ，しかも2音節にまたがって生じるとき，これを重複子音と呼ぶ．イタリア語の notte [nɔtte] 'night' など．英語の重子音は nighttime など，つねに形態素をまたいで生じるため，厳密には重複子音とはいえない．②（重複音）子音連鎖だけでなく，ときに長母音が母音連続と解釈される場合などの呼称．例えば，[oː] が /oo/ と分析される場合など．

gemination（子音重複；音重複） ①（子音重複）同じ形態素内に2つの同一子音が連続すること，あるいはそのような連続子音を作り出す過程をいう．PGmc *sitjan > *sittjan > OE sittan 'sit' など．②（音重複）子音に限らず，同一音を連続させることをいう．

gender（性） 多くの印欧諸語において，名詞を分類する基準で，grammatical gender（文法性）とも呼ばれる．名詞が指示する事物の自然性と必ずしも一致しないことがある．古英語の名詞には男性，女性，中性の3性が区別されたが，中英語以降に消失し，natural gender（自然性）により置換された．

generalization of meaning（意味の一般化） 意味変化の際に，当該の語の従来の意味よりも広い意味に変化すること．「ひなどり」の意味から「鳥」に変化した bird はその一例．「馬に乗る」から「乗り物に乗る」に変化した ride のように，社会の変化が誘因になっている場合も多い.
⇨ SPECIALIZATION OF MEANING

genetic model（系統樹モデル） 諸言語間の関係を明らかにするために，共通の祖語を仮定し，そこから個々の言語変化により個別言語が派生してきたとみなすモデル．19世紀に生物進化論に触発されて Schleicher が提起して以来，数々の批判点はあったものの今でも広く認知されている．印欧諸語の系統樹はとりわけよく知られている．

genitive (case)（属格） 印欧祖語にあったと推定される文法格の1つ．現代英語では所有のみならず，主体，客体，同格，部分，属性，起源，尺度，材料など様々な関係を表す．

genitive object(属格目的語) 古英語の一部の動詞や形容詞が取った属格形の目的語のこと.特に,感情や心的状態を表す動詞や形容詞とともに用いられた:*þæs gefeohtes* georn 'eager for the fight'.

Germanic(ゲルマン語(派)) 印欧語の中で,主にヨーロッパ大陸の北西部を中心に分布する語派.さらに北ゲルマン語群,西ゲルマン語群,東ゲルマン語群に分かれる.ゲルマン語を印欧祖語から分ける特徴として,FIRST GERMANIC CONSONANT SHIFT(第一次ゲルマン語子音推移)が挙げられる.

Gothic(ゴート語) 印欧語族,ゲルマン語派,東ゲルマン語群に属する言語の1つ.東ゲルマン語群の資料としては,実質的にゴート語しか残っていないため,その語群で知られる唯一の言語といってよい.ゲルマン語の最古の特徴を保持しており,VERNER'S LAW(ヴェルネルの法則)も適用されていない.

gradation(母音交替) = ABLAUT

Grassmann's law(グラースマンの法則) サンスクリット語と古代ギリシャ語において,語頭あるいは語中で連続する音節に帯気音がある場合,最初の帯気音が無気化する異化現象をいう.ドイツのサンスクリット学者 Grassmann が発見したことに由来する.

Great Vowel Shift(大母音推移) 後期中英語から初期近代英語期に,強勢をもつすべての長母音に起こった大規模な音変化をいう.生起する環境の如何を問わず,非高母音は上昇し,高母音は二重母音化した.高母音の二重母音化と狭中母音の上昇のいずれが先に起こったかについて意見が分かれる.そもそも大規模な連鎖推移であったかどうかについても異論が出されている. ⇨ DRAG CHAIN; PUSH CHAIN

Greek loanwords(ギリシャ借用語) 英語の語彙のうち,ギリシャ語に起源があるものをいう.ルネサンス期に借用が急増した. ⇨ BORROWING; LOANWORD

Grimm's law(グリムの法則) = FIRST GERMANIC CONSONANT SHIFT

group genitive(群属格) the old lady across the street's umbrella のように,語群全体に属格の's が付与されたもの.格変化語尾の s は本来ならば単一の名詞につくが,格語尾であるという意識が薄れて使用が拡大してきている.group possessive(群所有格)ともいう.

H

haplology(重音省略,重音脱落) 同一ないし類似した音節が重複した

際に，2つのうちの1つが脱落することをいう：library [láɪbrerɪ] > [láɪbrɪ]．「アングル人の土地」を意味した OE Englaland では la が 1 つ脱落して England となった．

***his*-genitive** (his 属格)　名詞の属格の代わりに，通格の後に所有代名詞 his (her, their) などを添える形式をいう．例えば，for Jesus Christ *his* sake (= for Jesus Christ's sake) など．古英語から見られるが，特に初期近代英語で盛んに用いられた．

historical assimilation (史的同化)　歴史的発達過程において語の内部に生じた同化をいう．Abercrombie (1967) の用語．英語の orchard /-ʧ-/ < OE ortġeard [-tj-], nature [-ʧ-] < ME natur(e) [-tj-] など．

historical change (歴史的変化)　時間とともに個別の言語項目，あるいは言語体系が変化すること．LANGUAGE CHANGE, linguistic change, あるいは単に change ともいう．変種間に見られる共時的な VARIATION (変異) と区別する必要がある．

historical linguistics (歴史言語学)　言語の歴史的な変化を研究する分野．広い意味では比較言語学も含むが，主として現代語の共時的な研究で提案された言語理論や関連分野の知見を援用して言語の歴史研究を扱う場合に用いられる．

historical principle (史的原理)　*OED* (*The Oxford English Dictionary*) などが採用している辞書編纂原理．語の頻度や重要性に応じて語義を配列するのではなく，文献上確認される時代順に語義，用例を配列することで，語彙の歴史的な変化を実証する方法を指す．このように編纂された辞書は言語史研究にとって欠かせない道具となる．

historical semantics (史的意味論)　HISTORICAL LINGUISTICS (歴史言語学) の一分野で，歴史的な事実に基づいて意味の研究を行う領域をいう．意味変化 (一般化，特殊化，良化，悪化など)，さらには借用翻訳 (なぞり) や意味借用なども含まれる．

historical spelling (史的綴り字)　古い時代の発音を反映していて，現代語の発音とは大きく隔たった綴り字をいう．例えば，knight における <k>, <gh> は [knɪçt] という中英語期の発音の名残を留めている．

hybrid (混種語)　複数の異なる言語の要素から形成された複合語や派生語をいう．例えば，pleasantly (OF+OE), uneasy (OE+OF), television (Gr+L) など．

impersonal construction（非人称構文）　文法的主語を持たないか，形式主語の it を伴い，動詞が常に 3 人称単数形である構文をいう．文法的主語を持たない非人称構文は，古英語・中英語において様々な意味領域の動詞に見られたが，現代英語では methinks など一部の古語に限られる．

impersonal verb（非人称動詞）　文法的主語を持たないか，形式主語の it を伴い，常に 3 人称単数形で用いられ，非人称構文を形成する一連の動詞をいう．天候・時間・距離・感情など，様々な意味領域の動詞が非人称動詞として使われた．これらは古英語以来の動詞だけでなく，古フランス語や古ノルド語からの借用語も含まれる．

Indo-European（印欧語族）　Proto-Indo-European（印欧祖語）から分化した言語の総称．インド派，イラン語派，ゲルマン語派，ケルト語派，スラブ語派，イタリック語派などに分類される．

inflected infinitive（屈折不定詞）　古英語において，前置詞 to の後で用いられ，屈折語尾 -enne や -anne を伴い，目的・必要・義務・完了などの意味を表した不定詞をいう．中英語期に屈折語尾が次第に消失し，屈折語尾のない不定詞と同形となった．

inkhorn terms（インク壺語，衒学的用語）　英国のルネサンス期にラテン語やギリシャ語から借用された学術用語．一部（affirmation, persist など）は英語に定着したものの，多くは受け入れられなかった．また，その意味の曖昧さのために純粋主義者から非難され inkhorn terms controversy（インク壺語論争）が生じた．

inscription（碑文）　石，骨，金属など固い材質のものに刻まれて現存する言語資料をいう．特に，北ヨーロッパに散在している runic inscription（ルーン文字碑文）が有名であるが，古英語では木製の箱に彫られた例が見られる．

instrumental (case)（具格）　印欧祖語にあったと推定される文法格の 1 つで，手段や道具を表す格．古英語では代名詞などわずかに残るだけで，大部分は与格に吸収された．

instrumental dative（手段の与格）　与格の用法の 1 つで，本来具格が持っていた手段や道具を表す用法を引き継いだもの．現代英語 The more, the better. における the や疑問詞 why にその痕跡を留める．

interlinear gloss（行間注解）　他言語による文献の理解のため，行間に翻訳を施した注解．古英語の『リンディスファーン福音書（Lindisfarne

Gospels)』に見られるように，ラテン語文献の行間に英語で注解が施された事例は多い．

internal change（内的変化）　言語に内在する特性が要因となって生じる変化をいう．音韻の同化や脱落，形態や統語における類推，統語における異分析，語の意味の拡張など，言語外の諸要因によらずに生じると考えられる言語変化を指す．⇨ EXTERNAL CHANGE

internal history（内面史）　対象言語の話者の社会的な歴史を記述する EXTERNAL HISTORY（外面史）に対し，言語体系そのものがたどった変化を記述する歴史記述をいう．音韻，形態，統語，語彙などの部門ごとに歴史が記述される．

internal reconstruction（内的再建）　他言語との比較を行わず，一言語に見られる共時的な現象だけを手がかりに，その言語の過去の状態を推定する方法をいう．LARYNGEAL THEORY（喉音理論）による印欧語の母音交替の解明はその1つの成果である．⇨ COMPARATIVE RECONSTRUCTION

intrusion（嵌入）　⇨ EPENTHESIS

irregular weak verb（不規則弱変化動詞）　Curme (1935) の用語．古英語期の弱変化動詞のうち，不定詞の語幹母音の変異や短縮が原因で不規則動詞に移行したものをいう．bring, buy, creep など．

Italic（イタリック語派）　ローマ帝国の言語として広く地中海沿岸に広まったラテン語を含む印欧語の語派．ラテン（ラテン・ファリスカ）語群とオスク・ウンブリア語群の二つに大別される．代表的な言語として，俗ラテン語から分化したロマンス諸語がある．

i-umlaut（i ウムラウト，i 母音変異）　強勢のある後母音 /a, o, u/ が後続する /i, j/ の影響により前舌母音化する現象をいう．現代英語の foot–feet, mouse–mice などの不規則な複数形はその名残である．⇨ UMLAUT

K

kenning（ケニング）　ゲルマン詩に広く見られる隠喩表現で，1つの概念を主として2つの語からなる複合語で表す技法．頭韻の条件を満たすために様々な表現が生み出された．例えば，「海」は hranrād 'whale's way', brimlād 'sea-way', swanrād 'swan's way' などで表された．

koine（コイネー，共通語）　本来は紀元前4世紀以降の古代ギリシャ世

界における共通語を指す．アレキサンダー大王の帝国の成立によってオリエント世界全体の共通語となった．今日では有力な方言から発達して標準語化した言語についても用いられる．

L

LAEME（初期中英語言語地図） Linguistic Atlas of Early Middle English の略．LALME の姉妹版として同様の手法を用いて Laing らが編纂した初期中英語の方言地図．ウェブ上で公開されており，もととなったデータベースやタグ付きコーパスにも直接アクセスできる．検索機能や地図作成機能も備わっている．

LALME（後期中英語言語地図） Linguistic Atlas of Late Middle English の略．McIntosh らにより編纂された後期中英語の方言地図．写本として現存するテキストを写字生単位で区別し，選ばれたキーワードの綴字の変異を地図上に配している．また，その変異の分布をもとに fit-technique を適用することで，テキストや写本の位置を同定しようとする．2013 年に電子版 eLALME がネット公開された．

language change（言語変化） 時間の経過とともに言語が変化することで，歴史言語学の主要な課題である．伝統的には言語内的・外的な要因がそれぞれ指摘されてきたが，近年では言語変化を引き起こすメカニズムの研究として，社会言語学的な方法論も採り入れられるようになってきている．

language contact（言語接触） 異なる言語と言語が接触することで，その影響は音声・音韻，語彙，文法構造など多岐に及ぶ．また bilingualism（二言語使用），multilingualism（多言語使用）やピジンの発生などが起こることがある．極端な場合には，LANGUAGE DEATH（言語消滅）につながることもある．

language death（言語消滅） 言語が母語話者を失い，死滅すること．ただし，ラテン語のように，母語話者を失ったあともその書き言葉の使用が継続することもある．一般に，言語消滅の前段階で当該の言語は危機言語と呼ばれる．また言語消滅の誘因として，他言語との接触をあげることができる．

language family（語族） 単一の言語を祖先として共有する言語の集団．当初，一つの言語の変種に過ぎなかったものが，民族移動その他の要因により分裂し，独自の発展を遂げた結果いくつかの語派に分かれた．印欧語族以外の主要な語族としてセム語族，ウラル語族などがある．

language loss（言語消失） = LANGUAGE DEATH

laryngeal theory（喉音理論）　印欧祖語には三種類の喉音（h の近似音）が存在したという説で，最初 Saussure (1879) によって提唱された．20 世紀に入ってヒッタイト語の中にその痕跡があることが明らかにされ，この理論は大きく前進した．

Latin comparative（ラテン系比較級）　more 迂言法あるいは屈折語尾 -er の付加により比較級を作るのではなく，superior, senior, prior のように -ior をもつラテン語の比較級の形態をそのまま借用したもの．比較対象を示す前置詞として，than ではなく to を用いる．

Latin loanwords（ラテン借用語）　ラテン語から英語に取り入れられた借用語．中英語期のフランス借用語の大量流入を契機に，ラテン借用語も 15 世紀以降増大し，ルネサンス期の 1580 年から 1660 年に最高潮に達した．⇨ BORROWING; LOANWORD; PURISM

Latin superlative（ラテン系最上級）　most 迂言法あるいは屈折語尾 -est の付加により最上級を作るのではなく，ラテン語の最上級に由来する形態を用いたもの．現代英語では extreme, supreme の 2 語に限られる．

learned plural（学術複数） = FOREIGN PLURAL

lengthened grade（長母音交替階梯）　核母音として /eː, oː/ をもつ印欧語語根の母音交替階梯．さらに，後の言語への反映形も含むことがある．Goth bairan [bɛran] 'to bear (inf.)' > bērum [beːrum] 'we bore'. ⇨ ABLAUT

lengthening（長音化）　短音がある環境のもとで長音化することをいう：OE ċild [ʧild] > ME child [ʧiːld]. ⇨ MEOSL

leveling（水平化）　①語末音節の弱化，消失により屈折語尾が一様化すること：OE nama [nama] > ME name [name / namə]．②二重母音が単母音化する現象：ME saw [sau] > ModE [sɔː].

linguistic change（言語変化） = LANGUAGE CHANGE

loanshift（翻訳代用）　他の言語から取り入れられた新しい意味を本来語で表すことをいう．古英語の heofon 'heaven' は本来「空」の意味であったが，キリスト教伝来に伴うラテン語の影響で「天国」を意味するようになった．

loan translation（翻訳借用(語)，なぞり） = CALQUE

loanword（借用語）　他の言語から取り入れられた語のことで，native word（本来語）に対する．借用時期が早い語ほど受け入れ側の言語に同

化する傾向が見られる (street, wall, wine など). ⇨ BORROWING; CALQUE

locative (case)（所格）　印欧祖語にあったと推定される文法格の1つで，場所や位置関係を表す．現代英語では場所を表す前置詞句が用いられる．

loss of final -e（語末の -e の消失）　中英語期を中心に生じた音韻過程の1つ．前段階で語末の各種母音が <e> へ水平化され，次にその <e> が消失した．語末の <e> は典型的に屈折語尾の一部であったため，その消失により英語の屈折形態論は大きく変化することになった．

loss of final -n（語末の -n の消失）　中英語期を中心に生じた音韻過程の1つで，不定詞・過去分詞，弱変化名詞などの屈折語尾 <en> から <n> が消失したことをいう．これにより語末の <e> の消失が促進され，英語の屈折形態論は大きく変化することになった．

M

manuscript（写本，手稿）　手書きにより転写された文献資料．MS と略されることが多い．英語では，印刷技術の導入 (1476年) 以前のほとんどの文献資料が獣皮または紙の写本であり，導入以降も写本の転写はしばらく継続した．広義では手書きによる文献全般を指す．

MEOSL（中英語開音節長音化）　Middle English open syllable lengthening の略．中英語期に2音節語の強勢をもった短母音 /a, e, o, i, u/ が開音節に生じた場合に長母音化した過程をいう．低母音 /a/ 以外は同時に下降化し，それぞれ [ɛː, ɔː, eː, oː] となった．OE nama /na-/ > ME name [naː-], OE wudu /wu-/ 'wood' > ME wode [woː-] など．

merger（融合）　2つ，ないしそれ以上の音素が対立を失って1つの音素となること．SPLIT（分裂）に対する．中英語の長母音 /eː/, /ɛː/ は大母音推移の結果，初期近代英語でそれぞれ /iː/, /eː/ となったが，後者はさらに変化して /iː/ となった．その結果，see と sea, meet と meat は同音異綴り語となった．

metanalysis（異分析）　Jespersen (1909-49) の用語．歴史的過程において，ある語や語群が前の時代とは異なった分析を受けることをいう．例えば，an apron < ME a napron / a nickname < ME an ekename / for the nonce < ME for then ones など．

metathesis（音位転換）　隣接する2音がその位置を交替する現象をいう．英語の歴史的過程において起こった音位転換には次のような例があ

る．(1) /s/ と子音: OE wæps > wasp / ME clapsen > clasp / OE axian > ME asken. (2) /r/ と子音: OE bridd > bird / OE þridda > ME third / OE worht > ME wrought.

metronymic, matronymic（母称）母親，または母方の名に基づいて形成された名のこと．父称に対する． ⇨ PATRONYMIC

Middle English（中英語，中期英語）英語史の下位区分の1つ．ノルマン征服後の1150年頃から，ロンドン方言が標準語としての地位を確立した1500年頃までの時期の英語をいう．古英語期の名詞・形容詞・動詞の屈折が水平化するとともに，平叙文における SVO の語順が確立した．また，日常語にいたるまで多数の語彙がフランス語から借用された．

Middle English open syllable lengthening（中英語開音節長音化）= MEOSL

minim（ミニム，縦の一画）手書きの書体において縦に書き下す一画をいう．特に <m, n, u, i> における短い一画を指す．

Modern English（近代英語）英語史の下位区分の1つ．大母音推移が始まりかけた1450-1500年頃から1900年頃までの英語をいう．さらに，EARLY MODERN ENGLISH と Late Modern English に下位区分される． ⇨ EARLY MODERN ENGLISH

monophthongization（単母音化，単一母音化）二重母音が単一母音に変化する過程をいう．通時・共時の両過程に用いられるが，通時的には SMOOTHING（滑化）と呼ぶことが多い．ME draw /drau/ > ModE /drɔː/ など．

multiple negation（多重否定）同一文中に，打ち消し合うことのない否定語が複数起こること．その否定語の数により，DOUBLE NEGATION（二重否定），triple negation（三重否定）などの用語が使用されることもある．古英語・中英語では普通に観察できるが，現代英語では一般に非標準英語における現象であると考えられている． ⇨ DOUBLE NEGATION; NEGATIVE CONCORD

mutation（母音変異）= UMLAUT

N

narrowing of meaning（意味の縮小）= SPECIALIZATION OF MEANING

negative concord（否定の一致，否定の調和）本質的には MULTIPLE NEGATION（多重否定）と同じ現象．ただし，MULTIPLE NEGATION が

否定語の累積そのものを指すのに対し，negative concord では，それを否定語による調和現象であると見る解釈が加わっている．現代英語研究では MULTIPLE NEGATION よりも NEGATIVE CONCORD が用語として好まれる傾向があるが，相互に入れ替え可能．

negative contraction（否定辞縮約）　否定辞が縮約を起こすこと．現代英語では not の縮約形 n't が，isn't や don't 等の形で起こる．古英語・中英語では，nis < ne is, nadde < ne hadde のように否定副詞の ne が特定の動詞の前で縮約を起こすことがあった．

neogrammarian doctrine of sound change（青年文法学派の音変化に関する主張）　音声の変化はある条件下で機械的に生じるものであるという説をいう．

neogrammarians（青年文法学派）　1870 年代にドイツのライプチヒに集まった，ギリシャ語学者 Brugmann を中心とした若手言語研究者のグループを指す．「音法則に例外なし」をモットーに，規則性の原理，特に音法則の規則性を強調した．

nominative absolute（絶対主格）　古英語で一般的であった DATIVE ABSOLUTE（絶対与格）の代わりに主格が用いられた構文．現代英語の absolute participle（独立分詞構文）に相当する．

nominative (case)（主格）　印欧祖語にあったと推定される文法格の 1 つ．文における主語を表す格を示す．

Norman French（ノルマン・フランス語）　フランスのノルマンディー地方で用いられていたフランス語の一方言をいう．Norman（ノルマン）は Norseman, Northman に由来し，フランスに侵入したバイキングの末裔を表す．パリのフランス語とは音声面でも語彙面でも異なるところがあった．⇨ ANGLO-NORMAN

numerical metanalysis（数異分析）　名詞の語幹末の -s(e) と複数を標示する語尾の -s(e) とが混同されるなどして，語の区切りが誤って認識されること．pease が pea + s と異分析され，現在の pea の語形が生じた．

O

occasional spelling（臨時綴り字）　綴り字が固定して以降，慣習的に利用される綴り字と異なり，発音をより反映する綴り字のこと．近代英語期は公教育の普及が不十分であったため，私信や日記などの文書で見られ，古音推定に援用されることがある．My Lor 'My Lord' (*Cely Pa-*

pers).

***of*-genitive**(of 属格) 「of + 名詞」で，屈折による名詞の属格 (-'s) に相当する機能を果たすものをいう．歴史的にはフランス語 de の影響も考えられている．一般に無生物の所有，所属を表す場合，人や生物であっても修飾語を伴う場合は of 属格が好まれる．

o-grade（o 階梯） 母音交替で /o/ を核母音として含む階梯，さらには後の言語において現れた形をいう．例えばギリシャ語の pod- 'foot' は PIE *ped- からの母音交替である．⇨ ABLAUT

Old English（古英語，古期英語） 英語史の下位区分の1つ．アングロサクソン人がブリテン島に渡来した紀元後 450 年頃から，ノルマン征服後の 1150 年頃までの時期の英語をいう．名詞・形容詞には性・数・格の区別があり，動詞の活用は大きく強変化・弱変化の2つに分けられる．古英語はこれらの豊富な語形変化によって文法関係を示す，総合的言語（SYNTHETIC LANGUAGE）に該当する．

Old Norse（古ノルド語） 印欧語族，ゲルマン語派，北ゲルマン語群に属する言語．現代のデンマーク語，スウェーデン語，ノルウェー語，アイスランド語，フェロー語などの祖先と見なされている．

oral-formulaic theory（口承定型理論） 同じ韻律条件の下で繰り返し使用される定型句（formula）を含む詩は，そのような定型句を即興的に組み合わせ，口頭で作詩されたと仮定する理論．もともとホメロスの叙事詩や現代ユーゴスラビアの吟遊詩人の研究にはじまり，のちに古英詩や，中英語の頭韻詩の分析にも適用された．

orthoepist（正音学者） 16 世紀以降に現れた ORTHOEPY（正音学）を研究する学者のこと．J. Hart や W. Bullokar などが知られる．

orthoepy（正音学） 本来は phonetics, phonology に相当する学問領域の名称であったが，今日では GREAT VOWEL SHIFT（大母音推移）および活字印刷の導入により，発音と綴り字の乖離が大きくなった 16 世紀以降に現れた，「正しい」(ortho-) 発音と「正しい」書き方の関係を扱うための学問を指すことが多い．音声研究や綴り字改革議論の先駆となる．⇨ SPELLING REFORM

orthography（正字法，正書法） 慣習的に標準的と認められてきた綴字や句読法．現代英語の正書法は，直接的には 14 世紀後半の書き言葉の標準の模索に始まり，15 世紀後半の印刷術の発明，16 世紀以降の議論を経て，17 世紀半ばまでにはおおむね確立した．

P

palatal diphthongization（口蓋音による二重母音化）古英語において，/j, ʃ, ʧ/ のような口蓋音に後続する前母音が割れを起こした音韻過程をいう．古英語のウェストサクソン方言 giefan 'give' に見られる二重母音はこの結果である．

paleography（古書体学）写本の書体や書記法の特徴を研究し，写本の製作年代や製作場所に関する情報を明らかにする学問をいう．

paragoge（語尾音添加，語末音添加）調音的な要因で，語末に主として子音が添加される音韻過程．英語では，語末の /n/ の後に /t/ や /d/ が挿入される ancient, sound, /s/ の後に /t/ が挿入される against, whilst など例が多い．

parent language（祖語）広義では PROTOLANGUAGE（祖語）と同じ意味を表すが，狭義では，ロマンス諸語に対する俗ラテン語のように，ある言語の直接の祖先にあたる言語のことをいう． ⇨ DAUGHTER LANGUAGE; SISTER LANGUAGE

partitive genitive（部分属格）物の部分を示す属格で「～の部分」という意味を表す．古英語では普通の表現で ān heora 'one of them', ealra swīþust 'most of all' のように数詞や最上級とともに用いられたが，現代英語と同じ「of ＋ 名詞句」による sume of þām cnihtum 'some of the boys' の形もすでに用いられていた．

patronymic（父称）父親，または父方の名に基づいて形成された名のこと．ゲルマン系では Jackson, Andersen, Mendelssohn のように接尾辞を含む姓が用いられるのに対し，スコットランド系では McArthur, Macdonald，アイルランド系では O'Brien のように接頭辞を含む姓が用いられる． ⇨ METRONYMIC

pejoration of meaning（意味の堕落，意味の悪化）= DETERIORATION OF MEANING

periphrasis（迂言法）文法形式や統語関係を屈折に頼らず，複数の独立した要素で表すことで ANALYTIC LANGUAGE（分析的言語）の特徴の1つである．古英語には単独で受動の意味を表す動詞 hātte < hātan 'is/was called' が残っていたが，現代英語で受動の意味は「be ＋ 過去分詞」という迂言的形式でしか表すことができない．

periphrastic *do*（迂言の do）否定文，疑問文を作る際に使用される助動詞としての do，および命令文や肯定文平叙文で強調のために使用される助動詞 do のこと．近代英語期に急速に拡大して 1700 年頃までに

ほぼ確立した．その起源については議論が分かれている．

philology（文献学，言語学）　当初 linguistics と同義で用いられたが，やがて比較言語学，歴史言語学の意味で用いられるようになった．近年では書記文献の精査，解釈に重きを置いて言語史を研究する分野に限定して用いられることが多い．古くは「一民族，一国民の精神文化を，言語を手掛かりに理解することを目的とした学問」の意味で用いられた．

phonemic change（音素変化）　歴史的な音変化のうち，音素体系やある言語形式内の音素に変化が生じるものをいう．⇨ MERGER; SPLIT

phonemic split（音素分裂）　⇨ SPLIT

phonetic change（音声変化）　歴史的な音変化のうち，異音だけが変化し，音素体系そのものには影響が及ばないものをいう．

phrasal calque（翻訳借用句）　借用元言語の句を構成する各語を逐語的に自言語の語に置き換え，元の言語の句の意味で用いるもの．make believe, by heart はそれぞれフランス語 fair croire, par coeur のなぞりである．

phylogeny（系統発生）　進化論の概念を言語研究に援用したもので，ある言語の歴史的な発達のプロセスのこと．英語であれば，印欧祖語＞ゲルマン祖語＞西ゲルマン語＞英語と表される．

Pictish（ピクト語）　3〜9世紀の間にブリテン島北東部に分布したピクト人によって話されていた言語．系統的にはケルト系とも非印欧語系ともされ，不明の点が多いが，オガム文字を使って碑文を書いていたことが知られている．後にスコットランド・ゲール語へ吸収され，消滅した．

pleonastic genitive（冗語属格）　a friend of Tom's のように，屈折による s 属格と迂言法による of 属格が同時に用いられた形式をいう．⇨ DOUBLE GENITIVE

popular etymology（民間語源，通俗語源）　= FOLK ETYMOLOGY

possessive dative（所有の与格）　節中の他の名詞との間で所有の関係を示す与格のこと．古英語の韻文でしばしば見られる：*mē* wæs Dēor noma 'my name was Deor'．また，前置詞句の前に現れることが多い：*fremdum* tō gewealde 'into the hands of foreigners'．現代英語 He caught me by the arm. の me にあたるものと考えられる．ドイツ語では普通に見られる形式．

post-vocalic /r/（母音の後の /r/）　正確には non-prevocalic /r/．car など母音の前位置以外における <r> は，イギリス標準変種では発音され

ず，アメリカ中部変種では発音されるのが通常とされる．英米差の典型例とされるが，実際には両変種ともに /r/ の有無は種々の社会言語学的な要因に応じて揺れを示す．

prescriptive grammarian（規範文法家） 17, 18 世紀の英国において，英語の原理を PRESCRIPTIVISM（規範主義）の観点から法典化することで語法上の論争点に決着をつけ，英語を矯正・改良することを目標とした文法家たちをいう．R. Lowth, L. Murray らが有名である．⇨ PRESCRIPTIVISM

prescriptivism（規範主義） ある言語の 1 変種を他の変種よりも高い価値があると見なし，当該の言語共同体の基準にすべきであるという態度．「正しさ」が最重要視されるが，その判断基準は個人の趣味や先入観に基づくことが多い．言語の実相をありのままに記述しようとする descriptivism（記述主義）に対する．

Present-day English（現代英語） 英語史の下位区分の 1 つ．20 世紀以降の英語をいう．

preterit(e)-present verb（過去現在動詞） 本来強変化動詞の過去形（完了形）であった形式を現在形として用いる動詞をいう．元の現在形は消失し，新たに弱変化の過去形が形成される．現代英語では，will 以外の法助動詞が過去現在動詞に相当する．

proparalepsis（語尾音添加，語尾母音添加） ある音が語末に付加されることをいう．特に母音が付加される場合に用いられる．⇨ PARAGOGE

prosthesis（語頭音添加） = PROTHESIS

prothesis（語頭音添加） ある音が語頭に付加されることをいう：L schola > Sp escuela 'school'．発音しにくい音の連続を解消するための手段の 1 つ．⇨ APH(A)ERESIS

Proto-Germanic（ゲルマン祖語） ゲルマン諸語の祖形と考えられる言語をいう．紀元前 500 年頃にスカンジナビア南部で話されていたと考えられている．

Proto-Indo-European（印欧祖語） INDO-EUROPEAN（印欧語族）に属する諸言語の祖先と想定される言語．紀元前 4500 年頃中央ヨーロッパに居住していた人々によって話されていたものが民族移動に伴う分化を経て，今日の分布に至ったと考えられている．

protolanguage（祖語） 同じ系統に属する諸言語の祖先となる言語をいう．多くの場合，祖語は残っていないため，比較言語学の方法論によって再建することが試みられる．

pull chain（引き上げ連鎖）　= DRAG CHAIN

punctuated-equilibrium model（断続平衡モデル）　諸言語の起源，拡散，収束を記述する系統樹モデルと波状モデルを融合させる試みの1つとして，Dixon (1997) によって唱えられた仮説．言語の進化には変化のない長期の安定期と，それと比べて相対的に著しく急速な種分化と形態変化によって特徴づけられる中間期があるとする．

purism（純粋主義）　他の言語や方言の影響から自国の言語を保護し，言語の変化を意図的に食い止めようとする試みや態度をいう．英国ではルネサンス期の外来語の大量流入に対する反動から本来語尊重の傾向が顕著にみられ，CALQUE（翻訳借用）による本来語への置き換えが試みられた．lunatic – mooned, prophet – foresayer など．

push chain（押し上げ連鎖）　大母音推移の発端として，最初に狭中母音が上昇した結果，最上段の高母音が押し出されて二重母音化したとする説をいう．Luick (1896) により提案された．DRAG CHAIN（引き上げ連鎖）に対する．

Q

quadruplet（四重語）　同一の語源に遡るが，異なる形態・意味を取るようになった4語をいう．例えば，gentle—genteel—gentile—jaunty / plan—plane—plain—piano / scar—score—share—shore. ⇨ DOUBLET; TRIPLET

R

reconstruction（再建）　同系の言語に残された資料に基づいて，その祖語を理論的に復元しようとすること．⇨ COMPARATIVE RECONSTRUCTION; INTERNAL RECONSTRUCTION

reduplicating verb（重複動詞）　ゲルマン語の動詞のうち，語幹の頭の音を繰り返すことによって過去形を形成するものをいう．古英語では強変化化動詞第7類にその痕跡をとどめている：hēht < hātan 'to call'．

reflex（反映形）　祖語や古形から発達して生じた形式をいう．

rhotacism（r 音化，r 音への転換）　もともと /*s/ であった音が母音間で [z] を経て，最終的に /r/ として現れることをいう：L flōs 'flower'（単数・主格）; *flōs-is > floris（単数・属格）．英語における was/were の交替もこれで説明される．

Romance（ロマンス語）　印欧語族，イタリック語派に属する諸言語．

ラテン語の後継である俗ラテン語を祖語として持ち,現代のフランス語,スペイン語,ポルトガル語,イタリア語,ルーマニア語などが含まれる.

root(語根) 語の構成要素の1つで,その意味の基本となり,それ以上は分けることができない最小単位をいう.

runes(ルーン文字) ラテン文字導入以前に古代ゲルマン人が使用していた文字体系をいう.石,骨,金属など硬いものに刻むのに適するよう,直線を中心に構成されている.北ヨーロッパの碑文に見られる. ⇨ FUTHARK

S

Sanskrit, Sanscrit(サンスクリット語) 印欧語のうち,インド・イラン語派のインド語派を代表する言語.紀元前1000年紀の文献記録があり,紀元前5世紀から同4世紀にかけてPaniniにより文法が記述された.最古期の段階の言語はヴェーダ語として区別される.

satem language(サテム言語) 印欧祖語の再建に基づいた分類で,軟口蓋閉鎖音 *k が,「百」を意味する語の語頭で歯擦音 s に変わった言語のグループをいう.インド・イラン語,スラブ語,アルメニア語,アルバニア語などが含まれる. ⇨ CENTUM LANGUAGE

Scandinavian loanwords(スカンジナビア借用語) スカンジナビア語との接触により英語にもたらされた語.その数の増加が顕著になるのは,接触が盛んであった古英語期よりも,むしろ中英語期になってからである.skirt のように英語本来語の shirt と共存しながら DOUBLET(二重語)を形成するものもある.

Scottish Vowel Length Rule(スコットランド母音長規則) スコッツ方言およびスコットランド標準英語において,緊張母音が形態素境界の前,有声摩擦音 /v, ð, z, ʒ/ の前,/r/ の前で長母音として具現化するというもの.1962年に未公刊論文の形でこれを初めて定式化した A. J. Aitken の名にちなみ,AITKEN'S LAW ともいう.

scribe(写字生) 写本時代に写本を筆写する作業を行った人.修道院等で専門技術を身につけていた場合が多く,その綴り字や書体の傾向から写本の年代や地域をある程度特定できる場合が多い.

second Germanic consonant shift(第二次ゲルマン語子音推移) 5世紀頃生じた,古高ドイツ語を他のゲルマン語から区別する子音変化をいう.具体的にはゲルマン語の無声閉鎖音の破擦音化,摩擦音化:G

Pfeife (E pipe),有声閉鎖音の無声閉鎖音化:G gut (E good),歯間摩擦音の閉鎖音化:G dick (E thick) が見られる. ⇨ FIRST GERMANIC CONSONANT SHIFT

semantic change(意味変化) 語の意味が,従来の意味とは異なる意味に変化すること.良い意味か悪い意味かを基準にした AMELIORATION(良化),DETERIORATION(悪化),広い意味か狭い意味かを基準にした GENERALIZATION(一般化),SPECIALIZATION(特殊化)等がよく知られているが,ほかにも抽象化や世俗化など,様々な基準で変化を整理することができる.

sister language(姉妹語) 祖語を共有する2つ以上の言語の関係を表す言い方. ⇨ DAUGHTER LANGUAGE; PARENT LANGUAGE

smoothing(滑化) 二重母音の第二要素が脱落して単母音化する現象をいう:OE ēa, ea > ē, e. ⇨ BREAKING

socio-historical linguistics(歴史社会言語学) historical sociolinguistics ともいう.社会言語学の手法を用いて,歴史的データを体系的に分析・記述する分野をいう.

sound change(音変化) 言語音が歴史的に変化する過程をいう.ときに共時的に起こる音声の変化現象についてもいうことがある.phonological change(音韻変化)ともいう. ⇨ PHONEMIC CHANGE; PHONETIC CHANGE

sound law(音法則) 青年文法学派の用語で,規則的な音変化の背後にある原理を定式化して表したもの. ⇨ NEOGRAMMARIAN DOCTRINE OF SOUND CHANGE

specialization of meaning(意味の特殊化) 意味変化の際に,当該の語の従来の意味よりも狭い意味に変化すること.「食物」という全般的な意味が「肉」に変化した meat,「犬」という意味が「猟犬」という意味に狭まった hound など. ⇨ GENERALIZATION OF MEANING

spelling pronunciation(綴り字発音) 語の発音と綴り字の間に乖離が見られる際,綴り字に発音を合わせることによって生じる発音.例えば,forehead, often の発音は [fɒ́rɪd], [ɒ́fn] が標準的であったが,それぞれ [fɔ́ːhed], [ɒ́ftn] という発音が現代英語で普及しつつある.

spelling reform(綴り字改革) 英語の綴り字の表音性を高めようと試みられた改革運動.16世紀の Th. Smith, J. Hart, W. Bullokar らにより本格的に始まり,19世紀には American Spelling Reform Society (1876), British Spelling Reform Society (1879) まで設立されたが,

各提案は実現されなかった．

split（分裂） 単一の音素が2つの音素に分裂すること．分裂により生じた結果が他の音素と合流し音素の総数に変化が生じないものを primary split（一次分裂），分裂によって新たな音素が生じて，本来異音であったものに対立が生じるものを secondary split（二次分裂）と呼ぶ．前者の例として，印欧祖語の無声閉鎖音 /t/ が一部 VERNER'S LAW（ヴェルネルの法則）により有声摩擦音 /ð/ となって *dh に由来する /ð/ と合流したこと，後者の例として古英語の無声摩擦音 /f/ の異音であった [v] が，NORMAN FRENCH（ノルマン・フランス語）との接触により1つの音素として独立したことが挙げられる（例：face vs. vase）．⇨ MERGER

Standard English（標準英語） 社会的に最も権威があり，かつ最も理解しやすい英語の変種をいう．主に語彙，文法，正書法により非標準英語と区別される．

stem（語幹） 語の構成要素の1つで，屈折語尾を除いて残った部分．L amo (= I love), amas (= you love) では am-, cat, cat's cats, cats' では cat が語幹である．派生接辞について用いられる BASE（語基）とは区別されるべきものであるが，しばしば混同される．

stemma（系統図，ステマ） 同一テキストの複数の写本間の系統を樹形で示した図をいう．

strong conjugation（強変化活用） ゲルマン諸語に見られる動詞の語形変化の1つ．過去形・過去分詞形を形成する際に，屈折語尾の添加によらず，語幹母音を変化させるものをいう．WEAK CONJUGATION（弱変化活用）に対する．

strong declension（強変化曲用） ゲルマン諸語に見られる名詞・代名詞・形容詞の語形変化のうち，屈折語尾が -n 以外で終わるものをいう．WEAK DECLENSION（弱変化曲用）に対する．形容詞においては，定冠詞・指示代名詞によって限定されない場合に強変化曲用をとった．

strong verb（強変化動詞） 動詞の過去形・過去分詞形を形成する際に，語幹母音を変化させる STRONG CONJUGATION（強変化活用）を用いる動詞をいう．WEAK VERB（弱変化動詞）に対する．英語では通例古英語・中英語の動詞についていわれ，現代英語の不規則動詞に対応することが多い．⇨ STRONG CONJUGATION

suppletion（補充法） ある語の変化系列を，接辞添加（walk—walked / girl—girls）や母音交替（run—ran / woman—women）ではなく，語

幹そのものを語源の異なる形態素で代用することをいう．例えば，go—went—gone / good—better—best など．

synchrony（共時性） Saussure (1916) が DIACHRONY（通時性）と対立させた概念で，言語を時間軸のある時点で切った際の断面図としてとらえる観点をいう．話者の有する言語能力は共時的な次元の知識である．

syncope（語中音消失，語中音脱落） never を [neər], library を [láɪbri] と発音するように，語中の分節音(群)が消失する音韻過程をいう．OE godspelle > ME gospel のように，消失した結果の発音が標準として定着することもある． ⇨ APH(A)ERESIS; APOCOPE

syncretism（融合） 本来は異なる形態または音が統合して，1つの形になる現象をいう．古英語では名詞に主格・対格・属格・与格の4つの格があったが，現代英語では属格以外は区別がなく，通格に融合している．人称代名詞の3人称においては与格と対格が中英語期には同一の形に融合した．

synthetic language（総合的言語） 文法的関係を表すのに活用変化や接辞を多用する言語をいう．ANALYTIC LANGUAGE（分析的言語）に対する．屈折が豊富であった古英語は総合的言語に該当し，平叙文で SVO・VSO・SOV など複数の型の語順が用いられた． ⇨ WORD-ORDER CHANGE

T

thematic vowel（語幹形成母音） 印欧語の動詞の活用（人称変化）において，語根と屈折語尾の間に挿入される母音を指す．例えば，L am-a-t 'he loves' における語根 am- と屈折語尾 -t の間の a をいう． ⇨ ATHEMATIC

tmesis（複合語分割） 複合語や句を分割し，他の語をはさむことをいう．例えば，what book so ever (= whatsoever book)/ to us ward (= toward us)/ her sweet self (< herself) など．ほかにも guaran-damn-tee (< guarantee + damn) のように，口語で強調のために使われる表現も多い．

tree model（系統樹モデル） = GENETIC MODEL

triplet（三重語） 同一の語源に遡るが，異なる形態・意味を取るようになった3語をいう．例えば，capital—cattle—chattel; hale—whole—hail / hotel—hostel—hospital など． ⇨ DOUBLET; QUADRUPLET

trisyllabic shortening（三音節短音化） 古英語末期から中英語期に起

こった，語末から3音節目にある長母音の短音化の過程をいう．hūsbonda > husbonde, hāligdæġ > halidæġ など．現代英語の sane/sanity, divine/divinity などの交替現象を説明するためにも用いられることがある．trisyllabic laxing（三音節弛緩化）ともいう．

U

umlaut（ウムラウト，母音変異）　ゴート語を除くゲルマン語に見られる現象で，強勢のある母音（長母音・短母音）が，後続する音節の母音やわたり音の影響を受けて部分的に同化することをいう．J. Grimm (1819) の用語で，英語では mutation と呼ばれる．⇨ A-UMLAUT; I-UMLAUT; U-UMLAUT

umlaut plural, mutation plural（ウムラウト複数，母音変異複数）　UMLAUT（ウムラウト）に基づく名詞の複数形をいう．古英語期にはこの型の複数形を持つ名詞が多かったが（bōc 'book'—bēċ），現代英語に残存するのは foot—feet, goose—geese, louse—lice, (wo)man—(wo)men, mouse—mice, tooth—teeth のみ．

unconditioned change（無条件変化）　いかなる音韻環境にも依存せず，例外なしに生じる音韻変化．例えば大母音推移において，強勢のある長母音 /aː/ は前後に接する音韻の種類などの条件によらずに，軒並み /ɛː/ に上昇した点で無条件変化と言える．

u-umlaut（u ウムラウト，u 母音変異）　語幹の非円唇母音が後続する /u, w/ の影響により円唇母音化するもので，古ノルド語に特有の現象である：ON hǫnd – Goth handus；ON kǫllum (< kall- + -um) 'we call'．

V

variant（変異形）　ある言語変項について，ほぼ同じ機能が異なる形態によって表されるとき，それぞれの形態を変異形と呼ぶ．例えば，-ing 語尾の発音は，[ɪŋ] と [ɪn] の変異形をもつ．変異形は互いに自由に交替可能なこともあれば，方言，媒体，文体などの社会言語学的な要因により選ばれることもある．

variation（変異）　ある言語項について，ほぼ同じ機能が異なる形態で表わされる現象．変異を生み出す要因には，言語内的・外的なものがある．共時的な言語変異の存在は，通時的な言語変化の前提条件である．

Verner's law（ヴェルネルの法則）　Grimm's law（グリムの法則）の例

外を説明する法則で発見者 K. Verner にちなむ名称．印欧祖語の /p, t, k/ および /s/ がその直前に強勢を持たない場合，ゲルマン語では有声摩擦音に変化するというものである：PIE *pətér- > PGmc *faðér > *fáðer > OE fæder．

vowel shift（母音推移）　ある母音が音韻変化を経ると，母音の体系性を維持するかのように，他の母音も連鎖反応的に音韻変化を経ることがある．この一連の体系的な変化を母音推移と呼ぶ．推移の原動力としては，PUSH CHAIN（押し上げ連鎖）と DRAG CHAIN（引き上げ連鎖）が提起されている．⇨ GREAT VOWEL SHIFT

W

wave model（波状モデル）　言語の進化や拡散を表す GENETIC MODEL（系統樹モデル）に対抗して，Schmidt（1872）が提起したモデル．言語の進化や変化は，池に投げ入れた石が波紋を描くように，ある地点に始まりそれが波状に伝播していくと仮定した．日本では柳田国男が『蝸牛考』（1930）においてこの言語変化モデルを「方言周圏論」として唱えた．

weak conjugation（弱変化活用）　ゲルマン諸語に見られる動詞の語形変化の1つ．過去形・過去分詞形を形成する際に，語幹の母音を交替させるのではなく，-(e)d などの屈折語尾を添加するものをいう．STRONG CONJUGATION（強変化活用）に対する．

weak declension（弱変化曲用）　ゲルマン諸語に見られる名詞・代名詞・形容詞の語形変化のうち，屈折語尾が -n で終わるものをいう．STRONG DECLENSION（強変化曲用）に対する．形容詞においては，定冠詞・指示代名詞に後続する場合に弱変化曲用をとった．

weak verb（弱変化動詞）　動詞の過去形・過去分詞形を形成する際に，屈折語尾を添加する WEAK CONJUGATION（弱変化活用）を用いる動詞をいう．STRONG VERB（強変化動詞）に対する．英語では通例古英語・中英語の動詞についていわれ，現代英語の規則動詞に相当するが，例外もある．⇨ IRREGULAR WEAK VERB

widening of meaning（意味の拡大）　= GENERALIZATION OF MEANING

word-order change（語順の変化）　古英語期以来進行した，平叙文における主語・目的語・動詞の語順の固定化をいう．古英語では SVO・VSO・SOV など複数の語順が共存したが，15 世紀半ばまでに現代英語で標準の SVO が確立した（Fries（1940））．これに伴い，動詞の前

は主語，後は目的語の領域と解され，文法関係を示していた屈折は余分となり衰退した．

Z

zero grade（ゼロ階梯）　消失階梯とも呼ばれ，核母音が現れない階梯，さらには後の言語に反映した形をいう．例えば，L nidus (< *ni*z*dus) 'nest, a place where a bird sits down' は PIE *sed- 'to sit' に由来する．⇨ ABLAUT; FULL GRADE

8 社会言語学

A

acrolect（上層語） クレオール連続体（CREOLE CONTINUUM）において，標準変種に最も近い，威信のある変種やスタイルを指す．社会階層や教育レベルなどが高く，上昇志向が強いクレオール話者によって用いられ，例えば標準ジャマイカ英語のように，その地域の権威言語である英語の社会／地域方言となっていることもある． ⇨ BASILECT; MESOLECT

act sequence（行為連鎖） Hymes (1972) の話しことばに関する民族誌学的枠組概念「S-P-E-A-K-I-N-G」という 8 要素の中の A の要素のこと．何がどのように話されたかという発話の中心的な要素であり，言語的表現と顔の表情，視線，身振り，姿勢などの非言語的表現からなる．

acts of identity（アイデンティティを示す行動） Le Page and Tabouret-Keller (1985) が提唱したアイデンティティを際立たせるための言語変種の使用のこと．カリブなどの多言語使用社会では自己を目立たせるため，異なる言語や変種を使用しアイデンティティを確立しようとする．

additive bilingualism（付加的二言語使用） 二言語使用教育の 1 つの形式．ある言語が母語に加えられる過程や教育プログラムのこと．英語を母語とするカナダ人の英仏二言語教育では，第二言語のフランス語を母語の英語に置き換えることなく教育し，その使用を制限することもない．

address (terms)（呼称） 話し手が聞き手に呼びかける，または，聞き手を言及するときに用いる言語形式．年齢，性別，社会階級，話者同士の親疎の関係などによって様々な呼び方がある．敬称や親族名称の使用によって社会的関係を示したり，言語によっては代名詞の使い分けや固有名詞の使用によって親密度や改まり度を示したりすることが含まれ

adjacency pair(隣接応答ペア) Scheloff and Sacks (1973) の用語.会話における質問—返答など,連続して生じる発話対であり,特定の応答を要求する先行発話と,それを満たす後続発話により構成される.また,要求された後続発話が欠けると,それが未熟さや含意のサインになることもある. ⇨ SEQUENCE

adstrate, adstratum(隣接層) ①ある言語から他言語への体系的な借用語彙の総体を指す.中世ヨーロッパにおける科学・学術用語としてのラテン語や,クレオール言語におけるヨーロッパ諸語の影響に相当する.②ある特定の国や地域において,同等の威信を持つ言語同士を指す.現在のベルギーにおけるフランス語とオランダ語の関係に近い.

African American Vernacular English(アフリカ系アメリカ人口語英語,アメリカ黒人日常英語) 米国アフリカ系黒人の話す口語英語の総称.AAVE と略称される.また,一般的には Black English や Ebonics とも呼ばれる.よく知られている特徴には be 動詞の欠如(He clever),三人称単数主語の際の動詞の s の欠落などがある. ⇨ BLACK ENGLISH VERNACULAR

age, age-grading(年齢,年齢階層) 言語変異と言語変化において顕著な変化を生む要因の1つ.継続的な変化要因(数か月/数年)としての捉え方や,成長に合わせた時期(子供時代,青年期,成人期,老年期)として捉えられることもある.

aggravation(強化) 依頼などのスピーチアクトにおいて,内容の実現が義務的であることを強調した言い方をすること.例えば,Shouldn't the room be dusted? (Labov and Fanshel (1977: 85)) のような言い方や,命令形を用いる.ポライトネスの観点から,MITIGATION との対比で,丁寧度が低いとされる.

androcentrism(男性中心主義) 男性の規範にもとづいた支配的社会・文化の価値観.言語に関しては,Jespersen (1922) による女はおしゃべりであるといった主張のように,ある言語特徴を女性の言語特徴であるとすることによって,その特徴に否定的な意味を担わせること.

androgyny(アンドロジニー,両性具有) 言語におけるアンドロジニーとは,両性間の平等がいきわたっている文化の中で身に付けた言語行動には性別間の違いは存在せず,性別中立的(androgynous)であるということ.性差があるとすれば,それを生物学的な根拠に求めることになる.

anti-language(反言語) Halliday（1976）の用語．主に下位／対抗文化や周辺的コミュニティで部外者の理解を妨げるために用いられることば．新語の創造や語義の置き換えが中心だが，そこにコミュニティ固有の意義を見いだす．極端な社会方言の一形式で，時に一般社会の規範や慣行に反するため体制側からの社会的制裁を伴う．⇨ SLANG

appropriateness（適切性） 人・条件・場所など特定の社会的状況において使用される言語表現や言語変異が適切であることをいう．例えば，形式ばらない場面では丁寧な言い方をするよりも省略形や短縮文を使用するほうがふさわしい．

argot（隠語） ある特定の社会集団が仲間内だけの秘密保持や集団内の絆を強めるために使用する語彙やフレーズのこと．外部者から身を守る必要のある罪人，ギャングなどの通用語として使用され，造語であったり多様に操作された語形や意味を持っていたりする．

audience design（オーディエンスデザイン） 話し手の発話は，それを受け取る側にあわせて調整されるとする聞き手志向の理論．Bell（1984）は聞き手にいくつかの階層を想定し，実際の聞き手がどのような階層に位置付けられるかにより，発話への影響度が決まるとした．⇨ PARTICIPATION FRAMEWORK

B

baby talk（幼児向けことば，赤ちゃんことば） 大人が幼児に向けて用いることば遣いのこと．ゆっくりした口調，明瞭な発音，誇張された抑揚に加え，理解しやすい基本語彙や単純な文法構造が使用される傾向にある．

back channel（あいづち） 会話において，話し手が話している間に聞き手が発する簡潔な発話．yeah や uh-huh といった言語と見なせるものに加えて，ジェスチャーなどの非言語を含める立場もある．機能としては，聞き手の理解や同意の提示，さらにターンやフロアの調整などがある．⇨ FLOOR; PHATIC COMMUNION

balanced bilingual（均衡バイリンガル） 2つの言語の知識があり，一方の言語の影響を受けることなく流暢に2つの言語を使うことができることをいう．日常会話から学術的な書き言葉まで，広範囲に渡るレジスターで同等の流暢さで二言語を扱うことができる．

balance hypothesis（バランス仮説） 1960年代に提唱された，二言語使用が言語能力に悪影響を及ぼすという仮説．人間には言語習得を可

能にする能力が備わっており，話者が第二言語を学ぶと，第一言語の能力が単一言語話者より劣ってしまうと考えられていた．⇨ SEMI-LINGUALISM

basilect（下層語） クレオール連続体（CREOLE CONTINUUM）における初期段階のクレオール変種のこと．社会階層や教育レベルなどが最も低いクレオール話者によって用いられる，権威の低いクレオールの変種やスタイルを指す．⇨ MESOLECT; ACROLECT

biculturalism（二文化併用） 1つの国（地域）に二文化が存在，または1人の人間が2つの異なる社会集団の社会習慣，信念などを保有している状態のこと．あくまで二文化の併存状態をいい，二言語使用（BILINGUALISM）とは区別される．

bidialectal（二方言使用者） 2つあるいはそれ以上の異なる方言を使用する人のことを指す．二方言は威信方言と非威信方言である場合が多く，威信方言とは学校や公共の場で用いられる標準変種で，非威信方言は家庭やコミュニティ内などで多く用いられる変種である．

bilingual, bilingualism（二言語使用，二言語併用） 個人や集団が，2つの異なる言語をそれらの母語話者と同等のレベルで使用する(できる)こと．個人的なレベルでの二言語使用（individual bilingualism）と社会的なレベルのもの（societal bilingualism）とを区別することもある．

bioprogram（バイオプログラム（仮説）） 人間には人種を問わず言語を作り出す能力が脳内に生まれながらにして備わっているという，Bickerton (1981) の主張する説．Bickerton はこの仮説をもとにクレオール話者の言語習得を説明している．

Black English Vernacular（BEV）（アメリカ黒人英語） 米国アフリカ系黒人の話す口語英語の総称．言語学では AFRICAN AMERICAN VERNACULAR ENGLISH（AAVE）とされることが多く，black Vernacular English（BEV）という用語も用いられ，一般的には Black English や Ebonics とも称される．⇨ AFRICAN AMERICAN VERNACULAR ENGLISH

border dialect（境界方言） 一般的に方言は等語線によって分割されるが，ある地域では時として方言 A と B の言語的特徴を融合させた形式を用いることがある．例えば，Trudgill and Chambers (1980: 127-137) は，イングランド北部と南部を分ける [ʊ] と [ʌ] という発音が，その境界付近で中間的な [ɤ] という音に融合していることを指摘した．

C

change from above/below(上／下からの変化) 社会的意識と社会階層の双方に関わる概念で (Labov (1994)),「上からの変化」とは,おもに支配層に属する話者により,制度的環境で意識的に推進される変化をいう.「下からの変化」とは,非制度的かつ口語的環境において,無意識のうちに推進される.

channel cues(回路の手がかり) インタビュー中の変化を示す周辺的言語特徴のこと.話す速度,声量,ピッチ,笑い,息つぎの増加などが挙げられるが,必ずしもこれらの特徴がある特定状況を示すとは限らない.例えば正式なインタビュー中に緊張を表す笑いが見られる場合もある.

code-switching, code alternation, code-mixing(コード切り替え) 手段・方法,目的・話題,地位・役割関係など状況に応じて,話し手が使用言語や言語変種を別のものに切り替えることをいう.会話の中の1つの文に別の言語を織り交ぜる場合を特に「コードの混合」(code-mixing)ということがあり,これらの総称として code alternation という語を用いることがある.

codification(成文化) 言語計画(LANGUAGE PLANNING)の一過程で,言語コードの標準化を意図して言語的規範 (linguistic norm) を設定すること.これにより正書法,文法書,辞書が整備される. ⇨ LANGUAGE PLANNING

communicative competence(伝達能力) Hymes (1974) が定義した,特定の社会・文化的場面や人間関係に応じて言語を適切に使用できる能力.Chomsky (1965) の言語能力 (linguistic competence) に対して提唱され「何をどのように言うか」,「言うべきではないか」など発話の場面や対人関係などに応じて言語を適切に使用できる能力のこと.

community of practice(実践共同体) Lave and Wenger (1991) による共通の目標達成のための社会活動に参加する個人の集団のこと.仕事場の同僚,宗教グループのメンバー,定期的に集まる友人など.参加者は,ある集団へ参加することで知識や技能を学習し,その過程で知識や問題意識を共有し実践する.

compound bilingualism(複合型二言語使用) 2つの異なる言語を使用することができ,どちらの言語も1つの意味体系を持って理解される二言語使用の形態.つまり,ある対象物に対し,2つの言語形式を持ち,1つの環境で2つの言語を習得したとされる.例えば,日本語と英語の

複合型二言語使用者にとって，日本語の「りんご」と英語の apple は同一のものと解釈される．

computer-mediated communication (CMC)（コンピュータメディアコミュニケーション）　メールや SNS といったコンピュータを介したサイバースペース内で繰り広げられるコミュニケーションのこと．electronic communication（電子コミュニケーション）ともいう．インターネット上の様々な言語の地位，言語的特徴や語彙，遊戯性，相互行為の形式，インターネット上のアイデンティティなどが問題とされる．

consensus model of society（社会の合意モデル）　社会集団や階層を問わず，社会を共通の価値・規範で結ばれた組織体であると捉えるモデル．一方，社会を集団間の分裂・相違・対立と捉えるモデルを闘争（葛藤）モデル (conflict model) という．

contextualization (cue)（コンテクスト化の合図）　Gumperz (1982) の用語．ある発話について，その解釈を特定の方向に導く言語的・非言語的な手がかりのこと．パラ言語やスタイルの変化などが手がかりになる．また，コンテクスト化の合図が慣習的である場合，それを聞き手と共有していないと誤解を生むこともある．

conversational style（会話のスタイル）　Tannen (1984) が提唱した発話者が属する社会集団の規範となる話し方の型のこと．同じ言語の話者でも，会話に関わる関与度の高低が，人種，出身地域，性別など言語の社会／文化背景により異なることを指摘した．

coordinated bilingualism（対等型二言語使用）　2つの異なる言語を独立して使用することができるということ．2つの言語を別々の環境で習得し，語の意味体系を言語ごとに持っているとされる．例えば，日本語と英語の対等型二言語使用者は，日本語の「りんご」は，英語の apple とは同じ意味を持たないと考えられる．

covert prestige（潜在的威信）　社会の中で非標準的な言語変種がもつ権威のこと．例えば，労働者階級で使用される変種は社会全体においては威信がないと考えられるが，男性性を持つため，威信のあるものとして評価されることがある．⇨ PRESTIGE

creole, creolization（クレオール，クレオール化）　異なる言語を持つ集団が意思伝達のために用いた混成言語（ピジン）が発達し母語となったもの，あるいはその過程をいう．クレオールは，ピジンに比べ構文が複雑で語彙が豊富である．一般に英語，フランス語等の大言語を基盤とする．近年では，ピジンからの発展ではないクレオールも発見されてい

る（Field (2011)）．

creole continuum（クレオール連続体）　ピジンから発達したクレオールが社会の中で広く使用されるようになると，クレオール話者はその社会の中の優勢語に近づくように自分の話し方を変えるようになる．その結果クレオールと標準語の間に生じる段階的な変種の連続体のことを指す．post-creole continuum もほぼ同義．⇨ CREOLE; DECREOLIZATION

Critical Discourse Analysis (CDA)（批判的談話分析）　談話分析の中でディスコースを批判的な立場で分析し，その裏に隠された思想や価値観を見出そうとする分野．人々の言語使用を分析することで様々な制度や社会，歴史に存在する利害や権力構造を明らかにしていく．

curvilinear pattern（曲線パタン）　ある言語の使用方法が社会階層において徐々に増加したり，減少したりするのではなく，最も使用頻度の高いのは社会階層の中層階級に見られるという社会の言語使用のパターンを指す．Labov (2001) を参照．

D

decreolization（脱クレオール化）　下層語にあたるクレオール語を話していた話者が，おもな語彙を提供する上層語（ヨーロッパ諸語）の特徴を取り入れることで，元来のクレオールから上層語である標準ヨーロッパ言語へと音声，文法面で徐々に近接していく過程のこと．

deficit hypothesis（欠陥仮説）　主として労働者階級の言語規範を指して用いられる限定コード（RESTRICTED CODE）のような変種は，語彙・文法等において表現手段が限られているため，教育機関での教授言語（MEDIUM OF INSTRUCTION）としては不適切であるとする考え方．deficit theory（欠損理論）ともいう．

degendering（脱ジェンダー化）　①男女が全く平等な社会を実現するためにはジェンダーの不平等を減らすことではなく，ジェンダー区別をなくすことが必要であるという考え．②社会状況の変化に伴い，男らしい／女らしいとされているスピーチスタイルと話者の性別の結びつきが薄れること．

depidginization（脱ピジン化）　ピジンがある集団の母語となるとき，クレオールへと「脱ピジン化」したと解釈される．特に，ピジンを生んだ地域の優勢言語（主にヨーロッパ言語）の影響を脱して，ピジン話者の母語に依拠して語彙や音声体系を拡張する過程のこと．

destandardization（脱標準化）　言語の標準化に対し，特に20世紀後

半より顕著となった,言語の拡散に伴う多様性を認める動きのこと.ただし歴史的には,標準化と脱標準化は循環的な過程とも考えられている.

dialect(方言) 異なる言語的特徴により規定され,他と区別される言語コード.地域方言,民族方言,階級方言,社会方言といった異なる分類が可能である.ただし,「言語」との区別は必ずしも明瞭ではなく,Max Weinreich による(とされる)有名な警句に,「A language is a dialect with an army and navy」(「言語」か「方言」かの認定には政治的判断が付きまとう)というものがある.

dialectalization(方言化) ある言語の話者が,移民や移住,戦争や災害などの理由で分断され,各地域において独自の方言を発達させること.あるいは,おもに標準語/共通語話者が他地域の方言的特徴を取り入れること.

dialect chain(方言連鎖) 方言が隣接する地域においては,A 方言話者は B 方言を理解でき,C 方言話者も B 方言を理解できるものの A 方言を理解できないという状況が存在する.このように,方言が様々な言語的特徴の共有と非共有からなる連続体を成す状況のこと.

dialect leveling(方言水平化) 共通語化に代表されるような,異方言間の接触に起因する平準化や標準化,あるいは方言間の顕著な特徴の減少や消滅のこと.そのような接触は,非都市居住者の都市への移住,移民の流入などの人口の移動によって起こることが多い.

dialectology(方言学) 方言の科学的分析を担う社会言語学の一分野.主に通時的,共時的アプローチにより,言語的特徴の地理的分布や社会的な拡散を研究する.かつては非都市部の方言が扱われることが中心だったが,近年では都市部の方言,社会方言も研究対象となっている.
⇨ PERCEPTUAL DIALECTOLOGY

diffusion(拡散) 人の移動を前提とせずにある地域から同心円的に波及する「拡張拡散(expansion diffusion)」と,移民などの人の移動に伴う「転移拡散(relocation diffusion)」とがある(Britain (2003)).ただし,近年は,インターネットを通じたかつてない拡散の様式が顕著になりつつある.

diglossia(ダイグロッシア,二言語変種使い分け) 2つの言語または変種が同時に1つの社会に存在し使用されている状態のこと(Ferguson (1959)).H 変種/L 変種の区別があり,前者は政府,教育,宗教礼拝,後者は親しい人との会話,買物などで用いられる,などの使い分け

がされ，同時に1つの場所で使われない（Wardhaugh (2002)）．

discernment, wakimae（わきまえ）　井出ほか（1986），Ide (1989) による敬語行動の枠組みに関する理論の1つ．敬語行動を規定するものには，社会的距離，場面や話題の改まりの度合い，相手への負担度などがあるが，これらは話者にとって相手との距離として識別されると考える．これに対する意図的な行動を volition（働きかけ）という．

discourse community（ディスコースコミュニティ）　特定の慣習や言語的特徴を共有し，それらを通して共通の目的を達成していく共同体のこと．法曹，軍隊，医療などの専門職だけでなく，広くはファンクラブや家族といった共同体も含まれる．また，裁判や診療など，それぞれの共同体に固有のジャンルがある．

discourse practice(s)（談話の実践）　特定の場面や各ドメイン（領域）（教育，ビジネス，医療現場など）に特徴的な言語活動のこと．例えば，生徒が交代で教科書を読むことは教室でよく見られる活動であり，患者が病状について医者の質問に答えるのは医療現場に固有の例として挙げられる．

discourse strategy（ディスコースストラテジー）　話し手自身が望む方向へ，相手の解釈などを導くために行われる，話し手による言語行動の総称．同じ社会に暮らし，同じ言語を話していても，民族や社会階級などの背景が違う集団においては，会話の始め方や終わり方，議論の進め方，語彙や統語構造の選択，周辺的言語的要素が異なる．Gumperz (1982) などを参照．

dominance（支配，優勢性）　1人または複数の参加者が会話を支配し，彼らのトピックが他より有利に扱われる現象のこと．言語と性差研究で使われる用語．男性による発話の遮りは，男性優位の証とされてきたが，実際には，その言語の文化的背景や状況・場面の影響によるところが大きいこともある．

double-voiced discourse（二声的談話）　ある効果を出すために，異なるスピーチスタイルを混ぜて話すこと．例えば，女性が慣習的には男性が使用するとされている表現を使用したり，極端に女性的な表現を使用すること．また，話者が自身の視点と他者の視点を同時に取り入れた話し方をすること．

dual standardization（二重標準化）　もともと同じ方言から2つの異なる言語変種が発達し，当該のコミュニティにおいていずれも標準語として認知される過程，およびその状態のこと．南アフリカにおけるTsonga

と Ronga がその一例と言われる．

duetting（デュエッティング） 2人の話者が協調的に話者交替を行うことで成立している談話のこと．例えば，話者 A が And so she came along quite と発話した直後に，話者 B が happily と発して文を完成させるように，それぞれが自分のパートを規則的に受け持つ話者交替が観察される．

E

elaborated code（精密コード） Bernstein (1977) の用語．状況や文脈などの言語外的な要素や共有された背景知識に頼らず，語彙や統語的要素を広範な選択肢から選び，複雑で精密な言語表現で明確に表現する変種．⇨ RESTRICTED CODE

endogeneous communication（内在的コミュニケーション） ある特定の民族，社会集団内で行われているコミュニケーションの実践．例えば，北米のアーミッシュはこの宗教的集団の中ではドイツ語の変種を使用しているが，集団外とのコミュニケーション (exogenous communication) は英語で行っている．

endoglossic language（国内言語） ある国や地域共同体で第一言語として発展し，使用されている言語変種．例えば，イングランドの英語やフランスのバスク語やブルターニュ語など．国内言語政策では現地の言語を公的な場面で使用することを認可する．

English-only / English plus（イングリッシュオンリー／プラス） アメリカ合衆国の公用語について，1990年前後から続く一連の運動，あるいは立場のこと．州ごとに意見が異なり，公用語を英語に絞る立場をイングリッシュオンリー，英語を多言語と共存させる立場をイングリッシュプラスと呼ぶ．⇨ LANGUAGE POLICY

equivalence constraint（等価仮説） Poplack (1980) が提案した用語．二言語を交互に使用する場合，両言語で語順が一致している場合は自由にコードスイッチングできるが，語順が異なる場合はスイッチできないと考える説をいう．

Estuary English（河口域英語） ロンドンのテムズ川河口域や広くイギリス南東部において話されるイギリス英語の変種．容認発音 (RECEIVED PRONUNCIATION: RP) やコックニー（ロンドン下町方言）とも異なる，新中間層の話す新たな権威変種として認知されている．

ethnic variety, ethnic dialect（民族方言） 民族固有の語彙，文法，

音声により特徴づけられる言語変種のこと．民族内部および外部に対する社会的アイデンティティの源となる特徴を含む．

ethnography（of communication）（エスノグラフィ，ことばの民族誌）参与観察と記述に基づき，特定の共同体や状況におけるコミュニケーションの規範や構造を扱う分野のこと．言語学においては，特定の言語共同体における言語の運用，特に参与者の伝達能力の究明に焦点が置かれてきた．⇨ SPEAKING; PARTICIPANT OBSERVATION

ethnolinguistic vitality（民族言語の活力）民族グループを個別の集合体として振る舞うことを可能にする言語的な活力のこと（Giles, Bourhis and Taylor (1977)）．一般的には，その言語の地位／威信，用いられる場所，話者人口やグループ力学といった要因により測られる．

ethnomethodology（エスノメソドロジー）特定の共同体において，その成員が持つ暗黙的な知識体系の究明を試みる社会学の一分野．言語学では会話分析との関係が深く，会話の構造化やその局所的管理の分析がなされる．話者交替やジェスチャー研究などに成果が見られる．⇨ ADJACENCY PAIR; TURN-TAKING

ethnopoetics（民族詩学）民話，神話，昔語り，さらには日常の発話において用いられる，言語的／非言語的パフォーマンスによる民族固有の詩的な構造化の技法の研究．Tedlock や Hymes らをその嚆矢とする（Kataoka (2012)）．

ethnosemantics（民族意味論）言語人類学者 Goodenough, Lounsbury, Conklin, Frake, Berlin and Kay らが中心となって，1950年代後半から1970年代にかけて推進した理論．「民族特有の知識体系の構築」という理念のもとに，色彩，植物，動物，病気の分類などを中心に，それぞれの民族独自の科学概念の整理を目指した．

etic/emic（エティック／イーミック）音声学における "phonetic/phonemic" に由来する K. Pike の造語で，各々の文化における言語普遍的な特徴や視点（etic）と，言語固有で土着の特徴や視点（emic）を指す．

F

femininity/masculinity（女性性，女らしさ／男性性，男らしさ）社会的に構築された「女性」，「男性」の概念をいう．女性ならば女性らしさを，男性ならば男性らしさを持っているわけではない．女性性と男性性は二項対立的なものではなく連続体をなすとも考えられる．階層構造を形成している面もある．⇨ HEGEMONIC MASCULINITY

feminism linguistics（フェミニズム言語学）　フェミニズム運動に促されて発展し，社会に存在するジェンダー不平等やジェンダー役割を反映，生産，維持するのに果たす言語の役割を探求する社会言語学の一分野．研究アプローチは多様であるが，現実社会に存在する問題を照射し変化をもたらそうとする政治的スタンスを持つことでは共通する．

floor（フロア）　会話の中で話し手が発言する状態を保っていることを比喩的に空間としてゆるやかに指す．一般にはターン（turn）よりも大きな単位である．一方的に発言を独占するようなフロアもあれば，複数が交互に会話をすすめるように複数でフロアをとることもある．

focusing（焦点化）　ある話者に使用されている複数の変種が，徐々に発話パターンを合わせていくうちに互いに類似してくる過程のこと．これは，主としてより大きな集団と一体化して見られたいという話者の欲求に動機づけられていると考えられる．

folk linguistics（民間言語学）　言語に関する，非言語学者の信念を発見することを目指す分野（Preston (1994)）．その信念は，言語学的観点からの言語観とは異なる場合もあり，方言についての評価や，言語に対するステレオタイプなどを含み，また言語イデオロギーとも関連する．例えば，標準的な話し方を高い地位にある人のものと判断する，など．

folk taxonomy（民族分類，フォークタクソノミー）　語彙項目について，科学的観点からではなく，日常における意味の観点から行う分類のこと．この分類では，母語話者の文化や認知体系が反映される．例えば，「鯨」は科学的観点からは哺乳類に分類されるが，語彙の意味的観点からは魚の下位語として分類されうる（魚偏の語として分類される）．

footing（足場）　Goffman (1981) の用語．会話の中で参与者が変容させる他者との関係，スタンスを指す．話し手／聞き手の二分法以上の分析を可能にする．参与者の関係は，言語だけでなくパラ言語やジェスチャーによっても変容する．⇨ CODE-SWITCHING; CONTEXTUALIZATION

foreigner talk（フォーリナー・トーク）　ある言語の母語話者が，非母語話者の言語能力に合わせた話し方をすること．これにより，非母語話者にとって理解しやすくなると考えられる．ゆっくりと話す，簡単な語彙を用いる，省略形を避ける，自己反復する，など（Ferguson (1971)，橋内 (1999)）．

forensic linguistics（法言語学）　言語学の方法論を用いて，法（法律）と司法過程（裁判等）の言語を実証的に研究する応用言語学の一分野．

言語情報の分析により犯人の特定を行う法識別，取り調べや法廷における通訳問題，法手続きにおけるディスコース分析等が主たるテーマである．

formulaic language, formulaic expression（定型表現，定式的表現）イディオムや慣習化されたコロケーションなど，ある特定の型にはまった言語表現．定型表現は特定のジャンルやコンテクストに特有なものもあり，儀式などに関連するものもある．定型性は自動化されて陳腐な印象を与えることもあるが，母語話者らしさも生む．

frame（フレーム）ある行為の解釈を容易にする心的な知識で，個人の経験から構築される．相互行為の社会言語学においては，参与者たちが自他の行為をどのように解釈すればよいかの指針となると考える．⇨ CONTEXTUALIZATION

G

gate-keeping（言語の門番）社会の一部の人が標準言語や威信のある言語変種など，社会／文化的に権力のある能力を獲得するのを制限する要因のこと．これにより威信言語の規範に基づいた言語の使用や，辞書や文献の編集などの仕事に，それらの変種を話さない人の就業を制限する場合がある．

gender-exclusive speech form（絶対的性差言語形式）男性あるいは女性いずれかの性別の話者だけが使用する言語形式（発音，形態素，語彙等）をいう．男女が異なる社会的役割を担っていることの反映であるともいわれている．⇨ GENDER-PREFERENTIAL SPEECH FORM

gender-preferential speech form（相対的性差言語形式）形態素，語彙，発音等について，いずれかの性別の話者のほうが使用する頻度が高い言語形式をいう．個人差によるものもあれば，使用の文脈や状況によるものもある．⇨ GENDER-EXCLUSIVE SPEECH FORM

General American (GA)（一般アメリカ英語，一般米語）Standard American English (SAE) とも呼ばれる．アメリカ東部，南部，西部のなまりや言語的特徴をあまり含まないアメリカ英語のことで，主に中西部（五大湖周辺を含む）で話される変種に近いとされる．広く一般にメディアや映画などで，おもにコーカソイド系アメリカ人が用いる英語である．

geographical linguistics（言語地理学）地理的，地域的要因に基づく言語変異を研究する言語学の分野のこと．linguistic geography, geolinguistics などともいう．方言地図（dialect map）を書くこともある．方言地図のコレクションは linguistic atlas という．

geographical variation（地域変種）「同じ」言語内にあっても，話される地域によって言葉は様々に異なっており，そのような地域方言の連続体がもつ個々の地域変種，あるいは地理的変異全般を指す．⇨ REGIONAL VARIATION

global language（世界語）国際化の情勢の中で，世界各国において使用される言語．Crystal（1997）によれば，複数の国家における政治・司法・教育などで特別な地位にあると一般に認知されるか，あるいは公的に定められる点に特徴がある．⇨ LINGUA FRANCA; WORLD ENGLISH(ES)

gradualism（漸進主義）クレオールの発達は突発的に起こるのではなく，言語機能の循環的な適用とその連鎖反応により，徐々に変化するという考え方．BIOPROGRAM への異議として取り上げられることもある．⇨ BIOPROGRAM; CREOLE

gravity model（引力モデル）ここでいう「引力」とは，ある場所 A, B 間における言語的特徴の牽引力のことであり，AB 間の交流，距離，人口などをもとに算出する．従来地理学の概念であったものを Trudgill（1974）がノルウェーやイングランドにおける言語拡散の過程を説明するために用いたのが最初とされる．

group specific language（集団語，群特定言語）ある集団に典型的な語で，方言やジャーゴンなどもそれにあたる．ある特定の集団内部でのみ相互理解が可能な変種であり，それゆえ往々にして強い帰属意識やアイデンティティが伴う．

H

hedge（ヘッジ，垣根表現）断言や直接性を和らげることで，対人的ないし意味的な調整をする表現．相手への押しつけを弱めるといったコミュニケーション上の機能や，意味の典型性を弱めるといった意味上の機能が指摘されている．⇨ POLITENESS

hegemonic masculinity（覇権的男性性）ある社会・文化で理想とみなされている男性性のこと．支配的な地位・権力を維持する装置として働く．その特徴は社会，文化，時代によって異なる．現実の人物と一致する必要はなく，従属的男性性，周縁的男性性，女性性と対置することで維持されるという性質を持つ．

heterogeneity of production(言語表現の多様性) Labov系社会言語学においてスピーチコミュニティを特徴づける側面．スピーチコミュニティの成員は特定の言語変異に対して同じ評価を下すが（解釈の同質性），個々の成員が実際に使用している言語表現は異なっていること．
⇨ HOMOGENEITY OF INTERPRETATION

heteroglossia（ヘテログロッシア） 言語は常に他者を志向する対話的なものとするバフチンの考えにおいて，話者が発話の中で様々な視点を肯定または否定する言語の多用性をいう．その中で，ある特定の発話が，他者との統合を促進する働きを centripetal（求心的），他者との分離を促進する働きを centrifugal（遠心的）とした．

high consideratedness style（配慮の度合いが高いスタイル） Tannen (1984)による会話のスタイルの1つで，相手の発話を遮らないようにし，肯定的反応を示し，相手の発言を尊重する話し方．Tannen ではカリフォルニアの非ユダヤ系アメリカ人に特徴的に見られるスタイルとして論じられている．⇨ HIGH INVOLVEMENT STYLE

high involvement style（関与の度合いが高いスタイル） Tannen (1984)による会話のスタイルの1つで，相手の発言の途中で話し始めたり，矢継ぎ早に質問を繰り返すなど，積極的に会話に関わろうとする話し方のスタイル．ユダヤ系アメリカ人に特徴的に見られるスタイルとして論じられている．⇨ HIGH CONSIDERATEDNESS STYLE

high/low context culture（高コンテクスト文化／低コンテクスト文化） Hall (1976) の用語．他者の行為の解釈における，コンテクストへの依存の程度．高コンテクストの共同体では，多くを言わずとも互いに理解することが求められる．反対に，低コンテクストの共同体では，明示化による理解が求められる傾向にある．日本は前者，アメリカは後者の例とされたりする．

H-language, high variety（高位言語，高位変種） ダイグロッシア環境（ある社会内で異なる2つの言語変種や言語が異なる機能のために使い分けられる状態）において，官公庁，メディア，教育などで用いられる，より権威のある変種を指す．⇨ L-LANGUEGE; LOW VARIETY

homogeneity of interpretation（解釈の同質性） スピーチコミュニティの成員は特定の言語変異に対して同じ評価を下すこと．例えば，ニューヨーク市において，母音後の /r/ は，成員の社会的背景にかかわらず，かつ実際はその発音をしないにもかかわらず（HETEROGENEITY OF PRODUCTION），威信（PRESTIGE）のあるものと評価されている．

honorific(s)(敬語) 特定の言語における話し手の相手に対する丁寧さや尊敬を表す言語表現のこと.特定の接辞や語,文構造の場合もある.複雑な敬語体系を有する言語として日本語,韓国語,ジャワ語が挙げられるが各国語によりその体系は異なる. ⇨ POLITENESS

host language(借用先言語) 特定の語や句を他の言語から借用する側の言語のこと.このような言語表現の借用は,物流や科学技術の発展により新しい事物が移入したり,威信のある言語の影響を強く受けたりすることによって生じるといわれている.

hypercorrection(過剰矯正) 威信(PRESTIGE)をもつ言語形式を念頭に過度に一般化すること.非標準変種の話者が標準変種を話す際に,その差を埋めようと,標準変種の発音を強調しすぎたり,文法を拡張しすぎたりする.例えば,下流中産階級の話者が上流中産階級の話者より/r/の発音を過剰に矯正した事例がある(Labov(1972)).

I

ideational(観念構成的) 言語を抽象的な形式的記号体系ではなく,コミュニケーションに使用される資源であると捉える選択体系機能言語学の用語.言語が果たす機能のうち,話し手の経験(意味内容)を体系化し,適切な言語形式で相手に伝達する働きを持つのが観念構成的機能(ideational function)とされている.

identity(アイデンティティ) 言語には,年齢,性,民族/人種,階層といった社会的アイデンティティが関わり,ある種の言語使用や変異を規定すると考えられている.ただし,このようなアイデンティティは移り変わるコンテクストに応じて特定の側面が前景化されるという点で流動的であり,無意識的であると同時に意識的(かつ戦略的)な側面もある. ⇨ ACTS OF IDENTITY

ideology(イデオロギー) 主に談話研究や言語人類学において,特定の主義,主張,信念にもとづく言語使用や,個人あるいは集団が依拠する言語観を指す.ただし,言語的に明示される場合だけでなく,暗黙裡に伝達・共有される場合も含まれる.

idiolect(個人語) 語彙,文法,発音などの点で他と区別される,個人に特有の言語的特徴や話し方の総体を指す.社会方言,地域方言は個々には異なった個人語の集まりで,言語学的な記述はその抽象と考えることができる. ⇨ SAUSSUREAN PARADOX

immersion(イマージョン) 二言語使用教育の1つで,学習者の母語を

使用せずに第二言語によって教科の授業を行う方法．カナダでは英語が母語の生徒を対象にフランス語を教育言語としている．1965 年にカナダのモントリオールの幼稚園から始まった方法．

implementation（言語計画の実施）　主として言語の標準化，普及などの言語計画の実施，政策の実行をいう．文法書や辞書を公刊することで規範化を試みたり，行政的なガイドラインによって新語の普及を図ったり，公的な言語の学習を促したりする．法制化を伴うこともある．

indexicality, **index**, **indexical**（指標性，指標，指標的）　Peirce (1955) による記号の 3 要素の 1 つ．Silverstein (1976) は，これを指示的 (referential) ／非指示的 (non-referential) の二タイプに分類した．前者は人称代名詞やダイクシスなど明示的な指示内容をもち，後者は，社会的関係，対人的関係を示し，メタ的機能で，コンテクストに関わる情報を伝達する．

indigenization（土着化，現地化）　Kachru によって使用された用語．ある言語が他の地域で使われるようになると（移植されると），その土地の文化的，言語的な要素が入り，現地化すること．このプロセスには現地の言語の語，発音，文法だけでなく，言語使用の規範を取り込む事も含む．⇨ WORLD ENGLISH(ES); NATIVIZATION

institutional bilingualism（制度的二言語使用）　個人的二言語使用に対して，地域や国が，公的機関において，制度的に複数の言語使用（例えば，カナダの場合は英語とフランス語）を保証する施策を指す．⇨ DIGLOSSIA

institutional discourse, **institutional talk**（制度的談話）　特定の制度下における規範に沿って成立する談話．裁判における裁判官と被告，授業における教員と生徒，ラジオ番組における質問者と回答者のやりとりなど様々な種類があり，それぞれの談話は制度上の手続きを基にパターン化されている．

interactional sociolinguistics（相互行為の社会言語学）　Gumperz (1982) の用語で，社会的なコンテクストや参与者間のやりとりから言語を分析する方法論．言語を社会と相互行為の双方を反映するものと捉え，これが実際の談話でどのように表出するかを観察することで，背景にある社会構造を表面化させることを試みる．

intercultural communication（異文化間コミュニケーション）　異なる共同体に属する者同士のコミュニケーション．人間は個々の共同体における経験の蓄積により社会慣習や言語を習得するが，共同体が異なれば

経験も異なる．したがって，異文化コミュニケーションでは誤解や困難が生じやすい．⇨ MISCOMMUNICATION

interdialect（中間方言） 2つ以上の方言が接触する環境で，元の方言には存在しない言語的特徴により規定される方言を指す．Selinker による interlanguage（学習者の母語と目標言語双方の特徴を示す言語使用）の概念を方言接触に援用した Trudgill (1986) の用語．

interethnic communication（異民族間のコミュニケーション） 異なる民族グループに属するメンバー同士のコミュニケーションのこと．言語的，文化的知識や前提の違いからミス・コミュニケーションや時には権力のないグループへの差別が発生する．

interpretive approach（解釈アプローチ） 相互行為の社会言語学の用語．相互行為を分析する際に，参与者の視点を取り入れる分析手法で，会話の参与者が自分の行動や言語表現を，自らどのように読み取っているのかを分析に取り入れること．Gumperz (1982) を参照のこと．⇨ INTERACTIONAL SOCIOLINGUISTICS

intertextuality（間テクスト性） 特定のテクストと別のテクストの関係性を指す概念．言語学の他，文学や記号論においても見られる用語で，複数のテクスト間に何らかの関連が見られる場合に使用される．言語の理解や産出，またはイデオロギーの創出も議論されている．

intra-sentential code-switching（同一文内コードスイッチング） 文や句の内部でコード（言語，方言）を切り替えること．Hata *family members* wangu wamezoea mtindo huu. ではスワヒリ語と英語（イタリック体）が同一の文の中で使用されている（Myers-Scotton (1993)）．⇨ CODE-SWITCHING

isogloss（等語線） 語彙，文法，発音といった特徴の共通項によって，言語変種や方言を区別する想像上の線のこと．理論的にはその特徴の数だけ線が引けるが，基本的にその線の集密度によって方言が区別される．

J

jargon（職業隠語，専門語） 特定の社会階層や職業グループの間でのみ使用される，専門的な語や構文，話し方．専門性を高めたり，仲間意識を強調したりする機能を持つ．jargon という語は，これを好まないあるいはその用語には慣れていない，などの否定的なニュアンスを含む場合がある．

K

key, keying（基調） Hymes（1972）の話しことばに関する民族誌学的枠組概念「S-P-E-A-K-I-N-G」という 8 要素の中の K の要素．特定のメッセージが伝えられる際の調子，様態，語調などのことをいう．また，Goffman のフレーム分析においては，異なったタイプの言語活動に移行することを示す一連の慣習をいう．

kinship terms（親族名称） 親族に対して用いる表現．親族をどう呼ぶかは文化によって異なるが，その体系は当該の文化における認識の反映物とされる．例えば，日本では年上の親族を「お父さん」といった家庭での立場で呼ぶことがあるが，年下は名前で呼ぶ傾向がある．これは年長者を尊重する文化の産物と考えられる．

L

language acquisition（言語習得） 人間が言語を身につける過程ないし結果．母語には言語獲得，それ以外には言語習得の訳語を用いる立場もあり，生得性と環境という 2 つの軸から多くの議論がなされる．また，広くは共同体において要求される変種の習得も含まれる．

language alternation（言語交替） 主として複数の言語（あるいは 1 つの言語の異なる変種）が併用されうる場面で，話し手が使用言語（あるいは変種）を切り替えること．CODE-SWITCHING（コードスイッチング）はコミュニケーションの機能に着眼するのに対し，これは語彙文法形式をいうことが多い．

language awareness（言語意識，コトバへの気づき） 言語を対象化して捉えることで言語に関する明示的な知識を心的に意識することをいう．メタ言語意識（metalinguistic awareness）とも呼ばれる．教育の分野で用いられることが多い．

language contact（言語接触） 複数の言語，方言，変種が人的，社会的，経済的，政治的要因により接触し，拮抗する状態のこと．マクロ的な視点では言語維持（language maintenance），ミクロ的な視点では借用（borrowing）などが問題とされる．

language correction（言語修正） ①発話や発話内容を話者が明瞭化すること．単純な言い換えや威信のある言語の話し手に聞こえるように話し方を変えることを含むこともある．②綴り字改革やアメリカの Plain English movement（平易な英語使用運動）など，公的機関による計画的な言語問題への介入のこと．⇨ LANGUAGE PLANNING

language crossing(言語交差) ある話者が属していない社会集団や言語集団の言語を様々に使用すること．また，親が英語で話しかけ子どもが日本語で答えるような，異言語が交差する場面のことをいう場合もある．一種の CODE-SWITCHING と見ることもできる（Rampton (1995)）．

language diversity（言語の多様性） 構造的，社会言語学的に多様な言語や方言が共存していること．Ethnologue というサイトによると，世界には約 7000 の言語があるとされる．言語の多様性は，地域的な分布のみならず，言語に見られる語彙，意味，文法，さらには話者の認知特性の変異に至るまで，様々な側面が対象となる．

language ecology（言語生態学，ことばの生態系） 言語を取り巻く環境をその言語が使用しうる資源と捉え，両者の相互作用を追求する学問のこと．ここでいう環境は，心理的領域（話者の内面における複数の言語間の相互作用的関係の領域）と社会的領域（言語と社会の間の相互作用的関係の領域）を持つとされる．

language ideology（言語のイデオロギー） 言語や言語使用に対して共有されている社会的価値観や信念．社会文化的な価値観が基礎となり，話者が言語使用において依拠する理念，理想，常識．様々な社会的要因により構成され，言語政策や言語の標準化において重要な役割を果たしている．

language mixture（言語混合） 複数の言語変種が使用される社会において，それらが混じり合って使用される状態を指す．多言語話者が発話の中（特に 1 つの文の中）で複数の言語変種を切り替えながら使用すること．⇨ CODE-SWITCHING; INTRA-SENTENTIAL CODE-SWITCHING

language planning（言語計画） 社会における言語表現や言語行動の修正などの言語計画活動．国語や公用語，教育の言語の選択，標準語の普及，少数派言語の保存，言語形式や言語使用の修正（POLITICAL CORRECTNESS，綴り字改革や新語生成）などを含む．

language policy（言語政策） 政府および政府機関が，国の言語使用の統一性を維持するために国家の政策として一定の言語の使用や使用に関する方針を定めること．国語や公用語を一言語で統一，あるいは複数の言語を支持する，特定の形式を公式なものとする，新語を補充するなどがある．

language socialization（言語の社会化） 子どもが言語社会の中で，親や友人などとのやり取りを通じて，場面や状況に適した言語表現や言語行動を学習していくこと．子どもが社会の成員になる際に，言語が重要

な役割を果たしている.

language variation(言語変種) 同一の変種内における発音,語彙,文法などの違いを指す.ある一定の特徴を持つ話し方や書き方などの言語使用.変種には大きく分けて地域によって異なる地域変種や階級,人種,年齢,性別などの社会的要因によって異なる社会変種がある.

latching(ラッチング) 会話において,次話者が,直前の発話の後,途切れることなく発話を開始すること.すなわち,1つのターンが終了し,間が空くことなく次のターンが開始される.会話の書き起こしなどでは一般に＝を用いて表記される.

lectal shifting(レクタルシフト) クレオール連続体に共通して見られるスタイルシフトの一種.状況や対話者に応じて,連続体における適切な変種にシフトすること.lect とは言語変種のことを指す.⇨ STYLISTIC VARIATION; CREOLE CONTINUUM

lesbian and gay language(レズビアンことば／ゲイことば) ゲイ／レズビアンが使用するとされている語彙やイントネーション等.仲間内で使用される秘密のコード,特定のアイデンティティや社会的な立場を構築するために利用される表現などがある.Cameron and Kulick (2003)によれば社会での同性愛の位置付けの変化とともにその定義にも変化が生じている.

lingua franca(リンガフランカ,リングワフランカ) 母語の異なる話者間で,コミュニケーションのために共有される言語.ローマ時代のラテン語や,現代社会における英語が該当する.その性質上,使用する側にとっては母語でない場合が多く,また言語的特徴も多様化する傾向がある.⇨ GLOBAL LANGUAGE; WORLD ENGLISH(ES)

linguistic anthropology(言語人類学) 文化人類学と言語学を横断的に融合させ,言語と文化の関係を体系的に研究する人類学の一分野.言語は文化の一部であり,文化的現象であるとみなし,ある方法でことばを使用することが,その社会的・文化的状況にいる人々にとってどういう機能と意味を持つかを解明する.

linguistic assimilation(言語同化) ①言語接触を介して,一方の言語の要素が他方の言語の性質に適合するようになること.②ある集団(あるいは言語話者個人)が別の集団(主として多数派)の言語・言語環境に影響を受け,自らの言語を放棄し内的に同質化すること.⇨ LANGUAGE DIVERSITY

linguistic determination, linguistic relativity(言語決定論,言語相

対論) 言語が，その話者の思考に決定的な影響を与えるとする理論．母語の体系がその話者の認識をも決定するとする強い主張から，言語の強い影響を再考し，相関を論ずる言語相対論などの立場まである．

linguistic equality/linguistic inequality（言語的平等／言語的不平等) いかなる言語の変種もその価値において優劣はないとする考え方を言語的平等という．一方で，政治や経済等の不均衡（市場価値）に起因する言語の格差を言語的不平等という．

linguistic imperialism（言語帝国主義) 特定の言語が強い影響力を持ち，多くの共同体を実質的に支配すること．現代の世界情勢について，英語による世界的な支配であるとの知見から，比喩的に英語帝国主義という表現が用いられることも多い．

linguistic insecurity（言語的不安定) 社会的に威信を持つ言語変種を強く意識することによって，自身の言語の使い方（発音・語彙・文法等）が間違っているのではないかと過敏に不安を抱き，自らの言語規範を安定的に維持できない状態のこと．

linguistic prejudice（言語偏見) 相手がどのような人物かを知るために，あるいは自己のイメージを望ましい形で相手に印象付ける手段として，発音やスタイルを含む特定の言語形式に結び付いた典型的な使用者のイメージを利用すること．

linguistic rights（言語的権利，言語権) 基本的な人権の尊重と同様に，言語に関しても社会的な不平等や差別を受けることなく，話者が使用する言語を選択できる権利のこと．例えば，社会的に威信のある言語以外にも，自分たちの言語で教育や公的サービスを受けられる権利などがある．

linguistic variable（言語変項) 1つの対象に対する複数の形式．音声的，文法的，あるいは語彙的なレベルなど様々に異なる表現形式がある．通常，形式の異なりは意味的な違いに影響を与えないが，社会言語学的には違いがある．

L-language, low variety（低位言語，低位変種) ダイグロッシア環境（ある社会内で異なる2つの言語変種や言語が異なる機能のために使い分けられる状態）において，家庭や交友関係などで用いられる，よりカジュアルで日常的な変種を指す．⇨ H-LANGUAGE, HIGH VARIETY

M

macro-sociolinguistics（マクロ社会言語学) 個々の相互行為や小規模

な集団ではなく，特定の共同体や文化など，より大規模な対象について議論する巨視的な立場をとる社会言語学．民間言語学や言語社会学などが含まれる．⇨ FOLK LINGUISTICS; SOCIOLOGY OF LANGUAGE; MICRO-SOCIOLINGUISTICS

majority language（多数派言語） ある国や地域，社会で大多数の人に使用されている言語のこと．多数派言語には話者数がより多い数的多数派言語とその社会において権力を持っている集団が話しているという政治的多数派言語があり，両者は必ずしも一致しない．

matched guise（変装組み合わせ） 言語使用者の特定の変種に対する言語態度を分析する手法の1つで，同じことを同一人物が異なる変種で話した声の録音を，別人が話しているとして被験者に聞かせ，それぞれの性格や印象を判断してもらう手法をいう．

medium for interethnic communication（中間異民族間コミュニケーション） Baker (1994) による PIDGIN, CREOLE が形成される様態．これまでの研究ではこれらは目標言語（支配的ヨーロッパ言語）の獲得の失敗の結果とされてきたが，Baker は奴隷には共通言語が無く，異民族間の問題解決のために新しい言語を創造したという新しい視点を提供した．

medium of instruction（教授言語，教育媒体） 主として公的教育現場で使用される言語のこと．日本における学校教科書が，日本語の中でも東京方言が用いられているように，主としてその国の国語・公用語の中でも標準変種にあたるものが用いられるのが通例である．⇨ MUTILINGUAL(ISM); LANGUAGE PLANNING

membership categorization（成員カテゴリー化） 会話において示される社会カテゴリーについてどのような推論がなされるのか分析する際に利用される概念．Sacks (1972) は子どもの社会化において，成員カテゴリー化装置の使用規則を習得することが重要であると主張している．

mesolect（中層語，中間的変種） 言語変種の連続体（speech continuum）を構成すると考えられる3つの層のうち，中間層を構成する変種のこと．ある社会で最も威信の高い変種は上層語（ACROLECT），最も威信の低い変種は下層語（BASILECT）と呼ばれ中層語はその間に位置する．

metacommunication, meta-utterance（メタコミュニケーション） コミュニケーションの実際の意味を理解するための解釈の枠組みのこと．Bateson (1972) は，動物園の猿がじゃれて噛み合う行為はケンカではなく遊びと解釈できるように，人間も言語メッセージの裏に，メタ

メッセージによる参加者間の実際のコミュニケーションが存在することを指摘した.

metaphorical code-switching(隠喩的コードスイッチング,隠喩的コード切り替え) 話者が親近感や仲間意識や改まり度などを伝えるためにその場にはふさわしくないコードを隠喩的に用いて言語を切り替えること. ⇨ CODE-SWITCHING; SITUATIONAL CODE-SWITCHING

micro-sociolinguisitcs(ミクロ社会言語学) 特定の時と場所で行われることについて,微視的な観点から分析を試みる社会言語学の立場.相互行為の社会言語学,談話分析,会話分析のほか,小規模な集団を対象とする研究も含まれる. ⇨ MACRO-SOCIOLINGUISTICS; INTERACTIONAL SOCIOLINGUISTICS

minimal response(最少反応) 聞き手が会話の際に用いる mmh や yeah などの最少の反応のこと.普通は会話の同調に使用されるが,注意,同意,次の会話の順番を示すなど多様な使い方がされる場合もある.また男女発話者により異なって使用される場合もある.

minority language (group)(少数派言語(集団)) 国や地域において,広く用いられていない,あるいは母語とする話者が少ない言語.例えば,アメリカにおけるイタリア語,スペイン語や,スペインにおけるバスク語など.また,コミュニティ言語,民族語の意味で用いられる場合もある.

miscommunication(ミスコミュニケーション) 誤解のこと.意図を含めた発話の解釈は言語・非言語により複合的に行われるが,誤解は言語や非言語に制約があったり,また慣習の異なる集団間でも生じやすい.例えば,パラ言語に制約のあるメールでは,文面だけでは正確な意図が伝わらず誤解されることも多い.

mitigation(緩和,弱化表現) 敬意を示したり,攻撃的でなくしたりするために表現を弱めること.命令形ではなく疑問形を用いるほか,イントネーションや声の調子など音声的な要素も含む.ポライトネスの観点から,AGGRAVATION(強化)との対比で,丁寧度が高いとされる.

monitored speech(意識的な発話) ①慎重さを要する場面などで,話すという行為に注意が払われた発話のこと.②第二言語習得において,自分が話していることが正しいかどうかを学習者自身が意識的にチェックしている発話のこと.

monolingual(-ism)(モノリンガル,一言語使用) 個人や集団,社会が一言語のみを使用すること.人が1つの言語しか使うことができない

という能力．単一の言語しか使用できないとされる共同体でも，実際には話者は異なる変種や話し方を理解し，使い分ける必要性がある．

motherese（母親ことば）　子どもに話しかける際に用いる言葉．簡単な文章構造，語彙，大きな抑揚などが特徴とされる．caregiver speech, caretaker speech, child-directed speech（養育者ことば）というときもある．

move（ムーブ）　分析の枠組みによって異なるが，談話分析では一般的にやりとり（exchange）を構成し，ターン（turn）によって実現される要素をいう．例えば，道をたずねるというやりとりであれば，質問 – 答え – 謝辞という3つのムーブによって構成される．

multilingual(-ism)（マルチリンガル，多言語使用）　個人や集団，社会が複数の言語を使用すること．バイリンガルと同義で使用されることもあるが，近年では二言語を使用する場合をバイリンガル，三言語以上の言語を使用する場合をマルチリンガルという区分を明確にする傾向がある．

multimodal(-ity)（マルチモーダル）　音声や視覚だけでなく，複数の諸感覚を統合する際に生じる性質．コミュニケーションは音声・視線・姿勢・ジェスチャーなどから統合的に行われる行為であるが，その点からやりとりを単一の要素に還元せず，統合体として扱う立場による．

muted group（無言集団）　いわゆる未開の地域に暮らす民族や先住民族など，自ら情報を発信することができない声なき集団のこと．このような人たちについての実情を知るには，第三者の報告に頼るしかなく，支配集団（dominant group）が語る内容では十分に表象されえないことが知られている．

mutual intelligibility（相互理解可能性）　ある言語の話者が，他の言語の話者を理解できる程度．言語間の距離や社会階層にも影響されると考えられている．また，中国語の四大方言など，同一の言語とされる場合でも，互いの特徴が大きく異なり相互理解可能性が低い場合もある．

N

narrative（ナラティブ，語り）　ディスコースのジャンルの1つであり，出来事や人物についての語りのこと．関連性のある出来事や登場人物が語り手によって配置して語られる．Labov (1972) によると，ナラティブは orientation, complicating action, evaluation, abstract, resolution, coda の6つの要素がある．

native speaker/language（母語話者／母語）　出生後，教育ではなく，周囲の人々との相互行為を通じて，自然とある言語を習得した話者．人間は基本的にある言語の母語話者である．またそのような言語は母語と呼ばれる．

nativization（母語化）　ピジンが語彙，文法，音声構造の拡張により，第一言語（母語）となる過程．かつて第二言語として使用されていた言語が第一言語として使用されるようになること．WORLD ENGLISH(ES) の分野では INDIGENIZATION（土着化・現地化）と同義で扱われる．

New English(es)（新英語）　世界中で生まれている新しい英語の変種．多くの場合，世界英語と同義で用いられる．また，インド英語やシンガポール英語など，特に植民地において発生した英語の変種を指すこともある．⇨ WORLD ENGLISH(ES); LINGUA FRANCA

non-standard variety（非標準変種）　複数の変種が存在する言語において，標準語以外の変種のことを指す．地域特有の語彙や発音など標準（standard）としてみなされず，公の場での形式的なスピーチや書き言葉には適さないとされる．

non-verbal communication（非言語コミュニケーション）　ことば以外の手段によって伝達すること．ジェスチャーや視線で対象物や方向を示したり，顔の表情（視線も含む）や声の調子などで意思や心理状態を伝えたりする．時に，服装なども非言語コミュニケーションの道具として扱われることもある．

O

observer's paradox（観察者の逆説）　観察者の統制下にあるデータが，自然なものとかけ離れてしまう現象のこと．観察者がありのままのデータを記録するためには，観察者がいないほうが望ましいことからこう呼ばれる．参与観察は，共同体に溶け込むことでこの克服を目指す手法である．⇨ PARTICIPANT OBSERVATION

official language（公用語）　ある集団が法的あるいは公式に，公の場で用いる共通言語として定めたもの．「国語」と呼ばれることもあるが，複数の言語を公用する多言語国家では，「公用語」と呼ばれることが多く，またそれらの言語が分野ごとに使い分けられることもある．

overlap（重複）　会話において，話者間で発話の持続が重なり合うこと．前の話者からのターンの移行において偶発的に生じる重複のほか，ターンの奪取や同意のための重複もある．また，重複の多寡は文化によって

も影響を受ける．⇨ BACK CHANNEL

overt prestige（顕在的威信）　社会において他の言語変種よりも正しい，好ましい，上品であるなどと感じられ，肯定的な社会的評価が与えられている変種．威信のある変種として認められ，文化，経済，政治などの分野で優位性をもつ．⇨ PRESTIGE; COVERT PRESTIGE

P

participant observation（参与観察）　フィールドワークの一種．調査対象の共同体の中に，自ら身を置いて他者と交流し，自然な状態におけるデータを収集すること．恣意的なデータ収集，あるいは観察者の逆説を克服する試みから生まれた．⇨ OBSERVER'S PARADOX

participant structure（参与者構造）　会話をはじめとする言語活動の参与者が，どのような性質を備えるかを定式化する枠組み．実際のやりとりでは，参与者の性質は流動的であるため，コンテクストなどに則した観察が重要となる．⇨ PARTICIPATION FRAMEWORK

participation framework（参与の枠組み）　Goffman (1981) の用語．会話における参与者の地位を説明するモデル．話し手と聞き手という二値的な見方でなく，それぞれの複層性も視野に入れて，参与者の可能な在り方を精緻化した．⇨ PARTICIPANT STRUCTURE; FOOTING

passive bilingualism（受動的二言語使用）　2つの言語を理解することができるが，第二言語は読むこと，聞くことに優れているが，書くこと，話すことについてはそれほど優れない場合を指す．理解能力（receptive competence）のみを持って二言語が使用されること．

perceptual dialectology（知覚方言学，認知方言学）　方言話者の言語意識に基づく方言研究のこと．地理的空間的な言語分布データではなく，方言境界や地元の言葉に感じられる同類性・排他性など，方言話者の言葉に対する感覚を重視する言語学の一分野．

phatic communion（交感的言語使用）　Malinowski (1923) の用語．情報を伝達するというより，コミュニケーションを図ること自体で社交的に互いの関係を調整するような言語．天気の話題など，対話者間の自我に関わらないような話題がしばしば選択される．⇨ SMALL TALK

pidgin, pidginization（ピジン，ピジン化）　異なる言語を持つ集団がコミュニケーションを取るために，自然に生まれた異言語の混成語，またその過程．植民地化の過程，商業・貿易の場面で起こる．限られた語彙と簡略化された文法構造が特徴である．

pluricentric language(複中心言語) 複数の標準変種がある言語.英語(イギリス,アメリカ合衆国,カナダ,オーストラリアなど),ドイツ語(ドイツ,オーストリア,スイス),ポルトガル語(ポルトガル,ブラジルなど)などのように,それぞれの国に標準変種が存在している言語のことを指す.

politeness(ポライトネス,丁寧さ) 一般的な意味での丁寧さに加えて,対人的な配慮を示すあらゆる言語行動,現象を包含する概念.Brown and Levinson (1987) の face を用いた原理がしばしば基本概念として用いられる.HONORIFIC(S) のような形式的な側面,POLITIC BEHAVIOR,WAKIMAE のような場に適切な言語行動なども論じられる.

political correctness(政治的公正,ポリティカルコレクトネス) 差別的でない,政治的に正しいこと.例えば,障害者に対し,英語では challenged (disabled ではない)や,日本語では「〜の不自由な人」という表現を用いる.あるいは,性差を明示しない chairperson (chairman ではない) を用いることもこの反映である.

politic behavior(分別ある行動) Watts (2003) ほかが論じる,相互行為の参与者がその場の状況に適切なものとしてふるまう言語的,非言語的行動のこと.ポライトネスの議論において,Brown and Levinson のいうポライトな行動とは,これの余剰の部分であり,より Goffman 寄りのフェイス観に基づく.

polyglossia(ポリグロッシア) 多数(3つ以上)の言語または変種が社会で同時に使用される状態.3つの中で,High 変種と Low 変種の区別があり,同時に1つの場面で用いられることはない.例えば,シンガポールにおける北京語,シンガポール英語,広東語がある.

power(パワー,権力意識) 社会的地位や年齢差のある人間関係において,上の者から下の者に対して影響を及ぼす力.言語使用に関しては,会話においてある話者が会話を支配する力を有したり,制度的会話においては社会的地位が高い者が言語使用に影響を与えたりする場合がある.⇨ SOLIDARITY

prestige(威信) 言語形式に対する肯定的な評価のこと.正しい,好ましい,上品であるなど,社会の中における肯定的な態度や評価.社会の中で威信のある言語変種は文化や経済,政治などの分野で優位性を持つようになる.

Q

queer linguistics(クィア言語学) 異性愛規範に異を唱えるゲイ,レズビアン,バイセクシュアル,トランスジェンダーの人々によって発展したクィア理論に影響を受けた言語研究.異性愛規範とジェンダー二項対立の当然視を構築する言語メカニズムを対象とし,批判的スタンスをとる. ⇨ CRITICAL DSICOURSE ANALYSIS

R

rapport talk(ラポールトーク) 関係性志向型の会話スタイル.Tannen (1990)の用語.会話者間の共通点を強調し,共感と同意をもたらすような話し方のスタイル.私的な場面,女性が好んで使う方策とされている.男女間の会話スタイルの相違,そこから生じる誤解を説明するのに使われる. ⇨ REPORT TALK

Received Pronunciation(**RP**)(容認発音) イギリスにおける標準英語の発音.Daniel Jones による用語で,教養ある上流階級の話者が持つ発音で,王族も使うことからクイーンズ・イングリッシュと呼ばれたり,イギリス放送協会(BBC)の多くのアナウンサーがこの発音であったことから BBC 英語とも呼ばれたりする.

reflexivity(再帰性) ①メタ言語知識を用いて言語そのものを明示的に表す能力のこと.②言語やイメージの明示的な言及が適切に解釈されるように組み立てられている談話のこと.③フィールドワークにおいて客観的実在を構築する能力のこと.

regional variation(地域変種) 同一言語内の変種(VARIETY)のうち,特定の地域で用いられている地域言語(regional language)に見られる変異のこと.この変異は音声,語彙,文法等に表れる.一般的に方言(DIALECT)と呼ばれるものである.

register(レジスター,言語使用域) 言語の使用において,地域や社会階層などではなく,場面によって使い分けられる変種のこと.会話や講義における言語など,フォーマルさによって生じる違いなどが該当する.スタイルと同義で用いられることもある. ⇨ STYLISTIC VARIATION

repair(**work**)(修復) 会話の中で生じた言い間違いや誤解などの問題について,話者間で行われる解決への手続きのこと.修復する対象,誰が問題を指摘して修復するかによって,自己修復と他者修復に分けることができる.

repetition(繰り返し) 言語のあらゆる側面で見られるが,談話分析で

は，先行発話に対して，同じ，あるいは類似した後続発話が使用されることをいう．自己復唱，他者復唱や一部の修復も含む．Tannen (1989) は，その機能を4つに分類した．INTERTEXTUALITY の形式的側面であることもある．

report talk（リポートトーク） 目的志向型の会話スタイル．Tannen (1990) の用語．知識や能力の誇示，情報の提供，冗談の提示等によって地位の構築，独立の保持を目的とする話し方のスタイル．公的な場面，男性が好んで使う方策とされている．男女間の会話の相違，そこから生じる誤解を説明するのに使われる．⇨ RAPPORT TALK

restricted code（限定コード） 家族や友人などだけ場面で使用されるコードのこと．語彙の選択範囲が狭く，統語構造も複雑ではなく，限定され，その場の状況や背景知識，身振りや表情などの非言語的要素に依存する割合が高い．文脈依存度が高く，その場の文脈から切り離してしまうと，意味が分からなくなってしまう．⇨ ELABORATED CODE

rhyming slang（押韻俗語） ある語の代用として，押韻する別の語句を用いる俗語のこと．例えば，Would you Adam-and Eve it? においては，(Adam-and-)Eve が believe と韻を踏む語として選択されている．

ritual insults（儀礼的侮辱） 相手をだますために言語技術を巧みに用いる競争的な言語使用の1つ．パフォーマンスとしての側面をもつこともある．VERBAL DUELING（ことばの果たし合い）は儀礼的侮辱が一続きになっている言語行動である．⇨ VERBAL DUELING

S

Sapir-Whorf hypothesis（サピア・ウォーフの仮説） 言語は話者の思考や精神構造に影響を及ぼすとする仮説で，アメリカの人類言語学者の Edward Sapir と Benjamin Lee Whorf の論考に基づいた考え方を指す．言語が話者の世界観を決定するとするより強い仮説もある．言語相対論と呼ばれることもある．⇨ 教育 LINGUISTIC RELATIVITY

Saussurean paradox（ソシュールの逆説） ソシュールが言語を共同体的，社会的な事実としながらも，その観察は一話者（しばしば言語学者）によってなされることを Labov (1972) が指摘した概念．常に変化する言語を共時態として切り取りうるとする矛盾を指すこともある．

script（スクリプト） 特定の行動に関して，人間が経験に立脚して持つ，台本のような知識体系．このような知識は，レストランでは注文をしてから料理を食べ，最後に代金を払ってから出るといった行為の背景に時

系列的に存在している．⇨ FRAME

semi-communication（セミコミュニケーション）　母語が異なる話者間で，共通語（LINGUA FRANCA）を用いることなくそれぞれの母語を介して部分的な意思伝達を図ること．ゆっくり話す，複雑な語彙や構文の使用を回避するといった工夫が観察される．

semi-lingualism（不完全言語使用）　複数の言語を獲得したものの，いずれの言語の運用能力（熟達度・習熟度）も年齢に相応しい水準，あるいは母語話者の標準的な水準に達していない状態にあること．モノリンガルの規範に照らしたもので不当であるとか規範を固定的に捉えすぎであるなどの批判もある．

sequence, sequential organization（連鎖構造）　行為の連なりからなる単位．発話や行為を，単体ではなく他の要素との関連から考察する．例えば，会話における笑いは連鎖状の位置によって性質が全く異なり，連鎖構造と分けて扱うことは難しい．

sexism (in language)（(言語における)性差別，性差別主義）　言葉による性差別．Schultz (1975) が指摘する「semantic derogation（女性を指す言葉が否定的・性的な意味に変化すること）」のような明白な性差別表現や，Mills (2008) が指摘する文脈の中で効力を発揮するような間接的な性差別的表現などがある．

shibboleth（試しことば，シボレス）　他と区別して特定の集団に属すことを試すことば．旧約聖書「士師記」にある，方言が集団の識別標識として用いられた話に由来する．ギレアデ人は，エフライム人との戦争中，敵と味方を区別するために，見知らぬ人に出会うたびに，shibboleth と発音させた．エフライム人の方言には /ʃ/ 音がないからである．

situated interpretation（状況に根差した解釈）　コミュニケーションにおける解釈は，単に文法や語彙に依存しているのではなく，話されたことを状況や文脈に関連づけて，共有された背景知識を参照し，導かれるものである．⇨ CONTEXTUALIZATION CUE

situational code-switching（状況的コードスイッチング，状況的コード切り替え）　コンテクストが変わったことが理由で，使用言語あるいは変種を変えること．二言語（多言語）使用時に自然に（あるいは意図的に）起こるコードスイッチングとは異なり，話者同士の人間関係や相互行為の規範の変化といった社会的な要素の変化に伴って起こるコードスイッチングである．

slang（俗語，スラング）　口語レベルで使用される非標準的な語彙・言

語表現のこと.打ち解けた状況下で用いられることが多いため話しことばの側面がある一方,若者や特定集団内で使用されやすいという特徴から非標準的言語表現ともみられている.表現上のインパクトを意図して使われることもある. ⇨ ARGOT; ANTI-LANGUAGE; JARGON

small talk(スモールトーク) 挨拶場面などで交わされる,日常的な話題を伴う会話.意見を交換したり,議論をまとめたりすることは目的とせず,何気ない会話をすることによって人間関係をより円滑にしたり,その場の雰囲気を和らげたりする機能を持つ.

social class, social class dialect(社会階級,社会階級方言) 社会的地位・経済的能力・教育的背景等と相関する社会の構成員を隔てる差異のことをいう.また,同じ社会階級に属する人たちが共有する言語変種を社会階級方言という.

social dialectology, social dialect(社会方言学,社会方言) 同一言語内の変種(VARIETY)のうち,特定の社会階層あるいは社会集団で用いられる変種のこと.世代や性別など話者の社会的な属性によって異なる言語的特徴を研究する分野が社会方言学である.

social network(社会的ネットワーク,社会関係網) Milroy(1980)の用語で,共同体における対人・社会関係などの構造の体系.結びつきの度合いによって,閉鎖的・開放的な共同体を想定し,共同体における個人の在り方と言語との相関などが扱われる.

social practice(社会的実践) 言語使用を繰り返すことで,背景となる社会構造を再構築する活動.例えば,教育現場では,中流階級の子どもたちの言語活動は,労働者階級の子どもたちのそれよりも地位が高いとされ,社会的にも評価される.このことは,異なる社会的集団によって異なる教育的成功の評価が生まれることにつながる.

social role(社会的役割) 言語運用の多様性を見る視点の1つで,性別,年齢,出身地,職業,階層などの社会的属性により類型化される役割のこと.公式の場での言語選択の要因になる.例えば,生徒の実の父(母)親が教師の場合,教室では子どもは親の子としてではなく生徒として振る舞い,「先生」と呼びかける.

social semiotics(社会記号論) Halliday(1978)は,言語は社会記号的なものであり,人間の記号システム,コミュニケーションは,本質的に社会的なものであると主張している.社会記号論的な分析は,記号をテクスト,状況,レジスター,コード,社会構造との関連で明らかにしようとする.

social stratification(社会的階層分化) 社会は複数の社会階層から成立しており,類似する社会的,経済的特徴を有する社会階級に分化される.階層の上層部に属する成員のほうが,下層部に属する人々よりも権力や地位,富において優位に立っているという考えに基づく社会構成員の分別.

social variable(社会的変項) 社会階級,職業,性別,年齢,人種,宗教など,話者の社会的アイデンティティをいう.話者の言語行動と相関関係があることが,統計的社会言語学で指摘されている. ⇨ LINGUISTIC VARIABLE

social variation(社会的変種) 社会階層・世代・性別・人種・職業など,社会的な属性や背景を共有する集団で用いられる特定の言語変種(language variety)のこと.変種間の差異を社会方言変異(social dialectal variation)ということもある.

socio-economic index(社会経済的指標) 社会階層(主として経済的・教育的位置など)と社会的地位(主として名誉・威信など)を融合させた,社会成層を説明するための方法論的な道具立てのこと.

sociolinguistic interview(社会言語学的インタビュー) 調査者が言語使用や言語観について質問し,大量の自然データを収集する方法.Labov(1972)は改まり度に応じた5段階のスピーチ・スタイルによる手法を発展させ,大量の比較可能なデータの収集を可能にしたが,人為的で,自然な発話ではないとの批判も浴びた.

sociolinguistic variable(社会言語学的変項) ある特定の意味や機能を表す言語形式には可変性が観察されるが,この複数の異なる形式(異形)・言語行動として現れる話者の社会的属性(社会階層・年齢・性別・民族等)のこと.LINGUISTIC VARIABLE(言語変項)ともいう.

sociology of language(言語社会学) 言語を通して社会の特質を解明するマクロ社会言語学のこと.Fishman(1968)の研究に関連し,社会を研究の出発点とし,国家,民族,社会階級,性別などの属性と言語共同体全体を研究対象とする.

solidarity(連帯意識) 人間関係における親しさや社会的距離.主にPOWER(権力)との対比で用いられる.言語使用においては,Brown and Gilman(1960)が指摘した,ヨーロッパ諸言語における二人称代名詞(T/V 形)の使い分けに現れる. ⇨ T/V (PRONOUN) DISTINCTION

SPEAKING(スピーキング) Hymes(1972)が提唱したコミュニケーションの8項目:setting(場面), participants(参与者), ends(目的),

ACT SEQUENCE（行為連鎖），KEY（基調），instrumentalities（媒体），norms（規範），genre（ジャンル）の頭文字をとった．ある民族集団の社会や文化を記述するにはこれらを考慮しなければならないとした．

speech accommodation (theory)（発話適応（理論））　聞き手と何らかの関係を構築するために話し手が自分の発話スタイルを調整すること．聞き手に受け入れられるように相手に合わせる調整を収斂（convergence），相手とは異なることを意図する調整を分岐（divergence）という．

speech community（スピーチコミュニティ）　特定の言語変種に加えて，その変種によるやりとりの文化的・社会的な知識も共有する共同体．家族，村といった単位から，地域や国家などにも敷衍できる．また，共同体は決して均一なものではなく，あくまで成員が慣習をある程度まで共有している集団である．

speech event（スピーチイベント，発話事象）　ことばの民族誌での基本概念で，会話分析における分析単位．挨拶やジョーク，依頼，謝罪といった複数の行為の組み合わせにより構成される場面上の単位で，日常会話や講義などが該当する．⇨ SPEAKING

standardization（標準化）　ある変種が成文化され安定していく過程のこと．書記体系，文法，辞書などによる教育を含んだ言語政策とも密接な関係がある．Haugen (1968) によれば，規範の選択，成文化（CODIFICATION），言語計画の実施（IMPLEMENTATION），精緻化の4段階を経るとされる．⇨ LANGUAGE POLICY

stereotypical speech（ステレオタイプ的話し方）　特定の集団が持つと想定される話し方．日本語における関西弁やオーストラリア英語の /daɪ/ (day) など，いくつかの特徴がやや誇張して認識されることが多く，実態を表していないこともある．

stratification（階層化）　社会的地位，階級，言語・社会的実践によって特徴づけられる社会における差異．比較的はっきりとした境界線のある階層と段階的な階層とがあると考えるべきである．比較的はっきりとした階層ごとの言語実践は社会階級方言（SOCIAL CLASS DIALECT）でありうる．

stylistic continuum（文体的連続体）　文脈による表現の変化の連続体．社会言語学においては，スタイルは社会的文脈により異なる変種であり，フォーマルさなどの程度により使い分けられる．同一の対象に異なる表現を当てたりする．⇨ STYLISTIC VARIATION; LECTAL SHIFTING

stylistic variation(文体的変異) 社会的文脈により異なる変種のこと.同一の人物を状況に応じて様々な呼称で呼ぶが,このような同じ言語内での使い分けを指し,方言といった地理的な面の強い変種とは区別される. ⇨ STYLISTIC CONTINUUM; LECTAL SHIFTING

substrate, substratum(基層) 同じ言語コミュニティにおいて,2つ以上の言語が接触して存在する場合,しばしば元あった言語の上に支配層の言語が接触する形をとるが,その際の被支配層の言語のことをいう.上層(SUPERSTRATE)の言語が優位となっても基層が痕跡を残すことがある.

superstrate, superstratum(上層) 同じ言語コミュニティにおいて,2つ以上の言語が接触して存在する場合,しばしば元あった言語の上に支配層の言語が接触する形をとるが,その際の社会的,文化的,経済的支配層の言語のことをいう.基層言語(SUBSTRATE)に吸収されることもある.

surreptitious recording(内密録音) フィールドワークやインタビューなどのデータ収集の際に,情報提供者に報告せずに録画や録音をすること.このような手法は伝統的に社会言語学の研究手法として行われてきたが,現在では倫理的,道徳的に問題があると考えられており,情報提供者に報告し,録画や録音の許可を取らなくてはならない.

T

taboo(タブー,禁忌) 死や聖なる存在など超自然的な災いをもたらすと考えられている事象,または口にする等の行為を社会的に厳しく禁ずること.転じて,公の使用を回避される言葉のこと.言葉は使用されなければ死語になるが,タブー表現はそうではないことから言語体系の中で独自の地位を獲得していると考えられる.

Three Circles of English(三英語円) Kachru(1985)の用語.イギリスやアメリカといった母語としての英語が内円,インドやフィリピンといった歴史的な経緯から公的に(主として国内の共通語として)用いる外円,日本や中国といった歴史的な経緯がなくとも,商業的な理由などから英語を用いる拡大円の3つがある.

transcript, transcription(転記,文字化,書き起こし) 言語音声を一定の慣習的記号群に沿って書き起こすこと.音声学的表記,音韻論的表記,イントネーションなど韻律の記述など,研究目的によって表記法,表記内容が異なる.書き起こしは情報の加工の側面を持ち,焦点によっ

ては情報の取捨選択がある.

transition relevance place(移行関連場,移行適切箇所) 会話におけるターンの移行に適切な場所.会話の話者交替(TURN-TAKING)の基本原理をなす.統語構造やピッチにより,参与者が暗黙的に理解しているとされる.TRP と略されることが多い. ⇨ ETHNOMETHODOLOGY; SEQUENTIAL ORGANIZATION

turn-taking(話者交替,ターンテイキング) 時系列上で,誰が発話するかを決定する会話の暗黙的な構造のこと.ターンの移行には,呼びかけや視線,隣接応答ペアによって聞き手に譲渡したり,さえぎりなどで聞き手が自発的にターンを開始することもある. ⇨ ADJACENCY PAIR; TRANSITION RELEVANCE PLACE

T/V (pronoun) distinction(T/V 代名詞使い分け) 二人称代名詞を,相手との関係で単数/複数を使い分けること.フランス語の親しい相手に対する tu (T) と,それ以外の相手への vous (V) などから.一般的に,ヨーロッパ諸言語における二人称代名詞は単数の個人に対して使うことができるが,単数形 (T) は砕けた言い方,複数形 (V) は改まった言い方とされる.

V

variationist sociolinguistics(変異社会言語学) 社会的要因との関連で言語を研究する分野(主に社会言語学)において,言語の変項と話者の社会階層,年齢,性別などの言語以外の変項との相互関係を研究する分野.通時的および共時的に同一対象に対する言語形式パターンの変化の調査などを行う.

variety(変種) ある特定の集団や特定の社会状況において使用される言語体系のこと.しばしば,方言や言語の選択肢の1つとして使用される.ほかに地域的変種,社会的変種,標準と非標準変種など,どの変種が認められるかの範囲を特定するために用いられる.

verbal dueling(ことばの果たし合い) 主として見物人の前で,時として声援を受けながら行われる,相手への儀礼的な侮辱を含めたことば遊び的言い争い.儀礼的な侮辱はふつう見物の第三者にも真ではないことがわかるので,人を傷つけようという侮辱とは異なる.古典的な研究として,Labov (1972) がある.

verbal hygiene(言語的衛生) Cameron (1995) が用いた用語で,人々がことばの使用の「浄化」や「向上」に対してとる反応,行動を指して

いう．ことばの堕落や乱用に対するメディアへの苦情など，ことばに対する規範的な態度として表れるが，辞書編纂や言語計画などでは規範的な観点も関わる．

vernacular（地域口語，現地語） 特定の言語共同体における現地語のこと．語彙・文法・発音において，標準語やリンガ・フランカとは異なる特徴を示すことが多い．例として，アメリカにおける黒人英語などが挙げられる． ⇨ STANDARDIZATION; LINGUA FRANCA; OBSERVER'S PARADOX

W

ways of speaking（好まれる言い回し） ある集団の話者特有の慣習化された話し方や相互行為において規範とされる態度など，その集団の多くの話者が選択するとされる表現方法．ある1つの対象に対し，様々な表現が可能な中で，その言語コミュニティにおいて自然とされる1つの表現形式や言語行動．

we/they codes（we コード／they コード） Gumperz (1982) の研究に由来．二言語（方言）社会での WE-CODE とは地域社会や非公式の場で使用される「グループ内のコード」，THEY-CODE とは公式の場で使用される「グループ外のコード」のこと．ただし，この区別はシンボリックなもので実際の使用とは異なることが指摘されている．

women's language（女ことば，女性語） 女らしさと結びつけられている言葉遣い．音韻，語彙，文法等において標準語や男性語との違いが存在すること，社会的に低い評価が与えられていることが Lakoff (1975) や Spender (1980) らの研究で明らかにされている．

World English(es)（世界(の)英語） 母語としての英語という枠をこえて，世界各地で派生し，今なお変容し続けている英語の変種の総称．Kachru (1985) による3つの円の提唱に始まる． ⇨ NEW ENGLISH(ES); THREE CIRCLES OF ENGLISH; LINGUISTIC IMPERIALISM

Y

youth language, adolescent language（若者ことば） 若者が仲間内で使用する特定の言語スタイル．語彙や語用論的用法などが特徴的．Schlobinski and Ludewigt (1993) は多様性を無視して，一括りにし，ステレオタイプ化した従来の捉え方を批判し，民族誌学的視点から青年期の発話スタイルの多様性や曖昧性を明らかにすべきと指摘している．

9 認知言語学

A

abstraction(抽象化) 様々な経験において繰り返し現れる構造から具体性を捨象し,共通性を抽出するプロセスのこと. ⇨ SCHEMA

action chain(行為連鎖) Langacker (1991) による認知文法の用語. ビリヤードボール・モデルに基づき,参与者間の相互作用を一連のエネルギー伝達から捉えるモデル. エネルギー源となる参与者と,それを受ける参与者の位置変化や状態変化を理想化させ表示する. ⇨ BILLIARD-BALL MODEL; CAUSAL CHAIN

activation(活性化) ①すでに確立された認知的ルーティンを実行すること. ② Chafe (1994) の用語. 発話により,指示物等の情報が意識の中で焦点があたった状態になること.

active zone(活性領域) Langacker (1987) による認知文法の用語. あるドメインまたは関係に関与する事物の中で,直接的に相互作用する部分のこと. 例えば "I finally blinked." では,まばたきに直接関係する「瞼」が活性領域となっている. ⇨ PROFILE/ACTIVE-ZONE DISCREPANCY; REFERENCE POINT

affordance(アフォーダンス) 知覚心理学者・生態心理学者である Gibson (1979) の用語. 環境が知覚者に提供する,活動の可能性に関する情報のこと. 水面がミズスマシに「支える」ことをアフォードする一方で人間にはそのようにアフォードしないように,アフォーダンスは知覚者との関係で決まる.

agonist(主動子) Talmy (2000) の力動性モデルの用語. 事態に参与する複数の存在物のうち,注意の焦点があたるものを指す. その存在物がもつ静止あるいは運動の傾向が実現するか否かに焦点があたる. 拮抗子に対する語. ⇨ FORCE DYNAMICS; ANTAGONIST

amalgam(融合体) 1つの節に2つ以上の事態を含むものをいう.例えば,The fly buzzed into the room. は,<X buzz> と <X move into Y> という2つの事態を表す構文の融合体である.

amalgamation(融合) ⇨ AMALGAM

analogical extension(類推的拡張) すでに存在する言語表現の形式あるいは形式変化のパターンを類推的に適用することで生じる言語変化をいう.「丸見え」から「丸聞こえ」が新規に生じている例がこれにあたる. ⇨ METAPHORICAL EXTENSION

analyzability(分析可能性) Langacker (1987) による認知文法の用語.ある表現の構成要素がどの程度際立ち,全体の意味に対し貢献しているかの度合い.分析可能性は程度の問題であり,例えば complainer と computer はどちらも -er という構成要素を含むが,分析可能性は後者のほうが低い.

antagonist(拮抗子) Talmy (2000) の力動性モデルの用語.主動子に影響を与える存在物のこと.主動子のもつ傾向を拮抗子が押さえ込むか否かが問題となる.主動子に対する語. ⇨ FORCE DYNAMICS; AGONIST

argument role(項役割) Goldberg (1995) による構文文法の用語.構文が指定する項の役割のことで,agent, patient, goal といった一般性の高い役割と結びつく.参与者役割に対する語. ⇨ CONSTRUCTION GRAMMAR; PARTICIPANT ROLE

atemporal profile(非時間的プロファイル) Langacker (1987) による認知文法の用語.時間的プロファイルに対し,時間性をもたないプロファイル.前置詞,形容詞,副詞,不定詞などで表される関係であり,時間のドメインを前提としない概念. ⇨ TEMPORAL PROFILE

autopoiesis(オートポイエーシス) 生物学者の Maturana と Varela によって提唱された,自己言及的で自己決定的なシステムのこと.オートポイエーシス的なシステムは動きを継続することを前提とし,自己形成のシステムを含んでおり,外部からの入出力を前提としない.

B

background(背景) ある言語表現を発話・理解する際に参照される発話イベント,発話の参与者,時間／空間的文脈のこと.ゲシュタルト心理学における図と地の「地」にあたる.FOREGROUND(前景)に対立する語. ⇨ FIGURE/GROUND

backgrounding(背景化) = BACKGROUND

background knowledge（背景的知識） ある事物を理解するときに必要な知識．ある発話において意図される表現を理解する際に必要とされる，発話の参与者，置かれている状況，参与者の知識など，発話そのものに表れるもの以外の情報の総称．

base（ベース） プロファイルである語の意味を理解するために必要な，背景的知識体系．例えば「直径」や「弧」の指定するプロファイルを理解するためには「円」がベースとして必要である．語の意味における地（ground）ともいえる．⇨ PROFILE

basic color terms（基本色彩語） ある言語で複合語・外来語・他のモノの名前の借用でなく単体として色を表す語彙．日本語では白，黒，赤，黄，青，緑が該当し，黄土色などは基本色彩語でない．言語によっては少ないもので明・暗の 2 つ，英語で 11 といわれている．

basic domain（基本的ドメイン） 人間の身体経験に直接基づいた認知ドメインで，他のドメインへと還元することのできないもの．空間，色，音の高さ，気温，圧感覚，痛み，匂い，時間，感情などがこれにあたる．

basic-level category（基本レベルカテゴリー） カテゴリー階層のうち，認識的経済性に基づき最もアクセスしやすいレベルをいう．単一形態素からなる基礎語の「犬」「馬」などが相当する．「犬」に対し「動物」は上位レベル，「柴犬」は下位レベルのカテゴリーである．⇨ SUPERORDINATE-LEVEL CATEGORY; SUBORDINATE-LEVEL CATEGORY

basic epistemic model（基本的認識モデル） Langacker (1991) がモダリティ表現について説明するのに用いたモデル．概念化者の認識しうる実世界は過去から現在までに概念化者が認識した事柄のみであること，その周りに非現実や未来の予測などがあることを示す．

billiard-ball model（ビリヤードボールモデル） Langacker (1991) が提唱した，因果関係を力学的な連鎖によって理解する事態認知モデル．名詞句の表す参与者をビリヤードのボールに見立て，ボール間のエネルギー伝達により事態が成立すると理想化する．⇨ ACTION CHAIN

bleaching（漂白化） 語義が本来有していた空間・身体的な要素や具体性・客観性が薄れ，抽象的な意味が生じるプロセスであり，文法化に随伴する意味変化の現象．認知言語学では主体化や主観化が関わるとみなす．⇨ GRAMMATICALIZATION; SUBJECTIFICATION

blended space（混合スペース） Fauconnier and Turner (1994) のブレンディング理論において，2 つの入力スペース（INPUT SPACE）を混合

し得られるスペースであり，入力スペースにはない構造が創発される．
⇨ BLENDING; INPUT SPACE; EMERGENT STRUCTURE

blending（ブレンディング） Fauconnier and Turner (1994) の提唱する理論．2つ以上の概念を参照し混合させることにより，新規な意味を産出・理解し，概念圧縮により記憶を促進する基本的認知作用のこと．日常生活における新しい事象の理解から，科学的・芸術的な新規概念の創出や理解にまで幅広く適用される．

bottom-up process（ボトムアップ処理） 言語使用や言語習得の過程において，具体的事例とそれらの相互関係の中からスキーマを抽出し，規則を見いだすプロセス．規則を具体的事例にあてはめるトップダウン処理と逆方向のもの．⇨ TOP-DOWN PROCESS

boundedness（有界性） 名詞が示す事物の境界の明確さを表し，名詞の可算・不可算の指標となる．また，動詞が示す事象構造の始点または終点の明確さを表し，動詞の相の変化の制約となる．⇨ UNBOUNDEDNESS

C

canonical event model（規範的事態モデル） Langacker (1991) による認知文法の概念．ビリヤードボール・モデル，ステージ・モデルなどから形成される複合的な事態認知モデル．プロトタイプ的な行動の観察を表し，節構造とその意味に深く関わるとされる．⇨ BILLIARD-BALL MODEL; STAGE MODEL

case grammar（格文法） Fillmore (1968) によって提唱された，格が文法の基礎を構成すると考える文法理論．文の命題部分を動詞と動詞に結びつく格要素に分け，文の表層構造から Agentive, Objective, Instrumental 等の格を特定し，それらの関係性を分析する．

categorization（カテゴリー化） 認知科学での用語．共通する特徴，差異や関連性などに基づいて数々の事物をカテゴリーへとまとめ，帰属させていくという知識の体系的な処理および能力をいう．⇨ CATEGORY

category（範疇，カテゴリー） 共通の特性や関係性をもつ事例の集合．必要十分条件によって規定される古典的カテゴリーや，典型事例とそれからの逸脱事例によって形成されるプロトタイプ・カテゴリー等が挙げられる．⇨ FAMILY RESEMBLANCE; PROTOTYPE; RADIAL CATEGORY; BASIC-LEVEL CATEGORY; SUBORDINATE-LEVEL CATEGORY

causal chain（因果連鎖） Talmy (1976), Croft (1991) が提唱した事

態の概念.Talmy は1つの参与者でつながる個々の小さな事態が大きな事態の因果性をなすとし,Croft は事態を「使役・変化・状態」の3つの相から構成された使役関係の連鎖とみなす.

caused-motion construction(使役移動構文,移動使役構文) Goldberg (1995) が構文文法の枠組みで分析した英語の構文.例として George sneezed the napkin off the table. のように [SUBJ V OBJ OBL] の形式をとり,構文の意味として移動の使役(X CAUSES Y TO MOVE Z)を表す.

centrality(中心性) Langacker (1991) による認知文法の用語.複合的なドメインからなる言語表現において,特定のドメインがより中心的なドメインとして活性化される度合い. ⇨ DOMAIN

cognition(認知) 光や音,匂いなどの身体の外からの刺激や,痛みや内臓感覚などの身体内部からの刺激を,身体の知覚を通して意識的・無意識的な認識や情報,知識へと変換する心的な活動のすべて.物体の認識という低いレベルから意思決定という高いレベルの活動まで広く存在する.

cognitive ability(認知能力) 人間が自らの認知を複合的に関連づけることによって可能となる諸々の認識や判断の総体.焦点化,カテゴリー化,スキーマ化などの能力が例に挙げられる.認知言語学では,言語はこの認知能力の反映であると考える.

cognitive anthropology(認知人類学) 自らの環境を構成する物体や事態を人がどのように認識し考えるかを,文化的な文脈や,文化と個人の精神の相互作用から比較し探究するアプローチ.人類学と言語学の流れを受けて,1950年代にアメリカで生まれた.

cognitive distance(認知的距離) 認知心理学での用語.2地点の距離に関する心的な表象または信念.2地点は,互いが視覚的に確認できない遠く離れた距離であり,認識のためには環境の中の移動を必要とする.対して視覚的に確認できる2地点間の距離を知覚的距離(perceptual distance)という.

cognitive grammar(認知文法) Langacker (1987, 1991) によって体系化された文法理論.カテゴリー化,焦点化,スキーマ化等の認知プロセスを参照することではじめて言語の文法が記述可能となるとの考えに基づく.音韻構造,意味構造と両者の連合である記号的ユニット(SYMBOLIC UNIT)として言語表現や文法事象を記述し分析する.

cognitive linguistics(認知言語学) 1980年代に興った言語学の一分野.

言語を他の認知活動から独立した機構とするのではなく，認知や身体経験に深く関係していると考え，言語学の各分野を認知科学の諸分野の知見と統合し分析しようとする分野の総称. ⇨ COGNITIVE GRAMMAR; COGNITIVE SEMANTICS

cognitive map（認知地図）　認知主体が，対象となる環境や空間的配置と，そこにおける行動に関してもつ心的イメージ．空間内の経験によって形成され，実際の移動や行動を行うための仮説を構築するのに用いられる．

cognitive phonology（認知音韻論）　認知言語学的な手法を用いた音韻論のアプローチ．Nathan (1986)，Bybee (2001) らにより，プロトタイプ・カテゴリー，使用依拠モデル，コネクショニズムなどの知見を応用した音韻現象の記述・説明が試みられている．

cognitive pragmatics（認知語用論）　認知言語学的な手法を用いて，言葉の使用や解釈を分析する語用論のアプローチ．多様な言語形式とその使用・解釈に対し，認知や身体化に根ざした社会的経験などを用いて分析，説明を試みる．

cognitive psychology（認知心理学）　人間を情報処理系と捉えることで，言語や記憶，意識，学習といった心的メカニズムや認知過程を研究する心理学の一分野．生理学的なレベルではなく，心的表象レベルでの認知を理論化，モデル化することが特徴で，脳科学や神経科学などの様々な分野と関連をもつ．

cognitive science（認知科学）　1950年代に端を発する，知性や心のはたらきを情報処理科学の方法論に基づき探求する学問領域の総称．情報科学，心理学，言語学，哲学や人類学にいたる幅広い関連領域がある．

cognitive semantics（認知意味論）　認知言語学の下位領域であり，対象の概念化を行う際の心的プロセスから言語の意味を捉えるアプローチ．Lakoff and Johnson (1980) による概念メタファー理論に代表される．記号と対象の関係を客観的に規定する形式意味論と対比的である．

cognitive system（認知体系）　人間が，外的世界をどのように捉え，情報を取捨選択，構築するかを決定する仕組み．知覚・思考・学習・記憶などの機能に関わる．

cognitive typology（認知類型論）　認知言語学的な手法を用いて，言語間の比較・分類を研究する類型論のアプローチ．個別言語の文法・語彙構造を，その言語社会固有の伝達慣習を形成する認知的基盤を反映したものであると考え，相関させて説明を試みる．

component structure(部分構造,成分構造) Langacker (1987) による認知文法の用語.複数の形態素から単語,句,節,文へと要素を統合する際に,合成構造をなす要素となる構造のこと. ⇨ COMPOSITE STRUCTURE; ELABORATION

composite structure(合成構造) Langacker (1987) による認知文法の用語.複数の形態素から単語,句,節,文へと要素を統合する際に,統合された結果生じる,複雑な構造のこと. ⇨ COMPONENT STRUCTURE; ELABORATION

collostruction(コロストラクション) Stefanowitsch and Gries (2003) による構文文法の用語.collocation と construction からなる造語で,collocation(語と語の共起関係)ではなく,語と construction(構文)の共起関係を示す. ⇨ COLLOSTRUCTIONAL ANALYSIS

collostructional analysis(コロストラクション分析) コロストラクションを用いた,構文文法の分析手法.構文内のスロットに対する語の共起頻度を統計的に計測し,構文内における作用・反作用の強さや,類似した構文への語の作用を測定する. ⇨ COLLOSTRUCTION

conceived time(把捉時間) Langacker (1986a) による認知文法の用語.現実に流れている時間ではなく,概念主体が概念化した事態の中で流れる時間を指す.概念主体が概念化に要する処理時間に対する.

concept(概念) 言語使用者である人間が外部世界の事物や出来事を繰り返し知覚・認知することにより構築し,常に想起できる心的表示.認知言語学では,言語の意味を概念主体による概念化と同一視する. ⇨ CONCEPTUALIZER

conceptual metaphor(概念メタファー) Lakoff and Johnson (1980) による用語.ある概念領域を他のより具体的な概念領域により理解する,思考・概念レベルのメタファー.構造のメタファー,方向性のメタファー,存在のメタファーの下位分類がある.

conceptualizer(概念主体,概念化者) 自己の視点や身体的経験などに基づいて,外部世界の事物や事態を知覚し,解釈を与え,概念化・記号化を行う主体である人間のこと. ⇨ CONCEPT; CONSTRUAL

conduit metaphor(導管メタファー) Reddy (1979) が提案したコミュニケーションのメタファー.言語表現という容器に伝達内容を入れ,話し手と聞き手を結ぶ導管を通して伝達すると見立てる概念メタファーの1つ. ⇨ CONCEPTUAL METAPHOR

conflation(抱合) Talmy (1985) の用語.事態の二次的要素である方

向や様態を表す付随要素の意味を動詞に組み入れること．例えば，動詞 ascend には移動の go の意味と方向の up の意味が抱合されている． ⇨ SATELLITE

connectionism（コネクショニズム）1980 年代に始まった，並列分散処理やニューラルネットワークなど脳の情報処理モデルに基づいて人間の心的・知的システムを解明しようとする認知科学の立場の 1 つ． ⇨ PARALLEL DISTRIBUTED PROCESSING

connector（コネクター）Fauconnier (1985, 1997) によるメンタル・スペース理論の用語．異なるメンタル・スペースに属する要素間の結びつきを可能にする語用論的関数のこと． ⇨ MENTAL SPACE

construal（解釈）人間が外部世界の客観的な事物や出来事を知覚して概念化・記号化するとき，自己の視点や身体的経験などを反映して主観的に対象を捉える認知プロセスおよびその捉え方． ⇨ CONCEPTUALIZER

construe（解釈する）= CONSTRUAL

construction（構造（構文））there 構文・二重目的語構文・受動構文など，特定の語彙配列に基づく文法構造を指す．構文文法では独自の形式と意味が結びついた結合体とみなされる． ⇨ CONSTRUCTION GRAMMAR; GRAMMATICAL CONSTRUCTION

constructional meaning（構文の意味）語彙の意味に完全には還元できない，構文自体がもつと仮定される意味．例えば二重目的語構文は「X が Y に Z を所有させる」という意味をもつ．

constructional polysemy（構文の多義性）ある語に複数の関連する意味があるという語彙的な多義性に対して，構文に複数の関連する意味があるという性質や状態を指す．中心的意味と拡張的意味からなるネットワークとして記述される．

construction grammar（構文文法）Fillmore et al. (1988), Goldberg (1995) などにより発展した，構文を形式と意味の結合体と定義する理論的枠組み．構文自体が語彙の意味に還元できない独自の意味をもつと仮定される．

container metaphor（容器のメタファー）「スケジュールが埋まっている」「喜びで満ち溢れている」のように，ある概念を容器に見立てるメタファー．容器には外部と内部があり，その内部に物体や液体を入れることができるなど，容器に関わる推論も投射される． ⇨ CONTAINER SCHEMA

container schema(容器のスキーマ) 容器のメタファーの背後にあるイメージスキーマのこと．容器の使用経験から得られる容器のスキーマは，極めて広い範囲の言語現象の基礎としてはたらいている．Lakoff (1987) は，集合論や三段論法といった論理のプロセスも，容器のスキーマに根差していると論じている．⇨ IMAGE SCHEMA; CONTAINER METAPHOR

content requirement(内容要件) Langacker (1987) が設定した制約．言語記述に必要な道具立ては，(1) 言語表現に生じている音韻構造・意味構造・記号構造，(2) これらの構造におけるスキーマ，(3) (1) および (2) に関するカテゴリー化の関係という3種類のみであるとする．

contiguity(隣接性) 2つの概念の空間的・時間的な隣接関係のこと．メタファーが概念間の類似性に基づくのに対し，メトニミーは概念間の隣接性に基づいているとされる．「やかんが沸騰した」において「やかん」で「水」を指示できるのは，両者の間の「容器-中身」という隣接性による．

control cycle(コントロール・サイクル) Langacker (2002) が提唱した概念で，主体が対象をコントロール下に置き，緊張状態から平衡状態に戻すまでのサイクルのこと．対象を物理的にコントロールする事態だけではなく，認識的にコントロールする事態にもあてはめられ，様々な事態間の概念的な序列関係を説明する．

conventionality(慣習性) ある表現が適格かどうかを判定する基準として，「文法性 (grammaticality)」に代わるものとして Langacker (1987) が提唱した概念．ある表現は，当該の言語コミュニティがその時点までに形成しているスキーマとの一致度によって慣習性の程度が判定され，それがその表現の適格性となる．

conventional metaphor(慣習的メタファー) = DEAD METAPHOR

correspondence(対応関係) 異なる領域に属する要素や存在物が同一のものであることを示す作用．対応づけ．認知文法，メタファー写像理論，メンタル・スペース理論などで幅広く適用されており，図式では点線により表示されるのが一般的である．⇨ ONTOLOGICAL CORRESPONDENCES

cross-space mapping(スペース間マッピング) Fauconnier and Turner (1994) によるブレンディング理論がモデル化する認知的操作の1つで，複数の入力スペースの間での概念の対応づけのこと．スペース間マッピングの操作を通じて，複数の入力スペースの間の共通性が抽出さ

れ，総称スペース構築の礎となる．⇨ BLENDING

cultural model（文化モデル）　人類学の概念で，自然世界や人間社会の様々な事柄に関し，特定の文化の成員に共有される想定のこと．認知言語学で言及される意味フレームや概念メタファーなどの認知的基盤も，人間社会に普遍的な知識であるという以上に，特定の文化の影響を受けた文化モデルの一種である可能性がある．

current discourse space（現行談話スペース）　Langacker (2001) が認知文法を拡張して談話現象を扱う際に導入された概念．談話の中の一時点において話し手と聞き手に共有されている情報の集まりのこと．CDS と略記される．談話が刻一刻と展開することで，CDS も随時更新されていく．

D

dead metaphor（死んだ比喩）　「机の脚」の「脚」や「彼の言うことが飲み込めない」の「飲み込む」など，慣習的で文彩効果が意図されていない比喩的表現について，元々は比喩として発生したものがその比喩性を失い，あたかも字義的意味であるかのように定着したもの．

decategorialization（脱カテゴリー化）　Hopper (1991) が挙げた文法化の原理の1つ．名詞や動詞といったカテゴリーに属していた語が文法化を経た結果，元のカテゴリーの形態統語的な特徴を失うこと．例えば，in face of における face には，指示詞や形容詞を付すことができず，名詞カテゴリーの特徴を失っている．⇨ GRAMMATICALIZATION

designate（指定する）　= DESIGNATION

designation（指定）　Langacker (1987) による認知文法の用語．意味極あるいは音韻極において，いくつかの部分構造が際立ちの高いものとして選択されること．profile（プロファイル）と同義であるとされる．⇨ PROFILE

diagram（ダイアグラム，図表）　Peirce による記号論の用語．ある記号における内部の関係と，その指示対象の内部関係に直接的な対応関係が見られるもの．例えば，地図や電気系統の配線図などがこれにあたる．⇨ ICON; ICONICITY; IMAGE

domain（ドメイン，領域）　意味理解の枠組みや前提，背景となるもの．例えば，「日曜日」の意味は「暦」という時間的ドメインを必要とする．語の意味は複数のドメインからなるドメイン複合体（DOMAIN MATRIX）から理解されることが多い．⇨ BASE; FRAME; DOMAIN MATRIX

domain matrix(ドメイン複合体) Langacker (1987) による認知文法の用語．ある意味の背後に存在する，複数のドメインによって形成されるもの．例えば，knife の意味はその形状や用途，あるいは食器としての配置関係などの特徴づけによって理解される． ⇨ DOMAIN

dominion(ドミニオン，支配域) Langacker (1993) による認知文法の用語．認知文法の参照点モデルにおいて，認知主体が参照点を経由してターゲットを探索することのできる領域． ⇨ REFERENCE POINT

dynamic evolutionary model(動的展開モデル) Langacker による認知文法の用語．話し手が心的なシミュレーションを行う際のプロセスを示すモデル．このモデルは認知主体が現実あるいは非現実として認めた状況や事態を示す領域から構成され，非現実として分類された状況や事態はさらに「投射された現実」と「潜在的に可能な現実」に分けられる．

dynamic usage-based model(動的使用依拠モデル) 言語を静的な規則体系として規定する生成文法とは対照的に，認知言語学では，言語使用における事例の定着度や慣用性によってスキーマが随時変化するとみなし，言語習得や通時的変化といった動態的側面を記述する． ⇨ USAGE-BASED MODEL

E

elaborate(具体化する，精緻化する) = ELABORATION

elaboration(具体化，精緻化) カテゴリー関係において，プロトタイプや拡張事例は，あるスキーマを具体化したものである．これを逆に表現すれば，プロトタイプと拡張事例の共通点を抽出したものがスキーマであるということもできる． ⇨ PROTOTYPE; EXTENSION; SCHEMA

elaboration site(精緻化サイト) Langacker (1987) による認知文法の用語．まだ詳細な性質が精緻化されていない段階を示す領域であり，具体事例によって精緻化を受ける．例えば，動詞の精緻化サイトは主語・目的語のスロットであり，それらが具体化されることで節が形成される．

elaborated epistemic model(精緻化された認識モデル) Langacker (1991) による認知文法の用語．基本的認識モデル (basic epistemic model) に，「認知主体が知るところの現実は，世界とその歴史を網羅したものではない」という認識を加えたモデル． ⇨ BASIC EPISTEMIC MODEL

embodied construction grammar(身体論的構文文法) Bergen and

Chang（2005）が提唱する，構文文法をコンピュータに実装することを目的とする枠組み．イメージスキーマなどの概念を取り入れながら，構文文法が備えている計算的側面に着目し，統計的手法によって構文の特徴や性質を算出する．⇨ CONSTRUCTION GRAMMAR

embodiment（身体性） カテゴリー化や参照点構造などの認知能力の根底には，人間の身体的感覚や概念把握などの能力が深く関わっているということ．認知言語学的な言語観の根幹をなす概念である．⇨ CATEGORIZATION; REFERENCE POINT

emergence（創発） 複合語と語根，文と構成要素のような全体と部分の関係において，全体の側に，部分からは予測不可能なゲシュタルト的な性質が発現すること．全体は部分から予測可能であるとする還元主義的アプローチと対比される．⇨ GESTALT

emergent structure（創発構造） Fauconnier and Turner（1994）によるブレンディング理論の用語．入力スペース内の要素が混合スペースで組み合わされる際，混合スペースにおいて創発する，入力スペースにはない新たな構造のこと．⇨ BLENDING; INPUT SPACE; BLENDED SPACE

encyclopedic knowledge（百科事典的知識） 我々がもっている世界に関する知識のこと．文化的・社会的慣習とも密接に関係している．認知言語学では，言語的知識と百科辞典的知識の間に先験的な区別を設けず，語の意味は百科事典的知識に連動したものと捉えられる．⇨ WORLD KNOWLEDGE

entity（存在物，事物） Langacker（1987）による認知文法の用語．thing（モノ），relation（関係），quantity（量），sensation（感覚），change（変化），location（場所），dimension（次元）などを包摂する，最も抽象度の高い概念．⇨ THING; RELATION

entrenchment（定着） 動的使用依拠モデルにおける概念．ある構造が繰り返されることで，それが意識的な検討を必要とせず，自動的に使用されるようになるプロセスのこと．定着が進むと，その構造はユニット（unit）として確立する．⇨ DYNAMIC USAGE-BASED MODEL; UNIT

e-site（精緻化サイト） = ELABORATION SITE

event（事態，イベント） 行為のようなプロセスと，モノの場所や属性などの状態を包摂する用語．時間的に連続した相互作用のある部分に，注意の焦点を当てたもの．例えば，動作主と被動作主の相互作用がプロファイルされたプロセスは典型的な他動的な事態である．

event conflation（イベント抱合） Talmy（1985, 1991）の用語．通常

は2つの動詞で表される2つの事態が,より高次の事態として一体化し,1つの動詞句で表されること.例えば,The bottle floated into the cave. という節では,「浮かぶ」という〈様態〉と,「入る」という〈移動〉が floated into という単一の動詞句で表されている. ⇨ EVENT; CONFLATION

event schema(イベント・スキーマ) スキーマのうち,事態に関する経験が抽象化・構造化されたもの.〈行為〉〈変化〉〈状態〉〈因果関係〉など.イベント・スキーマは新しい事態を把握する際に用いられるほか,言語的には構文などを動機づける. ⇨ EVENT; SCHEMA

event structure metaphor(イベント構造メタファー) Lakoff (1993), Lakoff and Johnson (1999) の用語.事象構造の様々な局面を,空間的・物理的事象として特徴づける概念メタファー.例えば,trouble は,I'm in trouble. では空間的位置,I have a trouble. では物理的物体として捉えられている. ⇨ CONCEPTUAL METAPHOR

exemplar(事例) 実際に使用される具体的な言語表現のこと.使用依拠モデルや事例基盤モデルでは,言語知識や言語構造が,実際の言語使用に動機づけられると仮定される点で,事例が重要な位置づけにある. ⇨ USAGE-BASED MODEL; EXEMPLAR-BASED MODEL

exemplar-based model(事例基盤モデル) 具体的な事例と事例間の関係のみに依拠した言語知識のモデル.事例基盤で構成されるカテゴリーは,プロトタイプや抽象度の高いスキーマを基本的想定として認めていない.この点において,使用依拠モデルとは異なる. ⇨ EXEMPLAR; USAGE-BASED MODEL

experientialism(経験基盤主義) 言語の意味は,我々の身体的性質や社会的・文化的相互作用の中で得られた経験に基づいて規定されるという,認知言語学を特徴づける意味観.客観主義への代案として,Lakoff (1987), Lakoff and Johnson (1980, 1999) などによって提示された.

extension(拡張) あるターゲットがプロトタイプから逸脱する一方で,プロトタイプとの類似性も認められるというカテゴリー化の関係.例えば「鳥」のカテゴリーでは,「飛ぶ」というプロトタイプ属性をもたない「ダチョウ」や「ペンギン」が拡張事例である. ⇨ CATEGORIZATION; PROTOTYPE

F

family resemblance（家族的類似性）　ウィトゲンシュタイン『哲学探究』の用語．家族の全員に共通した特徴はないものの，体格，顔つきなど，部分的に特徴が重なり合うことで家族というまとまりを形成する．このように類似性が局所的に重なり交差してカテゴリーが形成されるという見方．

fictive motion（虚構移動）　Talmy（2000）による用語．客観的には静的な状況である描写対象を，あたかも移動しているかのように言語化すること．The road goes through the mountains. などがこれに対応する．⇨ SUBJECTIVE MOTION

figure（図）　知覚のメカニズムにおいて，知覚対象の中で特に際立ちが高く，注意の焦点となりやすい部分．前景とも呼ばれる．GROUND（地）に対立する語．⇨ GROUND; FIGURE/GROUND; FOREGROUND

figure/ground（図と地）　知覚経験における特性の1つ．ある対象を知覚する際に，注意の焦点として際立って知覚されやすい図（FIGURE）と，背景化し際立ちの低い地（GROUND）に分化すること．⇨ FIGURE; GROUND

focal adjustment（焦点の調整）　Langacker（1987）による認知文法の用語．ある状況を言語化する際，適切な認知ドメインの選択，視点，抽象度などのパラメーター値を決定することによって特定の解釈を加えること．認知文法では，言語の意味を，描写される状況の特定と焦点の調整によって説明する．⇨ CONSTRUAL; IMAGERY

focus chain（焦点連鎖）　Langacker（1998, 1999）による認知文法の用語．ある要素に注意の焦点を向けることによって，そこで起動される新たな文脈内に存在する別の要素に注意の焦点が移行すること．

folk model（民俗モデル）　個々の民族集団がもつ，世界に関する知識・理解の体系．動植物に関する知識のほか，超自然的世界，宗教，病気・健康，行動規範などの様々な領域にわたる知識が含まれ，科学的分類体系とは異なる分類がなされる．

force dynamics（力動性）　Talmy（2000）によるモデル．事態を構成する要素を潜在的な動力をもつものと，静的で潜在的な動力をもたないものに分け，両者の相互作用のあり方によって，移動事象・因果事象等に関わる言語現象を統一的に説明しようとするモデル．⇨ AGONIST; ANTAGONIST

foreground（前景）　知覚・認識・言語経験において，際立ちの高い対象

として注意の焦点となる存在．談話上の新情報や，知覚上の図．BACKGROUND（背景）に対立する語． ⇨ BACKGROUND

foregrounding = FOREGROUND

frame（フレーム）①認知科学・社会科学の用語．状況理解の際に起動する，構造化された概念知識のこと．②フレーム意味論（Fillmore (1977a, 1985)）での用語．ある言語表現が喚起する背景知識で，種々の状況の類型とその構成要素が概念としてスキーマ化されたもの． ⇨ FRAME SEMANTICS

frame semantics（フレーム意味論）フレームという背景的知識の概念構造を分析することによって，言語表現の意味を記述するアプローチ．談話内のある特定の語や表現が言語使用者のもつ特定のフレームを喚起することによって理解が可能になるとされる． ⇨ FRAME

fusion（融合）Goldberg (1995) による構文文法の用語．動詞のもつ参与者役割と構文のもつ項役割が，意味的制約を満たすことによって連結するプロセスで，これによって，どの動詞がどの構文に生起可能かが決定される．

fuzzy（曖昧な，ファジー）ある集合の要素が，その集合に属するかどうかが二値的には決まらないこと．したがって，ある概念がカテゴリー構造として明確な境界をもたないこと． ⇨ FUZZY BOUNDARY

fuzzy boundary（ファジーな境界）カテゴリー間の境界が曖昧で不明確なこと．例えば，cup（カップ）と bowl（ボウル）の境界を定めるためにいくつかの容器を配列した場合，どこからが cup でどこからが bowl なのか，明確な線引きは困難であり，両者の境界はファジーである．

fuzzy grammar（ファジー文法）Lakoff (1973) が提示した考え方．各文法要素が帰属する文法カテゴリーや，各文法構造への規則の適用性などを，二値的なものとして厳密に決定することをせず，それらを連続的なものとして捉える．

G

generic metaphor（汎用メタファー）Lakoff and Turner (1989) が提示した，抽象的でスキーマ性の高い次元でのメタファーのこと．EVENTS ARE ACTIONS（出来事は行為である）などがその例である．

generic space（共通スペース）ブレンディング理論において設定される４つのスペースのうちの１つ．４つのうちの２つは入力スペースと呼

ばれるが，この入力スペース間に共通した構造を表すスペースのことを共通スペースと呼ぶ．⇨ BLENDING

Gestalt（ゲシュタルト）　部分の総和では捉えられない全体特有の構造のこと．構造全体の性質は部分が持つ性質の総和以上のものになり，全体の性質を部分の性質に還元することはできない．また，部分の性質は全体の性質の中で規定される．このように全体と部分は双方向的な関係をもつ．

gradience（勾配，グレイディエンス）　カテゴリーへの成員の帰属度が連続的，段階的であること．例えばプロトタイプ・カテゴリー理論は，中心的なプロトタイプから周辺事例まで，成員が段階的な勾配をもって存在すると考え，カテゴリー成員間に勾配を認めない古典的カテゴリー観と対立する．

grammatical construction（文法構造，文法構文）　形態素とそれよりも大きい単位の形式と意味が結合して形成された記号構造のこと．構文文法では，構文を形成している語には還元できない，構文自体の意味が存在するという立場をとる．⇨ CONSTRUCTION

grammaticalization（文法化）　言語の通時的な変化で起こる現象であり，動詞や名詞などの内容語が，前置詞や助詞などの機能語となること．内容語から機能語への変化は起こるが，その逆は起こらないといわれており，これを文法化の単方向性仮説（unidirectional hypothesis）という．

grammaticization（文法化）　= GRAMMATICALIZATION

Great Chain metaphor（大連鎖メタファー）　Lakoff and Turner (1989) によって導入された．「存在の大連鎖」と呼ばれる，人間を頂点とし動植物や物体にいたる存在の階層関係を反映したメタファー．階層ごとに性質や行動が特徴づけられ，これらが階層間で継承される．典型的には擬人化や動物メタファーの解釈に関わる．

ground（地）　ある対象を知覚する際に，背景化した際立ちの低い存在として知覚される部分のこと．FIGURE（図）に対立する．⇨ FIGURE; FIGURE/GROUND

ground（グラウンド）　Langacker (1991) による認知文法の用語．発話という事態そのもの，発話の参与者である話し手と聞き手，そして発話が行われた場所や時間などの発話状況のことを指す．⇨ GROUNDING

grounding（グラウンディング）　Langacker (1991) による認知文法の用語．ある対象や事態が，話し手と聞き手，および両者の共有知識

によって同定され，グラウンドと関連づけ叙述されること．指示詞や冠詞，時制，法助動詞などがグラウンディングの機能をもつ．⇨ GROUND

H

homology（相同性）　元来は生物学の用語で，構造的な並行性を指す．類似性（analogy）が項目の並行性であるのに対して，相同性は関係の並行性である．言語学においては，異なる言語同士の構造的並行性を指す場合がある．

I

icon（類像，イコン，アイコン）　Peirce による記号の3分類の1つで，記号と指示対象が類似関係をもつものをいう．記号が指示対象の形や音に直接的に結びつく「イメージ（IMAGE）」（絵文字や擬声語など）と，記号列の構成関係が指示対象の内部関係を反映する「図表（DIAGRAM）」（地図や配線図など）に下位区分される．⇨ INDEX; SYMBOL

iconicity（類像性）　言語形式と意味の関係において，形式と意味は何らかの関連性があるという言語の性質．Haiman (1980) ではさらに類像性を，言語形式と意味が対応的関係をもつ「同型性（isomorphism）」と，言語形式と意味が類似関係によって動機づけられる「有契性（MOTIVATION）」に区別している．⇨ ICON

idealized cognitive model（理想化認知モデル）　Lakoff (1987) によるモデル．ある言語表現を適切に理解し使用するために欠かせない，社会制度や文化的習慣などに関する背景知識を理想化・組織化した知識構造をいう．⇨ FRAME; FRAME SEMANTICS

image（形象，イメージ）　①（形象）人間がある対象について具体的な身体経験に基づいて形成する感覚的・心理的な表象をいう．②（イメージ）Peirce の記号学用語．類像（ICON）の一種で，絵文字や擬声語など，記号が指示対象の形や音に直接的に結びつくものをいう．⇨ ICON; DIAGRAM

imagery（イメジャリー，心象）　同じ対象・状況を様々な観点から解釈することができる人間の認知能力の1つ．イメジャリーによる主体の解釈，あるいは解釈された状況を指す場合もある．⇨ FOCAL ADJUSTMENT

image schema（イメージ・スキーマ）　身体的・空間的経験において繰

り返し生起するパターンを抽象化し構造化した，高次の知識構造．言語表現の意味拡張を動機づけ，人間の理解や推論，概念化の基盤となる認知プロセスの1つ．PATH（経路）や CONTAINER（容器）のイメージ・スキーマがある．⇨ SCHEMA

image-schema transformation（イメージ・スキーマ変換）　言語の意味拡張プロセスの1つ．ある特定のイメージ・スキーマが，それと共通性をもつ別のイメージ・スキーマに変換される認知プロセスをいう．個体の集合を連続体とみなしたり，連続体を個体の集合として捉える「複数個体−連続体」の変換がその例である．⇨ IMAGE SCHEMA

immediate scope（直接的スコープ）　Langacker (1987) による認知文法の用語．ある対象を知覚する際に，必要によって焦点が当てられ選択される，限定された領域をいう．例えば，「指」を知覚する際の直接的スコープは「手」である．⇨ SCOPE

imperfective process（未完了プロセス）　時間軸に沿って進展する時間的関係を表すプロセスのうち，時間上の変化を伴わない，安定した関係をプロファイルするプロセスをいう．状態動詞（know, resemble など）で表す事態がこれに該当する．⇨ PERFECTIVE PROCESS; PROCESS

index（インデックス）　Peirce による記号の3分類の1つで，記号と指示対象が隣接関係あるいは因果関係をもつものをいう．指示対象の方向を表す矢印や，煙と火事のような関係が典型的な例である．⇨ ICON; SYMBOL

inheritance（継承）　カテゴリー階層の構造において，下位カテゴリーが上位カテゴリーの特性を受け継ぐこと．概念メタファー理論においては，下位のメタファーが上位のメタファーの写像を継承する現象を指す．

inheritance link（継承リンク）　Goldberg (1995) による構文文法の用語．ある構文が別の構文の意味的・形式的特性を受け継いでいるときに，両者の関係を表すリンク．Goldberg は「多義性のリンク」「部分関係のリンク」「具体例（事例）のリンク」「メタファー拡張のリンク」の4種類の継承リンクを示している．

input space（入力スペース）　Fauconnier and Turner (1994) によるブレンディング理論の用語．2つの概念領域が混合する際に，2つの入力スペースから混合スペースへと写像される．⇨ BLENDED SPACE; BLENDING

instance（事例）　名詞や動詞の表現の分類において，特定の時間や空間

に限定される具体例をいう．the cat, some cat, a cat のような，冠詞や限定詞などが付いた名詞表現がその例である．⇨ TYPE/INSTANCE

instantiate（例示化，事例化）Langacker（1987）による認知文法の用語．名詞から名詞句へ，動詞から節へといった，タイプから事例への精緻化を指す．カテゴリー化の認知プロセスにおいて，対象をあるスキーマの事例として捉えること．⇨ INSTANCE; PROTOTYPE; SCHEMA; TYPE

integrate（統合する）= INTEGRATION

integration（統合）Langacker（1987）による認知文法の用語．成分構造内の要素の対応関係によって，より複雑な記号構造（合成構造）が形成されるプロセスをいう．例えば前置詞句 near the door の形成は前置詞 near と名詞句 the door の統合として記述される．⇨ COMPONENT STRUCTURE; COMPOSITE STRUCTURE

intersubjectivity（間主観性）複数の主観（主体）の間で成り立つ共通の認識．元は哲学用語．Traugott（2003）では，「非主観的 > 主観的 > 間主観的」という意味変化（文法化）の一方向仮説が提示されている．間主体性，相互主観（主体）性とも呼ばれる．⇨ SUBJECTIFICATION

invariance hypothesis（不変性仮説）Lakoff（1990）で提唱された，「メタファー写像は，起点領域の認知的トポロジー（イメージ・スキーマ構造）を保持する」という仮説．⇨ METAPHORICAL MAPPING; INVARIANCE PRINCIPLE

invariance principle（不変性原理）「目標領域には，起点領域とは異なる固有の構造が存在する」という Turner（1990）の不変性仮説に対する批判を受け，Lakoff（1993）は不変性仮説に「目標領域固有の構造と一致するように」という条件を加え，これを不変性原理とした．⇨ INVARIANCE HYPOTHESIS

J

joint attention（共同注意）主に発達心理学における概念．幼児が親と注意の対象を共有することであり，Tomasello（1999）では，①協調行動，②視線追従，③模倣学習という3段階の区分がなされている．言語獲得の基盤になっていると考えられる．

K

knowledge（知識）認知言語学では，言語の意味は言語自体に内包されたものではなく，話者の知識によって構築されるものであると考える．

また，言語知識と言語外の世界に関する知識（百科事典的知識）の間に明示的な境界を設定せず，両者を連続的に扱う． ⇨ ENCYCLOPEDIC KNOWLEDGE; WORLD KNOWLEDGE

L

landmark（ランドマーク）　Langacker (1987) による認知文法の概念．関係的プロファイルのうち，最も際立ちの高いトラジェクターに次いで際立ちが高く，トラジェクターを位置づける機能をもつもの．例えば，The knob is above the keyhole. の the keyhole がこれに相当する． ⇨ BASE; PROFILE; SALIENCE; TRAJECTOR

localistic（所格論的）　格文法において，主格や対格などの文法的（統語的）格を所格標識からの比喩的拡張とみなす立場を，所格主義または所格論的理論という．認知文法では，動作主，被動作主などを事態の〈起点–着点〉として捉えるが，これも一種の所格論的アプローチであるといえる．

location（場所）　認知文法では，行為連鎖モデルにおいて単一の参与者が占めるセッティングを指す．構文文法では，文が叙述する事態の空間的な位置を表す部分の担う項役割としても用いられる．認知意味論では，STATES ARE LOCATIONS のように，概念メタファーの起点領域となる場合がある． ⇨ ARGUMENT ROLE; SETTING; CONCEPTUAL METAPHOR

M

map（写像する）　= MAPPING

mapping（写像）　本来は数学の用語．認知言語学では，異なる領域（domain）またはメンタル・スペース間の要素の対応関係を指す．Fauconnier (1997) では，隠喩的写像，語用論的関数写像，スキーマ写像の3つの下位区分が設けられている． ⇨ DOMAIN; MENTAL SPACE; METAPHORICAL MAPPING

mental attitude（心的態度）　モダリティに関連した用語．客観的な命題内容（事態）に対する，話者の主観的な判断や評価をいう．英語では法助動詞や副詞など，日本語では助動詞や終助詞などに表れる．

mental scanning（心的走査）　人間の基本的な認知プロセスの1つ．対象となる事物の形状や位置関係を心的にたどること．その捉え方が累積的か否かによって，総括的（summary）と順次的（sequential）という

下位区分に分けられる．⇨ SEQUENTIAL SCANNING; SUMMARY SCANNING

mental space（メンタル・スペース）指示の不透明性，不定表現のスコープ，前提投射等の諸問題に対して一貫した説明を行うために Fauconnier（1985）で提唱された理論で，言語表現と指示対象とのインターフェイスとなる心的構築物を指す．談話の進展に応じて，現実，過去，未来，反事実，絵画等の様々なスペースが設定される．⇨ BLENDING; MAPPING

mental transfer（心的転移）Langacker（1991）による認知文法の用語．ある状況を概念化するとき，話し手の実際の視点とは無関係に，異なる視点をとっているように状況を表現する能力のこと．過去の事態をあたかも話し手の眼前で現在起こっているかのように描写する，いわゆる「歴史的現在」（HISTORICAL PRESENT）などが関連する．⇨ VANTAGE POINT

metaphor（メタファー，隠喩）伝統的には類似性に基づく比喩を指すが，認知言語学，特に Lakoff and Johnson（1980）の概念メタファー理論では，ある概念領域を別の概念領域で理解する認知能力をいう．メタファーは人間の認識や思考に深く関わるとされる．⇨ CONCEPTUAL METAPHOR

metaphorical extension（比喩的拡張）隠喩（METAPHOR），換喩（METONYMY），提喩（SYNECDOCHE）などの転義的比喩によって，語の意味カテゴリーの拡張や構文の拡張がなされること．⇨ METAPHOR; METONYMY; SYNECDOCHE

metaphorical mapping（メタファー写像）Lakoff（1987）による概念メタファー理論の用語．起点領域（SOURCE DOMAIN）から目標領域（TARGET DOMAIN）への概念の写像のこと．⇨ CONCEPTUAL METAPHOR; MAPPING

metaphtonymy（メタフトニミー）Goossens（1995）の用語．メタファーとメトニミーとの間の相互作用を指す．メトニミーからのメタファー，メタファー内部のメトニミー，メトニミー内部のメタファー，メタファー内部での脱メトニミー化の4種類がある．⇨ METAPHOR; METONYMY

metonymy（メトニミー，換喩）同一ドメイン内の要素の隣接性（CONTIGUITY）に基づく比喩．Langacker（1993）は，一般的認知能力の1つである参照点能力の反映であるとみなす．⇨ CONTIGUITY; REFER-

ENCE POINT

motivated（有契的） = MOTIVATION

motivation（有契性，動機づけ） 恣意性（arbitrariness）に対立する．①（有契性）記号の形式と指示対象の結合に類似的関係性があること．⇨ ICON; ICONICITY ②（動機づけ）認知言語学において，言語表現の拡張が知覚や概念化の方略といった認知的理由に基づき説明可能であること．

N

natural path（自然経路） Langacker（1991）による認知文法の用語．節のような複合的な構造に見られる，認知的により自然な順序のこと．例えば，行為連鎖（ACTION CHAIN）におけるエネルギーの流れや，事態に関わる要素の時系列的順序，音韻極における語の時系列的順序などがある．

network（ネットワーク） 要素が独立しながら相互に結びつき連合する網状組織をいう．認知科学では，意味記憶や並列分散処理のモデルとして様々なネットワークモデルが提案されている．⇨ NETWORK MODEL

network model（ネットワークモデル） Langacker（1987）による認知文法の用語．カテゴリー内部の関係をネットワークに基づき表示するモデル．カテゴリーの代表的な成員であるプロトタイプと周辺的な拡張事例，プロトタイプと拡張事例から抽出したスキーマにより構成される．⇨ NETWORK; PROTOTYPE; SCHEMA; EXTENSION

O

one-shot metaphor（ワンショット・メタファー） Lakoff and Turner（1989）の用語．単一の心像の間に対応関係をもつ，その場限りのメタファー．概念メタファーとは異なり，概念・思考の体系の一部をなすものではない．「イメージ・メタファー」（image metaphor）とも呼ばれる．

onstage region（オンステージ領域） Langacker（1991）による認知文法の用語．概念化の主体・客体の関係を観客と舞台の比喩で捉えるステージモデルにおける，客体の存在する舞台上の領域．観客である主体の存在するオフステージ領域に対する領域で，主体の注意が向けられ，領域内で客体が注意の焦点として際立つ．⇨ STAGE MODEL

ontological correspondences（存在論的対応関係） Lakoff（1987）に

よる概念メタファー理論において,起点領域と目標領域の間の構成要素間の対応づけを指す.例えば,LOVE IS A JOURNEY の概念メタファーでは,旅人が恋人に,経路が恋愛のプロセスに,旅の障害物が恋愛の障害へと要素が対応づけられる. ⇨ CONCEPTUAL METAPHOR; MAPPING

ontological metaphor(存在のメタファー) Lakoff and Johnson (1980) による概念メタファー理論の用語.概念メタファーの類型の1つで,抽象的経験を実体によって捉えるメタファー.例えば,「心が傷つく」は,心を形のある脆い物体と捉える存在のメタファーを反映している.

orientational metaphor(方向性のメタファー) Lakoff and Johnson (1980) による概念メタファー理論の用語.上下,前後,内外など空間の位置関係や方向性に基づくメタファーをいう.例えば,I'm feeling up today. という表現は,HAPPY の概念が上の方向(UP)と結びついている.

P

parallel distributed processing(並列分散処理) Rumelhart et al. (1986) で提案されているモデル.人間の認知過程の解明を目指す研究アプローチ.極めて多くの処理ユニットそれぞれが他の処理ユニットへ興奮性信号と抑制性信号を送り合い,その相互作用によって情報処理が行われると仮定する. ⇨ CONNECTIONISM

participant(参与者) Langacker (1987) による認知文法の用語.ある関係に直接参与する存在.節の中では主語や目的語の名詞句が指示するもの.同じ名詞句でも,"in the park" の park のように,事態の起こるセッティングを指すものもあり,参与者とセッティングの区別は文法的に重要となる. ⇨ SETTING

participant role(参与者役割) Goldberg (1995) による構文文法の用語.個々の動詞が指定する具体的な役割であり,例えば動詞 put の参与者役割は <putter, puttee, put.place> と表示される.参与者役割は意味フレームに結びつく豊かな意味内容をもつとされ,構文の項役割と融合する. ⇨ ARGUMENT ROLE

partonymy(パートニミー) 山梨 (1992) の用語.メトニミーの下位分類の1つであり,部分と全体の関係に基づく表現をいう.例えば,「太郎がミカンをむいた」という場合,むくという行為が及ぶのはミカン全体ではなく,ミカンの一部である皮であると理解される. ⇨ METONY-

MY, TOPONYMY

path schema（経路のスキーマ）　Johnson (1987) で提案されているイメージ・スキーマの1つ．経路は起点・経路・着点から構成される．PURPOSES ARE GOALS（目的は移動の着点である）というメタファーのように，抽象的な対象が経路のスキーマを通して理解される．⇨ IMAGE SCHEMA

perception（知覚）　知覚表象を形成するための感覚システムや脳の活動をいう．(1) 音や光などの外部刺激を神経信号に置き換える段階，(2) 知覚表象を形成する段階，(3) 知覚表象を特定または認識する段階がある．

perfective process（完了プロセス）　Langacker (1987) による認知文法の用語．完了と未完了プロセスの2つに大別される動詞のアスペクトのうちの1つ．行為動詞によって示される事態のように，時間幅が限定され，時間軸上で動態的に変化するプロセス．⇨ IMPERFECTIVE PROFESS

perspective（視野，観点，パースペクティブ）　ある場面に対し，話し手が特定の観点から解釈を与えること．多くの場合 VANTAGE POINT（視点）と同義．⇨ VANTAGE POINT

perspectivization（視点投射）　Taylor (1989) の用語．ある語義の喚起するフレームのうち特定の構成要素に際立ちを与えること．例えば「月曜」は「1週間の始まり」だけではなく「休日明けの憂うつな気持ち」などにも視点投射することができる．⇨ PERSPECTIVE; FRAME

phonological pole（音韻極）　Langacker (1987) による認知文法での用語．意味極と記号的関係を結び，記号的ユニットを形成する．典型的には音声であるが，書記システムや手話を含みうる．⇨ SEMANTIC POLE; SYMBOLIC UNIT

physical perception（身体的知覚）　人間の五感によって外界を知覚すること．五感によらない知性に基づく知的知覚と対比される．前者は，see, hear, smell などの感覚動詞として表され，後者は think, find, believe などの知的知覚動詞として表される．⇨ PERCEPTION

pragmatic strengthening（語用論的強化）　Traugott (1982, 1988) の用語で，歴史的な意味変化に関わる現象．ある表現がある文脈内で解釈された場合に含意していた意味内容が，時間の経過を経て定着し，その字義的な意味に組み込まれること．

predication（叙述，プレディケーション）　Langacker (1987) による認

知文法の用語．形態素，語，句，節などあらゆるレベルの言語表現の意味を指し，命題などの客観的内容だけでなく，その内容に対する話者の解釈を含む．

primary metaphor（プライマリー・メタファー）　Grady (1997) による用語．認知発達過程初期の身体経験において，2つの概念が共起することにより対応づけられ形成される概念メタファー．AFFECTION IS WARMTH, MORE IS UP など．

priming（プライミング）　神経生理学，心理学ほかの諸分野において用いられる用語．人間の記憶において，先行刺激の受容が後続刺激の処理に対して影響を与えることや，体験・学習の内容が後の行動選択に影響を与えることを指す．

process（過程，プロセス）　Langacker (1987) による認知文法の用語．時間軸上に展開し，時間軸上で連続的に走査される複合的な関係．一定の時間幅で起こる動態的なプロセス（完了プロセス）と，時間幅が限定されない安定的なプロセス（未完了プロセス）に分けられる． ⇨ IMPERFECTIVE PROCESS; PERFECTIVE PROCESS

profile（プロファイル）　Langacker (1987) による認知文法の用語．ある言語表現の指示対象であり，直接スコープであるベース（BASE）において注意の焦点として際立っている部分． ⇨ BASE

profile/active-zone discrepancy（プロファイルと活性領域の不一致）　言語表現が表すプロセスに直接関与している活性領域が，プロファイルとは一致しないという一般的現象．例えば，"the arrow in the tree" で，木に刺さっているのは矢全体ではなく矢の先のみである．この例のように活性領域はプロファイルの一部であることが多い． ⇨ ACTIVE ZONE; PROFILE

profile determinant（プロファイル決定子）　Langacker (1987) による認知文法の用語．2つの部分構造を統合する際，合成構造にプロファイルを受け継がせる構造のこと．認知図式においては，外側の枠を太線にすることによって表される． ⇨ COMPONENT STRUCTURE; COMPOSITE STRUCTURE

profile shift（プロファイル移行）　Langacker (1987) による認知文法の用語．言語表現が通常あるドメインにおいてプロファイルする要素とは別の要素にプロファイルが移され，異なる意味として使用されること．メトニミーはプロファイル・シフトから特徴づけることができる． ⇨ METONYMY

prominence(卓立,際立ち) 際立ち(SALIENCE)と同義であり,「図と地」の「図」に相当する.注意の焦点となり,一次的で重要なものとして知覚されること.

prototype(プロトタイプ,典型) 心理学者 Rosch らが 1970 年代に提案した概念であり,カテゴリーにおける代表的かつ中心的な成員.「鳥」のカテゴリーでは「スズメ」や「カラス」など,日常的によく目にする鳥がプロトタイプとして認識されている.

prototype category(プロトタイプ・カテゴリー) あるカテゴリーの代表的成員であるプロトタイプを中心に,プロトタイプから逸脱した成員が周辺に位置し,曖昧な境界をなすカテゴリー. ⇨ FUZZY BOUNDARY; PROTOTYPE; RADIAL CATEGORY; PROTOTYPE EFFECT

prototype effect(プロトタイプ効果) あるカテゴリーにおいて,典型的成員であるプロトタイプと類似性の高い成員ほど想起されやすいという現象. ⇨ PROTOTYPE CATEGORY

R

radial category(放射状カテゴリー) Lakoff (1987) による,「中心と周辺のスキーマ」に基づくカテゴリー・モデル.中心をなすプロトタイプ的成員を取り囲むように二次的な周辺的事例が存在し,さらにそれから三次的事例が位置づけられるといったように,放射状の構造をもつ.

reference point(参照点) Langacker (1993) による認知文法の用語.あるターゲットとメンタル・コンタクトをとる際に喚起され利用される目印的な存在.直接のアクセスが困難な物の特定を助けるため,知覚的に際立っているものを参照点として注意を向けることがある.

region(区域) Langacker (1987) による認知文法の用語.内部に相互関係をもたない存在(ENTITY)の集合.名詞は有界的区域(bounded region)をプロファイルする.

reification(具現化) 人間の認知能力の1つで,非物理的事物をモノとして捉えること.例えば,explode は事態のプロセスを表すが,これを具体化し,静的・抽象的な事物として捉えたものが explosion である.

relation(関係) 複数のプロファイルの相互関係.認知文法では名詞句の指示するモノに対立する概念で,関係は主に時間的プロファイル(時間の流れに沿って展開する関係)と非時間的プロファイル(時間概念を喚起しない静的関係)に大別される. ⇨ THING; PROCESS; TEMPORAL PROFILE; ATEMPORAL PROFILE

relational profile(関係的プロファイル) 複数の事物間の関係を際立たせるプロファイル.例えば,"He has a child."において,"He"と"a child"の間の関係に動詞"has"が課すプロファイルである. ⇨ RELATION; PROFILE

representation(表象,表示) 我々の記憶に貯蔵される心的記号.人が外界を認知する過程で心の中に作り上げる形式のことで,我々は外的・心的経験を通じてその記号と意味を結びつけ,記憶し,それを用いることによって他者と意思疎通を行っている.

role archetype(役割の元型) 動作主,被動作主,道具,経験者などの意味役割のこと.参与者や場などの要素を言語学的に特徴づけるための概念であり,特に認知文法では事態解釈との関わりの中でそれらの要素の意味特徴を記述するために用いられる.

role type(役割型) 格文法の用語.動詞とその周辺の名詞句との意味関係を表すもの.動作主・経験者などがそれにあたる.Fillmore (1969) はこれを格,格関係とも呼んでいる. ⇨ CASE GRAMMAR

rule/list fallacy(ルール・リストの誤謬) 規則(rule)とリスト(list)は相互排他的であるという見方は,認知言語学では誤謬であるとみなす.特に規則である文法とリストであるレキシコンは,生成文法で自律的な体系と捉えるのに対し,認知文法は記号的言語観から両者を連続的なものとみなす.

S

salience(際立ち,顕著性) = PROMINENCE

saliency hierarchy(顕著性階層) ある場面の中で前景化される要素を決定づける階層.Fillmore (1977) の用語.状態変化・全体性・定性などの有無が尺度となり,顕著性が決定づけられる.

satellite(付随要素) Talmy (1985, 1991) の用語.動詞語幹に隣接して,様態や経路のような補助的な意味を付加する文法的カテゴリーのこと.接辞もしくは自立的な副詞や前置詞によって実現される.言語によってその実現のされ方は異なり,英語の前置詞やドイツ語やラテン語の動詞接頭辞,中国語の動詞補語などがこれにあたる.

satellite-framed(付随要素つきフレーム型) Talmy (1985, 1991) は,世界の言語は,動詞フレーム型言語と付随要素つきフレーム型言語の2つに分けられるとし,移動事象における経路が付随要素によって表される言語のことをいう.英語や中国語はこれにあたる. ⇨ VERB-FRAMED

scale(尺度) Langacker (1987) による認知文法の用語で,形容詞や副詞が領域として喚起するもの.例えば careful と carefully は行為の実行における注意の度合いという尺度を喚起している. ⇨ DOMAIN

scanning(スキャニング,走査) ① Langacker (1987, 1991) の用語.2つの要素間を関連づける心的操作のことで,それにより,連続した時間的,空間的概念を作り出したり,二者間の比較をすることができる.② = MENTAL SCANNING

schema(スキーマ,図式) 認知文法における用語.抽象化の作用により,具体的な事例から共通性を抽出して得られた上位概念構造のこと.

schematicity(スキーマ性) Langacker (1987) による認知文法の用語で,対象の概念化やその言語化の抽象度を表す.詳述度(specificity)と対をなす.例えば,「リンゴが落下した」は「リンゴが枝から離れ,地面に向かって進み,地面と衝突した」に対してスキーマ性が高いといえる.

schematization(スキーマ化) Langacker (1987) による認知文法の用語で,異なる概念あるいは構造の共通点を抽出し,相違点を捨象すること.これにより,抽象的な上位概念構造であるスキーマ(SCHEMA)が形成される. ⇨ SCHEMA

search domain(探索領域) 位置関係表現に関し,トラジェクターの存在しうる範囲のこと.一般に位置関係把握はランドマークを同定し,そこから探索領域を同定し,トラジェクターを同定することにより達成される.例えば,X in the box における X の位置は,box を参照点とし,その中の探索領域内に同定される.

scope(スコープ) 認知文法において,ある言語表現が想起したり前提とする意味範囲のこと.例えば「昨日」は,それ単体ではなく「一昨日」や「今日」といった隣り合う「日」の連なりが前提となって解釈される.

script(スクリプト) 繰り返し経験する出来事に関する,時系列に沿った形で体系化した知識構造のこと.フレームと近い概念であるが,フレームに比べてスクリプトの場合は時系列に沿って起きる出来事の順序や流れに焦点がある. ⇨ FRAME

semantic pole(意味極) Langacker (1987) による認知文法の用語で,言語表現を意味(概念)と物理的刺激の心的表象(音形)の2極からなる記号的関係とみなすときの,意味(概念)側の極のこと.PHONOLOGICAL POLE(音韻極)と対をなす概念.

sequential scanning(連続的スキャニング,順次的走査) 動的事態に

おける一瞬一瞬を時間軸に沿って1つずつ，累積せず順に捉えていく動的事態把握プロセス．動的事態を各瞬間の累積した1つの静的事態として把握する総括的スキャニングに対立する．動詞 fall は前者，動詞句 take a fall は後者の例である．⇨ MENTAL SCANNING; SUMMARY SCANNING

setting（セッティング）事態を包含する空間的・時間的広がり．認知文法においては，ステージモデルにおけるステージにあたり，認知主体に知覚されてはいるが焦点があてられていない部分を指す．⇨ STAGE MODEL

setting-subject construction（セッティング主語構文）セッティングが主語となる構文．"Independency Hall has witnessed many historic events."のように，参与者ではなくセッティングが前景化される．受動化できないのも特徴の1つ．⇨ SETTING; PARTICIPANT

source domain（ソースドメイン，起点領域）隠喩的写像において，写像元となる概念領域のことで，X IS Y の隠喩的関係における Y 側の概念領域を指す．身体・空間など具体的な概念である起点領域により，目標領域 X が理解される．⇨ METAPHORICAL MAPPING; TARGET DOMAIN

spatial cognition（空間認知）人間が行う外界認知のうち，特に空間把握に関わる知覚のこと．特に認知言語学では，人間の空間認知の方略が言語表現に現れていると考え，上下の空間性に基づく方向性のメタファーもその一例である．⇨ ORIENTATIONAL METAPHOR

stage model（ステージモデル）認知文法における用語で，言語表現の指示内容をステージ上の出来事に，話し手や聞き手をその出来事を眺める観客に各々喩えるモデル．知覚されているが意識されないオフステージ領域と，焦点化されているオンステージ領域がある．⇨ ONSTAGE REGION

structural metaphor（構造のメタファー）概念メタファーの1つで，概念間の構造的な類似性や並行性によって構築されるもの．ARGUMENT IS WAR という構造のメタファーの場合，敵と味方の2つの陣営から成り，自分の陣地（意見）を守り，敵の陣地（意見）を自分のものにするという構造が，戦争と議論に共通している．⇨ CONCEPTUAL METAPHOR

subjectification（主体化；主観化）①（主体化）Langacker (1990b) による認知文法の用語．あるモノの解釈が相対的に客観的なものからより

主体的なものへと変化すること．概念化者と概念化の対象との関係性が関連しており，主体（概念化者）が客観（概念化の対象）として捉えられるようになることをいう．②（主観化）Traugott (1982, 1988) の用語．命題に対する話者の主観的な信条や態度を表すものへと意味が徐々に移り変わる，語用論的，意味論的プロセスのこと．例として，英語の接続詞 while の時間関係を表す意味から譲歩を表す意味への変化がある．

subjective motion（主観的移動） Langacker (1987) による認知文法の用語．"The hill gently rises from the bank of the river." のように，客観的にみて移動のない静的な状況を，心的走査により，あたかも移動が生じているかのように知覚すること．⇨ FICTIVE MOTION; MENTAL SCANNING

subordinate-level category（下位レベルカテゴリー） カテゴリー階層において，基本レベルカテゴリーの下位に位置づけられる，より具体的なカテゴリーのこと．⇨ BASIC-LEVEL CATEGORY; SUPERORDINATE-LEVEL CATEGORY

subschema（サブスキーマ，下位スキーマ） 具体性・詳述性の比較的高いスキーマのこと．カテゴリーの内部が多方向に拡張している場合，全体から共通性を抽出するスーパースキーマは抽象度が高くなりすぎるため，部分的な共通性を抽出した下位スキーマが有効に機能する．⇨ SCHEMA; SUPERSCHEMA

summary scanning（累積的スキャニング，総括的走査） Langacker (1987) による認知文法の用語．一連の事態を知覚するのに，それを構成する状態を累積し，全体として同時的に解釈する認知プロセスのこと．連続的スキャニングに対立する．⇨ MENTAL SCANNING; SEQUENTIAL SCANNING

superordinate-level category（上位レベルカテゴリー） カテゴリー階層において，基本レベルカテゴリーの上位に位置づけられる，より抽象的で包括的なカテゴリーのこと．⇨ BASIC-LEVEL CATEGORY; SUBORDINATE-LEVEL CATEGORY

superschema（スーパースキーマ） あるスキーマよりも上位に位置づけられる，より概略的で包括的なスキーマのこと．⇨ SCHEMA

symbol（シンボル，象徴，記号） ① Peirce が区分した記号の3区分の1つで，その示す内容と慣習によって結びつけられたもの．⇨ ICON; INDEX ②意味と形式の結合．認知文法では意味構造と音韻構造の両者

を結ぶ記号関係のみで文法を記述できるという文法観をとる. ⇨ SYM-BOLIZATION

symbolic assembly（記号的集合体）　Langacker（2008）の認知文法での用語. 意味構造と音韻構造からなる記号構造が他の記号構造と結合することによって形成される集合体のこと. 内部の複合性の程度に応じて, 語・句・文が表される.

symbolic unit（記号的ユニット）　Langacker（1987）の認知文法での用語. 意味極と音韻極の両者を結合する記号化の関係からなるユニットのこと. ⇨ SEMANTIC POLE; PHONOLOGICAL POLE

symbolization（記号化）　意味空間に存在する意味極と音韻空間に存在する音韻極を結合させ関係づけること. [[DOG]/[dɔg]] のようにスラッシュや横線で示される. ⇨ SEMANTIC POLE; PHONOLOGICAL POLE

synaesthesic metaphor（共感覚比喩）　ある感覚モダリティを形容する語が他のモダリティの表現に転用された比喩. この転用は, 低次（触覚・味覚・嗅覚）から高次の感覚（視覚・聴覚）へなされるという一方向性が指摘されている（Williams（1976））. soft color, sweet voice など. ⇨ SYNESTHESIA

synecdoche（提喩）　全体・部分の関係に基づく比喩. 類と種の関係も含まれる.「花見」の「花」で「桜」を表すように全体（類）で部分（種）を指すもの,「パン」で「食物」を表すように部分（種）で全体（類）を指すものがある.

synesthesia（共感覚）　ある感覚の刺激が, 異なる種類の感覚で無意識的に同時に知覚される現象のこと. 例えば, ある音を聴くと, 視覚の刺激としてそれに対応する色が見える現象がこれにあたる. ⇨ SYNAES-THETIC METAPHOR

T

target domain（ターゲットドメイン, 目標領域）　概念メタファー理論では, メタファーを起点領域から目標領域への写像であると定義する. 一般に目標領域は, メタファー写像によって構造化される抽象的な概念領域である. ⇨ SOURCE DOMAIN; METAPHORICAL MAPPING

target-domain override（目標領域制約）　Lakoff（1993）の提案するメタファー写像の制約. 目標領域に内在するイメージ・スキーマ構造が起点領域からの写像の可能性を制限することをいう. ⇨ INVARIANCE PRINCIPLE; METAPHORICAL MAPPING

temporal profile(時間的プロファイル) Langacker (1987) による認知文法の用語.関係（RELATION）が時間概念を伴って認知されるとき，その時間的変化が連続的にスキャニングされる範囲をいう.時間的プロファイルの有無によって，関係はプロセスと非時間的関係に分けられる. ⇨ ATEMPORAL PROFILE; PROCESS

thing（モノ） Langacker (1987) による用語.認知文法では文法カテゴリーに対しても意味による定義付けがなされ，意味極に「モノ」を指定するのが名詞とされる.モノは「ある領域における区域（REGION）」であると定義され，物理的な領域に限らない. ⇨ PROCESS; RELATION; REGION

top-down process（トップダウン処理） 認知心理学で提唱されている，人間の情報処理の仕組みの1つ.適切なスキーマ（認識の枠組み）が活性化されることで，予想や期待をもとにして外界の刺激が処理されることをいう.ボトムアップ処理に対比される. ⇨ BOTTOM-UP PROCESS

topology（トポロジー） 位相幾何学において，図形の位置や接続，包含等の空間的な関係を表す概念で，距離を捨象したもの.認知意味論の Lakoff (1990) が主張する隠喩的写像の「不変性仮説」では，起点領域の構造が目標領域にトポロジー的に継承されると想定する.

toponymy（トポニミー） 場所や空間の隣接関係に基づく表現.パートニミーと並びメトニミーの下位類をなす.例えば，「鍋を食べる」の「鍋」は，空間的に隣接している中身を指す. ⇨ PARTONYMY

trajector（トラジェクター） Langacker (1987) による認知文法の用語.関係的プロファイルのうち，最も際立ちの高いものがトラジェクター，それに次いで際立ちの高いものがランドマークとして区別される.この区別は，図地分化の言語的現れであるといえる.典型的には文の主語に対応する. ⇨ FIGURE/GROUND; LANDMARK

type（タイプ） Langacker (1991) による認知文法の用語.グラウンディングを与えられず，特定の時間や空間に固定されない，事物に対する抽象的な概念. ⇨ INSTANCE; TYPE/INSTANCE

type/instance（タイプと事例） Langacker (1991) による認知文法の用語.名詞句や動詞句の構造を考える際にタイプと事例の区別が必要になる.タイプにグラウンディングを与え事例化したものが事例である. cat のように冠詞などがつかない名詞表現はタイプを表し，名詞句 the cat は事例を表す. ⇨ TYPE; INSTANCE

type/predictability fallacy（タイプ・予測性の誤謬） どのような種類

の構造があるかということと，その構造のふるまいの予測性という異なる問題を混同すること．ある文法構造が，意味や機能などのより基本的とされる要因によって予測することができないとき，それを根拠として文法の自律性があると結論づけることは誤謬である．

typicality condition（典型性の条件） プロトタイプを特徴づける属性を挙げたもの．この属性は，古典的カテゴリー観において成員に求められた必要十分条件と異なり，成員らしさを規定する際の貢献度において段階性がある．また，あるカテゴリーに属する成員が，この条件のすべてを満たしている必要はない． ⇨ PROTOTYPE

U

unboundedness（非有界性） Langacker (1987) による認知文法での用語．ある事態やモノが境界を設けずに捉えられることをいう．ある表現が名詞か動詞かという文法カテゴリーは，話者の捉え方によって決定されるが，非有界的な事象が名詞として捉えられた場合は不可算名詞，動詞として捉えられた場合は未完了相の動詞となる． ⇨ BOUNDEDNESS

unidirectional hypothesis（単方向性仮説） Hopper and Traugot (1993) による文法化のプロセスの仮説．内容語が前置詞のように機能語となり，さらには接辞のように形態的自立性を失うという方向性があるが，その逆はないと仮定するもの． ⇨ GRAMMATICALIZATION

unit（ユニット） Langacker (1987) による認知文法の用語．ある心理的事態が繰り返し生じることで完全に習得された構造のことをいう．ある複合的な構造が定着しユニット化すると，話者はその内部構造を意識することなく，以前に構築された全体物として活性化できるようになる．

usage-based model（使用（用法）依拠モデル） 実際の言語使用を重視する言語理論・モデルの総称．生成文法が言語知識を実際の使用とは独立した静的な存在であるとみなすのに対し，言語知識とその運用は実際の言語使用に大きく影響を受けると考える． ⇨ DYNAMIC USAGE-BASED MODEL

usage event（使用事態） Langacker (1987) による認知文法の用語．話し手と聞き手による文脈的な理解と音声表示の詳細のすべてを含む，実際の発話のこと．使用事態において繰り返し生じた新規事例が強化されると，言語ユニットとして定着する．

V

vantage point(視点) ある場面が観察される空間的,時間的位置のこと.言語による叙述の多くは,それが描写する場面が特定の視点から捉えられていることを前提とする.視点は典型的には話者の位置と同じであるが,聞き手側に視点を移すこともできる. ⇨ MENTAL TRANSFER; PERSPECTIVE

verb-framed(動詞フレーム型) Talmy(1985, 1991)の用語.移動事象を表すときに,その移動の経路が付随要素ではなく動詞フレームによって表される言語のことをいう.日本語やスペイン語はこれにあたる. ⇨ SATELLITE-FRAMED

verb island(動詞の島) Tomasello(2003)の「動詞の島仮説」による.[gimme(= give me) NP]のように,動詞ごとに結びつく固有の項構造.子どもは動詞の島を習得した後,それらを一般化し「二重目的語構文」のような文法構文を習得するとされる.

viewing arrangement(視点配列) Langacker(1991)による認知文法の用語.概念化者である観察者と,観察されている状況の間の関係のこと.同じ事態を描く場合でも,視点配列によって表現法が異なる.

viewpoint(視座) ある場面が観察される位置である視点(⇨ VANTAGE POINT)と観察者の向いている方向の両方を合わせたもの.

W

***way* construction**(way 構文) Goldberg(1995)が構文文法の枠組みで分析した英語の構文."Frank dug his way out of the prison." のように,主語指示物が前置詞句の示す経路に沿って移動することを意味し,目的語位置に one's way を指定する.動詞は移動の手段もしくは様態を表すと解釈される.

world knowledge(世界の知識) 心理学,認知科学での用語.言語の理解には文法や語彙の意味のような言語に関する知識だけではなく,我々の知っている世界に関する知識も必要であり,この後者の知識のことをいう.認知言語学では一般的に百科事典的知識という用語を用いる. ⇨ ENCYCLOPEDIC KNOWLEDGE

10 英語教育・心理言語学・応用言語学

A

accessibility hierarchy（接近可能性階層） ある言語項目内の有標性を示す階層．どのような文法役割を持つ名詞句が関係節化されやすいかを階層化した Noun Phrase Accessibility Hierarchy（NPAH：関係節化の可能性の階層，名詞句の接近可能性階層）を指して使われることが多い（Keenan and Comrie (1977)）．NPAH では，主語＞直接目的語＞間接目的語＞斜格＞所有格＞比較級の目的語，という含意的普遍性が示されている． ⇨ IMPLICATIONAL SCALING

accommodation（適応，応化） 話す相手によって自分の話し方やスタイルが変わることを説明しようとする理論．話者は，聞き手との関係をどう認知するかによって，聞き手の言語使用のスタイルに近づけたり（収束），逆に遠ざけたり（分離）するとされる．

acculturation model（文化変容モデル） 英語学習には対象文化の学習が不可欠と考えるモデル（Schumann (1978)）．カルチャーショックや順応を経て最終的にはその文化を受容することが言語習得の近道と考える．もう1つのアイデンティティを形成する点に関して，国際語としての英語を学ぶ場合は意見が分かれる． ⇨ IDENTITY

acquisition-learning hypothesis（習得−学習仮説） Krashen が提唱した仮説．自然な言語習得（acquisition）の過程と意識的な学習（learning）の過程は異なるものであり，学習で得られた言語知識は習得された言語知識には変化しないという主張である． ⇨ MONITOR MODEL

action research（アクション・リサーチ） 社会心理学者クルト・レヴィン（Kurt Lewin, 1890–1947）の用語．企業やコミュニティなど現場での課題解決を行い，社会的実践を引き出す研究手法．現状の分析→仮説の設定，計画→実践→実践の評価→計画の修正→再実践という段階を螺

旋的に実行する．心理学における実験計画法とは大きく異なる．

activity theory（活動理論）　社会文化的アプローチと密に関連し，活動をシステムとして捉え，媒介する道具や記号の変化と活動や個人内過程の変化の関係性について考察．個人と社会の間に厳密な境界線を引くことを否定し，動的なものとして活動を理解．Engestrom (1987) らを中心に発展を続けている．⇨ SOCIOCULTURAL APPROACHES

additive bilingualism（加算的バイリンガリズム）　Lambert (1974) によって提唱されたバイリンガルの子どもの言語獲得のモデルである．言語獲得の過程で，第一言語を維持した上で第二言語を獲得することで価値が付加されるバイリンガルのことをいう．2つの言語が高度に発達することで，認知能力や文化的適応性の促進，アイデンティティの確立が促され，利点が大きいとされる．⇨ SUBTRACTIVE BILINGUALISM

affordance（アフォーダンス）　知覚心理学者ジェームズ・J・ギブソン (Gibson (1977)) が提唱した概念．afford「提供する」からの造語．環境が人間・動物の知覚・認知・行動に対して与える意味や可能性．例：椅子は支えることをアフォードするため，座ることを可能に（アフォード）する．学習環境においては，アフォーダンスの量と質が重要となる．
⇨ ECOLOGICAL APPROACHES

agreement（一致）　ある要素の数 (number), 格 (case), 人称 (person), 性 (GENDER) などの意味的，形式的特性が変化すると，それに応じて他の要素の形式的特性が変化すること．呼応 (concord) とも呼ばれることがある．

alignment（調整）　社会認知的アプローチの用語で，認知主体が，自らの身体と他者や物理的道具との関係を調整しながら，環境へ適応し，また，環境を構成すること (Atkinson et al. (2007))．調整のあり方は，活動における参加者の発話，相互行為，ジェスチャー，視線，姿勢，道具の活用など多面的な分析によって明らかになる．⇨ SOCIOCOGNITIVE APPROACH

American sign language（アメリカ手話）　主にアメリカやカナダにおいて聴覚障害者が用いる視覚言語．複雑な文法や豊富な語彙で構成されており，手だけでなく表情や身振りの組み合わせによりコミュニケーションを行う．

amygdala（扁桃体）　大脳辺縁系の一部である扁桃体は，情動反応の処理や情動的な出来事に関連付けられる記憶の形成と貯蔵において主要な役割を担う領域として考えられている．

Analysis-control model(分析 – 統制モデル)　子どもの心的表象は分析(知識をより明示的,抽象的,かつ構造的に表象すること)と統制(何らかのタスクを効率よく行うために,表象の特定の側面に選別的に注意を向けること)という2つのプロセスからなるとする認知発達モデル(Bialystok (2001)).

analysis of variance(**ANOVA**)(分散分析)　観測された3群以上の標本平均の差から,母集団における平均値の差を検討する検定.要因の数とその種類(対応あり・なし)の組み合わせにより実験計画が決定される.ある要因の主効果が有意な場合,多重比較によりすべての水準の差が検証される(平井 (2012)).　⇨ T-TEST

anxiety(不安)　英語学習に関して学習者が感じる不安.特にテスト不安や対面で英語を使う場合の不安が代表的.高い不安は学習やコミュニケーションを阻害するが,適度な不安は促進する.⇨ INDIVIDUAL DIFFERENCES

aptitude(適性)　言語に対する知性.文法や音声に対する敏感さ・直感的理解能力,帰納的類推能力及び記憶能力の4要素から構成される.近年ではワーキングメモリが記憶能力の中核的概念として注目を集める.　⇨ MODERN LANGUAGE APTITUDE TEST (MLAT)

aptitude-trait complexes(適正・特性複合)　様々な適性・特質が言語習得(または学習)の成功に影響を与えるが,1つ1つの独立した特質の予測力を越える,複数の特質の最適な組み合わせ.第二言語習得分野への応用では,最適な教育効果が期待できる,特定の認知処理適正と言語学習タスクタイプの組み合わせを調査した研究がある(例えば,Robinson and Gilabert (2007)).　⇨ TASK-BASED LANGUAGE TEACHING AND LEARNING

aptitude-treatment interaction(**ATI**)(適性処遇交互作用)　学習者個々の記憶力・分析力などの能力である言語適性(APTITUDE)と,指導方法や課題内容などの処遇(treatment)は交互に作用し,理想的な言語習得は処遇が学習者の適性と調和したときに起こるという考え方.ある指導方法について,学習者の適性を検討することでより高い学習効果が期待できると考えられている.　⇨ APTITUDE

Artificial Language Learning(**ALL**)(人工言語学習)　人間に生来備わっているとされる言語特有の学習能力(Chomsky (1965))を研究するために用いられる,人工言語の学習.人工言語は様々な要素を制限できるので,言語学習の基本的な仕組みを解明しやすいとされる.

aspect（アスペクト）　ある動作や状態の局面のとらえ方を示す文法範疇．例えば，He run. / He was running. はいずれも過去の事象を表すが，アスペクトでは対立している．前者は完結相（perfective）であり，その事象をひとまとまりでとらえる．後者は非完結相（IMPERFECTIVE）で，その事象の内部に視点がおかれる．⇨ ASPECT HYPOTHESIS

Aspect Hypothesis (AH)（アスペクト仮説）　Andersen and Shirai (1994) の仮説．動詞(句)自体が有する意味特徴（内在アスペクト inherent aspect）がテンス・アスペクト形態素の習得にどう影響するかを予測したもの．例えば，過去形 -ed は到達動詞（e.g. die, drop）から，進行形 -ing は活動動詞（e.g. run, walk）から習得が進み，次第に他の動詞タイプにも使用が広がるとされる．⇨ TENSE

attention（注意）　五感を通して入力された感覚情報の中で注意した内容だけが短期記憶，さらには長期記憶の貯蔵庫に取り込まれていく．「ある事象に注意をひかれる」等の受動的注意と「ある事象に注意を向ける」等の能動的注意がある．同一情報を同一環境で受信する場合であっても，受信者個人の認知機能次第で注意の機能は異なってくる．⇨ AWARENESS

Attitudes and Motivation Test Battery (AMTB)　Gardner (1985) によって 20 年間以上の研究成果に基づいて作成された語学学習のアンケートである．「統合性」，「学習環境に対する態度」，「動機付け」，「言語不安」と「道具的指向性」の 5 つの部分から構成されている．語学学習者の動機付けの総称的に説明する道具である．⇨ MOTIVATION

attitudes to the L2（外国語に対する態度）　積極的に英語を使おうとする態度．WILLINGNESS TO COMMUNICATE（WTC）によって代表される．⇨ ATTITUDES AND MOTIVATION TEST BATTERY

attrition（喪失）　身につけた知識や技術が退化，あるいは喪失すること．言語喪失（language attrition）とは，獲得した母語や第二言語の言語知識，言語使用，言語処理が，従来よりも退化している場合を指し，言語獲得の反対のプロセスである．⇨ HERITAGE LANGUAGE ACQUISITION

audiolingual method（オーディオリンガル・メソッド）　20 世紀半ばにミシガン大学の Charles Fries が開発したメソッド．習得すべき言語の発音とリズムを中心とする反覆練習が特徴である（Richards and Rogers (2001)）．この方法では，学習者の母国語と習得すべき言語との発音とリズムの差異が分析される．構造言語学そして行動主義心理学に基づいており，スピーキングとリスニングは最も基本的なスキルであ

り，習慣を形成することを通じて言語は学習されると考えられている．
⇨ BEHAVIORISM

autistic savants（サヴァン症候群）　自閉症や知能障害を持っているが，ある特定の分野で驚異的な能力を持っている人を指す．特に数字，書籍，音楽などにおいて優れた記憶力や再現能力が報告されている．自然言語の学習に高い能力を持っている例（Daniel Paul Tammet）もあるが，その脳内のメカニズムについてはまだ明らかにされていない．

automaticity（自動化）　言語処理がスムーズに行われること．1990年以前は，速度や誤りの割合，意識的か否かなど「どのくらい注意を必要とするか」に焦点が当てられていたが，1990年以降は「記憶がいかに使用されるか」を中心に捉えられるようになった（DeKeyser (2001)）．
⇨ DECLARATIVE MEMORY AND KNOWLEDGE; PROCEDURAL MEMORY AND KNOWLEDGE

Autonomous Induction Theory（自律的誘発理論）　Susanne E. Carroll (2001) が提唱した言語習得理論．Holland, Holyoak, Nisbett and Thagard (1986) の the Induction Theory を基にしている．Holland et al. では「認知と行為の規則」を幅広いプロセスの記述に用いていたが，Carroll の理論ではそれをワーキングメモリ内もしくは長期記憶内でオンラインで算定される表象の記述に制限している．語彙習得における音響・音声の手がかりに重点を置いている．

awareness（気づき）　意識ともいうように，意識的な行為に基づいて気づくことを意味する．あらゆる認知課題において，自分自身の特定の心理過程や状態に対し注意を向けるだけでなく，明確な監視を行う状態を意味する．言語習得において，特徴（例：言語形式等）に気づくことが重要である．⇨ ATTENTION; NOTICING HYPOTHESIS

B

basic interpersonal communication skills（BICS）（基本的対人伝達能力）　Cummins (1979a, 1981b) は，言語能力一般を BICS と CALP の2つの側面から説明した．BICS とは，日常会話のように，文脈から多くの手がかりが得られるような言語活動において必要とされる言語能力の一側面であり，基本的な対人コミュニケーション能力を意味する．実際場面でのコミュニケーションを通して自然に発達すると説明される．⇨ COGNITIVE ACADEMIC LANGUAGE PROFICIENCY

basic variety（基本種）　Klein and Perdue (1997) の用語．大人が第二

言語を教室外で聞き覚えて習得した場合に到達する，意思伝達のための基本的な言語能力を指す．母語や第二言語にかかわらずに以下の特徴がある．1. 語彙能力の存在，2. 意味原則が語順を決定，3. 屈折形態素の欠如，4. 従属節の欠如，5. 文脈から予測可能な主語や目的語の省略．
⇨ NATURALISTIC ACQUISITION

behaviorism（行動主義） アメリカの心理学者 J. B. Watson (1878-1958) が主唱した心理学説．心理学の真正な対象は外部から観察可能なもの，すなわち本人の外に現れた行動だけであるという立場を取る（大塚・中島 (1982))．のちに Chomsky の心理主義（mentalism）にとって代わられた． ⇨ GENERATIVE LINGUISTICS

C

case studies（事例研究） 質的研究において広く使用されているアプローチ．研究対象の範囲を特定の個人や集団に限定し，そのサンプルに関する綿密なデータを収集し，文脈の中でその特徴や変化について分析し，理論構築や実証を目指す． ⇨ QUALITATIVE RESEARCH; QUESTIONNAIRE RESEARCH

child-directed speech（子どもに向けられた発話） 親や養育者から子どもに向けられた発話．母親語や育児語等とほぼ同義である．特徴としては，大人同士の会話での発話に比べ，ピッチが高く，長さが短く，比較的単純な発話である．また，ゆっくりと話され，繰り返しや言い換えも多い．

child second language acquisition（子どもにおける第二言語習得） 子どもにおける第二言語習得とは，3歳以降に継続的に第二言語に触れる環境で，そのことばを習得する場合を指す．したがって，生まれてから2つの言語に触れるバイリンガル環境における言語習得や指導を受けた第二言語習得 (INSTRUCTED SECOND LANGUAGE ACQUISITION) とは区別されることが多い． ⇨ INSTRUCTED SECOND LANGUAGE ACQUISITION

chunking（チャンキング） 認知心理学を源とする用語．言語処理において連続した言語音を基本的な意味の塊にまとめ，そしてその連鎖を通してより大きな塊がまとめあげられ，新しい意味が更新されていく過程をいう (Tode (2012))．言語変化や構文学習において重要な役割を担うと考えられている． ⇨ CONSTRUCTION LEARNING

classroom interaction research（教室インタラクション研究） 教室で

の授業中に教師と学習者の間で起こる言葉でのやりとり（すなわち，相互交流）が学習に与える影響について調査する研究分野．教師のことばの機能別分類や，教師のことばに対する学習者の反応を記述する調査，教師と学習者が相互理解のため行われる言語表現の変更や修正の言語学習における効果などの調査が含まれる．⇨ INTERACTION HYPOTHESIS; NEGATION OF MEANING

code switching（コード切り替え）　バイリンガルが自然な発話において使用言語を切り替える現象を意味し，「コードミキシング（code mixing）」とも呼ばれる．言語切り替えは，文章ではなく会話の方で起こるとされ，Gumperz（1982）によると，「2つの異なる文法システムに属する会話の一節を，ことばの一連のやり取りの中で並置すること」と定義される．

cognition hypothesis（**CH**）（認知仮説）　タスク中心の教授法・学習において，タスクが要求する認知的負荷（タスクの複雑性）に基づいてタスクを配列するべきであるとする仮説（Robinson（2011））．また，複雑なタスクは，流暢ではないが正確で複雑な言語使用を促進したり，意味交渉を増やし，言語学習につながると主張する．⇨ TASK-BASED LANGUAGE TEACHING AND LEARNING

cognitive academic language proficiency（**CALP**）（認知・学習言語能力）　Cummins（1979a, 1981b）は，言語能力一般を BICS と CALP の2つの側面から説明した．CALP とは，思考や議論など学習活動と深く関連した言語能力の一側面であり，認知的・学問的なツールとして言語を使用する能力を意味する．CALP は，流暢に話す力を持つバイリンガルの子どもがなぜ教科学習において困難を示すのかを説明する理論として評価された．⇨ BASIC INTERPERSONAL COMMUNICATION SKILLS (BICS)

collaborative dialogue（協同対話）　相手が発した考えに新たな考えを積み上げるように，意味や概念を協同して構築していくような，複数の話者による対話．ヴィゴツキーの社会文化的理論の概念で，Swain（2000）では学習者が言語的な問題解決をしたり言語知識を構築したりする対話を指している．⇨ OUTPUT HYPOTHESIS; SOCIOCULTURAL APPROACHES

communicative language teaching（コミュニカティブ・ランゲージ・ティーチング）　communicative approach とも呼ばれる．第二言語（または外国語）指導の目的はコミュニカティブ・コンピテンスの育成であ

るという立場を取るアプローチ（Richards, Platt and Weber (1985)）．学習者が多様な場面状況において目標言語を使用できる能力の育成を目標とする． ⇨ COMMUNICATIVE COMPETENCE

community of practice（実践共同体）　Lave and Wenger (1991) による用語．共通の関心事をもち，持続的にその実践活動に共同で従事している人々の集団のこと．この集団への継続的な参加を通し，その活動に関する知識やスキルを修得するとともに，参加形態の変化に伴い自己認識を形成，変化させていく．

competition model（**CM**）（競合モデル）　Bates and MacWhinney (1987) が提案した言語獲得モデル．子どもは発話理解において，語順 (word order)，主語と動詞間に見られるような数や人称の一致（AGREEMENT），格（case），名詞の有生性（animacy）などの競合する手がかりの中から，経験的データと合致する最適なものを選択するという主張に基づいている．

complexity theory（複雑系理論）　様々な要素が相互に影響しあうシステムの振る舞いを説明することを目指す理論．システムは複雑性，ダイナミズム，非線形性，適応性，開放性などの性質を持つとされ，物理学，生物学，社会科学，医学など多岐にわたる分野で研究されている．
⇨ DYNAMIC SYSTEMS THEORY; EMERGENTISM

comprehensible input（理解可能なインプット）　学習者の言語能力を超えた語彙・文法項目の入っている（プラス1），学習者が理解できる話し言葉 (i) である．これを i+1 で表している．学習者はコンテクストからの手がかり（例えば，今までの話の流れ）を使ってプラス1のインプットを理解する．Krashen (1982) の input hypothesis では，i+1 は第2言語習得の必要な条件とされている． ⇨ MONITOR MODEL

computer assisted language learning（**CALL**）（コンピュータを使用した言語学習）　言語の教育や学習にコンピュータを使用するアプローチで，教材を提示したり，評価するために用いられる（Levy and Hubbard (2005)）．

concept-oriented approach（**CoA**）（概念指向のアプローチ）　第2言語学習者がコミュニケーションする際，時などの1つの概念がどのような言語的手段で実現され，そしてそれが発達過程の中でどのように変遷していくかを分析する研究の枠組み（Bardovi-Harlig (2007)）．

conceptual span（概念スパン）　ワーキングメモリ内の PSTM よりも理解力の指標として信頼できる予測力を持つ意味的短期記憶（semantic

STM）容量を測定するためのスパンでリーディングスパンよりも予測力が高いとされている．1語毎に既定の秒数間黙読した後，複数の単語を複数のカテゴリーに分類して再生を行う容量を測定する（Haarmann, Davelaar and Usher (2003))． ⇨ PHONOLOGICAL SHORT TERM MEMORY; WORKING MEMORY

conceptual transfer（概念転移）　言語学習者が第二(目標)言語を学ぶ際に，その学習者の第一言語における概念的知識や思考回路などが認知（concept）レベルで第二言語の理解または使用に転移（transfer）・影響するという考え方．⇨ LINGUISTIC TRANSFER

construal（解釈）　同一の内容も，それを話者がどう捉えるかによって，意味上の差異が生じ，言語形式に反映される（Langacker (1986))．解釈とは，事態の意味を創造的に構築する営みをいう．人が事態をイメージする能力に依存し，個別言語や経験的背景に基づいて慣習的に組み込まれている．

construction learning（構文の学習）　認知言語学に依拠した言語習得理論の用語．意味と形式が結びついたユニットとしての構文が入力と一般認知能力に依拠して学ばれる過程をいう（Casenhiser (2012))．個別事例からボトムアップ的に抽象化が起こるとされ，頻度が重視される．
⇨ FORM-MEANING CONNECTION

content-based language teaching（内容中心教授法）　言語教育と内容学習（理科や算数）を統合した外国語指導方法である．内容中心教授法は，言語形式を主に指導することではなく，目標言語で教科内容を教えることにその主眼が置かれている．

context of situation（状況のコンテクスト）　言語はその語が持つ意味だけでなく，用いられる文脈に依存するという考え．従来の認知的言語習得モデルを補足するが，言語習得におけるコンテクストの重要性の理解にはコミュニケーションコンテクスト（使用されている状況）と学習環境の区別が必要（Batstone (2002))．

contrastive analysis hypothesis（対照分析仮説）　母語と目標言語を対照し，それらの言語が類似していれば目標言語の習得は容易だが，差異が大きければ困難になるという Lado (1957) が提唱した仮説．これに対し，母語の影響に関わらない普遍的な目標言語の習得過程の存在を Dulay and Burt (1972) が主張している．

control group（統制群）　同じ性質を持った2群のうち，独立変数（例：ある英語指導法の効果）の操作を受けたグループを実験群と呼ぶのに対

し，受けていないグループを統制群と呼ぶ．両者の結果を比較することで，実験群に与えた効果を見ることができる．

controlled processing（統制的処理） ワーキングメモリの中央実行系のような制御システム内で意識的に処理過程に注意が向けられる．例として，不十分な学習項目を処理する際に注意資源を要する能動的注意であり，注意資源を要しない自動的処理とは対照的である．⇨ AUTOMATICITY; WORKING MEMORY

corpus analysis（コーパス分析） コーパス（自然な環境で使用された言語データを大量に電子化したデータベース）を主にコンピュータで分析すること．実際の言語使用を明らかにすることで，それまでの理論言語学に大きな影響を与えた（Sinclair (1991)）．

corrective feedback（訂正フィードバック） 学習者の発話や作文に誤りがあることを示す発話や指示をいう．会話では，大別して，誤りを正しい形にして暗示的に再提示するリキャストや正しい形は提示しないで明示的に自己訂正を促すプロンプトなどが使われる．一方，作文では，文字のみならず，記号を使ったり，誤りに下線を引いたりする方法も使われることがある．⇨ RECASTS

correlation（相関） 一方の変数の値が大きくなれば，他方の変数の値も大きくなることを正の相関，一方の変数の値が小さくなれば，他方の変数の値も小さくなることを負の相関と呼ぶ．相関係数として頻繁に利用されるのがピアソンの積率相関係数（Pearson's correlation coefficient），記号 r で表される．$-1 \leq r \leq 1$ の値を取る（浦上・脇田 (2008)）．

counterbalance hypothesis（カウンターバランス仮説） 学習環境により効果的な訂正フィードバックのタイプが異なることを明示した Lyster and Mori (2006) の仮説．第二言語への注意の払い方が，意味的な側面もしくは形式的な側面のどちらかに偏りすぎないように，注意の払い方のバランスを言語活動や訂正フィードバックで調整することで，効果的に目標言語の習得に導くことを主張した．⇨ CORRECTIVE FEEDBACK

critical period hypothesis（臨界期仮説） ある一定の年齢（e.g. 6 歳，15 歳）を過ぎると，人間は生来備わっていた言語特有の認知システムを失い，無意識的な言語習得は難しくなってしまう．そこで臨界期以降の大人の第二言語習得は，意識的かつ明示的に行われ，その能力は個人差が大きいものとなるという仮説．⇨ EXPLICIT LEARNING; IMPLICIT

LEARNING

cross-linguistic influence（言語間の影響）　目標言語と他の既習言語との類似点，相違点から生じる影響（Odlin (1989))．転移ともいい，習得を促進するようプラスに働く場合には正の転移（positive transfer)，マイナスに働く場合には負の転移（negative transfer）とされる．母語からの影響を指す場合が多いが，近年では第二言語から第三言語への影響も注目されている．⇨ CONCEPTUAL TRANSFER; LINGUISTIC TRANSFER

cross-sectional research（横断的研究）　ある地点における複数の実験群を比較し，相違点・類似点を探る研究手法．一方，縦断的研究（LONGITUDINAL RESEARCH）とは，長期間にわたって継続的に同一の実験群を調査し，時間経過に伴う変化を観察する研究手法のことを指す（竹内・水本 (2011))．⇨ LONGITUDINAL RESEARCH

D

declarative memory and knowledge（宣言的記憶と知識）　人が普段「覚えている」と自覚でき，その中身をことばで説明することができる記憶であり，顕在記憶ともいう．同様に，人が意識することができ，「それが何であるのか (what it is)」をことばで説明することができる知識が宣言的知識である．⇨ PROCEDURAL MEMORY AND KNOWLEDGE

declarative procedural model（宣言的・手続き的記憶に基づく演算モデル）　Ullman が提唱したモデル．宣言的記憶と手続き的記憶の両システムを平行的に用いる演算モデルを指す．このモデルでは，両システムが補完関係になり演算が行われる場合や，宣言的記憶に基づく演算が手続き的記憶に基づくものより優先される場合がある．⇨ DECLARATIVE MEMORY AND KNOWLEDGE; PROCEDURAL MEMORY AND KNOWLEDGE

depth of processing（処理水準の深さ）　Craik and Lockhart (1972) は，記憶痕跡の強度は，情報が処理された深さの度合いによるとする処理水準モデル（levels of processing）を提案した．感覚的・形態的分析を伴う処理は浅く，抽象的・意味的処理を伴う処理は深く，形態，音韻，意味処理の順に深くなる．しかし，処理の深さには様々な要因が影響を与えることが指摘されている（Morris et al. (1977) など）．⇨ SEMANTIC PROCESSING; TRANSFER APPROPRIATE PROCESSING

descriptive research（記述研究）　実験研究のように実験等でデータを

操作せずに,自然に起きている現象をデータとして,そこで何が起こっているかを詳しく記述する研究をいう.談話分析や会話分析がこれにあたる.質的のみならず頻度などの量的な研究手法も用いられる.⇨ QUALITATIVE RESEARCH; QUANTITATIVE RESEARCH

developmental sequences(発達順序) 第二言語学習者が特定の言語構造を習得していく際にたどる発達プロセス.第二言語習得研究では,英語の否定文,疑問文,関係節などに関して,母語にかかわらずほぼ一定の発達順序が見られることが報告されている.⇨ MORPHEME ACQUISITION ORDER; QUESTION; RELATIVE CLAUSE

dialogic inquiry(対話的探求) 社会文化的アプローチに基づいた指導法の1つ.協同活動での対話を通じて知識を構築するようデザインされた指導法で,学習者の深い考察を促すよう教師は発問などを工夫する.⇨ SOCIOCULTURAL APPROACHES

discourse completion task(談話完成タスク) 談話に関する知識やパフォーマンスを測定するために開発された言語産出型のテスト.あらかじめ設定された状況を解答者に提示し,その状況にふさわしい応答を求めるタスク.口頭ではなく,筆記であることが多い.⇨ DISCOURSE PROCESSING

discourse processing(談話処理) 複数の文の集合体である談話レベルでの認知処理.単文レベルでの処理を経て,文と文を結びつける関係や構造,談話によって構築される文脈など,談話に潜在する情報を認識して理解すること.

display question(表示質問) 情報を得るためではなく,学習者に語彙又は文法の練習を促すために教師がする質問.外国語教育専門書では,よく Not a real question のように説明されている.中学校の英語の授業でよく使われる display question としては,What day is today? How is the weather today? What is the date today? などが考えられる.⇨ REFERENTIAL QUESTION; TEACHER TALK

distributed cognition(分かち持たれた知,分散知) 社会的な行為や活動において,われわれの知が,他者,記号,人工物,資源,環境などの様々な事物に分かち持たれ,関係づけられているという見方(Pea (1993)).例えば,買い物リストは,人間の記憶を外的に支援する文化的道具(記号)であり,分かち持たれた知の1つであるといえる.⇨ ECOLOGICAL APPROACHES; SOCIOCULTURAL APPROACHES

dynamic assessment(ダイナミック・アセスメント) ヴィゴツキーの

発達の最近接領域の考えに基づいて提唱された評価及び教授の枠組み．援助者が子どもの発達の水準を見極めた上で，適切な介入を行いながら協同的に達成可能な水準を探り，その後の発達を促す（Pohener (2008)）．IQ といった固定的な知能観に対して批判的だった神経心理学者ルリアによって広く知られるようになった．⇨ ZONE OF PROXIMAL DEVELOPMNET

dynamic systems theory（動的システム論） 複雑系理論の中でも，特に時間と共に変化する複雑系の振る舞いを描写することに焦点を当てた理論．もともとは数学から派生したため，この理論のもとで行われる研究は数的なアプローチをとることが多い．⇨ COMPLEXITY THEORY; EMERGENTISM

E

ecological approach（生態学的アプローチ） 米国の心理学者であるブロンフェンブレンナーによる枠組み．人間を取り巻く環境を1つの生態系として捉え，人間の発達をマイクロ−メゾ−エクソ−マクロというシステム間の生態学的移行とした．SLA 研究では，van Lier (2004) が，ギブソンの生態心理学なども取り入れた生態学的アプローチを展開している．⇨ AFFORDANCE

effect size（効果量） 独立変数の効果や，変数間の関係の強さを表す，標本サイズに依存しない尺度．研究間での比較が可能になる．指標として，d 族：群ごとの平均値の差を示す効果量（Cohen's d, f 等）と，r 族：変数間の関係の強さを示す効果量（r, $\eta 2$ 等）があり，絶対値が大きいほど，効果量は大きい（竹内・水本 (2011)）．⇨ META-ANALYSIS

embodiment（身体化） 人間の概念体系は，身体的性質に制約され，身体を通じた経験や意味によって構築されるという考え方．例えば，認知意味論（Lakoff (1993)）での「容器」「経路」「連結」といった基本的なイメージ・スキーマには，日常の身体的経験が構造化されている．抽象的概念の理解は，これらが抽象的な領域へ投射され可能となる．

emergence criterion（出現基準） 言語習得研究において，ある形態素や文構造の初出時期をその規則が習得された時点とみなす考え方（Pienemann et al. (1988)）．義務的文脈での正用率を習得の判断のために用いる考え方が習得の最終地点を考慮しているのに対して，出現基準は当該規則が学習者言語に内在化した時点を考慮しようとする．⇨ TARGET-LIKE-USE ANALYSIS; OBLIGATORY CONTEXT

emergentism(創発主義) 1つのシステムにおいて,そこに含まれる要素同士が複雑に相互関連しているために,システム全体としては各要素の性質の単純な総和からは導き出せない性質が現れるとする考え方. ⇨ COMPLEX SYSTEMS THEORY; DYNAMIC SYSTEMS THEORY

emotions(感情) 英語学習においても知性の拡張として喜び,恥ずかしさ,不安などの感情をうまくコントロールすることが重要であると考えられている. ⇨ ANXIETY

entrenchment(定着) 用法基盤モデルをとる認知言語学の用語.繰り返しを通して,たとえ複雑な言語構造でも一単位として内部構造が意識されずに処理され,ルーティン化され,活性化されやすくなる心理現象をいう(Langacker (2000)). ⇨ CONSTRUCTION LEARNING

episodic memory(エピソード記憶) 日常生活において自己の様々な経験を想起する長期記憶の一部である.「8歳の頃,ロンドン市内で焼き立てのスコーンを初めて食べた.」のように時間や場所を特定化し想起できる記憶である.仮にこの様子を写真で見ても何も想起できず,食事に関する自己の知識としてのみ記憶されている場合,意味記憶の範疇に属する. ⇨ DECLARATIVE MEMORY AND KNOWLEDGE

error analysis(誤り分析) 第二言学習者の学習/習得過程における「誤り」を分析することであり,学習過程や方略の解明のために行われる(Coder (1967)).また,「誤り」を学習者の仮説検証の結果を反映したものとして捉え,過渡的な言語能力の研究のためにも行われる分析である. ⇨ CONTRASTIVE ANALYSIS HYPOTHESIS

ethnographic research(民俗誌的研究) 現場での参与観察やインタビューを技法として行う調査研究のこと.もともと人類学で用いられた技法であるが,現在は,学校,企業,病院などのフィールド調査でも用いられる.研究者は,現場における内部者の視点から良質な観察と分厚い記述を行い,記録を分析するというプロセスを繰り返す(柴山 (2013)).

European science foundation project(ESFプロジェクト) 1980年代にヨーロッパにおける成人移民を対象に行われた第二言語習得の研究.機能主義的立場にもとづき,自然の場での学習者が中間言語の構築を経て第二言語習得にいたるプロセスを長期にわたって追跡し,その特徴と要因を分析した. ⇨ BASIC VARIETY

Event-related potentials (ERP)(事象関連電位) 人間の脳では,一般に脳波と呼ばれる微弱な電気が認知活動に付随して常に発生してお

り，そのうち，特定の外部の事象（音や単語の呈示など）に関連した電位変動を抽出したものを ERP と呼ぶ．ERP は，ミリ秒単位で刺激に対する反応を測定することができる．⇨ FUNCTIONAL MAGNETIC RESONANCE IMAGING

executive control（実行制御）　ある目的を遂行するために，外界で起こっている出来事のモニタリング，必要な情報へ注意を向ける，必要な情報の出力，選択及び更新，不必要な出力の抑制などが様々な認知プロセスを協調して思考や行動を制御する仕組み．⇨ ATTENTION; INHIBITORY CONTROL

experimental research（実験研究）　理論に基づき，仮説を立て，実験を行い，結果を検証する研究．通常，仮説をできるだけ正確に検証するために，意図的に被験者を選択し，要因の統制を行い，必要に応じて実験装置や器具を使用し，実験を行って得られた結果を分析する．⇨ CONTROL GROUP

explicit learning（明示的学習）　学習者が学習事項を意識し，かつそれを学習しようという意図を持っている状態の学習．明示的学習は explicit knowledge（明示的知識）の習得を促すことに異論はないが，implicit knowledge（暗示的知識）の習得にどのように影響を与えるかは，まだ不明な部分が多い（Hulstijn (2005))．⇨ IMPLICIT LEARNING

eye tracking（アイトラッキング：眼球運動測定）　読解などの認知活動における眼球運動を測定する実験手法．初級者は熟達した読み手よりも，固視時間が長く，サッカード（目の動き）の幅が短く，停留する回数が多い．また，難しい文を読むときは平易な文を読むときよりも，長い固視時間が必要で，サッカードの距離も短くなる傾向がある．⇨ READING

F

factor analysis (FA)（因子分析）　複数の観測変数から，その背後に共通して存在する潜在変数を推定する統計的分析手法．観測変数とは，質問紙調査で用いた質問項目のことを指し，潜在変数とは，その回答に影響を与えた因子のことを指す．観測変数と因子の関係性の強さは因子負荷量によって表され，その値を元に因子が決定される（竹内・水本 (2011)，平井 (2011)，浦上・脇田 (2008))．

field independent/dependent（場独立性／依存性）　学習スタイルの1つ．埋め込まれた図を背景に関係なく認識（場独立）または影響される

（場依存性）かという認知心理学の概念を応用．英語学習においては分析的（場独立）または包括的認識（場依存）に分かれると考えられるが個人差にあまり影響しないといわれる．⇨ INDIVIDUAL DIFFERENCES

first language（第一言語）　人が生まれてから，最初に習得する言語．また，人が最もうまく使いこなし社会言語学的な帰属意識の基盤となる言語を指すこともある．厳密な違いはあるが mother language（母語），NATIVE LANGUAGE（母国語）と同じ意味で使用されることもある．⇨ FOREIGN LANGUAGE; NATIVE SPEAKER

fluency（流暢さ）　言語運用（PERFORMANCE）を構成する3つの側面の1つであり，言語を話したり書いたりする際の滑らかさや流暢さ，あるいは言語を流暢に使用する能力を示す．流暢さを示す度合いは様々で，1分あたりのシラブル数，繰り返しの数，沈黙の全体時間などが使われる．⇨ AUTOMATICITY; SPEAKING; WRITING

Focus on Form（**FonF**）（フォーカス・オン・フォーム）　意味中心の外国語の活動において，短時間言語そのものに着目させること．間違った表現に対する CORRECTIVE FEEDBACK（修正フィードバック）や，間違いが起こる前に，予め困難が予想される項目に関して教師や学習者が質問することなどを含む（Doughty and Williams (1998))．⇨ CORRECTIVE FEEDBACK; NEGOTIATION OF MEANING

foreigner talk（フォーリナー・トーク）　母語話者が非母語話者との接触場面において，非母語話者の理解やコミュニケーションの促進のために話法を調整することである（Ferguson (1981))．特徴として，用語・文法の簡略化，語の繰り返し・言い換え，発音の明瞭化，発話速度を落とすなどが挙げられる．⇨ TEACHER TALK

foreign language learning（外国語学習）　学習対象言語が使用されていない国や地域でその言語を学習する状況を指す（白畑・若林・村野井(2010))．日本や韓国における英語学習は外国語学習となる．これに対して学習対象言語が使用されている国や地域で多くのインプットを受けながら習得していく学習状況を第二言語学習と呼ぶ．⇨ FOREIGN LANGUAGE; NATURALISTIC ACQUISITION

form-meaning connection（**FMC**）（形式・意味の結合）　習得が起こるためには，言語処理において，入力中の形式とそれが表す意味のつながりを学習者が体験しなければならない．その過程及び結果をいう（Williams (2012))．

formulaic language（定型ことば）　複数の語が1つのまとまりとして

保持され使用される言語単位をいう．定型かそうでないかで二分されるか，あるいは連続体として捉えるのかは理論的立場によって異なり，定義には，頻度，意味の合成性などの多次元の要素が関係する（Wray (2012))． ⇨ CHUNKING; TOKEN FREQUENCY; TYPE FREQUENCY

fossilization（化石化） 学習者の第二言語使用において，母語話者の言語の使い方の規範から逸脱しており，発達が停滞しそれ以上進歩しない状況を指す（Selinker (1977))．第二言語の発音に一般的に見られる例は，ネイティブスピーカーと同じ音韻精度で話すことを妨げる外国人のアクセントである． ⇨ INTERLANGUAGE

frontal lobe（前頭葉） 前頭葉は記憶，判断，感情，新しいものを作りだす創造など様々な高次機能を担っている領域である．特に発話に関与していることから運動性言語中枢（ブローカ野）と呼ばれる下前頭回は，言語機能を司る重要な脳部位として知られている．

functional magnetic resonance imaging (fMRI)（機能的磁気共鳴画像法） 非侵襲的 MRI 装置を用いて，様々な課題遂行時の脳内の血流の変化を計測し，脳賦活部位を調べる検査方法．数ミリメートル単位の高い空間解像度で活動部位を特定できる． ⇨ EVENT-RELATED POTENTIALS

functional typological linguistics（機能主義言語学・類型論） 言語の構造や体系を言語が用いられる場面や社会における機能の観点から解明しようとする言語学の立場．言語形式は言語使用の場とは別個に存在すると考える形式主義言語学と対照をなす． ⇨ LANGUAGE TYPOLOGY

fundamental difference hypothesis (FDH)（根本的相違仮説） Bley-Vroman (1989) によって提唱された，第一言語習得と第二言語習得は習得メカニズムが根本的に違うことを述べた仮説．第一言語では UNIVERSAL GRAMMAR (UG：普遍文法) が利用できるため誰でもその言語を使用する他の人々と同じレベルまで習得が可能なのに対し，第二言語では UG が利用できないためその限りではないと説明している． ⇨ GENERATIVE LINGUISTICS

G

generalizability（一般化可能性） ある理論や研究結果がどの程度一般化できるかという可能性．対象サンプルを無作為に抽出し，その数が多いほど，高くなる．また，ある場面で学習した事を一般化し，他の場面でも応用できる可能性．例えば，watch の過去分詞形が watched であ

れば，observe の過去分詞形も observed だと応用できること．

generative linguistics（生成言語学）　Noam Chomsky が，1950 年代に提唱した言語理論で，生成文法とも呼ばれる．生成言語学は，言語能力を人に固有でかつ普遍的な生物学的特質と見なし，脳に内在する言語知識を自然科学の方法で解明することで，最終的には「人間とは何か」の本質に迫ろうとする企てであり，生物言語学の中核を担っている．

gestures（ジェスチャー）　NON-VERBAL COMMUNICATION（非言語伝達）の一種．手足や顔等を含む身体の部位を用いて，意味伝達を行うこと．言語が伴う場合も伴わない場合もある．ジェスチャーは聞き手の理解度を高めるだけでなく，話し手のスピーチを助ける上でも重要な役割も持つ（McCafferty and Stam (2008))．

grammar translation（文法訳読）　教授法の1つであり，文法教育と訳読指導を中心とする．文法構造を体系的に指導学習できるなどの長所があるが，一方，母語に注意が向けられるため目標言語の運用能力が高まらないなどの短所がある．⇨ COMMUNICATIVE LANGUAGE TEACHING; READING; WRITING

grammatical encoding（文法符号化）　産出しようとするメッセージに基づいて，関連する語彙にアクセスし，その語彙に含まれる統語情報を活用し，語を配列するプロセス（Levelt (1989))．Levelt の言語産出モデルでは，形式化装置で行われるプロセスの1つである．⇨ LEVELT'S MODEL OF SPEECH PRODUCTION

grammaticality judgment（文法性判断）　文法性判断とは，ある文が当該言語で生成可能か否か，あるいは，その言語の文として可能かでどうかの判断で，提案した文法システムや言語知識の仮説検証に用いられる．現実の言語運用に関する容認可能性判断（acceptability judgment）には，文法以外の言語処理や，語用論的要因などが関与する．

H

heritage language education（継承語教育）　出身国や民族の言語など本人の出自に関連する言語（継承語）を教育すること（中島 (2001))．例えば，子どもが家族に伴い外国に移住した場合，母語の能力が失われていくことがある．少数民族の場合にも，周囲では多数派言語が使用されることがある．こうした状況で継承語を維持するには，学校科目や課外授業での教育が必要となる．⇨ ADDITIVE BILINGUALISM; SUBTRACTIVE BILINGUALISM

hesitation phenomena（躊躇現象）　スピーキング活動中に現れるためらいを表す現象．流暢さを測定する際の指標の1つとして使用される．通常 unfilled pauses（沈黙）と filled pauses に分類される．後者はさらに非語彙的（例えば，'er' 'erm' 'mm'）と語彙的（例えば，'well', 'kind of', 'you know'）に分類される．⇨ FLUENCY; SPEAKING

hypothesis testing（仮説検証）　アウトプットするように求められた際，学習者は伝えたい意味内容を自分の既存知識を用いて言語化する．この際に既存知識を組み合わせてある種の予測を立てることがある．これが仮説形成（hypothesis formulation）である．自分の立てた仮説を実際にアウトプットすることによってその妥当性を検証することを仮説検証と呼ぶ（Swain (1995)）．⇨ OUTPUT HYPOTHESIS

I

identity（アイデンティティ，自己同一性）　自分が自分であること，他者とは異なる独自の存在であるという自己認識の概念．従来は，単一，固定的で変化しないとされていたが，最近ではポスト構造主義的観点から多面的，重層的，流動的かつ相互交流により常に再構築され変容していく概念として理解．

idiomaticity（イディオム性）　2語以上の語が集まって，意味的・統語的に特有の意味を有する句は連語項目（multi-word items）と呼ばれ，慣例化（insitutionalization），固定性（fixedness），非構成性（noncompositionality）といった特徴を持つ（Moon (1997))．kick the bucket のように，個々の語の意味から句全体の意味を引き出すことができないイディオム性が高いものから，because of のようにイディオム性の低いものまである．

immersion program（イマージョン・プログラム）　第二言語で教科内容を教える内容中心教授法の教育プログラム．学習開始時期や第二言語で教える割合によりプログラムのタイプが細分化される．第二言語は教科内容の学習の副産物として習得することを目標としているが，概して，母語話者と同程度の言語理解能力や会話等での言語使用能力が高いことが特徴として挙げられる．⇨ CONTENT-BASED LANGUAGE TEACHING

implicational scaling（含意法）　複数の言語項目の難易度や学習者の習得段階を明らかにするための分析手法．各項目に対する学習者毎の習得状況を +/− などの二分法で示し，+ の数の順に項目と学習者を並べた

表を作成する.多くに習得されている項目は容易であり,学習者がある項目を習得した場合には,より易しい項目も習得していることを含意する(Larsen-Freeman and Long (1991)).

implicit learning(暗示的学習) 言語形式に対する学習者の注意をコントロールするための教育的介入(例えば,教師から言語規則を与えられたり,規則を探し出すように指示をされる)がなくても,意識にのぼらない形で無意識的に学習すること. ⇨ EXPLICIT LEARNING

individual differences(個人差) 個別のユニークな人間としての属性.個人差の研究は,人格,動機,知性,能力,IQ,興味,価値観,自己概念,自己効力感,自尊心などが含まれる.

inflectional morpheme(屈折形態素) 派生形態素(derivational morpheme)に対する.時制,アスペクト,数といった文法的機能を担っている拘束形態素(BOUND MORPHEME)を指す.派生形態素とは異なり,屈折形態素は,品詞を変えない. ⇨ MORPHEME ACQUISITION ORDER

information processing(情報処理) 人間をコンピュータのごとく一種の情報処理装置とみなし人間の認知メカニズムの解明にあたる立場である.人間の言語及び非言語情報の記憶過程において,情報がいかにインプット,符号化,処理,検索,アウトプットを遂行していくのかについて詳細な実験条件のもと厳密にデータを分析し,汎用性の高いモデルを構築する.

inhibitory control(抑制制御) 情報処理過程における様々な局面で特定の情報に抑制をかけて適切な操作や調節を図る行為である.具体的な課題として,反応遅延(例:可能な限りゆっくり単語を再生させる)や認知的葛藤(例:赤と青のインクで書かれた文字を見せ,そのインクの色を速く回答させるストループ課題)等がある. ⇨ EXECUTIVE CONTROL

initial state(初期状態) 生成文法は,人間には言語獲得を可能とする言語機能が,生得的に与えられていると仮定している.子どもが生まれた直後で,外界から経験を取り込んでいない言語機能の状態を初期状態と呼び,初期状態に関する理論をすべての言語に共通するという意味で普遍文法(UNIVERSAL GRAMMAR, UG)と呼ぶ. ⇨ GENERATIVE LINGUISTICS

innatist(生得論者,生得主義者) 言語獲得を説明するのに,他の認知機能とは異なる領域固有の言語機能が,脳に生得的に備わっていると主張する人を指す.nativist ともいう.生成文法の最新理論であるミニマ

リストプログラムでは，言語機能の理論である普遍文法の最小化を目指している．

input（インプット）　学習者が読んだり聞いたりする言語情報．Krashen (1985) が唱える「インプット仮説」によれば，理解可能なインプットに多く触れるだけで十分言語習得が可能である．母語習得においては自然に触れる言語が一般的なインプットであるが，第二言語習得では教室環境における言語が主要なインプットになる．⇨ COMPREHENSIBLE INPUT; MONITOR MODEL

input enhancement（インプット強化）　下線，太字，色などを用いてテキストの一部を目立たせる事により，学習事項であるそれらの部分に，学習者の注意を自然と向ける工夫．ただしその効果については異論があり，かえって読解を妨げるという研究結果もある (Han, Park and Combs (2008))．⇨ ATTENTION

Input flood（インプット洪水）　フォーカス・オン・フォーム (FoNF) の1つであり，暗示度が特に高い文法指導法である．目標形式を意図的に多くませたリーディング教材やリスニング教材を与えることで，言語活動時に学習者に目標形式に気づかせることを狙う．⇨ FOCUS ON FORM; NOTICING HYPOTHESIS

institutional talk（制度的談話）　ある特定の社会的制度や組織に関係した文脈で行われる談話．その社会的制度に属する者と部外者（例えば，専門知識をもった医者ともたない患者）の談話や同じ制度に属する者同士の談話などでは，その組織における規範的語彙や話法に関する知識の有無が影響する．

instructed second language acquisition（指導を受けた第二言語習得）　教室内で教授を受けることによって起こる外国語の習得．対局するのが naturalistic acquisition（自然習得）．外国語の指導が，その言語の習得にどのような役割を果たすかについては意見が分かれているが，METALINGUISTIC AWARENESS（メタ言語意識）を高めることは間違いない (Doughty (2003))．⇨ NATURALISTIC ACQUISITION

intake（インテイク）　言語を習得するために，INPUT（インプット）した情報を学習者が取り入れる「段階」や「過程」，または取り入れた「言語」そのものや，さらにはその「心的表象」など，様々な意味に用いられる．インテイクは INTERLANGUAGE（中間言語）に影響を与える (Chaudron (1985))．⇨ INPUT; INTERLANGUAGE

intelligibility（聞き取りやすさ）　ビジネスや学術などの場で英語を使い

コミュニケーションをとるとき，特に大人の学習者は必ずしも「ネィティブスピーカーと同じ様な正確性」ではなく，「聞き取りやすさ」「わかりやすさ」を重視したスピーキング能力習得を目指す事が必要であるという考え方．

interaction hypothesis（インタラクション仮説）　第二言語習得を促進するためにインタラクションでの意味交渉が重要であると提唱した Long (1983, 1996) の仮説．Long (1983) では，インタラクションの中で発話を修正して理解可能にすることが必要であるとした．一方，Long (1996) では，意味交渉における形式への注意の重要性を強調し，フォーカス・オン・フォームやリキャストの研究に繋がった．⇨ INTERACTION HYPOTHESIS; FOCUS ON FORM; NEGOTIATION OF MEANING; RECASTS

interactional instinct（相互作用本能）　Lee et al. (2009) の用語．人間が自分の社会環境で他者と相互作用をとろうとする生得的本能を指す．生成文法が仮定する普遍文法の代案として提案された．この本能が，母語獲得，第二言語獲得，言語進化の基盤となっている．⇨ GENERATIVE LINGUISTICS

interdependence hypothesis（相互依存仮説）　第一言語と第二言語は別々に発達するのではなく，深層部分で共通する言語能力の領域を持っているという Cummins (1981a) が提唱した理論である．Cummins は言語能力を BICS と CALP に分類したが，二言語で相互に影響し合うのは主として CALP のほうである．第一言語で獲得した能力が第二言語に転移するという考え方は多くの実証研究によって支持されている．⇨ BASIC INTERPERSONAL COMMUNICATION SKILLS (BICS); COGNITIVE ACADEMIC LANGUAGE PROFICIENCY (CALP)

interlanguage（中間言語）　言語学習者の第一言語と第二(目標)言語の途中の段階にある言語という意味の Selinker (1972) の造語で，第二言語学習途上の学習者の言語体系の総称．各学習者間によって異なり，同一学習者内でも発達段階により変化する抽象的概念．

inter-rater reliability（採点者間信頼性）　テスト結果の正確さおよび一貫性は「信頼性」と呼ばれる．ライティングやスピーキングのパフォーマンスを採点する際には，どの採点者が得点をつけても一貫した結果が得られなければならない．採点者間信頼性は，複数の採点者が採点したときの一致度を指すものであり，信頼性係数は相関係数などを算出することで得られる．

investment(インベストメント) 第二言語の学習に費やす時間と労力を表す．動機づけの固定的な性格を超えて，常に学習者自身の社会的アイデンティティを満たすために変化しているものである．⇨ IDENTITY; MOTIVATION

involvement load hypothesis (ILH)(かかわり度仮説) 言語処理タスクの性質が，処理の深さ(DEPTH OF PROCESSING)に影響するという仮説(Laufer and Hulstijin (2001))．かかわり度は，その単語の意味を理解する必要性がどの程度あるかという必要度(Need)，文脈にふさわしい単語の意味を検索する試みといった探索度(Search)，可能な候補の中から選択するという評価(Evaluation)の3つの概念の影響を受ける．⇨ DEPTH OF PROCESSING; VOCABULARY INSTRUCTION

L

language switching(言語切り換え) バイリンガルが複数の言語を脳内でどのように処理しているかを意味し，認知心理学や神経心理学で使用される概念である．最新の実験結果では，2つの言語の単語の関連性を問うタスクにおいて，バイリンガルが言語を切り替える際，左脳の尾状核においてのみ神経活動の活性化があったことが確認されている(Crinion et al. (2006))．

language test(言語テスト) 個人の語学学習行動の具体的な標本を引き出すために設計されたテストのことである．テストの作成者は，テストの妥当性(validity)，信頼性(reliability)，波及効果(washback)などの基本理念を認識する必要がある(Hughes (2003))．

language typology(言語類型論) 世界の言語を，その共通する特徴によって分類・類型化することにより，言語普遍性と多様性を追究しようとする研究分野．音韻，統語，形態などの面から類型の研究が行われている．類型の例としては，基本語順による類型(SVO・SOV など)，格表示の仕方による類型(対格言語・能格言語など)があげられる．

lateralization(一側化) 人間の大脳には右脳と左脳があり，成熟とともに適応性が下がり，右脳と左脳で特定の活動が行われる特定化が進行する現象．言語の使用は幼児期には右脳，左脳どちらの働きにも関係しているが，一側化が進めば主に左脳が言語処理をコントロールするようになるといわれている．⇨ MYELINATION

learned attention(学習性注意) 情報のすべてに注意を向けることは不可能であるから特定の情報に選択的に注意を向けることの重要性に基づ

く行為である．外国語への注意の向け方は学習者の母語の影響も伴う．母語と対応する情報項目がある場合，顕著性により注意を向けやすくなるが，この情報が欠落している場合，明示的指導により注意を促す必要性がある (Ellis and Sagarra (2010))． ⇨ ATTENTION

learning disabilities (LD)（言語学習障害） 知的発達に遅れはないが，聞く，話す，読む，書く，計算する，推論する能力のいずれかの学習に著しい困難が認められる状態を指す．母語習得において学習障害のある者は，第二言語学習に際してもその影響が認められる．

learning strategies（学習方略） 効果的に英語学習を遂行するために学習者が意図的に活用する学習方法全般．学習習慣タイプ（行動的なもの，例えば音読など）と言語活動タイプ（心理的なもの，例えばスキミングなど）がある．

Levelt's model of speech production（Leveltの言語産出モデル） 概念化装置 (conceptualizer)，形式化装置 (formulator)，調音化装置 (articulator) を経て発話されるとするモデル．Willem Levelt によって提案された (1989)．概念化装置はメッセージを生成する．形式化装置は文法符号化 (GRAMMATICAL ENCODING) と音声情報を付与する音韻的符号化 (phonological encoding) によりメッセージを言語化する．調音装置は言語化された構造を音声化する． ⇨ GRAMMATICAL ENCODING

lexical access（語彙アクセス） 言語理解・産出時に語の情報が活性化されること (Levelt (1989, 1993, 2001))．自律的逐次モデルである探索モデル (search models; Forster (1976))，並列モデルであるロゴジェン・モデル (logogen model; Morton (1969))，聴覚による逐次処理モデルであるコホート・モデル (cohort model; Maslen-Wilson (1987)) などがある．語彙アクセスには，語の頻度，音声的要因，統語範疇，形態的複雑さなどが影響する． ⇨ LEVELT'S SPEECH PRODUCTION MODEL

lexical concept（語彙概念） 語に内在する意味を指し，例えば，「桜」は，落葉広葉樹で，春になると淡紅色の花を咲かせるという語の概念をもつ．「桜」と聞いて，「入学シーズン」「お花見」などの想起される概念（意味概念：semantic concepts）とは区別される．

lexical selection（語彙選択） 言語処理時に，レキシコンにアクセスし，適切な情報を検索し，選び出すこと．聞いて理解する際には，音響・音声的処理を経て，活性化された複数の語候補の中から絞り込みが行われる．一方，話す際には，まずメッセージ生成に必要な語彙の概念へのアクセスし，意味，統語情報が活性化される (Levelt (2011))．

lexicon（レキシコン）　長期記憶に記憶されている単語の表象（REPRESENTATION）．いわゆる紙の辞書などと区別して，メンタル・レキシコン［心的辞書］ということもある（Aitchison (2012)）．レキシコンには，形態，音韻，統語，意味情報などの属性がそれぞれの単語に関連づけられて記載されており，これによって言語運用が可能となる．

limited capacity hypothesis（限界容量仮説）　情報処理を行う際に処理する容量に限界があると捉えた仮説である．あらゆる情報がすべて処理されるわけではなく，処理と保持の関係から有限の容量をいかに効率良く行うかが重要で選択的注意に依拠する点が大きい． ⇨ ATTENTION; INFORMATION PROCESSING

linguistic coding difference hypothesis（言語コード化差異仮説）　Sparks and Ganschow が，1989 年に学習障害（LD, LEARNING DISABILITIES）の分野で，1991 年には外国語学習の分野で提唱した仮説（Sparks and Ganschow (1991)）．母語（FIRST LANGUAGE）研究から発祥した研究であるが，外国語学習の基礎は，母語の音韻，正書法，統語，意味の構成要素における技能によって構築される，としている．

linguistic relativity（言語相対性）　言語がそれを話す人々の思考法に影響するという仮説（Gumperz and Levinson (1996)）．米国の言語学者 Sapir と Whorf の主張がもととなっている．言語が思考を規定するというより強い仮説は，言語決定説（linguistic determinism）とも呼ばれる． ⇨ THINKING FOR SPEAKING

linguistic transfer（言語転移）　第二言語習得の過程で，母語が第二言語の習得に影響を与える現象をいう．母語の影響が第二言語習得を促進する場合は「正の転移」というのに対し，第二言語の誤用を引き起こすなどの悪影響を及ぼす場合は「負の転移」という（Selinker (1972))．⇨ CROSS-LINGUISTIC INFLUENCE; CONCEPTUAL TRANSFER

listening（聞き取り）　英語の音韻構造，イントネーションのパターン，個別音素をキーとして，そこから言葉自体を認識するボトムアップアプローチと，リスニングの内容に関する事前学習などから全体の意味をとらえるトップダウンアプローチの 2 つの方法から，第二言語音声の内容を聞き取ること．

longitudinal research（縦断的研究）　ある側面における学習者の変化を継続的に分析する研究．通常，少数の同一の被験者に対して，一定の期間データを採取する．そのため直接的に，より詳細なデータを得ることができるが，一般化が難しい． ⇨ GENERALIZABILITY

M

markedness（有標性） ある言語事象や言語項目が「基本的」かどうかを示す概念．有標性の判断基準は，普遍文法理論，言語類型論，心理言語類型論などの理論的枠組みにより異なる．一般的には，基本的，規則的，一般的，使用頻度が高いものなどが無標とされ，逆に，派生的，例外的，特殊，使用頻度が低いものなどが，有標とされる． ⇨ LANGUAGE TYPOLOGY; MARKEDNESS DIFFERENTIAL HYPOTHESIS

markedness differential hypothesis（**MDH**）（有標性弁別仮説） 第二言語習得の困難度に関し，Eckman (1977) が提案した仮説．母語と異なる点が常に難しいわけではなく，有標性がその困難度に影響するという仮説である．目標言語が母語と異なる領域でも，それが母語よりも有標である場合習得は困難であるが，無標であれば習得は困難でないとされている． ⇨ MARKEDNESS

measurement（評価） 明確な手順やルールに従って，人の特性を定量化するプロセス．評価の信頼性を高めるため，多くの教師は，生徒の達成度や習熟度の明確な定義も含まれた基準を使用する．

mediation（媒介） 社会文化的アプローチにおける基本的概念．人間の高次精神機能と媒介手段としての道具は分離不可能な関係性があり（Wertch (1998)），その手段は，サインとシンボル，他者との関わり，そして個人の活動の3つに分類される．とりわけ言語は重要である． ⇨ SOCIOCULTURAL APPROACHES

meta-analysis（メタ分析） ある一定数の個別研究が行われたトピック（e.g. 第二言語教育が効果があるか）について，統計学的な要約分析を行うことである．すべての個別研究の総体を1つの母集団とみなし，それぞれの研究結果の統計的有意性ではなく，その成果の大きさをエフェクトサイズ（2つの平均値の差の大きさ）を用いて計算，合計する手法をとる． ⇨ EFFECT SIZE

metalinguistic awareness（メタ言語意識） 言語に対する自覚的知識．日本語だけでなく，同時に外国語の学習をすることにより，言語を客体化し，構造的な特性に気づきやすくなり，メタ言語意識を深めるのにより効果があるといわれている．この用語はメタ認知（metacognition）に近いメタ言語能力（metalinguistic ability）としても用いられることがある．

mirror neurons（ミラーニューロン） 前運動野と下頭頂葉で存在する神経細胞で，自分が行動するときと同じように，他人の行動を見るだけ

でも反応する性質を持っている．自他弁別，他者の行動認識，共同注意，模倣，共感などの認知処理に関与していると考えられている．

mitigation（緩衝）　相手の気分を害する可能性を低減するために，発話を和らげ，婉曲に表現すること．例として，座るよう促す際に "I'd appreciate it if you would sit down" (Fraser (1980: 344)) と間接的に表現する，主張を和らげるために I guess といった句や副詞 (probably, possibly) を加えるなどが挙げられる．

mixed methods research（混合研究法）　質的研究（QUALITATIVE RESEARCH）と量的研究（QUANTITATIVE RESEARCH）を組み合わせた研究法．面接法と質問紙法など様々な組み合わせで計画することができ，質的研究の弱点であるデータの一般化や量的研究の弱点であるデータの浅さを補うことができるため，得られた結果の信憑性が高い．⇨ QUALITATIVE RESEARCH; QUANTITATIVE RESEARCH

Modern Language Aptitude Test（**MLAT**）（現代言語適性テスト）　言語適性を測定する代表的なテストで，信頼性・妥当性を備えていると言われる．内容は，音声認識能力，記憶力，文法的感受性，帰納的推論能力の4つから構成されている．受験はあまり愉快ではなく，個人での購入はできない．⇨ APTITUDE

modularity（モジュール性）　全体として機能するシステムが，自律した複数の下位部門から成り立っており，その下位部門に相互作用があるときに，そのシステムはモジュール性を有するといい，下位部門をモジュール（MODULE）と呼ぶ．⇨ MODULAR ONLINE GROWTH AND USE OF LANGUAGE

Modular Online Growth and Use of Language（**MOGUL**）　言語使用を通してどのように言語発達促されるかを説明する，生成文法による理論的枠組み．音韻，統語，概念などの機能に特化した下位モジュールから言語モジュールが構成され，また実際の言語使用時にそれらの下位モジュールが活性されることで言語発達が達成される仕組みを説明している (Sharwood Smith and Truscott (2005))．⇨ GENERATIVE LINGUISTICS; MODULARITY

monitor model（モニター・モデル）　Krashen が提唱した第二言語のモデルで，次の5つの仮説からなる (Krashen and Terrell (1983))．自然習得順序仮説 (Natural Order Hypothesis)，習得-学習仮説 (ACQUISITION-LEARNING HYPOTHESIS)，モニター仮説 (Monitor Hypothesis)，インプット仮説 (Input Hypothesis)，情意フィルター仮説 (Affective

Filter Hypothesis). 意識的な学習（learning）と自然な習得（acquisition）を区別し，理解可能なインプット（COMPREHENSIBLE INPUT）を十分に受ければ，自然な言語習得ができるとする． ⇨ COMPREHENSIBLE INPUT

monitoring（モニタリング）　発話者は意識的な学習によって得られた知識を発話の最中には使用できないが，その知識を発話の前後に使用することで自身が使用する文法の正確さをチェックし，発話を変更したりおかしい形式を修正するために使用できる．

morpheme acquisition orders（形態素習得順序）　母語習得および第二言語習得における形態素の習得順序に関する研究．英語の形態素研究による順位は，進行形（playing），複数形（apples），規則動詞過去（played），不規則動詞過去（went），三人称単数現在動詞の順である（Brown (1973))． ⇨ DEVELOPMENTAL SEQUENCES

motivation（動機づけ）　目標を達成するための努力と意欲である．一般に，外国語を学ぶ動機づけ（Language Learning Motivation）と教室内の動機づけ（Classroom Learning Motivation）の2つの分野に区分されている．

multi-competence（マルチコンピテンス）　Cook (1991) によって提唱された多言語話者特有の能力を説明する概念である．多言語使用者が持つ複数の言語システムは，深層部分で互いに影響し合っており，その「独自性」は，1つの言語しか話さないモノリンガルとは異なるものであり，また，目標言語の母語話者との比較で説明できるものでもないとされる．

multifunctionality（複数機能性）　Andersen (1990) が提案した OPERATING PRINCIPLES の1つ．第二言語学習者は，習得の初期は，1つの言語形式に1つの意味を結びつけていく（ONE-TO-ONE PRINCIPLE）が，その後，1つの言語形式に複数の意味や機能を結びつけたり，ある意味や機能を複数の言語形式に結びつけたりするようになるとされている．
⇨ OPERATING PRINCIPLES; ONE-TO-ONE PRINCIPLE

myelination（髄鞘化）　脳の神経細胞のシナプスを形成する軸索にミエリン鞘（髄鞘）が形成されること．髄鞘化の進行速度は脳の部位によって違い，運動や感覚を司る部位は速いが，思考，社会性など高次機能に関与する部位は成人期まで長期間かけて進行するとされる．髄鞘化することによってその神経細胞の機能の発揮が加速化するといわれている．
⇨ LATERALIZATION

N

native speaker(ネイティブスピーカー) 第一言語(FIRST LANGUAGE)としてその言語を使用する人.第一言語とは,通常,幼児期に学んだ言語のことである.'ネイティブスピーカー'の定義については様々な議論がある.例えば,ネイティブスピーカーでも変異性(variation)が見られることや,マルチコンピテンス(MULTI-COMPETENCE)との関係,WORLD ENGLISHES の観点からどう捉えるかなどである(Davies and Elder (2004)). ⇨ MULTI-COMPETENCE

naturalistic acquisition(自然習得) 目標言語を日常生活の中で使用することを通して習得すること(Ellis (2008)).classroom/instructed acquisition と対比される語.ただし,一般的に学習者は,教室や教科書を用いた学習経験と,教室外で目標言語によるコミュニケーションの経験を有するなど,自然習得と教室習得の両方の要素を持つ場合が多い. ⇨ INSTRUCTED SECOND LANGUAGE ACQUISITION

negative evidence(否定的証拠) ある表現が,学習している言語において正しくないということを示す証拠.直接的なものは CORRECTIVE FEEDBACK(訂正フィードバック),間接的なものは INPUT(インプット)の中に存在しない表現は正しくないと学習者が推測すること.外国語学習における否定証拠の役割については,未知の部分が多い(Gass (2003)). ⇨ CORRECTIVE FEEDBACK; INPUT; POSITIVE EVIDENCE

negotiation of form(言語の正確性に関する交渉) 英語によるコミュニケーションの成立を優先した場合,多くの学習者は細部において多くの間違いを犯す.そこで,たとえ意味が通じていても,教師が生徒の第二言語に関する文法・語彙・発音の間違いを明確に指摘し,そして修正を行うこと. ⇨ NEGOTIATION OF MEANING

negotiation of meaning(意味交渉) 会話中に意味が相手にうまく伝わらないときに,clarification request(明確化要求)や confirmation check(確認チェック)を通して,相互理解を図る過程.INTERACTION HYPOTHESIS(インタラクション仮説)によれば,意味交渉は言語習得において重要な役割を持つ(Long (1996)). ⇨ INTERACTION HYPOTHESIS

neuroimaging(脳機能イメージング) 生きている人の脳内の各部の生理学的な活性を様々な方法で測定し,画像化できる技術.機能的磁気共鳴画像法(FMRI),ポジトロン断層法(PET),近赤外線分光法(NIRS)などがある. ⇨ EVENT-RELATED POTENTIALS; FUNCTIONAL MAGNETIC

RESONANCE IMAGING

noticing hypothesis（気づき仮説） INPUT（インプット）が INTAKE（インテイク）になるためには，学習者が学習事項に気付く必要があるという仮説．ただし，この noticing（気づき）が意識的でなければならないのか，それとも無意識でも学習が可能なのかについては，意見が分かれている（Schmidt (1995))． ⇨ ATTENTION; AWARENESS; INPUT; INTAKE

O

obligatory context（義務的コンテクスト） 学習者がある特定の文法項目が習得出来ているかどうかを調べる方法の1つとして，自然会話の中でその項目が使用されなければならない文脈に注目し，その正誤の確率を計算するという研究手法． ⇨ ERROR ANALYSIS; TARGET-LIKE USE ANALYSIS

one-to-one principle（1対1の原則） Andersen (1990) が提案した第二言語習得過程の OPERATING PRINCIPLES の1つ．第二言語学習者は，まず，1つの言語形式に1つの意味を結びつけて習得していくとされる．

operating principles（操作原理） 第一言語習得過程において幼児がインプットを処理する際に普遍的に用いる操作原理として Slobin (1973) が提案した．「文末の語に注意を払え」のような操作原理が挙げられている．さらに Andersen (1990) は同じような操作原理が第二言語習得過程でも見られるとして，第二言語習得における operating principles を提案している．

output hypothesis（アウトプット仮説） Swain (1985) によって主張された，理解可能なインプット（COMPREHENSIBLE INPUT）を十分に受けることに加えて，目標言語（target language）による理解可能なアウトプット（comprehensible output）を行うことが，第二言語習得にとって必要であるという仮説．アウトプットの機能として，気づき（noticing）の促進，仮説検証（HYPOTHESIS TESTING），メタ的語り（metalinguistic talk），流暢さ（FLUENCY）の促進の4つが指摘されている． ⇨ COMPREHENSIBLE INPUT; HYPOTHESIS TESTING; FLUENCY; NOTICING HYPOTHESIS

overgeneralization（過剰一般化） 学習者が一般性の高い規則をその適応範囲を超えてその規則が使用できない言語形式に対しても使用すること（Richards, Platt and Weber (1985))．例えば，child の複数形とし

て children ではなく childs を，go の過去形として went ではなく goed を使用してしまうこと．この現象は第一言語習得においても第二言語習得においても見られる．⇨ CONTRASTIVE ANALYSIS HYPOTHESIS

P

parsing（構文解析） 語彙情報を統合し，文を理解すること．構文解析のプロセスでは，主に，①語彙情報の統合を通して句を形成する，②形成された句に格役割を付与する，という2つの操作が行われる．文中の語同士の関係を決定するものはパーサ (PARSER) と呼ばれ，構文解析を説明する主な理論に two-stage model (e.g. Frazier (1987)) や constraint-based model (e.g. MacDonald, Pearlmutter and Seidenberg (1994)) がある．

pattern practice（パターン・プラクティス） ある文型（例：SVOO, He gave her a present），または文法項目（例：現在進行形，Rintaro is playing rugby）を覚えるためのドリル．種類の一部は，下記の通り．

<u>Repetition</u>　Teacher: Rintaro is playing rugby.
　　　　　　　Students: Rintaro is playing rugby.
<u>Single word prompt</u>　Teacher: Sushi.
　　　　　　　　　　　Students: Rintaro is eating sushi.

perspective taking（視点取得） 概念主体である話者が事態をどこからどの方向で眺めるかを選択すること，いわば心の視線をいい，それに応じて解釈が変動し，言語形式が決定される (Langacker (2008))．客観的には静的な事態も視線の動きに応じて動態として描写されることがある．

phonemics（音素論） 資料に基づいて，各言語の音素を確定することを目標とする音声研究の一分野．アメリカ構造主義言語学者たちによってしばしば好まれて使用された用語．

phonological short-term memory（**PSTM**）（音韻的短期記憶） 短時間の音韻情報の処理と保持を担う音韻ループを意味する．音韻ループは語彙獲得に重要な役割を果たしており2つの下位過程（音韻ストアおよび構音コントロール過程）に分けられる．聴覚情報の場合，入力情報がそのまま音韻ストアへ送られるが，視覚情報（文字）の場合，構音コントロール過程を経由し音韻ストアへ送られる．⇨ WORKING MEMORY

planning time（プランニングタイム） 第二言語タスクを実施する前の計画時間．計画時間（通常10分程度）を与えることで，学習者の認知

的負荷が軽減され，流暢さ，複雑さ，正確さのレベルに影響があると考えられている．第二言語テスト環境では計画時間の効果が限定されていることが様々な研究で指摘されている（例えば，Wigglesworth and Elder (2010))．⇨ TASK-BASED LANGUAGE TEACHING AND LEARNING

positive evidence（肯定的証拠） ある表現が，学習している言語において正しいということを示す証拠．具体的には INPUT（インプット）がその役割を果たす．肯定証拠が言語習得に不可欠であることに異論は無いが，その果たす役割，またそれが必要十分条件なのかどうかについては，意見が分かれるところである（Gass (2003))．⇨ INPUT; NEGATIVE EVIDENCE

prefabrication（プレファブ化） 語の連なりを，意味と形式が結びついたユニットとして処理して記憶に保持し，産出時に引き出すプロセスのこと（Tode (2012))．規則を用いて創造的に言語を処理するプロセスと対照的に使われる用語である．⇨ CONSTRUCTION LEARNING

priming（プライミング） 先行刺激（プライム）が後続刺激（ターゲット）の処理に与える影響をプライミング効果（priming effect）という．無意識・潜在処理によって起こり，音韻，統語，意味などのレベルにおいて見られる．プライム語が nurse に比べて bread のほうが，ターゲット語 butter の語彙判断時間は短くなるのは意味プライミングの一例である（Carroll (2008))．

private speech（プライベートスピーチ） 自らに向けて発せられた発話，内言．言語としては断片的だが，意味内容は濃密である．心理学，特にヴィゴツキーの社会文化的アプローチでは，認知的発達に重要な，自らの思考・行動を制御する役割を持つと考えられている．⇨ SOCIOCULTURAL APPROACHES

procedural memory and knowledge（手続き的記憶と知識） 認知的もしくは動作的な一定の手順を記憶し，知識として無意識に使用できる状況を意味する．最初の学習段階では意識的であるが，同じ手続きを繰り返すにつれて，注意を向けずに自動的に遂行できるようになる．宣言的知識とは異なり柔軟性に欠けるが，長期間検索されなくても知識が変容し難く頑健性がある．⇨ AUTOMATICITY; DECLARATIVE MEMORY AND KNOWLEDGE

Processability Theory (PT)（処理可能性理論） 第二言語学習者が発達段階を経る理由を説明する理論．1998 年 Manfred Pienemann が提案した．中間言語の規則を手続き的知識に変換するためには心理的な処

理手続き（processing procedures）を獲得する必要があり，学習者が発達段階を経るのは処理手続きを累積的に身に付けるからだと考える．⇨ PROCEDURAL MEMORY AND KNOWLEDGE

processing instruction（**PI**）（処理指導）　インプット処理理論（VanPatten (2004)）に基づいた教室指導．インプット処理は「形式と意味の結び付け」，「解析」という2つの下位プロセスによって成り立っている．処理指導は学習がこれらの下位プロセスに従事する機会を提供し，インプットのインテイクへの転換を促す．⇨ FORM-MEANING CONNECTION; INPUT; INTAKE; PARSING

proficiency（習熟）　学習者が様々なコンテクストで言語を使用する全般的な能力．一般的に，話すこと，聞くこと，読むこと，書くことの技能を指すことが多いが，基本的対人伝達能力や認知・学習言語能力，マルチコンピテンス，ネィティブ・スピーカーとの関連でも議論されており，その定義や測定法については一致した見解は得られていない．⇨ MULTI-COMPETENCE; NATIVE SPEAKER

protocol analysis（プロトコル分析）　実験参加者の認知プロセスについての分析．実験参加者が実験中に行動しながら発話する発話思考法や，実験後ビデオなどを見ながら行動を振り返って発話する刺激再生法などにより引き出した発話データ（protocol）を基にして行われることが多い．⇨ STIMULATED RECALL

Q

qualitative research（質的研究）　数字のみでは測定が困難な，より具体的で細かいデータの採取を目的とする研究．面接法，自由記述式質問紙法，観察法などが代表的な手法．豊かなデータが得られる一方，一般化が難しい．⇨ GENERALIZABILITY

quantitative research（量的研究）　質的研究（QUALITATIVE RESEARCH）と対で，数字をもとに，データを客観的に一般化することを目的とする研究．得られたデータは統計処理を行う場合が多く，無作為にサンプル抽出を行い，対象者が多いほど一般化しやすい．⇨ GENERALIZABILITY; QUALITATIVE RESEARCH

questionnaire research（質問紙研究）　短期間に，効率よく多くのデータを集める事を目的とし，質問紙を配布して結果分析を行う研究．通常，予め作成した質問に対し，回答を自由に記述する記述式タイプ，選択式から回答を選ぶ選択式タイプを用いる．

R

reaction time（RT）（反応時間）　何らかの感覚刺激を受けとってから反応をするまでに要する時間を指す．反応時間には，刺激の知覚，課題遂行に伴う判断，反応に伴う運動などが含まれ，心的処理に要する時間が反映されると考えられている．反応は，ボタンを押す方法以外に，口頭による応答や視線計測による眼球運動なども用いられる（Jiang (2012))．⇨ EYE TRACKING

reading（読解）　テクストを読んで理解すること．読解には読み手とテクストの相互作用が必要であり，読解中の心的活動には自動的なものと意識的なものがある．下位プロセスには正書法処理，音韻的符号化，単語認知，語彙アクセス，ワーキング・メモリの活性化，構文解析，リーディング・ストラテジー（方略）の使用，推論生成などがある．⇨ LEXICAL ACCESS; LEXICAL SELECTION; PARSING; WORKING MEMORY

recasts（リキャスト）　言語的に誤りや不自然さがある相手の発話を，意味伝達の対話の流れを遮ることなく部分的もしくは全体的に誤用箇所を修正して返す言い直し．第二言語習得研究では反応型の口頭修正として，学習者の第二言語習得促進に役立つと考えられている．

referential question（参照質問）　学習者からの意見，情報を得るために教師がする質問．中学校の英語の授業で聞かれる referential question としては，What are your impressions about today's class? Whose turn is it to erase the blackboard? などが考えられる．⇨ DISPLAY QUESTION; TEACHER TALK

rehearsal（リハーサル）　①学習方略である繰り返し（repetition）のうち，声に出さずに言語モデルを反復すること（Oxford (1990))．② (i) ワーキングメモリの下位システムである音韻ループにおいて，音声でない情報（例，文字）を音声化すること（苧坂 (2002))．(ii) ワーキングメモリにおいて情報を保持するために反復すること．⇨ LEARNING STRATEGIES; PHONOLOGICAL SHORT-TERM MEMORY WORKING MEMORY

relative clauses（関係節）　名詞または名詞句を修飾する節をいう．主要部の範囲を限定するものは制限的関係節，付加的な情報を加えるものは非制限的関係節という．関係節が主要部に先行する言語，主要部に後続する言語のほかに，主要部が関係節内に置かれる言語もある．英語では関係節は主要部に後続し，関係代名詞が使われる：the man who came here.

replication research（追試研究）　ある研究で得られた結果の確認また

は発展を目的として行う研究．同じ手法で研究を行うタイプと研究対象など多少の変更を加えた研究計画を用いるタイプがある（Richards and Schmidt（2010））．先行研究の結果を確認したり，新たな視点を付け加えたりできる場合もある一方，新規性に欠ける．

restructuring（再構築） 学習者の言語体系である「発達システム」の変化を引き起こす2つのプロセスのうちの1つ（白畑・若林・村野井（2010））．新しい言語形式または構造によって既存の言語体系の変化がもたらされることを指す．もう1つのプロセスは「受容」と呼ばれ，新しい形式・意味のつながりを発達システムが取り入れることを指す． ⇨ FORM MEANING CONNECTION

revised hierarchical model（**RHM**）（改訂階層モデル） Kroll and Stewart（1994）が提唱したモデル．バイリンガルや第二言語学習者において，母語の語彙は概念と強く結びついているが，第二言語の語彙は，概念と直接結びつくのではなく，その訳語である母語の語彙と結びついているとされる．第二言語の熟達度が高くなるにつれて，第二言語の語彙と概念の直接的結びつきができるとされている． ⇨ SEMANTIC PROCESSING; VOCABULARY LEARNING

S

scaffolding（足場作り） 発達の最近接領域（ZPD: zone of proximal development）内で，子どもの発達にレベルに合わせた支援を行い，独力で解決できない問題解決や目標達成を可能にする（例：自転車の補助輪）．社会文化的アプローチにおける精神間機能の精神内機能への内化のメカニズムを支える概念． ⇨ SOCIOCULTURAL APPROACHES; ZONE OF PROXIMAL DEVELOPMENT

second dialect acquisition（第二方言の習得） 母語とは語彙や発音，文法などの面で異なる言語変種（地域方言，社会方言）を習得すること（Siegel（2003））．北部方言話者が転居先の南部方言を使用するようになる，アフリカ系アメリカ人の子どもが学校教育を通して標準的米語を習得するなど．

second language socialization（第二言語での社会化） ある特定社会の構成員との相互交流を通じて社会的・文化的・談話的規範を身につけ，その社会に適合した言動が取れるようになること．小さい子どもが大人たちとのやりとりを通じて，社会に適した言動をとれるようになる過程は母語（FIRST LANGUAGE）での社会化の一例．第二言語での社会

化とは母語以外の言語社会に適合していくことをいう．

segmentals（個別音）　特定言語の音声システムを解釈する際の一番最少の音素単位であり，母音や子音の数によって表現される．そうした分節音素を単語や文章レベルでつなげる超分節音素（リズム・イントネーション）と対比される． ⇨ PHONEMICS

self-repair（自己修正）　ある話者が会話中に何らかの問題を引き起こした際に，その話者自身が問題の修正をする行為を示す会話分析の用語である．第二言語習得研究では，誤りを学習者自身で訂正する自己訂正（self-correction）と同義であり，理解可能なアウトプット，または，強制アウトプットとして第二言語習得を促進する役割を果たす（Swain (1985))． ⇨ OUTPUT HYPOTHESIS

semantic processing（意味処理）　処理水準モデルによると，言語情報は視覚や音韻に関する浅い処理よりも意味や概念に関する処理のほうが深く，大きな注意を払う必要があるため単語の記憶保持が優れている．例えば，リスニングにおいて音素や音節を聞き取りやすく，個々の単語，文，文章全体の意味理解は深い分析を伴うため，その処理が難しい． ⇨ DEPTH OF PROCESSING

significance level（有意水準）　統計的検定の際に，帰無仮説が棄却されるかどうかを決定する基準．α（アルファ）と表され，危険率とも呼ばれる．第1種の過誤（帰無仮説が真であるにもかかわらず，棄却してしまうこと）の確率を表す．一般に有意水準は，5%（分野によっては1%）に設定されることが多い（Upton and Cook (2001))．

simplification（簡略化）　話し手が話した文法・音声・語形の規則が，通常の言語規則より簡単であること．簡略化は，学習者の文法項目の発達段階を表す．例えば，I no like it を使う学習者は否定文の発達順序の第一段階にある．母語話者は非母語話者と話す際，話し言葉を理解しやすくするために簡略化する傾向がある． ⇨ FOREIGNER TALK; TEACHER TALK

sociocognitive approaches（社会認知的アプローチ）　個人内に閉じた心的過程を研究の対象とする伝統的認知主義と異なり，認知主体とそれを取り巻く社会的関係や環境を全体として捉える枠組み．この枠組みでは，言語習得は，認知主体が身体的な経験を通じ，言語使用を行う環境に適応する過程として捉えられる（Atkinson (2002))．

sociocultural approaches（社会文化的アプローチ）　1990年ごろから現れた，第二言語習得・教育の研究において認知・心理・言語学理論だ

けでなく社会文化理論も用いようとする姿勢．ヴィゴツキーが提唱した社会文化理論を用いた研究や Atkinson らの社会認知的アプローチを用いた研究などがある．⇨ SOCIO-COGNITIVE APPROACH

speaking（スピーキング）　話者が伝えたいメッセージに関して，適切な語彙を選び，そしてそれらを正しい文法構造にあてはめ，聞き取りやすい発音によって発話する一連の言語活動のことである．

speech perception（音声知覚）　空気の振動である音声シグナルが鼓膜を通過するのと同時に，人間はどの周波数域にエネルギー（音量）が集中しているか読み取り，それぞれ子音，母音の特徴に合わせて個別音を認識する（個別音認識）．さらにコンテクストや過去の経験を用いて，個別音の流れから言葉を認識する（語彙認識）．

statistical learning（統計学習）　ある音節や単語から次の音節や単語に移る遷移確率（transitional probabilities）を検出できる能力を使って，言語インプットの音声パターンの統計的規則性を検出し，音声から単語を抽出したり，文法を獲得したりする過程のこと（Saffran (2003)）．

stimulated recall（刺激再生法）　対象者がある行為を行っているときの認知過程を調べるときに用いる調査法．その行為時の思考過程を呼び起こす「刺激」（例えば，そのとき書いていた作文や，その行為中に撮影したビデオなど）を提示し，そのときに考えていたことを話してもらう手法．⇨ PROTOCOL ANALYSIS

structural equation modeling (SEM)（構造方程式モデリング）　因子分析を発展させた多変量解析の手法で，観察変数の背後にある潜在変数間の関係を調べることができる．因子分析とは対照的に，あらかじめ潜在変数を仮定した上で統計を行うため，因子分析を探索的因子分析と呼ぶのに対し，SEM は確認的因子分析と呼ばれる．⇨ FACTOR ANALYSIS

study abroad（留学）　目標言語のみの環境に滞在することが習熟度の向上につながるという信念を持って，多くの学習者は自分の言語能力を向上させるために，数日から数年間，海外に滞在する．一部の研究者（例えば，Freed (1990)）によると，学習者の言語能力と学習意欲に大きな変化が見られるようになるには少なくとも 2 ヶ月は必要だという．⇨ PROFICIENCY; WILLINGNESS TO COMMUNICATE

subtractive bilingualism（減算的バイリンガリズム）　Lambert (1974) によって提唱されたバイリンガルの子どもの言語獲得のモデルである．第二言語を獲得することで，第一言語を喪失（母語喪失）するバイリン

ガルのことをいう.社会において第一言語がマイノリティである場合に生じ,認知能力の発達やアイデンティティの確立に負の影響を与えるとされる. ⇨ ADDITIVE BILINGUALISM; ATTRITION

systemic functional grammar(分類機能言語学) Michael Hallidayによって提唱された,言語のコミュニケーション機能に重点を置いて構築される言語学理論.言語の使用者がコミュニケーション上の目的(機能)を達成するために,どのような語彙・文法を選択するかを重視する.

T

TalkBank(トークバンク) Brian MacWhinney の監修のもと構築された多言語コーパス(http://www.talkbank.org/).第一言語習得,第二言語習得,談話分析などにおける様々なコーパスが含まれ,コーパス自体とその分析ツールを利用できる. ⇨ CORPUS ANALYSIS

target-like-use analysis(TLU 分析) 特定の言語構造について,学習者が口頭で,または,文字で書いた言語産出を分析して数値化したもの.目標言語の規則と比較してどのくらい正確に使用されているかを調べるために用いる.TLU 値=(正しく使用された品度(回数))÷(義務的生起文脈(OBLIGATORY CONTEXT)+非義務的生起文脈(non-obligatory context)で使用された頻度(回数)). ⇨ OBLIGATORY CONTEXT

task-based language teaching and learning(タスク中心の教授法・学習) 第二言語習得の研究結果に基づき提案されたタスクを使った学習・教育アプローチ.タスクとは通常以下の条件を満たす.(1) 解決すべきコミュニケーション上の問題がある,(2) 現実世界の活動とある程度の関係がある,(3) 学習者の注意力は,第一に意味処理に向けられるが,タスクの活動を通して形式面にも向けられる.

teacher talk(ティーチャー・トーク) 外国語教師が使う言語.FOREIGNER TALK のように teacher talk は簡略化されている.teacher talk は classroom English と間違われることがある.classroom English は教室で使う単語と表現.classroom English の辞典は数々ある(Hughes (1981) 等).teacher talk は生徒のレベルに合わせて教師が即興に使う話し言葉を表す. ⇨ FOREIGNER TALK

tense(時制) 時間的関係を表す文法範疇.発話時を基準として,現在,過去,未来に分けられる.英語の動詞形には過去形と現在形(非過去形ともいう)があるが,未来は動詞形態素ではなく,副詞や will などの法助動詞と動詞との組み合わせにより表される. ⇨ ASPECT

thinking for speaking（発話のための思考）　知覚された出来事は，直接的に発話に反映されるのではなく，その言語の文法的特徴に合うように概念化，言語化される．この過程を「発話のための思考」と呼ぶ (Slobin (2003))．例えば，英語のような衛星枠付け言語と，スペイン語のような動詞枠付け言語では，「移動」という概念が異なった様式で言語化される．

third language acquisition（第3言語習得）　2か国語以上が使われているコンテクストで起こる．例えば，それぞれの母語が違う両親が子どもに自分の母語で話し，家族の滞在先の言語が両親の母語と違う場合，子どもが3か国語を覚える場合を指す．MULTILINGUALISM（多言語使用）という用語も同様に使われている．3か国語と2か国語目の習得を比較する研究が近年盛んになっている (Cenoz and Gorter (2011))．

threshold hypothesis（敷居仮説）　Cummins (1979b) によって提唱されたバイリンガリズムの型と認知的発達の関係性を示した理論である．二言語の獲得過程において認知的な阻害ではなく恩恵を受けるためには，達成しなければならない言語能力の敷居レベルが存在する．「上の敷居」に達した場合は恩恵を受けられるが，「下の敷居」まで達しない場合は負の影響があるとされる．

time-series design（時系列実験計画）　ある実験操作の効果を調査するために行う研究計画で，実験では，ある実験操作の前後で実験参加者の課題成績が変化するか否かを測定する．例えば，音読指導の前後で実験参加者の読解速度を計測し比較することで，音読が読解速度に与える効果を観察するような研究手法．

token frequency（トークン頻度）　特定の言語アイテムが同じ形で出現する頻度をいう．トークン頻度が高いほど，そのアイテムが塊として心内に定着する．構文学習において，トークン頻度の高い事例が典型事例としてアンカー的な機能を果たすと言われている (Eskildsen (2012))．
⇨ CONSTRUCTION LEARNING; TYPE FREQUENCY

transfer appropriate processing（転移適切性処理）　処理水準が深いほど記憶成績が高いとされる処理水準モデル (Craik and Lockhart (1972)) をさらに発展させ，刺激そのものの特性や符号化の条件のみではなく，符号化と想起のレベルが一致することが重要であるという理論 (Morris, Bransford and Franks (1977))．⇨ DEPTH OF PROCESSING

triarchic theory of intelligence（知能の三頭理論）　アメリカの心理学者 R. J. Sternberg が提唱する知能理論．構成要素／分析的知能，経験

／創造的知能，文脈／実践的知能の3つの側面から知識を解明しようとしたもので，日常生活や社会における実践面を視野に入れた知能観を展開した．

triggering（引き金）　何かを引き起こす要因となること．例えば，アウトプット仮説では Noticing/Triggering Function がアウトプットの持つ機能の1つとして挙げられている（Swain (1995)）．アウトプットすることが学習者に自分の中間言語体系に穴があるという認識を引き起こすのである．⇨ NOTICING HYPOTHESIS; OUTPUT HYPOTHESIS

t-tests（t検定）　観測された2群の標本平均の差から，母集団における平均値の差を検定する検定．標本データは，ランダムサンプリングした連続性のある間隔尺度，もしくは比率尺度の量的データであること，標本平均の分布が正規分布に従うことが，検定を行う前提となる（平井 (2012)）．⇨ ANALYSIS OF VARIANCE (ANOVA)

type frequency（タイプ頻度）　1つのパタンがどれだけ異なる事例を通して出現するかを表す頻度のこと．タイプ頻度が高ければ，事例間の共通項すなわち規則性が抽出される．したがって，抽象化や生産性を促進するといわれている（Eskildsen (2012)）．⇨ CONSTRUCTION LEARNING; TOKEN FREQUENCY

U

uptake（アップテイク）　①学習後に学習者自身が自己申告した学習事項．② SPEECH ACT（発話行為）において，聞き手が解釈した，話し手の発話の真意．③間違いに対して feedback（フィードバック）を与えた後の，学習者の返答（Lyster and Ranta (1997)）．⇨ CORRECTIVE FEEDBACK

U-shaped learning（U字型発達）　学習者が持つ言語体系（INTERLANGUAGE: 中間言語）が発達していくにつれて起こる質的な変化．例えば，"speak" の過去形を "spoke" と正しく使用していた学習者が，規則動詞を学ぶとその類推から "speaked" を使い始めるが，最終的には正しい形 "spoke" を使用するようになるという発達の形を U 字になぞらえて呼んだもの．⇨ INTERLANGUAGE

V

variable（変数）　実験参加者により変わりうる数値のことで，実験やアンケートにより得られた数値や実験参加者の属性（例：性別，年齢等）

を指す.変数には,独立変数と従属変数があり,1つ以上の独立変数(例:英語の指導法,学習動機)により,従属変数(例:英語テストの得点)が影響を受ける(竹内・水本 (2011)).

variance(分散) 測定値のばらつきの大きさを表す尺度.各データから平均値を引き2乗した値の総和を,データ数から1を引いた値で割ることにより求められる.分散の値が大きいほど,ばらつきが大きいことを意味する.なお,分散の正の平方根を標準偏差(STANDARD DEVIATION)という.

variational features(変異的特徴) 社会的・心理的要因により,学習者の間で第二言語の習得状況に違いが見られる特徴のこと.Meisel, Clahsen and Pienemann (1981) が提唱した第二言語習得の多次元モデル(multidimensional model)では,学習者が一律に段階を経る側面と一律に習得されない側面があるとし,前者を発達的特徴,後者を変異的特徴と呼んだ.

variationist approaches(変異アプローチ) 言語使用は,話者によって,またはコンテクストによって異なるという考え方.変異アプローチに基づく第二言語研究によると,学習者は,タスクや話し相手によっては,流暢で正しい中間言語を産出することが知られている(Tarone and Parrish (1988)).

vocabulary instruction(語彙指導) 言語教育において,効果的に言語運用能力を高めるために,体系性をもって行われる語彙の指導を指す.語彙指導を考える際には,どんな語彙を教えるか(語彙の分類と選定),どんな順序で教えるか(語彙の提示と指導順序),何を教えるか(音声・形式・意味と関連づけ),どう教えるか(提示法や練習法など)が考慮される.

W

wh-questions(wh-質問) when, who(m), what, where, which, how から始まる疑問文.特徴は音調曲線が上昇下降調であり,特定の情報を求めるために使われる.疑問文の発達段階の研究では,学習者は wh-質問を後期の段階で身につけるとされる(Pienemann, Johnson and Brindley (1988)).適切な発達段階に学習を進めなければ,指導があっても,学習者が wh-質問を正しく使えないという研究結果もある(Mackey and Philip (1998)).⇨ DEVELOPMENTAL SEQUENCE; PROCESSABILITY THEORY

willingness to communicate (WTC)(コミュニケーションを取ろうとする意思) 第二言語を用いて特定の人や人々と会話をしようとする意欲のことである(MacIntyre et al. (1998)).WTC は 12 の要因で作られる 6 層のピラミッドで図式化したものであり,第二言語教育の個人差研究の論拠として,異文化交流と態度・動機・不安・自信などの研究の延長として提示されたものである. ⇨ ANXIETY; ATTITUDES TO THE L2; EMOTION; MOTIVATION

word knowledge(単語知識) 単語知識には,音韻論的,形態論的,統語論的,意味論的知識がある.Nation (2001) は,語を知っていることを,形式(音声,綴り字,語構成)・意味(形式と意味,概念,連想)・使い方(文法,コロケーション,使用の制約)の 3 領域 9 種類を設定し,それぞれ受容面・表出面に分け,計 18 の構成要素から成るとしている.

working memory(ワーキングメモリ) 短時間に様々な認知課題の遂行中に必要となる一時的な情報の保持と処理を二重に行う記憶である(Baddeley (2000)).情報処理において長期記憶と連動しつつ,短時間の課題遂行にあたり 4 つの流動性のシステムとして音韻情報に関わる音韻ループ,視空間的情報に関わる視空間的スケッチパッド,あらゆる情報をエピソード化するエピソード・バッファ及び注意をコントロールし情報の制御を司る中央実行系を配置している. ⇨ PHONOLOGICAL SHORT-TERM MEMORY (PSTM)

writing(ライティング) 第一言語あるいは第二言語におけるライティング能力習得の研究.多岐にわたる理論やモデルは社会文化的／認知的アプローチに大別できる.前者はリテラシーや社会的意義に,後者はライティングの認知プロセスに焦点を当てることが多い. ⇨ SOCIOCULTURAL APPROACHES

Z

ZISA projects(ZISA プロジェクト) イタリア語やスペイン語を母語とする移民のドイツ語の発話を収集・分析し,第二言語としてのドイツ語習得を横断的・縦断的に研究したプロジェクト(Meisel, Clahsen and Pienemann (1981)).ドイツのベルク大学ヴッパータールで,1974 年開始された.Zweitspracherwerb italienischer und spanischer Arbeiter (the second language acquisition of Italian and Spanish workers) の頭文字. ⇨ CROSS-SECTIONAL RESEARCH; LONGITUDINAL RESEARCH

zone of proximal development（ZPD）（最近接発達領域） ヴィゴツキーによって創造された概念で，従事している活動（例えば，問題解決）において，個人が独自に問題解決できる発達水準と，自分よりも優れている他者からの支援をうけて解決可能になる水準の間の領域を指す．社会文化的アプローチの，人の認知的発達は社会的活動に生起するという考えを比喩的に説明している．⇨ SOCIOCULTURAL APPROACHES

11 コーパス言語学・辞書学

A

abbreviation（略語，略記） 語または語句を短縮したもの．頭文字語（e.g. EU）や頭字語（e.g. ASEAN），縮約形（e.g. don't）などいくつかの種類が存在する．辞書記述においても文法情報の表示などに使用される．

abridged dictionary（縮約版辞書） 同一出版社の UNABRIDGED DICTIONARY（非縮約版辞書）をもとに，収録項目数を減らして判型を小さくした辞書．廉価で販売される． ⇨ COLLEGE DICTIONARY

access（アクセス，検索(性)） 参考図書において使用者が求める情報にたどり着くこと．MACROSTRUCTURE（マクロ構造）において求める情報を扱う項目を見つけること，MICROSTRUCTURE（ミクロ構造）において特定の情報を得ることの二段階に分けられる．

alignment（対応付け） PARALLEL CORPUS（対訳コーパス）を作成する際に，文と文または単語と単語を対応付けることをいう．ある言語で1つの文（単語）が，必ずしも他の言語でも1つの文（単語）であるとは限らないため，対応付けの際には慎重な作業が必要となる．

alphabetic order(ing)（アルファベット順配列） 見出し語をアルファベット順に配列すること．欧州言語の辞書はこの配列を採用する．外国語としての日本語学習者用辞典やピンインで検索する中国語辞典でも見られる． ⇨ THEMAIC ORDER(ING)

American National Corpus (ANC)（アメリカン・ナショナル・コーパス） BNC のアメリカ英語版を目標に1998年から構築が始まったコーパス．第2版には1990年以降の現代米語を約2200万語収録，そのうち1500万語が Open American National Corpus として無償公開されている．

annotation(テキスト情報付与,アノテーション) コーパスのソースに関する書誌情報,およびコーパスに含まれる文などに対して,高度な検索が可能になるように品詞や活用形に関するメタ情報を,一定の規則に従って付与することをいう. ⇨ MARK(-)UP

AntConc(アントコンク) Laurence Anthony 氏が開発した CONCORDANCER(コンコーダンサー).語の頻度と出現位置表示,KWIC 検索,頻度リストおよび語の共起表作成,キーワード抽出などが可能.Windows, Mac OS X, Linux に対応.

antonym/antonymy(反義語/反意性,反義性) 意味関係の1つで,正反対の意味内容をもつ語同士の関係を反義性といい,その性質を有する語を反義語という.一方を否定すると他方が必然的に成り立つ相補的反義 (alive – dead),中間段階が存在する段階的反義 (long – short),互いに関係性を定めたり (teacher – student),反対の方向性を持つ (open – close) 関係的反義などがある. ⇨ SYNONYM/SYNONYMY

archaic(古語(の)) usage label(語法レーベル)の1つで,今では用いられない語句・語義であることを示す.しばしば短剣符(†)で示される.

ARCHER (A Representative Corpus of Historical English Registers) Corpus(アーチャー・コーパス) 1600 年からの英語と 1650 年からの米語を 1999 年まで収集して構築された通時的英語コーパス.世界 7 カ国 14 大学が協力して改良を続け,現在の 3.3 版に至る.

archive(アーカイブ) CORPUS(コーパス)と同じく一定のテキストの集積体を指す.その主たる差異は REPRESENTATIVENESS(代表性)にあり,コーパスはテキストのジャンルや書き手の代表性を考慮して編纂が行われる一方,アーカイブは通例代表性の考慮はなく,ただテキストを集めたデータの集合体を示す.

ASCII (American Standard Code for Information Interchange)(情報交換用米国標準コード,アスキー) 文字コードの1つ.アルファベット(大文字・小文字)・数字・句読点・制御文字などの 128 文字から成る.ほぼすべてのコンピュータで正しく処理できるが,英語で一般的に使う文字しか扱うことができない.

Australian Corpus of English (ACE)(オーストラリア英語コーパス) BROWN CORPUS, LOB CORPUS の構造を模して 1986 年にマッコーリー大学で作成された約 100 万語のオーストラリア英語コーパス.現在は非営利団体が構築する Australian National Corpus の一部となってい

る．

authentic（真正な，自然な，生の）　書きことばや話しことばのテキストの用例が，個人が任意に作成したものではなく，他者により実際に用いられたものであること．

authentic example（実例）　EXAMPLE（用例）に関する分類の1つ．雑誌，新聞，小説，現実の会話，演説，インタビューなど実際に使用された一次資料から採られたもので，自然度の高い用例のことをいう．⇨ INVENTED EXAMPLE

average sentence length（平均文長）　あるテキスト中のすべての文の語数の平均値．一般に平均文長の値が大きいほど，そのテキストが複雑で難しいと感じられる．

average word length（平均単語長）　あるテキスト中のすべての語の音節数または文字数の平均値．一般に平均単語長の値が大きいほど，そのテキストに難語が使用されていることになる．

B

back matter（後付け事項）　見出し語項目以外の情報を記載している辞書の巻末箇所．不規則動詞表，定義に使用した語彙，文法解説，作文のヒント，発音の仕組み，図解，地図，ことわざ，文化関連などを含む．⇨ FRONT MATTER; MIDDLE MATTER; OUTSIDE MATTER; MEGASTRUCTURE

balanced corpus（均衡コーパス）　特定の言語や方言などの一般的な性質を代表するように設計されたコーパスをいう．通常，規模は大きく，入念な計画のもと様々なジャンルからテキストを SAMPLING（サンプリング）して作成される．⇨ REPRESENTATIVENESS

Bank of English（**BoE**）（バンク・オブ・イングリッシュ）　コウビルド関連書籍の出版にあたり，ハーパーコリンズ社とバーミンガム大学とで構築した，イギリス英語中心の大規模 MONITOR CORPUS（モニターコーパス）．サイズは2015年で6億5千万語．辞書編纂のためのコーパスの先駆けとなった．⇨ COBUILD

bigrams　= N-GRAM

bilingual dictionary（二言語辞書）　ある言語の語句と同じ意味を持つ，別の言語の訳語を示した辞書．見出し語と同じ言語で定義を示す MONOLINGUAL DICTIONARY（一言語辞書）と対比される．⇨ MULTILINGUAL DICTIONARY

BNC (British National Corpus)（ブリティッシュ・ナショナル・コーパス）　1991年から構築が始まり，1995年に公開された書き言葉9割・話し言葉1割からなる約1億語のイギリス英語のコーパス．データは1980年代後半から1990年代の英語で，最も広く利用されているタグ付き汎用コーパス．

BNCweb（BNCウェブ）　ウェブ上で利用可能なBNCの検索インターフェース．BNCのデータ全体に対するごく基本的な語句の検索から，テキストのジャンルや年代，また発話者の年齢・性別を指定した検索，品詞タグや正規表現を用いた検索，共起頻度関係の計算が行える．⇨ ON-LINE CORPUS

body（本文）　コーパスの実データとそのアノテーションを含む部分をいう．⇨ HEADER; ANNOTATION

Brill Tagger（ブリルの品詞タガー）　Eric Brill氏によって開発されたTAGGING（タグ付け）を行うソフトウェア．冠詞のtheであれば，「the_DT」のような形で出力される．

Brown Corpus（ブラウンコーパス）　ブラウン大学でアメリカ英語の書き言葉約100万語を収集し，コンピュータで利用できるよう電子化した初めてのコーパス．1961年の出版物の中から約2000語で構成された500のテキストを15のジャンルから選んで収録．以降のコーパス設計に影響を与えた．

C

Cambridge English Corpus（ケンブリッジ英語コーパス）　ケンブリッジ大学出版局が英語教育関連の出版物に利用するため，今も構築が続いている数十億語からなるコーパス．地域変種を含む書き言葉，7千万語を超える話し言葉，学術英語，学習者英語など多彩な英語が収められている．⇨ CAMBRIDGE LEARNER CORPUS

Cambridge International Corpus = CAMBRIDGE ENGLISH CORPUS

Cambridge Learner Corpus（ケンブリッジ学習者コーパス）　ケンブリッジ大学出版局とケンブリッジ英語検定機構により，世界中の英語学習者が検定試験で書いた英文を集めてコーパスにしたもの．217の地域，148の異なる母語を持つ学習者の英語が4500万語収録された最大規模の学習者コーパス．⇨ CAMBRIDGE ENGLISH CORPUS

CANCODE (Cambridge and Nottingham Corpus of Discourse in English)（キャンコードコーパス）　ケンブリッジ大学出版局とノッ

ティンガム大学が 1995 年から 2000 年にかけて収集した 500 万語からなる話し言葉のコーパス．日常会話や討論などの話し言葉を収め，話者情報もコード化し，付与している．

canonical form（規準形）　辞書の見出し語となる単語の形．通常，名詞では単数形，動詞では原形になるが，arms のように通例複数形となる名詞や，required のように形容詞とも考えられる動詞の分詞形に対する扱い方は辞書によって異なる．⇨ HEADWORD

ChaSen（茶筌）　奈良先端科学技術大学院大学情報科学研究科自然言語処理学講座（松本研究室）にて開発された日本語の形態素解析を行うためのソフトウェア．読み・品詞・活用形などが出力され，Shift JIS や UTF-8 などの文字コードにも対応している．

CHILDES（**Child Language Data Exchange System**）（チャイルズ）　第一言語習得研究用に子どもの言語データの共有を目的としたシステム．発話データ，CHAT（Codes for the Human Analysis of Transcript）という記録形式，CLAN（Computerized Language Analysis）という分析ツールの3つで構成されている．

chi-square(d) test（カイ二乗（に［じ］じょう）検定）　頻度差の有意性検定の1つで，実度数と期待度数の差が偶然によるものかどうかを検定する．度数が5未満のデータがある場合には使えない．χ^2 検定とも書く．⇨ EXPECTED FREQUENCY

circularity（定義の循環）　①定義の中に定義対象語（definiendum）が使われている状態：running = an act of running for exercise．②複数の語の定義が相互依存している状態：father = mother's husband; mother = father's wife．

citation（引用，用例採集）　表現が実際に使われた状況の記録．辞書の語義，訳語，用例などの執筆に使う．かつてはカードで採集していたが，現在はコーパスの使用が一般的となっている．⇨ EXAMPLE

CLAWS（**Constituent Likelihood Automatic Word-tagging System**）（確率・規則ベース自動品詞タグ付与システム）　英国ランカスター大学，UCREL にて開発された品詞タグ付ソフトウェア．96-97% の精度を有し，最新版である CLAWS4 は BNC や ICE にも使用されている．

cluster(s)（クラスター）　特定の語句を含み，意味的なまとまりをもつ単語の連なり．例えば，look を含む高頻度の3語のクラスターとして，have a look や take a look が挙げられる．⇨ N-GRAM

cluster analysis（クラスター分析(法)）　文書や語句や文法範疇（時制や態など）などを，一定の計算によって得られる距離によって，クラスターと呼ばれる似た特徴を持つ要素の部分集合に分類する手法．

COBUILD（**Collins Birmingham University International Language Database**）（コウビルド）　辞書出版社であるハーパーコリンズ社とバーミンガム大学とが作成した *Collins COBUILD English Language Dictionary* (1987) をはじめとする一連の辞書・参考書類，およびそのプロジェクトのこと．⇨ BANK OF ENGLISH

COCOA format（COCOA 形式）　オックスフォード大学計算機センターが提案したテキストにメタ情報を付与する際の形式の規格．角括弧（< >）で囲まれ，属性名と値が記載される．例えば，<T Macbeth> という表記は T が属性名（タイトル），Macbeth がその値となる．⇨ HTML; SGML

college dictionary（カレッジ(版)辞書）　主に米国で出版されている縮約版辞書．現代語を中心に約 15 〜 20 万語を収録し，高校生，大学生の学習用に限らず，家庭や職場に常備するにも最適な規模の辞書である．語源や語法の記述が充実しており，一般的に用いられる専門用語や固有名詞も収録している．⇨ ABRIDGED DICTIONARY

colligation（コリゲーション，文法的コロケーション，連辞的結合）　語が文法的に特定の位置で共起する統語的パターンをいう．例えば，副詞は動詞や形容詞，副詞と近接して共起する傾向にある．⇨ COLLOCATION

collocation（コロケーション，共起関係，連語）　Palmer (1933) の用語．語彙的，意味的，文法的に語と語が共起する習慣的な関係をいう．イディオムや成句，慣用表現などの上位語にあたる．近年，コーパス言語学では，2 語以上の統計的な共起傾向と捉え，文化やレジスター，文体とも関連している．

COLT（**Bergen Corpus of London Teenage English**）（コルトコーパス，ロンドン若者言葉コーパス）　1993 年に 13 歳から 17 歳のロンドンの若者の会話を録音し，電子化した約 50 万語からなるコーパス．BNC の話し言葉の一部にもなっており，CD で音声も入手できる．

comparable corpus（比較コーパス）　複数の言語間で同一のサンプリング基準を用いて作成されたコーパスをいう．テキストのジャンルごとの比率や年代などを揃えて作成され，主に対照言語学などの研究を目的とする．

compilation(コーパス編纂) コーパスを作成することをいう. CORPUS DESIGN(コーパス設計),テキストの収集,ANNOTATION(アノテーション)などが含まれる.

computational linguistics(計算言語学,計量言語学,コンピュータ言語学) 計算機(コンピュータ)を用いて,自然言語を科学的に研究する学際的分野.コーパス言語学もこの一分野であり,ほかに人工知能,機械翻訳や音声自動認識のソフトウェア,ウェブ検索システムなどの開発も含まれる.

concordance(コンコーダンス) ①特定の作家の全作品に含まれるすべての語に関して,出現情報を配列した索引集.②コーパス言語学では,concordancerで検索した結果を検索語とその前後のコンテキストとで示す一覧表示のこと. ⇨ CONCORDANCER; KWIC

concordancer(コンコーダンサー) 特定の語のCONCORDANCEを作成するソフトウェア.語の頻度表作成,特徴語抽出,共起表作成などの機能も備えている.代表的なものにANTCONCとWORDSMITHがある.

concordance tool(コンコーダンス・ツール) = CONCORDANCER

content word(内容語) 単独で用いられても語彙的な意味を持つ語.主に名詞,形容詞,動詞,副詞. ⇨ FUNCTION WORD

contingency table(分割表) 2つのデータの間の関係を示す粗頻度または相対頻度の表.例えば,suggestの補部の節で直説法,仮定法現在,shouldが用いられる頻度を英米の各コーパスで調べると,3×2分割表ができる.

copyright(著作権) 自分が作成した著作物が他者により無断で利用されないように保護する権利であり,その権利を守るための法律として,著作権法が定められている.コーパスの素材となるテキストにも著作権があり,使用許可が必要になる.

corpora = CORPUS

corpus(コーパス,言語資料) 言語研究のために体系的に集められたテキストの集合体をいう.一般にコンピュータで処理できる電子的なデータで,文の出典や品詞などの情報が付与されている場合が多い. ⇨ BALANCED CORPUS; GENERAL CORPUS; MONITOR CORPUS; SPECIALIZED CORPUS

corpus-based(コーパス基盤的) Tognini-Bonelli(2001)の用語.既存の文法記述や言語理論をコーパスデータの活用によって検証する研究アプローチ. ⇨ CORPUS-DRIVEN

corpus design(コーパス設計) 研究の目的に合うようにコーパスを設計することをいう.どの程度の規模にするか,どのジャンルのテキストを含めるか,話し言葉を含めるか,などを研究の目的に応じて決定する.

corpus-driven(コーパス駆動的) Tognini-Bonelli (2001) の用語.内省では発見が困難な言語事実をコーパスデータの活用によって解明する研究アプローチ.既成理論にとらわれず言語事実を解明しようとする点で CORPUS-BASED(コーパス基盤的)よりも帰納的.

corpus linguistics(コーパス言語学) 現実世界の言語運用の事例を集積したコーパスに基づく言語研究.抽象的な言語能力,普遍的特性,質的言語を重視した合理主義的立場を特徴とする生成文法とは対照的に,経験主義的立場をとり現実世界の言語運用を具体的に記述し,質的だけでなく量的にも分析を行う分野として発展した. ⇨ EMPIRICISM

cross-reference(相互照応) 同一辞書内の参照.異なるフォント,矢印や等号などの記号,see や cf. などの語を使って参照先を明示する.同義語,類義語,反意語,関連語,図解などを参照させる.

cross tabulation(クロス集計) CONTINGENCY TABLE(分割表)を作ること.

D

DDL (data-driven learning)(データ駆動型学習,ディ・ディ・エル) 帰納的学習法の1つ.語句のコンコーダンスデータの観察を通して特定のパターンや用法を見出す学習方法.発見学習 (discovery learning) とも呼ばれる.

dead example(死んだ用例) Svensén (1993) の用語.構文情報を提示するのに不可欠と思われる要素(例えば,文型などの「骨格」)のみを示した用例を指す.その際,表示はしばしば中立化(名詞を代用形で表現し,動詞を不定形で示すなど)される:pleased <*be pleased about/for/with sth/sb*; *be pleased that* + CL>. ⇨ EXAMPLE; LIVE EXAMPLE

decoding(コード解読,受信) ①コミュニケーション活動の分類の1つ.言語記号(形式)から意味(内容)を取り出す過程をいう.「読む,聞く,書く,話す」という4技能で言えば,前者2つを指す.②辞書情報のうち,理解のための情報を受信型情報という. ⇨ ENCODING

defining vocabulary(定義語彙) 特に外国人学習者を対象とした一カ国語辞典において,定義の際に用いられる語彙.定義に使用される語数

を制限することで語義の理解が容易となるので，*Longman Dictionary of Contemporary English*（1978）以来，多くの学習英英辞典が約 2000 〜 3000 語の定義語彙を採用している．

definition（定義） 語句の意味の説明．上位概念と属性による説明が一般的．例えば，bachelor は，an unmarried adult man と定義されるが，man が上位概念で，unmarried adult が属性にあたる．ただし，形容詞や動詞では，異なる方法も見られる．

degrees of freedom（自由度） 統計用語で，自由に選べるデータの個数をいう．例えば，2つの値を自由に選べる場合，自由度は2となる．一方，2つの値の合計や平均が決まっている場合，片方の値が決まると残りも自ずと決まるので，自由度は1となる．

delexical verb（脱語彙化動詞） 文法的には動詞として扱われるが，動詞本来の意味を失ったもの．直後にくる名詞が動詞の意味を決定することが多い．have a swim, take a look, go for a run のそれぞれ have, take, go for が脱語彙化動詞の例である．

demographic information（人口統計情報，人口学的情報） コーパスにテキストを提供した話し手や書き手の年齢，性別などの背景情報．BNC を例に挙げると，話し手には年齢，性別，社会階層，学歴，第一言語，地域方言，書き手には年齢，性別，居住地，会社への帰属の有無の情報が判明した範囲内で付与されている．

diachronic corpus（通時コーパス） 時代による言語の変化を記録・分析することを目的としたコーパスをいう．HELSINKI CORPUS がその代表例．⇨ SYNCHRONIC CORPUS

disambiguation（一義化，曖昧性除去） 多義語において，必要となる語義を特定すること．特に学習辞典においては，語義ごとに用例を載せたり，構文を示すこと．

dispersion（ばらつき） 統計的には「散布度」ともいい，データの散らばり具合を指す．コーパス言語学では語句のコーパス内での位置分布を指す．⇨ STANDARD DEVIATION

distribution（分布） ある言語表現がある特定の条件下，あるいはある指定された範囲内において使用・観察されることそのもの．主として，頻度データを用いて，言語表現の分布状況が記述される．

domain = GENRE

dynamic corpus = MONITOR CORPUS

E

EMILLE Corpora/Project (**Enabling Minority Language Engineering Corpora/Project**)(エミールコーパス,少数言語工学化コーパス/プロジェクト) ランカスター大学とシェフィールド大学の共同プロジェクトにより構築されたヒンディー語,ベンガル語などの南アジア7言語からなる約9700万語のコーパス.

empiricism(経験主義,経験論) 客観的な実験や観察などに基づく「経験」に依拠した知識のみを認め,それを超えたものは認めない学問上の哲学的立場.人間の理性を重視する合理主義や,超経験的なものを認める形而上学とは論を異にする.ロック等のイギリスの哲学者によって確立された.CORPUS LINGUISTICS(コーパス言語学)はこの立場に位置すると理解されている.

encoding(コード化,発信) コミュニケーション活動の分類の1つ.意味(内容)を言語記号(形式)に置き換える過程をいう.「読む,聞く,書く,話す」という4技能で言えば,後者2つを指す.②辞書情報のうち,表現のための情報を発信型情報という. ⇨ DECODING

entry(見出し語項目,収録項目) 辞書で検索される情報の単位.見出し語の情報を記載する主見出しと,成句,複合語,派生語などの従属見出しがあるが,通例は主見出しを指す. ⇨ HEADWORD; MICROSTRUCTURE

equivalence(等価) 二カ国語辞典において,起点言語(source language)と目標言語(target language)の間で意味的に等価となる語句の関係性.

error(-)tagging(エラータグ付け) 学習者コーパスにおいてどのようなエラーであるかを示す TAGGING(タグづけ)をすること.エラーとしては,主に文法・語法上の誤りが対象となる. ⇨ TAGGING

expected frequency(期待度数[頻度],頻度の期待値) 比較対象のコーパス群が等質だと仮定し,観察対象の要素の全データ中での生起度数をコーパスサイズの比に応じて割り振った値.例えば,ある語が1000語のコーパス A で10回,4000語のコーパスで15回生起している場合,コーパス A での期待度数は $(10+15) \times (1000 \div 5000) = 5$ となる.

example(用例) 個々の語義の使われ方を例示したもの.文や句の形で示され,文型,コロケーション,選択制限,文体など種々の情報を提供する. ⇨ AUTHENTIC EXAMPLE; DEAD EXAMPLE; INVENTED EXAMPLE;

LIVE EXAMPLE

F

factor analysis（因子分析(法)）　多変量解析の手法の1つ．複数の語や文法範疇などの要素（観測変数と呼ばれる）が，それよりも少ない数の仮想的な要因である共通因子によって部分的に規定されていると仮定し，その共通因子がどのようなものであるか，また各観測変数にどの程度影響を与えているかというモデルを作るために使われる．

false friend（異義同族語）　2つの言語の語句において，語形や発音が類似しているが意味が異なるものの組み合わせをいう．日本語の「ストーブ」と英語の stove といった，いわゆる和製英語も false friend の例である．

first-generation corpora（第1世代コーパス）　1950年～1970年代にかけて作成された100万語規模のコーパスを指す総称．LONDON-LUND CORPUS (LLC), LOB CORPUS, BROWN CORPUS などが代表的な例．⇨ SECOND-GENERATION CORPORA

FLOB (Freiburg-LOB Corpus of British English)（エフロブコーパス，フライブルク・ロブコーパス）　LOB CORPUS の構成をモデルにして，1991年の出版物をデータにフライブルク大学において構築された約100万語のイギリス英語のコーパス．

FrameNet（フレームネット）　米国カリフォルニア大学バークレー校で開発されているオンライン上のコーパス準拠型データベース．理論としてフレーム意味論 (Fillmore (1985))，データとして BNC を用いて，各語に意味フレームなどが付与されている．各語がどの意味範疇に分類され，またどの意味範疇にどの語が分類されているか分かる．

frequency（頻度）　あるコーパス内での語句や文法範疇の使用回数．単一コーパス内での比較には実際の生起度数である粗頻度（raw frequency）でよいが，サイズの異なるコーパス間での比較には，1万語や100万語あたりの相対頻度（relative frequency）を用いる．

frequency list（頻度表）　テキストやコーパス内に生起する何らかの項目を頻度順に並べたリスト．例えば動詞ランキングのような品詞に着目したもの，ある語の2語連鎖や3語連鎖など，N-GRAM（エヌ・グラム）に焦点をあてたもの，品詞タグや意味タグなどのメタ言語的特徴のものがある．すべての語のものを WORD LIST（ワードリスト）とも呼ぶ．

front matter（前付け事項）　見出し語項目以外の情報を記載している辞

書の巻頭箇所. 辞書の名称, 版, 序文, 編集・執筆スタッフ, 辞書の使い方などを含む. 序文では, 辞書の特徴や想定ユーザーなどが述べられ, 辞書の使い方には, 記号や略語の意味などが含まれる. ⇨ BACK MATTER; MIDDLE MATTER; OUTSIDE MATTER; MEGASTRUCTURE

FROWN（**Freiburg-Brown Corpus of American English**）（フラウンコーパス, フライブルク・ブラウンコーパス） BROWN CORPUS の構成をモデルにして, 1992 年の出版物をデータにフライブルク大学において構築された約 100 万語のアメリカ英語のコーパス.

full-sentence definition（完全文定義） 文によって, SENSE（語義）を示すこと. COBUILD の辞書が 1987 年から採用している：If you translate something that someone has said or written, you say it or write it in a different language. ⇨ DEFINITION

function word（機能語） 単独で用いられた場合に語彙的意味をほぼ持たないが文法的機能を有する語. 前置詞, 接続詞, 冠詞, 助動詞など. ⇨ CONTENT WORD

G

general corpus（一般コーパス, 汎用コーパス） 言語の一般的な性質を研究することを目的としたコーパスをいう. 様々なジャンルやレジスターからテキストが集められ, REPRESENTATIVENESS（代表性）を持つように設計されている. ⇨ BALANCED CORPUS; SPECIALIZED CORPUS

genre（ジャンル） テキストの内容や機能などによる分類をいう. 例えば, 新聞, 雑誌, 小説, 論文, 手紙などがその例. 一般的なコーパスではジャンルごとにサブコーパスとなっている場合が多い.

glossary（用語集） ある特定の分野または作家の作品などでよく使用される語句が, 通例アルファベット順に配列され, 簡単な定義または訳語が付されているもの.

grammatical annotation = POS（PART OF SPEECH）TAGGING

grammatical code（文法コード） 語の統語的ふるまいに関する情報を示す記号. 例えば, ⃞C や ⃞U はそれぞれ名詞の可算・不可算を表し, *vt*, *vi* は他動詞, 自動詞を表す.

guide word（ガイドワード） 使用者が求める情報により早くたどり着けるようにするもの. 主に多義語や同形異義語の項目内において, 語義またはある語義が現れる典型的な文脈などがキーワード化され標識の役割を果たす.

H

hapax(ハパックス) 古典ギリシャ語のフレーズで once said(一度だけ言われた)を意味し,テキストやコーパス中で一度しか出現しない語(句)をいう.レゴメナ(legomena)ともいう.

header(ヘッダー) テキストそのものについての情報を含む部分をいう.通例,BODY(ボディ)の前に付与され,テキストのタイトルや著者,出版年,GENRE(ジャンル)などの情報が与えられていることが多い. ⇨ BODY

headword(見出し語) 辞書本体において項目を成す語彙項目で,項目の最初に置かれる.辞書によって見出し語となる語彙項目はしばしば異なるが,単語,複合語,略語,接辞,連結形などが見出し語リストを構成し,原則として基準形をとる. ⇨ CANONICAL FORM; ENTRY

Helsinki Corpus(**of English Texts**)((英語テキスト)ヘルシンキコーパス) 8世紀から18世紀初頭にかけての英語を収集し,ヘルシンキ大学において編纂された世界最初の英語史コーパス.約157万語(古英語約41万語,中期英語約61万語,初期近代英語約55万語)を収録.

historical corpus = DIACHRONIC CORPUS

historical dictionary(歴史的辞書) 語形や意味の変化を通時的に記した辞書.語義の配列を歴史的に古いものから順にすることで,特定の語の語義の変遷,発達を俯瞰することができる.*Oxford English Dictionary* がその代表で,用例に初出年,文献名を記し,語の歴史を用例で立証することを目的としている.

homogeneity(均質性) コーパスに収められたテキストの収集元が類似もしくは同一であることをいう.例えば,同一著者による小説の作品を集めたコーパスは均質度が高く,BNC など収集テキストの出典が雑多な一般参照コーパスは均質度が低い.

HTML(**Hypertext Markup Language**)(HTML言語) SGML をベースに作られた文字列のメタ情報や他のテキストへのリンクなどを表記する規格をいう.ウェブページを記述するために広く用いられている.タグ部分は角括弧で囲まれ,始点タグと,多くの場合スラッシュを含む終点タグが用意されている.例えば,<i> と </i> で囲まれた文字列はイタリック体であることを示す.

I

ICAME(**International Computer Archive of Modern and Medi-**

eval English)（アイケム） 英語の電子テキストの分析に従事する言語学者や自然言語処理の研究者による国際的学術団体．当団体は *The ICAME Journal* という国際学術誌を発行するとともに，BROWN ファミリーをはじめとした様々なコーパス・コレクションやソフトウェアの提供を行い，英語コーパス言語学の普及に務めている．

ICE（International Corpus of English）（アイスコーパス，国際英語変種コーパス） 英米にとどまらずカナダ，ジャマイカ，インド，香港，フィリピン，ニュージーランドなどの英語変種を収集したコーパス．基本的にそれぞれの変種が 100 万語ずつ収録されている．

ICLE（International Corpus of Learner English）（国際学習者英語コーパス） ベルギーのルーヴァン・カトリック大学の Sylviane Granger が中心になって作成した国際英語学習者コーパス．2009 年の第 2 版には日本も含む 16 ヶ国の学習者の作文が 約 370 万語収録されている．

Idiom Principle（イディオム原則） Sinclair (1991) の用語．言語使用の際，まとまりとしてすでに出来上がった単語の連鎖を基本単位として使用せしめる原則．この連鎖はイディオムや COLLOCATION（コロケーション），PHRASEOLOGY（句表現）と呼ばれる． ⇨ OPEN CHOICE PRINCIPLE

illustration（図解） 辞書の定義や訳語の情報を補うための挿絵や写真．具体的事物の概観，全体と部分の関係，上位概念と下位概念の関係，事物の動きなどを示す．

introspection（内省） 自身の心の状態を自ら観察し報告する行為をいう．言語研究では，分析者の直感に従って表現の意味を解釈したり，文法の容認性を判断する内的行為をいう． ⇨ INTUITIVE DATA

intuition（直観） 意図的な学習や推論などをすることなく，感覚的に言語の意味や用法を理解していること．言語研究においては，ある言語使用に関する母語話者による正用か誤用かの判断を指す．

intuitive data / introspective [invented] data（直感的データ） M. Stubbs (2001) の用語．実例によって裏付けされたデータとは異なり，特定の言語理論や文法を説明・例示するために直感的にこしらえた作例をいう． ⇨ INTROSPECTION

invented example（作例） EXAMPLE（用例）に関する分類の 1 つ．新聞や雑誌の記事，実際の会話などからではなく，直観に基づいて意図的に作りだした用例をいう．自然さに欠けるとの批判もあれば，文脈に依

存することなく簡潔に文型などを示せるという利点もあり，辞書編纂上賛否両論がある．⇨ AUTHENTIC EXAMPLE; EXAMPLE

J

jargon（ジャーゴン，仲間内言葉，職業語）　職業や趣味などを共有する特定の社会的集団内で使用されるもので，集団外の者には理解が困難なことば．⇨ SLANG

Java（Java（ジャバ）（言語））　プログラミング言語の1つ．特定の OS やハードウェアに依存せず，Java のプログラムは主要な OS 向けに用意されている Java 実行環境上で同じように実行できる．

JEFLL learner corpus, Japanese EFL Learner Corpus（ジェフルコーパス，日本人英語学習者英作文コーパス）　中学・高校の日本人英語学習者の自由英作文を集めた約70万語からなる学習者コーパス．CLAWS によってタグ付けされたコーパスが無償公開されている．

K

key keyword（代表的特徴語）　複数のテキストに渡って高頻度で現れる単語．小規模なコーパスでは you や the などの一般的な語が抽出され，テキストを特徴付けるような単語は得にくいが，ジャンルを絞り込むことで，分野特有の特徴的で代表的な語を抽出することができる．

keyness（顕著性）　単語が持つ，テキストが何に関するものなのかを反映する性質．特徴的な語句は，コーパス間の比較結果やテキストの文脈に応じて決まり，特徴的なものとして，通例内容語が抽出されるが，機能語のこともある．

keyword(s)（検索語句，特徴語）　①コーパス調査において，検索対象となる語句．②何らかのテキストを特徴づける語句．例えば，医療系の文書の場合，病名や医療機器の単語がその文書を特徴付ける語句となる．

KWIC（**key word in context**）（クイック表示）　コーパス中に含まれる特定の語句を検索した際に，その語句を検索結果の中央に配置した上で，前後の文脈も含めて表示すること．その表示形式は KWIC 形式と呼ばれる．検索語句がどのような文脈で使用されるのか，どのようなパターンで使用されるのかの発見に役立つ．⇨ NODE

L

label(ling)（レーベル，ラベル）　見出し語や語義などに付けられる標識で，品詞などの文法情報や地域変種や分野，文体，用法などを示す：NAmE「北アメリカ英語」，BrE「イギリス英語」，written「書きことば」，spoken「話しことば」など．

language engineering（言語工学）　= NATURAL LANGUAGE PROCESSING

learner corpus（学習者コーパス）　外国語学習者の使用した言語データを一定の基準で集め電子化したもの．学習者のエラー，OVERUSE（過剰使用），UNDERUSE（過小使用）などの研究に使われる．代表的なものとして ICLE がある．

learner's dictionary（学習辞典）　ある言語を学んでいる者を主な対象とした辞書．母語として学習している幼児，児童を対象にした辞書と，外国語，第二言語として学んでいる外国人学習者を対象にした辞書に大別される．

lemma（レマ，見出し語，基本形）　語の変化形を集約した単位．辞書の見出し語にあたる．実際に使われる語形は表記形と呼ばれ，表記形 goes, went, gone は GO をレマとする変化形の単語ということになる．

lemma-list（単語リスト）　辞書の HEADWORD（見出し語）のリスト．その見出し語に形式的情報や意味的情報を加えて，見出し語項目を構成する．単語リストの構造は MACROSTRUCTURE（マクロ構造）と呼ばれる．
⇨ MEGASTRUCTURE

lemmatization（レマ化，見出し語化）　変化形の単語を見出し語（基本形・原形）に集約する処理のこと．複数形の名詞を単数形に戻す処理，過去形の動詞を原形に戻す処理がそれにあたる．

lexical bundle(s)（レキシカル・バンドル，語彙結束）　D. Biber et al. (1999) の用語．3語，4語という単位で機械的に切り出した結果，出現頻度が上位にくる語連鎖をいう．例えば，会話に出現するレキシカル・バンドルには I don't know what や I was going to などがある．

lexical density（語彙密度）　言語使用における語彙の多様性を測る指標．TYPE/TOKEN RATIO (TTR)（タイプ・トークン比）が代表的．

lexicography（辞書編纂，辞書学）　辞書学には，辞書の企画，辞書記述における言語理論の応用や編集技術など，実際の辞書編纂を指す実践辞書学と，辞書編纂の基盤となる言語理論や情報工学，辞書使用などに関

する研究を扱う理論辞書学がある.

lexicology（語彙論）　語彙素または語彙項目を対象とする言語学の一分野．語彙項目の意味（の成立）や項目同士の関係，語彙の分類，体系化などを扱う．

light verb（軽動詞）　= DELEXICAL VERB

live example（生きた用例）　Svensén (1993) の用語．「骨格」のみを示す DEAD EXAMPLE（死んだ用例）とは異なり，「肉付け」された用例を指す．具体的には，代用形の代わりに人称代名詞ないし典型的な名詞句を，不定形の代わりに定形動詞を用いる：pleased <I am pleased with her work/that she has been helpful.>　⇨ EXAMPLE

LOB（Lancaster-Oslo-Bergen）Corpus（ロブコーパス）　BROWN CORPUS の構成を模して，1961 年のイギリスの出版物から約 100 万語を収集し，電子コーパス化したもの．ブラウンコーパス同様に約 2000 語からなる 500 のテキストを収録している．

logDice（ログダイス）　COLLOCATION（コロケーション）の結びつきの強さを示す指標として用いられる統計量の1つ．2つの要素の類似度を示し，0（2語が全く共起しない場合）〜 1（2語が必ず共起する場合）の値となるダイス係数（Dice('s) coefficient）に基づいて計算される．

log-likelihood（対数尤度比）　COLLOCATION（コロケーション）の結びつきの強さを示す指標として用いられる統計量の1つ．2語のそれぞれの度数と共起度数，コーパスの総語数から得られる．2語が共起する頻度の高いコロケーションで値が大きくなる．G-score（G スコア）とも呼ばれる．

log-linear analysis（対数線形分析，ログリニア分析）　多変量解析の手法の1つ．CHI-SQUARE(D) TEST（カイ二乗検定）が難しい，変数が3つ以上含まれるデータを分析するために用いられる．複数の変数あるいはその組み合わせが，どのように相互に影響し合って観測値を最もよく説明できるモデルを構築できるかを解析する．

log-log（ログログ（値））　COLLOCATION（コロケーション）の結びつきの強さを示す指標として用いられる統計量の1つ．2語のそれぞれの度数と共起度数，コーパスの総語数から得られる．MI（相互情報量）の計算式を修正した式で得られ，低頻度の語で値が高くなる効果が抑止されている．

London-Lund Corpus（LLC）（ロンドン・ルント口語英語コーパス）　1953 年〜 87 年のイギリスの話し言葉が収められた約 50 万語からなる

コーパスで，音韻・メタ言語的特徴もコード化している．SEU CORPUS（英語文法調査コーパス）の話し言葉を電子化した部分と，1975年からルント大学で収集を始めたデータからなる．

Longman Corpus Network（ロングマンコーパスネットワーク） ロングマン社が辞書編纂のために収集した3億3千万語からなる英語コーパスの総称．データは英語・米語，書き言葉・話し言葉も広く網羅し，学習者英語も含まれた膨大なものだが一般公開はされていない．⇨ LONGMAN LEARNERS' CORPUS

Longman Learners' Corpus（ロングマン学習者コーパス） ロングマン社が構築した1000万語からなる英語学習者コーパスで LONGMAN CORPUS NETWORK の一部を形成している．同社の出版する辞書のコラム執筆などに活用されているが，コーパスの構成などは非公開．

Louvain Corpus of Native English Essays（**LOCNESS**）（ルーヴェン英語母語話者作文コーパス） ICLE（国際学習者英語コーパス）の学習者英語を母語話者の英語と比較するため，ルーヴェン・カトリック大学が作成した約32万語からなる英語母語話者作文コーパス．

M

macrostructure（マクロ構造） 辞書の見出し語の配列．欧州言語の辞書では ALPHABETIC ORDER(ING)（アルファベット順配列），シソーラスや専門辞典では THEMATIC ORDER(ING)（概念別配列）が採用されることが多い．⇨ MICROSTRUCTURE; MEGASTRUCTURE

main entry（主見出し） 辞書の見出し語に関する情報の単位．MICROSTRUCTURE（ミクロ構造）を持つ．派生語，成句，複合語などに関する情報単位である従属見出しと区別して，主見出しと呼ぶ．⇨ ENTRY; HEADWORD; MICROSTRUCTURE

mark(-)up（マークアップ） コーパスに品詞や活用形に関するメタ情報を付与することをいう．また，付与されたコードそのものを指す．⇨ ANNOTATION

mega-corpora = SECOND-GENERATION CORPORA

megastructure（メガ構造） 辞書全体の構成．見出し語が並べられている LEMMA-LIST（単語リスト）と，それ以外の情報を含む OUTSIDE MATTER（外付け事項）に分かれる．⇨ MICROSTRUCTURE; MACROSTRUCTURE

meta(-)data（メタデータ） あるデータに対して付与される，データそ

のものの特徴などを記したデータのこと．例えば，あるテキストデータに対して記録される著者情報や執筆日時などがメタデータにあたる．POS (PART OF SPEECH) TAGGING（品詞タグ付け）なども，メタデータの一種である．

MI (mutual information)（相互情報量） COLLOCATION（コロケーション）の結びつきの強さを示す指標として用いられる統計量の1つ．2語のそれぞれの度数と共起度数，コーパスの総語数から得られる．3以上の値で統計的に有意な結びつきだと言われる．低頻度の語で値が高くなることがあるが，これを抑止するための処理を加えた計算式で得られる MI3 という指標もある．

MICASE (Michigan Corpus of Academic Spoken English)（マイケースコーパス，ミシガン学術口語英語コーパス） ミシガン大学において講義・面接・会議・研究会などの学術的文脈で使用された英語を録音し，約185万語にまとめた話し言葉のコーパス．学術分野や場面・話者の情報などを設定できる検索システムも提供している．

microstructure（ミクロ構造） 辞書の見出し語項目の内部構成．見出し語，形式的情報，意味的情報に分かれる．形式的情報は，発音，屈折形，品詞を含み，異綴りが入ることもある．意味的情報は，定義または訳語，用例，成句などを含み，多義語では定義や訳語は複数の語義に分割される． ⇨ MACROSTRUCTURE; MAGASTRUCTURE

middle matter（挿入事項） 辞書の LEMMA-LIST（単語リスト）の途中に挿入され，見出し語項目以外の情報を記載している箇所．文法解説，作文のヒント，図解，地図などを含む． ⇨ OUTSIDE MATTER; FRONT MATTER; BACK MATTER; MEGASTRUCTURE

monitor corpus（モニターコーパス） 最新の言語変化を記録することなどを目的に，一定の規則に従って継続的にテキストが追加されるコーパス．BANK OF ENGLISH (BOE) がその代表例．

MonoConc（モノ・コンク） M. Barlow が開発した有償の Windows 用コンコーダンサー．ベーシック版（MonoConc）とアドバンス版（MonoConc Pro）がある．英語以外に，スペイン語，フランス語，日本語，中国語などに対応し，KWIC 表示やワードリストの作成，コロケーション情報の獲得が可能． ⇨ CONCORDANCER; PARACONC

monolingual dictionary（一言語辞書） 英英辞典のように見出し語の語義を，見出し語と同じ言語で定義した辞書．見出し語とは別の言語で訳語を載せた BILINGUAL DICTIONARY（二言語辞書）に対する．

multi-dimensional analysis（多次元分析） Biber (1988) の用語．異なるテキストタイプ間の FACTOR ANALYSIS（因子分析）を行い，言語特徴の共起パターンを導き出すことによりテキストタイプを特徴付ける分析手法． ⇨ FACTOR ANALYSIS

multilingual dictionary（多言語辞書） ある言語の語句と同じ意味を持つ複数言語の訳語を示した辞書．国によって公用語が異なるヨーロッパ圏への旅行者を対象にした海外旅行者向け会話表現集や，学術語彙の複数言語における訳語を示した専門用語リストが多言語辞典の例である．

multilingual corpus（多言語コーパス） 複数の言語から構成されるコーパス．同一の基準で SAMPLING（サンプリング）を行った COMPARABLE CORPUS（比較コーパス）や，言語間で文（単語）と文（単語）を一対一対応にした PARALLEL CORPUS（対訳コーパス）などがこれに該当する．

multi-word expressions (units, phrases)（複単語表現） 2語以上の単語で構成される言語表現であり，各語の意味の総和から全体の意味を予測できないようなものを指す．イディオム (idiom)，固定表現 (fixed expression)，COLLOCATION（コロケーション）も含まれる．

N

natural language processing (NLP)（自然言語処理） コンピュータを用いた言語データの処理のこと．自然言語というのは，人間が用いる英語や日本語を指す．意味が介在する人間の言語理解とは異なり，表層的な文字や語の列を高速で処理し，大規模なデータに基づくデータベースや確率モデルを利用する．構文解析，品詞タグ付与，音声認識，機械翻訳などの形で応用されている．

n-gram(s)（エヌ・グラム） あるテキストから，文字・単語・品詞などの単位で，任意の数の連続した要素を抽出すること，および，抽出された表現を指す．2つの要素が連続したものを bigram，3つの要素が連続したものを trigram という．

node（検索対象語(句)，中心語，ノード） コンコーダンサーで KWIC 検索した結果，中央に配置される検索対象語(句)をいう． ⇨ KWIC

normalized frequency（正規化頻度） 100万語など一定の基準を設けて，その語数あたりの頻度を算出したもの．粗頻度÷総語数×100万（など）で求められる．relative frequency（相対頻度）でこれを指すこともある．adjusted frequency（調整頻度）と呼ばれることもある．

O

obsolete = ARCHAIC

OCR（**optical character recognition**）（オー・シー・アール，光学式文字認識） = SCANNING

on-line corpus（オンライン・コーパス） オンライン上で入手，または利用が可能なコーパス．入手可能なコーパスは自身の PC にダウンロードできるが，コーパスの中にはウェブ上でのみ利用が可能なものもある．後者は検索やデータ加工などにおいて一定程度の制限がある．

Open-Choice Principle（開かれた選択の原則） Sinclair (1991) の用語．言語使用の際，それぞれの語を自由に選択して文を組み立てる原則．発話は，それぞれのスロットに穴埋めする形でなされると捉えている．この原則は文学のような特定の言語ジャンルなどで用いられており，多くの自然発話は対をなす IDIOM PRINCIPLE（イディオム原則）により統御される．

ordering of sense（語義配列） = SENSE ORDERING

outsider matter（外付け事項） FRONT MATTER（前付け事項），MIDDLE MATTER（挿入事項），BACK MATTER（後付け事項）の総称．辞書の名称，版，序文，編集・執筆スタッフ，辞書の使い方，不規則動詞表，文法解説，作文のヒント，発音の仕組み，図解，地図，ことわざ，文化関連など，見出し語項目以外の情報を含む．⇨ MEGASTRUCTURE

overuse（過剰使用） 2つ以上のデータ群を用いて，使用された言語表現の比較を行った結果，ある表現の頻度が比較対象となる群よりも著しく多いことを指す．⇨ UNDERUSE

Oxford Text Archive（**OTA**）（オックスフォード・テキスト・アーカイブ） 人文学研究を目的として利用できる電子テキストを集めたサイト．データの登録や配布が行われている．

P

ParaConc（パラ・コンク） M. Barlow が開発したパラレルコーパスの解析に特化した Windows 用のコンコーダンサー．分析には，1 文ずつ対応させた原著コーパスと翻訳コーパスが必要．各コーパスの KWIC 画面が上下に並び，検索語(句)の各文とその翻訳文が対応表示される．検索語(句)の翻訳候補を自動抽出する hot words の機能も備える．⇨ CONCORDANCE TOOL; MONOCONC

parallel corpus（対訳コーパス） 複数の言語から構成され，1 つの言語

の文や単語が別の言語の翻訳と ALIGNMENT（対応付け）されたコーパスをいう．

parser（構文解析器，構文解析プログラム，パーサ） テキストを特定の規則に従って解析・分解し，構文解析タグを付与することで統語構造を表示するコンピュータ・プログラム．有名なパーサに Minipar や Link Grammar Parser などがある． ⇨ PARSING

parsing（構文解析） テキストを特定の規則にしたがって解析・分解し，統語構造を表示することをいう．統語的関係は構文解析タグによって示される．構文解析タグが付与されたコーパスには，PENN TREEBANK や CHRISTINE Corpus などがある． ⇨ PARSER

pattern（パターン） ①事物や現象が規則的に繰り返される状態をいう．②コーパス言語学においては，語が一定の語と優先的に結びつき繰り返されることで規則性を示すこと．一般的に語は複数のパターンを有し，同一のパターンを共有する語同士は共通した意味を有する．

Penn Treebank（ペンシルバニア大学ツリーバンク） 米国ペンシルバニア大学で編纂されたコーパス・コレクションで，括弧と行替えによって示された統語構造の情報が付与されている．

Perl（パール） プログラミング言語の一種．複雑な文字列処理に適した REGULAR EXPRESSION（正規表現）が扱えるので，コーパス編纂のためのテキスト処理に欠かせない．

phraseology（フレージオロジー，句表現） COLLOCATION（コロケーション），成句表現（fixed expression），イディオム（idiom），PATTERN（パターン）など語を超えた句レベルの言語単位，もしくはその研究分野・方法をいう．

pocket dictionary（小型辞書，ポケット辞書） 判型を小さくし携帯の便を図った辞書．

POS (part of speech) tagging（品詞タグ付け） テキストの語や句に品詞タグを付与すること．通例，コンピュータによる自動タグ付を指すが，一定程度のエラーがあるため，人間の手による修正が入る場合もある．代表的な品詞タガーとしては，CLAWS, TREE TAGGER などが挙げられる．

probability（確率） 量的な言語分析において，特定の言語項目が，想定する母集団の中でどの程度起こり得るかを示す統計的な確からしさ．語や句などの頻度データを仮説検定にかけ確率を調査することで，実際の容認度を段階的に説明できる． ⇨ CHI-SQUARE(D) TEST; CONTINGENCY

TABLE; EXPECTED FREQUENCY; STATISTICS

problem-oriented annotation（問題志向型の情報付与）　研究目的に応じて，コーパスに独自の情報やタグを付与すること．通常の TAGGING（タグ付け）は，ある TAG SET（タグセット）に基づき，全語句に情報を付与するのに対して，問題志向型では，特定の研究焦点に応じて，一部の語句（例えば，後置修飾節を有する名詞句）に選択的に付与する．

production（産出）　= ENCODING

Project Gutenberg（グーテンベルク計画）　1971 年から始まった，著作権の切れた文学作品を中心に電子化したデータを公開しようとする計画のこと．特定の作家の作品をコーパス化するのに適している．

Q

qualitative analysis（質的分析）　言語の意味など数値化しにくい現象を分析すること．特に統計処理を行う QUANTITATIVE ANALYSIS（量的分析）の理由付けをいう．

quantitative analysis（量的分析）　言語の頻度などを統計処理し数量化して分析すること．

query（クエリー，検索）　①コーパスなどの言語データベースから特定の条件に合致した文字列を抽出したり，置換や削除などの処理を行うための命令をいう．② Web 上で検索エンジンを利用する際に入力する文字列をいう．

quotation　= CITATION

R

random sampling（ランダム・サンプリング，無作為抽出(法)）　ある母集団から調査対象を無作為に標本抽出することをいう．全体の一部を調べるだけで母集団の情報を把握することができるという利点がある．ある程度の標本を集めれば精度の高い推計結果が得られる．⇨ SAMPLING

reception（受容）　= DECODING

reference corpus（参照コーパス）　特殊コーパスなどで得られた結果を検証するために比較されるコーパスをいう．一般に REPRESENTATIVENESS（代表性）を持つ大規模な GENERAL CORPUS（一般コーパス）が参照コーパスとして用いられることが多い．

regular expression（正規表現）　文字列に対して非常に柔軟なパターン

検索を可能にする記法，またそれに従ったパターン．普通のワイルドカード（*）では検索できない bigger and bigger のような同じ語の離れた位置での使用や，to が後続しない supposed のようなものも検索できる．

representativeness（代表性）　SAMPLING（サンプリング）をした結果が母集団の比率や特徴などを反映している状態を指す．コーパスが代表性を持つためには，偏りがないよう大規模なものにする必要がある．一般に，BALANCED CORPUS（均衡コーパス）は代表性をもつように設計される．

replicability（再現可能性，反復可能性）　科学的な発見やそれに基づく主張は，同じ条件・調査手順のもと，同様の発見が再現されて初めて実証される．一般公開されていないコーパスや自作コーパスを用いた研究では，常にこの問題がつきまとう．

S

salience ＝ KEYNESS

sampling（サンプリング）　母集団から標本を抽出することをいう．抽出した結果に偏りがないよう，RANDOM SAMPLING（無作為抽出法）や，母集団の比率に従って抽出数を決める方法（stratified sampling）などがある．⇨ REPRESENTATIVENESS

SARA (SGML-Aware Retrieval Application)（サラ）　BNC 専用の検索プログラム．語やフレーズ，パターンなどの頻度情報の獲得，コンコーダンス表示など，BNC を高速に検索することができる．⇨ CONCORDANCE TOOL; CONCORDANCER; SGML

scanning（スキャニング）　スキャナーと OCR ソフトを用いて，紙面上の文字を認識し，電子データへと変換させるテキストキャプチャの手法をいう．

second-generation corpora（第二世代コーパス）　1980 年代以降，コンピュータの発展に伴って構築された数億語規模のコーパスを指す総称．BNC, BANK OF ENGLISH (BOE) などが代表例．⇨ FIRST-GENERATION CORPORA

segmentation（セグメンテーション，分割）　テキストを文や語，形態素などの言語単位へと分割する一連の処理をいう．⇨ TOKENIZATION

semantic annotation ＝ SEMANTIC TAGGING

semantic tagger ＝ TAGGER

semantic tagging(意味タグ付け) テキストの語や句の意味的な機能に基づき,意味タグを付与すること.代表的な意味タガーとしては,英国ランカスター大学の UCREL が開発した USAS が挙げられる.

semantic preference(優先的意味選択) Stubbs (2001) の用語.個別表記形や LEMMA (レマ) と同じ意味範疇に属する語群との結合関係をいう.例えば,レマ EAT は meat, fish, breakfast, dinner, bread など食べ物に関連した語と共起傾向にある.

semantic prosody(意味的韻律) B. Louw (1993) の用語.語の連なりやイディオムが文脈中で示す肯定・否定などの内包的意味や,話者が示す特定の態度をいう.例えば,自然文脈中に生起する sit through は否定的な意味で使われることが多い.

SEU (Survey of English Usage) Corpus(英語語法調査コーパス) 電子化コーパスが登場する前,1959 年にユニヴァーシティ・カレッジ・ロンドンで始まった英語語法調査で収集された約 100 万語のコーパス.当時,データはカード記入によりファイル化していたが,後に口語部分は LLC に引き継がれた.⇨ LONDON-LUND CORPUS

SGML (Standard Generalized Markup Language)(エス・ジー・エム・エル) 電子化したテキストにメタ情報を付与するための汎用的な規格をいう.COCOA FORMAT がベースとなっている.この規格から派生したものとして XML, HTML, SGML がある.

sense(語義) ある語(句)の意味を区別して分類したもの.一カ国語辞書は,それぞれの語義が定義 (definition) により表されるが,二カ国語辞書においては訳語が示される.

sense ordering(語義配列(法)) 特定の見出し語内で複数の SENSE (語義) をどのように配列するかをいう.初出年が古い順に並べ,意味の変化や拡張の記述を重視した方法と,現代語のコーパスの頻度順位に基づき,使用頻度の高い順に配列する方法などがある.

significance test(ing)(有意性検定) データの統計的有意性 (statistical significance) を調べる方法.観測されたあるデータが偶然性に起因する可能性が十分に低い (5% が閾値とされることが多い) ときに,その結果は統計的に有意である (statistically significant) とされる.⇨ CHI-SQUARE(D) TEST

size(サイズ,大きさ) コーパスの総語数をいう.BROWN CORPUS や LOB CORPUS が登場してからの 30 年余りは一般コーパス (GENERAL CORPUS) のサイズ基準は 100 万語であったが,BNC の到来後は億単位

へと大幅に拡大した．⇨ FIRST-GENERATION CORPORA; MEGA CORPORA; SECOND-GENERATION CORPORA

Sketch Engine, SketchEngine（スケッチ・エンジン）　ウェブ上の汎用的なコーパス検索システム．BNC や JpWaC などが実装され，直感的なインターフェースで文法とコロケーションに関する情報の獲得が可能．例えば，Word Sketch では，指定した語の共起語を品詞別にリスト表示することができ，Thesaurus, Sketch-Diff では，シソーラスや類義語の違いの情報を視覚的に得ることができる．

slang（俗語）　学生，医師，反社会的集団など，特定の職業や社会集団に所属する者同士で用いられるくだけた語句．若者ことばや隠語の多くも含まれる．⇨ JARGON

sort（ソート，並べ替え）　①一定の規則に従ってリスト化されたデータの順序を並べ替える一連の処理をいう．語（句）の頻度や統計値のソートには，大きな値から小さな値へと順に並べる降順と，小さな値から大きな値へと順に並べる昇順がある．②コンコーダンス上で NODE（中心語）の前後の共起語のアルファベット順に各行を並べ替えること．

span（スパン）　検索語（句）の前後の範囲をいう．共起語の抽出には，検索語（句）の前後 1～5 語以内を指定するのが一般的である．

specialized corpus（特殊コーパス）　特定のジャンルやレジスターに特化してテキストを集めたコーパスをいう．⇨ GENERAL CORPUS

spelling（綴り字法，綴り字）　語を表記するための文字の配列ならびにその配列法．普通はアルファベットによる表記法を指す．この綴り字の文字の配列により，辞書の見出し語の順番が決まり，辞書を検索する際の手がかりとなる．⇨ ALPHABETIC ORDER(ING); MACROSTRUCTURE

spoken corpus（話し言葉コーパス）　会話や談話を書き起こしたテキストで構成されるコーパスをいう．言い淀みや繰越し，発話の重なりなどを記録するため，書き言葉とは異なる ANNOTATION（アノテーション）記法が用いられることがある．⇨ WRITTEN CORPUS

standard deviation（標準偏差）　ばらつきを表す指標の1つで，分散（variance）の正の平方根が標準偏差にあたる．分散は観測値と平均値の差を2乗した値の平均値であるが，標準偏差はデータと単位を合わせるために平方根の値を用いる．同じ平均値であっても標準偏差や分散が大きいデータはばらつきが大きい．⇨ DISPERSION

standardization（標準化）　異なる標本に基づく複数のデータが比較しやすくなるように，平均や標準偏差が特定の値になるように変換するこ

と，コーパス言語学では，もう少し広く，「データの観点・枠組みを揃えること」という程度の意味で用い，例えば頻度を相対頻度や正規化頻度で表すことも指す．

standardized type/token ratio（標準タイプ・トークン比） テキストを 1000 語などの一定語数の小さなデータに区切ってそれぞれ計算した TYPE/TOKEN RATIO（タイプ・トークン比）の平均値．一般的に，タイプ・トークン比はデータサイズが大きくなるにつれて小さくなるので，異なるサイズのコーパス同士を比較するために標準化したもの．

statistics（統計(学)） データの収集・分析・解釈を研究する学問分野．(応用)言語学では，観察されたデータについての仮説が妥当かを判断する推測統計(学)（inferential statistics）の手法や，分析対象の特徴を数値で示す記述統計(学)（descriptive statistics）の手法がよく利用される．

synchronic corpus（共時コーパス） 特定の時代の言語特徴を明らかにすることを目的として，同時代の言語データを広く集めたコーパスをいう． ⇨ DIACHRONIC CORPUS

synonym/synonymy（同義語／同義性） 意味関係の1つで，同じ意味内容をもつ語同士の関係を同義性といい，その性質を有する語を同義語という．ただし，完全に同一の意味内容をもつことはまれで，普通は文体，含意などの点で異なるため，類義語／類義性という言い方もされる．MONOLINGUAL DICTIONARY（一言語辞書）では，定義の一手段として利用される． ⇨ ANONYM/ANTONYMY; SYNONYM DEFINITION

synonym definition（類義語による定義） MONOLINGUAL DICTIONARY（一言語辞書）で，類義語を使った定義法．抽象語や成句などで用いられることが多い．例えば，kick the bucket = die．基本的な語を定義する場合，循環を生じる危険を伴う． ⇨ CIRCULARITY

T

taboo word（タブー語，忌み言葉） 社会通念上，一般に使用してはならないとされている語句をいう．性，排泄，宗教，死などに関わるものが多い．具体的にどの語句がタブーとされるかはそれぞれの文化で異なる．以前の辞書では HEADWORD（見出し語）とすることを避けていたが，今日では USAGE LABEL（語法レーベル）を付して載せるのが一般的である．

tagger（タガー） 何らかの言語学的基盤やプログラム上のアルゴリズムに基づきコーパスに自動的にタグ付与を行うソフトウェア．例として，

品詞タガーは TREE TAGGER や CLAWS，意味タガーは USAS などが挙げられる．

tagging（タグ付け）　コーパスの語，句，文やパラグラフなどに何らかの情報を付与すること．とりわけ語レベルの品詞情報や意味情報を付与することを示す．⇨ POS TAGGING; SEMANTIC TAGGING; TAGGER

tagset（タグセット）　ある言語記述の立場などに基づき分類された品詞タグや意味タグの集合を指す．品詞タグセットにも数十の大まかに分けたものから 140 程度に細かく分類されているものがある．

TEI（Text Encoding Initiative）（テキストコード化計画）　1987 年に制定されたテキストをデジタル化するための統一的なガイドライン，またはそのガイドラインを作成する団体をいう．コンピュータで読み取り可能な XML 形式で段落区切りや文区切りを表記する方法が規定されており，広く利用されている．

text archive = ARCHIVE

text type(s) = GENRE

thematic order(ing)（概念別配列）　HEADWORD（見出し語）をそれが意味する概念によって分類し配列すること．類義語辞典や専門事典などで採用されることがある．⇨ ALPHABET ORDER(ING)

thesaurus（類義語辞典，シソーラス）　概念別辞書の代表．語彙を意味分野別に分類し，類義語，および ANTONYM（反義語）や関連語を配列したもの．類義語間の意味の違いは記されていないのに対して，意味の区別を示したものは synonym dictionary（類義語辞典）と呼ばれる．

token（トークン）　あるテキスト内で同じ単語が複数回用いられている場合に，それらを全部個別に数え上げる場合の単語のとらえ方をいう．語数指定がある場合に単語の数を数えるときの単語のとらえ方にあたる．「延べ語」ということもあるが，これは普通は総語数の意味で「延べ語数」として用いる．⇨ TYPE; TYPE/TOKEN RATIO

tokenization（トークン化，トークン分割）　テキストを最小の言語単位である TOKEN（トークン）に分割する処理のこと．例えば，He's a 7-year-old boy from the United States. という文をすべて小文字として処理し，he と 's を分割するなどの処理を示す．LEMMATIZATION（レマ化），TAGGING（タグ付け）の前処理となる．

treebank（ツリーバンク）　各文を文法的に解析し統語構造の情報を付与したコーパスのこと．最終的に各語句，個別の品詞情報が与えられる品詞タグとは異なり，語句間の関係性が確認できる．その解析した構造が

よく樹形図で示されることから,treebank と呼ばれている.英語ではペンシルバニア大学が開発した PEN TREEBANK などが知られている.

Tree Tagger(ツリー・タガー) ドイツのシュトゥットガルト大学で開発された品詞タグ付ソフトウェア.POS (PART OF SPEECH) TAGGING(品詞タグ付け)と同時に LEMMA(レマ)情報も付与する.英語,ドイツ語,フランス語などのヨーロッパ言語だけでなく,中国語,スワヒリ語,またラテン語の TAGGING(タグ付け)に対応.

trigram = N-GRAM

t-score(t スコア) COLLOCATION(コロケーション)の結びつきの強さを示す指標として用いられる統計量の1つ.2語のそれぞれの度数と共起度数,コーパスの総語数から得られる.2以上の値で統計的に有意な結びつきだと言われる.2語が共起する頻度の高いコロケーションで値が大きくなり,機能語の値が高くなる特徴がある.

type(タイプ) あるテキスト内で同じ語形の単語が複数回用いられていた場合に,それらをまとめて1つとして数える場合の単語のとらえ方を言う.ただし,見出し語形のレベルではなく,あくまで語形のレベルで区別するため,is と are などは別のタイプとして扱われる.「異なり語」ともいう.⇨ TOKEN; TYPE/TOKEN RATIO

type/token ratio(**TTR**)(タイプ・トークン比) タイプ数÷トークン数で得られる値.高ければ高いほどそのテキストでは多様な語彙が用いられていて,逆に低ければ低いほど語彙の多様性が乏しく同じ語が繰り返し用いられているということを示す.⇨ STANDARDIZED TYPE-TO-KEN RATIO; TOKEN; TYPE

U

UCREL(**University Centre for Computer Corpus Research on Language**)(ユークレル) 英国ランカスター大学内のコーパス関連を取り扱う研究所.コーパスの構築,および分析において世界を牽引しており,CLAWS,USAS などのタグ付システムもここで開発された.

unabridged dictionary(非縮約版辞書) ある出版社の辞書の中で,最も規模が大きい辞書.ABRIDGED DICTIONARY(縮約版辞書)に対する.日本の英和,和英大辞典も非縮約版辞書の一種とみてよい.

underuse(過少使用) 2つ以上のデータ群を比較した際に,ある言語表現の使用頻度が比較対象となった群に比べて著しく低い状態のことを指す.例えば,De Cock et al. (1998) の研究では,英語学習者は母語話

者に比べ you know や I mean を過少使用していることが分かっている. ⇨ OVERUSE

Unicode(ユニコード) コンピュータ上で多国語処理を可能にするための文字コード体系. 世界の主要言語の文字を収録している.

usage label(語法レーベル) HEADWORD(見出し語)あるいはその特定の SENSE(語義)や成句などが使用される環境に何らかの制限がある場合, それを辞書において明示するための表示をいう. 具体的には, 時代, 地域, 文体, 分野, 態度, 使用者の属性などに関するもので, 使用されるレーベルは多岐にわたる. ⇨ ARCHAIC

usage note(語法注記) HEADWORD(見出し語)あるいはその特定の SENSE(語義)や成句などについて, 追加的な情報を収めた記載項目. 多くは囲み記事のような形態をとる. 内容は多岐にわたり, SYNONYM(同義語), ANTONYM(反義語), 関連語, 語法上の特有の問題, 発音, 文体, 文化などに関わる百科的情報などが扱われている.

usage panel(語法委員会) 語法を客観的に捉えようとする試みで, 複数の専門家に判断を求めたもの. *American Heritage Dictionary of the English Language* の語法委員会が有名で, 現在は 200 名以上の委員からなる.

USAS(**UCREL Semantic Analysis System**)(UCREL 意味分析システム) 英国ランカスター大学, UCREL にて開発された自動的に意味タグを付与するソフトウェア. 意味タグセットは McArthur (1981) の意味分類カテゴリーを基盤としている.

user research(ユーザー研究) 辞書を使う人たちが実際どのように辞書を使っているのか(どのような目的で, どのような検索をし, どのような結果に至っているか)を調査し, 具体的にどのようなニーズがあり, どのような検索能力を有しているかを調べること.

V

verb pattern(動詞型) 原則として動詞が述語動詞として用いられる場合に必要とする文の要素をパターン化したもの. 例えば, [VN] は動詞の後ろに名詞句, [V to inf] は名詞句, そして to 不定詞が続くことを示す.

volunteer reader(用例収集協力者) 用例収集のために, 辞書編纂者の方針に従って用例をカードに写し取る作業を無報酬で行う人. *Oxford English Dictionary* (1st ed.) には約 2000 名の協力があったとされる.

W

WaC（Web as Corpus）（コーパスとしてのウェブ）　WWW の発達に伴い，ウェブをコーパス編纂の情報源にするのではなく，ウェブ自体のコーパスとしての利用が模索されつつある．代表的な例として，the WebCorp concordancer や WebCONC がある．⇨ WORLD WIDE WEB

Wmatrix（ダブルマトリックス）　英国ランカスター大学，UCREL のポール・レイソン氏により開発されたウェブ上で利用可能な多機能コーパスツール．任意のテキストに CLAWS による品詞タグ，USAS による意味タグの付与，表記形やタグの頻度表の作成，キーワード分析，コンコーダンスラインの確認などができる．

Wellington Corpus of Spoken New Zealand English（WSC）（ウェリントン口語コーパス）　ヴィクトリア大学ウェリントンにおいて 1988 年～94 年に収集した演説，対面会話などを収めた約 100 万語からなるニュージーランド口語のコーパス．

Wellington Corpus of Written New Zealand English（WWC）（ウェリントン文語コーパス）　ヴィクトリア大学ウェリントンにおいて BROWN CORPUS, LOB CORPUS を模して 1986 年～90 年の出版物を基に構築された約 100 万語からなるニュージーランド英語のコーパス．

wild card, wildcard（ワイルドカード）　あらゆる文字列のパターンに対応するメタキャラクタ（特殊文字）．コーパスデータの検索や整形時に使用されることが多く，「*」（任意の長さで任意の文字列）や「?」（任意の一文字）などで表現される．⇨ REGULAR EXPRESSION

word list, wordlist（語彙表，ワードリスト）　テキストやコーパス内に生起するすべての語（または句）のリストのこと．通例，ANTCONC などの CONCORDANCER によって作成され，一定の基準で並べかえることが可能．⇨ FREQUENCY LIST

word sense（語義）　= SENSE

WordSmith（Tools）（ワード・スミス）　Mike Scott 氏が開発したコンコーダンサー．頻度リスト，KWIC 検索，検索語の共起語，特徴語の抽出などが可能．プレーンテキストだけでなく SGML などでタグ付けしたテキストの処理も可能．⇨ CONCORDANCER; CONCORDANCE TOOL

World Wide Web（WWW）（ワールド・ワイド・ウェブ，ウェブ）　インターネット上のハイパーリンクで相互につながったウェブページのネットワーク．単に「ウェブ」と呼ばれることもある．

written corpus（書き言葉コーパス）　新聞や書籍などの書き言葉からな

るコーパスをいう．⇨ SPOKEN CORPUS

X

Xaira（**XML Aware Indexing and Retrieval Architecture**）（XML データ対応索引・検索ソフトウェア）　XML 対応版 BNC の検索ツールとしてオックスフォード大学コンピュータ・サービス部により開発された検索ソフトウェア．UNICODE に対応．

XML（**Extensible Markup Language**）（拡張可能なマーク付け言語）　SGML を簡略化および改良したもので，テキストにメタデータを付与するための規格．タグが固定されている HTML とは違い，タグ名や階層を目的に応じて拡張することができ，コーパスの ANNOTATION（アノテーション）に広く利用されている：<w c5="PNP" hw="she" pos="PRON">she</w> <w c5="VBZ" hw="be" pos="VERB">'s </w>

Z

z-score（Z スコア）　COLLOCATION（コロケーション）の結びつきの強さを示す指標として用いられる統計量の1つ．2語のそれぞれの度数と共起度数，コーパスの総語数から得られる．T-SCORE（t スコア）の計算式を修正した式で得られるが，MI（相互情報量）と同様に低頻度の語で値が高くなることがある．

Zipf's Law（ジップ［ジフ］の法則）　頻度上の順位と頻度には反比例の関係があり，順位と頻度を掛けると一定の値が得られるという経験則．例えば出現頻度第 1 位の語は第 2 位の語の 2 倍の頻度があり，第 5 位の語の 5 倍の頻度があることになる．

参考文献

BLS = *Proceedings of the* n*th Annual Meeting, Berkeley Linguistics Society*. Berkeley Linguistics Society, Berkeley, Calif., (1975-).

CLS = *Papers from the* n*th Regional Meeting, Chicago Linguistic Society*. Chicago Linguistic Society, Chicago, (1965-).

NELS = *Papers from the* n*th Annual Meeting, North Eastern Linguistics Society*. University of Massachusetts, Amherst, Mass., (1970-).

WCCFL = *(The) Proceedings of the* n*th West Coast Conference on Formal Linguistics*. Stanford University, Stanford, Calif., (1982-).

Abercrombie, D. (1967) *Elements of General Phonetics*, Edinburgh University Press, Edinburgh.

Aboud, F. E. and R. D. Meade, eds. (1974) *Cultural Factors in Leaning and Education.*, Fifth Western Washington Symposium on Learning, Bellingham, WA.

Adams, V. (1973) *An Introduction to Modern English Word Formation*, Longman, London.

Adone, D. and I. Plag, eds. (1994) *Creolization and Language Change*, Niemeyer, Tübingen.

Aijmer, K. (2002) "Modality in Advanced Swedish Learners' Written Interlanguage," *Computer Learner Corpora, Second Language Acquisition and Foreign Language Teaching*, ed. by S. Granger, J. Hung and S. Petch-Tyson, 55-76, John Benjamins, Amsterdam.

Aikhenvald, A. Y. (2004) *Evidentiality*, Oxford University Press, Oxford.

Aitchison, J. (2012) *Words in the Mind: An Introduction to the Mental Lexicon*, 4th ed., Wiley-Blackwell, Chichester, West Sussex and Malden, MA.

Allan, K. and K. Burridge (2006) *Forbidden Words: Taboo and the Censoring of Language*, Cambridge University Press, Cambridge.

Allen, M. (1978) *Morphological Investigations*, Doctoral dissertation, University of Connecticut.

Allott, N. (2010) *Key Terms in Pragmatics*, Continuum, London. [今井邦彦（監訳），岡田聡宏・井門亮・松崎由貴・小牧久典（訳）（2014）『語用論キーターム事典』開拓社，東京．]

Andersen, R. W. (1990) "Models, Processes, Principles and Strategies: Second Language Acquisition Inside and Outside of the Classroom," in Van Patten and Lee (eds.) (1990).

Andersen, R. W. and Y. Shirai (1994) "Discourse Motivations for Some Cognitive Acquisition Principles," *Studies in Second Language Acquisition* 16, 133-156.

Anderson, J. M. and C. Jones (1974) "Three Theses Concerning Phonological Representations," *Journal of Linguistics* 10, 1-26.

Anderson, S. R. (1971) "On the Role of Deep Structure in Semantic Interpretation," *Foundations of Language* 7, 387-396.

Anderson, S. R. (1976) "Pro-sentential Forms and Their Implications for English Sentence Structure," in McCawley (ed.) (1976).

Anderson, S. R. (1977) "On the Formal Description of Inflection," *CLS* 13, 15-44.

Anderson, S. R. (1992) *A-morphous Morphology*, Cambridge University Press, Cambridge.

Anderson, S. R. and P. Kiparsky, eds. (1973) *A Festschrift for Morris Halle*, Holt, Rinehart & Winston, New York.

安藤貞雄・天野政千代・高見健一（1993）『生成文法講義――原理・パラメター理論入門』北星堂書店，東京．

安藤貞雄・小野隆啓（1993）『生成文法用語辞典――チョムスキー理論の最新情報』大修館書店，東京．

荒木一雄（編）（1999）『英語学用語辞典』三省堂，東京．

Archangeli, D. (1984) *Underspecification in Yawelmani Phonology and Morphology*, Doctoral dissertation, MIT. [Reproduced by Garland, 1988.]

Archangeli, D. and D. Pulleyblank (1994) *Grounded Phonology*, MIT Press, Cambridge, MA.

Archer, D. and P. Grundy, eds. (2011) *The Pragmatics Reader*, Routledge, London.

Aronoff, M. (1976) *Word Formation in Generative Grammar*, MIT Press, Cambridge, MA.

Aronoff, M. and M.-L. Kean, eds. (1980) *Juncture*, Anma Libri, Saratoga, CA.

Atkins, B. T. Sue and M. Rundlell (2008) *The Oxford Guide to Practical*

Lexicography, Oxford University Press, Oxford and New York.

Atkinson, D. (2002) "Toward a Sociocognitive Approach to Second Language Acquisition," *Modern Language Journal* 86, 525-545.

Atkinson, D., E. Churchill., T. Nishino and H. Okada (2007) "Alignment and Interaction in a Sociocognitive Approach to Second Language Acquisition," *Modern Language Journal* 91, 169-188.

Atkinson, J. M. and J. Heritage, eds. (1984) *Structures of Social Action: Studies in Conversation Analysis*, Cambridge University Press, Cambridge.

Atlatis, J., ed. (1990) *Linguistics Language Teaching and Language Acquisition: The Independence of Theory, Practice and Research*, Georgetown University Press, Washington D.C.

Attardo, S. (1994) *Linguistic Theories of Humor*, Mouton de Gruyter, Berline.

Austin, J. L. (1962) *How to Do Things with Words*, Oxford University Press, London. [坂本百大(訳) (1978)『言語と行為』大修館書店, 東京.]

Austin, J. L. (1963) "Performative-Constative," tr. by G. J. Warnock, in Caton (ed.) (1963).

Bach, E. W. and R. T. Harms, eds. (1968) *Universals in Linguistics Theory*, Holt, Rinehart & Winston, New York.

Bach, K. (1999) "The Myth of Conventional Implicature," *Linguistics and Philosophy* 22, 367-421.

Bach, K. and R. M. Harnish (1979) *Linguistic Communication and Speech Acts*, MIT Press, Cambridge, MA.

Backley, P. (2011) *An Introduction to Element Theory*, Edinburgh University Press, Edinburgh.

Baddeley, A. D. (2000) "The Episodic Buffer: A New Component of Working Memory?" *Trends in Cognitive Sciences* 4, 417-423.

Baker, C. L. and J. McCarthy, eds. (1981) *The Logical Problem of Language Acquisition*, MIT Press, Cambridge, MA.

Baker, M. C. (1985a, 1988) *Incorporation: A Theory of Grammatical Function Changing*, Doctoral dissertation, MIT. [Reproduced by University of Chicago Press, 1988.]

Baker, M. C. (1985b) "The Mirror Principle and Morphosyntactic Explanation," *Linguistic Inquiry* 16, 373-416.

Baker, M. C. (2003) *Lexical Categories: Verbs, Nouns, and Adjectives*, Cambridge University Press, Cambridge.

Baker, M. C. (2008) "The Macroparameter in a Microparametric World," in Biberauer (ed.) (2008).

Baker, P. (1994) "Creativity in Creole Genesis," in Adone and Plag (eds.) (1994).

Baker, P. (2009) *Contemporary Corpus Linguistics*, Continuum, London and New York.

Baker, P., A. Hardie and T. McEnery (2006) *A Glossary of Corpus Linguistics*, Edinburgh University Press, Edinburgh.

Bakovic, E. (2005) "Antigemination, Assimilation and the Determination of Identity," *Phonology* 22, 279-315.

Banfield, A. (1982) *Unspeakable Sentences*, Routledge & Kegan Paul, Boston.

Bardovi-Harlig, K. (2007) "One Functional Approach to Second Language Acquisition: The Concept-Oriented Approach," in Van Patten and Williams (eds.) (2007).

Barlow, M. and S. Kemmer, eds. (2000) *Usage-Based Models of Language*, CSLI Publications, Stanford.

Barsalou, L. W. (1983) "Ad hoc Categories," *Memory and Cognition* 11, 211-227.

Barwise, J. and R. Cooper (1981) "Generalized Quantifiers and Natural Language," *Linguistics and Philosophy* 4, 159-219.

Barwise, J. and J. Perry (1983) *Situations and Attitudes*, MIT Press, Cambridge, MA. [土屋俊・鈴木浩之・白井英俊・片桐恭弘・向井国昭(訳)『状況と態度』産業図書, 東京.]

Basso, K. H. and H. A. Selby, eds. (1976) *Meaning in Anthropology*, University of New Mexico Press, Albuquerque.

Bates, E. and B. MacWhinney (1987) "Competition, Variation, and Language Learning," in B. MacWhinney (ed.) (1987).

Bateson, G. (1972) *Steps to an Ecology of Mind: Collected Essays in Anthropology, Psychiatry, Evolution, and Epistemology*, University of Chicago Press, Chicago.

Batstone, R. (2002) "Contexts of Engagement: A Discourse Perspective on 'Intake' and 'Pushed Output'," *System* 30, 1-14.

Bauer, L. (1983) *English Word-Formation*, Cambridge University Press, Cambridge.

Beard, R. and M. Volpe (2005) "Lexeme-Morpheme Base Morphology" in Štekauer and Lieber (eds.) (2005).

Beaugrande, R. de and W. U. Dressler (1981) *Introduction to Text Linguistics*, Longman, London. [池上嘉彦・三宮郁子・川村喜久男・伊藤たかね(訳) (1984)『テクスト言語学入門』紀伊國屋書店, 東京.]

Beckman, J. N. (1998) *Positional Faithfulness*, Doctoral dissertation, University of Massachusetts, Amherst.

Beckman, J. N., L. Walsh Dickey and S. Urbanczyk, eds. (1995) *Papers in Optimality Theory*, University of Massachusetts Occasional Papers 18, GLSA, University of Massachusetts, Amherst.

Beckmann, S., P. P. König and T. Wolf, eds. (2000) *Sprachspiel und Bedeutung*, Max Niemeyer Verlag, Tübingen.

Bejoint, H. (2000) *Modern Lexicography: An Introduction*, Oxford University Press, Oxford.

Bejoint, H. (2010) *The Lexicography of English*, Oxford University Press, Oxford.

Bell, A. (1984) "Language Style as Audience Design," *Language in Society* 13, 145–204.

Belleti, A. (1988) "The Case of Unaccusatives," *Linguistic Inquiry* 19, 1–34.

Belletti, A., ed. (2004) *Structures and Beyond: The Cartography of Syntactic Structures*, Oxford University Press, Oxford.

Benua, L. (1995) "Identity Effects in Morphological Truncation," in Beckman, Walsh Dickey and Urbanczyk (eds.) (1995).

Berelson, B. and G. A. Steiner (1964) *Human Behavior*, Harcourt Brace & World, New York.

Berg, D. L. (1993) *A Guide to the Oxford English Dictionary*, Oxford University Press, Oxford.

Bergen, B. K. and N. Chang (2005) "Embodied Construction Grammar in Simulation-Based Language Understanding," in Östman and Fried (eds.) (2005).

Bermúdez-Otero, R. (1999) *Constraint Interaction in Language Change: Quantity in English and Germanic [Opacity and Globality in Phonological Change]*, Doctoral dissertation, University of Manchester and Universidade de Santiago de Compostela.

Bernstein, B. (1977) *Class, Codes, and Control, Vol. 3*, Routledge and Kegan Paul, London.

Bialystok, E. (2001) *Bilingualism in Development: Language, Literacy and Cognition*, Cambridge University Press, Cambridge.

Biber, D. (1988) *Variation across Speech and Writing*, Cambridge University Press, Cambridge.

Biber, D., S. Johansson, G. Leech, S. Conrak and E. Finegan, eds. (1999) *Longman Grammar of Spoken and Written English*, Longman, London.

Biberauer, T., ed. (2008) *The Limits of Syntactic Variation*, John Benjamins, Philadelphia.

Bickerton, D. (1981) *Roots of Language*, Karoma Publishers, Ann Arbor.
Bierwisch, M. and K. E. Heidolf, eds. (1970) *Progress in Linguistics: A Collection of Papers*, Mouton, The Hague.
Black, E. (2006) *Pragmatic Stylistics*, Edinburgh University Press, Edinburgh.
Blaho, S., P. Bye and M. Krämer, eds. (2007) *Freedom of Analysis?* [= *Studies in Generative Grammar* 95], Mouton de Gruyter, Berlin.
Blakemore, D. (1987) *Semantic Constraints on Relevance*, Blackwell, Oxford.
Blevins, J. (2004) *Evolutionary Phonology: The Emergence of Sound Patterns*, Cambridge University Press, Cambridge.
Bley-Vroman, R. (1989) "What Is the Logical Problem of Foreign Language Learning?" *Linguistics Perspectives on Second Language Acquisition*, ed. by S. Gass and T. Schachter, 41-68, Cambridge University Press, New York.
Bloomfield, L. (1933) *Language*, George Allen and Unwin, London and Holt, Rinehart & Winston, New York.
Blutner, R. (1998) "Lexical Pragmatics," *Journal of Semantics* 15, 115-162.
Blutner, R. (2004) "Pragmatics and the Lexicon," in Horn and Ward (eds.) (2004).
Blutner, R. (2011) "Some Perspectives on Lexical Pragmatics," in Archer and Grundy (eds.) (2011).
Blutner, R., H. de Hoop and P. Hendriks (2006) *Optimal Communication*, CSLI Publications, Stanford.
Blutner, R. and H. Zeevat (2004) *Optimality Theory and Pragmatics*, Palgrave, Basingstoke.
Bolinger, D. L. (1972) *Degree Words*, Mouton, The Hague.
Booij, G. (2005) *The Grammar of Words: An Introduction to Linguistic Morphology*, Oxford University Press, Oxford.
Booij, G. (2007) *The Grammar of Words*, 2nd ed., Oxford University Press, Oxford.
Booij, G. (2010) *Construction Morphology*, Oxford University Press, Oxford.
Booij, G. and J. van Marle, eds. (1988) *Yearbook of Morphology*, Foris, Dordrecht.
Borer, H. (1988) "On the Morphological Parallelism between Compounds and Constructs," in Booij and van Marle (eds.) (1988).
Borowsky, T. (1987) "Antigemination in English Phonology," *Linguistic In-*

quiry 18, 671-678.
Borowsky, T. (1989) "Structure Preservation and the Syllable Coda in English," *Natural Language and Linguistic Theory* 7, 145-166.
Bošković, J. and H. Lasnik (2007) *Minimalist Syntax: The Essential Readings*, Blackwell, Oxford.
Bremer, M. and D. Cohnitz (2004) *Information and Information Flow: An Introduction*, Ontos Verlag, Frankfurt.
Bresnan, J., ed. (1982) *The Mental Representation of Grammatical Relations*, MIT Press, Cambridge, MA.
Bright, W., ed. (1992) *Oxford International Encyclopedia of Linguistics*, Oxford University Press, Oxford.
Brinton, L. J. (2000) *The Structure of Modern English: A Linguistic Introduction*, illustrated ed., John Benjamins, Amsterdam.
Britain, D. (2003) "Geolinguistics and Linguistic Diffusion," in Mattheier, Ulrich and Trudgill (eds.) (2003).
Broe, M. B. and J. B. Pierrehumbert, eds. (2000) *Papers in Laboratory Phonology* V: *Acquisition and Lexicon*, Cambridge University Press, Cambridge.
Browman, C. P. and L. Goldstein (1992) "Articulatory Phonology: An Overview," *Phonetica* 49, 155-180.
Brown, G., K. Malmkjaer, A. Pollitt and J. Williams, eds. (1994) *Language and Understanding*, Oxford University Press, Oxford.
Brown, K., ed. (2006) *Encyclopedia of Language and Linguistics*, 2nd ed., Elsevier, Amsterdam.
Brown, P. and S. Levinson (1987) *Politeness: Some Universals in Language Usage*, Cambridge University Press, Cambridge. [田中典子(監訳), 斉藤早智子・津留﨑毅・鶴田庸子・日野壽憲・山下早代子(訳)(2011)『ポライトネス―言語使用における,ある普遍現象』研究社,東京.]
Brown, R. (1973) *A First Language: The Early Years*, Harvard University Press, Cambridge, MA.
Brown, R. and A. Gilman (1960) "The Pronouns of Power and Solidarity," in Sebeok (ed.) (1960).
Bühler, K. (1934) *Sprachtheorie: Die Darstellungsfunktion der Sprache*, Gustav Fischer, Jena.
Burton-Roberts, N. (1989) *The Limits to Debate*, Cambridge University Press, Cambridge.
Burton-Roberts, N., ed. (2007) *Pragmatics*, Palgrave Macmillan, Basingstoke.
Burton-Roberts, N., P. Carr and G. Docherty, eds. (2000) *Phonological*

Knowledge: Conceptual and Empirical Issues, Oxford University Press, Oxford.

Burzio, L. (1986) *Italian Syntax*, Reidel, Dordrecht.

Button G. and J. R. Lee, eds. (1987) *Talk and Social Organisation*, Multilingual Matters, Clevedon.

Bybee, J. (1985) *Morphology: A Study of the Relation between Meaning and Form*, John Benjamins, Amsterdam.

Bybee, J. (2000) "The Phonology of the Lexicon: Evidence from Lexical Diffusion," in Barlow and Kemmer (eds.) (2000).

Bybee, J. (2001) *Phonology and Language Use*, Cambridge University Press, Cambridge.

Bybee, J. and P. J. Hopper, eds. (2001) *Frequency and the Emergence of Linguistic Structure*, John Benjamins, Amsterdam.

California State Department of Education, ed. (1981) *Schooling and Language Minority Students: A Theoretical Framework*, Evaluation, Dissemination and Assessment Center California State University, Los Angeles.

Cameron, D. (1995) *Verbal Hygiene*, Routledge, London and New York.

Cameron, D. and D. Kulick (2003) *Language and Sexuality*, Cambridge University Press, Cambridge.

Campos, H. and P. Kempchinsky, eds. (1995) *Evolution and Revolution in Linguistic Theory: Essays in Honor of Carlos Otero*, Georgetown University Press, Washington, D.C.

Cappelen, H. and E. Lepore (1997) "Varieties of Quotation," *Mind* 106, 429–450.

Carlson, G. (1977) "A Unified Analysis of the English Bare Plural," *Linguistics and Philosophy* 1, 413–456.

Carroll, D. W. (2008) *Psychology of Language*, 5th ed., Wadsworth, Tomson.

Carroll, S. E. (2001) *Input and Evidence: The Raw Material of Second Language Acquisition*, John Benjamins, Amsterdam and Philadelphia.

Carston, R. (2002) *Thoughts and Utterances: The Pragmatics of Explicit Communication*, Blackwell, Oxford.［内田聖二・西山佑司・武内道子・山崎英一・松井智子(訳) (2008)『思考と発話　明示的伝達の語用論』研究社, 東京.］

Carter, R. (1998) *Vocabulary: Applied Linguistic Perspectives*, Routledge, New York.

Casenhiser, D. M. (2012) "Construction Learning," in Robinson (ed.) (2012).

Catford, J. C. (1988) *A Practical Introduction to Phonetics*, Clarendon

Press, Oxford.

Caton, C. E., ed. (1963) *Philosophy and Ordinary Language*, University of Illinois Press, Urbana.

Cenoz, J. and D. Gorter (2011) "Focus on Multilingualism: A Study of Trilingual Writing," *Modern Language Journal* 95, 356-369.

Chafe, W. L. (1970) *Meaning and the Structure of Language*, University of Chicago Press, Chicago. [青木晴夫(訳)(1974)『言語の意味と構造』大修館書店, 東京.]

Chafe, W. L. (1976) "Givenness, Contrastiveness, Definiteness, Subjects, Topics, and Point of View," in Li (ed.) (1976).

Chafe, W. L. (1986) "Evidentials in English Conversation and Academic Writing," in Chafe and Nichols (eds.) (1986).

Chafe, W. L. (1987) "Cognitive Constraints on Information Flow," in Tomlin (ed.) (1987).

Chafe, W. L. (1992) "Information Flow," in Bright (ed.) (1992).

Chafe, W. L. (1993) "Prosodic and Functional Units of Language," in Edwards and Lampert (eds.) (1993).

Chafe, W. L. (1994) *Discourse, Consciousness, and Time: The Flow of Conscious Experience in Speaking and Writing*, University of Chicago Press, Chicago.

Chafe, W. L. and J. Nichols, eds. (1986) *Evidentiality: The Linguistic Coding of Epistemology*, Ablex, Norwood.

Charette, M. (1998) "Empty and Pseudo-Empty Categories," *SOAS Working Papers in Linguistics and Phonetics* 8, 167-176.

Charette, M. and A. Göksel (1994) "Switching and Vowel Harmony in Turkic Languages," *SOAS Working Papers in Linguistics and Phonetics* 4, 31-52.

Chaudron, C. (1985) "Intake: On Models and Methods for Discovering Learners' Processing of Input," *Studies in Second Language Acquisition* 7, 1-14.

Chen, M. Y. (1987) "The Syntax of Xiamen Tone Sandhi," *Phonology Yearbook* 4, 109-150.

Cheng, L. and N. Corver (2006) *Wh-Movement: Moving On*, MIT Press, Cambridge, MA.

Chierchia, G. (2004) "Scalar Implicatures, Polarity Phenomena, and the Syntax/Pragmatics Interface," in Belletti (ed.) (2004).

Chierchia, G. (2013) *Logic in Grammar: Polarity, Free Choice, and Intervention*, Oxford University Press, Oxford.

Chomsky, N. (1957) *Syntactic Structures*, Mouton, The Hague. [勇康雄(訳)

(1963)『文法の構造』研究社, 東京.］

Chomsky, N. (1964) *Current Issues in Linguistic Theory*, Mouton, The Hague.

Chomsky, N. (1965) *Aspects of the Theory of Syntax*, MIT Press, Cambridge, MA.［安井稔(訳) (1970)『文法理論の諸相』研究社, 東京.］

Chomsky, N. (1970) "Remarks on Nominalization," in Jacobs and Rosenbaum (eds.) (1970).

Chomsky, N. (1972) *Studies on Semantics in Generative Grammar*, Mouton, The Hague.［安井稔(訳) (1976)『生成文法の意味論研究』研究社, 東京.］

Chomsky, N. (1973) "Conditions on Transformations," in Anderson and Kiparsky (eds.) (1973).

Chomsky, N. (1975) *Reflections on Language*, Pantheon Books, New York.［井上和子・神尾昭雄・西山佑司(訳) (1979)『言語論』研究社, 東京.］

Chomsky, N. (1977) *Essays on Form and Interpretation*, North-Holland, New York.

Chomsky, N. (1981) *Lectures on Government and Binding*, Foris, Dordrecht.［安井稔・原口庄輔(訳) (1986)『統率・束縛理論』研究社, 東京.］

Chomsky, N. (1982) *Some Concepts and Consequences of the Theory of Government and Binding*, MIT Press, Cambridge, MA.

Chomsky, N. (1986a) *Knowledge of Language: Its Nature, Origins and Use*, Praeger, New York.

Chomsky, N. (1986b) *Barriers*, MIT Press, Cambridge, MA.

Chomsky, N. (1988, 1989, 1991) "Some Notes on Economy of Derivation and Representation," ms, MIT. *MIT Working Papers in Linguistics* 10 (1989). Also in Freidin (ed.) (1991).

Chomsky, N. (1992, 1993) *A Minimalist Program for Linguistic Theory*, *MIT Occasional Papers in Linguistics* 1. Also in Hale and Keyser (eds.) (1993)

Chomsky, N. (1995) *The Minimalist Program*, MIT Press, Cambridge, MA.［外池滋生・大石正幸(訳) (1998)『ミニマリスト・プログラム』翔泳社, 東京.］

Chomsky, N. (1998, 2000) *Minimalist Inquiries: The Framework*, *MIT Occasional Papers in Linguistics* 15 (1998). Also in Martin et al. (eds.) (2000).

Chomsky, N. (1999, 2001) *Derivation by Phase*, *MIT Occasional Papers in Linguistics* 17 (1999). Also in Kenstowicz (ed.) (2001).

Chomsky, N. (2004) "Beyond Explanatory Adequacy," in Belletti (ed.) (2004).

Chomsky, N. (2005, 2008) "On Phases," ms., MIT. Also in Freiden et al. (eds.) (2008).

Chomsky, N. (2007) "Approaching UG from Below," in Sauerland and Gärtner (eds.) (2007).

Chomsky, N. and M. Halle (1968) *The Sound Pattern of English*, Harper & Row, New York.

Chomsky, N. and H. Lasnik (1991) "Principles and Parameters Theory," ms., MIT.

Citko, B. (2005) "On the Nature of Merge: External Merge, Internal Merge, and Parallel Merge," *Linguistic Inquiry* 36, 475–496.

Clark, E. V. and H. H. Clark (1979) "When Nouns Surface as Verbs," *Language* 55, 767–811.

Clark, H. H. (1977) "Bridging," in Johnson-Laird and Wason (eds.) (1977).

Clark, H. H. (1996) *Using Language*, Cambridge University Press, Cambridge.

Clark, H. H. and T. Carlson (1982) "Hearers and Speech Acts," *Language* 58:2, 332–373.

Clark, H. H. and S. E. Haviland (1977) "Comprehension and the Given-New Contract," in Freedle (ed.) (1977).

Clark, R. (1990) *Thematic Theory in Syntax and Interpretation*, Routledge, Dordrecht.

Clements, G. N. (1985) "The Geometry of Phonological Features," *Phonology Yearbook* 2, 225–252.

Clements, G. N. and E. V. Hume (1995) "The Internal Organization of Speech Sounds," in Goldsmith (ed.) (1995).

Clements, G. N. and S. J. Keyser (1983) *CV Phonology: A Generative Theory of the Syllable*, MIT Press, Cambridge, MA.

Coder, S. P. (1967) "The Significance of Learner's Errors," *International Review of Applied Linguistics* 5, 161–169.

Cole, P., ed. (1978) *Syntax and Semantics* 9: *Pragmatics*, Academic Press, New York.

Cole, P., ed. (1981) *Radical Pragmatics*, Academic Press, New York.

Cole, P. and J. L. Morgan, eds. (1975) *Syntax and Semantics* 3: *Speech Acts*, Academic Press, New York.

Cole, P. and J. M. Sadok, eds. (1977) *Syntax and Semantics* 8: *Grammatical Relations*, Academic Press, New York.

Cole, R. W., ed. (1977) *Current Issues in Linguistic Theory*, Indiana University Press, Bloomington.

Collinge, N. E., ed. (1990) *An Encyclopaedia of Language*, Routledge,

London.

Coltheart, M., ed. (1987) *Attention and Performance XII: The Psychology of Reading*, Lawrence Erlbaum, Hillsdale, NJ.

Constable, J., ed. (2001) *I. A. Richards Selected Works 1919-1938 Vol. 2: The Meaning of Meaning*, Routledge, London.

Cook, G. and B. Seidlhofer, eds. (1995) *Principle and Practice in Applied Linguistics*, Oxford University Press, Oxford.

Cook, V. J. (1991) "The Poverty-of-the-Stimulus Argument and Multi-Competence," *Second Language Research* 7, 103-117.

Craik, F. I. M. and R. S. Lockhart (1972) "Levels of Processing. A Framework for Memory Research," *Journal of Verbal Learning and Verbal Behavior* 11, 671-684.

Crinion, J., R. Turner, A. Grogan, T. Hanakawa, U. Noppeney, J. T. Devlin, T. Aso, S. Urayama, H. Fukuyama, K. Stockton, K. Usui, D. W. Green and C. J. Price (2006) "Language Control in Bilingual Brain," *Science* 312, 1537-1540.

Croft, W. (1991) *Syntactic Categories and Grammatical Relations*, University of Chicago Press, Chicago.

Croft, W. (1993) "Case Marking and the Semantics of Mental Verbs," in Pustejovsky (ed.) (1993).

Croft, W. (2012) *Verbs: Aspectual Structure*, Oxford University Press, Oxford.

Cruse, A. (2000a) "Lexical 'Facets': between Monosemy and Polysemy," in Beckmann, König and Wolf (eds.) (2000).

Cruse, A. (2000b) "Aspects of the Micro-Structure of Word Meanings," in Ravin and Leacock (eds.) (2000).

Cruttenden, A. (2008) *Gimson's Pronunciation of English*, 7th ed., Hodder Education, London.

Crystal, D. (1997) *English as a Global Language*, Cambridge University Press, Cambridge.

Culicover, P. W., T. Wasow and A. Akmajian, eds. (1977) *Formal Syntax*, Academic Press, New York.

Culicover, P. W. and W. K. Wilkins (1984) *Locality in Linguistic Theory*, Academic Press, Orland, FL.

Culpeper, J. (2010) "Historical Pragmatics," in Cummings (ed.) (2010).

Cummings, L. (2009) *Clinical Pragmatics*, Cambridge University Press, Cambridge.

Cummings, L., ed. (2010) *The Pragmatics Encyclopedia*, Routledge, London.

Cummins, J. (1979a) "Cognitive/Academic Language Proficiency, Linguistic Interdependence, the Optimum Age Question and Some Other Matters," *Working Papers on Bilingualism* 19, 121–129.

Cummins, J. (1979b) "Linguistic Interdependence and the Educational Development of Bilingual Children," *Review of Educational Research* 49, 222–251.

Cummins, J. (1981a) *Bilingualism and Minority Children*, Ontario Institute for Studies in Education, Ontario.

Cummins, J. (1981b) "The Role of Primary Language Development in Promoting Educational Success for Language Minority Students," in California State Department of Education (ed.) (1981).

Curcó, C. (1995) "Some Observations on the Pragmatics of Humorous Interpretations: A Relevance-Theoretic Approach," *UCL Working Papers in Linguistics* 7, 27–47.

Curme, G. O. (1931) *Syntax*, Heath, Boston.

Curme, G. O. (1935) *Parts of Speech and Accidence*, Heath, Boston.

Cyran, E., ed. (1998) *Structure and Interpretation: Studies in Phonology*, *PASE Studies and Monographs* 4, Folium, Lublin.

Davidson, D. (1967) "The Logical Form of Action Sentences." [Reprinted in D. Davidson (2001) *Essays on Actions and Events*, 105–148, Oxford University Press, Oxford.]

Davies, A. and C. Elder (2004) *Handbook of Applied Linguistics*, Wiley, New York.

Dawn, A. and P. Grundy, eds. (2011) *The Pragmatics Reader*, Routledge, London.

De Cock S., S. Granger, G. Leech and T. McEnery (1998) "An Automated Approach to the Phrasicon of EFL Learners," *Learner English on Computer*, ed. by S. Granger, 67–79, Addison Wesley Longman, London.

DeKeyser, R. M. (2001) "Automaticity and Automatization," in Robinson (ed.) (2001).

Devlin, K. (1991) *Logic and Information*, Cambridge University Press, Cambridge.

Di Sciullo, A.-M. and E. Williams (1987) *On the Definition of Word*, MIT Press, Cambridge, MA.

Dingwall, W. O., ed. (1971) *A Survey of Linguistic Science*, University of Maryland Linguistic Program, College Park, Maryland.

Dinnsen, D. A., ed. (1979) *Approaches to Phonological Theory*, Indiana University, Bloomington.

Dixon, R. M. W. (1997) *The Rise and Fall of Languages*, Cambridge University Press, Cambridge.

Donegan, P. and D. Stampe (1979) "The Study of Natural Phonology," in Dinnsen (ed.) (1979).

Doughty, C. J. (2003) "Instructed SLA: Constraints, Compensation and Enhancement," in Doughty and Long (eds.) (2003).

Doughty, C. J. and M. H. Long, eds. (2003) *The Handbook of Second Language Acquisition*, Blackwell, Malden, MA.

Doughty, C. J. and J. Williams, eds. (1998) *Focus on Form in Classroom Second Language Acquisition*, Cambridge University Press, Cambridge.

Dowty, D. (1991) "Thematic Proto-Roles and Argument Selection," *Language* 67, 547-619.

Dowty, D., R. E. Wall and S. Peters (1981) *Introduction to Montague Semantics*, D. Reidel, Dordrecht.［井口省吾・白井賢一郎・西田豊明・山梨正明・角道正佳・風斗博之(訳)『モンタギュー意味論入門』三修社，東京.］

Duff, P. (2008) *Case Study Research in Applied Linguistics*, Lawrence Erlbaum, New York.

Dulay, H. and M. Burt (1972) "Goofing: An Indicator of Children's Second Language Learning Strategies," *Language Learning* 22, 235-252.

Durand, J. and F. Katamba, eds. (1995) *Frontiers of Phonology: Atoms, Structures, Derivations*, Longman, Harlow, Essex.

Durand, J. and B. Laks, eds. (1996) *Current Trends in Phonology: Models and Methods* 2, European Studies Research Institute, University of Salford, Salford, Manchester.

Eckman, F. (1977) "Markedness and the Contrastive Analysis Hypothesis," *Language Learning* 27, 315-330.

Edwards, J. A. and M. D. Lampert, eds. (1993) *Talking Data: Transcription and Coding Methods for Language Research*, Lawrence Erlbaum, Hillsdale, NJ.

Eid, M. and J. McCarthy, eds. (1990) *Perspectives on Arabic Linguistics II: Papers from the Second Annual Symposium on Arabic Linguistics*, John Benjamins, Amsterdam.

Ekman, P. (2003) *Emotions Revealed: Recognizing Faces and Feelings to Improve Communication and Emotional Life*, Henry Holt & Co., New York.［菅靖彦(訳) (2006)『顔は口ほどに嘘をつく』河出書房新社，東京.］

Ellis, N. C. and N. Sagarra (2010) "Learned Attention Effects in L2 Temporal Reference: The First Hour and the Next Eight Semesters," *Language Learning* 60 (Supplement 1), 85-108.

Ellis R. (2008) *The Study of Second Language Acquisition*, 2nd ed., Oxford University Press, New York.

Emonds, J. E. (1970) *Root and Structure-Preserving Transformations*, Doctoral dissertation, MIT.

Emonds, J. E. (1976) *A Transformational Approach to English Syntax: Root, Structure-Preserving and Local Transformations*, Academic Press, New York.

Engeström, Y. (1987) *Learning by Expanding: An Activity-Theoretical Approach to Developmental Research*, Orienta-Kousultit, Helsinki.

Erteschik-Shir, N. (1973) *On the Nature of Island Constraints*, Doctoral dissertation, MIT.

Eskildsen, S. W. (2012) "Type and Token Frequency in SLA," in Robinson (ed.) (2012).

Fabb, N. (2002) *Language and Literary Form: The Linguistic Analysis of Form in Verse and Narrative*, Cambridge University Press, Cambridge.

Fabb, N. and M. Halle (2008) *Meter in Poetry: A New Theory*, Cambridge University Press, Cambridge.

Fast, J. (1970) *Body Language*, M. Evans & Company, New York.

Fauconnier, G. (1985) *Mental Spaces: Aspects of Meaning Construction in Natural Language*, MIT Press, Cambridge, MA. [坂原茂・水光雅則・田窪行則・三藤博(訳) (1996)『メンタル・スペース』白水社, 東京.]

Fauconnier, G. (1997) *Mappings in Thought and Language*, Cambridge University Press, Cambridge. [坂原茂・田窪行則・三藤博(訳) (2000)『思考と言語におけるマッピング』岩波書店, 東京.]

Fauconnier, G. and M. Turner (1994) Conceptual Projection and Middle Spaces, UCSD Department of Cognitive Science Technical.

Ferguson, C. A. (1959) "Diglossia," *Word* 15, 325–340.

Ferguson, C. A. (1971) "Short 'a' in Philadelphia English," *Stanford Occasional Papers in Linguistics* 1, 2–27.

Ferguson, C. A. (1981) "Foreigner Talk as the Name of Simplified Register," *International Journal of the Sociology of Language* 28, 9–18.

Ferguson, C. A. and D. I. Slobin, eds. (1973) *Studies of Child Language Development*, Holt, Rinehart & Winston, New York.

Field, F. W. (2011) *Key Concepts in Bilingualism*, Palgrave Macmillan, Basingstoke.

Fillmore, C. J. (1968) "The Case for Case," in Bach and Harms (eds.) (1968).

Fillmore, C. J. (1969) "Types of Lexical Information," *Form and Meaning in Language*, Vol. 1, CSLI Publications, Stanford.

Fillmore, C. J. (1971a) "Deixis I," Santa Cruz Lectures on Deixis 1971, University of California, Santa Cruz.

Fillmore, C. J. (1971b) "Some Problems for Case Grammar," in O'Brian (ed.) (1971).

Fillmore, C. J. (1977a) "The Case for Case Reopened," in Cole and Sadok (eds.) (1977).

Fillmore, C. J. (1977b) "Topics in Lexical Semantics," in Cole (ed.) (1977).

Fillmore, C. J. (1977c) *Lectures on Deixis*, CSLI Publications, Standford.

Fillmore, C. J. (1985) "Frames and the Semantics of Understanding," *Quaderni di Semantica* 6, 222-254.

Fillmore, C. J., J. P. Kay and M. C. O'Connor (1988) "Regularity and Idiomaticity in Grammatical Constructions," *Language* 64, 501-538.

Finch, A. (2002) "Dactylic Meter: A Many-Sounding Sea," in Finch and Varnes (eds.) (2002).

Finch, A. and K. Varnes, eds. (2002) *An Exaltation of Forms: Contemporary Poets Celebrate the Diversity of Their Art*, University of Michigan Press, Ann Arbor.

Firth, J. R. (1948) "Sounds and Prosodies," *Transactions of the Philological Society* 127-152.

Fishman, J. A., ed. (1968) *Readings in the Sociology of Language*, Mouton, The Hague and Paris.

Flemming, E. (1995) *Auditory Representations in Phonology*, Doctoral dissertation, UCLA.

Flemming, E. (2004) "Contrast and Perceptual Distinctiveness," in Hayes, Kirchner and Steriade (eds.) (2004).

Fodor, J. (1983) *The Modularity of Mind*, MIT Press, Cambridge, MA.

Fontenelle, T. (2008) *Practical Lexicography*, Oxford University Press, Oxford.

Forster, K. I. (1976) "Accessing the Mental Lexicon," in Wales and Walker (eds.) (1976).

Fraser, B. (1973) *Hedged Performatives*, Indiana University Linguistics Club, Indiana.

Fraser B. (1980) "Conversational Mitigation," *Journal of Phonetics* 4, 341-350.

Frazier, L. (1987) "Sentence Processing: A Tutorial Review," in Coltheart (ed.) (1987).

Freed, B. F. (1990) "Language Learning in a Study Abroad Context: The Effects of Interactive and Non-Interactive Out-of-Class Contact on Grammatical Achievements and Oral Proficiency," in Atlatis (ed.) (1990).

Freedle, R. O., ed. (1977) *Discourse Production and Comprehension*, Lawrences Erlbaum, Hillsdale, NJ.

Frege, G. (1952 (1892)) "On Sense and Reference," in Geach and Black (eds.) (1960).

Freidin, R., ed. (1991) *Principles and Parameters in Comparative Grammar*, MIT Press, Cambridge, MA.

Freiden, R, C. P. Otero and M. L. Zubizarreta, eds. (2008) *Foundational Issues in Linguistic Theory: Essays in Honor of Jean-Roger Vergnaud*, MIT Press, Cambridge, MA.

Fretheim, T., ed. (1978) *Nordic Prosody* II, Tapir, Trondheim.

Fries, C. C. (1940) "On the Development of the Structural Use of Word-Order in Modern English," *Language* 16, 199–208.

藤村靖(編著)(1972)『音声科学』東京大学出版会, 東京.

Fujimura, O., ed. (1973) *Three Dimensions in Linguistic Theory*, TEC, Tokyo.

Fulk, R. D. (1992) *A History of Old English Meter*, University of Pennsylvania Press, Philadelphia.

Gahl, S. and A. C. L. Yu (2006) "Introduction to Special Issues on Exemplar-Based Models in Linguistics," *The Linguistic Review* 23, 213–216.

Gardner, R. C. (1985) *Social Psychology and Second Language Learning: The Role of Attitudes and Motivation*, Edward Arnold, London.

Gass, S. (2003) "Input and Interaction," in Doughty and Long (eds.) (2003).

Gass, S. and C. Madden, eds. (1985) *Input in Second Language Acquisition*, Newbury House, Rowley, MA.

Geach, P. T. and M. Black, eds. (1960) *Translation from the Philosophical Writing of Gottlob Frege*, Blackwell, Oxford.

Geis, M. L. and A. M. Zwicky (1971) "On Invited Inferences," *Linguistic Inquiry* 4, 561–566.

Gentner, D. and S. Goldin-Meadow, eds. (2003) *Language in Mind: Advances in the Study of Language and Thought*, MIT Press, Cambridge, MA.

Geurts, B. (1998) "The Mechanisms of Denial," *Language* 74, 274–307.

Gibbs, R. W. (1983) "Do People Always Process the Literal Meanings of Indirect Requests?" *Journal of Experimental Psychology: Learning, Memory, and Cognition* 9:3, 524–533.

Gibson, J. J. (1977) "The Theory of affordances," in Shaw and Bransford (eds.) (1977).

Gibson, J. J. (1979) *The Ecological Approach to Visual Perception*, Houghton, Boston.［古崎敬・古崎愛子・辻敬一郎・村瀬旻(訳)『生態学的視覚論

——ヒトの知覚世界を探る』サイエンス社,東京.]

Giegerich, H. J. (1985) *Metrical Phonology and Phonological Structure: German and English*, Cambridge University Press, Cambridge.

Giles, H., ed. (1977) *Language, Ethnicity and Intergroup Relations*, Academic Press, London.

Giles, H., R. Y. Bourhis and D. M. Taylor (1977) "Towards a Theory of Language in Ethnic Group Relations," in Giles (ed.) (1977).

Gioia, D. (2002) "Accentual Verse," in Finch and Varnes (eds.) (2002).

Givón, T. (1971) "Historical Syntax and Synchronic Morphology: An Archaeologist's Field Trip." *CLS* 7, 394-415.

Givón, T. (1983) "Topic Continuity in Discourse: An Introduction," in Givón (ed.) (1983).

Givón, T., ed. (1983) *Topic Continuity in Discourse: A Quantitative Cross-Language Study*, John Benjamins, Amsterdam.

Givón, T. (2001) *Syntax: An Introduction*, Vo. 1, John Benjamins, Amsteldam and Philadelphia.

Goffman, E. (1981) *Forms of Talk*, University of Pennsylvania Press, Philadelphia.

Goldberg, A. (1995) *Constructions: A Construction Grammar Approach to Argument Structure*, University of Chicago Press, Chicago. [河上誓作・早瀬尚子・谷口一美・堀田優子(訳)『構文文法論――英語構文への認知的アプローチ』研究社,東京.]

Goldrick, M. (2000) "Turbid Output Representations and the Unity of Opacity," *NELS* 30, 231-245.

Goldsmith, J. J. (1976) *Autosegmental Phonology*, Doctoral dissertation, MIT. [Reproduced by Garland, 1979.]

Goldsmith, J. J. (1990) *Autosegmental and Mertrical Phonology*, Basil Blackwell, Oxford.

Goldsmith, J. J. (1993) "Harmonic Phonology," in Goldsmith (ed.) (1993).

Goldsmith, J. J., ed. (1993) *The Last Phonological Rule*, University of Chicago Press, Chicago.

Goldsmith, J. J., ed. (1995) *The Handbook of Phonological Theory*, Blackwell, Oxford.

Goossens, L. (1995) "Metaphtonymy: The Interaction of Metaphor and Metonymy in Figurative Exprions for Linguistic Action," *Cognitive Linguistics* 1, 323-342.

Gordon, D. and G. Lakoff (1975) "Conversational Postulates," in Cole and Morgan (eds.) (1975).

Grady, J. (1997) *Foundations of Meaning: Primary Metaphors and Primary*

Scenes, Doctoral dissertation, University of California.
Green, G. M. (1974) *Semantics and Syntactic Regularity*, Indiana University Press Bloomington.
Green, G. M. (1975) "How to Get People to Do Things with Words: The Whimperative Question," in Cole and Morgan (eds.) (1975).
Greenberg, J. H. (1963) "Some Universals of Grammar with Particular Reference to the Order of Meaningful Elements," in Greenberg (ed.) (1963).
Greenberg, J. H., ed. (1963) *Universals of Language*, Report of a Conference Held at Dobbs Ferry, New York, April 13–15, 1961, MIT Press, Cambridge, MA.
Gregory, M. L. and L. A. Michaelis (2001) "Topicalization and Left-Dislocation: A Functional Opposition Revisited," *Journal of Pragmatics* 33, 1665–1790.
Gribble, C. E., ed. (1967) Studies Presented to Roman Jakobson by His Students, Slavica, Cambridge, MA. [Reprinted in D. Freeman (ed.) (1968) *Linguistics and Literary Style*, Holt, Rinehart and Winston, New York.]
Grice, H. P. (1957) "Meaning," *Philosophical Review* 66, 377–388.
Grice, H. P. (1975) "Logic and Conversation," in Cole and Morgan (eds.) (1975).
Grice, H. P. (1989) *Studies in the Way of Words*, Harvard University Press, Cambridge, MA.
Grimm, J. (1819) *Deutche Grammatik*, Gütersloch, Göttingen.
Grimshaw, J. (1981) "Form, Function and the Language Acquisition Device," in Baker and McCarthy (eds.) (1981).
Grimshaw, J. (1986) "Nouns, Arguments and Adjuncts," ms., Brandeis University.
Grimshaw, J. (1988) "Adjuncts and Argument Structure," ms., Brandies University.
Grimshaw, J. (1990) *Argument Structure*, MIT Press, Cambridge, MA.
Grimshaw, J. and A. Mester (1988) "Light Verbs and θ-Marking," *Linguistic Inquiry* 19, 205–232.
Grimshaw, J. and S. Vikner (1993) "Obligatory Adjuncts and the Structure of Events," in Reuland and Abraham (eds.) (1993).
Groenendijk, J. et al., eds. (1984) *Truth, Interpretation and Information: Selected Papers from the Third Amsterdam Colloquium*, Foris, Dordrecht.
Gropen, J., S. Pinker, M. Hollander and R. Goldberg (1991) "Affectedness and Direct Object: The Role of Semantics in the Acquisition of Verb Ar-

gument Structure," *Cognition* 41, 153-195.

Gruber, J. S. (1965) *Studies in Lexical Relations*, Doctoral dissertation, MIT.

Gruber, J. S. (1976) *Lexical Structures in Syntax and Semantics*, North-Holland, Amsterdam.

Gumperz, J. J. (1982) *Discourse Strategies*, Cambridge University Press, Cambridge.

Gumperz, J. J. and D. Hymes, eds. (1972) *Directions in Sociolinguistics*, Basil Blackwell, Oxford.

Gumperz, J. J. and S. C. Levinson (1996) *Rethinking Linguistic Relativity*, Cambridge University Press, Cambridge.

Guy, G. (1997) "Inherent Variability and the Obligatory Contour Principle," *Language Variation and Change* 9, 149-164.

Haarmann, H. J., E. J. Davelaar and M. Usher (2003) "Individual Differences in Semantic Short-Term Memory Capacity and Reading Comprehension," *Journal of Memory and Language* 48, 320-345.

Haegeman, L., ed. (1997) *Elements of Grammar: A Handbook of Generative Syntax*, Kluwer, Dordrecht.

Haiman, J. (1980) "The Iconicity of Grammar: Isomorphism and Motivation," *Language* 56, 515-540.

Hale, K. (1983) "Warlpiri and the Grammar of Nonconfigurational Languages," *Natural Language & Linguistic Theory* 1, 5-47.

Hale, K. and S. J. Keyser, eds. (1993) *The View from Building 20: Essays in Linguistics in Honor of Sylvain Bromberger*, MIT Press, Cambridge, MA.

Hale, K. and S. J. Keyser (1993) "On Argument Structure and the Lexical Expression of Syntactic Relations," in Hale and Keyser (eds.) (1993).

Hale, K. and S. J. Keyser (2002) *Prolegomenon to a Theory of Argument Structure*, MIT Press, Cambridge, MA.

Hale, M. and C. Reiss (2000a) "Phonology as Cognition," in Burton-Roberts, Carr and Docherty (eds.) (2000).

Hale, M. and C. Reiss (2000b) "Substance Abuse and Dysfunctionalism: Current Trends in Phonology," *Linguistic Inquiry* 31, 157-169.

Hale, M. and C. Reiss, eds. (2008) *The Phonological Enterprise*, Oxford University Press, Oxford.

Hale, M., C. Reiss and M. J. Kissock (2007) "Microvariation, Variation, and the Features of Universal Grammar," *Lingua* 117, 645-665.

Hall, E. T. (1976) *Beyond Culture*, Anchor Press, Garden City, NY.

Halle, M. and S. J. Keyser (1966) "Chaucer and the Study of Prosody,"

College English 28, 187-219.

Halle, M. and S. J. Keyser (1971) *English Stress: Its Form, Its Growth, and Its Role in Verse*, Harper and Row, New York.

Halle, M. and A. Marantz (1993) "Distributed Morphology and the Pieces of Inflection," in Hale and Keyser (eds.) (1993).

Halle, M. and J.-R. Vergnaud (1980) "Three Dimensional Phonology," *Journal of Linguistic Research* 1, 83-105.

Halle, M. and J.-R. Vergnaud (1987) *An Essay on Stress*, MIT Press, Cambridge, MA. [原口庄輔・田中章(訳) (1993)『強勢の理論』研究社, 東京.]

Halliday, M. A. K. (1966) "Some Notes on 'Deep' Grammar," *Word* 17, 241-292.

Halliday, M. A. K. (1967a) *Intonation and Grammar in British English*, Mouton, The Hague.

Halliday, M. A. K. (1967b) "Notes on Transitivity and Theme in English, Part 1," *Journal of Linguistics* 3, 37-81.

Halliday, M. A. K. (1967c) "Notes on Transitivity and Theme in English, Part 2," *Journal of Linguistics* 3, 177-244.

Halliday, M. A. K. (1969) "Options and Functions in the English Clause," *Brno Studies in English* 8, 81-88.

Halliday, M. A. K. (1970) "Language Structure and Language Function," in Lyons (ed.) (1970).

Halliday, M. A. K. (1975) *Learning How to Mean: Exploration in the Development of Language*, Edward Arnold, London.

Halliday, M. A. K. (1976) "Anti-Languages," *American Anthropologist* 78:3, 570-584.

Halliday, M. A. K. (1978) *Language as Social Semiotic: The Social Interpretation of Language and Meaning*, Edward Arnold, Sydney.

Halliday, M. A. K. (1985) *An Introduction to Functional Grammar*, Edward Arnold, London.

Halliday, M. A. K. and R. Hasan (1976) *Cohesion in English*, Longman, London.

Han, Z., E. Park and C. Combs (2008) "Textual Enhancement of Input: Issues and Possibilities," *Applied Linguistics* 29, 597-618.

Hanson, K. and S. Inkelas, eds. (2009) *The Nature of the Word: Studies in Honor of Paul Kiparsky*, MIT Press, Cambridge, MA.

原口庄輔・中村捷 (1992)『チョムスキー理論辞典』研究社, 東京.

Harris, J. (1994) *English Sound Structure*, Basil Blackwell, Oxford.

Harris, Z. S. (1963) *Discourse Analysis Reprints*, Mouton, The Hague.

Hartman, C. O. (2002) "Anapestics," in Finch and Varnes (eds.) (2002).

Hartmann, R. R. K. (2001) *Teaching and Researching Lexicography*, Longman, London.

Hartmann, R. R. K. and Gregory James (1998) *Dictionary of Lexicography*, Routledge, London.［竹林滋・小島義郎・東信行(訳)(2003)『辞書学辞典』研究社, 東京.］

Hartshorne, C., P. Weiss and A. Burks, eds. (1931) *Collected Papers of Charles Sanders Peirce*, Harvard University Press, Cambridge, MA.

橋内武 (1999)『ディスコース——談話の織りなす世界』くろしお出版, 東京.

Haugen, E. (1968) "Linguistic and Language Planning," in Fishman (ed.) (1968).

林宅男(編) (2008)『談話分析のアプローチ——理論と実践』研究社, 東京.

Hayes, B. (1980) *A Metrical Theory of Stress Rules*, Doctoral dissertation, MIT. [Reproduced in Garland, New York, 1985.]

Hayes, B. (1984) "The Phonology of Rhythm in English," *Linguistic Inquiry* 15, 33-74.

Hayes, B. (1986) "Inalterability in CV Phonology," *Language* 62, 321-351.

Hayes, B. (1995) *Metrical Stress Theory: Principles and Case Studies*, University of Chicago Press, Chicago.

Hayes, B., R. Kirchner and D. Steriade, eds. (2004) *Phonetically-Based Phonology*, Cambridge University Press, Cambridge.

Hayes, B., C. Wilson and A. Shisko (2012) "Maxent Grammars for the Metrics of Shakespeare and Milton," *Language* 88, 691-731.

Heim, I. (1983) "On the Projection Problem for Presuppositions," *WCCFL* 2, 114-125.

Heim, I. (1992) "Presupposition Projection and the Semantics of Attitude Verbs," *Journal of Semantics* 9, 183-221.

Heine, B. and T. Kuteva (2002) *World Lexicon of Grammaticalization*, Cambridge University Press, Cambridge.

東森勲 (2011)『英語ジョークの研究——関連性理論による分析』開拓社, 東京.

東森勲(編) (2015)『メタ表示と語用論』開拓社, 東京.

東森勲・吉村あき子 (2003)『関連性理論の新展開——認知とコミュニケーション』研究社, 東京.

Higginbotham, J. (1985) "On Semantics," *Linguistic Inquiry* 16, 547-593.

Hill, A. A. (1958) *Introduction to Linguistic Structures: From Sound to Sentence in English*, Harcourt, Brace & World, New York.［筧寿雄(訳注) (1966)『言語構造序説(音素論)』南雲堂, 東京.］

平井明代 (編) (2012)『教育・心理系研究のためのデータ分析入門』東京書籍, 東京.

Hirschberg, J. (1991) *A Theory of Scalar Implicature*, Garland, New York.

Hockett, C. F. (1954) "Two Models of Grammatical Description," *Word* 10, 210-231.

Holland, J. H., K. J. Holyoak, R. E. Nisbett and P. R. Thagard. (1986) *Induction: Processes of Inference, Learning, and Discovery*, MIT Press, Cambridge, MA.

Holmberg, A. (1986) *Word Order and Syntactic Features in the Scandinavian Languages and English*, Doctoral dissertation, University of Stockholm.

Holmes, J. (1990) "Hedges and Boosters in Women's and Men's Speech," *Language and Communication* 10:3, 185-205.

Holmes, J. (1995) *Women, Men and Politeness*, Longman, London.

Holmes, J. (2013) *An Introduction to Sociolinguistics: Learning about Language*, 4th ed., Longman, London.

Hooper, J. B. (1975) "On Assertive Predicates," in Kimball (ed.) (1975).

Hooper, J. B. (1976) *An Introduction to Natural Generative Phonology*, Academic Press, New York.

Hopper, P. J. (1991) "On Some Principles of Grammaticalization," in Traugott and Heine (eds.) (1991).

Hopper, P. J. and S. A. Thomson (1980) "Transitivity in Grammar and Discourse," *Language* 56, 251-299.

Hopper, P. J. and E. C. Traugott (1993) *Grammaticalization*, Cambridge University Press, Cambridge.

Horn, L. R. (1978) "Remarks on Neg-Raising," in Cole (ed.) (1978).

Horn, L. R. (1984) "Toward a New Taxonomy for Pragmatic Inference: Q-based and R-based Implicature," in Schiffrin (ed.) (1984).

Horn, L. R. (1989) *A Natural History of Negation*, University of Chicago Press, Chicago.

Horn, L. R. (2004) "Implicature," in Horn and Ward (eds.) (2004).

Horn, L. R. (2005) "An *Un-* Paper for the *Un*syntactician," in Mufwene et al. (eds.) (2005).

Horn, L. R. (2006) "The Border Wars: A Neo-Gricean Perspective," in von Heusinger and Turner (eds.) (2006).

Horn, L. R. (2010) "WJ-40: Issues in the Investigation of Implicature," in Petrus (ed.) (2010).

Horn, L. R. and G. Wand, eds. (2004) *The Handbook of Pragmatics*, Blackwell, Oxford.

Hornstein, N. (1999) "Movement and Control," *Linguistic Inquiry* 30, 69-96.

Hornstein, N. and D. Lightfoot, eds. (1981) *Explanation in Linguistics: The*

Logical Problem of Language Acquisition, Longman, London.

Hualde, J. I. (1991) *Basque Phonology*, Routledge, New York.

Huang, C.-T. J. (1982) *Logical Relations in Chinese and the Theory of Grammar*, Doctoral dissertation, MIT.

Huang, Y. (2007) *Pragmatics*, Oxford University Press, Oxford.

Huang, Y. (2012) *The Oxford Dictionary of Pragmatics*, Oxford University Press, Oxford.

Hughes, A. (2003) *Testing for Language Teachers*, 2nd ed., Cambridge University Press, Cambridge.

Hughes, G. S. (1981) *A Handbook of Classroom English*, Oxford University Press, New York.

Hulst, H. van der (1995) "Radical CV Phonology: The Categorical Gesture," in Durand and Katamba (eds.) (1995).

Hulst, H. van der and N. Smith (1982) *The Structure of Phonological Representations, Part I, II*, Foris, Dordrecht.

Hulstijn, J. H. (2005) "Theoretical and Empirical Issues in the Study of Implicit and Explicit Second-Language Learning: Introduction," *Studies in Second Language Acquisition* 27, 129–140.

Hutcheson, B. R. (1995) *Old English Poetic Metre*, D.S. Brewer, Cambridge.

Hyland, K. (1998) *Hedging in Scientific Research Articles*, John Benjamins, Amsterdam and Philadelphia.

Hymes, D. (1972) "Models of the Interaction of Language and Social Life," in Gumperz and Hymes (eds.) (1972).

Hymes, D. (1974) *Foundations in Sociolinguistics: An Ethnographic Approach*, University of Pennsylvania Press, Philadelphia.

Ide, S. (1989) "Formal Forms and Discernment: Two Neglected Aspects of Universals of Linguistic Politeness," *Multilingua* 8, 223–248.

井出祥子 (2006)『わきまえの語用論』大修館書店, 東京.

井出祥子・荻野綱男・川崎晶子・生田少子 (1986)『日本人とアメリカ人の英語行動』南雲堂, 東京.

Idsardi, W. J. (1992) *The Computation of Prosody*, Doctoral disseration, MIT.

Ifantidou, E. (2001) *Evidentials and Relevance*, John Benjamins, Amsterdam.

飯田隆 (2008)「量化と受身」『哲学雑誌』795号, 19–43.

今井邦彦・西山佑司 (2012)『ことばの意味とはなんだろう——意味論と語用論の役割』岩波書店, 東京.

Infante, D. A., A. S. Rancer and D. F. Womack (2003) *Building Communi-*

cation Theory, 4th ed., Waveland Press, Long Grove.

Jackendoff, R. S. (1968) *Speculations on Presentences and Determiners*, Reproduced by the Indiana University Linguistics Club.

Jackendoff, R. S. (1972) *Semantic Interpretation in Generative Grammar*, MIT Press, Cambridge, MA.

Jackendoff, R. S. (1975) "Morphological and Semantic Regularities in the Lexicon," *Language* 51, 639-671.

Jackendoff, R. S. (1983) *Semantics and Cognition*, MIT Press, Cambridge, MA.

Jackendoff, R. S. (1990) *Semantic Structures*, MIT Press, Cambridge, MA.

Jackendoff, R. S. (1997) *The Architecture of the Language Faculty*, MIT Press, Cambridge, MA.

Jacobs, R. A. and A. H. Jucker (1995) "The Historical Perspectives in Pragmatics," in Jucker (ed.) (1995).

Jacobs, R. A. and P. S. Rosenbaum, eds. (1970) *Readings in English Transformational Grammar*, Ginn, Waltham, MA.

Jaeggli, O. (1982) *Topics in Romance Syntax*, Foris, Dordrecht.

Jakobson, R. (1939) "Observations sur le classement phonologique des consonnes (Observations on the Phonological Classification of Consonants)," *Proceedings of the 3rd International Congress of Phonetic Sciences*, 34-41. [R Press in Roman Jakobson, Selected Writings I, Mouton, The Hague, 1962.]

Jakobson, R. (1960) "Closing Statement: Linguistics and Poetics," in Sebeok (ed.) (1960).

Jakobson, R. (1964) *R. Jakobson Selected Writings*, vol. I, Mouton, 's-Gravenhage.

Jakobson, R. (1971) "Quest for the Essence of Language," *Selected Writings II: Word and Language*, Mouton de Gruyter, Berlin and New York.

Jakobson, R., G. M. Fant and M. Halle (1952) *Preliminaries to Speech Analysis*, MIT Press, Cambridge, MA.

Jakobson, R. and M. Halle (1956, 2002^2) *Fundamentals of Language* (rpt. of the second, revised version 1971), Mouton de Gruyter, Berlin and New York.

Jakobson, R. and M. Halle (1968) "Phonology in Relation to Phonetics," in Malmberg (ed.) (1968).

Jespersen, O. (1909-49) *A Modern English Grammar on Historical Principles*, 7 vols., Munksgaard, Copenhagen / Carl Winter, Heidelberg / George Allen & Unwin, London.

Jespersen, O. (1922) *Language: Its Nature, Development and Origin*,

George Allen & Unwin, London.

Jespersen, O. (1924) *The Philosophy of Grammar*, George Allen & Unwin, London.

Jiang, N. (2012) *Conducting Reaction Time Research in Second Language Studies*, Routledge.

Johnson, H. (2002) *Lexicography: An Introduction*, Routledge, London.

Johnson K. and J. W. Mullennix, eds. (1997) *Talker Variability in Speech Processing*, Academic Press, San Diego.

Johnson K. (1997) "Speech Perception without Speaker Normalization: An Exemplar Model," in Johnson and Mullennix (eds.) (1997).

Johnson-Laird, P. N. and P. C. Wason, eds. (1977) *Thinking: Readings in Cognitive Science*, Cambridge University Press, Cambridge.

Johnson, M. (1987) *The Body in the Mind: The Bodily Basis of Meaning, Imagination, and Reason*, University of Chicago Press, Chicago.

Jucker, A. H., ed. (1995) *Historical Pragmatics: Pragmatics Development in the History of English*, John Benjamins, Amsterdam.

Jurafsky, D. (2004) "Pragmatics and Computational Linguistics," in Horn and Ward (eds.) (2004).

Kachru, B. (1985) "Standards, Codification and Sociolinguistic Realism: The English Language in the Outer Cirlce," in Quirk and Widdowson (eds.) (1985).

Kadmon, N. (2001) *Formal Pragmatics: Semantics, Pragmatics, Presupposition, and Focus*, Blackwell, Oxford.

影山太郎（1993）『文法と語形成』ひつじ書房，東京．

影山太郎（1996）『動詞意味論』くろしお出版，東京．

Kaluza, M. (1896) "Zur Betonungs- und Verslehre des Altenglischen," *Festschrift zum siebzigsten Geburtstage Oskar Schade*, 101-134, Hartung, Königsberg.

Kamp, H. (1984) "A Theory of Truth and Semantic Representation," in Groenendijk et al. (eds.) (1984).

Kamp, H. and U. Reyle (1993) *From Discourse to Logic: Introduction to Model Theoretic Semantics of Natural Languages, Formal Logic and Discourse Representation Theory*, Kluwer, Dordrecht.

Karttunen, L. (1971) "Some Observations on Factivity," *Papers in Linguistics* 4, 55-69.

Karttunen, L. (1973) "Presuppositions of Compound Sentences," *Linguistic Inquiry* 4:2, 169-193.

Kataoka, K. (2012) "Toward Multimodal Ethnopoetics," *Applied Linguistics Review* 3:1, 101-130.

Katz, J. J. and P. M. Postal (1964) *An Integrated Theory of Linguistic Descriptions*, MIT Press, Cambridge, MA.

Kay, P. and C. J. Fillmore (1999) "Grammatical Constructions and Linguistic Generalizations: the 'What's X doing Y?' Construction," *Language* 75, 1–33.

Kaye, J. D. (1990) "Coda' Licensing," *Phonology* 7, 301–330.

Kaye, J. D. (1995) "Derivations and Interfaces," in Durand and Katamba (eds.) (1995).

Kaye, J. D., J. Lowenstamm and J.-R. Vergnaud (1985) "The Internal Structure of Phonological Representations: A Theory of Charm and Government," *Phonology Yearbook* 2, 305–328.

Kayne, R. S. (1981) "Unambiguous Paths," in May and Koster (eds.) (1981).

Kayne, R. S. (1984) *Connectedness and Binary Branching*, Foris, Dordrecht.

Kayne, R. S. (1994) *The Antisymmetry of Syntax*, MIT Press, Cambridge, MA.

Keating, P. A., ed. (1994) *Papers in Laboratory Phonology* III: *Phonological Structure and Phonetic Form*, Cambridge University Press, Cambridge.

Keenan, E. L., ed. (1975) *Formal Semantics of Natural Language: Papers from a Colloquium Sponsored by the Kings College Research Centre*, Cambridge University Press, Cambridge.

Keenan, E. L. and B. Comrie (1977) "Noun Phrase Accessibility and Universal Grammar," *Linguistic Inquiry* 8, 63–99.

Kempson, R., ed. *Mental Representations: The Interface between Language and Reality*, Cambridge University Press, Cambridge.

Kendon, A. (1981) *Nonverbal Communication, Interaction, and Gesture*, Mouton de Gruyter, The Hague.

Kendon, A. (2004) *Gesture: Visible Action as Utterance*, Cambridge University Press, Cambridge.

Kennedy, C. (2007) "Vagueness and Grammar: The Semantics of Relative and Absolute Gradable Adjectives," *Linguistics and Philosophy* 30, 1–45.

Kennedy, G. (1998) *An Introduction to Corpus Linguistics*, Longman, London.

Kenstowicz, M., ed. (2001) *Ken Hale: A Life in Language*, MIT Press, Cambridge, MA.

Kenstowicz, M. and C. Kisseberth (1979) *Generative Phonology: Description and Theory*, Academic Press, New York.

Keyser, S. J. and T. Roeper (1992) "Re: The Abstract Clitic Hypothesis," *Linguistic Inquiry* 23, 89-125.

Kiesling, S. F. (2011) *Linguistic Variation and Change*, Edinburgh University Press, Edinburgh.

Kimball, J. P., ed. (1975) *Syntax and Semantics* 4, Academic Press, New York.

Kiparsky, P. (1967) "Metrics and Morphophonemics in the Kalevala," in Gribble (ed.) (1967).

Kiparsky, P. (1968) "How Abstract Is Phonology?" Reproduced by the Indiana University Linguistics Club. Also in Fujimura (ed.) (1973).

Kiparsky, P. (1971) "Historical Linguistics," in Dingwall (ed.) (1971).

Kiparsky, P. (1973) "Phonological Representations," in Fujimura (ed.) (1973).

Kiparsky, P. (1977) "The Rhytmic Structure of English Verse," *Linguistic Inquiry* 8, 189-247.

Kiparsky, P. (1978) "Analogical Change as a Problem for Linguistic Theory," *Studies in the Linguistic Sciences* 8:2, 77-96.

Kiparsky, P. (1982a) "Lexical Phonology and Morphology," in Yang (ed.) (1982).

Kiparsky, P. (1982b) "From Cyclic Phonology to Lexical Phonology," in Hulst and Smith (eds.) (1982).

Kiparsky, P. (2000) "Opacity and Cyclicity," *The Linguistic Review* 17, 351-365.

Kiparsky, P. (2015) "Stratal OT: A Synopsis and FAQs," *Capturing Phonological Shades within and across Languages*, ed. by Y. E. Hsiao and L.-H. Wee, 2-44, Cambridge Scholars Publishing, Newcastle upon Tyne.

Kiparsky, P. and C. Kiparsky (1970) "Fact," in Bierwisch and Heidolph (eds.) (1970).

Kitzinger, C. (2013) "Repair," in Sidnell and Stivers (eds.) (2013).

Klein, W. and C. Perdue. (1997) "The Basic Variety, or: Couldn't Language Be Much Simpler?" *Second Language Research* 13, 301-347.

小池生夫(編) (2003)『応用言語学辞典』研究社, 東京.

Koopman, H. and D. Sportiche (1991) "The Position of Subjects," *Lingua* 85, 211-258.

Krashen, S. D. (1982) *Principles and Practices in Second Language Acquisition*, Pergamon, New York.

Krashen, S. D. (1985) *The Input Hypothesis: Issues and Implications*, Longman, Lodon.

Krashen, S. D. and T. D. Terrell (1983) *The Natural Approach*, Pergamon,

Oxford.

Kristeva, J. (1969) *Séméiôtiké: Recherches Pour une Sémanalyse*, Edition du Seuil, Paris.［原田邦夫(訳)(1983)『記号の解体学　セメイオチケ1』せりか書房, 東京.］

Kroll, J. F. and E. Stewart (1994) "Category Interference in Translation and Picture Naming: Evidence for Asymmetric Connections between Bilingual Memory Representations," *Journal of Memory and Language* 33, 149-174.

Kruisinga, E. (1909-1911, 1931-1932^5) *A Handbook of Present-Day English*, 4 vols., Noordhoff, Groningen.

窪薗晴夫 (2006)『アクセントの法則』岩波書店, 東京.

Kuhn, H. (1933) "Zur Wortstellung und -betonung im Altgermanischen," *Beiträge zur Geschichte der Deutchen Sprache und Literatur* 57, 1-109.

Kula, N. C. and J. vande Weijer, eds. *Proceedings of the Government Phonology Workshop. Special Issue of Leiden Papers in Linguistics* 2.4, ULCL, Leiden University.

Kuno, S. (1973) *The Structure of the Japanese Language*, MIT Press, Cambridge, MA.

久野暲 (1978)『談話の文法』大修館書店, 東京.

Kuno, S. (1987) *Functional Syntax*, University of Chicago Press, Chicago.

桑原輝男・高橋幸雄・小野塚裕視・溝越彰・大石強 (1985)『音韻論』(現代の英文法　第3巻), 研究社, 東京.

Labov, W. (1972) *Sociolinguistics Patterns*, University of Pennsylvania Press, Philadelphia.

Labov, W. (1994) *Principles of Linguistic Change, Vol. I: Internal Factors*, Blackwell, Oxford.

Labov, W. (2001) *Principles of Linguistic Change, Vol. II: Social Factors*, Basil Blackwell, Oxford.

Labov, W. and D. Fanshel (1977) *Therapeutic Discourse: Psychotherapy as Conversation*, Academic Press, New York.

Ladd, D. R. (1996, 2008^2) *Intonational Phonology*, Cambridge University Press, Cambridge.

Ladefoged, P. (1975, 1982^2, 1993^3) *A Course in Phonetics*, Harcourt Brace Jovanovich, New York.

Ladefoged, P. and K. Johnson (2014) *A Course in Phonetics*, 7th ed., Cengage Learning, Stanford, CT.

Lado, R. (1957) *Linguistics Across Cultures: Applied Linguistics for Language Teachers*, University of Michigan Press, An Arbor.

Lakoff, G. (1971) "On Generative Semantics," in Steinberg and Jakobovits (eds.) (1971).

Lakoff, G. (1973) "Fuzzy Grammar and the Performance/Competence Terminology Game," *CLS* 9, 271-291.

Lakoff, G. (1977) "Linguistic Gestalts," *CLS* 13, 236-287.

Lakoff, G. (1987) *Women, Fire, and Dangerous Things: What Categories Reveal About the Mind*, University of Chicago Press, Chicago. [池上嘉彦・河上誓作・辻幸夫・西村義樹・坪井栄治郎・梅原大輔・大森文子・岡田禎之(訳) (1993)『認知意味論——言語から見た人間の心』紀伊國屋書店, 東京.]

Lakoff, G. (1990) "The Invariance Hypothesis: Is Abstract Reason Based on Image-Schemas?" *Cognitive Linguistics* 1, 39-74.

Lakoff, G. (1993) "The Contemporary Theory of Metaphor," in Ortony (ed.) (1993).

Lakoff, G. and M. Johnson (1980) *Metaphors We Live By*, University of Chicago Press, Chicago. [渡部昇一・楠瀬淳三・下谷和幸(訳) (1986)『レトリックと人生』大修館書店, 東京.]

Lakoff, G. and M. Johnson (1999) *Philosophy in the Flesh: The Embodied Mind and Its Challenge to Western Thought*, Basic Books, New York.

Lakoff, G. and M. Turner (1989) *More Than Cool Reason: A Field Guide to Poetic Metaphor*, University of Chicago Press, Chicago. [大堀壽夫(訳)『詩と認知』紀伊國屋書店, 東京.]

Lakoff, R. (1975) *Language and Woman's Place*, Harper & Row, New York.

Lambert, W. E. (1974) "Culture and Language as Factors in Learning and Education," in Aboud and Meade (eds.) (1974).

Lambrecht, K. (1994) *Information Structure and Sentence Form: Topic, Focus and the Mental Representations of Discourse Referents*, Cambridge University Press, Cambridge.

Landua, S. (1989) *Dictionaries: The Art and Craft of Lexicography*, Cambridge University Press, Cambridge.

Langacker, R. W. (1986a) "Abstract Motion," *BLS* 12, 455-471.

Langacker, R. W. (1986b) "An Introduction to Cognitive Grammar," *Cognitive Science* 10, 1-40.

Langacker, R. W. (1987) *Foundations of Cognitive Grammar*, Vol. 1, Stanford University Press, Stanford.

Langacker, R. W. (1990a) *Concept, Image, and Symbol: The Cognitive Basis of Grammar*, Mouton de Gryuter, Berlin.

Langacker, R. W. (1990b) "Subjectification," *Cognitive Linguistics* 1, 5-38.

Langacker, R. W. (1991) *Foundations of Cognitive Grammar*, Vol. 2, Stanford University Press, Stanford.

Langacker, R. W. (1993) "Reference-Point Constructions," *Cognitive Linguistics* 4, 1-38.

Langacker, R. W. (1998) "Conceptualization, Symbolization, and Grammar," in Tomasello (ed.) (1998).

Langacker, R. W. (1999) *Grammar and Conceptulization*, Mouton de Gruyter, Berlin.

Langacker, R. W. (2000) "A Dynamic Usage-Based Model," in Barlow and Kemmer (eds.) (2000).

Langacker, R. W. (2001) "Discourse in Cognitive Grammar," *Cognitive Linguistics* 12, 143-188.

Langacker, R. W. (2002) "The control Cycle: Why Grammar Is a Matter of Life and Death," *Proceedings of the Annual Meeting of the Japanese Cognitive Linguistics Association* 2, 193-220.

Langacker, R. W. (2008) *Cognitive Grammar: A Basic Introduction*, Oxford University Press, Oxford.

Lantolf, J. P., ed. (2000) *Sociocultural Theory and Second Language Learning*, Oxford University Press, Oxford.

Lapointe, S. G. (1980) *A Theory of Grammatical Agreement*, Doctoral dissertation, University of Massachusetts.

Lapointe, S. G., D. K. Brentari and P. M. Farrell, eds. (1998) *Morphology and Its Relation to Phonology and Syntax*, CSLI Publications, Stanford.

Larsen-Freeman, D. and M. Long (1991) *An Introduction to Second Language Acquisition Theory and Research*, Longman, London.

Larson, H. (1988) "On the Double Object Construction," *Linguistic Inquiry* 19, 335-391.

Larson, H. (1990) "Double Objects Revisited," *Linguistic Inquiry* 21, 589-632.

Lasersohn, P. (1999) "Pragmatic Halos," *Language* 75:3, 522-551.

Lasnik, H. (1981) "Restricting the Theory of Transformations: A Case Study," in Hornstein and Lightfoot (eds.) (1981).

Lasnik, H. (1995a) "Case and Expletives Revisited: On Greed and Other Human Failings," *Linguistic Inquiry* 26, 615-633.

Lasnik, H. (1995b) "Verbal Morphology: Syntactic Structure Meets the Minimalist Program," in Campos and Kempchinsky (eds.) (1995).

Laufer, B. and J. Hulstijin (2001) "Incidental Vocabulary Acquisition in a Second Language: The Construct of Task-Induced Involvement," *Applied Linguistics* 22, 1-26.

Lave, J. and E. Wenger (1991) *Situated Learning: Legitimate Peripheral*

Participation, Cambridge University Press, Cambridge.
Laycock, D. (1972) "Towards a Typology of Ludlings or Play-Languages," *Linguistic Communications* 6, 61-113.
Le Page, R. B. and A. Tabouret-Keller (1985) *Acts of Identity: Creole-Based Approaches to Language and Ethnicity*, Cambridge University Press, Cambridge.
Leben, W. (1973) *Suprasegmental Phonology*, Doctoral dissertation, MIT. Distributed by Indiana University Linguistics Club.
Leben, W. (1980) "A Metrical Analysis of Length," *Linguistic Inquiry* 11, 497-509.
Lee, N., L. Mikesell, A. D. L. Joacquin, A. W. Mates and J. H. Schumann (2009) *The Interactional Instinct: The Evolution and Acquisition of Language*, Oxford University Press, Oxford.
Leech, G. N. (1971) *Meaning and the English Verb*, Longman, London.
Leech, G. N. (1974) *Semantics*, Penguin, Harmondsworth.
Leech, G. N. (1983) *Principles of Pragmatics*, Longman, London.［池上嘉彦・河上誓作(訳)(1987)『語用論』紀伊國屋書店, 東京.］
Leech, G. N. (2004) *Meaning and the English Verb*, 3rd ed., Pearson, London.
Lees, R. B. (1960) *The Grammar of English Nominalizations*, Mouton, The Hague.
Levelt, W. J. M. (1989) *Speaking: From Intention to Articulation*, MIT Press, Cambridge, MA.
Levelt, W. J. M. (1993) "Accessing Words in Speech Production: Stages, Processes and Representation," *Cognition* 42, 1-22.
Levelt, W. J. M. (2001) "Spoken Word Production: A Theory of Lexical Access," *Proceedings of the National Academy of Science of the United States of America* 98, 13464-71.
Levin, B. (1993) *English Verb Classes and Alternations: A Preliminary Investigation*, University of Chicago Press, Chicago.
Levin, B. and S. Pinker, eds. (1992) *Lexical and Conceptual Semantics*, Blackwell, Oxford.
Levin, B. and M. Rappaport (1995) *Unaccusativity: At the Syntax-Lexical Semantics Interface*, MIT Press, Cambridge, MA.
Levin, N. (1978) "Some Identity-of-Sense Deletions Puzzle Me. Do They You?" *CLS* 14, 229-240.
Levin, N. (1986) *Main-Verb Ellipsis in Spoken English*, Garland, New York.
Levinson, S. C. (1983) *Pragmatics*, Cambridge University Press, Cam-

bridge.

Levinson, S. C. (1987) "Minimization and Conversational Inference," in Verschueren and Bertuccelli-Papi (eds.) (1987).

Levinson, S. C. (2000) *Presumptive Meaning: The Theory of Generalized Conversational Implicature*, MIT Press, Cambridge, MA. [田中廣明・五十嵐海理(訳)(2007)『意味の推定──新グライス派の語用論』研究社, 東京.]

Levy, M. and P. Hubbard (2005) "Why Call CALL CALL?" *Computer Assisted Language Learning* 18, 143-149.

Lewis, D. (1975) "Adverbs of Quantification," in Keenan (ed.) (1975).

Li, C. N., ed. (1976) *Subject and Topic*, Academic Press, New York.

Liberman, M. (1975) *The Intonational System of English*, Doctoral dissertation, MIT.

Liberman, M. and A. Prince (1977) "On Stress and Linguistic Rhythm," *Linguistic Inquiry* 8, 249-336.

Lieber, R. (1980, 1990) *On the Organization of the Lexicon*, Doctoral dissertation, MIT. [Reproduced in Garland, New York, 1990.]

Lieber, R. (1983) "Argument Linking and Compounds in English," *Linguistic Inquiry* 14, 251-285.

Lieber, R. (2010) *Introducing Morphology*, Cambridge University Press, Cambridge.

Liljencrants, J. and B. Lindblom (1972) "Numerical Simulation of Vowel Quality Systems: The Role of Perceptual Contrast," *Language* 48:4, 839-862.

Lindblom, B. (1986) "Phonetic Universals in Vowel Systems," in Ohala and Jaeger (eds.) (1986).

Long, M. H. (1981) "Input, Interaction and Second Language Acquisition," in Winitz (ed.) (1981).

Long, M. H. (1983) "Native Speaker/Non-Native Speaker Conversation and the Negotiation of Comprehensible Input," *Applied Linguistics* 4, 126-141.

Long, M. H. (1996) "The Role of the Linguistic Environment in Second Language Acquisition," in Ritchie and Bhatia (eds.) (1996)

Lowenstamm, J. (1996) "CV as the Only Syllable Type," in Durand and Laks (eds.) (1996).

Luick, K. (1896) *Untersuchungen zur englischen Lautgeschichte*, Trübner, Strassburg.

Lyman, B. S. (1894) "Change from Surd to Sonant in Japanese Compounds," *Oriental Studies of the Oriental Club of Philadelphia*, 1-17.

Lyons, J., ed. (1970) *New Horizons in Linguistics*, Penguin, Harmondsworth.

Lyster, R. and H. Mori (2006) "Interactional Feedback and Instructional Counterbalance," *Studies in Second Language Acquisition* 28, 269-300.

Lyster, R. and L. Ranta (1997) "Corrective Feedback and Learner Uptake: Negotiation of Form in Communicative Classrooms," *Studies in Second Language Acquisition* 20, 37-66.

MacDonald, M. C., M. Pearlmutter and M. Seidenberg (1994) "The Lexical Nature of Ambiguity Resolution," *Psychological Review* 101, 676-703.

MacIntyre, P., R. Clément, Z. Dörnyei and K. Noels (1998) "Conceptualizing Willingness to Communicate in a L2: A Situated Model of L2 Confidence and Affiliation," *Modern Language Journal* 82, 545-562.

Mackey, A. and J. Philip (1998) "Conversational Interaction and Second Language Development: Recasts, Responses and Red Herrings," *Modern Language Journal* 82, 338-356.

MacWhinney, B., ed. (1987) *Mechanisms of Language Acquisition*, Lawrence Erlbaum, Hillsdale, NJ.

前川喜久雄・菊池英明・五十嵐陽介 (2001)「X-JToBI : 自発音声の韻律ラベリングスキーム」『電子情報通信学会技術報告』(NLC2001-71, SP2001-106), 25-30.

Malinowski, B. (1923) "The Problem of Meaning in Primitive Languages," in Ogden and Richards (eds.) (1923).

Malmberg, B., ed. (1968) *Manual of Phonetics*, North-Holland, Amsterdam.

Marantz, A. P. (1981, 1984) *On the Nature of Grammatical Relations*, Doctoral dissertation, MIT. [Reproduced by MIT Press, Cambridge, MA, 1984.]

Marchand, H. (1969) *The Categories and Types of Present-Day English Word-Formation: A Synchronic Approach*, 2nd ed., Beck, München.

Marslen-Wilson, W. (1987) "Functional Parallelism in Spoken Word-Recognition," *Cognition* 25, 71-102.

Martin, R., D. Michaels and J. Uriagereka (2000) *Step by Step: Essays on Minimalist Syntax in Honor of Howard Lasnik*, MIT Press, Cambridge, MA.

Martin, S. (1975) *A Reference Grammar of Japanese*, Yale University Press, London.

Matsui, T. (2000) *Bridging and Relevance*, John Benjamins, Amsterdam.

Mattheier K., A. Ulrich and P. Trudgill, eds. (2003) *Handbook of Sociolinguistics / Handbuch der Soziolinguistik*, De Gruyter, Berlin.

May, R. (1977) *The Grammar of Quantification*, Doctoral dissertation, MIT.

May, R. (1985) *Logical Form: Its Structure and Derivation*, MIT Press, Cambridge, MA.

May, R. and J. Koster, eds. (1981) *Levels of Syntactic Representation*, Foris, Dordrecht.

McArthur, T. (1981) *Longman Lexicon of Contemporary English*, Longman, London.

McCafferty, S. G. and G. Stam (2008) *Gesture: Second Language Acquisition and Classroom Research*, Routledge, New York.

McCarthy, J. (1979) *Formal Problems in Semitic Phonology and Morphology*, Doctoral dissertation, MIT. [Reproduced by Garland, New York, 1985.]

McCarthy, J. (1982) "Nonlinear Phonology: An Overview," *Linguistic Dept. Faculty Publication Series*, Paper 50.

McCarthy, J. (1986) "OCP Effects: Gemination and Antigemination," *Linguistic Inquiry* 17, 207–263.

McCarthy, J. (1988) "Feature Geometry and Dependancy: A Review," *Phonetica* 43, 84–108.

McCarthy, J. (1999) "Sympathy and Phonological Opacity," *Phonology* 16, 331–399.

McCarthy, J. (2007) *Hidden Generalizations: Phonological Opacity in Optimality Theory*, Equinox, London.

McCarthy, J. and A. Prince (1986/1996) *Prosodic Morphology 1986 Report*, Rutgers University Center for Cognitive Science, New Brunswick, NJ.

McCarthy, J. and A. Prince (1990a) "Foot and Word in Prosodic Morphology; The Arabic Broken Plural," *Natural Language and Linguistic Theory* 8, 209–283.

McCarthy, J. and A. Prince (1990b) "Prosodic Morphology and Templatic Morphology," in Eid and McCarthy (eds.) (1990).

McCarthy, J. and A. Prince (1993) "Prosodic Morphology I: Constraint Interaction and Satisfaction," University of Massachusetts, Amherst and Rutgers University, New Brunswick, NJ, RuCCS-TR-3, ROA (Rutgers Optimality Archive)-482.

McCarthy, J. and A. Prince (1995a) "Faithfulness and Reduplicative Identity," *University of Massachusetts Occasional Papers in Linguistics* 18, 249–384.

McCarthy, J. and A. Prince (1995b) "Prosodic Morphology," in Goldsmith (ed.) (1995).

McCawley J., ed. (1976) *Syntax and Semantics* 7: *Notes from the Linguistic Underground*, Academic Press, New York.

McEnery, T. and A. Hardie (2012) *Corpus Linguistics*, Cambridge University Press, Cambridge.

McEnery, T., R. Xiao and Y. Tono (2006) *Corpus-Based Language Studies*, Routledge, New York.

McNeill, D. (2006) "Gesture: A Psycholinguistic Approach," in Brown (ed.) (2006).

Meisel, J. M., H. Clahsen and M. Pienemann (1981) "On Determining Developmental Stages in Natural Second Language Acquisition," *Studies in Second Language Acquisition* 3, 109-135.

Mester, A. R. (1994) "The Quantitative Trochee in Latin," *Natural Language and Linguistic Theory* 12:1, 1-61.

Mey, J. L. (1993) *Pragmatics: An Introduction*, Blackwell, Oxford.

三原健一・平岩健 (2006)『新日本語の統語構造——ミニマリストプログラムとその応用』松柏社, 東京.

Mills, S. (2008) *Language and Sexism*, Cambridge University Press, Cambridge.

Milroy, J. and L. Milroy (1990) "Language in Society: Sociolinguistics," in Collinge (ed.) (1990).

Milroy, L. (1980) *Language and Social Networks*, Basil Blackwell, Oxford.

Milsark, G. L. (1974) *Existential Sentences in English*, Doctoral dissertation, MIT.

Milsark, G. L. (1988) "Singl-ing," *Linguistic Inquiry* 19, 611-634.

南出康世 (1981)『英語の辞書と辞書学』大修館書店, 東京.

溝越彰 (1985)「英詩のリズム構造」桑原ほか (1985).

Mohanan, K. P. (1982) *Lexical Phonology*, Doctoral dissertation, MIT. [Reproduced by the Indiana University Linguistics Club.]

Momma, H. (1997) *The Composition of Old English Poetry*, Cambridge University Press, Cambridge.

Montague, R. (1974) *Formal Philosophy: Selected Papers of Richard Montague*, edited and with an introd. by Richmond H. Thomason, Yale University Press, New Haven.

Moon, R. (1997) "Vocabulary Connections: Multi-Word Items in English," in Schmitt and McCarthy (eds.) (1997).

Morris, C. D., J. D. Bransford and J. J. Franks (1977) "Levels of Processing versus Appropriate Processing," *Journal of Verbal Learning and Verbal Behavior* 16, 519-533.

Morris, C. W. (1938) *Foundations of the Theory of Signs*, University of Chicago Press, Chicago.

Morton, J. (1969) "Interaction of Information in Word Recognition," *Psychological Review* 76, 165–178.

Mufwene, S. S., E. Francis and R. Wheeler, eds. (2005) *Polymorphous Linguistics: Jim McCawley's Legacy*, MIT Press, Cambridge, MA.

Munitz, M. and P. Unger, eds. (1974) *Semantics and Philosophy*, New York University Press, New York.

Myers, T., J. Laver and J. Anderson, eds. (1981) *The Cognitive Representation of Speech*, North-Holland, Amsterdam.

Myers-Scotton, C. (1993) *Social Motivations for Code-Switching: Evidence from Africa*, Clarendon Press, Oxford.

中島平三(編) (2001) 『最新英語構文事典』大修館書店, 東京.

中島和子 (2001) 『バイリンガル教育の方法——12歳までに親と教師ができること』(増補改訂版), アルク, 東京.

中村捷・金子義明・菊地朗 (1989) 『生成文法の基礎——原理とパラミターのアプローチ』研究社, 東京.

中村捷・金子義明・菊地朗 (2001) 『生成文法の新展開——ミニマリスト・プログラム』研究社, 東京.

中村芳久(編) (2004) 『認知文法論 II』大修館書店, 東京.

中島信夫(編) (2012) 『語用論』朝倉書店, 東京.

Napoli, J. D. and J. Hoeksema (2009) "The Grammatical Versatility of Taboo Terms," *Studies in Language* 33, 612–643.

Nasukawa, K. (1998) "An Integrated Approach to Nasality and Voicing," in Cyran (ed.) (1998).

Nasukawa, K. (2005) *A Unified Approach to Nasality and Voicing*, Mouton de Gruyter, Berlin and New York.

Nasukawa, K. (2011) "Representing Phonology without Precedence Relations," *English Linguistics* 28, 278–300.

Nasukawa, K. (2014) "Features and Recursive Structure," *Nordlyd* 41:1, 1–19.

Nasukawa, K. (2015a) "Why the Palatal Glide Is Not a Consonantal Segment in Japanese: An Analysis in a Dependency-Based Model of Phonological Primes," in Raimy and Cairns (eds.) (2015).

Nasukawa, K. (2015b) "Recursion in the Lexical Structure of Morphemes," in van Oostendorp and van Riemsdijk (eds.) (2015).

Nasukawa, K. and P. Backley, eds. (2005) "Dependency Relations in Element Theory: Markedness And Complexity," in Kula and Weijer (eds.)

Nasukawa, K. and P. Backley, eds. (2009) *Strength Relations in Phonology*,

Mouton de Gruyter, Berlin and New York.
Nasukawa, K. and H. van Riemsdijk, eds. (2014) *Identity Relations in Grammar*, Mouton de Gruyter, Berlin and New York.
Nathan, G. S. (1986) "Phonemes as Mental Categories," *BLS* 12, 212–223.
Nation, I. S. P. (2001) *Learning Vocabulary in Another Language*, Cambridge University Press, Cambridge.
Nesper, M. and I. Vogel (1986) *Prosodic Phonology*, Foris, Dordrecht.
西原哲雄・那須川訓也（編）(2005)『音韻理論ハンドブック』英宝社，東京．
Noh, E.-J. (1995) "A Pragmatic Approach to Echo Questions," *UCL Working Papers in Linguistics* 7, 107–140.
Noh, E.-J. (2000) *Metarepresentation*, John Benjamins, Amsterdam.
Noveck, I. and D. Sperber (2012) "The Why and How of Experimental Pragmatics: The Cause of 'Scalar Inferences'," in Wilson and Sperber (2012).
Noyer, R. (1997) *Features, Positions and Affixes in Autonomous Morphological Structure*, Garland, New York.
Nunes, J. (1995) *The Copy Theory of Movement and Linearization of Chains in the Minimalist Program*, Doctoral dissertation, University of Maryland.
Nunes, J. (2004) *Linearization of Chains and Sideward Movement*, MIT Press, Cambridge, MA.
O'Brian, R., ed. (1971) *Report on the Twenty-Second Annual Round Table Meeting on Languages and Linguistics*, Georgetown University Press, Washington, D.C.
Odden, D. (1986) "On the Role of the Obligatory Contour Principle in Phonological Theory," *Language* 62, 353–383.
Odlin, T. (1989) *Language Transfer*, Cambridge University Press, Cambridge.
Ogden, C. K. and I. A. Richards (1923) *The Meaning of Meaning*, Routledge and Kegan Paul, London.
Ohala, J. (1990) "There Is No Interface between Phonology and Phonetics: A Personal View," *Journal of Phonetics* 18, 153–171.
Ohala, J. and J. Jaeger, eds. (1986) *Experimental Phonology*, Academic Press, New York.
Ortony, A., ed. (1979) *Metaphor and Thought*, Cambridge University Press, Cambridge.
Ortony, A., ed. (1993) *Metaphor and Thought*, 2nd ed., Cambridge University Press, Cambridge.
苧坂満里子 (2002)『脳のメモ帳──ワーキングメモリ』新曜社，東京．

Östman, J.-O. and M. Fried, eds. (2005) *Construction Grammars: Cognitive Grounding and Theoretical Extensions*, John Benjamins, Amsterdam.

大塚高信・中島文雄(監修)(1982)『新英語学辞典』研究社, 東京.

Oxford, R. L. (1990) *Language Learning Strategies: What Every Teacher Should Know*, Heinle & Heinle, Boston.

Padgett, J. (1995) *Stricture in Feature Geometry (Dissertations in Linguistics)*, Center for the Study of Language and Information, Stanford.

Palmer, H. (1933) *Second Interim Report on English Collocations*, Kaitakusha, Tokyo.

Paradis, C. (1988) "On Constraints and Repair Strategies," *Linguistic Review* 6, 71–97.

Partee, B. H. (1978) "Bound Variables and Other Anaphors," in Waltz (ed.) (1978).

Payne, D. (1987) "Information Structuring in Papago Narrative Discourse," *Language* 63, 783–804.

Pea, R. D. (1993) "Practice of Distributed Intelligence and Designs for Education," in Salomon (ed.) (1993).

Peirce, C. S. (1931–1958) *Collected Papers of Charles Sanders Peirce*, 8 vols., Harvard University Press, Cambridge, MA.

Peirce, C. S. (1955) *Philosophical Writings of Peirce*, Dover, New York.

Perkins, M. R. (2007) *Pragmatic Impairment*, Cambridge University Press, Cambridge.

Perlmutter, D. M. (1978) "Impersonal Passives and the Unaccustaive Hypothesis," *BLS* 4, 157–189.

Perner, J. (1991) *Understanding the Representational Mind*, MIT Press, Cambridge, MA.

Perry, J. (1986) "Thought without Representation," *Supplementary Proceedings of the Aristotelian Society* 60, 137–152.

Pesetsky, D. (1979) "Russian Morphology and Lexical Theory," ms., MIT.

Pesetsky, D. (1987) "Wh-in-situ: Movement and Unselective Binding," Reuland and Meulen (eds.) (1987).

Pesetsky, D. (1989) "Language-Particular Processes and the Earliness Principle," ms., MIT.

Pesetsky, D. (1995) *Zero Syntax: Experiencers and Cascades*, MIT Press, Cambridge, MA.

Petrus, K., ed. (2010) *Meaning and Analysis: New Essays on Grice*, Palgrave Macmillan, Basingstoke.

Phillips, C. (2002) "Running with Abandon: Some Notes on Trochaic Meter," in Finch and Varnes (eds.) (2002).

Pienemann, M. (1998) *Language Processing and Second Language Development: Processability Theory*, John Benjamins, Amsterdam.

Pienemann, M., M. Johnston and G. Brindley (1988) "Constructing an Acquisition-Based Procedure for Second Language Assessment," *Studies in Second Language Acquisition* 10, 217-243.

Pierrehumbert, J. (1980) *The Phonology and Phonetics of English Intonation*, Doctoral dissertation, MIT.

Pierrehumbert, J. (1994) "Syllable Structure and Word Structure: A Study of Triconsonantal Clusters in English," in Keating (ed.) (1994).

Pierrehumbert, J. (2000) "The Phonetic Grounding of Phonology," *Bulletin de la Communication Parlee* 5, 7-23.

Pierrehumbert, J. (2001) "Exemplar Dynamics: Word Frequency, Lenition and Contrast," in Bybee and Hopper (2001).

Pike, K. L. (1943) *Phonetics: A Critical Analysis of Phonetic Theory and a Technic for the Practical Description of Sounds*, University of Michigan Press, Ann Arbor.

Pilkington, A. (2000) *Poetic Effects: A Relevance Theory Perspective*, John Benjamins, Amsterdam and Philadelphia.

Pinker, S. (1984) *Language Learnability and Language Development*, Harvard University Press, Cambridge, MA.

Pinker, S. (1987) "The Bootstrapping Problem in Language Acquisition," in MacWhinney (ed.) (1987).

Poehner, M. E. (2008) *Dynamic Assessment: A Vygotskian Approach to Understanding and Promoting L2 Development*, Springer, Berlin.

Pollock, J.-Y. (1989) "Verb Movement, Universal Grammar, and the Structure of IP," *Linguistic Inquiry* 20, 365-424.

Poplack, S. (1980) "Sometime I'll Start a Sentence in English Y Termino en Español: toward a Typology of Code-Switching," *Linguistics* 26, 47-104.

Postal, P. M. (1968) *Aspects of Phonological Theory*, Harper & Row, New York.

Postal, P. M. (1969) "Anaphoric Islands," *CLS* 5, 205-239.

Postal, P. M. (1971) *Cross-over Phenomena*, Holt, Reinhart & Winston, New York.

Potts, C. (2005) *The Logic of Conventional Implicatures*, Oxford University Press, Oxford.

Preminger, A. and T. V. F Brogan, eds. (1993) *The New Princeton Encyclopedia of Poetry and Poetics*, Princeton University Press, Princeton.

Preston, D. R. (1994) "Content-Oriented Discourse Analysis and Folk Lin-

guistics," *Language Sciences* 16, 285-331.
Prince, A. and P. Smolensky (1993, 2002) "Optimality Theory: Constraint Interaction in Generative Grammar (ROA version)," ms., Rutgers University and The Johns Hopkins University.
Prince, A. and P. Smolensky (2004) *Optimality Theory: Constraint Interaction in Generative Grammar*, Blackwell, Malden, MA and Oxford.
Prince, E. F. (1992) "The ZPG Letter: Subjects, Definiteness, and Information-Status," in Thompson and Mann (ed.) (1992).
Pustejovsky, J., ed. (1983) *Semantics and the Lexicon*, Kluwer, Dordrecht.
Pustejovsky, J. (1995) *The Generative Lexicon*, MIT Press, Cambridge, MA.
Quine, W. V. O. (1953) *From a Logical Point of View: 9 Logico-Philosophical Essays*, Harvard University Press, Cambridge, MA.
Quirk, R., J. Svartvik, S. Greenbaum and G. N. Leech (1972) *A Grammar of Contemporary English*, Longman, London.
Quirk, R., J. Svartvik, S. Greenbaum and G. N. Leech (1985) *A Comprehensive Grammar of the English Language*, Longman, London.
Quirk, R. and H. Widdowson, eds. (1985) *English in the World: Teaching and Learning the Language and Literatures*, Cambridge University Press, Cambridge.
Radford, A. (2004a) *English Syntax: An Introduction*, Cambridge University Press, Cambridge.
Radford, A. (2004b) *Minimalist Syntax: Exploring the Structure of English*, Cambridge University Press, Cambridge.
Radford, A. (2009) *Analysing English Sentences: A Minimalist Approach*, Cambridge University Press, Cambridge.
Raimy, E. (2000) *The Phonology and Morphology of Reduplication*, Mouton de Gruyter, Berlin and New York.
Raimy, E. and C. Cairns, eds. (2015) *The Segment in Phonetics and Phonology*, Wiley-Blackwell, Malden, MA.
Rampton, B. (1995) *Crossing: Language and Ethnicity among Adolescents*, Longman, London.
Randall, J. H. (1985) *Morphological Structure and Language Acquisition*, Garland, New York.
Ravin, Y. and C. Leacock (2000) *Polysemy: Theoretical and Computational Approaches*, Oxford University Press, Oxford.
Raymond, H., ed. (2003) *Motives for Language Change*, Cambridge University Press, Cambridge.
Recanati, F. (2002) "Unarticulated Constituents," *Linguistics and Philoso-*

phy 25, 299-345.

Recanati, F. (2004) *Literal Meaning*, Cambridge University Press, Cambridge.

Recanati, F. (2007) "It Is Raining (Somewhere)," *Linguistics and Philosophy* 30, 123-146.

Reddy, M. J. (1979) "The Conduit Metaphor: A Case of Frame Conflict in Our Language about Language," in Ortony (ed.) (1979).

Reichenbach, H. (1947) *Elements of Symbolic Logic*, The Macmillan, New York.

Reinhart, T. (1976) "Whose Main Clause? (Point of View in Sentences with Parentheticals)," *Harvard Studies in Syntax and Semantics* 1, 127-171.

Reuland, E. and W. Abraham, eds. (1993) *Knowledge and Language*, Kluwer, Dordrecht.

Reuland, E. and A. ter Meulen, eds. (1987) *The Representation of (In)definiteness*, MIT Press, Cambridge, MA.

Richards, J., J. Platt and H. Weber (1985) *Longman Dictionary of Applied Linguistics*, Longman, Harlow.

Richards, J. and T. Rodgers (2001) *Approaches and Methods in Language Teaching*, 2nd ed., Cambridge University Press, Cambridge.

Richards, J. and R. Schmidt (2010) *Longman Dictionary of Language Teaching and Applied Linguistics*, 4th ed., Longman, Harlow.

Richards, N. (1997) *What Moves Where When in Which Language?*, Doctoral dissertation, MIT.

Ritchie, R. C. and T. K. Bhatia, eds. (1996) *Handbook of Second Language Acquisition*, Academic Press, San Diego.

Rizzi, L. (1990) *Relativized Minimality*, MIT Press, Cambridge, MA.

Rizzi, L. (1997) "On the Fine Structure of the Left Periphery," in Haegeman (ed.) (1997).

Rizzi, L. (2006) "On the Form of Chains: Criterial Positions and ECP Effects," in Cheng and Corver (eds.) (2006).

Robinson, P., ed. (2001) *Cognition and Second Language Instruction*, Cambridge University Press, Cambridge.

Robinson, P. (2011) "Second Language Task Complexity, the Cognition Hypothesis, Language Learning, and Performance," in Robinson (ed.) (2011).

Robinson, P., ed. (2011) *Second Language Task Complexity: Researching the Cognition Hypothesis of Language Learning and Performance*, John Benjamins, Amsterdam.

Robinson, P., ed. (2012) *The Routledge Encyclopedia of Second Language Acquisition*, Routledge, New York.

Robinson, P. and R. Gilabert (2007) "Task Complexity, the Cognition Hypothesis and Second Language Instruction," *International Review of Applied Linguistics* 45, 161–176.

Roeper, T. (1986) "Implicit Arguments, Implicit Roles, and Subject/Object Asymmetry in Morphological Rules," ms., University of Massachusetts.

Roeper, T. (1987) "Implicit Arguments and the Head-Complement Relation," *Linguistic Inquiry* 18, 267–310.

Roeper, T. and M. E. A. Siegel (1978) "A Lexical Transformation for Verbal Compounds," *Linguistic Inquiry* 9, 199–260.

Romeo, E. and B. Soria (2010) "Phrasal Pragmatics in Robyn Carston's Programme," in Soria and Romeo (eds.) (2010).

Rosenbaum, P. S. (1967) *The Grammar of English Predicate Complement Constructions*, MIT Press, Cambridge, MA.

Rosenbaum, P. S. (1970) "A Principle Governing Deletion in English Sentential Complementation," in Jacobs and Rosenbaum (eds.) (1970).

Ross, J. R. (1967) *Constraints on Variables in Syntax*, Doctoral dissertation, MIT.

Ross, J. R. (1969) "Guess Who?" *CLS* 5, 252–286.

Ross, J. R. (1970) "On Declarative Sentences," in Jacob and Rosenbaum (eds.) (1970).

Ross, J. R. (1973) "Nouniness," in Fujimura (ed.) (1973).

Ross, J. R. (1986) *Infinite Syntax!*, Ablex, Norwood, NJ.

Rothstein, S. (1983) *The Syntactic Forms of Predication*, Doctoral dissertation, MIT.

Ruesch, J. and W. Kees (1956) *Nonverbal Communication*, University of California Press, Los Angeles.

Rumelhart, D. M., J. L. McClelland and the PDP Research Group, eds. (1986) *Parallel Distributed Processing: Explorations in the Microstructure of Cognition*, Vol. 1, MIT Press, Cambridge, MA.

Russel, B. (1905) "On Denoting," *Mind* 14, 479–493.

Russom, G. (1998) *Beowulf and Old Germanic Metre*, Cambridge University Press, Cambridge.

Sacks, H. (1972) "On Analyzability of Stories by Children," in Gumperz and Hymes (eds.) (1972).

Sacks, H. (1973) "On the Preferences for Agreement and Contiguity in Sequences in Conversation," in Button and Lee (eds.) (1987).

Sacks, H., E. A. Schegloff and G. Jefferson (1974) "A Simplest Systematics for the Organization of Turn-Taking in Conversation," *Language* 50:4, 696-735.

Sadock, J. M. (1972) "Speech Act Idioms," *CLS* 8, 329-339.

Sadock, J. M. (1978) "On Testing for Conversational Implicature," in Cole (ed.) (1978).

Saffran, J. (2003) "Statistical Language Learning: Mechanisms and Constraints," *Current Directions in Psychological Science* 12, 110-114.

Sagey, E. (1986) *The Representation of Features and Relations in Nonlinear Phonology*, Doctoral dissertation, MIT.

Salomon, G., ed. (1993) *Distributed Cognitions: Psychological and Educational Considerations*, Cambridge University Press, Cambridge.

Saltzman, E. and J. A. Scott Kelso (1987) "Skilled Actions: A Task Dynamic Approach," *Psychological Review* 94, 84-106.

Sapir, E. (1921) *Language*, Harcourt, Brace & World, New York.

齊藤俊雄・中村純作・赤野一郎(編) (2005)『英語コーパス言語学——基礎と実践』研究社, 東京.

佐藤信夫 (2006)『レトリック事典』大修館書店, 東京.

Sauerland, U. and H.-M. Gärtner, eds. (2007) *Interface + Recursion = Language?*, Mouton de Gruyter, Berlin.

Saussure, F. de (1879) *Mémoire sur le système primitif des voyelles dans les langues indo-europeenes*, Teubner, Leipzig.

Saussure, F. de (1916) *Cours de linguistique générale*, Payot, Paris.

Schane, S. (1984) "The Fundamentals of Particle Phonology," *Phonology Yearbook* 1, 129-155.

Scheer, T. (2004) *A Lateral Theory of Phonology: What Is CVCV, and Why Should It Be?*, Mouton de Gruyter, Berlin and New York.

Scheer, T. (2011) *A Guide to Morphosyntax-Phonology Interface Theories: How Extra-Phonological Information is Treated in Phonology since Trubetzkoy's Grenzsignale*, Mouton de Gruyter, Berlin and New York.

Scheer, T. (2012) *Direct Interface and One-Channel Translation: A Non-Diacritic Theory of the Morphosyntax-Phonology Interface*, Mouton de Gruyter, Berlin and New York.

Schegloff, E. A., G. Jefferson and H. Sacks (1977) "The Preference for Self-Correction in the Organization of Repair in Conversation," *Language* 53:2, 361-382.

Schegloff, E. A. and H. Sacks (1973) "Opening Up Closings," *Semiotica* 8, 289-327.

Schein, B. and D. Steriade (1986) "On Geminates," *Linguistic Inquiry* 17, 691-744.

Schiffrin, D., ed. (1984) *Meaning, Form, and Use in Context: Linguistic Applications*, GURT '84, Georgetown University Press, Washington, D.C.

Schiffrin, D. (1987) *Discourse Markers*, Cambridge University Press, Cambridge.

Schlobinski, P. K. G. and I. Ludewigt (1993) *Jugendsprache: Fiktion und Wirklichkeit*, Westdeutscher Verlag, Oplade.

Schmidt, J. (1872) *Die Verwandtschaftsverhältnisse der indogermanishcen Sprachen*, Hermann Böhlau, Weimar.

Schmidt, R., ed. (1995) *Attention and Awareness in Foreign Language Learning*, University of Hawaii Press, Honolulu.

Schmitt, N. and M. McCarthy, eds. (1997) *Vocabulary: Description, Acquisition and Pedagogy*, Cambridge University Press, Cambridge.

Schourup, L. (1985) *Common Discourse Particles in English Conversation*, Garland, New York.

Schultz, M. (1975) "The Semantic Derogation of Women," in Thorne and Henley (eds.) (1975).

Schumann, J. H. (1978) *The Pidginization Process: A Model for Second Language Acquisition*, Newbury House, Rowley, MA.

Scobbie, J. M., J. S. Coleman and S. Bird (1996) "Key Aspects of Declarative Phonology," in Durand and Laks (eds.) (1996).

Scott, M. and C. Tribble (2006) *Textual Patterns: Keyword and Corpus Analysis in Language Education*, John Benjamins, Amsterdam.

Searle, J. R. (1969) *Speech Acts: An Essay in the Philosophy of Language*, Cambridge University Press, Cambridge.

Searle, J. R. (1975) "Indirect Speech Acts," in Cole and Morgan (eds.) (1975).

Searle, J. R. (1979a) *Expression and Meaning: Studies in the Theory of Speech Act*, Cambridge University Press, Cambridge.

Searle, J. R. (1979b) "A Taxonomy of Illocutionary Acts," in Searle (1979a).

Sebeok, T., ed. (1960) *Style in Language*, MIT Press, Cambridge, MA.

Selinker, L. (1972) "Interlanguage," *International Review of Applied Linguistics* 10, 209–231.

Selkirk, E. O. (1977) "Some Remarks on Noun Phrase Structure," in Culicover et al. (eds.) (1977).

Selkirk, E. O. (1978) "On Prosodic Structure and Its Relation to Syntactic Structures," in Fretheim (ed.) (1978).

Selkirk, E. O. (1980a) "Prosodic Domains in Phonology: Sanskrit Revisited," in Aronoff and Kean (eds.) (1980).

Selkirk, E. O. (1980b) "The Role of Prosodic Categories in English Word Stress," *Linguistic Inquiry* 11, 563–605.

Selkirk, E. O. (1981) "On the Nature of Phonological Representations," in Myers, Laver and Anderson (eds.) (1981).

Selkirk, E. O. (1982) *The Syntax of Words*, MIT Press, Cambridge, MA.

Selkirk, E. O. (1984) *Phonology and Syntax: The Relation between Sound and Structure*, MIT Press, Cambridge, MA.

Selkirk, E. O. (1986) "On Derived Domains in Sentence Phonology," *Phonology Yearbook* 3, 371–405.

Shannon, C. E. and W. Weaver (1949) *The Mathematical Theory of Communication*, University of Illinois Press, Urbana.［植松友彦(訳) (2009)『通信の数学的理論』ちくま学芸文庫, 東京.］

Sharwood Smith, M. and J. Truscott (2005) "Stages or Continua in Second Language Acquisition: A MOGUL Solution," *Applied Linguistics* 26, 219–240.

Shaw, R. and J. Bransford, eds. (1977) *Perceiving, Acting and Knowing*, Erlbaum, Hillsdale, NJ.

Shibatani, M. (1973) "The Grammar of Causative Constructions: A Conspectus," in Shibatani (ed.) (1973).

Shibatani, M., ed. (1976) *Syntax and Semantics* 6: *The Grammar of Causative Constructions*, Academic Press, New York.

Shibatani, M. and T. Kageyama (1988) "Word Formation in a Modular Theory of Grammar: Postsyntactic Compounds in Japanese," *Language* 64, 451–484.

島岡丘・佐藤寧 (1987)『最新の音声学・音韻論―現代英語を中心に』研究社, 東京.

Shopen, T., ed. (1985) *Language Typology and Syntactic Description*, Vol. 3, *Grammatical Categories and the Lexicon*, Cambridge University Press, Cambridge.

柴山真琴 (2013)「フィールドへの参入と参与観察」やまだようこ・麻生武・サトウタツヤ・能智正博・秋田喜代美・矢守克也(編) (2013).

Sidnell, J. and T. Stivers, eds. (2013) *The Handbook of Conversation Analysis*, Wiley-Blackwell, Chichester.

Siegel, D. (1974) *Topics in English Morphology*, Doctoral dissertation, MIT.

Siegel, J. (2003) "Social Context," in Doughty and Long (eds.) (2003).

Sievers, E. (1893) *Altgermanische Metrik*, Max Niemeyer, Halle.

Silverman, K., M. Beckman, J. Pitrelli, M. Ostendorf, C. Wightman, P. Price, J. Pierrehumbert and J. Hirschberg (1992) "TOBI: A Standard for

Labeling English Prosody," *Proceedings of the 1992 International Conference on Spoken Language Processing*, Banff, Canada, 867–870.

Silverstein, M. (1976) "Shifters, Linguistic Categories, and Cultural Description," in Basso and Selby (eds.) (1976).

Sinclair, J. M., ed. (1987) *Collins COBUILD English Language Dictionary*, Collins, London and Glasgow.

Sinclair, J. M. (1991) *Corpus Concordance Collocation*, Oxford University Press, Oxford.

白畑知彦・若林茂則・村野井仁 (2010)『詳説 第二言語習得研究——理論から研究法まで』研究社, 東京.

Slobin, D. I. (1973) "Cognitive Prerequisites for the Development of Grammar," in Ferguson and Slobin (eds.) (1973).

Slobin, D. S. (2003) "Language and Thought Online: Cognitive Consequences of Linguistic Relativity," in Gentner and Goldin-Meadow (eds.) (2003).

Smolensky, P. (1993) "Harmony, Markedness, and Phonological Activity," handout of keynote address, Rutgers Optimality Workshop 1, October 23.

Soria, B. and E. Romeo, eds. (2010) *Explicit Communication: Robyn Carston's Pragmatics*, Palgrave Macmillan, Basingstroke.

Sparks, R. and L. Ganschow (1991) "Foreign Language Learning Difficulties: Affective or Native Language Aptitude Difference?" *Modern Language Journal* 75, 3–16.

Spencer, A. (1991) *Morphological Theory: An Introduction to Word Structure in Generative Grammar*, Blackwell, Oxford.

Spender, D. (1980) *Man Made Language*, Routledge, London.

Sperber, D. (2000) *Metarepresentations: A Multidisciplinary Perspective*, Oxford University Press, Oxford.

Sperber, D. and D. Wilson (1981) "Irony and Use-Mention Distinction," in Cole (ed.) (1981).

Sperber, D. and D. Wilson (1986, 1995^2) *Relevance: Communication and Cognition*, Blackwell, Oxford.［内田聖二・中逵俊明・宗南先・田中圭子 (訳) (1999)『関連性理論——伝達と認知 第2版』研究社, 東京.］

Stalnaker, R. (1974) "Pragmatic Presuppositions," in Munitz and Unger (eds.) (1974).

Stampe, D. (1979) *A Dissertation on Natural Phonology*, Garland, New York.

Stanley, J. (2000) "Context and Logical Form," *Linguistics and Philosophy* 23, 391–434.

Stefanowitsch, A. and S. Th. Gries (2003) "Collostructions: Investigating the Interaction between Words and Constructions," *International Journal of Corpus Linguistics* 8, 209-243.

Steinberg, D. D. and L. A. Jakobovits, eds. (1971) *Semantics: An Interdisciplinary Reader in Philosophy, Linguistics, and Psychology*, Cambridge University Press, Cambridge.

Štekauer, P. and R. Lieber, eds. (2005) *Handbook of Word Formation*, Springer, Dordrecht.

Steriade, D. (1987) "Redundant Values," *CLS* 23, 339-362.

Steriade, D. (2000) "Paradigm Uniformity and the Phonetics-Phonology Boundary," in Broe and Pierrehumbert (eds.) (2000).

Steriade, D. (2009) "The Phonology of Perceptibility Effects: The P-Map and Its Consequences for Constraint Organization," in Hanson and Inkelas (eds.) (2009).

Strawson, P. F. (1950) "On Referring," *Mind* 59, 320-344.

Stubbs, M. (1983) *Discourse Analysis: The Sociolinguistic Analysis of Natural Language*, Blackwell, Oxford.

Stubbs, M. (2001) *Words and Phrases*, Blackwell, Oxford.

Stump, G. T. (1991) "A Paradigm-Based Theory of Morphosemantic Mismatches," *Language* 67, 675-725.

Svensén, B. (1993) *Practical Lexicography: Principles and Methods of Dictionary-Making*, Oxford University Press, Oxford.

Svensén, B. (2009) *A Handbook of Lexicography*, Cambridge University Press, New York.

Swain, M. (1985) "Communicative Competence: Some Roles of Comprehensible Input and Comprehensible Output in Its Development," in Gass and Madden (eds.) (1985).

Swain, M. (1995) "Three Functions of Output in Second Language Learning," in Cook and Seidlhofer. (eds.) (1995).

Swain, M. (2000) "The Output Hypothesis and Beyond: Mediating Acquisition through Collaborative Dialogue," in Lantolf (ed.) (2000).

高原脩・林宅男・林礼子（2002）『プラグマティックスの展開』勁草書房，東京．

竹内理・水本篤（2012）『外国語教育研究ハンドブック――研究手法のより良い理解のために』松柏社，東京．

Talmy, L. (1976) "Semantic Causative Types," *Syntax and Semantics* 6, 43-116.

Talmy, L. (1985) "Lexicalization Patterns: Semantic Structure in Lexical Forms," in Shopen (ed.) (1985).

Talmy, L. (1991) "Path to Realization: A Typology of Event Conflation,"

BLS 17, 480-519.

Talmy, L. (2000) *Toward a Cognitive Semantics*, Vol. 1, MIT Press, Cambridge.

田中智之(編) (2013) 『統語論』朝倉書店, 東京.

Tannen, D. (1984) *Conversational Style: Analyzing Talk among Friends*, Ablex, Norwood.

Tannen, D. (1989) *Talking Voices: Repetition, Dialogue, and Imagery in Conversational Discourse*, Cambridge University Press, Cambridge.

Tannen, D. (1990) *You Just Don't Understand: Women and Men in Conversation*, Ballantine Books, New York.

Tarone, E. and B. Parrish (1988) "Article Usage in Interlanguage: A Study in Task-Related Variability," *Language Learning* 38, 21-44.

Taylor, J. (1989) *Linguistic Categorization: Prototypes in Linguistics Theory*, Oxford University Press, Oxford. [辻幸夫・鍋島弘治朗・篠原俊吾・菅井三実(訳) (2008) 『認知言語学のための14章（第三版）』紀伊國屋書店, 東京.]

Tesnière, L. (1959) *Éléments de Syntaxe*, Libraire C. Kilincksieck, Paris.

Thomas. J. (1983) "Cross-Cultural Pragmatic Failure," *Applied Linguistics* 4:2, 91-112.

Thompson, S. and W. Mann, eds. (1992) *Discourse Description: Diverse Analyses of a Fundraising Text*, John Benjamins, Amsterdam.

Thornbury, S. and D. Slade (2006) *Conversation: From Description to Pedagogy*, Cambridge University Press, Cambridge.

Thorne, B. and N. Henley, eds. (1975) *Language and Sex: Dominance and Difference*, Newbury House, Rowley, MA.

Thornton, R. (1990) *Adventure in Long-distance Moving: The Acquisition of Complex Wh-questions*, Doctoral dissertation, University of Connecticut.

Tode, T. (2012) "Chunking and Prefabrication," in Robinson (ed.) (2012).

Tognini-Bonelli, E. (2001) *Corpus Linguistics at Work*, John Benjamins, Amsterdam.

Tomasello, M., ed. (1998) *The New Psychology of Language: Cognitive and Functional Approaches to Language Structure*, Erlbaum, Mahwah, NJ and London.

Tomasello, M. (1999) *The Cultural Origins of Human Cognition*, Harvard University Press, Cambridge, MA.

Tomasello, M. (2003) *Constructing a Language: A Usage-Based Theory of Language Acquisition*, Harvard University Press, Cambridge, MA.

Tomlin, R., ed. (1987) *Coherence and Grounding in Discourse*, John Ben-

jamins, Amsterdam.
Tranel, B. (1981) *Concreteness in Generative Phonology: Evidence from French*, University of California Press, Berkeley.
Traugott, E. C. (1982) "From Propositional to Exprive Meanings: Some Semantic-Pragmatic Aspects of Grammaticalization," in Winfred and Malkiel (eds.) (1982).
Traugott, E. C. (1988) "Pragmatic Strengthening and Grammaticalization," *BLS* 14, 406-416.
Traugott, E. C. (2003) "From Subjectification to Intersubjectification," in Raymond (ed.) (2003).
Traugott, E. C. (2004) "Historical Pragmatics," in Horn and Ward (eds.) (2004).
Traugott, E. C. and R. Dasher (2005) *Regularity in Semantic Change*, Cambridge University Press, Cambridge.
Traugott, E. C. and B. Heine, eds. (1991) *Approaches to Grammaticalization*, John Benjamins, Amsterdam.
Travis, L. (1984) *Parameters and Effects of Word Order Variation*, Doctoral dissertation, MIT.
Trubetskoy, N. (1939) "Grundzuege der Phonologie," *Tavaux du Cercle Linguistique de Prague* 7.
Trudgill, P. (1974) "Linguistic Change and Diffusion: Description and Explanation in Sociolinguistic Dialect Geography," *Language in Society* 3, 215-246.
Trudgill, P. (1986) *Dialects in Contact*, Basil Blackwell, Oxford.
Trudgill, P. and J. K. Chambers (1980) *Dialectology*, Cambridge University Press, Cambridge.
Tuggy, D. (1993) "Ambiguity, Polysemy, and Vagueness," *Cognitive Linguistics* 4:3, 273-290.
Turner, M. (1990) "Aspects of the Invariance Hypothesis," *Cognitive Linguistics* 1, 247-255.
Upton, G. and I. Cook (2001) *Introducing Statistics*, Oxford University Press, Oxford.
浦上昌則・脇田貴文 (2013)『心理学・社会科学研究のための 調査系論文の読み方』東京書籍, 東京.
van der Sandt, R. (1991) "Denial," *CLS* 27:2, 331-344.
van Lier, L. (2004) *The Ecology and Semiotics of Language Learning: A Sociocultural Perspective*, Kluwer, Dordrecht.
van Oostendorp, M. (2007) "Derived Environment Effects and Consistency of Exponence," in Blaho, Bye and Krämer (eds.) (2007).

van Oostendorp, M. and H. van Riemsdijk, eds. (2015) *Representing Structure in Phonology and Syntax*, Mouton de Gruyter, Berlin and New York.

Van Valin, R. D. Jr. (1993) "A Synopsis of Role and Reference Grammar," in Van Valin (ed.) (1993).

Van Valin, R. D. Jr., ed. (1993) *Advances in Role and Reference Grammar*, John Benjamins, Amsterdam.

Van Valin, R. D. Jr. and R. J. LaPolla (1997) *Syntax: Structure, Meaning, and Function*, Cambridge University Press, Cambridge.

Van Valin, R. D. Jr. (2005) *Exploring the Syntax-Semantics Interface*, Cambridge University Press, Cambridge.

Vandelanotte, L. and K. Davidse (2009) "The Emergence and Structure of *Be Like* and Related Quotatives: A Constructional Account," *Cognitive Linguistics* 20:4, 777-807.

Vanderveken, D. (1990) *Meaning and Speech Acts, Volume 1*, Cambridge University Press, Cambridge.［久保進(監訳)，西山文夫・渡辺扶美枝・渡辺良彦(訳) (1997)『意味と発話行為』ひつじ書房，東京.］

VanPatten, B., ed. (2004) *Processing Instruction: Theory, Research, and Commentary*, Lawrence Erlbaum, Mahwah, NJ.

VanPatten, B. and J. Lee, eds. (1990) *Second Language Acquisition—Foreign Language Learning*, Multilingual Matters, Clevedon.

VanPatten, B. and J. Williams, eds. (2007) *Theories in Second Language Acquisition: An Introduction*, Lawrence Erlbaum, Mahwah, NJ.

Venditti, J. (1995) "Japanese ToBI Labelling Guidelines," ms., Ohio State University. [Also printed in K. Ainsworth-Darnell and M. D'Imperio (eds.) (1997) *Ohio* 50, 127-162.]

Vendler, Z. (1967) *Linguistics in Philosophy*, Cornell University Press, Ithaca, NY.

Vennemann, T. (1972) "Rule Inversion," *Lingua* 29, 209-242.

Verschueren, J. and M. Bertuccelli-Papi, eds. (1987) *The Pragmatic Perspective: Selected Papers from the 1985 International Pragmatics Conference*, John Benjamins, Amsterdam.

von Heusinger, K. and K. Turner, eds. (2006) *Where Semantics Meets Pragmatics*, Elsevier, Amsterdam.

Wales, R. J. and E. Walker, eds. (1976) *New Approaches to Language Mechanisms*, North-Holland, Amsterdam.

Waltz, D. L., ed. (1978) *Theoretical Issues in Natural Language Processing* 2, University of Illinois Press, Urbana.

Wardhaugh, R. (2002) *Introduction to Sociolinguistics*, Basil Blackwell, Malden, MA.

Wasow, T. (1972) *Anaphoric Relations in English*, Doctoral dissertation, MIT.

Wasow, T. and T. Roeper (1972) "On the Subject of Gerunds," *Foundations of Language* 8, 44-61.

Watts, R. (2003) *Politeness: Key Topics in Sociolinguistics*, Cambridge University Press, Cambridge.

Wells, J. C. (2006) *English Intonation: An Introduction*, Cambridge University Press, Cambridge.

Wertsch, J. V. (1998) *Mind as Action*, Oxford University Press, New York.

Wierzvicka, A. (1987) *English Speech Act Verbs: A Semantic Dictionary*, Academic Press, New York.

Wigglesworth, G. and C. Elder (2010) An Investigation of the Effectiveness and Validity of Planning Time in Speaking Test Tasks," *Language Assessment Quarterly* 7, 1-24.

Williams, E. S. (1980) "Predication," *Linguistics Inquiry* 11, 203-238.

Williams, E. S. (1981a) "On the Notions 'Lexically Related' and 'Head of a Word'," *Linguistics Inquiry* 12, 245-274.

Williams, E. S. (1981b) "Argument Structure and Morphology," *The Linguistic Review* 1, 81-114.

Williams, J. (2012) "Form-Meaning Connection (FMC)," in Robinson (ed.) (2012).

Williams, J. M. (1976) "Synaesthetic Adjectives," *Language* 52, 461-478.

Wilson, D. (1975) *Presupposition and Non-Truth-Conditional Semantics*, Academic Press, New York.

Wilson, D. (1994) "Relevance and Understanding," in Brown et al. (eds.) (1994).

Wilson, D. (2000) "Metarepresentation in Linguistic Communication," in Sperber (2000).

Wilson, D. (2006) "The Pragmatics of Verbal Irony: Echo or Pretnence?" *Lingua* 116, 1722-1743.

Wilson, D. (2013) "Irony Comprehension: A Developmental Perspective," *Journal of Pragmatics* 59, 40-56.

Wilson, D. and R. Carston (2006) "Metaphor, Relevance and the 'Emergent Property' Issue," *Mind & Language* 21:3, 404-433.

Wilson, D. and R. Carston (2007) "A Unitary Approach to Lexical Pragmatics: Relevance, Inference and Ad hoc Concepts," in Burton-Roberts (ed.) (2007).

Wilson, D. and D. Sperber (1993) "Linguistic Form and Relevance," *Lingua* 90:1-2, 1-20.

Wilson, D. and D. Sperber (1994) "Outline of Relevance Theory," *Links & Letters* 1, 85-106.

Wilson, D. and D. Sperber (2012) *Meaning and Relevance*, Cambridge University Press, Cambridge.

Wilson, D. and T. Wharton (著), 今井邦彦(編), 井門亮・岡田聡宏・松崎由貴・古牧久典・新井恭子(訳) (2009) 『最新語用論入門12章』大修館書店, 東京.

Winfred, P. L. and Y. Malkiel, eds. (1982) *Perspectives in Historical Linguistics*, John Benjamins, Amsterdam.

Winitz, H., ed. (1981) *Native Language and Foreign Language Acquisition. Annual of the New York Academy of Science* 379.

Wittgenstein, L. (1953) *Philosophical Investigation*, Basil Blackwell, Oxford. [藤本隆志(訳) (1976) 『哲学探究』大修館書店, 東京.]

Wray, A. (2012) "What Do We (Think We) Know about Formulaic Language? An Evaluation of the Current State of Play," *Annual Review of Applied Linguistics* 32, 231-254.

やまだようこ・麻生武・サトウタツヤ・能智正博・秋田喜代美・矢守克也(編) (2013) 『質的心理学ハンドブック』新曜社, 東京.

山梨正明 (1992) 『推論と照応』くろしお出版, 東京.

Yang, I. S., ed. (1982) *Linguistics in the Morning Calm*, Hanshin, Seoul.

Yip, M. (1988) "The Obligatory Contour Principle and Phonological Rules: A Loss of Identity," *Linguistic Inquiry* 19, 65-100.

Yip, M. (1998) "Identity Avoidance in Phonology and Morphology," in Lapointe, Brentari and Farrell (eds.) (1998).

Yus, F. (2003) "Humor and the Search for Relevance," *Journal of Pragmatics* 35:9, 1295-1331.

Yus, F. (2011) *Cyberpragmatics: Internet-Mediated Communication in Context*, John Benjamins, Amsterdam.

Žagarac, V. and B. Clark (1999) "Phatic Interpretation and Phatic Communication," *Journal of Linguistics* 35, 321-346.

Zec, D. and S. Inkelas (1990) "Prosodically Constrainted Syntax," *The Phonology-Syntax Connection*, ed. by Shalon Inkelas and Draga Zec, 365-378, University of Chicago Press, Chicago.

Zwicky, A. M. (1971) "In a Manner of Speaking," *Linguistic Inquiry* 2, 223-233.

Zwicky, A. M. (1974) "Hey, What's Your Name!" *CLS* 10, 787-801.

索　引

1. 全分野の見出し語をアルファベット順に一括して並べてある．
2. （　）内は見出し語の訳語で，［　］は各分野の略称名を表す．
3. 数字はページ数を示す．

A

A-bar-movement（A バー移動）116 ［統語］

A-bar-position（非文法項の位置，A バー位置）116 ［統語］

abbreviation（略語，略記）385 ［コーパ］

abduction（外転）1 ［音声］,（仮説(構築)的推論，アブダクション）155 ［意味］

ablative absolute（絶対奪格）238 ［歴史］

ablative (case)（奪格）238 ［歴史］

ablaut（アプラウト，母音交替）238 ［歴史］

abridged dictionary（縮約版辞書）385 ［コーパ］

abrupt（急激音性）42 ［音韻］

absolute neutralization（絶対的中和）42 ［音韻］

absolute nominative（絶対主格）82 ［形態］

abstract（抽象的）42 ［音韻］

abstract Case（抽象格）116 ［統語］

abstract clitic hypothesis（抽象接語仮説）116 ［統語］

abstraction（抽象化）308 ［認知］

abstract metrical pattern（抽象的韻律型）1 ［音声］

accent（アクセント）1 ［音声］

accentual meter（強勢韻律）1 ［音声］

accentual phrase（アクセント句）42 ［音韻］

access（アクセス，検索(性)）385 ［コーパ］

accessibility（(想定の)呼び出し可能性，接近可能性）191 ［語用］

accessibility hierarchy（接近可能性階層）342 ［教育］

accidental gap（偶然の空白）82 ［形態］

accommodation（適合）82 ［形態］,（適応，応化）342 ［教育］

accommodation theory（適応理論）191 ［語用］

accomplishment（達成）82 ［形態］

accomplishment verb（達成動詞）155 ［意味］

acculturation model（文化変容モデル）342 ［教育］

accusative (case)（対格）238 ［歴史］

accusative object（対格目的語）238 ［歴史］

accusative with infinitive（不定詞つき対格）238 ［歴史］

achievement（到達）82［形態］
achievement verb（到達動詞）155［意味］
acoustic phonetics（音響音声学）1［音声］
acquisition-learning hypothesis（習得－学習仮説）342［教育］
acrolect（上層語）271［社会］
acronym, acronymization（頭字語，頭字語化）82［形態］
across-the-board rule（全域一律適用規則）116［統語］
act（行為）191［語用］
action chain（行為連鎖）308［認知］
action nominal（行為名詞化形，行為名詞）83［形態］
action research（アクション・リサーチ）342［教育］
action verb（動作動詞）155［意味］
activation（活性化）308［認知］
active articulator（能動調音体，能動調音器官）1［音声］
active zone（活性領域）308［認知］
activity（活動，行為）83［形態］
activity theory（活動理論）343［教育］
activity verb（行為動詞）155［意味］
actor（行為者(格)，動作主）155［意味］
act sequence（行為連鎖）271［社会］
acts of identity（アイデンティティを示す行動）271［社会］
actual word（実在の語）83［形態］
additive bilingualism（付加的二言語使用）271［社会］,（加算的バイリンガリズム）343［教育］
address（呼びかけ，アドレス）191［語用］
addressee（聞き手，受信者）191［語用］
addresser（話し手，発信者）192［語用］
address term（呼びかけ語，対称語）192［語用］
address (terms)（呼称）271［社会］
adduction（内転）1［音声］
ad hoc concept（アドホック概念）192［語用］
adjacency condition（隣接性条件）116［統語］
adjacency pair（隣接ペア）192［語用］,（隣接応答ペア）272［社会］
adjectival passive（形容詞的受動態）83［形態］
adjunct condition（付加詞条件）116［統語］
adjunction（付加）117［統語］
adstrate, adstratum（隣接層）272［社会］
advanced（前寄りの，前進した）2［音声］
advanced tongue root (ATR)（舌根前進）42［音韻］
adverbial accusative（副詞的対格）239［歴史］
adverbial dative（副詞的与格）239［歴史］
adverbial genitive（副詞的属格）239［歴史］
adversative（反意；迷惑の）155［意味］
affected（影響を受けた，被影響の）156［意味］
affectum object（被動目的語）156［意味］
affix, affixation（接辞，接辞添加）83［形態］
affix hopping（接辞移動）117［統語］
affordance（アフォーダンス）308［認知］, 343［教育］
affricate（破擦音）2［音声］

索 引 473

African American Vernacular English（アフリカ系アメリカ人口語英語，アメリカ黒人日常英語）272 [社会]
age, age-grading（年齢，年齢階層）272 [社会]
agent（動作主）156 [意味]
agentive role（主体役割）83 [形態]
agentive substantive/nominal（動作主実詞）83 [形態]
agentivity（動作主性）156 [意味]
aggravation（強化）272 [社会]
agonist（主動子）308 [認知]
agrammatism（失文法）84 [形態]
Agree（一致）117 [統語]
agreement（一致）343 [教育]
airstream mechanism（気流機構）2 [音声]
Aitken's law（エイケンの法則）239 [歴史]
Aktionsart（動作様態）84 [形態]
Alexandrine（アレグザンダー詩行）2 [音声]
alienable（譲渡可能）156 [意味]
align 42 [音韻]
alignment（整列）42 [音韻]，（調整）343 [教育]，（対応付け）385 [コーパ]
allegory（寓意）156 [意味]
alliteration（頭韻）2 [音声]
allomorph（異形態）84 [形態]
allophone（異音）43 [音韻]
allophony（異音的変異）43 [音韻]
alphabetic order(ing)（アルファベット順配列）385 [コーパ]
alpha notation（アルファ表記）43 [音韻]
alternant（交替形，交替音）43 [音韻]
alternation（交替）43 [音韻]，156 [意味]
alveolar（歯茎(音)）2 [音声]

alveolar ridge（歯茎突起）2 [音声]
alveolo-palatal（歯茎口蓋(音)，歯茎硬口蓋(音)）2 [音声]
amalgam（融合体）309 [認知]
amalgamation（融合）309 [認知]
ambient（環境の）157 [意味]
ambient *it*（環境の it）157 [意味]
ambiguity（曖昧性）157 [意味]
ambiguous（曖昧な）157 [意味]
ambisyllabic（両音節的）43 [音韻]
ambisyllabicity（両音節性）43 [音韻]
amelioration of meaning（意味の向上，意味の良化）239 [歴史]
American English（アメリカ英語）239 [歴史]
American National Corpus (ANC)（アメリカン・ナショナル・コーパス）385 [コーパ]
American sign language（アメリカ手話）343 [教育]
a-morphous morphology（無定型形態論，非形態素形態論）84 [形態]
A-movement（A 移動）118 [統語]
amphibrach, amphibrachic（短長短格(の)，弱強弱格(の)）2 [音声]
amplitude（振幅）2 [音声]
amygdala（扁桃体）343 [教育]
anacrusis（行首余剰音，行頭余剰音；冒頭弱旋部）2 [音声]
analogical extension（類推による拡張）239 [歴史]，（類推的拡張）309 [認知]
analogical leveling（類推による水平化）239 [歴史]
analogy（類推，アナロジー，類比）43 [音韻]，（類推）240 [歴史]
analysability（分析性）84 [形態]
Analysis-control model（分析－統制モデル）344 [教育]
analysis of variance (ANOVA)（分

散分析）344 [教育]
analytic language（分析的言語）240 [歴史]
analytic procedure（分析手順）117 [統語]
analyzability（分析性）84 [形態], (分析可能性）309 [認知]
anap(a)est, anap(a)estic（短短長格（の），弱弱強格（の））3 [音声]
anaphor（照応形）117 [統語]
anaphoric island（照応不能領域）84 [形態]
androcentrism（男性中心主義）272 [社会]
androgyny（アンドロジニー, 両性具有）272 [社会]
Anglian smoothing（アングリアン滑化）240 [歴史]
anglicization（英語化）240 [歴史]
Anglo-Frisian brightening（アングロ・フリジア語の前舌音転化）240 [歴史]
Anglo-Norman（アングロ・ノルマン語）240 [歴史]
animate（有生の）157 [意味]
annotation（テキスト情報付与）386 [コーパ]
anomalous verb（変則動詞）240 [歴史]
antagonist（拮抗子）309 [認知]
AntConc（アントコンク）386 [コーパ]
antecedent-contained deletion（先行詞に含まれた削除）117 [統語]
antepenult 43 [音韻]
antepenultimate（語末第三音節）43 [音韻]
anterior（前方性）43 [音韻]
anti-c-command condition（反構成素統御条件）117 [統語]

anticipatory assimilation（予期同化）3 [音声]
anticipatory coarticulation（予期同時調音）3 [音声]
antigemination（反子音重複）44 [音韻]
anti-language（反言語）273 [社会]
anti-reconstruction effect（反再構築効果）117 [統語]
antonym/antonymy（反義語／反意性, 反義性）386 [コーパ]
anxiety（不安）344 [教育]
aorist（アオリスト）240 [歴史]
A-over-A principle（上位範疇優先の原理）118 [統語]
aperiodic wave（非周期波）3 [音声]
aph(a)eresis（語頭音消失, 語頭音脱落）240 [歴史]
aphesis（語頭音消失, 語頭音脱落）241 [歴史]
apical（舌尖音）3 [音声]
apocope（語尾音消失, 語尾音脱落）241 [歴史]
apophoney（母音交替）44 [音韻]
A-position（項位置, A位置）118 [統語]
appendix（末尾付属音）44 [音韻]
applicative（適用態）84 [形態]
approach phase（接近相）3 [音声]
appropriateness（適切性）273 [社会]
approximant（接近音）3 [音声]
aptitude（適性）344 [教育]
aptitude-trait complexes（適正・特性複合）344 [教育]
aptitude-treatment interaction (ATI)（適性処遇交互作用）344 [教育]
archaic（古語（の））386 [コーパ]
archaism（古語法）241 [歴史]
ARCHER (A Representative Corpus of Historical English Registers)

Corpus（アーチャー・コーパス）386［コーパ］
archiphoneme（原音素）44［音韻］
archive（アーカイブ）386［コーパ］
argot（隠語）273［社会］
argument（項，文法項）118［統語］
argument-adjunct asymmetry（項・付加詞の非対称性）118［統語］
argument linking principle（項結び付けの原理）85［形態］
argument role（項役割）309［認知］
argument structure（項構造）118［統語］, 157［意味］
argument transfer（項転移）85［形態］
articulation（調音）3［音声］
articulator（調音体，調音器官）3［音声］
articulatory phonetics（調音音声学）4［音声］
articulatory phonology（調音音韻論）44［音韻］
Artificial Language Learning (ALL)（人工言語学習）344［教育］
arytenoid cartilage（披裂軟骨）4［音声］
ASCII (American Standard Code for Information Interchange)（情報交換用米国標準コード，アスキー）386［コーパ］
aspect（相，アスペクト）157［意味］, （アスペクト）345［教育］
Aspect Hypothesis (AH)（アスペクト仮説）345［教育］
aspectual verb（相動詞，アスペクト動詞）157［意味］
aspiration（帯気音化）4［音声］
assertion（主張，断定）158［意味］, （断定，主張（発話行為））192［語用］
assertive（断定的, 断定型）158［意味］

assimilation（同化）4［音声］
associate（関連要素）118［統語］
association（連合関係，連想）158［意味］
association line（連結線）44［音韻］
assonance（母音韻）4［音声］
assumption（仮定，想定）192［語用］
asymmetric c-command（非対称的構成素統御）118［統語］
atemporal profile（非時間的プロファイル）309［認知］
athematic（語幹形成母音によらない）241［歴史］
atom condition（原子単位条件）85［形態］
attention（注意）158［意味］, 345［教育］
Attitudes and Motivation Test Battery (AMTB) 345［教育］
attitudes to the L2（外国語に対する態度）345［教育］
attraction, attract（牽引）118［統語］
attrition（喪失）345［教育］
audience design（オーディエンスデザイン）273［社会］
audiolingual method（オーディオリンガル・メソッド）345［教育］
auditory phonetics（聴覚音声学）4［音声］
augmentative (ending)（拡大辞，指大辞）85［形態］
a-umlaut（a ウムラウト，a 母音変異）241［歴史］
aureate diction（金ぴか語法）241［歴史］
Australian Corpus of English (ACE)（オーストラリア英語コーパス）386［コーパ］
authentic（真正な，自然な，生の）387［コーパ］

authentic example（実例）387 ［コーパ］

autistic savants（サヴァン症候群）346 ［教育］

automaticity（自動化）346 ［教育］

autonomous（自律的）44 ［音韻］

Autonomous Induction Theory（自律的誘発理論）346 ［教育］

autonomy of syntax（統語論の自律性）119 ［統語］

autopoiesis（オートポイエーシス）309 ［認知］

autosegmental phonology（自律分節音韻論）45 ［音韻］

average sentence length（平均文長）387 ［コーパ］

average word length（平均単語長）387 ［コーパ］

a-verse（前半行）4 ［音声］

awareness（気づき）346 ［教育］

B

baby talk（幼児向けことば，赤ちゃんことば）273 ［社会］

back（後舌性）45 ［音韻］

back channel（あいづち）273 ［社会］

back-formation（逆成）85 ［形態］

background（背景）309 ［認知］

backgrounding（背景化）309 ［認知］

background knowledge（背景的知識）310 ［認知］

backing diphthong（後ろ向き二重母音）4 ［音声］

back matter（後付け事項）387 ［コーパ］

Backness-Openness-Rounding (BOR) labels（BOR ラベル）4 ［音声］

back (of the tongue)（後舌(面)，奥舌(面)）4 ［音声］

back umlaut（後母音ウムラウト，後母音変異）241 ［歴史］

back vowel（後舌母音，奥舌母音）5 ［音声］

bahuvrihi compound（多財釈複合語）85 ［形態］

balanced bilingual（均衡バイリンガル）273 ［社会］

balanced corpus（均衡コーパス）387 ［コーパ］

balance hypothesis（バランス仮説）273 ［社会］

Bank of English (BoE)（バンク・オブ・イングリッシュ）387 ［コーパ］

banter principle（からかいの原理）192 ［語用］

baptizing（命名）193 ［語用］

bare output condition（裸出力条件）119 ［統語］

bare phrase structure（裸句構造）119 ［統語］

Bark scale（バーク尺度）5 ［音声］

barrier（障壁）119 ［統語］

base（語基，基底；ベース）85 ［形態］，（ベース）310 ［認知］

basic color terms（基本色彩語）310 ［認知］

basic domain（基本的ドメイン）310 ［認知］

basic epistemic model（基本的認識モデル）310 ［認知］

basic interpersonal communication skills (BICS)（基本的対人伝達能力）346 ［教育］

basic-level category（基本レベルカテゴリー）310 ［認知］

basic variety（基本種）346 ［教育］

basic vocabulary（基本語彙）241 ［歴史］

basilect（下層語）274［社会］
behaviorism（行動主義）347［教育］
benefactive（受益(者)格）158［意味］
Bernoulli effect（ベルヌーイ効果）5［音声］
biculturalism（二文化併用）274［社会］
bidialectal（二方言使用者）274［社会］
bidirectional spreading（両方向性拡散）45［音韻］
bigrams 387［コーパ］
bilabial（両唇(音)）5［音声］
bilingual, bilingualism（二言語使用，二言語併用）274［社会］
bilingual dictionary（二言語辞書）387［コーパ］
billiard-ball model（ビリヤードボールモデル）310［認知］
bimoraic（二モーラの）45［音韻］
binary branching（二項枝分かれ）119［統語］
binary feature（二値素性）45［音韻］
binary opposition（二値対立）45［音韻］
binding theory（束縛理論）119［統語］
bioprogram（バイオプログラム(仮説)）274［社会］
biuniqueness condition（二方向唯一性の条件）45［音韻］
Black English Vernacular (BEV)（アメリカ黒人英語）274［社会］
blade (of the tongue)（舌端）5［音声］
blank verse（無韻詩）5［音声］
bleaching（漂白化）310［認知］
bleeding order（奪取順序）45［音韻］
bleeding relationship（奪取関係）46［音韻］
blend（混成語）85［形態］
blended space（混合スペース）310［認知］

blending（混成）86［形態］，（ブレンディング）311［認知］
blocking（阻止）86［形態］
BNC (British National Corpus)（ブリティッシュ・ナショナル・コーパス）388［コーパ］
BNCweb（BNC ウェブ）388［コーパ］
body（本文）388［コーパ］
body language（ボディーランゲージ，身体言語）193［語用］
bootstrapping problem（ブートストラップ問題）46［音韻］
border dialect（境界方言）274［社会］
borrowing（借用，借入）242［歴史］
bottom-up process（ボトムアップ処理）311［認知］
bound morpheme（拘束形態素）86［形態］
bound variable（束縛変項）119［統語］
boundary（境界）46［音韻］
boundary tone（境界調子）46［音韻］
boundedness（有界性）311［認知］
bounding theory（有界理論）119［統語］
bracketed grid theory（角括弧付格子理論）5［音声］
bracketing paradox（括弧づけのパラドックス）86［形態］
branching onset（枝分かれ頭子音）46［音韻］
breaking（割れ）242［歴史］
breath（息）5［音声］
breathy voice（息まじり声，息もれ声）5［音声］
bridge verb（架橋動詞，橋渡し動詞）119［統語］
bridging（橋渡し推意）193［語用］
Brill Tagger（ブリルの品詞タガー）388［コーパ］
broadening（(概念の)拡張）193［語

broadening of meaning（意味の拡大）242［歴史］
broad transcription（簡略表記）6［音声］
Brown Corpus（ブラウンコーパス）388［コーパ］
bunched r（隆起の r, 盛り上がり舌の r）6［音声］
burst（バースト）6［音声］
Burzio's generalization（ブルツィオの一般化）120［統語］
b-verse（後半行）6［音声］

C

cadence（文韻律）6［音声］
c(a)esura（行中休止）6［音声］
calculability（計算可能性）158［意味］
calque（翻訳借用(語), なぞり）242［歴史］
Cambridge English Corpus（ケンブリッジ英語コーパス）388［コーパ］
Cambridge International Corpus = Cambridge English Corpus 388［コーパ］
Cambridge Learner Corpus（ケンブリッジ学習者コーパス）388［コーパ］
cancellability（取り消し可能性）193［語用］
CANCODE (Cambridge and Nottingham Corpus of Discourse in English)（キャンコードコーパス）388［コーパ］
candidate（候補）46［音韻］
canonical event model（規範的事態モデル）311［認知］
canonical form（規準形）389［コーパ］
canonical structural realization (CSR)（標準的構造具現）120［統語］
cardinal vowels（基本母音, 基準母音）6［音声］
Case absorption（格の吸収）120［統語］
Case checking（格照合）120［統語］
case grammar（格文法）311［認知］
case studies（事例研究）347［教育］
Case theory（格理論）120［統語］
catalexis（欠節詩行）7［音声］
catathesis（カタセシス）47［音韻］
categorization（カテゴリー化）311［認知］
category（範疇, カテゴリー）311［認知］
causal chain（因果連鎖）311［認知］
causative（使役的）158［意味］
caused-motion construction（使役移動構文, 移動使役構文）312［認知］
causer（使役者）159［意味］
c-command（構成素統御）120［統語］
Celtic（ケルト語派）242［歴史］
cent(e)ring diphthong（中向き二重母音）7［音声］
central airflow（中央気流）7［音声］
centrality（中心性）312［認知］
central vowel（中舌母音）7［音声］
centum language（ケントゥム言語）242［歴史］
chain shift（連鎖推移）242［歴史］
chain uniformity condition（連鎖均一性条件）120［統語］
change from above/below（上／下からの変化）275［社会］
channel（経路, 伝達経路）193［語用］
channel cues（回路の手がかり）275［社会］
ChaSen（茶筌）389［コーパ］
checked（抑止音性, 抑止された）47［音韻］

checked syllable（抑止音節）47［音韻］

checked vowel（抑止母音）7［音声］

checking（照合）120［統語］

checking domain（照合領域）120［統語］

child-directed speech（子どもに向けられた発話）347［教育］

child second language acquisition（子どもにおける第二言語習得）347［教育］

CHILDES (Child Language Data Exchange System)（チャイルズ）389［コーパ］

chi-square(d) test（カイ二乗（に［じ］じょう）検定）389［コーパ］

chunk（チャンク）159［意味］

chunking（チャンキング）347［教育］

circularity（定義の循環）389［コーパ］

citation（引用，用例採集）389［コーパ］

citation form（引用形(式)）7［音声］

class（類）47［音韻］

class I affix (prefix/suffix)（第一類接辞(接頭辞／接尾辞)）86［形態］

class II affix (prefix/suffix)（第二類接辞(接頭辞／接尾辞)）86［形態］

class III prefix（第三類接頭辞）86［形態］

classical plural（古典複数）242［歴史］

classroom interaction research（教室インタラクション研究）347［教育］

CLAWS (Constituent Likelihood Automatic Word-tagging System)（確率・規則ベース自動品詞タグ付与システム）389［コーパ］

clear l（明るい l）7［音声］

cleft sentence（分裂文）120［統語］，159［意味］

click（吸着音）7［音声］

clinical phonetics（臨床音声学）8［音声］

clinical pragmatics（臨床語用論）194［語用］

clipped word（端折り語）87［形態］

clipping（省略）87［形態］

clitic climbing（接語上昇）121［統語］

clitic, cliticization（接語）87［形態］

clitic doubling（接語重複）121［統語］

close（狭い，狭）8［音声］

close approximation（狭接近，開きの狭い接近）8［音声］

closed syllable（閉音節）8［音声］，47［音韻］

close-mid（狭中，半狭）8［音声］

closing diphthong（上向き二重母音）8［音声］

cluster（結合）47［音韻］

cluster analysis（クラスター分析(法)）390［コーパ］

cluster(s)（クラスター）389［コーパ］

coalescence（融合）8［音声］

coarticulation（同時調音）8［音声］

COBUILD (Collins Birmingham University International Language Database)（コウビルド）390［コーパ］

Cockney (dialect)（コックニー(方言)）242［歴史］

COCOA format（COCOA形式）390［コーパ］

coda（末尾子音，尾子音）8［音声］

code model（コードモデル）194［語用］

code switching（コード切り替え）348［教育］

code-switching, code alternation, code-mixing（コード切り替え）275［社会］

codification（成文化）275［社会］

cognate（同系語）243［歴史］
cognate object（同族目的語）87［形態］
cognition（認知）312［認知］
cognition hypothesis（CH）（認知仮説）348［教育］
cognitive ability（認知能力）312［認知］
cognitive academic language proficiency（CALP）（認知・学習言語能力）348［教育］
cognitive anthropology（認知人類学）312［認知］
cognitive distance（認知的距離）312［認知］
cognitive effects（認知効果）194［語用］
cognitive environment（認知環境）194［語用］
cognitive grammar（認知文法）312［認知］
cognitive linguistics（認知言語学）312［認知］
cognitive map（認知地図）313［認知］
cognitive morphology（認知形態論）87［形態］
cognitive phonology（認知音韻論）313［認知］
cognitive pragmatics（認知語用論）194［語用］, 313［認知］
Cognitive Principle of Relevance（関連性の認知原理）194［語用］
cognitive psychology（認知心理学）313［認知］
cognitive science（認知科学）313［認知］
cognitive semantics（認知意味論）313［認知］
cognitive system（認知体系）313［認知］

cognitive typology（認知類型論）313［認知］
coherence（一貫性）159［意味］
cohesion（結束性）159［意味］
coinage（新造, 新造語）87［形態］
collaborative dialogue（協同対話）348［教育］
college dictionary（カレッジ(版)辞書）390［コーパ］
colligation（コリゲーション, 文法的コロケーション, 連辞的結合）390［コーパ］
collocation（コロケーション, 共起関係, 連語）390［コーパ］
collostruction（コロストラクション）314［認知］
collostructional analysis（コロストラクション分析）314［認知］
colon（半行）9［音声］
colored containment（色彩内包性）47［音韻］
COLT (Bergen Corpus of London Teenage English)（コルトコーパス, ロンドン若者言葉コーパス）390［コーパ］
comment（コメント）159［意味］
commissive（行為拘束型）195［語用］
common sense（常識）195［語用］
communication（コミュニケーション, 伝達）195［語用］
communicative competence（伝達能力）275［社会］
communicative intention（伝達意図）195［語用］
communicative language teaching（コミュニカティブ・ランゲージ・ティーチング）348［教育］
communicative presumption（伝達の見込み）195［語用］
Communicative Principle of Rel-

evance（関連性の伝達原理）195 [語用]
community of practice（実践共同体）275 [社会], 349 [教育]
comparable corpus（比較コーパス）390 [コーパ]
comparative linguistics（比較言語学）243 [歴史]
comparative method（比較方法）243 [歴史]
comparative philology（比較言語学）243 [歴史]
comparative reconstruction（比較再建）243 [歴史]
compensatory lengthening（代償的長音化，代償延長）243 [歴史]
competence（言語能力）121 [統語]
competition model（CM）（競合モデル）349 [教育]
compilation（コーパス編纂）391 [コーパ]
complement（補部）121 [統語]
complementary distribution（相補分布）47 [音韻]
complementary pairs（相補対立語）159 [意味]
complementizer phrase（CP）（補文標識句）121 [統語]
complete assimilation（完全同化）9 [音声]
complete closure（完全閉鎖）9 [音声]
complex event nominal（複雑出来事名詞）87 [形態]
complexity theory（複雑系理論）349 [教育]
complex NP constraint（複合名詞句制約）121 [統語]
complex predicate（複雑述語）87 [形態]
complex segment（複合分節音）48 [音韻]
componential analysis（成分分析）159 [意味]
component structure（部分構造，成分構造）314 [認知]
composite structure（合成構造）314 [認知]
compositional（構成的，合成的）159 [意味]
compositionality principle（合成（構成）性の原理）160 [意味]
compound, compounding（複合語，複合）87 [形態]
compound bilingualism（複合型二言語使用）275 [社会]
comprehensible input（理解可能なインプット）349 [教育]
computational efficiency（計算効率）121 [統語]
computational linguistics（計算言語学，計量言語学，コンピュータ言語学）391 [コーパ]
computational pragmatics（計算語用論）196 [語用]
computational system（計算体系）121 [統語]
computer assisted language learning（CALL）（コンピュータを使用した言語学習）349 [教育]
computer-mediated communication（CMC）（コンピュータメディアコミュニケーション）276 [社会]
concatenation（連鎖化）88 [形態]
concatenative morphology（連鎖形態論）88 [形態]
conceived time（把捉時間）314 [認知]
concept（概念）196 [語用], 314 [認知]
concept-oriented approach（CoA）（概念指向のアプローチ）349 [教育]

conceptual-intentional system（概念・意図体系）121［統語］
conceptualizer（概念主体，概念化者）314［認知］
conceptual meaning（概念的意味）196［語用］
conceptual metaphor（概念メタファー）314［認知］
conceptual necessity（概念的必然性）122［統語］
conceptual pragmatic marker（概念的語用論標識）196［語用］
conceptual span（概念スパン）349［教育］
conceptual transfer（概念転移）350［教育］
concordance（コンコーダンス）391［コーパ］
concordancer（コンコーダンサー）391［コーパ］
concordance tool（コンコーダンス・ツール）391［コーパ］
conditioned sound change（条件づけられた音変化）243［歴史］
condition on extraction domain（摘出領域条件，取り出し領域条件）122［統語］
conduit metaphor（導管メタファー）314［認知］
configuration（構造形，階層型）88［形態］
configurationality parameter（階層性媒介変数）122［統語］
conflation（融合）88［形態］，（抱合）314［認知］
conjugation（活用）243［歴史］
connectionism（コネクショニズム）315［認知］
connector（コネクター）315［認知］
connotation（内包）160［意味］

consensus model of society（社会の合意モデル）276［社会］
consonance（子音韻）9［音声］
consonant（子音）9［音声］
consonantal（子音性）48［音韻］
consonant cluster（子音連結，子音結合）48［音韻］
conspiracy（共謀）48［音韻］
constative（事実確認的(発話)）196［語用］
constituency test（構成素テスト）122［統語］
constituent（構成素）48［音韻］，122［統語］
constituent structure（構成素構造）122［統語］
constitutive role（構成役割）88［形態］
constraint（制約）48［音韻］，122［統語］
construal（解釈）315［認知］，350［教育］
construction（構造(構文)）315［認知］
constructional meaning（構文の意味）315［認知］
constructional polysemy（構文の多義性）315［認知］
construction grammar（構文文法）315［認知］
construction learning（構文の学習）350［教育］
construction morphology（構文形態論）88［形態］
construe（解釈する）315［認知］
contact language（接触言語）243［歴史］
container metaphor（容器のメタファー）315［認知］
container schema（容器のスキーマ）316［認知］
contamination（混成）89［形態］

content-based language teaching（内容中心教授法）350 [教育]
content-descriptive verb（内容記述動詞）196 [語用]
content requirement（内容要件）316 [認知]
content word（内容語）391 [コーパ]
context（コンテクスト）197 [語用]
context-bound（コンテクスト束縛的）197 [語用]
context-change（コンテクスト変換）197 [語用]
context-dependent（コンテクスト依存の）（文脈依存の）123 [統語], 197 [語用]
context-free（文脈自由の）123 [統語]
context of situation（場面の脈絡）197 [語用],（状況のコンテクスト）350 [教育]
context selection（コンテクスト選択）197 [語用]
contextual effects（コンテクスト効果）197 [語用]
contextualization (cue)（コンテクスト化の合図）276 [社会]
contiguity（隣接性）316 [認知]
contingency table（分割表）391 [コーパ]
contoid（コントイド，音声学的子音）9 [音声]
contour（音調曲線）9 [音声]
contour tone（曲線声調：曲線調）9 [音声]
contradictory（矛盾の）160 [意味]
contrary（反対の）160 [意味]
contrastive analysis hypothesis（対照分析仮説）350 [教育]
contrastive stress（対照強勢，対比強勢）49 [音韻]
control cycle（コントロール・サイクル）316 [認知]
control group（統制群）350 [教育]
control theory（コントロール理論，制御理論）123 [統語]
controlled processing（統制的処理）351 [教育]
conventional implicature（慣習的含意，慣習的推意）197 [語用]
conventionality（慣習性）316 [認知]
conventional metaphor（慣習的メタファー）316 [認知]
convergence（収束）123 [統語], 244 [歴史]
conversational implicature（会話の含意，会話の推意）198 [語用]
conversational maxims（会話の公理，会話の原理）198 [語用]
conversational postulate（会話の公準）198 [語用]
conversational style（会話のスタイル）276 [社会]
conversation analysis（会話分析）198 [語用]
converse（逆意）160 [意味]
conversion（転換）89 [形態]
cooperative principle（協調の原理）198 [語用]
coordinated bilingualism（対等型二言語使用）276 [社会]
co-ordinate structure constraint（等位構造制約）123 [統語]
coordinative compound（等位複合語）89 [形態]
copula（連結詞）160 [意味]
copyright（著作権）391 [コーパ]
copy theory (of movement)（（移動の）コピー理論）123 [統語]
coreference（同一指示）123 [統語]
core grammar（核文法）123 [統語]
coronal（舌頂性，舌頂音的）49 [音韻]

coronal stop deletion（舌頂性閉鎖音削除）49 [音韻]
corpora 391 [コーパ]
corpus（コーパス，言語資料）391 [コーパ]
corpus analysis（コーパス分析）351 [教育]
corpus-based（コーパス基盤的）391 [コーパ]
corpus design（コーパス設計）392 [コーパ]
corpus-driven（コーパス駆動的）392 [コーパ]
corpus linguistics（コーパス言語学）392 [コーパ]
corrective feedback（訂正フィードバック）351 [教育]
correlation（相関）351 [教育]
correspondence（対応）244 [歴史]，（対応関係）316 [認知]
correspondence rule（対応規則）9 [音声]，89 [形態]
counterbalance hypothesis（カウンターバランス仮説）351 [教育]
count noun（可算名詞）160 [意味]
couplet（二行連（句））10 [音声]
covert prestige（潜在的威信）276 [社会]
covert syntax（陰在的統語論）123 [統語]
cranberry morpheme（クランベリー形態素）89 [形態]
crash（破綻）124 [統語]
creak（クリーク，きしみ）10 [音声]
creaky voice（クリーク声，きしみ声）10 [音声]
creativity（創造性）89 [形態]
creole, creolization（クレオール，クレオール化）276 [社会]
creole continuum（クレオール連続体）277 [社会]
cricoid cartilage（輪状軟骨）10 [音声]
criterial freezing（基準凍結）124 [統語]
criterion of consistency with principle of relevance（関連性の原則と矛盾しないという基準）198 [語用]
Critical Discourse Analysis (CDA)（批判的談話分析）277 [社会]
critical period hypothesis（臨界期仮説）351 [教育]
cross-linguistic influence（言語間の影響）352 [教育]
cross-over phenomenon（交差の現象）124 [統語]
cross-reference（相互照応）392 [コーパ]
cross-sectional research（横断的研究）352 [教育]
cross-space mapping（スペース間マッピング）316 [認知]
cross tabulation（クロス集計）392 [コーパ]
c-selection（範疇的選択）124 [統語]
cultural model（文化モデル）317 [認知]
cumulative negation（累積否定）244 [歴史]
current discourse space（最新談話スペース）317 [認知]
cursing（ののしり）199 [語用]
curvilinear pattern（曲線パタン）277 [社会]
CV phonology（CV 音韻論）49 [音韻]
CV tier（CV 層）49 [音韻]
cyberpragmatics（サイバー語用論）199 [語用]
cycle（サイクル）10 [音声]

D

dactyl, dactylic（長短短格(の)，強弱弱格(の)）10 [音声]

damping（減衰）10 [音声]

dark l（暗い l）10 [音声]

dative absolute（絶対与格）244 [歴史]

dative (case)（与格）244 [歴史]

dative object（与格目的語）244 [歴史]

daughter language（派生言語）244 [歴史]

DDL (data-driven learning)（データ駆動型学習，ディ・ディ・エル）392 [コーパ]

dead example（死んだ用例）392 [コーパ]

dead metaphor（死んだ比喩）317 [認知]

decategorialization（脱カテゴリー化）317 [認知]

decision procedure（決定の手順，決定手続き）124 [統語]

declaration（宣言）199 [語用]

declarative memory and knowledge（宣言的記憶と知識）352 [教育]

Declarative Phonology（宣言(陳述的)音韻論）50 [音韻]

declarative procedural model（宣言的・手続き的記憶に基づく演算モデル）352 [教育]

declension（曲用）244 [歴史]

declination（漸次下降，自然下降）10 [音声]

decoding（コード解読，受信）392 [コーパ]

decreolization（脱クレオール化）277 [社会]

deductive inference（演繹的推論）199 [語用]

deep structure（深層構造）124 [統語]

default（デフォルト，規定値）50 [音韻]

defective（不完全な）124 [統語]

defective distribution（欠如的分布）50 [音韻]

(defective) intervention effect（(欠如要素)介在効果）124 [統語]

defective verb（欠如動詞）89 [形態]

deference（敬意）199 [語用]

deficit hypothesis（欠陥仮説）277 [社会]

defining vocabulary（定義語彙）392 [コーパ]

definite description（確定記述）161 [意味]

definition（定義）393 [コーパ]

defooting（脚縮約）50 [音韻]

degemination（重複子音削除，同一子音縮約）50 [音韻]，244 [歴史]

degendering（脱ジェンダー化）277 [社会]

degenerate foot（不完全脚，不完全韻脚）50 [音韻]

degree（級；段階的）90 [形態]

degrees of freedom（自由度）393 [コーパ]

deixis（ダイクシス，直示）199 [語用]

delayed release（遅延的解放性）50 [音韻]

deletion（削除）125 [統語]

delexical verb（脱語彙化動詞）393 [コーパ]

delinking（切断，切り離し）51 [音韻]

demographic information（人口統計情報，人口学的情報）393 [コーパ]

demotion（降格）90 [形態]

denial（否認）200 [語用]

denotation（外延）161 [意味]

dental（歯；歯音）11 [音声]

dental suffix（歯音接尾辞）244 [歴史]

deontic（義務的，束縛的）161 [意味]
dependency phonology（依存音韻論）51 [音韻]
depictive（描写的）125 [統語]
depidginization（脱ピジン化）277 [社会]
depth of processing（処理水準の深さ）352 [教育]
derivation（派生）51 [音韻]，90 [形態]
derivational affix/affixation/infix/suffix（派生接辞／派生接辞添加／派生挿入辞／派生接尾辞）90 [形態]
derivational compound（派生複合語）90 [形態]
derivative（派生語）90 [形態]
Descartes's problem（デカルトの問題）125 [統語]
description（記述）51 [音韻]
descriptive adequacy（記述的妥当性）125 [統語]
descriptive genitive（記述の属格）245 [歴史]
descriptive research（記述研究）352 [教育]
descriptive use（記述的用法）200 [語用]
designate（指定する）317 [認知]
designation（指定）317 [認知]
destandardization（脱標準化）277 [社会]
deterioration of meaning（意味の悪化，意味の堕落）245 [歴史]
detransitivization（自動詞化）90 [形態]
developmental sequences（発達順序）353 [教育]
devoiced vowel（無声化母音）51 [音韻]
devoicing（無声化）11 [音声]

diachronic corpus（通時コーパス）393 [コーパ]
diachronic linguistics（通時言語学）245 [歴史]
diachrony（通時性）245 [歴史]
diacritic（補助記号，識別記号）11 [音声]
diacritic feature（識別素性）51 [音韻]
diagram（ダイアグラム，図表）317 [認知]
dialect（方言）278 [社会]
dialectalization（方言化）278 [社会]
dialect chain（方言連鎖）278 [社会]
dialect leveling（方言水平化）278 [社会]
dialectology（方言学）278 [社会]
dialogic inquiry（対話的探求）353 [教育]
diffusion（伝播）245 [歴史]，（拡散）278 [社会]
diglossia（ダイグロッシア，二言語変種使い分け）278 [社会]
dimeter（二歩格）11 [音声]
diminutive（指小辞）91 [形態]
diphthong（二重母音）11 [音声]
diphthongization（二重母音化）245 [歴史]
directive（行為指示型）200 [語用]
direct speech act（直接発話行為）200 [語用]
disambiguation（曖昧性除去）200 [語用]，（一義化，曖昧性除去）393 [コーパ]
discernment, wakimae（わきまえ）279 [社会]
discontinuous morpheme（不連続形態素）91 [形態]
discourse（談話）200 [語用]
discourse analysis（談話分析）201 [語用]

discourse community（ディスコースコミュニティ）279 ［社会］
discourse completion task（談話完成タスク）353 ［教育］
discourse constraint（談話制約）201 ［語用］
discourse context（談話のコンテクスト）201 ［語用］
discourse deixis（談話内のダイクシス）201 ［語用］
discourse function（談話機能）201 ［語用］
D(iscourse) linking（談話連結）125 ［統語］
discourse marker（ディスコースマーカー，談話標識）201 ［語用］
discourse practice(s)（談話の実践）279 ［社会］
discourse processing（談話処理）353 ［教育］
discourse representation theory（談話表示理論）202 ［語用］
discourse strategy（ディスコースストラテジー）279 ［社会］
discovery procedure（発見の手順）125 ［統語］
discrete infinity（離散無限性）125 ［統語］
disharmony（不調和）51 ［音韻］
dispersion（ばらつき）393 ［コーパ］
dispersion theory（分散理論）52 ［音韻］
displacement（転移）125 ［統語］
display question（表示質問）353 ［教育］
dissimilation（異化）11 ［音声］
distant assimilation（遠隔同化）52 ［音韻］
distich（二行連（句））11 ［音声］
distinctive feature（弁別素性）52 ［音韻］
distributed cognition（分かち持たれた知，分散知）353 ［教育］
distributed morphology（分散形態論）91 ［形態］
distribution（分布）52 ［音韻］，393 ［コーパ］
disyllabic　52 ［音韻］
disyllable（二音節語）52 ［音韻］
divergence（拡散）245 ［歴史］
division of pragmatic labor（語用論的労力の分化）202 ［語用］
domain（ドメイン，領域）52 ［音韻］，317 ［認知］，393 ［コーパ］
domain matrix（ドメイン複合体）318 ［認知］
dominance（支配，優勢性）279 ［社会］
dominant（優勢な，優勢なもの）52 ［音韻］
dominate（支配する）125 ［統語］
dominion（ドミニオン，支配域）318 ［認知］
dorsal（舌背音：後舌音）11 ［音声］
dorsal feature（後舌素性，舌背素性）53 ［音韻］
dorsum（舌背：後舌面）11 ［音声］
do-support（do 支持，do による支え）126 ［統語］
double articulation（二重調音）11 ［音声］
double comparative（二重比較変化）245 ［歴史］
double genitive（二重属格）245 ［歴史］
double negation（二重否定）246 ［歴史］
double plural（二重複数）246 ［歴史］
double superlative（二重最上級）246 ［歴史］

doublet(二重語)246[歴史]
double-voiced discourse(二声的談話) 279[社会]
downdrift(下がり調子)53[音韻]
downstep(階段式下降)53[音韻]
drag chain(引き上げ連鎖)246[歴史]
drift(偏流,定向変化,駆流)246[歴史]
dual(両数,双数)246[歴史]
dual standardization(二重標準化) 279[社会]
duetting(デュエット)280[社会]
duration(持続時間)11[音声]
durative aspect(継続相)91[形態]
dvandva (compound)(相違釈(複合語))91[形態]
dynamic assessment(ダイナミック・アセスメント)353[教育]
dynamic corpus 393[コーパ]
dynamic evolutionary model(動的展開モデル)318[認知]
dynamic systems theory(動的システム論)354[教育]
dynamic usage-based model(動的使用依拠モデル)318[認知]

E

earliness principle(早期適用の原理)126[統語]
Early Modern English(初期近代英語)246[歴史]
echoic use(エコーの用法)202[語用]
echoic word(擬音語,擬声語)91[形態]
echo question(問い返し疑問文,エコークエスチョン)202[語用]
echo-word(擬音語,擬声語)91[形態]
ecological approach(生態学的アプローチ)354[教育]
economy(経済性)126[統語]
economy of derivation(派生の経済性)126[統語]
economy of representation(表示の経済性)126[統語]
edge feature(末端素性)126[統語]
effective(効果生成型)202[語用]
effect size(効果量)354[教育]
effectum object(達成目的語)161[意味]
e-grade(e階梯)247[歴史]
egressive(呼気の,外向的,流出的)12[音声]
ejective(放出音)12[音声]
elaborate(具体化する,精緻化する)318[認知]
elaborated code(精密コード)280[社会]
elaborated epistemic model(精緻化された認識モデル)318[認知]
elaboration(具体化,精緻化)318[認知]
elaboration site(精緻化サイト)318[認知]
E-language(E言語)126[統語]
elision(音消失,音脱落,音省略)247[歴史]
elsewhere condition(非該当条件)53[音韻]
embodied construction grammar(身体論的構文文法)318[認知]
embodiment(身体性)319[認知],(身体化)354[教育]
emergence(創発)319[認知]
emergence criterion(出現基準)354[教育]
emergentism(創発主義)355[教育]
emergent structure(創発構造)319[認知]

EMILLE Corpora/Project (Enabling Minority Language Engineering Corpora/Project)（エミールコーパス，少数言語工学化コーパス／プロジェクト）394［コーパ］
emotional attitude（感情的態度）202［語用］
emotions（感情）355［教育］
emotive（表出的，感情的）202［語用］
emphasizer（強調詞）161［意味］
empiricism（経験主義，経験論）394［コーパ］
empty category (phonological)（空範疇）53［音韻］
empty category principle (ECP)（空範疇原理）126［統語］
Empty Category Principle (phonological)（空範疇原理）53［音韻］
empty operator（空演算子）126［統語］
encoding（コード化，発信）394［コーパ］
encyclopedic knowledge（百科事典的知識）319［認知］
end-focus（文末焦点）161［意味］
endocentric（内心的）127［統語］
endocentric compound（内心複合語）91［形態］
endogeneous communication（内在的コミュニケーション）280［社会］
endoglossic language（国内言語）280［社会］
end-weight（文末重点）161［意味］
English-only / English plus（イングリッシュオンリー／プラス）280［社会］
enjamb(e)ment（句またがり）12［音声］
enlightened self-interest（自覚的利己主義）127［統語］
enrichment（(語用論的)拡充，富化）203［語用］
entail（含意する，伴立する）161［意味］
entailment（論理的含意・伴立）162［意味］
entity（存在物，事物）319［認知］
entrenchment（定着）319［認知］, 355［教育］
entry（見出し語項目，収録項目）394［コーパ］
epenthesis（語中音添加）247［歴史］
epiglottal（喉頭蓋音）12［音声］
epiglottis（喉頭蓋）12［音声］
episodic memory（エピソード記憶）355［教育］
epistemic（認識様態的）162［意味］
epistemic logic（認識論理）162［意味］
epistemic modal（認識様態法助動詞）162［意味］
epistemic modality（認識様態的法，認識様相）162［意味］
epistemic verb（認識様態動詞）162［意味］
epistemology（認識論）162［意味］
EPP feature（EPP 素性）127［統語］
equidistance（等距離）127［統語］
equivalence（等価）394［コーパ］
equivalence constraint（等価仮説）280［社会］
equivalent（等値，等価，同値）162［意味］
ergative (case)（能格性・能格）91［形態］
error analysis（誤り分析）355［教育］
error(-)tagging（エラータグ付け）394［コーパ］
e-site（精緻化サイト）319［認知］
essential condition（本質条件）203［語用］
Estuary English（河口域英語）280［社

会]
ethical（心性的）162 [意味]
ethical dative（心性的与格）247 [歴史]
ethnic variety, ethnic dialect（民族方言）280 [社会]
ethnographic research（民俗誌的研究）355 [教育]
ethnography (of communication)（エスノグラフィ，ことばの民族誌）281 [社会]
ethnolinguistic vitality（民族言語の活力）281 [社会]
ethnomethodology（エスノメソドロジー）281 [社会]
ethnopoetics（民族詩学）281 [社会]
ethnosemantics（民族意味論）281 [社会]
etic / emic（エティック／イーミック）281 [社会]
etymology（語源(学)）247 [歴史]
euphemism（婉曲表現）163 [意味]
eurhythmy（好韻律性）53 [音韻]
European science foundation project (ESFプロジェクト) 355 [教育]
evaluation measure（評価の尺度）127 [統語]
evaluative modality（評価様相）163 [意味]
event（事態，イベント）319 [認知]
event argument/variable（出来事項・出来事変数）163 [意味]
event conflation（イベント抱合）319 [認知]
event nominal（出来事名詞，出来事名詞化形）92 [形態]
Event-related potentials (ERP)（事象関連電位）355 [教育]
event schema（イベント・スキーマ）320 [認知]
event structure（事象構造，イベント構造）163 [意味]
event structure metaphor（イベント構造メタファー）320 [認知]
event time（出来事時）163 [意味]
evidential（証拠性形態素）92 [形態]
evidentiality（証拠性）203 [語用]
Evolutionary Phonology（進化音韻論）54 [音韻]
example（用例）394 [コーパ]
exceptional Case-marking construction（例外的格標示構文）127 [統語]
exclusive we（除外の we）163 [意味]
excresence（子音挿入，余剰音添加）247 [歴史]
executive control（実行制御）356 [教育]
exemplar（事例）320 [認知]
exemplar-based model（事例基盤モデル）92 [形態], 320 [認知]
Exemplar Theory（事例理論）54 [音韻]
exhaustive listing（総記）163 [意味]
existence（存在）164 [意味]
existential presupposition（存在の前提）164 [意味]
existential quantifier（存在記号，存在量化子；存在数量詞）164 [意味]
existential sentence（存在文）164 [意味]
exocentric（外心的）127 [統語]
exocentric compound（外心複合語）92 [形態]
expected frequency（期待度数[頻度]，頻度の期待値）394 [コーパ]
experiencer（経験者）164 [意味]
experientialism（経験基盤主義）320 [認知]
experiential realism（経験的実在論）164 [意味]

experimental phonetics（実験音声学）12［音声］

experimental pragmatics（実験語用論）203［語用］

experimental research（実験研究）356［教育］

explanatory adequacy（説明的妥当性）128［統語］

expletive（虚辞）128［統語］

expletive infix (infixation)（虚辞的挿入辞（添加））92［形態］

expletive *that*（虚辞の that）247［歴史］

explicature（表意，発意，外示）203［語用］

explicit（明示的）128［統語］

explicit learning（明示的学習）356［教育］

explicit performative（明示的遂行文）203［語用］

expressive function（表出機能）204［語用］

extended ordering hypothesis（拡大レベル順序づけ仮説）92［形態］

extended projection principle (EPP)（拡大投射原理）128［統語］

extended word and paradigm morphology（拡大語・語形変化形態論）92［形態］

extension（外延，拡張）164［意味］，（拡張）320［認知］

extensional logic（外延論理）165［意味］

extension condition（拡張条件）128［統語］

extension of meaning（意味の拡張）247［歴史］

Extensions to the IPA (ExtIPA)（拡張 IPA）12［音声］

external argument（外項）128［統語］

external change（外的変化）247［歴史］

external history（外面史）247［歴史］

external merge（外併合）128［統語］

external negation（外部否定）165［意味］

external sandhi（外連声）54［音韻］

extrametricality, extraprosodicity（韻律外性）54［音韻］

extrasyllabicity（音節外性）54［音韻］

eye tracking（アイトラッキング：眼球運動測定）356［教育］

F

face（フェイス）204［語用］

face threatening act（フェイス侵害行為）204［語用］

facet（ファセット）92［形態］

face-to-face interaction（対面やりとり，対面相互行為）204［語用］

factive（叙実的）128［統語］

factivity（叙実性）165［意味］

factor analysis (FA)（因子分析）356［教育］

factor analysis（因子分析(法)）395［コーパ］

factorial typology（階乗類型論）54［音韻］

factual possibility（現実的可能性）165［意味］，204［語用］

faithfulness（忠実性，照合性）54［音韻］

fall（下降調）12［音声］

falling rhythm（下降調リズム）12［音声］

fall-rise（下降上昇調）12［音声］

false（偽）165［意味］

false friend（異義同族語）395［コーパ］

falsetto（ファルセット，仮声）13 [音声]
familiarity（親密性，親しさ）204 [語用]
family resemblance（家族的類似性）321 [認知]
family tree（系統樹）248 [歴史]
feature geometry（素性配列，階層的素性配列）55 [音韻]
feature inheritance（素性継承）128 [統語]
feature matrix（素性行列）55 [音韻]
feature movement（素性移動）128 [統語]
feature percolation（素性浸透）129 [統語]
feature(s)（素性）55 [音韻]
feeding order（給与順序）55 [音韻]
felicity condition（適切性条件）204 [語用]
feminine rhyme（女性韻）13 [音声]
femininity / masculinity（女性性，女らしさ／男性性，男らしさ）281 [社会]
feminism linguistics（フェミニズム言語学）282 [社会]
fictive motion（虚構移動）321 [認知]
field independent/dependent（場独立性／依存性）356 [教育]
figure（図）321 [認知]
figure/ground（図と地）321 [認知]
filler（フィラー）204 [語用]
filter（フィルター；濾波器）13 [音声]
Final Empty Nucleus Parameter（領域末空核パラメタ）55 [音韻]
finiteness phrase (FinP)（定形性句）129 [統語]
first-generation corpora（第 1 世代コーパス）395 [コーパ]
first Germanic consonant shift（第一次ゲルマン語子音推移）248 [歴史]
first language（第一言語）357 [教育]
first order projection condition（第一投射の条件）93 [形態]
first sister principle（第一姉妹の原理）93 [形態]
flap（弾音，はじき音）13 [音声]
floating segment（浮遊分節音）55 [音韻]
floating tone(s)（浮遊音調）55 [音韻]
FLOB (Freiburg-LOB Corpus of British English)（エフロブコーパス，フライブルク・ロブコーパス）395 [コーパ]
floor（フロア）282 [社会]
flout（故意に違反する）205 [語用]
fluency（流暢さ）357 [教育]
focal adjustment（焦点の調整）165 [意味]，321 [認知]
focus（焦点）166 [意味]
focus chain（焦点連鎖）321 [認知]
focusing（焦点化）282 [社会]
focus of negation（否定の焦点）166 [意味]
Focus on Form (FonF)（フォーカス・オン・フォーム）357 [教育]
focus phrase (FocP)（焦点句）129 [統語]
folk etymology（民間語源，通俗語源）248 [歴史]
folk linguistics（民間言語学）282 [社会]
folk model（民俗モデル）321 [認知]
folk taxonomy（民族分類，フォークタクソノミー）282 [社会]
foot（脚，韻脚；詩脚）13 [音声]，（脚，韻脚）56 [音韻]
footing（足場）282 [社会]
force（効力）205 [語用]
force dynamics（力動性）321 [認知]

force phrase (ForceP)（発話力句）129 [統語]
foreground（前景）321 [認知]
foregrounding 322 [認知]
foreigner talk（フォーリナー・トーク）282 [社会], 357 [教育]
foreign language learning（外国語学習）357 [教育]
foreign plural（外来複数形）248 [歴史]
forensic linguistics（法言語学）282 [社会]
forensic phonetics（法音声学）13 [音声]
formal feature（形式素性）129 [統語]
formal pragmatics（形式語用論）205 [語用]
formal role（形式役割）93 [形態]
formal style（改まったスタイル）205 [語用]
formant（フォルマント）13 [音声]
form-meaning connection (FMC)（形式・意味の結合）357 [教育]
formulaic（定型的）166 [意味]
formulaic language（定型ことば）357 [教育]
formulaic language, formulaic expression（定型表現，定式的表現）283 [社会]
fortis（硬音）13 [音声]
for to infinitive（for to 不定詞）248 [歴史]
fossilization（化石化）358 [教育]
frame（フレーム）283 [社会], 322 [認知]
FrameNet（フレームネット）395 [コーパ]
frame semantics（フレーム意味論）322 [認知]
free enrichment（自由拡充）205 [語用]
free indirect speech（自由間接話法）166 [意味]
free morpheme, free form（自由形態素，自由形式）93 [形態]
free syllable（自由音節）56 [音韻]
free variant（自由変異形）56 [音韻]
free vowel（開放母音，自由母音）13 [音声]
Fregean/Frege's principle（フレーゲの原理）166 [意味]
French loanwords（フランス借用語）248 [歴史]
frequency（周波数，振動数）14 [音声],（頻度）56 [音韻], 166 [意味], 395 [コーパ]
frequency effect（頻度効果）93 [形態]
frequency list（頻度表）395 [コーパ]
fricative（摩擦音）14 [音声]
friendly banter（からかい語）205 [語用]
front（前舌性）56 [音韻]
frontal lobe（前頭葉）358 [教育]
fronting diphthong（前向き二重母音）14 [音声]
front matter（前付け事項）395 [コーパ]
front (of the tongue)（前舌（面））14 [音声]
front vowel（前舌母音）14 [音声]
FROWN (Freiburg-Brown Corpus of American English)（フラウンコーパス，フライブルク・ブラウンコーパス）396 [コーパ]
full grade（全階梯）248 [歴史]
full interpretation（完全解釈）129 [統語]
full-sentence definition（完全文定義）396 [コーパ]
full vowel（完全母音）14 [音声]

functional category（機能範疇）129
［統語］
functionalism（機能主義）205［語用］
functional load（機能的負荷）56［音韻］
functional magnetic resonance imaging (fMRI)（機能的磁気共鳴画像法）358［教育］
functional typological linguistics（機能主義言語学・類型論）358［教育］
function word（機能語）396［コーパ］
fundamental difference hypothesis (FDH)（根本的相違仮説）358［教育］
fundamental frequency (F_0)（基本周波数，基本振動数）14［音声］
fusion（融合）248［歴史］, 322［認知］
futhark（フサルク）248［歴史］
fuzzy（曖昧な，ファジー）322［認知］
fuzzy boundary（ファジーな境界）322［認知］
fuzzy grammar（ファジー文法）322［認知］

G

Gallicism（フランス語法）249［歴史］
gapping（空所化）129［統語］
gate-keeping（言語の門番）283［社会］
geminate（重複子音；重複音）249［歴史］
gemination（子音重複；音重複）249［歴史］
gender（性）249［歴史］
gender-exclusive speech form（絶対的性差言語形式）283［社会］
gender-preferential speech form（相対的性差言語形式）283［社会］
General American (GA)（一般アメリカ英語，一般米語）283［社会］

general corpus（一般コーパス，汎用コーパス）396［コーパ］
generalizability（一般化可能性）358［教育］
generalization of meaning（意味の一般化）249［歴史］
generalized conversational implicature（一般化された会話の含意）206［語用］
(generalized) pied-piping（（一般化）随伴）130［統語］
generalized quantifier（一般量化子）166［意味］
general phonetics（一般音声学）14［音声］
generate（生成する）56［音韻］
generative lexicon（生成語彙論）93［形態］
generative linguistics（生成言語学）359［教育］
generative metrics（生成韻律論）14［音声］
generative phonology（生成音韻論）56［音韻］
generative semantics（生成意味論）167［意味］
generator（生成器）57［音韻］
generic（総称的，総称）167［意味］
generic metaphor（汎用メタファー）322［認知］
generic sentence（総称文）167［意味］
generic space（共通スペース）322［認知］
genetic model（系統樹モデル）249［歴史］
genitive (case)（属格）249［歴史］
genitive object（属格目的語）250［歴史］
genre（ジャンル）396［コーパ］
geographical linguistics（言語地理学）

283［社会］
geographical variation（地域変種）284［社会］
Germanic（ゲルマン語(派)）250［歴史］
gerundive nominal（動名詞的名詞化形）94［形態］
Gestalt（ゲシュタルト）323［認知］
gesture（ジェスチャー，調音動作）15［音声］
gesture language（身ぶり言語，身ぶり語）206［語用］
gestures（ジェスチャー）359［教育］
glide（わたり音）15［音声］
global language（世界語）284［社会］
glossary（用語集）396［コーパ］
glottal（声門音）15［音声］
glottalic airstream mechanism（声門気流機構）15［音声］
glottalization（声門化）15［音声］
glottal reinforcement（声門による強化）15［音声］
glottal stop, glottal plosive（声門閉鎖音，声門破裂音）15［音声］
glottis（声門）15［音声］
goal（着点）167［意味］,（着点，着点格）94［形態］
Gothic（ゴート語）250［歴史］
governing category（統率範疇）130［統語］
government（統率）57［音韻］
government (and charm) phonology（統率・極性音韻論）57［音韻］
government-binding theory（統率・束縛理論）130［統語］
government theory（統率理論）130［統語］
gradable（段階的）167［意味］
gradable adjective/verb（段階の形容詞／動詞）94［形態］

gradation（母音交替）250［歴史］
gradience（勾配，グレイディエンス）323［認知］
gradualism（漸進主義）284［社会］
grammar translation（文法訳読）359［教育］
grammatical annotation = POS (part of speech) tagging　396［コーパ］
grammatical code（文法コード）396［コーパ］
grammatical construction（文法構造，文法構文）323［認知］
grammatical encoding（文法符号化）359［教育］
grammatical function（文法機能）130［統語］
grammaticality judgment（文法性判断）359［教育］
grammaticalization（文法化）323［認知］
grammaticization（文法化）323［認知］
Grassmann's law（グラスマンの法則）250［歴史］
gravity model（引力モデル）284［社会］
Great Chain metaphor（大連鎖メタファー）323［認知］
Great Vowel Shift（大母音推移）250［歴史］
Greed（自己充足）130［統語］
Greek loanwords（ギリシャ借用語）250［歴史］
greeting（挨拶）206［語用］
Gricean Maxims（グライスの公理）206［語用］
Gricean Pragmatics（グライス派語用論）206［語用］
grid（格子）57［音韻］
gridline（格子行）15［音声］
Grimm's law（グリムの法則）250［歴

史]
grooved (溝舌の) 16 [音声]
ground (グラウンド) 323 [認知], (地) 323 [認知]
grounding (根拠とした, 根付いた) 57 [音韻], (グラウンディング) 323 [認知]
group genitive (群属格) 250 [歴史]
group reading (グループ読み) 167 [意味]
group specific language (集団語, 群特定言語) 284 [社会]
group verb (群動詞) 167 [意味]
guide word (ガイドワード) 396 [コーパ]

H

habitual (習慣相) 168 [意味]
half-line (半行) 16 [音声]
hapax (ハパックス) 397 [コーパ]
haplology (重音省略, 重音脱落) 250 [歴史]
hard palate (硬口蓋) 16 [音声]
harmonic (倍音) 16 [音声]
Harmonic Phonology (調和音韻論) 57 [音韻]
harmonic serialism (調和逐次性) 57 [音韻]
harmony (調和) 58 [音韻]
h-aspiré (有音の h, アッシュ・アスピレ) 58 [音韻]
have-be raising (have-be 繰り上げ) 130 [統語]
h-dropping (h 音脱落) 16 [音声]
head (頭部) 16 [音声], (主要部, 頭部) 58 [音韻], 130 [統語]
header (ヘッダー) 397 [コーパ]
head movement constraint (主要部移動制約) 130 [統語]

head (of a word) ((語の) 主要部) 94 [形態]
head parameter (主要部媒介変数) 130 [統語]
head raising analysis (主要部繰り上げ分析) 131 [統語]
headword (見出し語) 397 [コーパ]
hearer (聞き手, 聴者) 206 [語用]
heavy NP-shift (重名詞句移動) 58 [音韻]
hedge (ヘッジ, 垣根表現) 284 [社会]
hedged performative (緩衝的遂行文) 207 [語用]
hedging function (緩衝的機能) 207 [語用]
hegemonic masculinity (覇権的男性性) 284 [社会]
Helsinki Corpus (of English Texts) ((英語テキスト) ヘルシンキコーパス) 397 [コーパ]
hemistich (半行) 16 [音声]
heptameter (七歩格) 16 [音声]
'hereby' test (hereby テスト) 207 [語用]
heritage language education (継承語教育) 359 [教育]
heroic couplet (英雄詩体二行連句) 16 [音声]
Hertz (Hz) (ヘルツ) 16 [音声]
hesitation form (躊躇形式) 207 [語用]
hesitation phenomena (躊躇現象) 360 [教育]
heterogeneity of production (言語表現の多様性) 285 [社会]
heteroglossia (ヘテログロッシア) 285 [社会]
hexameter (六歩格) 17 [音声]
hiatus (母音連続) 17 [音声]
hierarchical structure (階層構造) 58 [音韻]

hierarchy condition(階層条件)94［形態］

high consideratedness style(配慮の度合いが高いスタイル)285［社会］

high context(高コンテクスト)207［語用］

higher-level explicature(高次表意)207［語用］

high involvement style(関与の度合いが高いスタイル)285［社会］

high/low context culture(高コンテクスト文化／低コンテクスト文化)285［社会］

High Rising Terminal (HRT)(高上昇終端調)17［音声］

his-genitive(his 属格)251［歴史］

historical assimilation(史的同化)251［歴史］

historical change(歴史的変化)251［歴史］

historical corpus 397［コーパ］

historical dictionary(歴史的辞書)397［コーパ］

historical linguistics(歴史言語学)251［歴史］

historical pragmatics(歴史語用論)207［語用］

historic(al) present(歴史的現在)168［意味］

historical principle(史的原理)251［歴史］

historical semantics(史的意味論)251［歴史］

historical spelling(史的綴り字)251［歴史］

H-language, high variety(高位言語, 高位変種)285［社会］

hold phase(持続相)17［音声］

hole(穴)168［意味］

holistic(全体的)168［意味］

Holmberg's generalization(Holmberg の一般化)131［統語］

homogeneity(均質性)397［コーパ］

homogeneity of interpretation(解釈の同質性)285［社会］

homography(同綴り異音, 一字一音主義)94［形態］

homology(相同性)168［意味］, 324［認知］

homomorphism(準同形性)168［意味］

homophony(異綴り同音)58［音韻］

homorganic(同器官的)17［音声］

honorific(s)(敬語)286［社会］

host language(借用先言語)286［社会］

HTML (Hypertext Markup Language) 397［コーパ］

humor(ユーモア)208［語用］

hybrid(混種語)251［歴史］

hyoid bone(舌骨)17［音声］

hypallage(代換法)94［形態］

hyperbole(誇張(法))168［意味］

hypercorrection(過剰矯正)286［社会］

hypocorism(a)(愛称)95［形態］

hyponym(下位語)168［意味］

hyponymy(上下関係)169［意味］

hypothesis testing(仮説検証)360［教育］

hypothetical(仮定法)169［意味］

I

iamb, iambic(短長格(の), 弱強格(の))17［音声］

iambic reversal(弱強反転規則)59［音韻］

ICAME (International Computer Archive of Modern and Medieval

English)（アイケム）397 [コーパ]
ICE (International Corpus of English)（アイスコーパス, 国際英語変種コーパス）398 [コーパ]
ICLE (International Corpus of Learner English)（国際学習者英語コーパス）398 [コーパ]
icon（類像, イコン, アイコン）324 [認知]
iconicity（類像性）324 [認知]
idealized cognitive model（理想化認知モデル）324 [認知]
ideational（観念構成的）286 [社会]
identification（同定, 同一化）169 [意味]
identity（アイデンティティ）286 [社会],（アイデンティティ, 自己同一性）360 [教育]
identity avoidance（同一性回避）59 [音韻]
ideogram（表意文字）95 [形態]
ideology（イデオロギー）286 [社会]
ideophone（音意語）95 [形態]
idiolect（個人語）286 [社会]
idiom chunk（慣用句の切れ端）131 [統語]
Idiom Principle（イディオム原則）398 [コーパ]
idiomaticity（イディオム性）360 [教育]
idiosyncrasy（特異性）169 [意味]
I-language（I 言語）131 [統語]
illocutionary act（発語内行為）208 [語用]
illocutionary force（発語内の力）208 [語用]
illustration（図解）398 [コーパ]
image（形象, イメージ）324 [認知]
imagery（イメージャリー, 心象）324 [認知]

image schema（イメージ・スキーマ）324 [認知]
image-schema transformation（イメージ・スキーマ変換）325 [認知]
immediate scope（直接的スコープ）325 [認知]
immediate/imminent future（近接未来）169 [意味]
immersion（イマージョン）286 [社会]
immersion program（イマージョン・プログラム）360 [教育]
imperative (mood)（命令法）169 [意味]
imperfective（未完了）169 [意味]
imperfective process（未完了プロセス）325 [認知]
impersonal construction（非人称構文）169 [意味], 252 [歴史]
impersonal verb（非人称動詞）252 [歴史]
implementation（言語計画の実施）287 [社会]
implicate（含意する）208 [語用]
implicated premise（推意前提）208 [語用]
implication（含意）208 [語用]
implicational scale（含意尺度）208 [語用]
implicational scaling（含意法）360 [教育]
implicational universal（含意的普遍(特)性）59 [音韻], 95 [形態]
implicatum（含意されたもの）209 [語用]
implicature（含意, 推意）209 [語用]
implicit argument（潜在項）95 [形態]
implicit learning（暗示的学習）361 [教育]
implicit object（潜在目的語）170 [意味]

implicit role（潜在的意味役割）95［形態］

implied negation（含意否定）170［意味］

implosive（入破音）17［音声］

imply（含意する）170［意味］

impositive（意志強制型）209［語用］

impressionistic transcription（印象表記）18［音声］

inalienable（譲渡不可能）170［意味］

inalterability of geminates（促音（重複子音）の不変性）59［音韻］

inanimate（無生，非有生）170［意味］

inaudible release（不可聴解放，不可聴解除）18［音声］

inchoative（起動相）170［意味］

inclusive（包含的）95［形態］

inclusive disjunction（包含的選言）170［意味］

inclusiveness condition（包括性条件）131［統語］

inclusive we（包含の we）170［意味］

incorporation（編入）131［統語］

indefinite（不定）170［意味］

index（インデックス）325［認知］

indexical（指標的）171［意味］

indexicality, index, indexical（指標性，指標，指標的）287［社会］

indicative (mood)（直説法）171［意味］

indigenization（土着化，現地化）287［社会］

indirect discourse/narration（間接話法）171［意味］

indirect passive（間接受動態）171［意味］

indirect speech act（間接発話行為）209［語用］

individual differences（個人差）361［教育］

individual level（個体レベル）171［意味］

individual reading（個別的読み）171［意味］

Indo-European（印欧語族）252［歴史］

inductive inference（帰納的推論）209［語用］

inference（推論）209［語用］

inferential antecedent（推論による先行詞）210［語用］

inferential model（推論モデル）210［語用］

infix（挿入辞）95［形態］

inflected infinitive（屈折不定詞）252［歴史］

inflection（屈折）96［形態］

inflectional affix/suffix（屈折接辞／屈折接尾辞）96［形態］

inflectional morpheme（屈折形態素）361［教育］

information（情）210［語用］

information flow（情報の流れ）171［意味］

information focus（情報の焦点）172［意味］

information processing（情報処理）361［教育］

information structure（情報構造）172［意味］

informative function（情報伝達的機能）172［意味］

informative intention（情報意図）210［語用］

informativity（情報性）210［語用］

informing（報告）210［語用］

ingressive（吸気の，内向的，流入的）18［音声］

inherent Case（内在格）131［統語］

inheritance（継承，受け継ぎ）96［形態］，（継承）325［認知］

inheritance link（継承リンク）325［認知］

inhibitory control（抑制制御）361［教育］

initialism（頭文字語）96［形態］

initial state（初期状態）361［教育］

initial word（頭文字語）96［形態］

initiation（始動）18［音声］

initiator（始動体）18［音声］

inkhorn terms（インク壺語，衒学的用語）252［歴史］

innatist（生得論者，生得主義者）361［教育］

input（インプット）362［教育］

input enhancement（インプット強化）362［教育］

Input flood（インプット洪水）362［教育］

input space（入力スペース）325［認知］

inscription（碑文）252［歴史］

inspiring（鼓舞）211［語用］

instance（事例）325［認知］

instantiate（例示化・事例化）326［認知］

institutional bilingualism（制度的二言語使用）287［社会］

institutional discourse, institutional talk（制度的談話）287［社会］

institutional talk（制度的談話）362［教育］

instructed second language acquisition（指導を受けた第二言語習得）362［教育］

instrument（道具格）172［意味］

instrumental (case)（具格）252［歴史］

instrumental dative（手段の与格）252［歴史］

instrumental phonetics（機械音声学，器械音声学）18［音声］

instrumental verb（道具動詞）96［形態］

intake（インテイク）362［教育］

integrate（統合する）326［認知］

integration（統合）326［認知］

intelligibility（聞き取りやすさ）362［教育］

intension（内包）172［意味］

intensional logic（内包論理学）172［意味］

intensity（音の強さ）18［音声］

intention（意図）211［語用］

interaction（やりとり，相互作用；相互干渉，インターアクション）211［語用］

interaction hypothesis（インタラクション仮説）363［教育］

interactional instinct（相互作用本能）363［教育］

interactional sociolinguistics（相互行為の社会言語学）287［社会］

intercultural communication（異文化間コミュニケーション）287［社会］

interdental（歯間の，歯間音）18［音声］

interdependence hypothesis（相互依存仮説）363［教育］

interdialect（中間方言）288［社会］

interethnic communication（異民族間のコミュニケーション）288［社会］

interface（インターフェイス）131［統語］

interface condition（インターフェイス条件）131［統語］

interfix（中間接辞）96［形態］

interlanguage（中間言語）363［教育］

interlinear gloss（行間注解）252［歴史］

interlocutor（対話者）211［語用］

intermediate projection（中間投射）

132［統語］
internal argument（内項）132［統語］
internal change（内的変化）253［歴史］
internal history（内面史）253［歴史］
internal merge（内併合）132［統語］
internal negation（内部否定）172［意味］
internal reconstruction（内的再建）253［歴史］
internal sandhi（内部連声）59［音韻］
International Phonetic Alphabet (IPA)（国際音声字母）18［音声］
International Phonetic Association (IPA)（国際音声学協会）18［音声］
interpersonal function（対人的機能）211［語用］
interpretable feature（解釈可能素性）132［統語］
interpretive approach（解釈アプローチ）288［社会］
interpretive semantics（解釈意味論）172［意味］
interpretive use（解釈的用法）211［語用］
inter-rater reliability（採点者間信頼性）363［教育］
interruption（さえぎり）211［語用］
intersubjectivity（間主観性）326［認知］
intertextuality（間テクスト性, インターテキスチュアリティ, テクスト間相互関連性）212［語用］,（間テクスト性）288［社会］
intonation（音調, 抑揚, イントネーション）19［音声］
intonation group（音調群）59［音韻］
intonational phonology（音調音韻論）59［音韻］
intonational phrase（音調句）59［音韻］
intra-sentential code-switching（同一文内コードスイッチング）288［社会］
introspection（内省）398［コーパ］
intrusion（嵌入）253［歴史］
intrusive-r（嵌入の r）19［音声］
intrusive schwa（嵌入のシュワー）60［音韻］
intuition（直観）398［コーパ］
intuitive data / introspective [invented] data（直感的データ）398［コーパ］
invariance hypothesis（不変性仮説）326［認知］
invariance principle（不変性原理）326［認知］
invented example（作例）398［コーパ］
investment（インベストメント）364［教育］
invited inference（誘導推論）212［語用］
involvement load hypothesis (ILH)（かかわり度仮説）364［教育］
I-principle（I-原理）212［語用］
irony（アイロニー, 皮肉）212［語用］
irregular weak verb（不規則弱変化動詞）253［歴史］
IS A condition（ISA 条件）97［形態］
island condition（島の条件）132［統語］
island repair（島の修復）132［統語］
isochrony（等時間隔性）19［音声］
isogloss（等語線）288［社会］
Italic（イタリック語派）253［歴史］
item and arrangement model（要素配列方式）97［形態］
item and process model（要素過程方式）97［形態］

iterative（反復相）172 ［意味］
i-umlaut（i ウムラウト，i 母音変異）253 ［歴史］

J

jargon（職業隠語，専門語）288 ［社会］,（ジャーゴン，仲間内言葉，職業語）399 ［コーパ］
Java（Java（ジャバ）（言語））399 ［コーパ］
JEFLL learner corpus, Japanese EFL Learner Corpus（ジェフルコーパス，日本人英語学習者英作文コーパス）399 ［コーパ］
joint attention（共同注意）326 ［認知］
joke（ジョーク）212 ［語用］
J_ToBI（J トビ）60 ［音韻］
juncture（連接）60 ［音韻］
juxtaposition（並置）173 ［意味］

K

Kaluza's Law（カルーザの法則）19 ［音声］
kenning（ケニング）253 ［歴史］
key, keying（基調）289 ［社会］
key keyword（代表的特徴語）399 ［コーパ］
keyness（顕著性）399 ［コーパ］
keyword(s)（検索語句；特徴語）399 ［コーパ］
kind predicate（種の述語）173 ［意味］
kinesis（動性）173 ［意味］
kinship terms（親族名称）289 ［社会］
knowledge（知識）326 ［認知］
koine（コイネー，共通語）253 ［歴史］
Kuhn's Laws（クーンの法則）19 ［音声］
KWIC（key word in context）（クイック表示）399 ［コーパ］

L

labeling（ラベル付け）132 ［統語］
label(ling)（レーベル，ラベル）400 ［コーパ］
labial（唇音）19 ［音声］
labialization（唇音化，円唇化）19 ［音声］
labialization hierarchy（唇音化の階層）60 ［音韻］
labial velar, labiovelar（両唇軟口蓋音）19 ［音声］
labiodental（唇歯(音)）20 ［音声］
labiovelarization（両唇軟口蓋化）20 ［音声］
Laboratory Phonology（LabPhon）（実験音韻論）60 ［音韻］
LAEME（初期中英語言語地図）254 ［歴史］
LALME（後期中英語言語地図）254 ［歴史］
laminal（舌端音）20 ［音声］
landing site（着地点）132 ［統語］
landmark（ランドマーク）327 ［認知］
language acquisition（言語習得）289 ［社会］
language alternation（言語交替）289 ［社会］
language attitude（言語態度，言語意識）212 ［語用］
language awareness（言語意識，コトバへの気づき）289 ［社会］
language change（言語変化）254 ［歴史］
language community（言語共同体，言語社会）213 ［語用］
language contact（言語接触）254 ［歴史］, 289 ［社会］

language correction（言語修正）289［社会］

language crossing（言語交差）290［社会］

language death（言語消滅）254［歴史］

language diversity（言語の多様性）290［社会］

language ecology（言語生態学，ことばの生態系）290［社会］

language engineering（言語工学）400［コーパ］

language faculty（言語機能）132［統語］

language family（語族）254［歴史］

language-game（言語ゲーム）213［語用］

language ideology（言語のイデオロギー）290［社会］

language loss（言語消失）255［歴史］

language mixture（言語混合）290［社会］

language planning（言語計画）290［社会］

language policy（言語政策）290［社会］

language socialization（言語の社会化）290［社会］

language switching（言語切り換え）364［教育］

language test（言語テスト）364［教育］

language typology（言語類型論）364［教育］

language use（言語使用）213［語用］

language variation（言語変種）291［社会］

laryngeal（喉頭音）20［音声］

laryngealization（喉頭化）20［音声］

laryngeal theory（喉音理論）255［歴史］

larynx（喉頭）20［音声］

last resort（最後の手段）133［統語］

latching（ラッチング）291［社会］

late Merge（後段併合）133［統語］

lateral（側面音，側音）20［音声］

lateral airflow（側面気流）20［音声］

lateral (feature)（側音(素性)）60［音韻］

lateralization（一側化）364［教育］

lateral plosion（側面破裂）20［音声］

lateral release（側面解除，側面解放）20［音声］

Latin comparative（ラテン系比較級）255［歴史］

Latin loanwords（ラテン借用語）255［歴史］

Latin superlative（ラテン系最上級）255［歴史］

law of absorption（吸収律）173［意味］

law of contradiction（矛盾律）173［意味］

law of double negation（二重否定律）173［意味］

law of excluded middle（排中律）173［意味］

law of identity（同一律）173［意味］

lax（弛緩，弛緩性）60［音韻］

learned attention（学習性注意）364［教育］

learned plural（学術複数）255［歴史］

learner corpus（学習者コーパス）400［コーパ］

learner's dictionary（学習辞典）400［コーパ］

learning disabilities (LD)（言語学習障害）365［教育］

learning strategies（学習方略）365［教育］

least effort principle（最小労力の原

理）133 [統語]

lectal shifting（レクタルシフト）291 [社会]

left branch condition（左枝分かれ条件）133 [統語]

left-headed (foot)（左方主要部脚，強弱格）60 [音韻]

left periphery（左周辺部）133 [統語]

legibility condition（判読可能性条件）133 [統語]

lemma（レマ，見出し語，基本形）400 [コーパ]

lemma-list（単語リスト）400 [コーパ]

lemmatization（レマ化，見出し語化）400 [コーパ]

length（長さ）20 [音声]

lengthened grade（長母音交替階梯）255 [歴史]

lengthening（長音化）255 [歴史]

lenis（軟音）20 [音声]

lenition（弱化）61 [音韻]

lesbian and gay language（レズビアンことば／ゲイことば）291 [社会]

leveling（水平化）255 [歴史]

level I / level II / level III（レベル I / II / III）97 [形態]

level ordering (hypothesis)（レベル順序づけ(の仮説)）97 [形態]

level tone（平板声調；平板調）20 [音声]

Levelt's model of speech production（Levelt の言語産出モデル）365 [教育]

lexeme（語彙素）97 [形態]

lexeme-morpheme based morphology（語彙素・形態素形態論）98 [形態]

lexical access（語彙アクセス）365 [教育]

lexical array（語彙配列）133 [統語]

lexical aspect（語彙的なアスペクト）98 [形態]

lexical bundle(s)（レキシカル・バンドル，語彙結束）400 [コーパ]

lexical category（語彙範疇）133 [統語]

lexical causative（語彙的使役動詞）174 [意味]

lexical concept（語彙概念）365 [教育]

lexical conceptual structure (LCS)（語彙概念構造）98 [形態]

lexical decomposition（語彙分解）174 [意味]

lexical density（語彙密度）400 [コーパ]

lexical entry（語彙記載項）133 [統語]

lexical integrity（語の形態的緊密性）98 [形態]

lexicalist hypothesis（語彙論的仮説）133 [統語]

lexicalization（語彙化）99 [形態]

lexical meaning（語彙的意味）98 [形態]

lexical morphology（語彙形態論）98 [形態]

lexical narrowing（語彙的絞り込み）213 [語用]

lexical passive（語彙的受動態）98 [形態]

Lexical Phonology（語彙音韻論）61 [音韻]

lexical pragmatics（語彙語用論）213 [語用]

lexical representation（語彙表示）98 [形態]

lexical selection（語彙選択）365 [教育]

lexical structure（語彙構造）174 [意味]

lexical underdetermination（語彙的決定不十分性）213 [語用]

lexical verb（語彙動詞）174［意味］

lexicography（辞書編纂，辞書学）400［コーパ］

lexicology（語彙論）401［コーパ］

lexicon（語彙目録，語彙部門）133［統語］，（レキシコン）366［教育］

lexicon optimization（語彙目録最適化）61［音韻］

liaison（リエゾン）21［音声］

light syllable（軽音節）61［音韻］

light verb（軽動詞）134［統語］，401［コーパ］

limited capacity hypothesis（限界容量仮説）366［教育］

line（詩行）21［音声］

linear（線形的な，線状の）61［音韻］

linear correspondence axiom（線形対応公理）134［統語］

linearity（線状性）61［音韻］

linearity condition（線状性の条件）61［音韻］

linear phonology（線状音韻論）61［音韻］

lingua franca（リンガフランカ，リングワフランカ）291［社会］

linguistically encoded meaning（言語的に記号化された意味）214［語用］

linguistic anthropology（言語人類学）291［社会］

linguistic assimilation（言語同化）291［社会］

linguistic change（言語変化）255［歴史］

linguistic code（言語コード）214［語用］

linguistic coding difference hypothesis（言語コード化差異仮説）366［教育］

linguistic determination, linguistic relativity（言語決定論，言語相対論）291［社会］

linguistic equality / linguistic inequality（言語的平等／言語的不平等）292［社会］

linguistic imperialism（言語帝国主義）292［社会］

linguistic insecurity（言語的不安定）292［社会］

linguistic interaction（言葉のやりとり，言葉の相互作用）214［語用］

linguistic prejudice（言語偏見）292［社会］

linguistic relativity（言語相対性）366［教育］

linguistic rights（言語的権利，言語権）292［社会］

linguistic transfer（言語転移）366［教育］

linguistic underdeterminacy thesis（言語的決定不十分説）214［語用］

linguistic variable（言語変項）292［社会］

linguolabial（舌唇音）21［音声］

linking-r（連結の r）21［音声］

linking verb（連結動詞）174［意味］

lip rounding（円唇化，唇の丸め）21［音声］

liquid（流音）21［音声］

listeme（リスト素）99［形態］

listening（聞き取り）366［教育］

list sentence（リスト文）174［意味］

literal interpretation（文字通りの解釈）214［語用］

literal meaning（文字通りの意味）214［語用］

live example（生きた用例）401［コーパ］

L-language, low variety（低位言語，低位変種）292［社会］

loanshift（翻訳代用）255［歴史］

loan translation（翻訳借用(語)，なぞり）255 [歴史]
loanword（借用語）255 [歴史]
loanword adaptation（借用語化）62 [音韻]
LOB (Lancaster-Oslo-Bergen) Corpus（ロブコーパス）401 [コーパ]
local constraint conjunction（局所的制約結合）62 [音韻]
localistic（所格論的）327 [認知]
locality condition（局所性条件）134 [統語]
location（場所）327 [認知]
locative（所格，場所格）175 [意味]
locative alteration（場所格交替）99 [形態]
locative (case)（所格）256 [歴史]
locatum（物材・除去目的語）99 [形態]
locutionary act（発語行為）215 [語用]
logDice（ログダイス）401 [コーパ]
logical constant（論理定項）175 [意味]
logical equivalence（論理的等値）175 [意味]
logical form（論理形式）175 [意味]，（論理形式）215 [語用]
logical form (LF)（論理形式）134 [統語]
logical necessity（論理的必然性）175 [意味]
logical operator（論理演算子）175 [意味]
logical predicate（論理述語）175 [意味]
logical subject（論理的主語）175 [意味]
log-likelihood（対数尤度比）401 [コーパ]

log-linear analysis（対数線形分析，ログリニア分析）401 [コーパ]
log-log（ログログ(値)）401 [コーパ]
logogram, logograph（表語文字）99 [形態]
logophoric（発話主体指向的）175 [意味]
London-Lund Corpus (LLC)（ロンドン・ルント口語英語コーパス）401 [コーパ]
long distance control（長距離制御）134 [統語]
long-distance dependency（長距離依存）134 [統語]
longitudinal research（縦断的研究）366 [教育]
Longman Corpus Network（ロングマンコーパスネットワーク）402 [コーパ]
Longman Learners' Corpus（ロングマン学習者コーパス）402 [コーパ]
loose talk（ルーストーク）215 [語用]
loss of final -e（語末の -e の消失）256 [歴史]
loss of final -n（語末の -n の消失）256 [歴史]
loudness（音の大きさ）21 [音声]
Louvain Corpus of Native English Essays (LOCNESS)（ルーヴェン英語母語話者作文コーパス）402 [コーパ]
lower articulator（下部調音体，下部調音器官）21 [音声]
L(ow) language（低位言語，日常卑近語）215 [語用]
l-syntax（語彙的統語構造）99 [形態]
l-vocalization（l の母音化）21 [音声]
Lyman's law（ライマンの法則）62 [音韻]

M

ma（間）215［語用］
machine-gun question（機関銃調の質問）215［語用］
macroparameter（マクロパラメータ）134［統語］
macro-sociolinguistics（マクロ社会言語学）292［社会］
macro-structure（マクロ構造，巨視的構造）215［語用］，（マクロ構造）402［コーパ］
main entry（主見出し）402［コーパ］
major class feature（主要音類素性）62［音韻］
majority language（多数派言語）293［社会］
malediction（呪い）216［語用］
manifestness（顕在性，明白性）216［語用］
manner（様態）176［意味］
manner of articulation（調音様式，調音様態，調音法）21［音声］
manner(-of-articulation) feature（調音性素性）62［音韻］
manuscript（写本，手稿）256［歴史］
map（写像する）327［認知］
mapping（写像）327［認知］
marked（有標の）62［音韻］，134［統語］，176［意味］
markedness（有標性）62［音韻］，367［教育］
markedness differential hypothesis (MDH)（有標性弁別仮説）367［教育］
marker（標識）176［意味］
mark(-)up（マークアップ）402［コーパ］
masculine rhyme（男性韻）21［音声］
mass noun（質量名詞）176［意味］
matched guise（変装組み合わせ）293［社会］
matrix（行列）63［音韻］
MAX（最大対応）63［音韻］
maxent metrics（マクセント韻律論）22［音声］
maxim（公理）216［語用］
maximal onset principle（最大頭子音の原則）63［音韻］
maximal projection（最大投射）135［統語］
maximality condition（最大性条件）63［音韻］
maxim of manner（様態の公理）216［語用］
maxim of quality（質の公理）216［語用］
maxim of quantity（量の公理）216［語用］
maxim of relation（関係の公理）216［語用］
measurement（評価）367［教育］
medial-wh（中間位置に現れる WH）135［統語］
mediation（媒介）367［教育］
medium for interethnic communication（中間異民族間コミュニケーション）293［社会］
medium of instruction（教授言語，教育媒体）293［社会］
mega-corpora 402［コーパ］
megastructure（メガ構造）402［コーパ］
membership categorization（成員カテゴリー化）293［社会］
mental attitude（心的態度）176［意味］，327［認知］
mental lexicon（心的辞書）100［形態］
mental scanning（心的走査）327［認知］

mental space（メンタル・スペース）328 [認知]
mental transfer（心的転移）328 [認知]
MEOSL（中英語開音節長音化）256 [歴史]
merge（併合）135 [統語]
merger（融合）256 [歴史]
mesolect（中層語，中間的変種）293 [社会]
meta-analysis（メタ分析）367 [教育]
meta(-)data（メタデータ）402 [コーパ]
metacommunication（メタコミュニケーション）217 [語用]
metacommunication, meta-utterance（メタコミュニケーション）293 [社会]
metalinguistic（メタ言語的）217 [語用]
metalinguistic analysis（メタ言語的分析）217 [語用]
metalinguistic awareness（メタ言語意識）367 [教育]
metalinguistic negation（メタ言語的否定）217 [語用]
metanalysis（異分析）256 [歴史]
metaphor（メタファー）217 [語用],（メタファー，隠喩）328 [認知]
metaphorical code-switching（隠喩的コードスイッチング，隠喩的コード切り替え）294 [社会]
metaphorical extension（比喩的拡張）328 [認知]
metaphorical mapping（メタファー写像）328 [認知]
metaphtonymy（メタフトニミー）328 [認知]
metapragmatics（メタ語用論）217 [語用]
metarepresentation（メタ表示）218 [語用]
metathesis（音位転換）256 [歴史]
meter（韻律，律格）22 [音声]
metonymy（メトノミー）218 [語用],（メトニミー，換喩）328 [認知]
metrical grid（韻律格子）63 [音韻]
metrical phonology（韻律音韻論）63 [音韻]
metrical position（韻律位置）22 [音声]
metrics（韻律論）22 [音声]
metronymic, matronymic（母称）257 [歴史]
MI (mutual information)（相互情報量）403 [コーパ]
MICASE (Michigan Corpus of Academic Spoken English)（マイケースコーパス，ミシガン学術口語英語コーパス）403 [コーパ]
microparameter（マイクロパラメータ）135 [統語]
micro-sociolinguisitcs（ミクロ社会言語学）294 [社会]
microstructure（ミクロ構造）403 [コーパ]
Middle English（中英語，中期英語）257 [歴史]
Middle English open syllable lengthening（中英語開音節長音化）257 [歴史]
middle matter（挿入事項）403 [コーパ]
middle verb（中間動詞）176 [意味]
mid-sagittal section（正中矢状断面図）22 [音声]
mid-scalar（尺度の中間）176 [意味]
mindreading（心を読む）218 [語用]
minim（ミニム，縦の一画）257 [歴史]
minimal distance principle（最短距離

の原理) 135 [統語]
minimalist program (極小主義プログラム) 135 [統語]
minimal link condition (最小連結条件) 135 [統語]
minimal pair (最小対立項, 最小対) 63 [音韻]
minimal response (最少反応) 294 [社会]
minimal search (最小検索) 135 [統語]
minimal word (最小語) 100 [形態]
minority language (group) (少数派言語(集団)) 294 [社会]
mirror neurons (ミラーニューロン) 367 [教育]
mirror principle (鏡原理) 100 [形態]
miscommunication (ミスコミュニケーション) 294 [社会]
mitigation (緩和, 弱化表現) 294 [社会], (緩衝) 368 [教育]
mixed methods research (混合研究法) 368 [教育]
mixed quotation (混合引用) 218 [語用]
modal (法的) 176 [意味]
modality (法性, モダリティ) 177 [意味]
modal logic (様相論理) 177 [意味]
modal meaning (法的意味) 177 [意味]
modal negation (法否定) 177 [意味]
modal operator (法演算子) 177 [意味]
modal scope (法作用域) 177 [意味]
modal structure (法構造) 177 [意味]
modal voice (通常の声立て) 22 [音声]
model theory (モデル理論) 177 [意味]
Modern English (近代英語) 257 [歴史]
Modern Language Aptitude Test (MLAT) (現代言語適性テスト) 368 [教育]
modularity (モジュール性) 368 [教育]
modularity of mind thesis (心のモジュール説) 218 [語用]
modular morphology (モジュール形態論) 100 [形態]
Modular Online Growth and Use of Language (MOGUL) (368 [教育]
module (モジュール) 136 [統語]
modus ponens (肯定式, モドゥスポネンス) 178 [意味]
moment of speech (発話時) 218 [語用]
monitor corpus (モニターコーパス) 403 [コーパ]
monitored speech (意識的な発話) 294 [社会]
monitoring (モニタリング) 369 [教育]
monitor model (モニター・モデル) 368 [教育]
MonoConc (モノ・コンク) 403 [コーパ]
monolingual dictionary (一言語辞書) 403 [コーパ]
monolingual(-ism) (モノリンガル, 一言語使用) 294 [社会]
monometer (一歩格) 22 [音声]
monomoraic (単一モーラ) 63 [音韻]
monophthong (単母音, 単一母音) 22 [音声]
monophthongization (単母音化, 単一母音化) 257 [歴史]
monosemy (単義) 178 [意味]
Mono-stratal Phonology (単層音韻論) 63 [音韻]

monosyllable（単音節語）64 [音韻]
monovalent（一価的）100 [形態]
monovalent feature（単項素性）64 [音韻]
Montague grammar（モンタギュー文法）178 [意味]
mood（法）178 [意味]
mora（モーラ，拍）64 [音韻]
mora-timing（モーラ拍）64 [音韻]
morpheme（形態素）100 [形態]
morpheme acquisition orders（形態素習得順序）369 [教育]
morpheme boundary（形態素境界）64 [音韻]
morpheme structure condition/constraint（形態素構造条件・形態素構造制約）100 [形態]
morpholexical rule（形態語彙規則）100 [形態]
morphological causative（形態論的使役(動詞)）101 [形態]
morphological component（形態部門）101 [形態]
morphologically conditioned allomorph（形態論的に条件づけられた異形態）101 [形態]
morphology（形態論）101 [形態]
morphophoneme（形態音素）64 [音韻]
morphophonemic alternation（形態音素交替）101 [形態]
morphophonemics（形態音素論）64 [音韻]
morphophonology（形態音韻論）64 [音韻]，101 [形態]
motherese（母親ことば）295 [社会]
motivated（有契的）329 [認知]
motivation（有契性，動機づけ）329 [認知]，（動機づけ）369 [教育]
motor equivalence（運動の等価性）22 [音声]
motor theory of speech perception（発話知覚の運動説，音声知覚の運動説）23 [音声]
Move（移動）136 [統語]
move（ムーブ）219 [語用]，295 [社会]
Move α（α移動）136 [統語]
movement theory of control（コントロールの移動理論）136 [統語]
M-principle（M-原理）219 [語用]
multi-competence（マルチコンピテンス）369 [教育]
multi-dimensional analysis（多次元分析）404 [コーパ]
multifunctionality（複数機能性）369 [教育]
multilingual corpus（多言語コーパス）404 [コーパ]
multilingual dictionary（多言語辞書）404 [コーパ]
multilingual(-ism)（マルチリンガル，多言語使用）295 [社会]
multimodal(-ity)（マルチモーダル）295 [社会]
multiple negation（多重否定）257 [歴史]
multiple specifiers（多重指定部）136 [統語]
multiple wh-question（多重 wh 疑問(文)）136 [統語]
Multi-stratal Phonology（複層音韻論）64 [音韻]
multi-word expressions (units, phrases)（複単語表現）404 [コーパ]
murmur（つぶやき(声)）23 [音声]
mutation（母音変異）257 [歴史]
muted group（無言集団）295 [社会]
mutual intelligibility（相互理解可能性）295 [社会]

myelination（髄鞘化）369［教育］

N

narration（話法）178［意味］
narrative（ナラティブ，語り）295［社会］
narrow-band spectrogram（ナロー・バンド・スペクトログラム，狭帯域幅スペクトログラム）23［音声］
narrowing（絞り込み）219［語用］
narrowing of meaning（意味の縮小）257［歴史］
narrow syntax（狭義の統語論）136［統語］
narrow transcription（精密表記）23［音声］
nasal（鼻音；鼻腔音）23［音声］
nasal airflow（鼻腔気流）23［音声］
nasal cavity（鼻腔）23［音声］
nasalization（鼻音化）23［音声］
nasal plosion（鼻腔破裂）23［音声］
nasal release（鼻腔解除，鼻腔解放）23［音声］
nasal stop（鼻腔閉鎖音）24［音声］
nasal-voice merger（鼻音性と有声性の融合）64［音韻］
nasal vowel（鼻母音）24［音声］
native speaker（ネイティブスピーカー）370［教育］
native speaker/language（母語話者／母語）296［社会］
nativization（母語化）296［社会］
natural class（自然類）64［音韻］
Natural Generative Phonology（自然生成音韻論）65［音韻］
naturalistic acquisition（自然習得）370［教育］
natural language processing (NLP)（自然言語処理）404［コーパ］

naturalness condition（自然性の条件）65［音韻］
natural path（自然経路）329［認知］
natural phonology（自然音韻論）65［音韻］
near future（近接未来，近未来）178［意味］
negation test（否定のテスト）178［意味］
negative concord（否定の一致，否定の調和）257［歴史］
negative contraction（否定辞縮約）258［歴史］
negative evidence（否定的証拠）370［教育］
negative face（ネガティブ・フェイス）219［語用］
negative inversion（否定倒置）178［意味］
negative polarity item（否定極性項目）136［統語］, 178［意味］
negative politeness（ネガティブ・ポライトネス）219［語用］
negative prefix（否定接頭辞）101［形態］
negative scope（否定の作用域）179［意味］
negotiation of form（言語の正確性に関する交渉）370［教育］
negotiation of meaning（意味交渉）370［教育］
NEG-raising verb（否定辞繰り上げ動詞）179［意味］
Neo-classical compound（新古典複合語）101［形態］
neogrammarian doctrine of sound change（青年文法学派の音変化に関する主張）258［歴史］
neogrammarians（青年文法学派）258［歴史］

neo-Gricean pragmatics（新グライス派語用論）219［語用］
Neo-Latin compound（新ラテン合成語，新ラテン複合語）101［形態］
neologism（新語法，新語，新造語）102［形態］
network（ネットワーク）329［認知］
network model（ネットワークモデル）329［認知］
neuroimaging（脳機能イメージング）370［教育］
neutralization（中和）65［音韻］
neutral lips（普通唇）24［音声］
neutral vowel（中立母音）65［音韻］
new assumption（新しい想定）220［語用］
New English(es)（新英語）296［社会］
new information（新情報）179［意味］
n-gram(s)（エヌ・グラム）404［コーパ］
node（節点）65［音韻］,（検索対象語（句），中心語，ノード）404［コーパ］
nominalization（名詞化）102［形態］
nominative absolute（絶対主格）258［歴史］
Nominative-Accusative system（主格-対格による格体系）102［形態］
nominative (case)（主格）258［歴史］
non-argument（非項，非文法項）137［統語］
nonce word（臨時語）102［形態］
non-consonantal（非子音性）65［音韻］
non-conventional implicature（非慣習的含意，非言語規約的含意）220［語用］
nondeictic（非直示的）220［語用］
non-detachability（分離不可能性）220［語用］
non-linear（非線状の）66［音韻］

non-linear phonology（非線状音韻論）66［音韻］
non-rhotic（非 r 音アクセント(の)）24［音声］
non-standard variety（非標準変種）296［社会］
non-truth-conditional meaning（非真理条件的意味）220［語用］
non-verbal communication（非言語コミュニケーション，非言語伝達）221［語用］,（非言語コミュニケーション）296［社会］
nonsense word（無意味語）102［形態］
normalized frequency（正規化頻度）404［コーパ］
Norman French（ノルマン・フランス語）258［歴史］
no tampering condition（無改変条件）137［統語］
noticing hypothesis（気づき仮説）371［教育］
noun incorporation（名詞編入）102［形態］
nouniness（名詞性）137［統語］
no vacuous affixation principle（空接辞添加禁止原理）102［形態］
N-pattern accent（N 型（えぬけい）アクセント）66［音韻］
nuclear stress（核強勢）66［音韻］
nucleus（核音；核）24［音声］
null Case（ゼロ格）137［統語］
null subject parameter（空主語媒介変数）137［統語］
numeration（数え上げ）137［統語］
numerical metanalysis（数異分析）258［歴史］
nursery rhyme（伝承童謡）24［音声］

O

object affectedness linking rule（影響目的語結合規則）103 [形態]
object deletion（目的語削除）137 [統語]
object shift（目的語転移）137 [統語]
obligatory adjunct（義務的付加詞）103 [形態]
obligatory context（義務的コンテクスト）371 [教育]
Obligatory Contour Principle (OCP)（必異原理，義務曲線原理）66 [音韻]
oblique（斜格）137 [統語]
observational adequacy（観察的妥当性）138 [統語]
observer's paradox（観察者の逆説）296 [社会]
obsolete 405 [コーパ]
obstruent（阻害音，妨げ音）66 [音韻]
Occam's razor（オッカムのかみそり）138 [統語]
occasional spelling（臨時綴り字）258 [歴史]
occurrence（生起要素）138 [統語]
OCR (optical character recognition)（オー・シー・アール，光学式文字認識）405 [コーパ]
octameter（八歩格）24 [音声]
offer（申し出）220 [語用]
off-glide（出わたり）24 [音声]
official language（公用語）296 [社会]
off-record strategy（オフレコのストラテジー）221 [語用]
off-verse（後半行）24 [音声]
of-genitive (of 属格) 259 [歴史]
o-grade（o 階梯）259 [歴史]
old assumption（古い想定）221 [語用]
Old English（古英語，古期英語）259 [歴史]
old information（旧情報）179 [意味]
Old Norse（古ノルド語）259 [歴史]
once-only rule（一度限りの規則）103 [形態]
one affix, one rule hypothesis（一接辞一規則の仮説）103 [形態]
one baseform per morpheme（一形態素に一基底形）103 [形態]
one-place predicate（一項述語）103 [形態]
one-shot metaphor（ワンショット・メタファー）329 [認知]
one-to-one principle（1 対 1 の原則）371 [教育]
on-glide（入りわたり）24 [音声]
on-line corpus（オンライン・コーパス）405 [コーパ]
onomasiology（命名論）179 [意味]
onomatopoe(t)ic word（擬音語，擬声語）103 [形態]
on-record strategy（言明的ストラテジー）221 [語用]
onset（頭子音；頭部開始点，出だし；声の出）24 [音声]
onstage region（オンステージ領域）329 [認知]
ontological category（存在範疇）104 [形態]
ontological correspondences（存在論的対応関係）329 [認知]
ontological metaphor（存在のメタファー）330 [認知]
on-verse（前半行）25 [音声]
opacity（不透明性）66 [音韻]
opaque context（不透明な文脈）179 [意味]
open（広い，広）25 [音声]
open approximation（広接近，開きの広い接近）25 [音声]

Open-Choice Principle（開かれた選択の原則）405 [コーパ]
open class（開いた類）104 [形態]
open-mid（広中，半広）25 [音声]
open syllable（開音節）25 [音声]
operating principles（操作原理）371 [教育]
optimality theoretic pragmatics（最適性語用論）221 [語用]
Optimality Theory (OT)（最適性理論）67 [音韻]
optimal relevance（最良の関連性）221 [語用]
oral（口腔音，口音）25 [音声]
oral airflow（口腔気流）25 [音声]
oral cavity（口腔）25 [音声]
oral-formulaic theory（口承定型理論）259 [歴史]
oral stop（口腔閉鎖音）25 [音声]
order（命令）221 [語用]
ordering of sense（語義配列）405 [コーパ]
ordering paradox（順序づけのパラドクス）104 [形態]
ordinary language school（日常言語学派）221 [語用]
organs of speech（音声器官）25 [音声]
orientational metaphor（方向性のメタファー）330 [認知]
oro-nasal airflow（口腔・鼻腔気流）25 [音声]
orthoepist（正音学者）259 [歴史]
orthoepy（正音学）259 [歴史]
orthography（正字法，正書法）259 [歴史]
ostensive-inferential communication（意図明示で推論に基づく伝達）222 [語用]
other-initiation of repair（他者に導かれた修復）222 [語用]
output hypothesis（アウトプット仮説）371 [教育]
outsider matter（外付け事項）405 [コーパ]
overgeneralization（過剰一般化）371 [教育]
overlap（重複）296 [社会]
overt prestige（顕在的威信）297 [社会]
overt syntax（顕在的統語論）138 [統語]
overuse（過剰使用）405 [コーパ]
Oxford Text Archive (OTA)（オックスフォード・テキスト・アーカイブ）405 [コーパ]

P

pair-Merge（対併合）138 [統語]
palatal（(硬)口蓋音）25 [音声]
palatal diphthongization（口蓋音による二重母音化）260 [歴史]
palatalization（(硬)口蓋化）26 [音声]
palate（口蓋）26 [音声]
palato-alveolar（(硬)口蓋歯茎(音)）26 [音声]
palatography（口蓋図法）26 [音声]
paleography（古書体学）260 [歴史]
ParaConc（パラ・コンク）405 [コーパ]
paradigmatic（範列）180 [意味]
paradigmatic relationship（系列的関係）104 [形態]
paradigmatic word formation（系列的語形成）104 [形態]
paradigm function morphology（パラダイム関数形態論）104 [形態]
parafix（重複辞）104 [形態]
paragoge（語尾音添加，語末音添加）

260 [歴史]
paralanguage（パラ言語，周辺言語，準言語，副次言語）26 [音声]
parallel corpus（対訳コーパス）405 [コーパ]
parallel distributed processing（並列分散処理）330 [認知]
parallel distribution（平行分布）67 [音韻]
parallel Merge（並列併合）138 [統語]
parallel morphology（並行形態論）105 [形態]
parameter（媒介変数，パラメータ）138 [統語]
parasitic gap（寄生空所）138 [統語]
parasynthesis（並置統合）105 [形態]
parasynthetic compound（並置総合複合語）105 [形態]
parent language（祖語）260 [歴史]
parody（パロディー）222 [語用]
parser（構文解析器，構文解析プログラム，パーサ）406 [コーパ]
parsing（構文解析）372 [教育]，406 [コーパ]
partial assimilation（部分同化）26 [音声]
partial negation（部分否定）180 [意味]
participant（参与者）330 [認知]
participant observation（参与観察）297 [社会]
participant role（参与者役割）330 [認知]
participant structure（参与者構造）297 [社会]
participation framework（参与の枠組み）297 [社会]
particle（不変化詞）105 [形態]
particle verb（不変化詞動詞）105 [形態]

particular grammar（個別文法）139 [統語]
particularized conversational implicature（特殊化された会話の含意／推意）222 [語用]
partitive（分格；部分的；部分詞，部分名詞句；部分格）105 [形態]
partitive genitive（部分属格）260 [歴史]
partonymy（パートニミー）330 [認知]
passive articulator（受動調音体，受動調音器官）26 [音声]
passive bilingualism（受動的二言語使用）297 [社会]
path（経路）106 [形態]
path schema（経路のスキーマ）331 [認知]
patient（被動作主）180 [意味]
patronymic（父称）260 [歴史]
pattern（パターン）406 [コーパ]
pattern congruity（同型性，型の整合性）67 [音韻]
pattern practice（パターン・プラクティス）372 [教育]
pause（ポーズ，休止）26 [音声]
peak（山，中心部）67 [音韻]
pejoration of meaning（意味の堕落，意味の悪化）260 [歴史]
Penn Treebank（ペンシルバニア大学ツリーバンク）406 [コーパ]
pentameter（五歩格）26 [音声]
penult　67 [音韻]
penultimate（語末第二音節）67 [音韻]
perception（知覚）27 [音声]，331 [認知]
perceptual dialectology（知覚方言学，認知方言学）297 [社会]
percolation（浸透）106 [形態]
percussive（打破音）27 [音声]
perfective participle（完結分詞）106

［形態］
perfective process（完了プロセス）331［認知］
performance（言語運用）139［統語］, 222［語用］
performative（遂行的，遂行文）223［語用］
performative analysis（遂行分析）223［語用］
performative sentence（遂行文）223［語用］
performative utterance（遂行的発話）223［語用］
performative verb（遂行動詞）223［語用］
periodic（周期音）27［音声］
P(eripheral)-feature（周辺素性）139［統語］
periphrasis（迂言法）260［歴史］
periphrastic causative（迂言の使役(動詞)）106［形態］,（迂言的使役）180［意味］
periphrastic *do*（迂言の do）260［歴史］
Perl（パール）406［コーパ］
perlocutionary act（発語媒介行為）223［語用］
perseverative coarticulation（持久同時調音）27［音声］
person deixis（人称のダイクシス）223［語用］
perspective（視野，観点，パースペクティブ）331［認知］
perspective taking（視点取得）372［教育］
perspectivization（視点投射）331［認知］
pharyngeal（咽頭音）27［音声］
pharyngealization（咽頭化）27［音声］
pharynx（咽頭，咽頭腔）27［音声］

phase（位相）139［統語］
phase-impenetrability condition（位相不可侵条件）139［統語］
phatic（交感的）223［語用］
phatic act（用語行為）224［語用］
phatic communion（交感的言語使用）224［語用］, 297［社会］
philology（文献学，言語学）261［歴史］
phonation（発声）27［音声］
phone（音，単音）67［音韻］
phoneme（音素）68［音韻］
phonemic change（音素変化）261［歴史］
phonemics（音素論）372［教育］
phonemic split（音素分裂）261［歴史］
phonemic transcription（音素表記）68［音韻］
phonetic act（音声行為）224［語用］
phonetic change（音声変化）261［歴史］
phonetic form (PF)（音声形式）139［統語］
phonetics（音声学）27［音声］
phonological phrase（音韻句）68［音韻］
phonological pole（音韻極）331［認知］
phonological representation（音韻表示）68［音韻］
phonological short-term memory (PSTM)（音韻的短期記憶）372［教育］
phonological system（音韻体系）68［音韻］
phonological utterance（音韻的発話）68［音韻］
phonological word（音韻語）68［音韻］
phonologization, phonemicization

（音韻化）68 [音韻]
phonology（音韻論）68 [音韻]
phonotactics（音素配列，音素配列論）69 [音韻]
phrasal calque（翻訳借用句）261 [歴史]
phrasal pragmatics（句語用論）224 [語用]
phrasal verb（句動詞）106 [形態]
phrase structure（句構造）140 [統語]
phraseology（フレージオロジー，句表現）406 [コーパ]
phylogeny（系統発生）261 [歴史]
physical perception（身体的知覚）331 [認知]
Pictish（ピクト語）261 [歴史]
pidgin, pidginization（ピジン，ピジン化）297 [社会]
pitch（ピッチ，音の高さ）28 [音声]
pitch accent（高さアクセント，高低アクセント，ピッチアクセント）69 [音韻]
pitch range（高さ変動域）28 [音声]
place deixis（場所のダイクシス）224 [語用]
place feature（位置素性）69 [音韻]
place of articulation（調音位置）28 [音声]
plane（平面）69 [音韻]
planning time（プランニングタイム）372 [教育]
Plato's problem（プラトンの問題）140 [統語]
pleonastic genitive（冗語属格）261 [歴史]
plosion（破裂）28 [音声]
plosive（破裂音）28 [音声]
pluricentric language（複中心言語）298 [社会]
P-map（P-地図）69 [音韻]

pocket dictionary（小型辞書，ポケット辞書）406 [コーパ]
poetic effects（詩的効果）224 [語用]
poetic language（詩的言語）224 [語用]
poetic license（詩的許容）28 [音声]
politeness（ポライトネス）225 [語用],（ポライトネス，丁寧さ）298 [社会]
politeness principle（丁寧さの原理）225 [語用]
politeness strategy（ポライトネス・ストラテジー）225 [語用]
political correctness（政治的公正，ポリティカルコレクトネス）298 [社会]
politic behavior（分別ある行動）298 [社会]
polyglossia（ポリグロッシア）298 [社会]
polysemy（多義）180 [意味]
polysyllable（多音節語）69 [音韻]
polysystemic（多体系的，複系列的，多系的）69 [音韻]
popular etymology（民間語源，通俗語源）261 [歴史]
portmanteau morph（かばん形態）106 [形態]
portmanteau word（かばん語）106 [形態]
POS (part of speech) tagging（品詞タグ付け）406 [コーパ]
positional faithfulness（位置的忠実性）69 [音韻]
positional variant（位置変異音）69 [音韻]
positive evidence（肯定的証拠）373 [教育]
positive face（ポジティブ・フェイス）225 [語用]
positive politeness（ポジティブ・ポ

ライトネス）225［語用］
possessive dative（所有の与格）261［歴史］
possible word（可能な語）106［形態］
possible world（可能世界）180［意味］
postalveolar（後部歯茎(音)）28［音声］
postlexical phonology（後語彙音韻論）70［音韻］
postlexical rule（後語彙規則）70［音韻］
post-syntactic compound（S 構造複合語）106［形態］
postulate（公準）226［語用］
post-vocalic /r/（母音の後の /r/）261［歴史］
power（パワー，権力意識）298［社会］
pragmatically enriched proposition（語用論的に豊かにされた命題）226［語用］
pragmatic anaphora（語用論的照応）226［語用］
pragmatic competence（語用論的言語能力）226［語用］
pragmatic disorder（語用論的言語障害）226［語用］
pragmatic implication（語用論的含意）226［語用］
pragmatic markedness（語用論的有標性）226［語用］
pragmatic presupposition（語用論的前提）226［語用］
pragmatics（語用論）227［語用］
pragmatic strengthening（語用論的強化）331［認知］
pragmatic word-order language（語用論的語順をもつ言語）227［語用］
preaspiration（前帯気）28［音声］
precedence-based phonology（時系列音韻論）70［音韻］
precedence-free phonology（非時系列音韻論）70［音韻］
predicate argument structure（述語項構造）107［形態］
predicate-internal subject hypothesis（述部内主語仮説）140［統語］
predication（叙述）140［統語］，（叙述，プレディケーション）331［認知］
pre-emption（先取り）107［形態］
prefabrication（プレファブ化）373［教育］
preference（優先傾向）227［語用］
prefix, prefixation（接頭辞，接頭辞添加）107［形態］
pre-fortis clipping（硬音前母音短縮）28［音声］
pre-glottalization（前声門化）28［音声］
prehead（前頭部）28［音声］
pre-lexical structure（語彙前の構造）107［形態］
preparatory condition（予備条件）227［語用］
preposition stranding（前置詞残留）140［統語］
prescriptive grammarian（規範文法家）262［歴史］
prescriptivism（規範主義）262［歴史］
Present-day English（現代英語）262［歴史］
prestige（威信）298［社会］
presumption of optimal relevance（最良の関連性の見込み）227［語用］
presupposition（前提）180［意味］
presupposition-trigger（前提の引き金）181［意味］
preterit(e)-present verb（過去現在動詞）262［歴史］
preverb（動詞前辞）107［形態］

primary affix（一次接辞）107［形態］

primary articulation（一次調音，主要調音）29［音声］

primary compound（一次複合語）107［形態］

primary illocutionary force（一次的発語内の力）227［語用］

primary metaphor（プライマリー・メタファー）332［認知］

primary stress（第一強勢）70［音韻］

priming（プライミング）107［形態］，332［認知］，373［教育］

principle（原理，原則）70［音韻］

principle of relevance（関連性の原則）228［語用］

principles and parameters theory（原理媒介変数理論）140［統語］

private affix（欠性接辞）108［形態］

private speech（プライベートスピーチ）373［教育］

PRO（ビッグプロ）140［統語］

pro（スモールプロ）140［統語］

probability（確率）406［コーパ］

probe-goal relation（探査子・目標子関係）140［統語］

problem-oriented annotation（問題志向型の情報付与）407［コーパ］

procedural meaning（手続き的意味）228［語用］

procedural memory and knowledge（手続きの記憶と知識）373［教育］

process（過程，プロセス）332［認知］

Processability Theory（PT）（処理可能性理論）373［教育］

processing effort（処理労力，処理努力）228［語用］

processing instruction（PI）（処理指導）374［教育］

process nominal（過程名詞，過程名詞化形）108［形態］，（過程名詞）140［統語］

procrastinate (principle)（延滞(原理)）141［統語］

pro-drop（代名詞主語省略，プロ落とし）141［統語］

production（産出）29［音声］，407［コーパ］

productive, productivity（生産的，生産性）108［形態］

proficiency（習熟）374［教育］

profile（プロファイル）332［認知］

profile/active-zone discrepancy（プロファイルと活性領域の不一致）332［認知］

profile determinant（プロファイル決定子）332［認知］

profile shift（プロファイル移行）332［認知］

progressive assimilation（進行同化，順行同化）29［音声］

Project Gutenberg（グーテンベルグ計画）407［コーパ］

projection principle（投射原理）141［統語］

projection problem（前提の投射の問題）181［意味］

prominence（卓立）29［音声］，（卓立，際立ち）333［認知］

prominence theory（卓立理論）181［意味］

pronominal（代名詞類）141［統語］

proparalepsis（語尾音添加，語尾母音添加）262［歴史］

proposition（命題）228［語用］

propositional content condition（命題内容条件）228［語用］

proposition expressed（表現された命題）228［語用］

prosodeme（韻律素）70［音韻］

prosodic hierarchy（韻律階層）70［音

韻]
prosodic morphology（韻律形態論）70［音韻］, 108［形態］
prosodic phonology（音律音韻論）71［音韻］
prosodic word（韻律語, 音律語）71［音韻］
prosody（音律, 韻律, プロソディー）29［音声］
prosthesis（語頭音添加）262［歴史］
prothesis（語頭音添加）262［歴史］
protocol analysis（プロトコル分析）374［教育］
Proto-Germanic（ゲルマン祖語）262［歴史］
Proto-Indo-European（印欧祖語）262［歴史］
protolanguage（祖語）262［歴史］
prototype（プロトタイプ, 典型）333［認知］
prototype category（プロトタイプ・カテゴリー）333［認知］
prototype effect（プロトタイプ効果）333［認知］
pseudogapping（擬似空所化）141［統語］
psychological predicate, psych-verb（心理述語, 心理動詞）108［形態］
pull chain（引き上げ連鎖）263［歴史］
pulmonic airstream mechanism（肺臓気流機構）29［音声］
punctuated-equilibrium model（断続平衡モデル）263［歴史］
purism（純粋主義）263［歴史］
push chain（押し上げ連鎖）263［歴史］
pyrrhic（短短格(の), 弱弱格(の)）29［音声］

Q

Q-implicature（Q-含意）229［語用］
Q-principle（Q-原理）229［語用］
quadruplet（四重語）263［歴史］
qualitative analysis（質的分析）407［コーパ］
qualitative research（質的研究）374［教育］
quantifier（数量詞, 量化子, 量化記号）141［統語］, （量化子）181［意味］
quantifier floating（数量詞移動, 数量詞遊離）141［統語］
quantifier raising（数量詞繰り上げ）141［統語］
quantitative analysis（量的分析）407［コーパ］
quantitative meter（長短韻律）29［音声］
quantitative research（量的研究）374［教育］
quantity（音量, 音量表記）71［音韻］
quantity-sensitive（音量に依存する）71［音韻］
quatrain（四行連(句)）29［音声］
queer linguistics（クィア言語学）299［社会］
query（クエリー, 検索）407［コーパ］
questionnaire research（質問紙研究）374［教育］
quirky Case（奇態格）141［統語］
quotation ＝ CITATION 407［コーパ］

R

radical（舌根音）30［音声］
radial category（放射範疇）108［形態］,（放射状カテゴリー）333［認

知]
Radical CV Phonology（急進的CV音韻論）71 ［音韻］
raising（繰り上げ）142 ［統語］
random sampling（ランダム・サンプリング，無作為抽出(法)）407 ［コーパ］
ranking（序列化，ランク付け）71 ［音韻］
rapport talk（ラポールトーク）299 ［社会］
r argument（R項）108 ［形態］
r-colored（r音色の）30 ［音声］
reaction time（RT）（反応時間）375 ［教育］
reading（読解）375 ［教育］
real world knowledge（現実世界の知識）229 ［語用］
realization（具現化，具現形，実現）71 ［音韻］，（具現化，具現形）108 ［形態］
reanalysis（再分析）142 ［統語］
recasts（リキャスト）375 ［教育］
Received Pronunciation（RP）（容認発音）299 ［社会］
reception（受容）407 ［コーパ］
recipient（受益者，受信者，受容者）109 ［形態］
reciprocal assimilation（相互同化）30 ［音声］
reciprocal predicate（相互述語）109 ［形態］
reciprocal (pronoun)（相互代名詞）142 ［統語］
reconstruction（再構築）142 ［統語］，（再建）263 ［歴史］
recoverability condition（復元可能性条件）142 ［統語］
recursion（回帰性，回帰）142 ［統語］
recursive symbol（繰り返し記号）142 ［統語］

reduced vowel（弱化母音；縮小母音）30 ［音声］
reduction（弱化）72 ［音韻］
redundancy rule（余剰規則）72 ［音韻］，109 ［形態］
redundant（余剰的）72 ［音韻］
reduplicating verb（重複動詞）263 ［歴史］
reduplication（重複(畳語)）72 ［音韻］，（重複，畳語）109 ［形態］
reference assignment（指示付与，指示対象の指定）229 ［語用］
reference corpus（参照コーパス）407 ［コーパ］
reference point（参照点）333 ［認知］
reference time（言及時）182 ［意味］
referential expression（R-expression）（指示表現）142 ［統語］
referential function（指示機能）229 ［語用］
referential question（参照質問）375 ［教育］
reflex（反映形）263 ［歴史］
reflexive (pronoun)（再帰代名詞）142 ［統語］
reflexivity（再帰性）299 ［社会］
region（区域）333 ［認知］
regional variation（地域変種）299 ［社会］
register（声域）30 ［音声］，（レジスター，言語使用域）299 ［社会］
register tone（等質声調）30 ［音声］
regressive assimilation（逆行同化）30 ［音声］
regular expression（正規表現）407 ［コーパ］
rehearsal（リハーサル）375 ［教育］
reification（具現化）333 ［認知］
relation（関係）333 ［認知］

relational profile（関係的プロファイル）334［認知］
relative clauses（関係節）375［教育］
relativized minimality condition（相対的最小性条件）143［統語］
relativized uniformity of theta assignment（相対化主題役付与同一性仮説）109［形態］
release burst（解放時のバースト）30［音声］
release phase（解除相，解放相）31［音声］
relevance（関連性）229［語用］
relevance-theoretic comprehension procedure（関連性理論に基づく理解過程）229［語用］
relevance theory（関連性理論）230［語用］
remnant movement（残余要素移動）143［統語］
rendaku（連濁）72［音韻］
repair（修復）230［語用］
repair strategy（修正操作）72［音韻］
repair (work)（修復）299［社会］
repetition（繰り返し，反復）230［語用］，（繰り返し）299［社会］
replicability（再現可能性，反復可能性）408［コーパ］
replication research（追試研究）375［教育］
report talk（リポートトーク）300［社会］
representation（表示）72［音韻］，（表象，表示）334［認知］
representative（陳述表示型）230［語用］
representativeness（代表性）408［コーパ］
resemblance（類似性）230［語用］
resolution（音節分解）31［音声］

resonance（共鳴，共振）31［音声］
resonant frequency（共鳴周波数，共振周波数，共鳴振動数，共振振動数）31［音声］
response（応答）230［語用］
restricted code（限定コード）300［社会］
restrictive modifier（制限的修飾要素）109［形態］
restructuring（再構築）376［教育］
resultative（結果相，結果格，結果的，結果構文）143［統語］
result nominal（結果名詞）143［統語］
result nominal (noun)（結果名詞，結果名詞化形）110［形態］
resumptive pronoun（再述代名詞）143［統語］
resyllabification（再音節化）73［音韻］
retracted（後寄りの，奥寄りの，後退した）31［音声］
retracted tongue root (RTR)（舌根後退）73［音韻］
retroactive nominal（遡及的名詞）143［統語］
retroflex（反り舌音，反転音）31［音声］
reversal（転換）73［音韻］
reversative prefix（反転接頭辞）110［形態］
revised hierarchical model (RHM)（改訂階層モデル）376［教育］
rhotacism（r音化，r音への転換）263［歴史］
rhotacization（r音化）31［音声］
rhotic（r音性（の）；r音アクセント（の））31［音声］
rhyme（脚韻部；脚韻）32［音声］
rhyme-motivated compound（韻に動機づけられた複合語）110［形態］
rhyme royal（帝王韻）32［音声］

rhyming slang（押韻俗語）300［社会］
rhythm（リズム）32［音声］
rhythm rule（リズム規則）73［音韻］
right-branching construction（右枝分かれ構造）143［統語］
right-hand head rule（右側主要部の規則）110［形態］
right-headed (foot)（右方主要部脚，弱強格）73［音韻］
right roof constraint（右上限制約）143［統語］
R-implicature（R-含意）231［語用］
rise（上昇調）32［音声］
rise-fall（上昇下降調）32［音声］
rising rhythm（上昇調リズム）32［音声］
ritual insults（儀礼的侮辱）300［社会］
rival morpheme（競合形態素）110［形態］
role archetype（役割の元型）334［認知］
role type（役割型）334［認知］
Romance（ロマンス語）263［歴史］
root（語根）264［歴史］
root compound（語根複合語）110［形態］
root creation（語根創造）110［形態］
root (of the tongue)（舌根）32［音声］
root transformation（根変形）144［統語］
rounded lips（円唇）32［音声］
R-principle（R-原理）231［語用］
rule/list fallacy（ルール・リストの誤謬）334［認知］
rule of inference（推論規則）231［語用］
rule of three（三連規則）33［音声］
rule ordering（規則の順序付け）73［音韻］
runes（ルーン文字）264［歴史］
run-on-line（句またがり）33［音声］

S

salience（際立ち，顕著性）334［認知］
salience 408［コーパ］
saliency hierarchy（顕著性階層）334［認知］
sampling（サンプリング）408［コーパ］
sandhi（連声，サンディ）73［音韻］
Sanskrit, Sanscrit（サンスクリット語）264［歴史］
Sapir-Whorf hypothesis（サピア・ウォーフの仮説）300［社会］
SARA (SGML-Aware Retrieval Application)（サラ）408［コーパ］
satellite（付随要素）334［認知］
satellite-framed（付随要素つきフレーム型）334［認知］
satem language（サテム言語）264［歴史］
saturation（飽和）144［統語］，231［語用］
Saussurean paradox（ソシュールの逆説）300［社会］
scaffolding（足場作り）376［教育］
scalar implicature（尺度含意，尺度推意）231［語用］
scale（尺度）182［意味］，335［認知］
Scandinavian loanwords（スカンジナビア借用語）264［歴史］
scanning（スキャニング，走査）335［認知］，（スキャニング）408［コーパ］
scansion（律読）33［音声］
scenario（シナリオ）182［意味］
scene（場面，場）232［語用］
schema（スキーマ，図式）335［認知］
schematicity（スキーマ性）335［認知］

schematization（スキーマ化）335［認知］
schwa（シュワー）33［音声］
scope（作用域）144［統語］,（スコープ）335［認知］
scope principle（作用域の原理）182［意味］
Scottish Vowel Length Rule（スコットランド母音長規則）264［歴史］
scrambling（かき混ぜ）144［統語］
scribe（写字生）264［歴史］
script（スクリプト）300［社会］, 335［認知］
search domain（探索領域）335［認知］
secondary articulation（二次調音，副次調音）33［音声］
secondary compound, synthetic compound（二次複合語）110［形態］
secondary predication（二次叙述）144［統語］
secondary stress（第二強勢）74［音韻］
second dialect acquisition（第二方言の習得）376［教育］
second-generation corpora（第二世代コーパス）408［コーパ］
second Germanic consonant shift（第二次ゲルマン語子音推移）264［歴史］
second language socialization（第二言語での社会化）376［教育］
segment（分節音，分節素，分節，分節要素）74［音韻］
segmental（分節的）74［音韻］
segmentals（個別音）377［教育］
segmental tier（分節層）74［音韻］
segmentation（セグメンテーション，分割）408［コーパ］
selectional relation（選択関係）144［統語］
self-controllable（自己制御的）111［形態］
self-embedded construction（自己埋め込み構文）144［統語］
self-referential（自己言及的）232［語用］
self-repair（自己修正）377［教育］
semantic annotation 408［コーパ］
semantic borrowing（意味借用）182［意味］
semantic case（意味格）111［形態］
semantic change（意味変化）265［歴史］
semantic component（意味部門）144［統語］
semantic decomposition（意味分解）182［意味］
semantic feature（意味素性）182［意味］
semantic field（意味の場）183［意味］
semantic pole（意味極）335［認知］
semantic preference（優先的意味選択）409［コーパ］
semantic presupposition（意味論的前提）183［意味］
semantic processing（意味処理）377［教育］
semantic prosody（意味的韻律）409［コーパ］
semantic role（意味役割）183［意味］
semantic tagger 408［コーパ］
semantic tagging（意味タグ付け）409［コーパ］
semantic triangle（意味の三角形）183［意味］
semasiology（意味（変化）論：語義学）183［意味］
semelfactive（瞬間行為）183［意味］
semi-communication（セミコミュニケーション）301［社会］
semi-consonant（半子音）74［音韻］

semi-factive（半叙実的）183［意味］
semi-lingualism（不完全言語使用）301［社会］
semi-modal（半法助動詞）184［意味］
semi-negative（半否定辞）184［意味］
semiotics（記号論）184［意味］
semi-suffix（準接尾辞）111［形態］
semivowel（半母音）33［音声］
sense（語義）409［コーパ］
sense ordering（語義配列（法））409［コーパ］
sensory-motor system（感覚・運動体系）145［統語］
sentence stress（文強勢）33［音声］
sentential subject constraint（文主語制約）145［統語］
sequence, sequential organization（連鎖構造）301［社会］
sequential scanning（連続的スキャニング，順次的走査）335［認知］
serial verb (construction)（連結動詞（構文））111［形態］
set-Merge（集合併合）145［統語］
setting（セッティング）336［認知］
setting-subject construction（セッティング主語構文）336［認知］
SEU (Survey of English Usage) Corpus（英語語法調査コーパス）409［コーパ］
sexism (in language)（（言語における）性差別，性差別主義）301［社会］
SGML (Standard Generalized Markup Language)（エス・ジー・エム・エル）409［コーパ］
shibboleth（試しことば，シボレス）301［社会］
shortening（短縮）111［形態］
sibilant（歯擦音）33［音声］
sideward movement（側方移動）145［統語］
significance level（有意水準）377［教育］
significance test(ing)（有意性検定）409［コーパ］
signifie(d)（シニフィエ，記号内容，所記）184［意味］
signifying（シニフィアン，記号表現，能記）184［意味］
silence（沈黙，空白部）232［語用］
silent stress（無音強勢）34［音声］
similitude（類似）34［音声］
simple event nominal（単純出来事名詞化形）111［形態］
simple form（単純形）111［形態］
simplification（簡略化）377［教育］
sincerity condition（誠実性条件）232［語用］
sister language（姉妹語）265［歴史］
situated interpretation（状況に根差した解釈）301［社会］
situation（場面，状況）232［語用］
situational code-switching（状況的コードスイッチング，状況的コード切り替え）301［社会］
situation semantics（状況意味論）184［意味］
size（サイズ，大きさ）409［コーパ］
skeletal tier（スケルトン層）74［音韻］
Sketch Engine, SketchEngine（スケッチ・エンジン）410［コーパ］
slang（俗語，スラング）301［社会］,（俗語）410［コーパ］
slit（透き間舌の，隙間舌の）34［音声］
sloppy identity（略式の同一性，ゆるい同一性）145［統語］
sluicing（間接疑問縮約）145［統語］
small clause（小節）145［統語］
small talk（スモールトーク）302［社会］

smoothing（滑化）265［歴史］
social class, social class dialect（社会階級，社会階級方言）302［社会］
social deixis（社会的ダイクシス）232［語用］
social dialectology, social dialect（社会方言学，社会方言）302［社会］
social distance（社会的距離）232［語用］
social network（社会的ネットワーク，社会関係網）302［社会］
social practice（社会的実践）302［社会］
social role（社会的役割）302［社会］
social semiotics（社会記号論）302［社会］
social stratification（社会の階層分化）303［社会］
social variable（社会的変項）303［社会］
social variation（社会的変種）303［社会］
sociocognitive approaches（社会認知的アプローチ）377［教育］
sociocultural approaches（社会文化的アプローチ）377［教育］
socio-economic index（社会経済的指標）303［社会］
socio-historical linguistics（歴史社会言語学）265［歴史］
sociolinguistic interview（社会言語学的インタビュー）303［社会］
sociolinguistic variable（社会言語学的変項）303［社会］
sociology of language（言語社会学）303［社会］
sociophonetics（社会音声学）34［音声］
sociopragmatics（社会的語用論）232［語用］

soft palate（軟口蓋）34［音声］
solidarity（連帯，仲間意識）233［語用］,（連帯意識）303［社会］
sonnet（ソネット）34［音声］
sonorant（共鳴音，共鳴性）34［音声］
sonority（聞こえ（度））34［音声］
sonority sequencing principle（聞こえ度配列の原理）74［音韻］
sort（ソート，並べ替え）410［コーパ］
sound change（音変化）265［歴史］
sound law（音法則）265［歴史］
sound symbolism（音象徴，音声象徴）111［形態］
source（音源）34［音声］
source domain（ソースドメイン，起点領域）336［認知］
source-filter theory（音源・濾波説）34［音声］
span（スパン）410［コーパ］
spatial cognition（空間認知）336［認知］
speaker orientation（話者指向性）184［意味］
SPEAKING（スピーキング）303［社会］
speaking（スピーキング）378［教育］
specialization of meaning（意味の特殊化）265［歴史］
specialized corpus（特殊コーパス）410［コーパ］
specificity（特定性）184［意味］
specific reference（特定指示）184［意味］
specified subject condition（指定主語条件）145［統語］
specifier（指定部）146［統語］
specifier-head agreement（指定部・主要部一致）146［統語］
spectrogram（スペクトログラム）35［音声］

speech（発話，言語行動，話法）233 [語用]

speech accommodation (theory)（発話適応(理論)）304 [社会]

speech act（発話行為，言語行為）233 [語用]

speech-act adverbial（発話行為副詞類）233 [語用]

speech act idiom（発話行為慣用表現）233 [語用]

speech community（スピーチコミュニティ）304 [社会]

speech event（スピーチイベント，発話事象）304 [社会]

speech formula（定型表現）185 [意味]

speech perception（音声知覚）378 [教育]

speech rate（発話速度）35 [音声]

speech situation（発話状況，言葉の状況）233 [語用]

spelling（綴り字法, 綴り字）410 [コーパ]

spelling pronunciation（綴り字発音）265 [歴史]

spelling reform（綴り字改革）265 [歴史]

Spell-Out（排出）146 [統語]

split（分裂）266 [歴史]

split CP hypothesis（分離 CP 仮説）146 [統語]

split morphology hypothesis（分割形態論仮説）111 [形態]

spoken corpus（話し言葉コーパス）410 [コーパ]

spoken language（話しことば）233 [語用]

spondee, spondaic（長長格(の), 強強格(の)）35 [音声]

spoonerism（スプーナー語法，(語)頭音転換）74 [音韻]

spread lips（平唇）35 [音声]

sprung rhythm（スプラングリズム，躍動律）35 [音声]

s-selection（意味的選択）146 [統語]

stage level（ステージレベル）185 [意味]

stage model（ステージモデル）336 [認知]

standard deviation（標準偏差）410 [コーパ]

Standard English（標準英語）266 [歴史]

standardization（標準化）304 [社会]，410 [コーパ]

standardized type/token ratio（標準タイプ・トークン比）411 [コーパ]

standard theory（標準理論）146 [統語]

stanza（連）35 [音声]

statement（陳述）185 [意味]

state of affairs（事態, 状況）234 [語用]

statistical learning（統計学習）378 [教育]

statistics（統計(学)）411 [コーパ]

stative（状態相の）185 [意味]

stem（語幹）266 [歴史]

stemma（系統図, ステマ）266 [歴史]

stereotypical speech（ステレオタイプ的話し方）304 [社会]

stimulated recall（刺激再生法）378 [教育]

stimulus（刺激）185 [意味]

stop（閉鎖音）35 [音声]

stranded affix filter（残置接辞フィルター）146 [統語]

Stratal OT（階層最適性理論）75 [音韻]

strategy（ストラテジー, 方略）234

［語用］
stratification（階層化）304［社会］
stratum ordering（層順序付け）112［形態］
stray affix filter（遊離接辞フィルター）112［形態］
strength relations (phonological)（強弱関係）75［音韻］
stress（強勢）35［音声］
stress accent（強勢アクセント）75［音韻］
stress clash（強勢衝突）75［音韻］
stress foot（強勢韻脚）75［音韻］
stress group（強勢群）75［音韻］
stress maximum（最大強勢点）35［音声］
stress shift（強勢移動）75［音韻］
stress-timed rhythm（強勢拍リズム）36［音声］
striation（細条）36［音声］
Strict CV (CVCV) Phonology（厳密CV音韻論）75［音韻］
strict cyclicity / strict cycle condition（厳密循環性／厳密循環条件）147［統語］
strict identity（厳密同一性）147［統語］
strict layer hypothesis（厳密階層仮説）76［音韻］
strict subcategorization（厳密下位範疇化）147［統語］
stricture（狭め）36［音声］
stricture feature（狭め素性, 狭窄素性）76［音韻］
strident（粗擦性）76［音韻］
strong conjugation（強変化活用）266［歴史］
strong crossover（強交差）147［統語］
strong declension（強変化曲用）266［歴史］

strong feature（強素性）147［統語］
strong form（強形）36［音声］
strong implicature（強い推意）234［語用］
strong minimalist thesis（強い極小主義のテーゼ）147［統語］
strong verb（強変化動詞）266［歴史］
structural ambiguity（構造上の多義性）147［統語］
structural change（構造変化）147［統語］
structural dependence（構造依存）148［統語］
structural description（構造記述）148［統語］
structural equation modeling (SEM)（構造方程式モデリング）378［教育］
structural metaphor（構造のメタファー）336［認知］
structure-preserving constraint（構造保持制約）148［統語］
structure-preserving hypothesis（構造保持仮説）148［統語］
structure-preserving transformation（構造保持変形）148［統語］
study abroad（留学）378［教育］
stump-word（切り株語）112［形態］
style（スタイル, 文体）234［語用］
stylistic continuum（文体の連続体）304［社会］
stylistic variation（文体的変異）305［社会］
subcategorization（下位範疇化）112［形態］
subjacency condition（下接の条件）148［統語］
subject-aux(iliary) inversion（主語・助動詞倒置）148［統語］
subject condition（主語条件）149［統語］

subjectification（主体化；主観化）336［認知］

subjective motion（主観的移動）337［認知］

subject-object asymmetry（主語・目的語の非対称性）149［統語］

subordinate-level category（下位レベルカテゴリー）337［認知］

subordination（従位接続，従属）185［意味］

subschema（サブスキーマ，下位スキーマ）337［認知］

substance-free phonology（脱実態音韻論）76［音韻］

substrate, substratum（基層）305［社会］

subtractive bilingualism（減算的バイリンガリズム）378［教育］

successive cyclic movement（連続循環移動）149［統語］

suffix, suffixaion（接尾辞，接尾辞添加）112［形態］

suggest（提案する，示唆する）234［語用］

summary scanning（累積的スキャニング，総括的走査）337［認知］

superheavy syllable（超重音節）76［音韻］

superiority condition（優位条件）149［統語］

superordinate（上位語）185［意味］

superordinate-level category（上位レベルカテゴリー）337［認知］

super-raising（飛び越し繰り上げ）149［統語］

superschema（スーパースキーマ）337［認知］

superstrate, superstratum（上層）305［社会］

suppletion（補充法）266［歴史］

suppletion, suppletive alternation（補充法，補充交替）112［形態］

suppression（抑圧）112［形態］

suprasegmental（超分節的）76［音韻］

suprasegmental phonology（超分節音韻論）76［音韻］

surface form（表層形）76［音韻］

surface structure（表層構造）149［統語］

surreptitious recording（内密録音）305［社会］

suspension（サスペンスの状態にすること）234［語用］

Svarabhakti（母音挿入，母音嵌入）77［音韻］

swearing（誓言）234［語用］

syllabeme（シラビーム）77［音韻］

syllabic（音節主音性）77［音韻］

syllabic consonant（成節子音，音節主音的子音）36［音声］

syllabic lateral/nasal（成節側(面)音／鼻音，音節主音の側(面)音／鼻音）36［音声］

syllabification（①分綴；②音節化）77［音韻］

syllable（音節）36［音声］

syllable nucleus（音節核）77［音韻］

syllable-timed rhythm（音節拍リズム）36［音声］

syllable weight（音節量）77［音韻］

symbol（シンボル，象徴，記号）337［認知］

symbolic assembly（記号的集合体）338［認知］

symbolicity（象徴性）112［形態］

symbolic unit（記号的ユニット）338［認知］

symbolization（記号化）338［認知］

symmetrical（対称性）77［音韻］

symmetric predicate（対照述語）113

［形態］
symmetric verb（対称動詞）185［意味］
Sympathy Theory（共感理論）78［音韻］
synaesthesic metaphor（共感覚比喩）338［認知］
synchronic（共時的）185［意味］
synchronic corpus（共時コーパス）411［コーパ］
synchrony（共時性）267［歴史］
syncope（語中音消失，語中音脱落）267［歴史］
syncretism（融合）267［歴史］
synecdoche（提喩）338［認知］
synesthesia（共感覚）338［認知］
synonym definition（類義語による定義）411［コーパ］
synonym/synonymy（同義語／同義性）411［コーパ］
syntactic cartography（統語地図作成）149［統語］
syntactic component（統語部門）149［統語］
syntactic compound（統語的複合語）113［形態］
syntactic parallelism hypothesis（統語的平行性仮説）113［形態］
syntagmatic（結合，連辞）186［意味］
syntagmatic relationship（連辞的関係）113［形態］
synthetic compound（総合複合語）113［形態］
synthetic language（総合的言語）267［歴史］
systematic gap（体系的空白）113［形態］
systematic phonetic transcription（体系明示音声表記，体系的音声表記）36［音声］

systemic functional grammar（分類機能言語学）379［教育］

T

tableau（評価表，タブロー）78［音韻］
taboo（タブー，禁忌）305［社会］
taboo word（タブー語）235［語用］，（タブー語，忌み言葉）411［コーパ］
tagger（タガー）411［コーパ］
tagging（タグ付け）412［コーパ］
tagset（タグセット）412［コーパ］
tail（尾部）37［音声］
TalkBank（トークバンク）379［教育］
tap（たたき音，単顫動音）37［音声］
target domain（ターゲットドメイン，目標領域）338［認知］
target-domain override（目標領域制約）338［認知］
target-like-use analysis（TLU 分析）379［教育］
task-based language teaching and learning（タスク中心の教授法・学習）379［教育］
tautology（トートロジー）186［意味］
tautosyllabic（同一音節の）78［音韻］
taxonomic phonemics（分類学的音素論）78［音韻］
teacher talk（ティーチャー・トーク）379［教育］
TEI（Text Encoding Initiative）（テキストコード化計画）412［コーパ］
telic aspect（完了相）113［形態］
telicity（終結性，完結性）186［意味］
telic role（目的役割）114［形態］
templatic morphology（鋳型形態論）114［形態］
tempo（テンポ）37［音声］
temporal profile（時間的プロファイル）339［認知］

tense（緊張性）78［音韻］,（時制）379［教育］
tense logic（時制論理）186［意味］
tense phrase (TP)（時制句）150［統語］
tertiary stress（第三強勢）78［音韻］
tetrameter（四歩格）37［音声］
text（テキスト, テクスト）235［語用］
text archive 412［コーパ］
text type(s) 412［コーパ］
textual function（テキスト的機能）235［語用］
that-trace effect (that 痕跡効果）150［統語］
thematic hierarchy（主題階層）150［統語］
thematic order(ing)（概念別配列）412［コーパ］
thematic prominence（主題卓立）186［意味］
thematic relation（主題関係）186［意味］
thematic vowel（語幹形成母音）267［歴史］
theme-rheme relation（主題・題述関係）186［意味］
theoretical possibility（論理的可能性）187［意味］
thesaurus（類義語辞典, シソーラス）412［コーパ］
th-fronting（th 音前方化）37［音声］
thing（モノ）339［認知］
thinking for speaking（発話のための思考）380［教育］
third language acquisition（第3言語習得）380［教育］
Three Circles of English（三英語円）305［社会］
threshold hypothesis（敷居仮説）380［教育］

th-stopping（th 音閉鎖音化）37［音声］
thyroid cartilage（甲状軟骨）37［音声］
tier（層）78［音韻］
time deixis（時間のダイクシス）235［語用］
time-series design（時系列実験計画）380［教育］
timing（時間, タイミング）79［音韻］
tip (of the tongue)（舌尖）37［音声］
tmesis（複合語分割）267［歴史］
ToBI (Tone and Break Indices)（トビ）79［音韻］
token（トークン）412［コーパ］
token frequency（トークン頻度）380［教育］
tokenization（トークン化, トークン分割）412［コーパ］
tonality（トーナリティ, 音調句画定）37［音声］
tone（調子；声調, 語調）37［音声］
tone language（声調言語, 語調言語）37［音声］
tone sandhi（声調連声）79［音韻］
tonic accent（主調子アクセント, 核アクセント）37［音声］
tonicity（トーニシティ, 核配置）37［音声］
tonic syllable（主調子音節）37［音声］
tonogenesis（声調の発生）79［音韻］
top-down process（トップダウン処理）339［認知］
topic（話題）187［意味］
topicality（話題性）187［意味］
topicalization（話題化）187［意味］
topic continuity（話題の連続性）187［意味］
topic phrase (TopP)（話題句）150［統語］
topology（トポロジー）339［認知］

toponymy（トポニミー）339［認知］
total negation（全体否定）187［意味］
tough-construction（tough 構文）150［統語］
trace theory（痕跡理論）151［統語］
trachea（気管）37［音声］
trajector（トラジェクター）339［認知］
transcript, transcription（転記，文字化，書き起こし）305［社会］
transcription（表記）38［音声］
Transfer（転送）151［統語］
transfer appropriate processing（転移適切性処理）380［教育］
transferred epithet（転移修飾語）187［意味］
transfix（貫通接辞）114［形態］
transformation（変形）151［統語］
transformational component（変形部門）151［統語］
transformationalist hypothesis (position)（変形論的仮説(立場)）151［統語］
transient（過渡部）38［音声］
transition relevance place（移行関連場，移行適切箇所）306［社会］
transitive expletive construction（他動詞虚辞構文）151［統語］
transitivity（他動性）188［意味］
Translator's Office（解釈機関）79［音韻］
transparency（透明性）188［意味］
transparent context（透明な文脈）188［意味］
treebank（ツリーバンク）412［コーパ］
tree diagram（樹形図，枝分かれ図）151［統語］
tree model（系統樹モデル）267［歴史］
Tree Tagger（ツリー・タガー）413［コーパ］
triarchic theory of intelligence（知能の三頭理論）380［教育］
triggering（引き金）381［教育］
trigram 413［コーパ］
trill（顫動(音)，ふるえ(音)）38［音声］
trimeter（三歩格）38［音声］
triphthong（三重母音）38［音声］
triplet（三重語）267［歴史］
trisyllabic shortening（三音節短音化）267［歴史］
trisyllable（三音節語）79［音韻］
trochee, trochaic（長短格(の)，強弱格(の)）38［音声］
truth condition（真理条件）188［意味］
truth-conditional semantics（真理条件的意味論）188［意味］
truth function（真理関数）188［意味］
truth value（真理値）188［意味］
truth value gap（真偽空白）189［意味］
t-score（t スコア）413［コーパ］
t-tests（t 検定）381［教育］
tucking in（挟み込み）151［統語］
Turbidity Theory（混濁理論）79［音韻］
turn-taking（話者交替，ターンテイキング）306［社会］
T/V (pronoun) distinction（T/V 代名詞使い分け）306［社会］
type（タイプ）339［認知］, 413［コーパ］
type coercion（タイプ強制）114［形態］
type frequency（タイプ頻度）381［教育］
type/instance（タイプと事例）339［認知］
type/predictability fallacy（タイプ・予測性の誤謬）339［認知］
type/token ratio (TTR)（タイプ・トークン比）413［コーパ］

typicality condition（典型性の条件）340 [認知]

U

UCREL (University Centre for Computer Corpus Research on Language)（ユークレル）413 [コーパ]

umlaut（ウムラウト，母音変異）268 [歴史]

umlaut plural, mutation plural（ウムラウト複数，母音変異複数）268 [歴史]

unabridged dictionary（非縮約版辞書）413 [コーパ]

unaccusative hypothesis（非対格仮説）151 [統語]

unaccusative verb（非対格動詞）189 [意味]

unambiguous path（非曖昧経路）152 [統語]

unarticulated constituent（（意味的）未分節構成素）235 [語用]

unary feature（単項素性）79 [音韻]

unboundedness（非有界性）340 [認知]

uncertainty（不確実性）189 [意味]

unchecked（非抑止音性）80 [音韻]

unconditioned change（無条件変化）268 [歴史]

underdetermination（決定不十分性）235 [語用]

undergoer（経験者）189 [意味]

underlying form（基底形）80 [音韻]

underlying representation（基底表示）80 [音韻]

undershoot（アンダーシュート，調音不全）38 [音声]

underspecification（不完全指定）80 [音韻]

underspecification theory（不完全指定理論）80 [音韻]

understatement（控え目表現）235 [語用]

underuse（過少使用）413 [コーパ]

unergative verb（非能格動詞）189 [意味]

Unicode（ユニコード）414 [コーパ]

unidirectional hypothesis（単方向性仮説）340 [認知]

unidirectionality（一方向性の仮説）114 [形態]

uniformity condition（一様性条件）152 [統語]

uniformity of theta assignment hypothesis (UTAH)（主題役付与均一性仮説）152 [統語]

uninterpretable feature（解釈不可能素性）152 [統語]

unit（ユニット）340 [認知]

unitary base hypothesis（単一語基仮説）114 [形態]

universal grammar（普遍文法）152 [統語]

unmarked（無標の）80 [音韻], 152 [統語]

unrestricted collocation（非制限の連語，非制限的コロケーション）189 [意味]

unrounded（非円唇の）38 [音声]

unselective binding（無差別束縛）152 [統語]

unselective quantification（非選択的量化）189 [意味]

uptake（アップテイク）381 [教育]

uptalk（尻上がり調）38 [音声]

usage-based model（使用（用法）依拠モデル）340 [認知]

usage event（使用事態）340 [認知]

usage label（語法レーベル）414 [コー

パ]
usage note（語法注記）414 [コーパ]
usage panel（語法委員会）414 [コーパ]
USAS (UCREL Semantic Analysis System)（UCREL 意味分析システム）414 [コーパ]
user research（ユーザー研究）414 [コーパ]
U-shaped learning（U 字型発達）381 [教育]
utterance（発話）80 [音韻], 236 [語用]
utterance interpretation（発話解釈）236 [語用]
u-umlaut（u ウムラウト，u 母音変異）268 [歴史]
uvular（口蓋垂音）39 [音声]

V

vacuous movement（空移動）153 [統語]
vague（不明確な）190 [意味]
valence, valency（結合価）190 [意味]
valuation（値付け）153 [統語]
vantage point（視点）341 [認知]
variable（変数）381 [教育]
variance（分散）382 [教育]
variant（変異型）81 [音韻], 268 [歴史]
variation（変異）81 [音韻], 268 [歴史]
variational features（変異的特徴）382 [教育]
variationist approaches（変異アプローチ）382 [教育]
variationist sociolinguistics（変異社会言語学）306 [社会]
variety（変種）306 [社会]

velar（軟口蓋音）39 [音声]
velaric airstream mechanism（軟口蓋気流機構）39 [音声]
velarization（軟口蓋化）39 [音声]
velar pinch（ヴィーラーピンチ）39 [音声]
velic（口蓋帆）39 [音声]
velic closure（口蓋帆閉鎖）39 [音声]
velum（軟口蓋）39 [音声]
verbal dueling（ことばの果たし合い）306 [社会]
verbal exchange（ことばのやりとり）236 [語用]
verbal hygiene（言語的衛生）306 [社会]
verbal irony（ことばによるアイロニー）236 [語用]
verbal noun（動詞的名詞・④動名詞）114 [形態]
verb-framed（動詞フレーム型）341 [認知]
verb incorporation（動詞編入）115 [形態]
verb island（動詞の島）341 [認知]
verb movement（動詞移動）153 [統語]
verb of saying, verb of speech（発話動詞）236 [語用]
verb pattern（動詞型）414 [コーパ]
verb second（動詞第二位）153 [統語]
verb stem（動詞語幹）115 [形態]
verdictive（判定宣告型）236 [語用]
vernacular（地域口語，現地語）307 [社会]
Verner's law（ヴェルネルの法則）268 [歴史]
viewing arrangement（視点配列）341 [認知]
viewpoint（視座）341 [認知]
visibility condition（可視性の条件）

153［統語］
vocabulary instruction（語彙指導）382［教育］
vocal folds, vocal cords（声帯）39［音声］
vocal tract（声道）40［音声］
vocative（呼びかけ語）237［語用］
vocoid（ボーコイド，音声学的母音）40［音声］
voice（声）40［音声］
voice bar（ボイスバー，有声縞）40［音声］
voiced（有声の）40［音声］
voiceless（無声の）40［音声］
voice onset time（VOT）（有声開始時間，声の出だしの時間）40［音声］
Voice-Place-Manner（VPM）labels（VPM ラベル）40［音声］
voice quality（声音，声質）40［音声］
voicing（有声化；声立て）40［音声］
volunteer reader（用例収集協力者）414［コーパ］
vowel（母音）41［音声］
vowel harmony（母音調和）81［音韻］
vowel quality（母音音質）41［音声］
vowel reduction（母音弱化）41［音声］
vowel shift（母音推移）269［歴史］
vowel space（母音空間）41［音声］
vowel-zero alternation（母音消失）81［音韻］
VP-shell（VP シェル）153［統語］

W

WaC（Web as Corpus）（コーパスとしてのウェブ）415［コーパ］
wakimae（わきまえ）237［語用］
waveform（波形）41［音声］
wave model（波状モデル）269［歴史］
way construction（way 構文）341［認知］
ways of speaking（好まれる言い回し）307［社会］
weak conjugation（弱変化活用）269［歴史］
weak crossover（弱交差）153［統語］
weak declension（弱変化曲用）269［歴史］
weak feature（弱素性）153［統語］
weak form（弱形）41［音声］
weak implicature（弱い推意）237［語用］
weak verb（弱変化動詞）269［歴史］
well-formedness（condition）（適格性）81［音韻］
Wellington Corpus of Spoken New Zealand English（WSC）（ウェリントン口語コーパス）415［コーパ］
Wellington Corpus of Written New Zealand English（WWC）（ウェリントン文語コーパス）415［コーパ］
we/they codes（we コード／they コード）307［社会］
wh-in-situ（元位置の wh 句）153［統語］
wh-island condition（wh 島の条件）154［統語］
whisper（ささやき）41［音声］
wh-movement（wh 移動）154［統語］
wh-questions（wh-質問）382［教育］
wide-band spectrogram（ワイド・バンド・スペクトログラム，広帯域幅スペクトログラム）41［音声］
widening of meaning（意味の拡大）269［歴史］
wild card, wildcard（ワイルドカード）415［コーパ］
willingness to communicate（WTC）（コミュニケーションを取ろうとする意思）383［教育］

Wmatrix (ダブルマトリックス) 415 [コーパ]

women's language (女ことば，女性語) 307 [社会]

word and paradigm model (語・語形変化方式) 115 [形態]

word-based morphology (語に基づいた形態論) 115 [形態]

word boundary (語境界) 81 [音韻]

word formation (rule) (語形成(規則)) 115 [形態]

word knowledge (単語知識) 383 [教育]

word list, wordlist (語彙表，ワードリスト) 415 [コーパ]

word-order change (語順の変化) 269 [歴史]

word sense (語義) 415 [コーパ]

WordSmith (Tools) (ワード・スミス) 415 [コーパ]

word stress (語強勢) 4i [音声]

word structure rule (語構造規則) 115 [形態]

working memory (ワーキングメモリ) 383 [教育]

World English(es) (世界(の)英語) 307 [社会]

world knowledge (世界の知識) 341 [認知]

World Wide Web (WWW) (ワールド・ワイド・ウェブ，ウェブ) 415 [コーパ]

writing (ライティング) 383 [教育]

written corpus (書き言葉コーパス) 415 [コーパ]

X

Xaira (XML Aware Indexing and Retrieval Architecture) (XML データ対応索引・検索ソフトウェア) 416 [コーパ]

X-bar theory (X バー理論) 154 [統語]

X-JToBI (X_J トビ) 81 [音韻]

XML (Extensible Markup Language) (拡張可能なマーク付け言語) 415 [コーパ]

Y

yod-dropping (ヨッド脱落) 41 [音声]

youth language, adolescent language (若者ことば) 307 [社会]

Z

zero affix, affixation, derivation (ゼロ接辞，ゼロ接辞添加，ゼロ派生) 115 [形態]

zero grade (ゼロ階梯) 270 [歴史]

Zipf's Law (ジップ[ジフ]の法則) 416 [コーパ]

ZISA projects (ZISA プロジェクト) 383 [教育]

zone of proximal development (ZPD) (最近接発達領域) 384 [教育]

z-score (z スコア) 416 [コーパ]

θ-criterion (θ 基準) 150 [統語]
θ-position (θ 位置) 150 [統語]
θ-role (θ 役) 150 [統語]
φ-complete (φ 完備) 139 [統語]
φ-feature (φ 素性) 139 [統語]

別記監修者

中野弘三・服部義弘・小野隆啓・西原哲雄

別記編集者（あいうえお順）

赤野一郎・井上逸兵・大室剛志・小野尚之・近藤眞理子・鈴木　渉・高橋豊美・田中智之・谷口一美・那須川訓也・西原哲雄・西村秀夫・服部義弘・早瀬尚子・東森　勲・由本陽子

最新英語学・言語学用語辞典

2015年11月25日　第1版第1刷発行

監修者	中野弘三　ほか3名［別記］
編集者	赤野一郎　ほか15名［別記］
発行者	武村哲司
印刷所	日之出印刷株式会社

発行所　株式会社　開拓社

〒113-0023 東京都文京区向丘1-5-2
電話　（03）5842-8900（代表）
振替　00160-8-39587
http://www.kaitakusha.co.jp

© 2015 Hirozo Nakano et al.　　ISBN978-4-7589-2215-9　C3080

JCOPY ＜（社）出版者著作権管理機構　委託出版物＞

本書の無断複写は著作権法上での例外を除き禁じられています．複写される場合は，そのつど事前に，（社）出版者著作権管理機構（電話 03-3513-6969，FAX 03-3513-6979，e-mail: info@jcopy.or.jp）の許諾を得てください．